Michael Müller, Kai-Michael Reschitzki, Rolf Rickert

Sport- und Fitnesskaufmann/-frau
Sportfachmann/-frau

Berufliche Grundbildung

Band 1
Lernfeld 1-4

3. Auflage

Bestellnummer 32356

Bildungsverlag EINS
westermann

Die in diesem Produkt gemachten Angaben zu Unternehmen (Namen, Internet- und E-Mail-Adressen, Handelsregistereintragungen, Bankverbindungen, Steuer-, Telefon- und Faxnummern und alle weiteren Angaben) sind i. d. R. fiktiv, d. h., sie stehen in keinem Zusammenhang mit einem real existierenden Unternehmen in der dargestellten oder einer ähnlichen Form. Dies gilt auch für alle Kunden, Lieferanten und sonstigen Geschäftspartner der Unternehmen wie z. B. Kreditinstitute, Versicherungsunternehmen und andere Dienstleistungsunternehmen. Ausschließlich zum Zwecke der Authentizität werden die Namen real existierender Unternehmen und z. B. im Fall von Kreditinstituten auch deren IBANs und BICs verwendet.

Die in diesem Werk aufgeführten Internetadressen sind auf dem Stand zum Zeitpunkt der Drucklegung. Die ständige Aktualität der Adressen kann vonseiten des Verlages nicht gewährleistet werden. Darüber hinaus übernimmt der Verlag keine Verantwortung für die Inhalte dieser Seiten.

service@bv-1.de
www.bildungsverlag1.de

Bildungsverlag EINS GmbH
Ettore-Bugatti-Straße 6-14, 51149 Köln

ISBN 978-3-427-**32356**-3

westermann GRUPPE

Vorwort

Der vorliegende Band 1 ist speziell auf die Ausbildung im ersten Ausbildungsjahr für die Sport- und Fitnesskaufleute sowie für die Sportfachleute ausgerichtet. Alle Inhalte und Kompetenzen, die nach dem umfangreichen Rahmenlehrplan der Kultusministerkonferenz Bestandteil dieses Abschnittes der Ausbildung sind, wurden in anschaulicher Weise und unter Verwendung von Originalzahlenmaterial abgedeckt.

Für das zweite und dritte Ausbildungsjahr gibt es auch jeweils einen Extraband, sodass pro Ausbildungsjahr immer ein separates Lehr-/Lernbuch zur Verfügung steht. Der zweite Band deckt die Lernfelder 4–8 mit den Bereichen Leistungsangebot, Werbung, Beschaffung, Dienst- und Sachleistungen anbieten sowie Veranstaltungen organisieren der Sport- und Fitnesskaufleute und der Sportfachleute ab. Der dritte Band richtet sich dann nur an die Sport- und Fitnesskaufleute, in dem die Lernfelder 9–12 mit den Bereichen Investition, Steuerung von Geschäftsprozessen, Personalwirtschaft und Sportberatung dargestellt werden.

Im Wesentlichen (zu 98 %) orientiert sich der Aufbau aller drei Bände stringent an den Lernfeldern der KMK für die berufsschulische Ausbildung. Lediglich an wenigen Stellen wurde davon abgewichen, was jedoch aus der Erfahrung der Autoren sinnvoll erscheint. So ist beispielsweise ein Kapitel vorangestellt worden, das die wesentlichen Begriffe aus dem Sport- und Fitnessbereich (Sport, Fitness, Wellness, Gesundheit) klärt, damit im weiteren Verlauf darauf zurückgegriffen werden kann. Ebenso scheint es sinnvoll, die betriebliche Aufbau- und Ablauforganisation nicht getrennt, sondern unmittelbar nacheinander zu betrachten. Ein ähnliches Vorgehen ist auch in einigen Teilbereichen des Rechnungswesens gewählt worden. Insgesamt standen bei diesen Entscheidungen die erleichterte Arbeit der Kolleginnen und Kollegen in der Schule sowie ein besseres Verständnis durch die Schülerinnen und Schüler im Mittelpunkt.

Jedes Lernfeldkapitel wird durch eine Einstiegssituation eingeleitet, die sich sehr stark an der Lebenswelt der Auszubildenden orientiert (nicht nur inhaltlich, sondern durchaus auch sprachlich). Hier werfen die drei Auszubildenden Gabriela (Golf- und Wellnesshotel), Sarah (Sportverein) und Thomas (Fitnessstudio) Fragestellungen auf, die im Verlauf des Kapitels mit den erlangten Kompetenzen beantwortet werden können. Die Situationen sind so gestaltet, dass sie Anlass zum Gedankenaustausch oder zum Erzählen eigener erlebter Situationen geben. Hier ist die „Geschichte" der Ausgangspunkt des Lernprozesses (Stichwort „Narration im Unterricht"). Darüber hinaus sind im Anschluss an die Einstiegssituationen jeweils weitere Fragen aufgeführt, sodass den Schülerinnen und Schülern auf einen Blick klar wird, welche Antworten bzw. Wissensbereiche im Kapitel enthalten sind. Die Autoren haben sich hier bewusst dafür entschieden, auf sehr konstruierte und nach Umfragen bei Schülerinnen und Schülern nicht ernst genommene Problemstellungen in einem Modellunternehmen zu verzichten. An deren Stelle rücken vermehrt Beispiele aus der Realität und der starke Einbezug des Ausbildungsunternehmens sowie der dort bereits gemachten Erfahrungen.

Im gesamten Verlauf der drei Bände sind methodische Hinweise zur Recherche, zum Festhalten und Präsentieren sowie zum Planen und Überprüfen des eigenen Handelns für die

Schülerinnen und Schüler enthalten. Neben der Erklärung der Methode findet sich dort auch eine Beschreibung, welchen Nutzen die jeweilige Methode im Beruf hat. Hier wurden also nur Methoden gewählt, die sowohl für die Schule als auch im Beruf relevant sind. Um den Abstimmungsbedarf der Kolleginnen und Kollegen vor Ort zu erleichtern, hat das Autorenteam in diesem Bereich die methodische bzw. didaktische Jahresplanung durch die Anordnung der Methoden und den Rückgriff in weiteren Vertiefungsphasen im Verlauf der Ausbildung bereits übernommen. Im Sinne dieser didaktischen Jahresplanung gibt es ein Methoden-Inhaltsverzeichnis, sodass auf den ersten Blick zu sehen ist, welche Methode in welchem Lernfeld eingeführt wird. In den Aufgaben wird dann permanent auf die Methoden zurückgegriffen. Die unterschiedlichen Stufen der Leseförderung werden ebenfalls durch aufbereitete und Originaltexte sowie durch methodische Hilfestellungen durchlaufen.

Um der berufsschulischen Realität Rechnung zu tragen, in der die Lernfelder in der Regel nicht nacheinander, sondern eher parallel unterrichtet werden, haben sich die Autoren dazu entschieden, möglichst bereits durch den Aufbau und die Gestaltung des Lehr-/Lernbuches für ein wenig Abwechslung zu sorgen. Korrespondierend mit den Inhalten gibt es daher einige Lernfeldkapitel, die eher text- und theorielastig sind, dann wiederum Lernfeldkapitel, die von der Aktivität der Schüler leben. Dies ist auch der Grund, warum die drei Autoren das Layout, aber nicht den Stil angepasst haben – auch hier soll es eine Abwechslung geben.

Stellenweise sind einige Bereiche bewusst so angelegt, dass sich ein fächerübergreifender Unterricht geradezu anbietet. Hier ergeben sich Anknüpfungspunkte zu den Unterrichtsfächern Deutsch, Politik oder auch Englisch – so können Kommunikationselemente in den Deutschunterricht ausgelagert oder dort vertieft werden, der Verbraucherschutz, Einflussmöglichkeiten der Verbraucher und Siegel, fairer Handel sowie die biologische Nahrungsproduktion können den Politikunterricht unter dem Stichwort Nachhaltigkeit bereichern usw.

Im gesamten Buch und über alle drei Bände hinweg gibt es viele inhaltliche Querweise, womit deutlich werden soll, dass die Lernfelder miteinander verzahnt und nicht voneinander getrennt zu betrachten sind. Im Grunde entspricht dies auch den Gewohnheiten der Schüler, die heutzutage wie selbstverständlich mit Hyperlinks im Internet umgehen – hier aufgrund des Mediums durch Blättern – sozusagen ein Papierhyperlink. An vielen Stellen wird auch zur vertiefenden Recherche auf entsprechende Internetseiten verwiesen. Im Anhang befindet sich daher auch eine Aufstellung der interessantesten Internetseiten für den Sport- und Fitnessbereich.

Wir wünschen den Schülerinnen und Schülern sowie den Kolleginnen und Kollegen vor Ort ein erfolgreiches und durchaus auch unterhaltsames Arbeiten mit diesem Lehr-/Lernbuch. Wir sind für Anregungen und konstruktive Kritik stets dankbar.

Die Autoren November 2016

Inhalt

Die Grundlagen der Ausbildung beschreiben

Lernfeld 1: Den Betrieb erkunden und darstellen

Lernfeld 3: Geschäftsprozesse erfassen und auswerten

Methodenverzeichnis (in alphabetischer Reihenfolge):

Die Grundlagen der Ausbildung beschreiben

Heute ist der erste Berufsschultag. Die Berufsschüler sind sehr gespannt und aufgeregt. Vor dem Klassenraum treffen sich drei von ihnen und kommen ins Gespräch.

Sarah: Hallo, ich bin Sarah, ich mache meine Ausbildung in einem Sportverein.

Thomas: Schön, dich kennenzulernen, ich heiße Thomas und bin Azubi im Fitnessstudio.

Gabriela: Ich heiße Gabriela, mein Ausbildungsbetrieb ist ein Golf- und Wellnesshotel.

Sarah: Na, ich bin ja gespannt, welche Lehrer wir haben werden. Ich finde es schon interessant, dass man seine Ausbildung im Betrieb und in der Berufsschule macht.

Thomas: Genau, finde ich auch. Ich glaube das nennt man „duales System“.

Gabriela: Sind das nicht die mit dem Grünen Punkt und den gelben Müllsäcken?

Thomas: Ich glaube nicht, die heißen wohl nur genauso. Aber lasst uns das mal recherchieren. Ich habe in der Pausenhalle einen Internet-PC gesehen. Wir haben ja noch ein wenig Zeit bis zum Beginn des Unterrichts.

Sarah: Na, dann mal los.

Die drei gehen zum Internet-PC.

Sarah: Welche Suchmaschine nehmen wir?

Thomas: Wieso, gibt es außer Google noch andere?

Sarah: Ja, ich nehme immer Ixquick, weil die die Daten der Nutzer nicht speichert.

Gabriela: Ich nehme meistens die Metasuchmaschine Metager2, weil diese dann bei mehreren anderen Suchmaschinen nachfragt, das erhöht die Trefferquote.

Thomas: Dann können wir doch alle drei Suchmaschinen parallel ausprobieren.

Sarah: Da haben wir ja schon einige Treffer. Richtig, das duale System der Ausbildung bezeichnet die Berufsausbildung im Ausbildungsbetrieb und in der Berufsschule.

Die drei Auszubildenden Sarah (Sportverein), Thomas (Fitnessstudio) und Gabriela (Golf- und Wellnesshotel) sind jetzt neugierig geworden. Sie wollen noch einige Details zu ihrem Ausbildungsberuf herausfinden.

Sarah: Lasst uns mal gleich im Internet nachschauen, welche genauen Informationen man zu den Sport- und Fitnesskaufleuten findet.

Gabriela: Gute Idee. Ich habe hier einen Treffer unter http://www.bibb.de, das ist das Bundesinstitut für Berufsbildung. Unter der Rubrik „Berufe" kann man sich die notwendigen Informationen besorgen.

Thomas: Cool. Bei uns im Fitnessstudio werden auch Azubis zur Sportfachfrau oder zum Sportfachmann ausgebildet. Welcher Unterschied besteht eigentlich zwischen denen und uns?

Sarah: Mal schauen …

Thomas: Dann lasst uns danach gleich mal klären, worin sich eigentlich Sport, Fitness und Wellness unterscheiden?

Gabriela: Guter Vorschlag – ist ja gerade für uns wichtig, dass wir wissen, was hinter diesen Begriffen steckt.

In diesem Kapitel finden Sie Antworten auf die Fragen rund um die Grundlagen Ihrer Ausbildung und zu grundlegenden Begrifflichkeiten:

- Was ist das „duale System" der Berufsausbildung genau?
- Welche Gemeinsamkeiten und Unterschiede gibt es in der Ausbildung der Sport- und Fitnesskaufleute im Vergleich zu den Sportfachleuten?
- Was versteht man eigentlich unter dem Begriff Sport?
- Wie unterscheiden sich Fitness und Wellness?
- Was ist eigentlich Gesundheit?
- Welche Bedeutung hat der Sport- und Fitnessbereich in der Wirtschaft und Gesellschaft?

1 Das duale System der Berufsausbildung in Deutschland erklären

Der Arbeitnehmer von heute muss sich darauf einstellen, dass in einer globalisierten und sich schnell entwickelnden Welt das lebenslange Lernen im Mittelpunkt stehen wird. Als Ausgangspunkt dafür dient die Berufsausbildung im dualen System. Verschaffen Sie sich an dieser Stelle zunächst einen ersten Überblick über die duale Ausbildung und über das lebenslange Lernen. Beide Themen werden in Lernfeld 2 näher betrachtet.

Aufgaben

1. ***Lesen Sie den methodischen Hinweis zur Identifikation zuverlässiger Internetseiten.***
2. ***Betrachten Sie die von den drei Auszubildenden in der Einstiegssituation beschriebenen Suchmaschinen:***

   http://www.google.de

   http://www.ixquick.de

   http://metager2.de

   Informieren Sie sich, ausgehend von der jeweiligen Startseite, über deren Konzept und Besonderheiten. Welche Unterschiede werden hier deutlich?
3. ***Recherchieren Sie nun ebenfalls zum Thema „duales System". Welche Suchbegriffe geben Sie ein? Vergleichen Sie die Treffer bei den drei Suchmaschinen.***
4. ***Nach welchen Kriterien suchen Sie die Inhalte/Treffer aus?***
5. ***Fassen Sie nun mit eigenen Worten zusammen, was das „duale System" ist.***

Methodischer Hinweis – Identifikation zuverlässiger Internetseiten

Bei der Suche im Internet setzt man in der Regel Suchmaschinen ein. Der Gebrauch dieser Suchmaschinen führt oft zu einer unüberschaubaren Menge an gefundenen Seiten, die den bzw. die gesuchten Begriffe enthalten. Auf den ersten Blick ist es sehr schwierig zu entscheiden, welche Seiten relevant (also für die eigene Problemstellung verwertbar) und wie zuverlässig der oder die Verfasser dieser Seiten sind.
Wie können Sie nun herausfinden, welche Internetseiten dazu geeignet sind, zur Lösung eines schulischen oder betrieblichen Problems beizutragen?

Eine Internetseite ist (relativ) zuverlässig, wenn

- der Autor/die Autorin bzw. die Betreiber der Seite benannt sind.
- es Hinweise gibt, die ihn/sie als Experten/Expertin (bspw. akademischer Titel, Inhaber eines Lehrstuhls an einer Universität, Funktion in einem Verband) ausweisen.
- bekannt ist, wer den Server betreibt (bspw. Universität, andere Forschungseinrichtung, Verband, Regierung, Unternehmen, Privatperson).
- eine Kontaktadresse angegeben ist.

- klar erkennbar ist, an welches Publikum sich die Seite richtet und welches Interesse der Betreiber hat (eher wissenschaftlich oder eher kommerziell – erscheint bspw. Werbung auf der Seite?).
- der Text logisch gegliedert und in sinnvolle Abschnitte unterteilt ist.
- der Text vollständig ist. (Oder stellt er nur einen Ausschnitt eines längeren, gedruckten Textes dar? Ist dies dann eindeutig gekennzeichnet?)
- die Informationen eher detailliert sind (oberflächliche Informationen sind eher unseriös).
- Grafiken und Animationen einem Zweck dienen. (Oder sind sie nur Dekoration, die vom eigentlichen Thema ablenkt?).
- der Autor/die Autorin seine/ihre Quellen vollständig angibt.
- die Seite sorgfältig erstellt worden ist (bspw. keine Rechtschreib- oder Tippfehler).
- die Navigation innerhalb der Seite einfach und klar verständlich ist.
- es eine seiteninterne Suchfunktion gibt, die eine Recherche erleichtert.
- eindeutig feststellbar ist, wann die Seite erstellt und wann sie zum letzten Mal aktualisiert wurde.
- die Links noch aktuell sind und keine „blinden" Links (unbekannte Zieladressen) vorhanden sind.
- die Links kommentiert oder ggf. bewertet sind.

Im Beruf ist es besonders wichtig, dass Sie auf zuverlässige Internetseiten zugreifen, da Fehlinformationen schnell zu einem wirtschaftlichen Schaden oder zum Verlust der Glaubwürdigkeit bei Geschäftspartnern und Mitgliedern führen können. Darüber hinaus kann es gerade im Sport- bzw. Gesundheitsbereich infolge einer falschen Recherche zu gesundheitlichen Schäden kommen, wenn dadurch bspw. Trainingspläne falsch erstellt werden.

2 Den Unterschied der Ausbildungsberufe Sport- und Fitnesskauffrau/-mann und Sportfachmann/-frau erkennen

Die Recherche der Auszubildenden Sarah, Thomas und Gabriela auf den Seiten des Bundesinstituts für Berufsbildung (BIBB) hat zu folgender Gegenüberstellung der beiden Ausbildungsberufe geführt.

Kriterium	Sport- und Fitnesskaufmann/ Sport- und Fitnesskauffrau	Sportfachmann/ Sportfachfrau
Ausbildungsdauer	3 Jahre	3 Jahre
Lernorte	Betrieb und Berufsschule	Betrieb und Berufsschule
Arbeitsgebiet	Sport- und Fitnesskaufleute sind in der Sportwirtschaft, insbesondere in den Geschäfts- und Organisationsbereichen von Fitness- und Gesundheitsstudios, Sportvereinen und -verbänden sowie in der öffentlichen und privaten Sport- und Sportstättenverwaltung tätig.	Sportfachleute sind in der Sportwirtschaft, insbesondere im Geschäfts-, Sport- und Trainingsbetrieb von Sportvereinen und -verbänden sowie in Sport- und Fitnessstudios tätig.
berufliche Qualifikationen/ Tätigkeiten	– informieren, beraten und betreuen Mitglieder und Kunden über Sportangebote sowie gesundheitliche Aspekte von Bewegung und Ernährung – entwickeln und erarbeiten Konzepte für Sport- und sonstige Dienstleistungsangebote – stellen den organisatorischen Ablauf des täglichen Betriebs sicher – planen, koordinieren und organisieren insbesondere marketing- und gesundheitsbezogene Veranstaltungen und führen sie durch – verfügen über die Fertigkeiten, Kenntnisse und Fähigkeiten zur Ausübung von Trainings- und Betreuungstätigkeiten, die dem „Lizenzierten Fitnesstrainer Deutscher Sportstudio-Verband DSSV" und der „Übungsleiter/Übungsleiterin-C-Lizenz des Deutschen Olympischen Sportbunds (DOSB)" entsprechen – beschaffen Sportgeräte, Waren und Dienstleistungen	– informieren, beraten und betreuen Mitglieder und Kunden über Sportangebote sowie gesundheitliche Aspekte von Bewegung und Ernährung – entwickeln und erarbeiten Konzepte für den Breiten- und Wettkampfsport – stellen den organisatorischen Ablauf des Sport-, Trainings- und Wettkampfbetriebes sicher – trainieren und beraten Sportlerinnen/Sportler in einer Sportart und wenden die sportartspezifischen Regeln an – planen, koordinieren und organisieren sportartübergreifende und sportartspezifische Trainings- und Wettkampfveranstaltungen und führen sie durch – stellen bedarfsgerechte und situationsbedingte Trainings- und Wettkampfbedingungen her – betreuen Sportlerinnen/Sportler in Training und Wettkampf, führen Leistungsbeobachtungen durch und ziehen daraus Schlussfolgerungen

Kriterium	Sport- und Fitnesskaufmann/ Sport- und Fitnesskauffrau	Sportfachmann/ Sportfachfrau
berufliche Qualifikationen/ Tätigkeiten	– bearbeiten Geschäftsvorgänge des Rechnungswesens, führen Kalkulationen durch, berechnen Steuern, Gebühren und Beiträge, führen Bestands- und Erfolgskonten – wirken bei der kaufmännischen Steuerung und Kontrolle mit – beobachten das Marktgeschehen und erarbeiten Marketingkonzepte – erstellen Statistiken, werten sie aus und präsentieren sie – bearbeiten personalwirtschaftliche Vorgänge – arbeiten team- und kundenorientiert und nutzen dabei ihre sozialen und kommunikativen Kompetenzen	– veranlassen die Pflege und Wartung der Sportgeräte und -stätten und der dazugehörigen Anlagen – verfügen über die Fertigkeiten, Kenntnisse und Fähigkeiten zur Ausübung von Trainings- und Betreuungstätigkeiten, die dem „Lizenzierten Fitnesstrainer Deutscher Sportstudio-Verband DSSV“, der „Übungsleiter/Übungsleiterin-C-Lizenz des Deutschen Olympischen Sportbund (DOSB)“ sowie der „Trainer-C-Lizenz und Trainer-B-Lizenz des DOSB“ entsprechen – beschaffen Sportgeräte, Waren und Dienstleistungen – bearbeiten Geschäftsvorgänge des Rechnungswesens und führen Kalkulationen durch – erstellen Statistiken, werten sie aus und präsentieren sie – arbeiten team- und kundenorientiert und nutzen dabei ihre sozialen und kommunikativen Kompetenzen
Abschluss	IHK-Prüfung	IHK-Prüfung

Quelle: https://www.bibb.de/de/berufeinfo.php/profile/apprenticeship/101007 und https://www.bibb.de/de/berufeinfo.php/profile/apprenticeship/090907, Stand 05.09.2016

Aufgaben

1. ***Welche Unterschiede werden zwischen den beiden Ausbildungsberufen deutlich?***
2. ***Was sind typisch kaufmännische Tätigkeiten?***
3. ***Schauen Sie im Inhaltsverzeichnis dieses Buches nach, welche Lernfelder mit welchen Inhalten im ersten Ausbildungsjahr in der Berufsschule behandelt werden.***
4. ***Schauen Sie als Hausaufgabe in Ihrem Ausbildungsvertrag nach, welche Abteilungen/Bereiche Sie in der betrieblichen Ausbildung durchlaufen sollen.***

3 Grundlegende Begriffe des Sport- und Fitnessbereichs definieren

3.1 Sport

Eine Definition des Begriffs **Sport** erscheint zunächst schwierig. Große Zustimmung besteht, wenn man sagt, dass Fußball, Leichtathletik, Biathlon oder Bobfahren Sport sind. Schwieriger mit der breiten Zustimmung wird es da wahrscheinlich schon, wenn man Schach als Sport bezeichnet. Und wenn der Schachspieler Sportler ist, warum dann nicht auch der Sudoku- oder Kreuzworträtsellöser? Warum ist das morgendliche Joggen im Park Sport, das Hinterherlaufen hinter dem verpassten Bus zur Berufsschule aber nicht?

In „Meyers Großes Handlexikon" aus dem Jahr 1997 steht unter dem Begriff Sport:

„Sammelbezeichnung für die an spieler. (spielerischer – Anm. des Autors) Selbstentfaltung sowie am Leistungsstreben ausgerichteten vielgestaltigen Formen körperl. (körperlicher – Anm. des Autors) Betätigung, die sowohl der geistigen und körperl. Beweglichkeit als auch dem allgemeinen Wohlbefinden dienen sollen. Entsprechend der Art sportl. Betätigung unterscheidet man u.a. Freizeit- und Breiten-S. (Sport – Anm. des Autors) im Unterschied zum Leistungs-S. sowie zum Amateur-S. im Unterschied zum Berufs-S. (Profisport)."

In einem sportwissenschaftlichen Lexikon findet man zum Sport:

„Seit Beginn des 20. Jahrhunderts hat sich Sport zu einem umgangssprachlichen, weltweit gebrauchten Begriff entwickelt. Eine präzise oder gar eindeutige begriffliche Abgrenzung lässt sich deshalb nicht vornehmen. Was im Allgemeinen unter Sport verstanden wird, ist weniger eine Frage wissenschaftlicher Dimensionsanalysen, sondern wird weit mehr vom alltagstheoretischen Gebrauch sowie von den historisch gewachsenen und tradierten Einbindungen in soziale, ökonomische, politische und rechtliche Gegebenheiten bestimmt. Darüber hinaus verändert, erweitert und differenziert das faktische Geschehen des Sporttreibens selbst das Begriffsverständnis von Sport."

Quelle: Röthig/Pohl Hrsg.: Sportwissenschaftliches Lexikon, 6. Aufl., Schorndorf 2003

Der Deutsche Olympische Sportbund (DOSB) hat in seiner Aufnahmeordnung festgeschrieben, dass die Spitzenfachverbände sowie die Sportverbände mit besonderen Aufgaben u.a. folgende Voraussetzungen erfüllen müssen, um als Mitglied aufgenommen werden zu können:

DOSB

„(...) Die Ausübung der Sportart muss eine eigene, sportartbestimmende motorische Aktivität eines jeden zum Ziel haben, der sie betreibt. Diese eigenmotorische Aktivität liegt insbesondere nicht vor bei Denkspielen, Bastel- und Modellbautätigkeit, Zucht von Tieren, Dressur von Tieren ohne Einbeziehung der Bewegung des Menschen und Bewältigung technischen Gerätes ohne Einbeziehung der Bewegung des Menschen.

Die Ausübung der eigenmotorischen Aktivitäten muss Selbstzweck der Betätigung sein. Dieser Selbstzweck liegt insbesondere nicht vor bei Arbeits- und Alltagsverrichtungen und rein physiologischen Zustandsveränderungen des Menschen.

Die Sportart muss die Einhaltung ethischer Werte wie z.B. Fairplay, Chancengleichheit, Unverletzlichkeit der Person und Partnerschaft durch Regeln und/oder ein System von Wettkampf- und Klasseneinteilungen gewährleisten.

Dies ist nicht gegeben insbesondere bei Konkurrenzhandlungen, die ausschließlich auf materiellen Gewinn abzielen oder die eine tatsächliche oder simulierte Körperverletzung bei Einhaltung der gesetzten Regeln beinhalten. (...)"

Quelle: http://www.dosb.de/de/organisation/was-ist-sport/sportdefinition/ Stand 05.09.2016

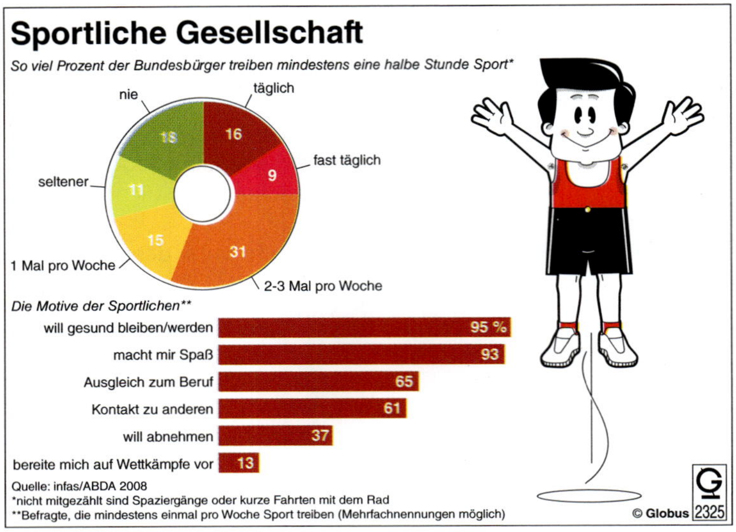

Der DOSB führt darüber hinaus zu den Zielen des Sports aus:

„(...) Die Vereine und Verbände des Sports bekennen sich zu einem humanistisch geprägten Menschenbild und zum Fairplay. Ihr Sportangebot dient dem Menschen zur bewegungs- und körperorientierten ganzheitlichen Entwicklung der Persönlichkeit und strebt Gesundheit in physischer, psychischer und sozialer Hinsicht an. Gesundheitsorientierter Sport ist ein fester Bestandteil des Angebots der Mitgliedsorganisationen. Insbesondere für Kinder und Jugendliche stellt der Verein – in Ergänzung zu Familie und Schule – ein wesentliches Element zum Erlernen sozialer Kompetenz dar. Gleichzeitig setzen sich Verbände und Vereine für die umfassende Berücksichtigung von Bewegung, Spiel und Sport im Bildungsbereich ein. Zum Sportverständnis gehören die Freude an körperlicher Leistung, das Bedürfnis nach Vergleich und die für den Einzelnen wie für die Gemeinschaft identitätsstiftende Wirkung des Wettkampfsports. (...) "

Quelle: http://www.dosb.de/de/organisation/was-ist-sport/sportdefinition, Stand 05.09.2016

Aufgaben

1. **Erarbeiten Sie ausgehend von den oben aufgeführten Definitionen und ggf. nach Internetrecherche eine eigene Definition des Begriffs Sport.**

2. **Welche Ziele hat eine sportliche Betätigung?**

3. **Diskutieren Sie, ob Schach nun ein Sport oder ein Spiel ist.**

4. **Worin bestehen die wesentlichen Unterschiede zwischen Freizeitsport und Spitzensport sowie zwischen Breitensport, Amateursport und Profisport? Diskutieren Sie diese Frage zunächst in Partnerarbeit und dann im Plenum mit der ganzen Klasse.**

3.2 Fitness

Jeder kennt wahrscheinlich das Gefühl, dass man sich nicht fit fühlt. Dies kann nach einer langen Disco-Nacht oder nach acht Stunden Berufsschule ebenso der Fall sein wie nach einem anstrengenden Arbeitstag.
In „Meyers Großes Handlexikon" aus dem Jahr 1997 wird unter dem Begriff **Fitness** nur ganz kurz ausgeführt:

„Fitness; gute körperl. Verfassung (durch sportl. Training)."

Diese Definition scheint zu kurz zu greifen. Zum einen wird hier nur auf die körperliche Verfassung eingegangen, was bedeuten würde, dass man beispielsweise nach einer anstrengenden Klausur eigentlich immer fit sein müsste, da der Körper ja nicht bzw. kaum beansprucht wurde. Zum anderen wird suggeriert (unterschwellig eingeredet), dass man nur durch sportliches Training fit sein kann, was bedeuten würde, dass jeder Holzfäller oder Kampfschwimmer der Bundeswehr nicht fit wäre, da die körperlichen Fähigkeiten ja vordergründig im Rahmen des Berufs und nicht durch sportliches Training erworben werden.

Die folgende Definition des Deutschen Olympischen Sportbunds (DOSB) scheint hier geeigneter zu sein:

Die motorische Fitness beschreibt einen Zustand, der die körperliche Leistungsfähigkeit bzw. die Entwicklung der konditionellen Fähigkeiten Kraft, Ausdauer, Schnelligkeit, Beweglichkeit und Koordination umfasst, darüber hinaus aber auch die Ausprägung psychologischer, sozialer und moralischer Komponenten beinhaltet. Der Deutsche Sportbund hat diese Voraussetzungen auf die konkrete Situation des Sporttreibens umgesetzt und seine Definition „richtig fit" formuliert. Mit vier leicht merkbaren Schlagworten, die sich in jedem Alter gut umsetzen lassen. „richtig fit" hält man sich oder wird man, indem man regelmäßig, richtig, mit Maß und mit Spaß Sport treibt."

Quelle: http://www.sportprogesundheit.de/de/sport-und-gesundheit/lexikon/lexikon-details/lexikon_begriff/117/, Stand 04.10.2013

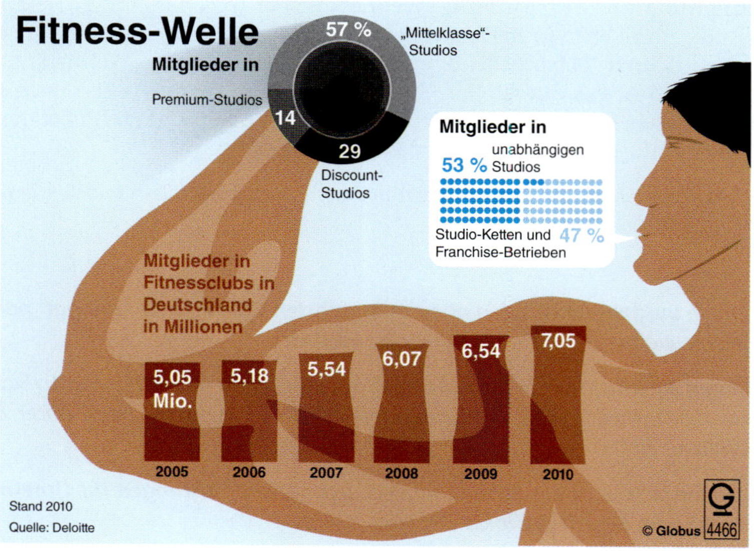

Aufgaben

1. ***Erarbeiten Sie ausgehend von den oben aufgeführten Definitionen und ggf. nach Internetrecherche eine eigene Definition des Begriffs Fitness.***
2. ***Recherchieren Sie auf den Seiten des DOSB (http://www.dosb.de bzw. www.richtigfit.de) die gerade für die körperliche Fitness zentralen Begriffe Kraft, Ausdauer, Schnelligkeit, Beweglichkeit und Koordination.***
3. ***Inwieweit gehen Fitnessstudios auch auf die geistige Fitness ein?***

3.3 Wellness

In jüngerer Zeit fällt einem auf, dass es immer mehr Wellnessangebote gibt. Diese reichen von Wellnesshotels bis hin zum Wellnesswasser. Das Problem bei der Vermarktung des Begriffs „**Wellness**" besteht darin, dass dieser gesetzlich nicht geschützt ist. Ein jeder kann demnach seine Minisauna zur Wellnessoase erklären oder eben das normale Sprudelwasser als Wellnesswasser verkaufen.

Im Folgenden wird hier dennoch eine Annäherung an diesen Begriff versucht.

Bei Wikipedia findet man unter dem Begriff Wellness den Eintrag:

> „Der Begriff Wellness, erstmals 1654 in einer Monografie von Sir A. Johnson als „...wealnesse", im Oxford English Dictionary mit ‚gute Gesundheit' übersetzt: nach modernem Verständnis ein ganzheitliches Gesundheitskonzept, seit den 50er-Jahren in den USA Oberbegriff einer seinerzeit neuartigen Gesundheitsbewegung."

Quelle: http://de.wikipedia.org/wiki/Wellness, Stand 02.08.2009

Der DOSB versteht unter Wellness:

> „Der Begriff ‚Wellness' vereint ‚well-being' (Wohlbefinden) und ‚Fitness'. Wellness spricht Körper, Geist und Seele an und umfasst körperliche und geistige Betätigung sowie ausgewogene Ernährung und Entspannung. Wellness ist der Gegenbegriff zu Hektik und Bewegungsarmut, zum Leben in belasteter Stadtluft und zu stressbedingten schlechten Essgewohnheiten. Durch entsprechend ausgestattete Hotels wird Wellness meist zum Urlaubsinhalt. Wellness kann jedoch überall stattfinden, beispielsweise auch zu Hause: Etwas Zeit, ein belebendes Kräuterbad, ein gesundes Frühstück, ein schönes Konzert oder ein erholsamer Waldspaziergang – auch das ist Wellness."

Quelle: http://www.sportprogesundheit.de/de/sport-und-gesundheit/lexikon/lexikon-details/lexikon_begriff/303/, Stand 04.10.2013

Aufgaben

1. ***Erarbeiten Sie ausgehend von den oben aufgeführten Definitionen und ggf. nach Internetrecherche eine eigene Definition des Begriffs Wellness.***
2. ***Recherchieren Sie allgemein im Internet und auf den Seiten des DOSB (hptt://www.dosb.de bzw. www.richtigfit.de) zehn Anwendungen, die Ihrer Meinung nach unter den Bereich Wellness fallen.***
3. ***Erkundigen Sie sich in Ihrem Ausbildungsbetrieb, welche Leistungen Ihr Unternehmen den Kunden unter dem Begriff Wellness anbietet.***

4. ***Diskutieren Sie in der Klasse, ob sich Wikipedia aufgrund des Konzepts, dass jeder Internetnutzer einen Beitrag einstellen oder ändern kann, als glaubwürdige Quelle eignet. Bereiten Sie Ihre Diskussion ggf. durch eine Betrachtung der Richtlinien für das Einstellen von Beiträgen bei Wikipedia (hptt://www.wikipedia.org) vor.***

3.4 Gesundheit

Das Thema **Gesundheit** ist von elementarer Bedeutung in unserer heutigen Welt. Neben dem reinen Wohlergehen des einzelnen Bürgers stellt der Gesundheitsbereich auch einen großen Wirtschaftssektor dar. So beliefen sich laut statistischem Bundesamt die Gesundheitsausgaben im Jahr 2008 auf ca. 263 Milliarden Euro – allein in Deutschland.

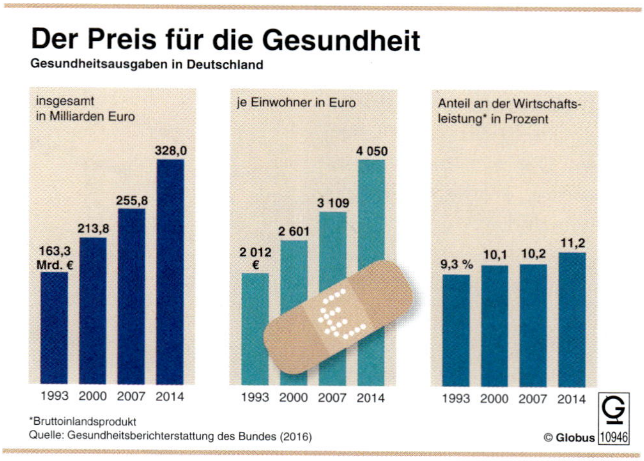

Die Wichtigkeit und die weltweite politische Dimension erkennt man besonders, wenn man sich die folgende Definition der Weltgesundheitsorganisation (WHO – Organisation der Vereinten Nationen, dem weltweiten Zusammenschluss der Staaten der Erde) anschaut:

> „Die Gesundheit ist ein Zustand des vollständigen körperlichen, geistigen und sozialen Wohlergehens und nicht nur das Fehlen von Krankheit oder Gebrechen. Der Besitz des bestmöglichen Gesundheitszustandes bildet eines der Grundrechte jedes menschlichen Wesens, ohne Unterschied der Rasse, der Religion, der politischen Anschauung und der wirtschaftlichen oder sozialen Stellung. Die Gesundheit aller Völker ist eine Grundbedingung für den Weltfrieden und die Sicherheit; sie hängt von der engsten Zusammenarbeit der Einzelnen und der Staaten ab."

Quelle: http://www.admin.ch/ch/d/sr/0_810_1, Stand 02.08.2009

Mit der Wahl Ihrer Berufsausbildung zur Sport- und Fitnesskauffrau bzw. zum Sport- und Fitnesskaufmann sind Sie nun ein aktiver Teil, der zur Gesundheit und damit zum Wohlergehen der Menschen beitragen kann.

Aufgaben

1. ***Lesen Sie den methodischen Hinweis zum Erstellen einer Mind-Map (Gedankenlandkarte).***
2. ***Halten Sie Ihre Gedanken zum Thema Gesundheit/Wohlergehen in einer Mind-Map fest.***
3. ***Denken Sie darüber nach, welche Erwartungen Ihre Kunden an Sie haben und welche Verantwortung Sie in Ihrem Beruf tragen.***

Methodischer Hinweis – Anfertigen einer Mind-Map (Gedankenlandkarte)

Mind-Mapping ist eine Methode zum Produzieren, Festhalten und Ordnen von Gedanken. Diese Visualisierungsform (Darstellungs- bzw. Veranschaulichungsform) kommt den Vorgängen in unserem Gehirn sehr nahe. Wir denken nicht immer linear einen Gedanken zu Ende, sondern unsere Gedanken springen vielmehr, folgen einem Thema, bilden Untergruppen, um dann eine völlig neue Richtung einzuschlagen.
Beim Mind-Mapping wird der zentrale Begriff bzw. das Thema in die Mitte des Mediums (Blatt Papier, Tafel, Plakat etc.) gesetzt.
Davon ausgehend werden zentrale Aspekte auf „Hauptäste" geschrieben, die eine Linie zum Zentrum darstellen.
Nebenaspekte werden auch auf „Nebenäste" geschrieben, die von den Hauptästen ausgehend weiterführen bzw. sich auffächern.

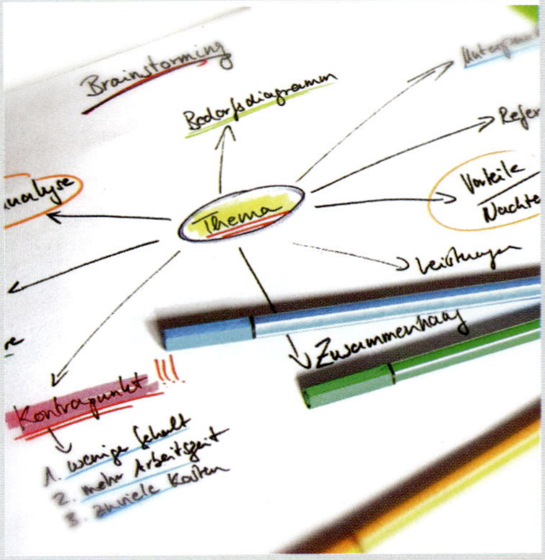

Die Gedanken sollen nur schlagwortartig in Druckbuchstaben (Groß- und Kleinbuchstaben verwenden – das ist übersichtlicher) festgehalten werden. Darüber hinaus können auch aussagekräftige Zeichen, Symbole oder Pfeile benutzt werden.
Die Schrift (bzw. Zeichen und Symbole) sollte möglichst waagerecht ausgerichtet sein – dies erleichtert das Lesen.
Wenn mehrere Personen eine Mind-Map erstellen, kann es sinnvoll sein, dass ein Moderator/eine Moderatorin den Prozess des Gedankenfesthaltens leitet, bei schleppendem Verlauf gezielt Fragen stellt und die Ergebnisse auf das Medium schreibt. Hier eignet sich eine halbkreisförmige Sitzordnung vor dem gewählten Medium (Tafel, Plakat etc.).
Besonders geeignet sind Mind-Maps im beruflichen Alltag in den Situationen, in denen erst einmal vorbehaltlos über ein Problem oder eine anstehende Aufgabe (wie bspw. die Eröffnung einer neuen Filiale oder Kundenrückgewinnungsaktionen) nachgedacht werden soll. Alle Ideen werden gesammelt, präzisiert (Abzweigungen) und festgehalten. Sie dienen dann als Grundlage für das weitere Vorgehen.
In beruflichen Situationen ist die Mind-Map besonders dazu geeignet, Ideen und Gedanken zu sammeln und vorzustrukturieren, wobei assoziativ (gedankliche Verknüpfungen) vorgegangen wird. Durch die Kombination von begrifflichem und grafischem Denken wird das Hirn leistungsfähiger und ein Gedankennetz entsteht, das durch die vielfältigen Verknüpfungen bessere Ergebnisse liefert, als das lineare Vorgehen, bspw. nach Listen.

4 Den Sport- und Fitnessbereich in Zahlen und Grafiken darstellen

Wie in den vorangegangenen Abschnitten deutlich wurde, tragen Sie als angehende Sport- und Fitnesskaufleute eine große Verantwortung gegenüber Kunden bzw. Vereinsmitgliedern, die Ihnen in den elementar wichtigen Bereichen Gesundheit und Wohlergehen vertrauen.

Jährlich werden durch das Statistische Bundesamt sowie durch verschiedene Institute und Marktforschungsunternehmen Erhebungen (Umfragen, Auswertung von Mitglieder- und Umsatzzahlen etc.) vorgenommen. Die ermittelten Daten werden oft in Form von Diagrammen bzw. Schaubildern aufbereitet.

Um konkrete Aussagen machen zu können, müssen diese Darstellungen entsprechend ausgewertet werden. Aus diesem Grund liegt der Schwerpunkt in diesem Kapitel auf der Auswertung von Diagrammen und Schaubildern sowie auf der Berechnung von entsprechenden Werten und Kennzahlen.

Methodischer Hinweis – Auswertung von Diagrammen und Schaubildern

Die Auswertung von Diagrammen und Schaubildern ist eine spezielle Art des Lesens. Hierbei handelt es sich nicht um kontinuierliche Texte (Fließtexte), sondern um eine Kombination aus Bildern, Diagrammen, Zahlen und eventuell nur ganz kurzen Texten.

Bei einer Betrachtung von entsprechenden Darstellungen wird deutlich, dass es zum einen sehr übersichtlich gestaltete und leicht zu verstehende (siehe Globus-Grafik 5621 – Der Preis für die Gesundheit) sowie zum anderen sehr kompliziert dargestellte Schaubilder und Diagramme gibt. Deshalb fällt es in einigen Fällen leichter und in anderen schwerer, die entsprechenden Aussagen und Daten zu interpretieren. Darüber hinaus gibt es Menschen, die bei der Auswertung dieser Darstellungen keine bzw. kaum Schwierigkeiten haben, aber es gibt auch andere, die beim Anblick einer grafischen Darstellung sofort eine Abwehrhaltung einnehmen, weil sie glauben, damit nichts anfangen zu können.

Aber auch hier gilt wie im Sportbereich: Nur durch ein gezieltes und kontinuierliches Training können Fertigkeiten erworben und individuelle Höchstleistungen erzielt werden.

In Tageszeitungen, Fachzeitschriften oder im Fernsehen werden Informationen oft mithilfe geometrischer Figuren bzw. Formen veranschaulicht: Kurven, Kreise, Torten (ein Kreis wird in Segmente aufgeteilt, sodass diese wie Tortenstücke aussehen), Säulen oder Balken. Der grundlegende Ansatz ist immer der, dass mehrere Daten/Variablen in einem Verhältnis zueinander dargestellt werden, wobei ein einheitlicher Maßstab angelegt wird. Bei den grafischen Darstellungen ist es besonders wichtig, genau zu lesen, wie die Skalen bezeichnet sind, um Fehlinterpretationen zu vermeiden.

Kreisdiagramme (siehe Globus-Grafik 2325 – „Sportliche Gesellschaft") sind immer dann nützlich, wenn Anteile eines Ganzen dargestellt werden sollen. Man kann das Diagramm häufig als Torte ansehen, deren unterschiedlich große Stücke die verschiedenen Anteile am Ganzen besser als Zahlen verdeutlichen. Oft werden die Segmente farblich voneinander abgegrenzt, sodass die Unterschiede noch deutlicher werden.

Kurvendiagramme (siehe Globus-Grafik 4466 – „Die Fitness-Welle") veranschaulichen Veränderungen von Daten/Variablen – sie zeigen häufig eine Entwicklung über einen bestimmten Zeitraum.

In Säulendiagrammen oder Balkendiagrammen (siehe wieder Globus-Grafik 2325) werden unterschiedliche Daten/Variablen durch senkrechte oder waagerechte Balken/Rechtecke vergleichbar dargestellt.

In einigen Fällen – wie z. B. in Grafik 2325 – werden auch unterschiedliche Diagramme in einer Darstellung zusammengefasst bzw. miteinander kombiniert. Hier erfolgt die Auswertung einfach getrennt nacheinander.

Im Berufsleben ist es relativ oft notwendig, Diagramme und Schaubilder auszuwerten, da diese häufig Bestandteil von Fachartikeln sind. Bei der Aufbereitung der eigenen Daten (bspw. für die jährliche Mitglieder- bzw. Gesellschafterversammlung) sollte man ebenfalls zur besseren Veranschaulichung Diagramme und Schaubilder erstellen. Hier ist es natürlich von großem Vorteil, wenn man deren Interpretation sehr gut beherrscht.

Methodischer Hinweis – Berechnung von Werten und Kennzahlen

Zum besseren Verständnis kann es manchmal notwendig sein, Prozentanteile in absolute Zahlen oder – umgekehrt – absolute Zahlen in Prozentwerte umzurechnen. Hier hilft der einfache Dreisatz.

Wenn man beispielsweise aus der Globus-Grafik 0085 „Sport und Spiel" (S. 28) herausfinden möchte, wie viele Frauen in Vereinen Fußball spielen, muss man folgende Rechnung anstellen:

Gesamtzahl der Mitglieder in Fußballvereinen = 6.272.800
Diese Gesamtzahl entspricht also allen Mitgliedern, demnach 100 %.
Jetzt kann man der Grafik entnehmen, dass der Frauenanteil 14 % beträgt.
Nun muss man berechnen, wie viele Frauen das sind – die entsprechende Rechnung mit dem Dreisatz sieht folgendermaßen aus:

1. Satz: Bedingungssatz	100 % = 6.272.800 Mitglieder
2. Satz: Fragesatz	14 % = x Mitglieder? (Wie viel Mitglieder entsprechen 14 %?)
3. Satz: Lösungssatz	Da es sich hier um eine gerades/proportionales Verhältnis handelt (je weniger Prozent, desto geringere Mitgliederanzahl) wird über Kreuz gerechnet

100 % = 6.272.800 Mitglieder

(Division): ↑ (Multiplikation)

14 % = x Mitglieder?

$$x = \frac{6.272.800 \text{ Mitglieder} \cdot 14\,\%}{100\,\%}$$

x = 878.192 Mitglieder sind Frauen

Ein wenig mühseliger wird es da schon, wenn man der gleichen Grafik entnehmen möchte, wie viel Prozent eigentlich die Mitgliederanzahl der kleinsten Gruppe – der Segler – an allen Vereinssportlern der größten Sparten ausmacht.

Die Gesamtzahl aller Mitglieder in Sportvereinen ist zunächst unbekannt – hier müssen alle Mitgliederzahlen der einzelnen Sparten zusammengerechnet werden: 23.292.130
Diese Gesamtzahl entspricht also allen angegebenen, demnach 100 %.
Jetzt kann man der Grafik entnehmen, dass die Anzahl der Segler 189.530 Mitglieder beträgt. Nun muss man berechnen, wie viel Prozent das sind – die entsprechende Rechnung mit dem Dreisatz sieht folgendermaßen aus:

23.292.130 Mitglieder = 100 %

(Division): ↑ (Multiplikation)

189.530 Mitglieder = x %?

$$x = \frac{100\,\% \cdot 189.530 \text{ Mitglieder}}{23.292.130 \text{ Mitglieder}}$$

x = 0,8137 % (Der Anteil der Segler an allen genannten entspricht in diesem Fall also nicht einmal 1 %.)

Der einfache Dreisatz ist eine grundlegende Rechenmethode im kaufmännischen Sektor. Er wird nicht nur bei der Auswertung von Diagrammen angewendet, sondern bspw. auch bei der Kalkulation von Verkaufspreisen oder der Planung des Personaleinsatzes. Im weiteren Verlauf des Buches werden noch andere Formen des Dreisatzes betrachtet, die zur Lösung komplizierterer Rechenprobleme dienen.

Aufgaben

1. ***Berechnen Sie, wie viele Frauen im Jahr 2004 Golf gespielt haben (Globus-Grafik 0085 – Sport und Spiel).***
2. ***Um wie viel Prozent hat sich die Mitgliederzahl in Fitnessstudios von 1992 bis 2007 gesteigert (Basiswert 100 % = Zahl aus 1992) (Globus-Grafik 2018 – Im Schwitzkasten)?***
3. ***Wie viel Prozent der Studios waren im Jahr 2007 unabhängig (Globus-Grafik 2018)?***
4. ***Wie groß ist der prozentuale Anteil der Sponsoring-Ausgaben für Sport bezogen auf alle Sponsoring-Ausgaben im Jahr 2007 (Globus-Grafik 1784 – „Mit freundlicher…", S. 29)?***
5. ***Leiten Sie die Bedeutung des Sport- und Fitnessbereichs aus der Auswertung der Schaubilder/Diagramme ab. Interpretieren Sie demnach die Schaubilder.***

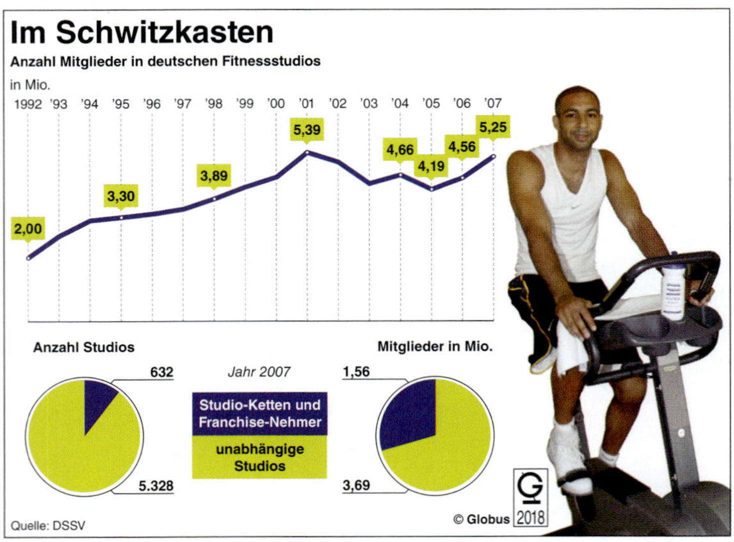

6. *Berechnen Sie (inklusive Rechenweg) aus der folgenden Grafik, wie hoch der durchschnittliche Umsatz*

a je Fitnessstudio und

b je Mitglied

im Jahr 2009 war.

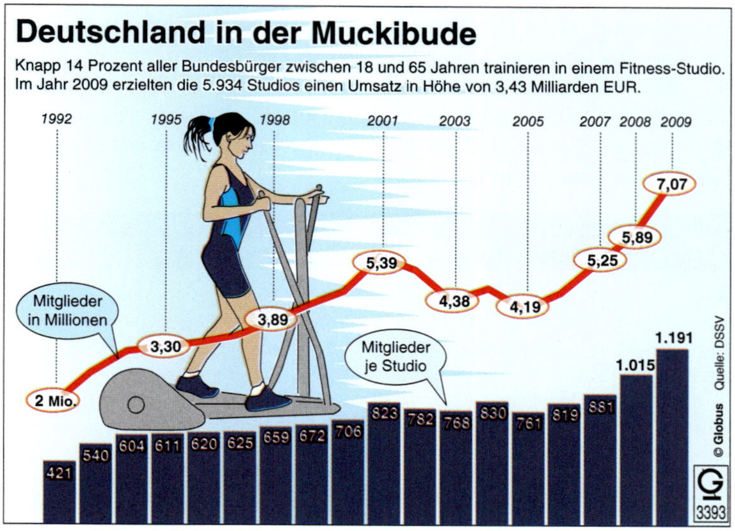

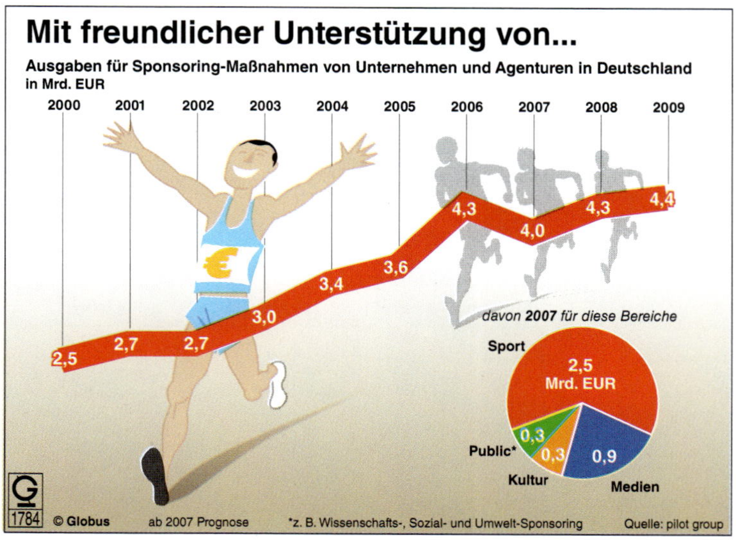

7. *Fertigen Sie ein Säulendiagramm an, in welchem Sie den Anteil der weiblichen und männlichen Schüler/-innen Ihrer Klasse grafisch darstellen.*

8. *Fertigen Sie ein Kreisdiagramm an, in welchem die Zugehörigkeit der Auszubildenden Ihrer Klasse nach den Betriebsformen/Branchen Fitnessstudio, Sportverein, Golf- und/oder Wellnesshotel sowie Sonstige unterschieden wird.*

Zusammenfassung

Grundlagen des Berufes Sport- und Fitnesskauffrau / Sport- und Fitnesskaufmann
Sport- und Fitnesskaufleute sind in der Sportwirtschaft, insbesondere in den Geschäfts- und Organisationsbereichen von Fitness- und Gesundheitsstudios, Sportvereinen und Sportverbänden, sowie in der öffentlichen und privaten Sport- und Sportstättenverwaltung tätig. Der Schwerpunkt liegt auf den kaufmännischen Tätigkeiten, u. a. in den Unternehmensbereichen Organisationsplanung des Aufbaus und der Abläufe innerhalb des Unternehmens, Rechnungswesen/Buchhaltung, kfm. Steuerung bzw. Controlling, Marketing, Personalwesen, Warenbeschaffung, Warenverkauf, Erstellung des Leistungsangebots, Preis- und Beitragsgestaltung. Die Ausbildung dauert drei Jahre und wird in der Lernortkooperation zwischen Ausbildungsbetrieb und Berufsschule absolviert.

Die Sport- und Fitnesskaufleute bieten ihre Leistungen in den folgenden Bereichen an:	
Sport	Sammelbezeichnung für die an spielerischer Selbstentfaltung sowie am Leistungsstreben ausgerichteten vielgestaltigen Formen körperlicher Betätigung, die sowohl der geistigen und körperlichen Beweglichkeit als auch dem allgemeinen Wohlbefinden dienen sollen. Die Ausübung der Sportart muss eine eigene, sportartbestimmende motorische Aktivität eines jeden zum Ziel haben, der sie betreibt. Zum Sportverständnis gehören die Freude an körperlicher Leistung, das Bedürfnis nach Vergleich und die für den Einzelnen wie für die Gemeinschaft identitätsstiftende Wirkung des Wettkampfsports.
Fitness	Körperliche und geistige Fitness bezeichnen das Vermögen, geplante Handlungen durchführen zu können. Im Sport ist die körperliche bzw. motorische Fitness von besonderer Bedeutung. Die motorische Fitness beschreibt einen Zustand, der die körperliche Leistungsfähigkeit bzw. die Entwicklung der konditionellen Fähigkeiten Kraft, Ausdauer, Schnelligkeit, Beweglichkeit und Koordination umfasst, darüber hinaus aber auch die Ausprägung psychologischer, sozialer und moralischer Komponenten beinhaltet.
Wellness	Wellness spricht Körper, Geist und Seele mit dem Ziel des Erreichens eines Gleichgewichts an und umfasst körperliche und geistige Betätigung sowie ausgewogene Ernährung und Entspannung.
Gesundheit	Die Gesundheit ist ein Zustand des vollständigen körperlichen, geistigen und sozialen Wohlergehens und nicht nur das Fehlen von Krankheit oder Gebrechen.

Lernfeld 1
Den Betrieb erkunden und darstellen

Thomas, Sarah und Gabriela treffen sich kurz vor der Berufsschule.

Sarah: Toll, mein Verein, der BVB, hat am Wochenende wieder mal gewonnen. 3:1 gegen die Bayern.

Thomas: Hör bloß auf, ich als Bayern-Fan war stinksauer. Aber zu dir, bist du ein richtiger Fan von Borussia Dortmund?

Sarah: Ja, klar, ich fahre so oft es geht zu den Heimspielen, die Atmosphäre im Stadion ist grandios.

Gabriela: Hätte ich jetzt nicht gedacht, dass du Fan bist.

Sarah: Ich habe sogar eine Aktie vom BVB. Die hat mir mein Freund zum Geburtstag geschenkt.

Thomas: Wie Aktie?

Sarah: Ich zeige sie dir mal an unserem nächsten Berufsschultag.

Thomas: Super, da bin ich aber gespannt.

Zwei Tage später bringt Sarah wie versprochen die BVB-Aktie mit. Die drei schauen sich die Aktie intensiv an.

Thomas: Ist ja irre, du bist am BVB beteiligt. Dir gehört also ein Stück von der Borussia.

Sarah: Na ja, ich habe eben nur eine Aktie.

Gabriela: Was bedeutet denn eigentlich GmbH & Co. KGaA? Das steht auf der Aktie.

Sarah: Ehrlich gesagt, weiß ich das auch nicht so genau.

Thomas: Meine Bayern bestehen aus zwei Bereichen. Einmal aus dem Verein und einmal aus der Aktiengesellschaft – kurz AG genannt, wobei die AG zu 90 % dem Verein gehört und zu 10 % Adidas.

Gabriela: Das hört sich alles sehr kompliziert an. Wollen wir uns damit mal näher beschäftigen?

Thomas: Natürlich, wir müssen doch wissen, wie unsere Lieblingsvereine oder wohl besser Lieblingsaktiengesellschaften funktionieren, wir sind schließlich echte Fans.

Gabriela: Na, dann lass uns doch auch gleich mal recherchieren, welche Unterschiede es bei unseren Ausbildungsbetrieben in diesem Bereich gibt.

Thomas: Gute Idee! Dann mal los …

1 Den Aufbau eines Unternehmens im Prozess der betrieblichen Leistungserstellung erkunden

Neben der Klärung des Problems der drei Auszubildenden, was sich eigentlich hinter einer Aktiengesellschaft oder einer GmbH & Co. KGaA verbirgt, finden Sie in diesem Kapitel auch noch Antworten auf die folgenden Fragen:

- Welche Produkte und Leistungen bietet ein Unternehmen an?
- Wie sind Betriebe eigentlich aufgebaut?
- Welche Abläufe kennzeichnen ein Unternehmen und wie kann man diese planen?
- Welche unterschiedlichen Führungsstile der Vorgesetzten gibt es?
- Wie kann gute Teamarbeit aussehen?
- Wer organisiert den Sport und wer übernimmt die Kosten für die Sportstätten?
- Welcher Unterschied besteht zwischen kommerziellen und gemeinnützigen Unternehmen der Sport- und Fitnessbranche?
- Welche unterschiedlichen Ziele haben Unternehmen?
- Was ist ein Unternehmensleitbild?
- Welche Unternehmens- und Rechtsformen gibt es in der Sport- und Fitnessbranche?
- Welche Voraussetzungen müssen für die Gründung eines Unternehmens erfüllt sein?

Die Sport- und Fitnessbranche inklusive der unterschiedlichsten Wellnessangebote ist in den letzten 25 Jahren stetig gewachsen. In Deutschland gibt es circa 90.000 meist gemeinnützige Sportvereine, ungefähr 5.800 kommerzielle Sport- und Fitnessunternehmen und eine stetig wachsende Anzahl an Wellnesshotels und -einrichtungen. Der Markt in dieser Branche ist derzeit sehr umkämpft. So werben auch Sportvereine inzwischen verstärkt mit ihren vereinseigenen Fitnessstudios. Sport- und Fitnesscenter bieten Wellnesstage an und Wellnesshotels organisieren Lauftreffs. Vereine, Sport- und Fitnessanlagen und Wellnessanbieter müssen daher verstärkt auf die Wünsche der Kunden eingehen. Nur ein kundenorientiertes Angebot kann sich langfristig auf dem Markt halten.
Vereine und Unternehmen, die in der Sport-, Fitness- und Wellnessbranche tätig sind, unterscheiden sich recht häufig in ihrem Angebot, im innerbetrieblichen Aufbau, bei den Mitarbeitern und in der Kunden- /Mitgliederstruktur. Trotzdem – oder gerade deshalb – gelingt es vielen, diese Faktoren so einzusetzen, dass sie am Markt bestehen können.

Aufgaben

1. ***In der Einstiegssituation sagt Gabriela: „Wir müssen doch wissen, wie unsere Lieblingsvereine oder wohl besser Lieblingsaktiengesellschaften funktionieren, wir sind schließlich echte Fans".***
   a *Lesen Sie das Inhaltsverzeichnis dieses Buches und notieren Sie, in welchem Kapitel der Unterschied zwischen einem Verein und einer Aktiengesellschaft erläutert wird.*
   b *Benennen Sie die Kapitel des Buches, in denen der Unterschied zwischen Profisport und Freizeitsport erklärt wird.*
   c *Welche Kapitel erläutern die Organisation von Vereinen / / Unternehmen?*

2. ***Zum Einstieg in das Lernfeld werden Sie beauftragt, Ihren Ausbildungsbetrieb kurz mithilfe eines Plakats zu präsentieren.***
   a *Lesen Sie die methodischen Hinweise „Erstellung eines Plakats". Überlegen Sie zusammen mit Ihren Mitschülern, welche Plakate Sie in Ihren Betrieben und in der Öffentlichkeit in der letzten Woche bewusst wahrgenommen haben.*

b Informieren Sie sich auch im Internet über die Gestaltung von Plakaten. Legen Sie dabei den Schwerpunkt Ihrer Recherche auf die Plakatgestaltung, die Größe von Plakaten und die Ziele von Plakaten.

c Recherchieren Sie die notwendigen Informationen über Ihren Betrieb bzw. erkunden Sie Ihren Betrieb im Hinblick auf die folgenden Schwerpunkte:

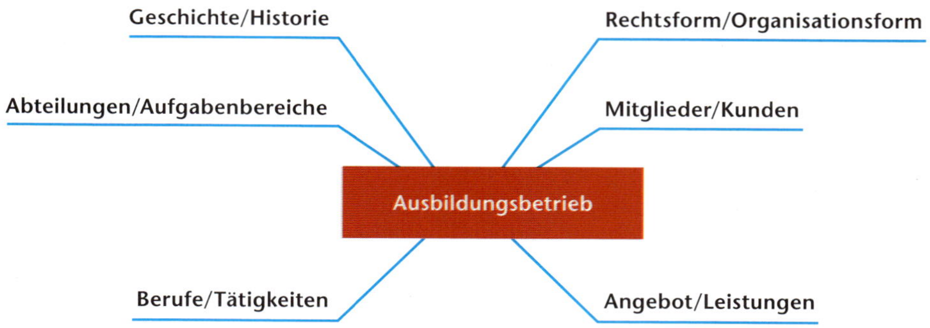

d Fertigen Sie nun ein Plakat mit den notwendigen Informationen an und bereiten Sie einen Kurzvortrag vor.

e Präsentieren Sie Ihre Ergebnisse den anderen Mitschülern Ihrer Klasse.

Methodischer Hinweis – Erstellung eines Plakats

Plakate sollen zum Betrachten und zum Lesen animieren. Sie sollen die Blicke auf sich ziehen und einen bleibenden Eindruck bei den Betrachtern hinterlassen. Ein Plakat ist mit einer bestimmten Botschaft verknüpft. Wesentliche Gestaltungselemente eines Plakats sind Texte und Grafiken.

Plakate werden häufig zu Werbezwecken genutzt. So können beispielsweise Vereine mit Plakaten auf eine Sportveranstaltung hinweisen oder Fitnessstudios für spezielle Einsteiger-Angebote werben.

Ein paar Tipps zur Plakaterstellung:

- Nehmen Sie maximal sieben inhaltliche Punkte auf.
- Schreiben Sie deutlich und leserlich. Verwenden Sie Druckbuchstaben.
- Verwenden Sie markante Überschriften.
- Nehmen Sie nur Kernaussagen auf.
- Formulieren Sie verständlich.
- Formulieren Sie kurz, knapp und präzise.
- Bilden Sie Gruppen – fassen Sie Zusammengehöriges/Verwandtes dadurch zusammen, dass Sie diese räumlich nah beieinander abbilden.

DAS PLAKAT

- **hat ein Thema!**
  - **ist übersichtlich**
  - **ist einprägsam**
  - **ist verständlich**
- **wird vom Betrachter sofort begriffen**

- Setzen Sie für Sachverhalte immer die gleiche Farbe und Form ein.
- Heben Sie Wichtiges hervor, z. B. durch Verwendung der Farbe Rot oder durch Umrahmung, Unterstreichung oder Schraffur.
- Nutzen Sie die Wirkung von Grafiken, Symbolen und Zeichnungen.
- Verwenden Sie maximal vier Farben pro Darstellung.

1.1 Den Prozess der kundenorientierten Leistungserstellung erschließen

Jedes kommerzielle Unternehmen verfolgt – unabhängig von der Art des Betriebes – die gleichen Zwecke. Um dem erwerbswirtschaftlichen Ziel gerecht zu werden, wollen alle Unternehmen ihr Produkt / / ihre Dienstleistung möglichst günstig herstellen (**Leistungserstellung**), damit Sie dieses zu einem möglichst hohen Preis am Markt den Kunden anbieten und verkaufen können (**Leistungsverwertung**).

Beispiel:
- *Das Fitnessstudio FFP (Fit Fun Power) in Harburg bietet seinen Kunden den alkoholfreien Cocktail „Energy2010" an. Als Hauptbestandteile werden Orangen-, Grapefruit- und Tomatensaft hinzugefügt. Danach wird ein bisschen Salz und Pfeffer hinzugegeben. In einem elektrischen Mixer wird das Getränk gemixt. Das Getränk wird anschließend in ein Glas geschüttet und zum Abschluss noch mit einem Strohhalm versehen.*
- *Nach der Herstellung des Cocktails (Leistungserstellung) wird er für 6,50 € an den Kunden verkauft (Leistungsverwertung).*

Die betriebliche Leistungserstellung umfasst demnach alle Maßnahmen, die mit der Herstellung von Gütern oder Dienstleistungen zusammenhängen. Natürlich müssen auch gemeinnützige Vereine ihr Angebot ständig an die Mitgliederstruktur anpassen, um sie langfristig zu binden und neue Mitglieder zu werben.

1.1.1 Das Produkt als Ergebnis der betrieblichen Leistungserstellung

Das Produkt einer betrieblichen Leistungserstellung muss nicht zwangsläufig ein körperlicher Gegenstand sein, sondern z. B. auch eine Dienstleistung. Dies ist abhängig vom Angebot der jeweiligen Unternehmen. Im Sport- und Fitnessbereich werden überwiegend sportliche Dienstleistungen und Wellnessanwendungen angepriesen, es werden aber auch Sachleistungen, wie Getränke, Lebensmittel und Sportbekleidung, angeboten.

Beispiele:
- *Das Fitnessstudio FFP in Harburg bietet einen 20-stündigen Kurs „Steppaerobic für Frauen" an.*
- *Der SC Lüneburg wirbt bei seinen Mitgliedern für einen 12-stündigen Yoga-Kurs.*
- *Im Golf- und Wellnessresort Lüneburger Heide kann der Gast Rückenmassagen buchen.*
- *Eine große Fitnesskette bietet das Produkt „5-Minuten-Duschen" für 1,00 € an.*
- *Ein Reinigungsunternehmen bietet als ein Produkt die „Reinigung von Büroräumen" an.*
- *Ein türkischer Mitbürger verkauft in seinem Lebensmittelgeschäft „Türkischen Mokka".*
- *Ein Sportfachgeschäft hat unter anderem das Produkt „Nordic-Walking-Stöcke" in seinem Sortiment.*

Beispiele für Produkte und Absatzmärkte der wichtigsten Wirtschaftsbranchen

	Industriebetriebe	Handelsbetriebe	Dienstleistungsbetriebe
Beispiele	– Computerhersteller – Autohersteller – Brauereien – Fahrradproduzenten – Möbelproduzenten	– Großhandel für Fahrräder und Fahrradzubehör – Import von Orangen (Außenhandel) – Einzelhandel für Lebensmittel	– Sport- und Fitness-studios – Banken – Versicherungen – Reinigungs-unternehmen – Speditionen – Steuerberater
Produktion (Leistungs-erstellung)	– Konsumgüter, z. B. Computer, Autos, Lebensmittel für private Haushalte – Produktionsgüter, z. B. Maschinen, Lkw, Fließbänder für Unternehmen	– Lebensmittel – Möbel – Autos – Bücher – Fahrräder	– Sport- und Fitness-angebote – Bewirtung – Bankdienstleistungen – Versicherungen – Gebäudereinigung – Transport
Absatzmarkt (Leistungs-verwertung)	– Unternehmen – Lebensmittelgroß-handel – Endverbraucher (Direktverkauf)	– Einzelhandel – Endverbraucher	– Endverbraucher – Unternehmen – Öffentlicher Dienst

Um der kundenorientierten Leistungserstellung gerecht zu werden, muss das Produkt / / die Dienstleistung interessant gestaltet werden. Daher werden oft mehrere Güter oder Dienstleistungen zusammengefasst und als ein Produkt offeriert.

Beispiele:

- *Das Fitnessstudio FFP in Harburg bietet einen 20-stündigen Kurs „Steppaerobic für Frauen" an. Während des Kurses ist eine kostenlose Kinderbetreuung vorhanden. Nach jeder Übungsstunde ist ein alkoholfreies Getränk im Preis enthalten.*
- *Im Golf- und Wellnessresort Lüneburger Heide kann der Gast Rückenmassagen buchen. Die anschließende Saunanutzung ist gratis. Saunahandtücher werden vom Hotel gestellt.*
- *Ein türkischer Mitbürger verkauft in seinem Lebensmittelgeschäft das Produkt „Türkische Kaffeestunde" bestehend aus einer Packung türkischem Mokka, einer Cezve-Kanne, zwei Kaffeetassen, Zucker und einem Fläschchen Rosenwasser für den besonders festlichen Geschmack.*
- *Ein Sportfachgeschäft hat unter anderem das Produkt „Nordic-Walking-Basics" in seinem Sortiment. Es besteht aus Walking-Stöcken, Walking-Schuhen, Sportsocken und einer Broschüre zum Nordic Walking.*

Die Summe aller Produkte, die ein Unternehmen anbietet, wird betriebswirtschaftlich Produktionsprogramm, Produktprogramm, Produktportfolio oder Sortiment genannt.

Beispiele:

- *Das Fitnessstudio FFP in Harburg bietet unter anderem im Kursbereich Aerobic, Steppaerobic, Spinning, Pilates und Yoga an. Auch klassisches Krafttraining, Rückenschule „Bauch, Beine, Po" wird angeboten. Neben einem kleinen Saunabereich sind auch drei Solarien vorhanden. Außerdem werden kleine Mahlzeiten, Getränke und Sportartikel verkauft.*
- *Ein gut sortiertes Sportfachgeschäft präsentiert den Kunden neben Sportbekleidung natürlich auch Sportgeräte und anderes Zubehör für viele unterschiedliche Sportarten.*

Bei Sportvereinen ist das Produktprogramm natürlich stark abhängig vom jeweiligen Vereinszweck und der Struktur des Vereins. Ein reiner Fußballverein, wie beispielsweise der 1. FC Nürnberg, ist in dieser Hinsicht anders aufgestellt als der Hamburger Sportverein, der viele unterschiedliche Sportdisziplinen in sich vereinigt. Gleiches gilt auch für die Sport- und Fitnessunternehmen, deren Produktprogramm je nach Anlagetyp variieren kann.

Anlagetypen der Sport-, Fitness- und Wellnessbranche

- Gemischte Fitnessanlage: Angebot von Fitness für Frauen und Männer auf mind. 200 qm, daneben optional Aerobic- und Wellnessangebote
- Frauenstudio: Angebot von Fitness ausschließlich für Frauen auf mind. 200 qm, daneben optional Kurs- und Wellnessangebote
- Multifunktionsanlage: Angebot von Fitness für Frauen und Männer auf mind. 200 qm, daneben optional Aerobic- und Wellnessangebote mindestens ein weiteres Angebotssegment, z. B. Racketsportarten, Budosportarten etc.
- Wellnessfokussierte Anlagen: Anlagetypen, deren Wellnessbereich größer als 200 qm ist

Nach der Anzahl der Betriebe und der Mitglieder kann folgende Einteilung erfolgen:

- Kettenbetriebe: Unternehmen mit mindestens drei Anlagen und insgesamt mehr als 5.000 Mitgliedschaften.
- Filialbetriebe: Unternehmen mit zwei oder mehr Anlagen, die kumuliert weniger als 5.000 Mitglieder zeigen.

(Hinweis: Die Grenzen zwischen Ketten- und Filialbetrieben sind fließend.)

- Einzelbetriebe: Einzelne Anlagen, die in der Regel durch ihre Eigentümer als Einzelunternehmer geführt werden.

Nach dem Umfang der angebotenen Leistungen lassen sich die Betriebe folgendermaßen einteilen:

- Discountanbieter charakterisieren sich durch ein eingeschränktes Leistungsspektrum und eine geringe persönliche Betreuung ihrer Mitglieder. In der Regel liegt die Fokussierung auf Cardio- und Kraftgeräte.
- Mediumbereich: Anbieter im Mediumbereich sprechen mit ihrem Angebot und ihrer Ausstattung ein eher breites Publikum an.
- Premiumanbieter zeichnen sich durch ein hochwertiges, breit gefächertes Angebotsspektrum aus, das auf Mitglieder mit höherem Einkommen ausgerichtet ist.

Für alle Bereiche der Sport- und Fitnessbranche muss die Leistungserstellung kundenorientiert organisiert und durchgeführt werden, da die Güter und Dienstleistungen ja verkauft werden sollen (Leistungsverwertung). Was nützt ein gut gemeintes Produkt, wenn es kein Kunde kauft?

Aufgaben

1. ***Worin besteht der Unterschied zwischen Leistungserstellung und Leistungsverwertung?***
2. ***Erarbeiten Sie den Unterschied zwischen Dienstleistungen und Sachleistungen anhand von je drei Beispielen für eine Multifunktionsanlage der Sport- und Fitnessbranche.***

3. *Beschreiben Sie jeweils zwei Beispiele für die Leistungserstellung und -verwertung aus Ihrer Region*
   a für Industriebetriebe,
   b für Einzelhandelsbetriebe,
   c für Großhandelsbetriebe und
   d für Dienstleistungsbetriebe (bitte keine Betriebe aus der Sport-, Fitness- und Wellnessbranche).

4. *Produkte aus dem Sport- und Fitnessbereich bestehen häufig aus einer Kombination mehrerer Güter und Dienstleistungen.*
   a Ein Wellnesshotel an der Ostsee möchte ein neues Produkt anbieten, die dreitägigen „Candlelight-Wellness-Days" für Paare. Entwickeln Sie aus kundenorientierten Sach- und Dienstleistungen ein attraktives Gesamtprodukt.
   b Stellen Sie anhand eines konkreten Produktes Ihres Ausbildungsbetriebes die darin angebotenen Sach- und Dienstleistungen kurz vor. (Soweit dies möglich ist, nehmen Sie ein Angebot/eine Leistung, das/die Sie auf dem im letzten Aufgabenblock erstellten Plakat bereits dargestellt haben.)
   Erstellen Sie zur Präsentation des ausgewählten Produktes eine Mind-Map.
   (Lesen Sie vorher nochmals die methodischen Hinweise zur Mind-Map.)

1.1.2 Die optimale Kombination der betriebswirtschaftlichen Produktionsfaktoren

Betriebswirtschaftliche Produktionsfaktoren bezeichnen alle (materiellen und immateriellen) Güter, die zur Herstellung anderer Güter oder Dienstleistungen benötigt werden.
Die betriebswirtschaftlichen Produktionsfaktoren wurden 1951 von Erich Gutenberg zum ersten Mal dargestellt. Seine Einteilung der Faktoren in dispositive und Elementarfaktoren ist allgemein für Industriebetriebe anerkannt, trifft aber überwiegend auch für Handels- und Dienstleistungsunternehmen zu. Die zunehmende Globalisierung des Wirtschaftslebens und die immer moderner werdende IT-Technologie führen dazu, dass Informationen (Wissen) ein immer bedeutenderen Produktionsfaktor sind.
Durch eine möglichst gute Kombination der betriebswirtschaftlichen Produktionsfaktoren sollen Sach- und Dienstleistungen kundengerecht, günstig und konkurrenzfähig produziert werden.

Die klassischen betriebswirtschaftlichen Produktionsfaktoren nach Gutenberg 1951

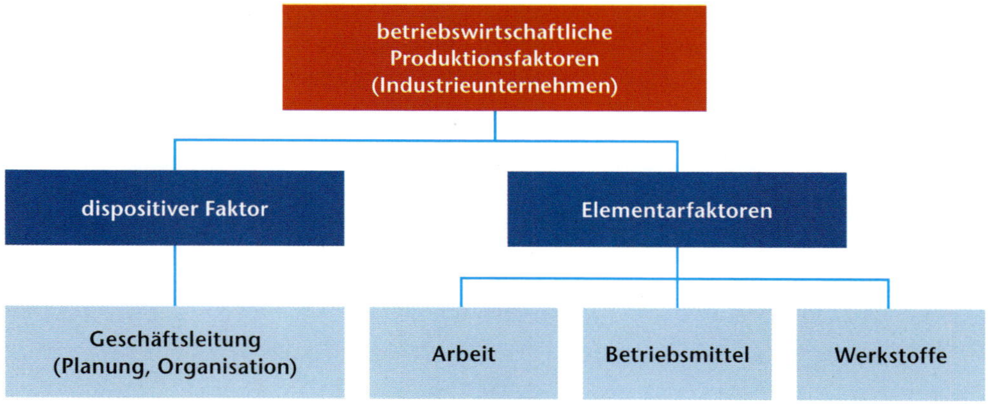

Produktionsfaktor Arbeit

Die Unternehmensleitung legt die unternehmerischen Ziele fest. Sie trifft Entscheidungen, plant u. a. das Sortiment, den Absatz, die Investitionen und kontrolliert das betriebliche Geschehen. Die Leitung wird heute auch dem Produktionsfaktor Arbeit zugeordnet, man spricht von der leitenden Arbeit oder vom dispositiven Produktionsfaktor Arbeit (Disposition = Organisation, Planung).

Ebenso wichtig ist die ausführende Arbeit. Sie wird (wie auch die Betriebsmittel und die Werkstoffe) den sogenannten Elementarfaktoren zugeordnet. Die ausführende Arbeit ist die Tätigkeit eines Mitarbeiters nach vorgegebenen Anweisungen.
Viele Arbeitsplätze lassen sich heute nicht mehr eindeutig nur der dispositiven oder ausführenden Arbeit zuordnen, da sie Bestandteile von beidem beinhalten.

Beispiele:
- *Marc Hilbert und Sabine Groß sind Inhaber und Geschäftsführer der Fitnesskette „Fit Fun Power" (FFP). Die Kette betreibt bundesweit an 65 Standorten Fitnessanlagen. Als Inhaber geben sie unter anderem die strategischen Ziele des Unternehmens vor, erarbeiten Konzepte und entwickeln Preise und Konditionen für die Kundschaft. Sie werden dem dispositiven Produktionsfaktor Arbeit zugerechnet.*
- *Caroline Brauer ist als Studioleiterin der Fitnesskette „Fit Fun Power" am Standort Harburg angestellt. Ihren Arbeitsvertrag hat sie mit den Inhabern abgeschlossen. Sie ist an die Weisungen ihrer Vorgesetzten gebunden. Trotzdem kann sie dem dispositiven Faktor Arbeit zugeordnet werden, da sie für ihren Standort unter anderem wirtschaftliche Verantwortung trägt und Personalentscheidungen trifft.*
- *Stefanie Krüger ist in Harburg bei der Fitnesskette FFP als Trainerin angestellt. Sie führt verschieden Kurse durch, betreut Kunden im Fitnessstudio und ist auch im Service tätig. Sabine Krüger wird dem Elementarfaktor Arbeit zugerechnet.*

Produktionsfaktor Betriebsmittel

Betriebsmittel sind alle betrieblichen Einrichtungen, ohne die eine Leistungserstellung nicht gewährleistet wäre.

Beispiel:
Betriebsmittel des Fitnessstudios FFP sind unter anderem Fitnessgeräte, Regale, Computer, Büroeinrichtungen, Theken, Stühle, Tische, Solarien etc.

Produktionsfaktor Werkstoffe

Werkstoffe sind Güter, die – durch Veränderung und Zusammenfügung – der Herstellung/Entwicklung neuer Produkte dienen. Werkstoffe werden zur Herstellung von materiellen Gütern eingesetzt. Zu den Werkstoffen zählen:
a) Rohstoffe: Sie gehen als Hauptbestandteile direkt in das Produkt ein.
b) Hilfsstoffe: Sie gehen als Nebenbestandteile direkt in das Produkt ein. Eine Erfassung pro Stück ist nicht notwendig, da sie mengen- und wertmäßig eine unbedeutende Rolle spielen.
c) Betriebsstoffe: Sie gehen nicht direkt in das Produkt ein, sondern werden bei der Produktion verbraucht.
d) Vorprodukte: Sie gehen direkt in das Produkt ein, werden aber nicht selbst produziert, sondern fertig eingekauft.

Beispiel:
Das Fitnessstudio FFP bietet seinen Kunden den alkoholfreien Cocktail „Energy2010" an (Produkt). Als Hauptbestandteile (Rohstoffe) werden Orangensaft, Grapefruitsaft und Tomatensaft hinzugefügt. Danach wird ein bisschen Salz und Pfeffer (Hilfsstoffe) hinzugegeben. In einem elektrischen Mixer (Betriebsmittel) wird das Getränk gemixt. Dabei wird Strom verbraucht (Betriebsstoff). Zum Abschluss wird in das Glas noch ein Strohhalm (Vorprodukt) gesteckt.

Produktionsfaktor Beratung/Kundenbetreuung

Als Erich Gutenberg die betriebswirtschaftlichen Produktionsfaktoren 1951 erstmals definierte, war der Dienstleistungssektor bei Weitem noch kein so großer Wirtschaftszweig wie heutzutage. Handel und Dienstleistungen haben in den letzten Jahrzehnten enorm an Bedeutung gewonnen. Der klassische Produktionsfaktor *Werkstoff* wird daher heute oft durch den Faktor *Beratung* ersetzt. Dabei wird die Beratung häufig als externer Produktionsfaktor bezeichnet, im Dienstleistungsbereich handelt es sich aber bei genauer Betrachtung durchaus um einen Elementarfaktor. Die Beratung ist gerade im Sport- und Fitnessbereich ein elementarer Bestandteil der Leistungserstellung.

Beispiel:
Im Fitnessstudio FFP werden die Kunden umfassend betreut und beraten. Neben einer ersten Studioführung wird zu Beginn der Mitgliedschaft eine umfassende Anamnese durchgeführt. Aufbauend auf den Ergebnissen der Anamnese wird ein individueller Trainingsplan erstellt. Während der ersten drei Trainingseinheiten werden die Kunden von einem Trainer begleitet und angeleitet. Der Trainingsfortschritt wird regelmäßig analysiert und der Kunde wird individuell beraten, um ein optimales Ergebnis zu erreichen.

Produktionsfaktor Information

Nicht ohne Grund wird heute in den Medien ständig der Begriff der Informationsgesellschaft verwendet. Informationen sind durch die IT-Technik relativ einfach zu beschaffen, sollten aber unbedingt präzise ausgewertet werden. Gerade im hart umworbenen Markt der Sport- und Fitnessbranche sind Informationen über Mitbewerber, aktuelle Trends und Kundenwünsche unumgänglich.

Beispiele:
- *Laut einer aktuellen Marktstudie, die jetzt veröffentlicht wurde, steigt das Interesse der Generation 50+ an Sport- und Fitnessangeboten vehement. Anbieter sollten diese Information nutzen und entsprechende Angebote für die Zielgruppe entwickeln.*
- *Die Geschäftsleitung der Fitnesskette FFP überlegt, ob sie in Lüneburg eine neue Filiale eröffnet, da sie in dieser Region noch nicht vertreten ist. Durch eine gründliche Informationsbeschaffung und -analyse stellt sie fest, dass bereits zwei große Ketten, sieben eigenständige Sport- und Fitnessanlagen und drei Sportvereine den relevanten Markt umwerben. Von einer Investition in Lüneburg wird daher abgesehen, da die Erfolgsaussichten eher gering sind.*

Für die Leistungserstellung ist eine Kombination der genannten Produktionsfaktoren notwendig. In welchem Umfang die jeweiligen Faktoren zur Leistungserstellung eingebracht werden müssen, ist im hohen Maße von der Branche und dem Produkt abhängig.

Beispiele:

- *Ein Produzent von Sport- und Fitnessgeräten muss überwiegend die Produktionsfaktoren Arbeit, Betriebsmittel und Werkstoffe einsetzen, um ein Laufband herzustellen.*
- *Ein Sportstudio setzt für das Produkt „Pilates für Männer" hauptsächlich die Produktionsfaktoren Arbeit und Beratung ein.*

Aufgaben

1. ***Die Tischlerei „Serbus OHG" in Leipzig produziert für einen schwedischen Möbelkonzern Holzregale der Serie „Willi". Beschreiben Sie am Beispiel dieser Tischlerei kurz die klassischen betriebswirtschaftlichen Produktionsfaktoren.***
2. ***Ordnen Sie die folgenden betrieblichen Sachverhalte den einzelnen klassischen Produktionsfaktoren zu:***
   a Bettina Bait, Unternehmensleiterin von Bits & Bait Computerdesign e. Kfr., nimmt den Auftrag eines großen Autohauses an. Das Unternehmen soll 50 Computer im Design eines Autos herstellen.
   b Für die Herstellung eines Computergehäuses in Form eines Autos benötigt Bits & Bait Computerdesign e. Kfr. Blech.
   c Für die Herstellung eines Computergehäuses in Form eines Autos nutzt Bits & Bait Computerdesign e. Kfr. eine Maschine, die das Blech in die benötigte Form presst.
   d Fred Schubert, Einkaufsleiter bei Bits & Bait Computerdesign e. Kfr., bestellt Werkstoffe.
3. ***Erörtern Sie anhand eines Produkts Ihres Ausbildungsbetriebes die kombinierten betriebswirtschaftlichen Produktionsfaktoren. Gehen Sie dabei primär auf die Faktoren Information und Beratung ein.***

1.1.3 Weitere wichtige Bereiche der betrieblichen Leistungserstellung

Um das Produkt als Ergebnis der betrieblichen Leistungserstellung herzustellen, werden neben den erörterten Produktionsfaktoren auch andere Bereiche eines Unternehmens benötigt. Im Folgenden werden diese nur kurz vorgestellt, da sie in den entsprechenden Lernfeldern ausführlich erörtert werden.

Die Beschaffung

Um ein Sach- oder Dienstleistung herzustellen, müssen unter anderem die benötigten Produktionsfaktoren beschafft werden. Der Unternehmensbereich Beschaffung umfasst alle Maßnahmen, die den Einkauf von betriebswirtschaftlichen Produktionsfaktoren betreffen.

Beispiel:

Der Vorstand des SC Lüneburg e.V. möchte einen neuen Kurs „Steppaerobic" in sein Programm aufnehmen. Die Nachfrage ist laut einer Umfrage unter den Vereinsmitgliedern sehr groß. Für das neue Angebot werden 25 Steppbretter beschafft, eine neue Musikanlage wird gekauft und eine Trainerin wird neu eingestellt.

(Diese Thematik der Beschaffung wird ausführlich im Lernfeld 6 „Sachleistungen beschaffen" dargestellt.)

Die Finanzwirtschaft

Die Finanzierung umfasst alle Maßnahmen, die mit den Investitionen, der Kapitalbeschaffung und der Vermögensanlage eines Unternehmens verbunden sind.
Unternehmen benötigen Kapital, um Betriebsmittel und Werkstoffe zu kaufen und um die Mitarbeiterinnen und Mitarbeiter zu bezahlen. Diese Investitionen werden teils durch vorhandenes Kapital (Eigenkapital), teils durch Darlehen oder Kredite (Fremdkapital) finanziert.

Beispiel:
Das Fitnessstudio FFP investiert 50.000,00 € in neue Sportgeräte. Die Geräte werden mit 30.000,00 € Eigenkapital und 20.000,00 € Kreditaufnahme finanziert.

Werden flüssige Mittel eines Unternehmens zeitweise nicht benötigt, so sollen diese möglichst am Kapitalmarkt angelegt werden. Diese Maßnahme ist bekannt unter dem Leitspruch: „Unternehmen lassen ihr Geld arbeiten."
Beispiel:
Das Fitnessstudio FFP hat 10.000,00 € bei seiner Hausbank für drei Monate zu 3,5 % Zinsen angelegt.

(Die Thematik der Finanzwirtschaft wird ausführlich im Lernfeld 10 „Investitionsentscheidungen vorbereiten und Finanzquellen erschließen" dargestellt.)

Das Rechnungswesen

Der Unternehmensbereich Rechnungswesen umfasst das gesamte zahlenmäßige Unternehmensgeschehen. Daten werden erfasst, überwacht und ausgewertet.
Im Rechnungswesen werden vorwiegend die Beschaffung von Betriebsmitteln und Werkstoffen, die Produktion der Erzeugnisse und der Absatz zahlenmäßig erfasst und analysiert.

Beispiele:
- *Der Einkauf von Sportgeräten in Höhe von 50.000,00 € beim Fitnessstudio FFP wird zahlenmäßig erfasst.*
- *Die von der Hausbank ausgezahlten Zinsen für 10.000,00 € angelegtes Kapital müssen im Unternehmen aufgeschrieben (gebucht) werden.*
- *Die Kalkulation des Preises für einen neuen Kurs „Steppaerobic" führt i. d. R. das Rechnungswesen durch.*
- *Die Daten für die Steuererklärung für das Golf- und Wellnessresort Lüneburger Heide liefert die Buchhaltung.*

Die Funktionsbereiche Finanzwirtschaft und Rechnungswesen müssen sehr eng zusammenarbeiten. Eine eindeutige Trennung der Aufgaben ist nicht immer möglich und auch nicht sinnvoll.
(Die Thematik des Rechnungswesens wird ausführlich im Lernfeld 3 „Geschäftsprozesse erfassen und auswerten" und im Lernfeld 11 „Geschäftsprozesse erfolgsorientiert steuern" dargestellt.)

Das Lager

Der Unternehmensbereich Lager umfasst alle Aufgaben, die mit der Lagerung von Waren und Betriebsmitteln verbunden sind.

Beispiele:
- *Getränke und Lebensmittel müssen im Golf- und Wellnessresort Lüneburger Heide gelagert werden, bevor sie den Kunden angeboten werden.*
- *Reinigungsmittel und Hygieneartikel für den Nassbereich werden im Fitnessstudio FFP in einem gesonderten Raum gelagert.*
- *Die Steppbretter für den Kurs „Steppaerobic" muss der SC Lüneburg an geeigneter Stelle lagern, wenn sie nicht im Gebrauch sind.*

(Die Thematik der Lagerhaltung wird ausführlich im Lernfeld 6 „Sachleistungen beschaffen" dargestellt.)

Aufgaben

1. ***Beschreiben Sie kurz die betrieblichen Bereiche der Beschaffung, der Finanzwirtschaft, des Rechnungswesens und der Lagerhaltung.***

2. ***Das Golf- und Wellnessresort Lüneburger Heide veranstaltet jedes Jahr zu Silvester eine große Silvesterparty. Mit 120 Gästen ist diese Veranstaltung regelmäßig ausgebucht. Die Veranstaltung beginnt mit einem 5-Gänge-Menü. Eine Musikkapelle sorgt für Unterhaltung und Tanz. Nach einem Feuerwerk um Mitternacht wird ein Mitternachtsbuffet angeboten. Für einen reibungslosen Verlauf der Veranstaltung werden sechs Aushilfskellner und drei zusätzliche Hilfen in der Küche benötigt. Die Vorbereitungen beginnen bereits Anfang Oktober.***
   - *a* *Beschreiben Sie, welche Beschaffungen ab Anfang Oktober bis zum 31. Dezember vorbereitet und durchgeführt werden müssen.*
   - *b* *Welche Tätigkeiten fallen im Bereich des Rechnungswesens und der Finanzwirtschaft für die Veranstaltung an? Nutzen Sie für Ihre Aussagen konkrete Beispiele.*
   - *c* *Stellen Sie für die Veranstaltung dar, welche notwendigen Güter im Wellnessresort gelagert werden müssen.*

Zusammenfassung

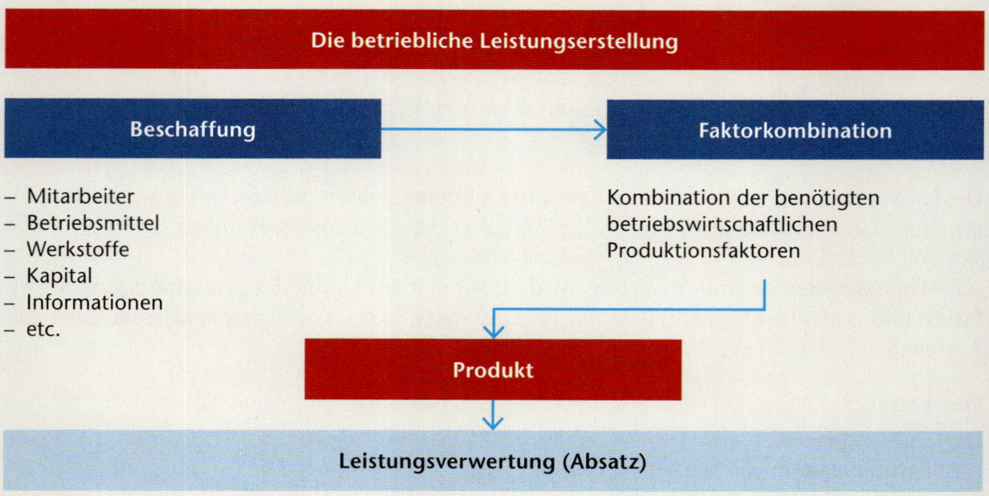

Unter der betrieblichen Leistungserstellung wird die Herstellung von Gütern und Dienstleistungen in einem Unternehmen verstanden. Durch die Beschaffung und Kombination der betriebswirtschaftlichen Produktionsfaktoren entsteht das Produkt, welches letztendlich an die Kunden verkauft werden soll.

Das Produkt

- Das Ergebnis der betrieblichen Leistungserstellung ist das Produkt.
- Produkte können körperliche Güter sein (Sachleistungen) oder nicht körperliche Güter (Dienstleistungen).

Das erstellte Produkt kann auch als Kombination mehrerer Sach- und/oder Dienstleistungen zusammengestellt werden.

Betriebswirtschaftliche Produktionsfaktoren

- Arbeit (dispositive und ausführende), Betriebsmittel und Werkstoffe (Roh-, Hilfs-, Betriebsstoffe und Vorprodukte) werden als klassische Produktionsfaktoren genannt.
- In Handels- und Dienstleistungsunternehmen wird die Beratung als Elementarfaktor immer wichtiger.
- Auch Informationen sind als Produktionsfaktor für die Leistungsverwertung inzwischen unverzichtbar.

1.2 Den Standort eines Unternehmens bestimmen

Der Standort eines Unternehmens ist der Platz, an dem sich ein Betrieb niederlässt. Immer wieder wird in den Medien über den Standort von Betrieben diskutiert. Sätze wie: „Der Standort Deutschland ist zu teuer", oder: „Aus Kostengründen werden wir unsere Produktion im Ausland aufbauen", beherrschen dabei die Diskussion. Dabei wird leicht übersehen, dass der Kostenaspekt lediglich ein Aspekt bei der Standortwahl ist. Viele andere Gesichtspunkte beeinflussen den Standort des Unternehmens ebenfalls.
Die Standortwahl ist für Betriebe eine grundlegende wirtschaftliche Entscheidung. Da es sich um eine langfristige Investitionsentscheidung handelt, müssen – neben der Absatzorientierung – auch Kostengesichtspunkte (z. B. Arbeitslöhne, Grundstückspreise, Steuern etc.) berücksichtigt werden.
Eine endgültige Standortwahl ist nicht allein von einem Faktor abhängig. Durch Interessenabwägung und Kostenbetrachtung aller Aspekte wird ein Unternehmen letztendlich den für sich günstigsten Standort wählen.

Was ist wichtig für den Standort?
Beispielhafte Aspekte für ein Fitnessstudio

- Größe des Einzugsgebietes
- Örtliche Konzentration der Kunden
- Nähe zu zentralen Einrichtungen
- Raum-/Pachtkosten
- Konkurrenzsituation
- Erreichbarkeit
- Raumqualität
- Qualität des Umfeldes
- Investitionszuschüsse, Subventionen
- Kommunale Abgaben

Aus betriebswirtschaftlicher Sicht ergeben sich u. a. folgende Standortfaktoren:

- Die **Leistungsverwertung** (Absatz von Waren und Dienstleistungen, Anzahl der Mitglieder) muss gesichert sein. Der Standort wird daher möglichst kundennah gewählt (*konsumorientierte Standortwahl*).

Beispiele:
- *Für Fitnessstudios sollte laut DSSV (Deutscher Sportstudio Verband e.V.) die Einwohnerzahl des Einzugsgebietes mindestens 15.000 betragen. Dies gilt allerdings nur, soweit noch kein Mitbewerber im Einzugsgebiet tätig ist.*
- *Ein Schnellrestaurant wählt seinen Standort im belebten Innenstadtbereich. Dadurch soll eine große Anzahl an Laufkundschaft angesprochen werden.*
- *Ein Großhandel für Bergsteigerausrüstungen an der Nordsee ergibt wenig Sinn.*

◆ Auch die **Konkurrenz**situation muss beachtet werden. Je mehr Mitbewerber bereits angesiedelt sind, desto schwieriger wird die Kundengewinnung. Viele Mitbewerber beeinflussen die Leistungsverwertung i.d.R. negativ.

Beispiele:
- *In der Bundesrepublik kommen im Schnitt 6,9 Fitnessanlagen auf 100.000 Einwohner. In Hamburg sind es beispielsweise 8,1 in Sachsen-Anhalt lediglich 4,5 Anlagen pro 100.000 Einwohner.*
- *Immer mehr Sportvereine bieten heute auch klassische Leistungen eines Fitnessstudios an. Diese Tatsache ist bei der Standortwahl zu berücksichtigen.*
- *Eine neue Marzipanfabrik in Lübeck wird es gegen die bestehenden, bekannten Marzipanproduzenten schwer haben.*

◆ Die **Beschaffung** der Werkstoffe bzw. der Waren kann sich auf die Standortwahl dahingehend auswirken, dass die Zulieferer räumlich möglichst nah angesiedelt sind.

Beispiele:
- *Eine Zuckerfabrik wird sich dort ansiedeln, wo landwirtschaftliche Betriebe mit geringen Transportkosten Zuckerrüben liefern.*
- *Ein Steinkohlebergwerk ist an die natürlichen Vorkommnisse der Steinkohle gebunden.*

◆ Die **Verkehrsanbindung** kann sowohl auf der Absatz- als auch auf der Beschaffungsseite ein ausschlaggebendes Kriterium für die Wahl des Standortes werden.
Das Einzugsgebiet bei Fitnessstudios und Sportvereinen wird u.a. vom DSSV mittels der Anfahrzeiten definiert. Eine Fahrzeit bis 10 Minuten wird als unmittelbares Einzugsgebiet angesehen. Bei einer Fahrzeit von 10 bis 20 Minuten handelt es sich um das mittelbare, darüber um das erweiterte Einzugsgebiet (verkehrsorientierte Standortwahl).

Beispiele:
- *Fitnessstudios sollten auch mit dem Fahrrad schnell und sicher erreichbar sein.*
- *Ein bundesweit mit eigenem Fuhrpark ausliefernder Versandhandel wird sich nicht auf Helgoland ansiedeln, sondern einen Standort mit Autobahnanbindung wählen.*

◆ Die **Arbeitskräfte** beeinflussen die Standortentscheidung nicht nur durch die oben angesprochenen Lohnkosten (z.B. lohnorientierte Standortwahl durch Verlagerungen von Hoch- in Niedriglohngebiete). Für viele Unternehmen sind gut ausgebildete Fachkräfte unerlässlich. Der Betrieb wird sich dort befinden, wo diese Fachkräfte auf dem Arbeitsmarkt erhältlich sind (arbeitsorientierte Standortwahl).

Beispiele:
- *Die Uhrenindustrie befindet sich überwiegend im Schwarzwald*
- *Hochseefischen für Touristen wird an Ost- und Nordsee angeboten.*

Aus wirtschaftspolitischer Sicht sind u.a. folgende Faktoren erwähnenswert:

◆ Bei **Steuern** und öffentlichen Abgaben können Gewerbebetriebe oft erhebliche Einsparungen erzielen. Vor allem Grund- und Gewerbesteuer sind in Ballungsgebieten wesentlich höher als in Randgebieten. Viele Randgemeinden bieten hier besonders günstige Konditionen, um die Gewerbeansiedlung zu forcieren.

- **Subventionen, Zuschüsse** und **Existenzgründungsdarlehen**, die bei einer Ansiedlung und/oder bei einer Neugründung gewährt werden, können bei der Standortwahl ausschlaggebend sein. Fördermittel müssen immer in Zusammenarbeit mit einem Kreditinstitut beantragt werden.
- Notwendige und wichtige **Umweltschutzvorschriften** (z. B. Emissionsschutz, Lärmschutz) schrecken einige Unternehmen ab, da damit hohe Kosten verbunden sein können.

Im klein- und mittelständischen Bereich sind häufig persönliche Entscheidungen richtungsweisend für die Standortwahl.

- **Familiäre Gesichtspunkte** binden einen Unternehmer an seinen Heimatort.
- **Finanzielle Gründe** erlauben einen neuen Standort nicht.

Beispiel:
Ein Braumeister möchte sich selbstständig machen. Er wohnt mit seiner Ehefrau, seinen drei Kindern und dem Hund in einem Eigenheim in Köln. Ein Umzug nach Bayern kommt daher für ihn nicht in Betracht.

Aufgaben

1. ***Für die Standortwahl eines Unternehmens können betriebswirtschaftliche, wirtschaftspolitische und/oder persönliche Faktoren maßgebend sein. Nennen Sie die Standortfaktoren, die für folgende Fälle ausschlaggebend sein können:***
   a *Eine arbeitsintensive Fabrik produziert Textilien überwiegend mit ungelernten Arbeitskräften.*
   b *Ein Lottomillionär möchte sein Hobby zum Beruf machen. Er plant die Eröffnung einer Glasbläserei, die sich auf hochwertige Champagner- und Weingläser spezialisiert.*
   c *Ein 20-jähriger Einzelhandelskaufmann möchte sich selbstständig machen. Er plant die Eröffnung eines Zeitungskiosks. Eigenes Kapital hat er nicht. Er wohnt noch bei seinen Eltern.*
   d *Ein großer deutscher Automobilhersteller hat einen neuen Mittelklassewagen entwickelt. Für die Produktion soll ein neues Werk gebaut werden. 6.000 Mitarbeiter werden für das neue Werk gebraucht. Die Käufer des neuen Modells werden überwiegend in Deutschland, den Beneluxstaaten und Frankreich vermutet.*
   e *Ein Hersteller von landwirtschaftlichen Maschinen möchte in der Bundesrepublik drei Verkaufslager bauen.*

2. ***Was verstehen Sie unter einem Standortvorteil bzw. einem Standortnachteil bei***
   a *einer Sport- und Fitnessanlage,*
   b *einem Versandhandel,*
   c *einem Imbiss,*
   d *einem Zulieferer der Autoindustrie (Antennenhersteller).*

3. ***Lars Petersen hat seine Ausbildung zum Sport- und Fitnesskaufmann erfolgreich abgeschlossen. Danach hat er drei Jahre in einem Sportcenter gearbeitet. Jetzt möchte er sich mit einem eigenen Fitnessstudio selbstständig machen. Er hat bereits geeignete Räume in der Fußgängerzone in Lüneburg gefunden. Das mittelbare Einzugsgebiet besteht hier aus ca. 70.000 Einwohnern, das erweiterte Einzugsgebiet umfasst ca. 95.000 Einwohner. In Lüneburg sind bereits sechs Freizeit- und Fitnessanlagen ansässig. Entwickeln Sie die Chancen und Risiken des neuen Studios im Hinblick auf die Standortwahl. Präsentieren Sie die Chancen und Risiken Ihren Mitschülern als Mind-Map.***
   (Vergleiche dazu: Methodische Hinweise zur Mind-Map, Lernfeld 0)

Zusammenfassung

Standortfaktoren		
betriebswirtschaftlich	wirtschaftspolitisch	persönlich
Beispiele: – Beschaffungsmöglichkeiten – Infrastruktur – Konkurrenzsituation – Arbeitskräfte – Absatzmöglichkeiten – etc.	**Beispiele:** – Steuereinsparungen – Subventionen, Zuschüsse – Umweltvorschriften – etc.	**Beispiele:** – familiäre Bindung – finanzielle Gründe – persönliche Präferenzen – etc.

Der Standort eines Betriebes

Der Standort ist der Ort, an dem sich ein Unternehmen niederlässt. Die Standortwahl ist abhängig von wirtschaftlichen, politischen und persönlichen Standortfaktoren.

1.3 Den Aufbau eines Betriebes erkunden

In den bisherigen Darstellungen wurde deutlich, dass in Unternehmen viele Funktions- und Aufgabenbereiche anfallen, um den Prozess der Leistungserstellung kundenorientiert durchzuführen. Um einen reibungslosen Ablauf der unternehmerischen Tätigkeiten zu gewährleisten, müssen daher bestimmte Regelungen und Vorgaben geschaffen werden. Das Unternehmen braucht eine Organisation.

Übersicht: Die Organisation

Organisation	
Aufbauorganisation	Ablauforganisation
Wer übernimmt welche Aufgabe im Unternehmen?	Wie ist die übernommene Aufgabe konkret auszuführen?
Beispiele: – Wer hat welche Kompetenz? – Welche Abteilungen existieren? – Welche Stellen sind vorhanden? – Wie ist der „Dienstweg" organisiert?	**Beispiele:** – Welche Reihenfolge ist bei der Kundenanamnese zu beachten? – Was ist beim Barverkauf von Sportbekleidung zu beachten? – Wie ist der Nassbereich zu säubern?

In einem Internetforum hat eine Auszubildende zur Sport- und Fitnesskauffrau am 21. September 2008 folgenden Eintrag getätigt.

Hallo!
Also ich bin grade im 2. Ausbildungsjahr zur Sport- und Fitnesskauffrau und bin sehr glücklich mit der Wahl! Ich arbeite in einem Wellness Resort, bei dem es schon ein bisschen feiner hergeht. Sonst sind alle anderen Leute aus meiner Klasse in Fitness Studios.

Ich bin wie gesagt in einem Wellness Resort. Wir haben über 100 Mitarbeiter, viele Abteilungen, in denen ich viele verschiedene Sachen lernen kann (Sauna, Schwimmbad, Wellness, Kasse, Verwaltung, ...). Hinzu kommt, dass wir immer sehr viele verschiedene Veranstaltungen haben und ich also viel zum Thema Veranstaltungsmanagement lernen kann.

Lieben Gruß
Marcy

Die Internetnutzerin unterscheidet in ihrem Beitrag ein Wellnessresort und die Fitnessstudios ihrer Klassenkameraden. Tatsächlich existieren erhebliche Unterschiede in der Betriebsorganisation eines Hotels, eines Vereins und eines Sportstudios. Die Betriebsorganisation ist ein System von Regelungen, das Mitarbeiter eines Unternehmens und Betriebsmittel einander so zuordnet, dass die Unternehmensziele bestmöglich erreicht werden.

Beispiele:
- *Die Fitnesskette „Fit Fun Power" hat ihren Hauptsitz in Köln und betreibt bundesweit an 65 Standorten Fitnessanlagen. Anna Sievert ist Leiterin der Buchhaltung in der Zentrale der Fitnesskette FFP. Ihr Stellvertreter ist Malte Dorn.*
- *Der Leiter des Beschaffungsbereiches in der Zentrale von FFP ist Frank Schuster. Seine Sekretärin Elke Hochstedt unterstütz ihn tatkräftig.*

Das Beispiel ordnet zwar die Mitarbeiter einem bestimmten Funktionsbereich zu, aber welche Aufgaben Frau Sievert, Herr Dorn, Herr Schuster und Frau Hochstedt konkret zu erfüllen haben, ist durch diese einfache Zuordnung noch nicht ersichtlich.

1.3.1 Der Zusammenhang zwischen Aufgabenbereichen und Abteilungen

Um eine Betriebsorganisation sinnvoll aufzubauen, müssen zunächst alle anfallenden, wiederkehrenden Aufgaben innerhalb des Unternehmens genau erfasst werden. Man spricht hier von der Aufgabenanalyse. Ein mögliches Vorgehen zur Analyse der anfallenden Aufgaben ist das Zerlegen der Gesamtaufgaben in mehrere dadurch anfallende Teilaufgaben.

Mögliche Vorgehensweise zum Aufbau einer Organisation

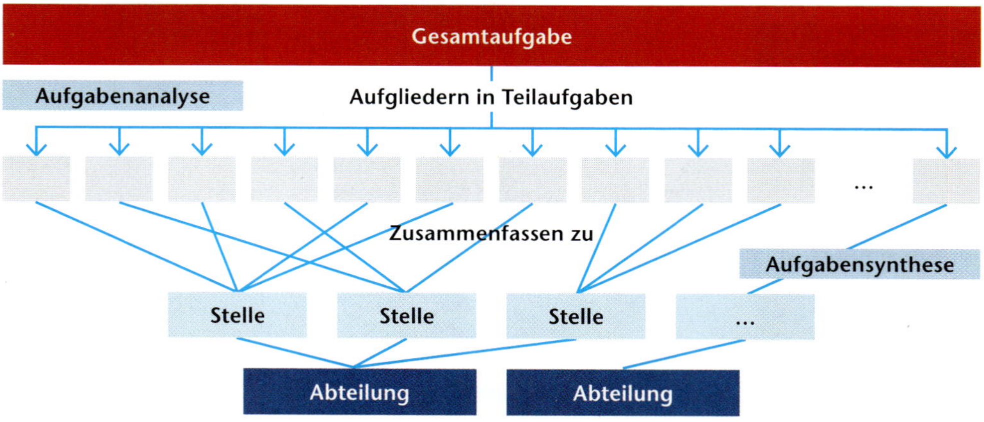

Beispiel:
Die Fitnesskette FFP benötigt für 20 ihrer Standorte neue Laufbänder. Insgesamt müssen 45 neue Laufbänder beschafft werden.
Für diese Gesamtaufgabe fallen mehrere Teilaufgaben an: Die Angebote verschiedener Lieferanten müssen verglichen werden, die Laufbänder müssen bestellt werden, nach der Lieferung müssen die Laufbänder bezahlt werden, die Rechnung ist buchhalterisch zu erfassen usw. Es werden also unterschiedliche Unternehmensbereiche tätig, wie hier unter anderem die Beschaffung und die Buchhaltung.

Die in der Aufgabenanalyse ermittelten Tätigkeiten können in der anschließenden Aufgabensynthese einzelnen Stellen zugeordnet werden. Stellen sind die kleinsten organisatorischen Einheiten eines Unternehmens. Eine Stelle fasst Teilaufgaben für einen Mitarbeiter zusammen.

Beispiele:
In der Buchhaltung der Fitnesskette FFP fallen unter anderem folgende Aufgaben ständig an:
- *Die Teilaufgaben Buchen der Belege, Überweisung fälliger Lieferantenrechnungen, Kontrolle der Zahlungseingänge, kaufmännisches Mahnverfahren bei säumigen Kunden, Kontrolle der Zahlungsausgänge, rechnerische und inhaltliche Überprüfung aller Rechnungen übernimmt Herr Dorn, der die Stelle des Stellvertreters der Buchhaltung besetzt.*
- *Die Leiterin der Buchhaltung, Frau Sievert, ist für die Vorbereitung der Steuererklärungen, die Überwachung der Steuertermine, die Lohn- und Gehaltsabrechnungen, die Lohn- und Gehaltsbuchungen sowie für monatliche, vierteljährliche und jährliche Abschlüsse, die Auswertung des Zahlenmaterials für die Statistik und die Unterstützung der betrieblichen Kostenrechnung zuständig.*

Gleichartige Aufgabenbereiche in einem Unternehmen werden zu Abteilungen zusammengefasst. In größeren Unternehmen werden Funktionsbereiche (oder Hauptabteilungen) in mehrere Abteilungen aufgeteilt.

Beispiel:
Die Abteilung Buchhaltung ist in der Organisationstruktur bei FFP der Hauptabteilung Verwaltung zugeteilt.

Auszug aus der Organisationsstruktur der Fitnesskette „Fit Fun Power"

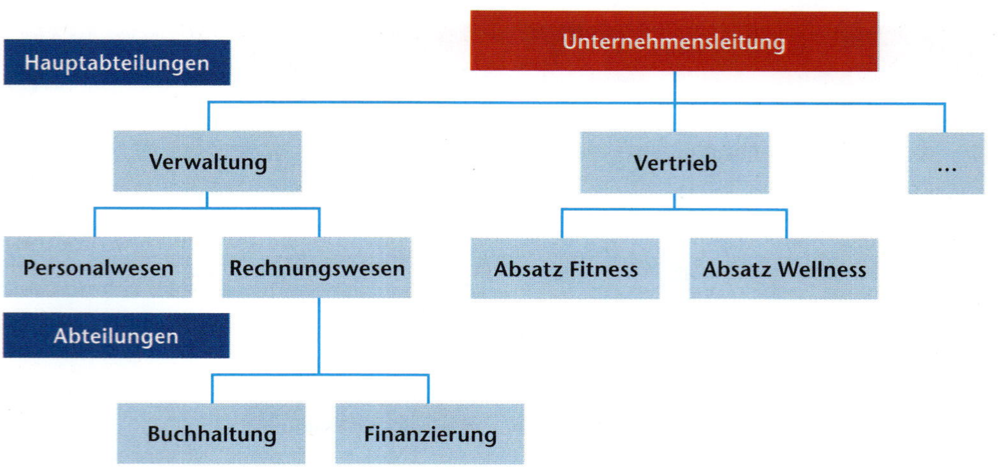

Die einzelnen Abteilungen können entweder nach dem Verrichtungsprinzip (auch: Funktionsprinzip) oder nach dem Objektprinzip gebildet werden. Innerhalb des Unternehmens bzw. des Vereins werden einige Abteilungen nach dem Verrichtungsprinzip, also nach den anfallenden Aufgaben im Betrieb, erstellt, andere Abteilungen nach dem Objektprinzip, also nach dem Produkt/Produkttyp, Kundengruppen oder Ähnlichem.

Beispiele:

- *Die Abteilung „Buchhaltung" wurde nach dem Verrichtungsprinzip erstellt. Die Stellen wurden eingerichtet, um die zu verrichtenden Aufgaben zu erledigen.*
- *Die Abteilung „Absatz Fitness" wurde nach dem Objektprinzip erstellt. Die Stellen wurden eingerichtet, um alle Aufgaben zu erledigen, die mit dem jeweiligen Objekt (= Produkt) anfallen.*
- *In Sportvereinen wie dem Hamburger Sportverein e. V. wird eine Großzahl der Abteilungen nach dem Objektprinzip erstellt, also nach den angebotenen Sportarten:*

Sportabteilungen des Hamburger Sportvereins e.V.

Badminton	Handball	Skat
Baseball	Herz-Sport	Sport für Kinder
Basketball	Hockey	Tanzsport Hamburg
Bowling	Inlinehockey	Tanzsport Norderstedt
Cricket	Jederfrau/-mann	Tennis
Dart	Karate	Tischfußball
Eishockey	Leichtathletik	Tischtennis
Fußball – Männer	Rollstuhlsport	Triathlon
Fußball – Frauen/Mädchen	Rugby	Volleyball – Damen
Golf	Schiedsrichter	Volleyball – Herren
Gymnastik	Schwimmen	

Quelle: vgl. http://www.hsv-ev.de/sport-im-hsv/abteilungen/ Stand 10.06.2016

Aufgaben

1. **Unterscheiden Sie die Aufgabenanalyse und die Aufgabensynthese. Erörtern Sie den Unterschied anhand zweier konkreter Beispiele aus Ihrem Ausbildungsbetrieb.**
2. **Definieren Sie den Begriff der Stelle in einem Unternehmen. Nennen Sie drei Beispiele aus Ihrem Ausbildungsbetrieb.**
3. **Abteilungen werden häufig nach dem Verrichtungsprinzip (Funktionsprinzip) oder dem Objektprinzip gebildet. Erörtern Sie den Unterschied anhand konkreter Beispiele.**

1.3.2 Stellenbeschreibungen und Organigramm

Wir wissen bereits, dass Stellen die kleinsten organisatorischen Einheiten eines Unternehmens darstellen. Eine Stelle fasst Teilaufgaben für einen Mitarbeiter zusammen. Innerhalb der Abteilungen sind – je nach Umfang der anfallenden Arbeiten – eine oder mehrere Stellen zu besetzen.

Beispiele:

- *Für die Abteilung Buchhaltung bei FFP wurden folgende Stellen ermittelt: Leiter Buchhaltung, Stellvertreter Buchhaltung.*
- *Im Golf- und Wellnessresort Lüneburger Heide ist die Stelle des Restaurantleiters neu zu besetzen.*

– *Beim SC Lüneburg wird ein neuer Mitarbeiter gesucht. Die Stelle eines Leichtathletik-Trainers ist vakant.*

Die Stellenbeschreibung

Die Stelle fasst alle wiederkehrenden Aufgaben zusammen, die ein Mitarbeiter zu erledigen hat. Es ist erforderlich, dass alle Beteiligten (also der Stelleninhaber, der Vorgesetzte, der „Untergebene") genau über die Aufgaben der Stelle informiert sind. Deshalb sollte eine schriftliche Stellenbeschreibung vorliegen.

Eine Stellenbeschreibung sollte folgende Fragen beantworten:
- Wo ist die Stelle in der Betriebsorganisation einzugliedern?
- Wie wird die Stelle, die Position genannt?
- Wer ist der Vorgesetzte?
- Wer sind die „Untergebenen"?
- Wer vertritt den Stelleninhaber (z. B. im Urlaub, bei Krankheit)?
- Wen vertritt der Stelleninhaber?
- Welche Aufgaben beinhaltet die Stelle?
- Was ist das Ziel der Stelle?
- Welche Befugnisse hat der Stelleninhaber?

Eine detaillierte Stellenbeschreibung hat die Vorteile, dass es keine Kompetenzstreitigkeiten gibt, dass neue Mitarbeiter eine Orientierung finden und dass die Arbeitsleistung leichter zu überwachen und zu bewerten ist.

Beispiel:
Die Stellenbeschreibung Leitung der Buchhaltung der Fitnesskette FFP hat folgendes Aussehen:

Fit Fun Power!	Stellenbeschreibung
A) Allgemeines	
1. Bezeichnung der Stelle:	Abteilungsleiter Buchhaltung
2. Vorgesetzter:	Abteilungsleiter Rechnungswesen
3. Stellvertreter:	Stellvertreter Buchhaltung
4. Vertretung:	Stellvertreter Buchhaltung
5. untergeordnete Stellen:	Stellvertreter Buchhaltung
B) Stellenziel	
Mit den vorhandenen Mitarbeitern der Abteilung alle anfallenden Aufgaben des betrieblichen Rechnungswesens ordnungsgemäß und zügig erledigen. Durch Auswertung und Bewertung der betrieblichen Zahlen die Wirtschaftlichkeit und Rentabilität fördern.	
C) Aufgaben	
1. Leitung der Abteilung Buchhaltung 2. Unterstützung der Geschäftsleitung und des Leiters Rechnungswesen bei betriebswirtschaftlichen Entscheidungen durch Analyse der betrieblichen Daten 3. Durchführung und Koordinierung von Schulungen und Weiterbildungen der Mitarbeiter der Abteilungen Rechnungswesen und Finanzierung 4. Koordinierung der täglichen Buchungsarbeiten in der Abteilung 5. Lohn- und Gehaltsbuchungen 6. Erstellen der Quartals- und Jahresabschlüsse 7. Vorbereitung und Erstellung der betrieblichen Steuererklärungen	

D) Kompetenzen

1. Gewährung und Koordination des Urlaubs der Mitarbeiter der Abteilung Buchhaltung
2. Unterzeichnung von Überweisungsbelegen bis 15.000,00 €
3. Gewährung von Lohn-/Gehaltsvorschüssen bis zu einer Höhe von 15 % des durchschnittlichen Gehalts

Das Organigramm

Mithilfe eines Organigramms kann die Unternehmensstruktur übersichtlich dargestellt werden, sodass ein schneller Überblick gewährleistet ist. Die Abteilungen, Stellen und derzeitige Stelleninhaber werden in einem Organigramm grafisch übersichtlich dargestellt. Auch vakante (unbesetzte) Stellen sind leicht zu erkennen. Eine Besetzung der Stelle kann somit eingeleitet werden.

Beispiel:
Ein kleiner Auszug aus dem Organigramm der Fitnesskette FFP:

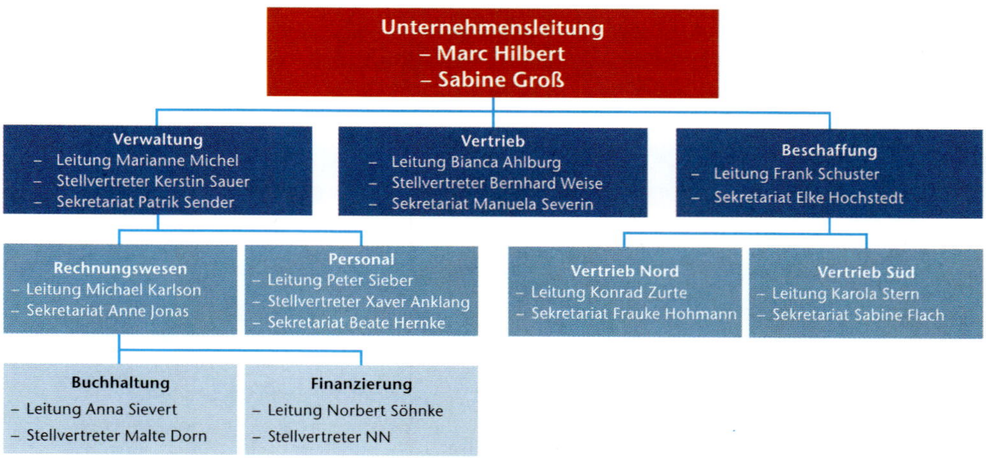

Aufgaben

1. ***Definieren Sie den Begriff Organigramm. Welche Elemente sollte ein Organigramm enthalten?***

2. ***Auch Ihre Berufsschule besitzt eine Organisation. Erstellen Sie in Dreier- oder Vierergruppen ein Organigramm für die Berufsschule.***

3. ***In Ihrem Ausbildungsbetrieb sollten Sie derzeit von einem oder mehreren Ausbildern betreut werden. Entwerfen Sie eine Stellenbeschreibung für einen Ihrer Ausbilder.***

1.3.3 Die verschiedenen Formen der betrieblichen Organisation

Leitungssysteme (Weisungssysteme) legen innerhalb der Unternehmensstruktur die unterschiedlichen Befugnisse der Stelleninhaber fest. Eine Stelle mit Weisungs- und Kontrollbefugnis wird Instanz genannt. In größeren Unternehmen müssen die Leitungsaufgaben verteilt werden, da der Betriebsleiter unmöglich alle Arbeiten allein anordnen und überwachen kann.

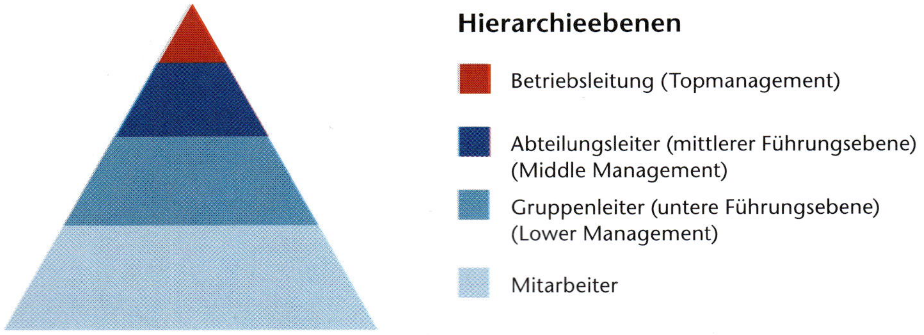

Es entstehen bekanntermaßen Abteilungen mit jeweils eigenen Zuständigkeitsbereichen. Die Abteilungen können in weitere Gruppen aufgeteilt werden. Es entsteht die sogenannte Betriebshierarchie.

Das Einliniensystem

Beim Einliniensystem erhält jeder Mitarbeiter seine Weisungen nur von einem Vorgesetzten. Der Weisungsweg verläuft in der Hierarchieebene von oben nach unten, der Berichtsweg von unten nach oben.

Auszug aus einem Einliniensystem

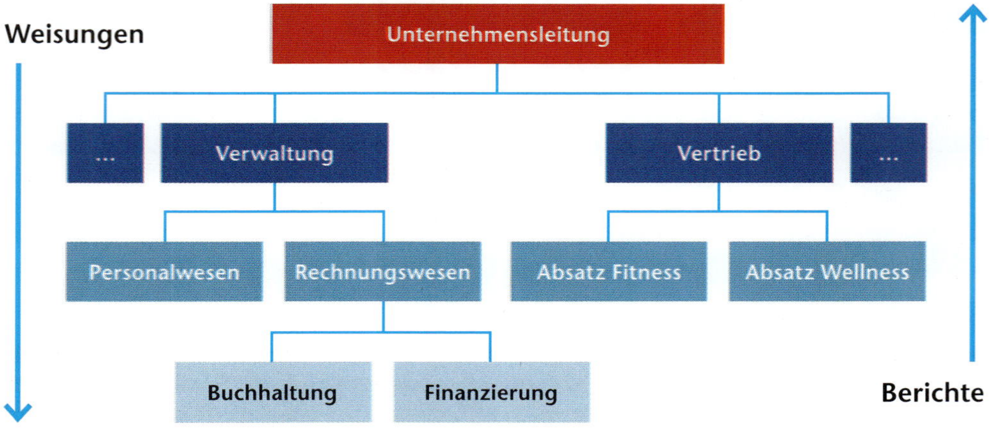

Der Vorteil des Einliniensystems liegt im übersichtlichen Aufbau, der keine Kompetenzstreitigkeiten hervorruft. Die Zuständigkeiten sind klar abgegrenzt. Nachteile ergeben sich aus dem relativ langen, schwerfälligen Dienstweg und aus der Überlastung der einzelnen Instanzen.

Beispiel:
In der Abteilung „Absatz Fitness" möchte eine Mitarbeiterin eine Woche Urlaub nehmen. Die Abteilung „Absatz Fitness" meldet dies der Abteilung „Vertrieb". Diese gibt die Meldung weiter an die Unternehmensleitung. Es handelt sich bei den Meldungen um sogenannte Berichte. Die Leitung des Unternehmens weist die Abteilung „Verwaltung" nun an, den geplanten Urlaub zu genehmigen. Die Verwaltung leitet diese Weisung an das Personalwesen weiter. Dieser Vorgang wird Weisung genannt.

Das Mehrliniensystem

Beim Mehrliniensystem erhalten die untergeordneten Stellen von mehreren Instanzen Weisungen. Der Weisungs- und Berichtsweg wird daher verkürzt. Die jeweiligen Weisungsberechtigten benötigen ein hohes Maß an Sachkompetenz.

Auszug aus einem Mehrliniensystem

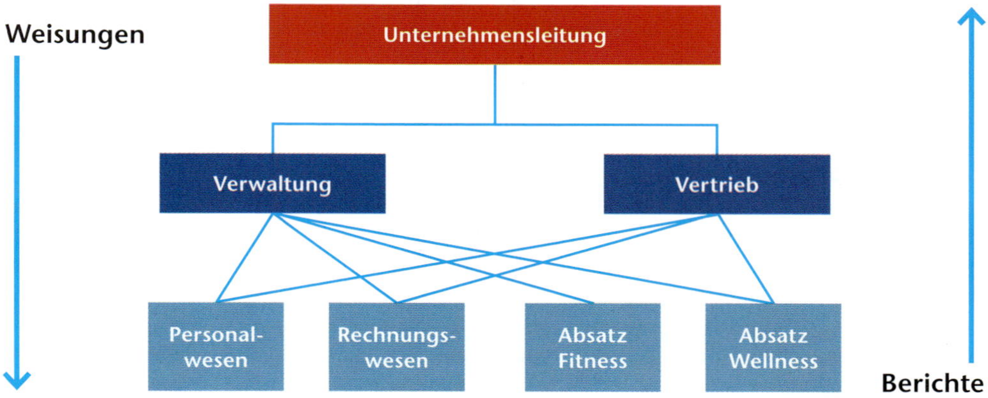

Der Vorteil des Mehrliniensystems liegt in den vergleichsweise kurzen Dienstwegen. Dadurch werden die einzelnen Instanzen entlastet.

Beispiel:
In der Abteilung „Absatz Fitness" möchte eine Mitarbeiterin eine Woche Urlaub nehmen. Die Abteilung „Absatz Fitness" meldet dies direkt der Abteilung „Verwaltung". Die Verwaltung leitet dies an das Personalwesen weiter.

Koordinationsschwierigkeiten, Überschneidungen von Anweisungen und Kompetenzstreitigkeiten sind Nachteile dieses Weisungssystems.

Das Stabliniensystem

Das Stabliniensystem ist ein Liniensystem, bei dem den oberen Leitungsebenen sogenannte Stabsstellen zugeordnet werden. Mitarbeiter der Stabsstellen sind meist Spezialisten, die die Unternehmensleitung unterstützen, die aber selbst keine Weisungsbefugnis haben.

Auszug aus einem Stabliniensystem

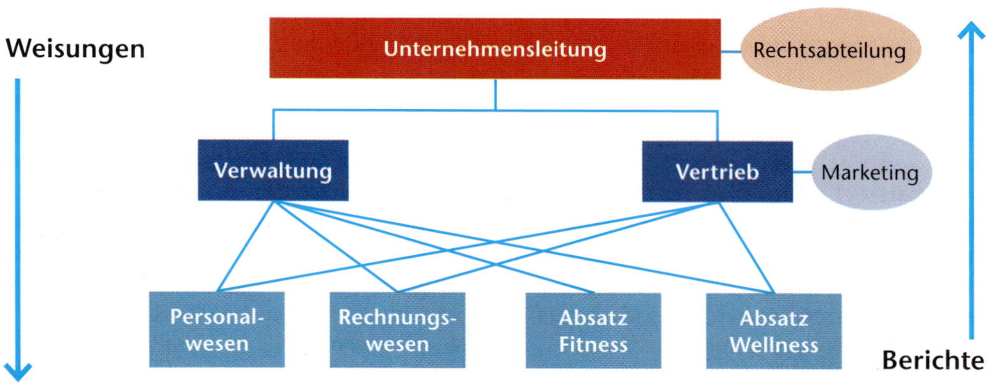

Der größte Vorteil dieses Weisungssystems liegt in der Entlastung der jeweiligen Instanzen. Außerdem werden die Entscheidungen fundierter, da sie durch Spezialisten vorbereitet werden. Als Nachteil wird ein eventueller Verlust von guten Ideen innerhalb eines Unternehmens – etwa durch Aussagen wie: „Da kümmern sich die Spezialisten drum" – angesehen.

Beispiel:
Die Fitnesskette FFP will in Dresden ein neues Fitnesscenter eröffnen. Die geeigneten Räumlichkeiten sind bereits gefunden. Mit dem Verpächter muss noch der Pachtvertrag erstellt und unterschrieben werden. Die Stabsabteilung „Recht" der FFP bereitet den Vertrag juristisch vor, darf ihn jedoch nicht abschließen, da sie keine Befugnisse dafür besitzt. Die Unternehmensleitung unterschreibt die ausgearbeiteten Verträge.

Die Spartenorganisation

In Großbetrieben ist häufig eine Spartenorganisation anzutreffen. Hierbei wird das Unternehmen nach Objekten (z. B. Produkten) untergliedert. Jede Sparte erhält dann eigene Abteilungen, die nur für die zugeteilte Sparte zuständig sind. Innerhalb der einzelnen Sparten ist ein Liniensystem zufinden. Sind die einzelnen Sparten wirtschaftlich für den Gewinn verantwortlich, so spricht man von Profitcentern.
Auch in Sportvereinen ist die Spartenorganisation weit verbreitet. Die einzelnen Sportabteilungen sind häufig in Sparten unterteilt.

Auszug aus einer Spartenorganisation

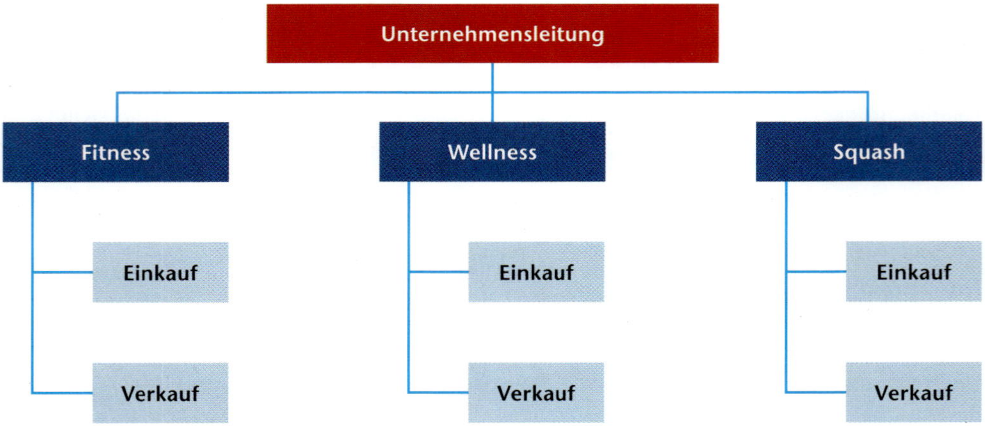

Die Vorteile der Spartenorganisation liegen in der Entlastung der Unternehmensleitung, die durch Delegation auf die einzelnen Sparten erzielt wird. Außerdem kann jede Sparte / / jeder Produktbereich das Marktgeschehen besser beobachten und sich an eventuelle Veränderungen schneller anpassen. Ein Nachteil dieses Weisungssystems liegt darin, dass die Unternehmensleitung den Gesamtüberblick über das Unternehmen verlieren kann.

Die Matrixorganisation

Bei der Matrixorganisation sind einzelne Mitarbeiter auf ein bestimmtes Produkt bzw. Projekt spezialisiert. Die übrigen Funktionsbereiche/Abteilungen werden beibehalten. Diese sind für das gesamte Unternehmen zuständig. Jeder Mitarbeiter untersteht somit mindestens einem Produktmanager und einem Abteilungsleiter.

Auszug aus einer Matrixorganisation

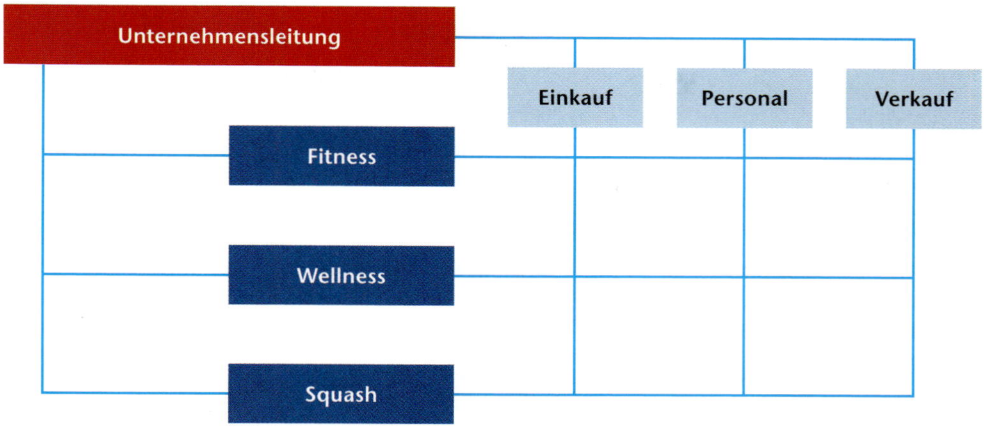

Beispiel:
Der Mitarbeiter, der in der Abteilung Fitness eingesetzt ist, erhält seine Anweisungen vom Produktmanager Fitness und vom Abteilungsleiter Einkauf.

Vorteile dieses Weisungssystems liegen in der Entlastung der Unternehmensleitung und in der Teamarbeit. Durch einen kombinierten Einsatz verschiedener Spezialisten sind verbesserte und schnellere Problemlösungen möglich. Die Nachteile sind im großen Kommunikationsbedarf der Matrixorganisation zu finden. Dadurch wird viel Zeit aufgewendet. Überdies können Kompetenzprobleme auftreten.

Hinweis:
Anstelle der objekt- oder verrichtungsorientierten Gliederung kann eine Überlagerung der Linienorganisation durch Projekte zu einer Projekt-Matrixorganisation erfolgen.

Auszug aus einer Projekt-Matrixorganisation

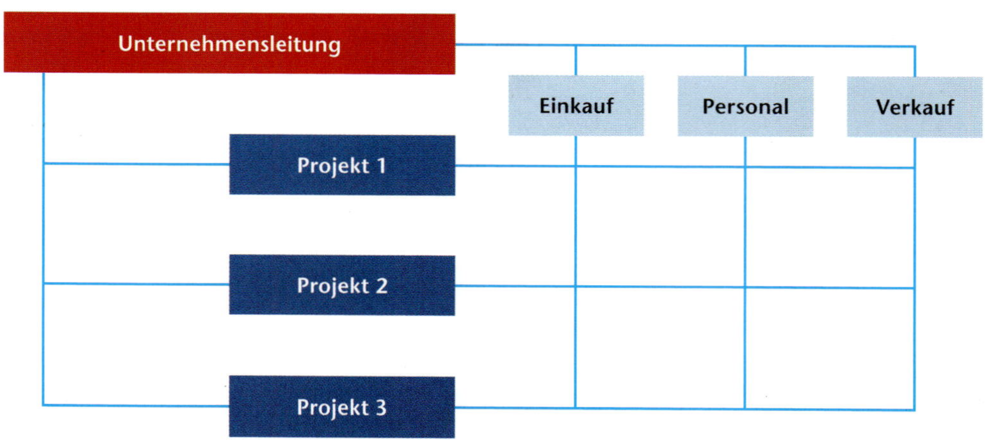

In der aktuellen Entwicklung entschließen sich immer mehr Unternehmen und Vereine, die Hierarchiestufen und Managementebenen zu verkleinern. Durch diese sogenannten flachen Strukturen sollen die Kommunikationswege innerhalb der Organisation verbessert werden. Dadurch wird eine bessere und schnellere Leistungserstellung angestrebt.

Aufgaben

1. ***Vergleichen Sie das Einliniensystem mit dem Mehrliniensystem, indem Sie die Systeme kurz beschreiben und die jeweiligen Vor- und Nachteile gegenüberstellen.***

2. ***Erörtern Sie kurz anhand eines Beispiels die Aufgaben einer Stabsstelle.***

3. ***Beschreiben Sie anhand eines selbst gewählten Beispiels aus der Automobilindustrie die Spartenorganisation. Erarbeiten Sie eine mögliche Spartenorganisation für Ihr Beispiel und stellen Sie diese grafisch dar.***

4. ***Die Hierarchieebenen eines Unternehmens reichen vom Topmanagement bis zum Pförtner. Beschreiben Sie kurz die Ebenen einer Unternehmenshierarchie. Gehen Sie dabei auch kurz auf die Aufgaben der einzelnen Mitarbeiter der jeweiligen Ebene ein.***

5. ***Die Aufbauorganisation legt die grundsätzliche Struktur eines Betriebes fest. Sie regelt Kompetenzen, gliedert das Unternehmen in Abteilungen und beschreibt die einzelnen Stellen.***
   a Wie sind die Kompetenzen in einem Einliniensystem geregelt?
   b Welche Probleme ergeben sich – hinsichtlich der Kompetenzen – in einer Matrix-Organisation?
   c Was versteht man in der Organisation unter der Weisungsbefugnis?

6. ***Ihr Ausbildungsbetrieb nimmt in drei Wochen an der internationalen Sport- und Fitnessmesse in Düsseldorf teil. Im Rahmen dieser Messe will die Geschäftsleitung Ihr Unternehmen geladenen Gästen vorstellen. Schwerpunktmäßig soll der organisatorische Aufbau Ihres Unternehmens präsentiert werden.***
   Sie werden von der Geschäftsführung beauftragt, eine Präsentation mittels einer geeigneten Präsentationssoftware vorzubereiten.
   a Arbeiten Sie zunächst die methodischen Hinweise zur Präsentation durch.
   b Erstellen Sie eine Präsentation der Aufbauorganisation Ihres Unternehmens.
   c Stellen Sie anschließend die Organisationsstruktur Ihres Unternehmens Ihren Mitschülern vor.

Methodischer Hinweis – Präsentation

Präsentationen werden in der betrieblichen Praxis zahlreich durchgeführt. So werden z. B. neue Kursangebote eines Sport- und Fitnesscenters potenziellen Kunden dargeboten, aktuelle Zahlen des Controllings der Geschäftsführung vorgestellt, Unternehmen auf Messen und Veranstaltungen präsentiert etc.
Eine erfolgreiche Präsentation erfordert neben der (möglichst audiovisuellen) Darbietung auch eine intensive Vorbereitung. Moderne Präsentationssoftware ermöglicht eine ansprechende optische Darstellung der Thematik, ersetzt aber nicht die intensive (fachliche und rhetorische) Vorarbeit. Für die Erstellung einer guten Präsentation wird daher folgender Verlauf angeboten:

Erste Phase = Analyse der Vortragssituation

- Analyse der Adressaten (Was weiß die Zielgruppe über das Thema? Was erwartet die Zielgruppe? Welche Einstellung hat die Zielgruppe zum Thema? ...)
- Genaue Definition des Vortragsziels (Wollen Sie informieren? Wollen Sie überzeugen? Wie viel Zeit steht Ihnen zur Verfügung? ...)
- Analyse der verfügbaren Medien (Ist eine Präsentationssoftware mit zugehöriger Hardware (PC, Beamer, Leinwand ...) vorhanden? Welche zusätzlichen Medien (Folien, Flipchart, Tafel, Handout ...) werden genutzt?

Zweite Phase = Präsentation strukturieren

- Eröffnung des Vortrages: interessante Eröffnungsfolie mit Angabe des Themas, Vorstellung des Ziels der Präsentation, kurzer Überblick über den Inhalt
- Hauptteil: Präsentation der Thematik/des Produktes, adressatengerechte Umsetzung des Vortrages
- Abschluss der Präsentation: Zusammenfassung der Darstellung, Empfehlungen/Schlussfolgerungen/Zukunftsaussichten darstellen, Abschlussfolie

Dritte Phase = Prüfung und Übung der Präsentation

- Optische und orthografische Kontrolle der Präsentation:
- Die Darstellung über einen Beamer und eine Leinwand weicht häufig von der Darstellung auf dem Bildschirm ab. (Hintergrundfarbe, Schriftart und Schriftfarben etc.).
- Orthografische Fehler werden häufig übersehen. Es bietet sich an, die Präsentation durch Dritte prüfen zu lassen.
- Vortrag und Präsentation mehrmals üben, um notwendige zeitliche, sprachliche und optische Verbesserungen und Anpassungen zu erkennen.

Ein paar wichtige Tipps für die Präsentation mit einer Präsentationssoftware:

- Vergessen Sie nicht, zu Beginn das Publikum zu begrüßen, auch wenn (gerade weil) dafür keine Folie vorgesehen ist. Stellen Sie auch sich und ggf. Ihr Unternehmen kurz vor.
- Die Software sollte Ihren mündlichen Vortrag nur unterstützen. Lesen Sie die Folien nicht vor!

- Weniger ist mehr. Die Präsentation sollte einfach und effektiv sein. Nutzen Sie nicht zu viele Möglichkeiten der Software. Eine Folie sollte nicht mehr als fünf Wörter pro Zeile und fünf Zeilen pro Folie enthalten. Verwenden Sie auch verständliche Grafiken und Tabellen.
- Achten Sie auf das Timing Ihres Vortrages. Geben Sie dem Zuhörer Zeit, eine neue Folie anzusehen. Machen Sie eine kleine Redepause. Verwenden Sie kontrastreiche, seriöse Farben. Achten Sie auf eine lesbare Schriftart und -größe.
- Setzen Sie Bilder, Tabellen und Grafiken ein. Das lockert eine Folie auf.
- Verteilen Sie Handouts erst nach der Präsentation, ansonsten sind die Zuhörer leicht abgelenkt, weil sie im Handout lesen.

Zusammenfassung

Der Aufbau eines Betriebes (Aufbauorganisation)		
Organisationsformen	**organisatorische Elemente**	**Hierarchieebenen**
– Einliniensysteme – Mehrliniensysteme – Stabliniensysteme – Spartenorganisationen – Matrixorganisationen – Projekt-Matrix-organisationen	– Abteilungen – Stellen – Stellenbeschreibungen – Instanzen	– Topmanagement – Middle Management – Lower Management – Mitarbeiter

Aufbauorganisation
Durch die Aufgabenanalyse und die anschließende Aufgabensynthese werden innerhalb der Aufbauorganisation Abteilungen und Stellen gebildet, die letztendlich die hierarchischen Strukturen des Unternehmens widerspiegeln.

Organisationsformen
Durch die unterschiedliche Umsetzung der hierarchischen Kommunikation (Weisungsbefugnis und Berichtswesen) in Unternehmen entstehen die unterschiedlichen Organisationsformen.

Abteilungen und Stellen
Gleichartige Aufgabenbereiche (Verrichtungsprinzip/Funktionsprinzip) und/oder Produkte, Produkttypen, Kundengruppen etc. (Objektprinzip) innerhalb eines Unternehmens werden zu Abteilungen zusammengefasst.
Eine Stelle fasst die Teilaufgaben eines Mitarbeiters zusammen. Eine ausführliche Stellenbeschreibung ist innerhalb der Organisationsstruktur sinnvoll. Stellen mit Weisungsbefugnis werden auch als Instanz bezeichnet.

Organigramm
In einem Organigramm werden die betrieblichen Hierarchien, die Abteilungen, die Stellen und die Stelleninhaber übersichtlich grafisch dargestellt.

1.4 Die betrieblichen Abläufe erfassen und darstellen

Die Ablauforganisation stellt den Aufbau eines Betriebes dar. Die eigentlichen Tätigkeiten der Mitarbeiter, die anfallenden und notwendigen Arbeitsabläufe, werden durch die Ablauforganisation analysiert und möglichst kontinuierlich verbessert. Die Ablauforganisation soll für einen rationalen und reibungslosen Ablauf der zu verrichtenden Tätigkeiten sorgen. Der Leistungsprozess eines Unternehmens soll hinsichtlich Tätigkeit, Raum, Zeit und Sachmittel optimal gestaltet werden.

Nicht alle betrieblichen Abläufe lassen sich mit generellen Regelungen abbilden. Im Tagesgeschäft treten immer wieder Situationen auf, die eine individuelle Lösung erfordern. Innerhalb der Ablauforganisation werden deshalb Organisation, Disposition und Improvisation unterschieden:

Organisieren	Disponieren	Improvisieren
– bei sich ständig wiederholenden Aufgaben – bei in gleicher Form auftretenden Situationen	– bei nicht allgemein regelbaren Situationen – bei vorhersehbaren Ausnahmefällen	– bei nicht planbaren, nicht vorhersehbaren Situationen
– zeitlich auf Dauer festgelegte Abläufe	– zeitlich befristet festgelegte Abläufe	– lediglich vorläufige Abläufe
– generelle Regelungen werden erstellt	– fallweise Regelungen für wiederholt auftretende Situationen, die zwar ähnlich aber nicht identisch sind	– unvorhergesehene Ereignisse schaffen eine nicht planbare / / bisher nicht aufgetretene Situation
Beispiele: – Zuständigkeiten im Tresenbereich – Reinigung der Nasszellen – Abrechnung der Mitgliederbeiträge	Beispiele: – Probetraining mit Kunden – Behandlung von Kundenbeschwerden	Beispiele: – kurzfristige Krankmeldung der Aerobic-Trainerin – Stromausfall im Saunabereich

Die Ablauforganisation regelt laufend wiederkehrende Tätigkeiten innerhalb eines Unternehmens. Die Ziele der Ablauforganisation sind:

- optimale zeitliche und räumliche Koordination der Arbeitsabläufe,
- ökonomische Auslastung der Mitarbeiter sowie der Arbeitsmittel,
- Qualitätssteigerung bei den Arbeitsbedingungen und den Arbeitsabläufen,
- Senkung der Kosten durch verbesserte Arbeitsabläufe.

Die Analyse und anschließende Synthese der Arbeitsabläufe sollte sowohl in zeitlicher und räumlicher Hinsicht als auch im Hinblick auf die anfallenden Tätigkeiten erfolgen.

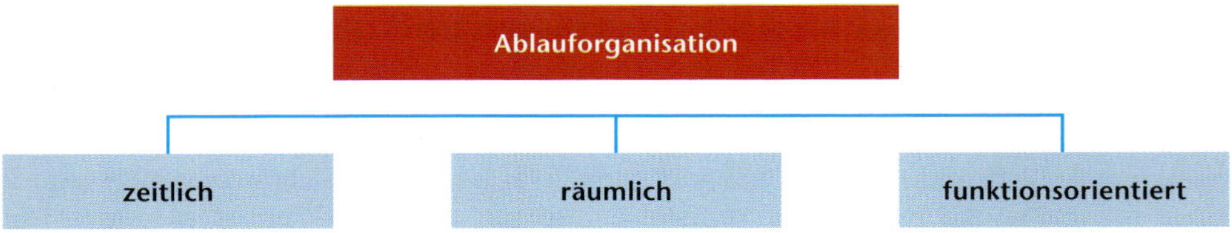

zeitlich
- Arbeitsabläufe zeitlich erfassen und darstellen

räumlich
- Raumplanung
- Arbeitsplatzgestaltung

funktionsorientiert
- Darstellung der Abläufe innerhalb der Aufbauorganisation

Um die betrieblichen Abläufe kontinuierlich zu verbessern, sollten bestimmte Phasen der Ablauforganisation eingehalten werden. Der Prozess der Verbesserung durch die Einhaltung der folgenden Schritte ist eigentlich niemals abgeschlossen, sondern sollte in regelmäßigen Abschnitten wiederholt werden.

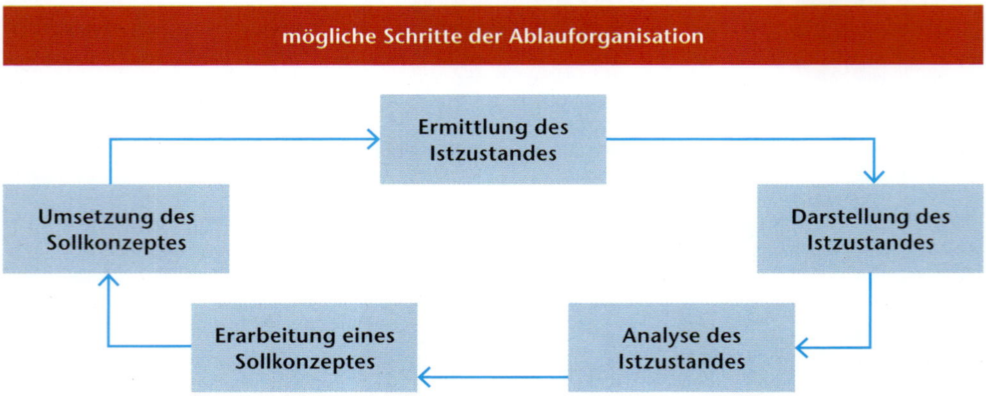

Die Ermittlung des Istzustandes

Um die bestehenden Arbeitsabläufe zu ermitteln, können die Mitarbeiter befragt werden. Dies kann in Form eines Fragebogens oder durch ein Interview erfolgen. Häufig werden Mitarbeiter auch aufgefordert, Tätigkeitsberichte anzufertigen. Neben den Tätigkeiten können bei diesen Verfahren auch schon Schwachstellen und Verbesserungsvorschläge gesammelt werden.
Eine weitere Möglichkeit, den Istzustand zu erfassen, besteht in der Beobachtung der Mitarbeiter. Dabei können einzelne Mitarbeiter oder ganze Mitarbeitergruppen bei ihrer Tätigkeit über einen längeren Zeitraum beobachtet werden. Häufig führen Unternehmen jedoch Multimomentaufnahmen durch. Bei Multimomentaufnahmen wird ein repräsentativer Durchschnitt der Mitarbeiter an zufällig ausgewählten Zeitpunkten beobachtet.

Die Darstellung des Istzustandes

Die Darstellung der ermittelten Arbeitsabläufe erfolgt häufig grafisch durch Flussdiagramme, Arbeitsablaufkarten, ereignisgesteuerte Prozessketten etc. Auf dem Softwaremarkt existieren viele Programme, mit denen Unternehmen ihre betrieblichen Abläufe anschaulich darstellen können. (Einige Darstellungsmöglichkeiten werden im Verlaufe dieses Kapitels noch vorgestellt.)

Die Analyse des Istzustandes

Die erfassten dargestellten Arbeitsabläufe werden in einem nächsten Schritt analysiert. Häufig werden Schwachstellen schon bei der Erhebung der Daten entdeckt. Weitere Verbesserungen der Arbeitsabläufe können durch eine gründliche Prüfung der jetzt vorhandenen Informationen aufgedeckt werden.

Die Erarbeitung eines Sollkonzeptes

Für die aufgedeckten Schwachstellen innerhalb der betrieblichen Abläufe werden nun Verbesserungsvorschläge erarbeitet. Die geplante Umsetzung der erarbeiteten Verbesserungsmaßnahmen wird in einem Sollkonzept zusammengefasst.

Die Umsetzung des Sollkonzeptes

Durch die Umsetzung des Sollkonzeptes werden die Arbeitsabläufe anschließend angepasst und somit verbessert.

Aufgaben

1. ***Unternehmensberatungen kritisieren regelmäßig, dass in vielen Betrieben die Arbeitsabläufe noch nicht organisiert sind. Vielfach wird noch (unnötigerweise) improvisiert.***
   a *Sammeln Sie aus Ihrer Klasse betriebliche Situationen, bei denen in Ihrem Unternehmen disponiert bzw. improvisiert wird. Erfassen Sie die genannten Situationen geordnet an der Tafel.*
   b *Diskutieren Sie anschließend, ob die gesammelten Situationen zur Disposition eventuell organisiert werden könnten.*
   c *Überprüfen Sie nun, welche der improvisierten Situationen gegebenenfalls auch disponiert oder gar organisiert werden könnten.*
2. ***Sie sollen einen Arbeitsablauf Ihres Ausbildungsbetriebes schriftlich darstellen.***
   a *Nennen und erklären Sie kurz in eigenen Worten die möglichen Schritte der Ablauforganisation.*
   b *Beschreiben Sie ausführlich eine betriebliche Tätigkeit aus Ihrem Ausbildungsbetrieb, die dazugehörigen generellen Regelungen und die zeitliche Dauer des gewählten Beispiels.*
   c *Analysieren Sie anschließend, ob in Ihrem beschriebenen Arbeitsablauf Verbesserungsmöglichkeiten enthalten sind. Stellen Sie diese schriftlich dar oder begründen Sie, warum die Tätigkeit nicht zu verbessern ist.*

1.4.1 Die zeitliche Ablauforganisation

Die zeitliche Abfolge des Arbeitsablaufes analysiert sowohl die Reihenfolge der einzelnen zu verrichtenden Arbeitsschritte, als auch deren Dauer. In vielen Situationen ist die zeitliche Abfolge der betrieblichen Tätigkeiten wichtig. Die Zeiteinteilung ist natürlich stark abhängig von den jeweils zu verrichtenden Aufgaben.

Beispiele:

- *In der Automobilindustrie sind viele Mitarbeiter am Fließband tätig. Die sogenannte Taktzeit des Bandes gibt die Geschwindigkeit der Arbeitsabläufe vor.*
- *Eine Reinigungskraft hat zur Reinigung von 16 Büroräumen zwei Stunden Zeit. Daraus ergeben sich 7,5 Minuten pro Raum.*
- *Für die Erstkundenanamnese haben die Mitarbeiter der Fitnesskette FFP 32 Minuten Zeit.*

Betriebliche Arbeitsabläufe werden i. d. R. in einer entsprechenden Software erfasst und ausgewertet. Dadurch existiert eine Vielzahl unterschiedlicher Darstellungsmöglichkeiten. Abhängig von den Erfordernissen der benötigten Darstellung und dem zeitlichen Umfang der jeweiligen Aufgaben sind die Arbeitsablaufkarte, das GANTT-Diagramm und die Netzplantechnik weit verbreitet.

Die Arbeitsablaufkarte

Für die Darstellung von Arbeitsabläufen in einem Unternehmen werden gern Arbeitsablaufkarten genutzt. Die Reihenfolge der einzelnen Arbeitsschritte wird tabellarisch dargestellt. Durch farbliche Unterlegung der Symbole für die Bearbeitung, den Transport, die Prüfung, die Verzögerung und die Ablage werden die einzelnen Verrichtungen genauer definiert. Auch die Wegstrecken und die zeitliche Dauer werden für jede Arbeitsstufe erfasst.

Beispiel:

Für die Erstkundenanamnese liegt bei der Fitnesskette FFP folgende Arbeitsablaufkarte vor:

Arbeitsablaufkarte									
Arbeitsablauf: Abteilung:		**Kundenanamnese** Fitness							
Lfd. Nummer	Ablaufstufen	**Verrichtungen**					**Weg (Meter)**	**Zeit (Minuten)**
1	Kunden begrüßen	●	▷	□	◗	▽		2
2	Kunden zur Sitzecke begleiten	○	▶	□	◗	▽	30	1
3	Anamnesebogen holen	○	▶	□	◗	▽	45	2
4	Anamnese durchführen	●	▷	□	◗	▽		15
5	Anamnese auswerten	●	▷	□	◗	▽		10
6	Anamnesebogen zum Tresen bringen	○	▶	□	◗	▽	30	1
7	Anamnese abheften	○	▷	□	◗	▼		1

Legende:

- ○ Bearbeitung/Tätigkeit
- ▷ Transport/Weiterleitung
- □ Prüfung
- ◗ Warten/Verzögerung
- ▽ Lagerung/Ablage
- ● aktivierte Verrichtung

Anhand einer Arbeitsablaufkarte können die einzelnen Stufen analysiert werden. Problematisch und oft verbesserungsfähig sind die Transportwege und die Verzögerungen.
Die Arbeitsablaufkarte wird nicht ausschließlich innerhalb der zeitlichen Ablauforganisation eingesetzt. Sie wird auch oft in der funktionsorientierten Ablauforganisation genutzt.

Beispiel:
Für die Erstkundenanamnese bei der Fitnesskette FFP ergibt sich aus der Arbeitsablaufkarte eine Gesamtdauer von 32 Minuten. Durch eine geeignete Lagerung des Anamnesebogens an der Sitzecke könnten eine Arbeitsstufe und damit zwei Minuten Transportzeit eingespart werden.

Aufgaben

1. ***Betrachten Sie die Arbeitsablaufkarte der Fitnesskette FFP in obigem Beispiel.***
   a *Als Mitarbeiter der Fitnesskette FFP sollen Sie einem Praktikanten die Arbeitsablaufkarte für die Kundenanamnese erklären. Beschreiben Sie in eigenen Worten den Aufbau der Arbeitsablaufkarte.*
   b *Erklären Sie dem Praktikanten kurz die Vorteile einer Arbeitsablaufkarte.*

2. ***Das Golf- und Wellnessresort Lüneburger Heide hat Lieferverträge mit 15 Lebensmittelgroßhändlern. Diese liefern jeden Morgen frische Speisen und Getränke. In den letzten Wochen haben sich mehrere Lieferanten beschwert, dass sie beim Wareneingang sehr lange warten müssen, bis ihre Lieferung angenommen wird. Im Wareneingang ist ein Mitarbeiter beschäftigt.***
   Für den täglichen Wareneingang wurde im Golf- und Wellnessresort für jede Lieferung folgender Ablauf ermittelt:
   Annahme des Lieferscheins (0,5 Minuten), Bestellschein im PC aufrufen (1 Minute), Bestellschein ausdrucken (0,5 Minuten), Vergleich Bestellschein und Lieferschein (2 Minuten), Kontrolle der Lieferung (8 Minuten), Lieferschein kopieren (1 Minute), Ware plus Lieferscheinkopie zur Küche transportieren (3 Minuten, Wegstrecke 200 Meter), Rückweg zum Wareneingang (3 Minuten, Wegstrecke 200 Meter), Lieferschein (Original) abheften (1 Minute, Wegstrecke 30 Meter).
   a *Erstellen Sie für den Wareneingang des Golf- und Wellnesshotels eine Arbeitsablaufkarte.*
   b *Erarbeiten Sie aus ablauforganisatorischer Sicht Verbesserungsmöglichkeiten für die Warenannahme im Golf- und Wellnessresort.*

Das GANTT-Diagramm

In vielen Unternehmen wird zur Darstellung der zeitlichen Abläufe das sogenannte GANTT-Diagramm (benannt nach dem US-amerikanischen Unternehmensberater Henry L. Gantt) genutzt. Vor allem bei längerfristigen, komplexen Aufträgen oder für anstehende Projekte kann diese Form der Darstellung zur Terminplanung gut eingesetzt werden.

Beispiele:
Der Sportverein SC Lüneburg möchte an einem Samstag im Juli oder August ein Kinderfest im Freien veranstalten. Um diese Veranstaltung zu planen und durchzuführen, hat sich ein Team von Mitarbeitern am 30. Juni zusammengesetzt und folgende Vorüberlegungen getroffen:

- *Für das Gartenfest müssen Discjockey, Festzelt, Kinder-Hüpfburg, Bratwurststand, Pommesbude, Getränkestand und Kinderkarussell gebucht werden. Dieser Vorgang, den das Team „Eventteam buchen" nennt, dauert voraussichtlich zwei Tage.*
- *Für eine Werbeaktion soll ein Flyer entworfen werden, der in der Stadt und im Verein verteilt wird. Für die Gestaltung wird ein Tag angesetzt. Mit der Gestaltung kann sofort begonnen werden.*
- *Auch ein Plakat soll entwickelt werden, das in den Straßen auf das Kinderfest hinweisen soll. Hierfür wird ebenfalls ein Tag eingeplant. Mit der Gestaltung kann sofort begonnen werden.*
- *Bei einer Werbeagentur sollen 1.000 Flyer bestellt werden. Für den Druck und die Auslieferung benötigt die Agentur drei Werktage. Die Bestellung kann natürlich erst erfolgen, wenn die Gestaltung des Flyers abgeschlossen und das Eventteam gebucht ist.*

- *Auch das Plakat soll bei der Werbeagentur in Auftrag gegeben werden. Für die Herstellung und Auslieferung von 100 Plakaten sind fünf Werktage anzusetzen. Voraussetzung für die Bestellung ist wiederum, dass die Entwicklung des Plakates bereits abgeschlossen und das Eventteam gebucht ist.*
- *Nachdem das Eventteam gebucht ist und die Plakate und Flyer vorliegen, soll eine Werbeaktion durchgeführt werden. Diese soll an fünf Werktagen, aber nicht am Samstag, stattfinden.*
- *Im Anschluss an die Werbeaktion sind noch zwei Tage für den Aufbau aller Attraktionen des Kinderfestes einzuplanen.*
- *Mit der Durchführung aller notwendigen Vorgänge für das Kinderfest soll am nächsten Montag, den 2. Juli, begonnen werden. Da am Wochenende keine der genannten Tätigkeiten durchgeführt werden, ergibt sich für das Projekt „Kinderfest" folgender zeitlicher Ablauf, dargestellt in einem GANTT-Diagramm:*

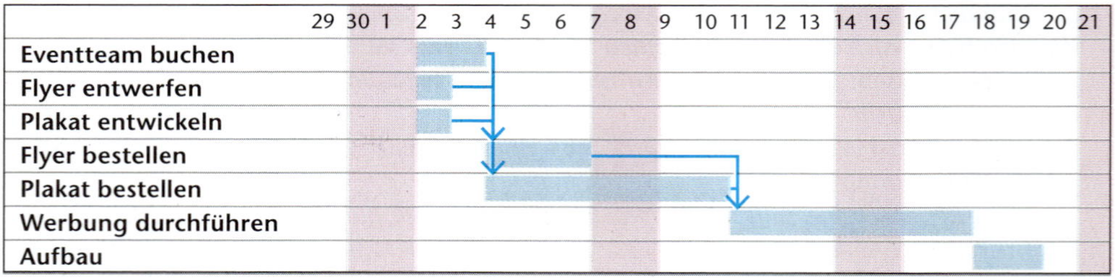

Da das Kinderfest an einem Samstag stattfinden soll, kann es demnach frühestens am 21. Juli des Jahres durchgeführt werden.

Bei der Anfertigung eines GANTT-Diagramms werden zunächst alle Vorgänge aufgelistet. Am ersten Tag wird mit allen Vorgängen begonnen, die keinen sogenannten Vorgänger haben. Vorgänger sind Vorgänge, die abgeschlossen sein müssen, bevor mit einem neuen Schritt angefangen werden kann. Für jeden Vorgang ist daher zu prüfen, ob er einen oder mehrere Vorgänger hat.
Die soeben dargestellte Vorwärtsterminierung bietet sich immer dann an, wenn ein Termin noch nicht fest vorgegeben ist. Sollte allerdings für ein Projekt/einen Auftrag/eine Veranstaltung ein vorgegebener Termin vorhanden sein, so bietet sich zusätzlich eine Rückwärtsterminierung an. Dabei werden alle Vorgänge ausgehend von dem vorgegebenen Termin „von hinten nach vorne" eingeplant. Man erhält somit einen genauen Überblick darüber, wann jeder Vorgang spätestens beginnen muss.

Beispiel:
Der Sportverein SC Lüneburg möchte das Kinderfest definitiv am Samstag, den 21. Juli, veranstalten. Durch eine Rückwärtsterminierung ergeben sich somit für die einzelnen Vorgänge die folgenden spätesten Anfangsdaten:

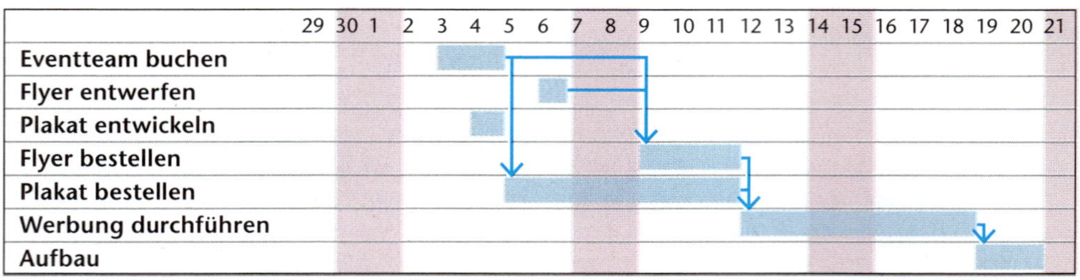

Bei komplexeren unternehmerischen Aufgaben bietet es sich an, zunächst eine sogenannte Vorgangsliste zu erstellen, bevor ein GANTT-Diagramm angelegt wird. Die Vorgangsliste erfasst die zur Erstellung des Diagramms wichtigen Daten in einer übersichtlichen tabellarischen Darstellung.

Beispiel:
Vor der Erstellung eines GANTT-Diagramms wurde für die Durchführung eines Kinderfestes des SC Lüneburg folgende Vorgangsliste durch die Mitarbeiter entwickelt:

Vorgangs-nummer	Vorgangsbezeichnung	Dauer in Tagen	Vorgänger	Nachfolger
1	Eventteam buchen	2	–	4, 5
2	Flyer entwerfen	1	–	4
3	Plakat entwickeln	1	–	5
4	Flyer bestellen	3	1, 2	6
5	Plakat bestellen	5	1, 3	6
6	Werbung durchführen	5	4, 5	7
7	Aufbau	2	6	–

Innerhalb der Vorgangsliste werden neben den Vorgänger-Vorgängen auch die Nachfolger-Vorgänge erfasst. Das ist deshalb sinnvoll, da GANTT-Diagramme i. d. R. mit einer Software erstellt werden. Hier kann es erforderlich werden, bei der Erfassung der Daten, speziell bei der Festlegung der Reihenfolge, den Nachfolgevorgang zu kennen.

Aufgaben

1. Sie sind Mitarbeiter im Golf- und Wellnessresort Lüneburger Heide. Für ein anstehendes Projekt liegen Ihnen folgende Daten in einer Vorgangsliste bereits vor. Die Arbeitszeit beträgt von Montag bis Freitag jeweils acht Stunden.

Vorgang	Dauer (in Stunden)	Vorgänger
A	5	–
B	3	A
C	6	A
D	4	B
E	8	B
F	2	D, E
G	9	C

a Erklären Sie kurz den Aufbau und die Vorteile einer Vorgangsliste.
b Vervollständigen Sie die Vorgangsliste, indem Sie eine Spalte „Nachfolger" erstellen.
c Erstellen Sie mittels der Vorgangsliste eine Vorwärtsterminierung mithilfe eines GANTT-Diagramms.
d Angenommen, das Projekt muss bis Freitag, den 12. August, 18:00 Uhr, beendet sein. Ermitteln Sie durch eine Rückwärtsterminierung das früheste Anfangsdatum.

2. ***Betrachten Sie das erste GANTT-Diagramm (Vorwärtsterminierung) in obigem Beispiel. Der SC Lüneburg hat beschlossen, das Kinderfest am Samstag, den 21. Juli, durchzuführen.***
   a Angenommen, der Vorgang „Flyer entwerfen“ verzögert sich um einen Tag, weil ein Mitarbeiter krank ist: Welche zeitliche Auswirkung hätte dies auf den geplanten Termin des Kinderfestes? Begründen Sie Ihre Antwort.
   b Angenommen, der Vorgang „Eventteam buchen“ verzögert sich um einen Tag: Welche zeitliche Auswirkung hätte dies auf den geplanten Termin des Kinderfestes? Begründen Sie Ihre Antwort.
   c Angenommen, der Vorgang „Plakate bestellen“ ist erst am 13. Juli beendet, weil die Werbeagentur zu spät liefert. Der geplante Termin könnte somit gemäß GANTT-Diagramm nicht mehr eingehalten werden. Entwickeln Sie zwei konkrete Vorschläge zur Rettung des geplanten Termins.

3. ***Der SC Lüneburg ist in den letzten 15 Jahren stetig gewachsen. Nun soll ein neues Verwaltungsgebäude gebaut werden, da die bisher genutzten Räumlichkeiten nicht mehr ausreichen. Mit dem Bau des Gebäudes wurde ein ortsansässiges Bauunternehmen beauftragt. Sie nehmen an der zeitlichen Planung des Bauvorhabens als Vertreter des SC Lüneburgs teil.***

Folgende Aufgaben fallen bei der Durchführung des Neubaus an:
- *Die Baugrube und das Fundament müssen ausgehoben werden. Dieser Vorgang dauert 2 Tage und ist als Startvorgang durchzuführen.*
- *Danach ist das Fundament zu legen und das Mauerwerk zu erstellen. Dies dauert 10 Tage.*
- *Nachdem das Mauerwerk erstellt ist, kann das Dach gebaut und gedeckt werden. Dafür sind 3 Tage einzuplanen.*
- *Nachdem das Dach eingedeckt ist, kann gleichzeitig mit der Montage der Fenster und der Außentüren begonnen werden (Dauer: 4 Tage), die Elektroinstallation kann beginnen (Dauer: 8 Tage) und die Sanitär- und Heizungsinstallation kann erfolgen (Dauer: 10 Tage)*
- *Mit dem Innenputz (Dauer: 8 Tage) kann erst begonnen werden, wenn die Fenster und Außentüren eingebaut sind, die Elektroinstallationen und die Sanitär- und Heizungsinstallationen abgeschlossen sind.*
- *Nach dem Innenputz kann der Estrich verlegt werden. Dies dauert 2 Tage.*
- *Ist der Estrich verlegt, so können die Innentüren eingebaut werden. Dafür ist 1 Tag einzuplanen.*
- *Der Außenputz ist erst realisierbar, wenn die Montage der Fenster und Außentüren erfolgt ist. Der Außenputz dauert 8 Tage.*
- *Nachdem der Außenputz fertiggestellt ist, kann gleichzeitig der Vorplatz gestaltet werden (Dauer: 2 Tage) und der Garten angelegt werden (Dauer: 10 Tage)*
- *Nachdem Vorplatz und Garten fertig sind, kann der Zaun gebaut werden (Dauer: 1 Tag)*
- *Die Bauabnahme, die 1 Tag dauert, erfolgt, nachdem der Zaun fertig ist und die Innentüren eingebaut sind.*

a Erstellen Sie zunächst eine übersichtliche Vorgangsliste für das Bauvorhaben.
b Mit den Baumaßnahmen kann nach Auskunft des Bauunternehmens bereits am nächsten Montag begonnen werden. Ermitteln Sie den Fertigstellungstermin und die gesamte Dauer der Baumaßnahme mithilfe eines GANTT-Diagramms.

Der Netzplan

Ein weiteres Instrument zur Terminplanung ist der Netzplan. Durch die grafische Darstellung der Abhängigkeiten der einzelnen Vorgänge und die Berechnung mehrerer zeitlicher Faktoren ist der Netzplan als Planungs- und Kotrollinstrument bei längerfristigen, umfangreichen Vorhaben sehr gut geeignet. Insbesondere die Terminplanung und die Terminüberwachung werden durch die Netzplanmethode wesentlich erleichtert.

Netzpläne werden häufig in Projekten eingesetzt. Sie sind sogar nach DIN 69900 (Deutsches Institut für Normung, Norm 69900: Projektmanagement – Netzplantechnik) definiert.

Beispiel:

Der SC Lüneburg möchte an einem Samstag im Juli oder August ein Kinderfest im Freien veranstalten. Um diese Veranstaltung zu planen und durchzuführen, hat sich ein Team von Mitarbeitern im Juni zusammengesetzt. Auf dem Treffen wurde bereits ein GANTT-Diagramm erstellt (vergleiche Beispiel weiter oben). Anschließend hat das Team folgenden Netzplan entwickelt:

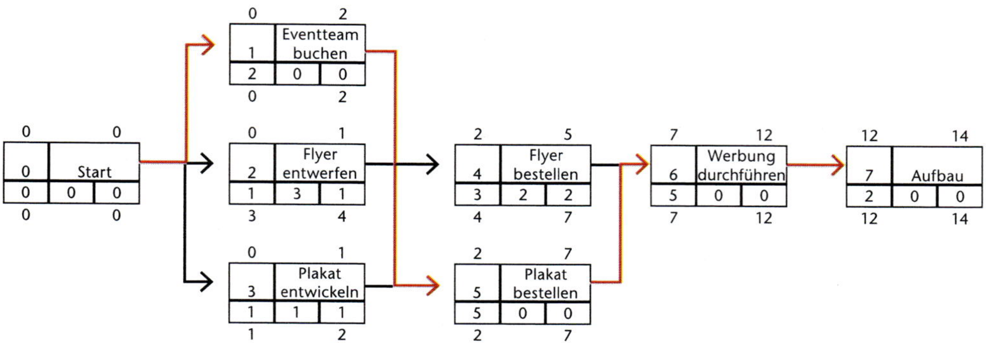

Sollte ein Projekt/ein Arbeitsablauf mehrere Anfangsvorgänge besitzen, wie es im vorliegenden Beispiel der Fall ist, so wird aus optischen Gründen oft ein Startvorgang vorgeschaltet. Alle Daten des Startvorgangs erhalten eine Null.
Jeder sogenannte Vorgangsknoten innerhalb eines Netzplans ist folgendermaßen zu lesen:

Der Aufbau eines Netzplan-Knotens

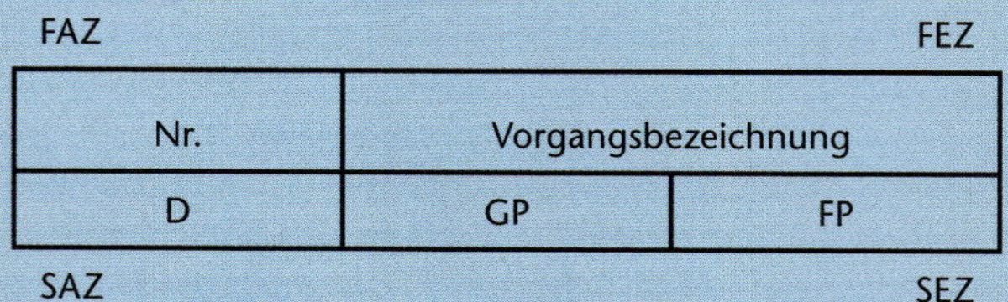

D: Dauer
FP: freier Puffer
GP: Gesamtpuffer
Nr.: Vorgangsnummer

FAZ: frühester Anfangszeitpunkt
FEZ: frühester Endzeitpunkt
SAZ: spätester Anfangszeitpunkt
SEZ: spätester Endzeitpunkt

Der kritische Weg wird innerhalb der Netzplandarstellung hervorgehoben (z. B. rot oder fett). Er beschreibt die Vorgangskette, die keine freien Zeitreserven beinhaltet. Bei einer Verzögerung eines Vorgangs auf dem kritischen Weg wird das gesamte Projektende nach hinten verschoben.
Zeitreserven werden in der Netzplantechnik als Gesamtpuffer und als freier Puffer errechnet. Der freie Puffer eines Vorganges zeigt an, wie lange sich der Vorgang verzögern kann, ohne dass der nachfolgende Vorgang dadurch beeinträchtigt wird.

Beispiele:

- *Der Vorgang „Flyer bestellen" hat einen freien Puffer von zwei Tagen. Würde sich dieser Vorgang um zwei Tage verzögern, könnte der Vorgang „Werbung durchführen" immer noch planmäßig am siebten Tag beginnen.*
- *Der Vorgang „Plakat bestellen" hat keinen freien Puffer. Würde sich der Vorgang verzögern, so müsste der nachfolgende Vorgang „Werbung durchführen" später beginnen.*

Als Gesamtpuffer wird die Zeitreserve bezeichnet, die zwar den Nachfolger direkt beeinflusst, aber das gesamte Projekt terminlich nicht gefährdet. Ist der Gesamtpuffer größer als der freie Puffer, so ist beim Überschreiten des freien Puffers der Nachfolgevorgang zu benachrichtigen, da sich sein frühester Anfangszeitpunkt verschiebt.

Beispiele:

- *Der Vorgang „Flyer entwerfen" hat einen freien Puffer von einem Tag und einen Gesamtpuffer von drei Tagen. Würde sich dieser Vorgang um einen Tag verzögern, könnte der Vorgang „Flyer bestellen" immer noch planmäßig am zweiten Tag beginnen. Eine Benachrichtigung ist nicht nötig.*
- *Würde sich der Vorgang „Flyer entwerfen" um zwei Tage verzögern, könnte der Vorgang „Flyer bestellen" nicht planmäßig am zweiten Tag beginnen, sondern erst am dritten Tag. Eine Benachrichtigung ist daher notwendig.*
- *Da der Gesamtpuffer aber drei Tage beträgt, kann das gesamte Projekt noch wie geplant abgeschlossen werden. Der Vorgang „Flyer bestellen" würde am dritten Tag beginnen, wäre am sechsten Tag beendet. Der Nachfolger „Werbung durchführen" könnte immer noch am siebten Tag starten. Die Pufferzeiten müssen jedoch neu berechnet werden.*

Hinweis: Netzpläne werden i. d. R. mit geeigneter Software erstellt. Diese stellt die Anfangs- und Endzeitpunkte meist als kalendarisches Datum dar.

Methodischer Hinweis – Projektmanagement (Erstellen eines Netzplanes)

Der Netzplan ist ein weitverbreitetes Instrument zur Terminplanung und zur Terminkontrolle bei längerfristigen Vorhaben, zum Beispiel in Projekten. Sie werden in der Praxis gern genutzt, da die Netzplantechnik die zeitlichen Abläufe, die Abhängigkeiten von einzelnen Vorgängen und den kritischen Weg übersichtlich darstellt. Dadurch ist eine laufende Projektkontrolle gewährleistet und eine einfache Terminüberwachung möglich.

Bei der Erstellung eines Netzplanes sind folgende Schritte durchzuführen:

Grundlagen

- Abhängigkeiten werden durch Pfeile dargestellt, Vorgänge im Rechteck.
- Pfeile werden von links nach rechts gezeichnet; der Netzplan darf keine Schleifen beinhalten.
- Vom Anfangs- bis zum Endvorgang muss ein ununterbrochener Ablauf stattfinden.

Vorwärtsrechnung

Zunächst ist die Vorwärtsrechnung durchzuführen:

- Der Startvorgang beginnt mit dem FAZ 0. Bei mehreren Startvorgängen erhalten alle einen FAZ von 0. (Es bietet sich aus optischen Gründen an, bei mehreren Startvorgängen einen Vorgang „Start“ als Ausgangspunkt einzuführen. Dieser enthält lediglich Nullwerte.)
- FEZ = FAZ + Dauer
- Der FEZ eines Vorgangs ist FAZ aller unmittelbar nachfolgenden Vorgänge. Bei mehreren Vorgängern ist der größte FEZ der FAZ des Vorganges.

Rückwärtsrechnung

- FEZ des Zielknotens ist SEZ des Projekts.
- SAZ = SEZ – Dauer
- Der SEZ eines Vorgangs ist SAZ des nachfolgenden Vorgangs. Hat ein Vorgang mehrere Nachfolger, so ist dessen SEZ der früheste (kleinste) SAZ aller Nachfolger.
- Wenn der SAZ des Startknotens oder einer der Startknoten nicht den Wert 0 aufweist, liegt irgendwo ein Rechenfehler vor.

Zeitreserven berechnen

- GP = SAZ – FAZ oder GP = SEZ – FEZ
- FP Vorgang A = FAZ des Nachfolgers B – FEZ des Vorgangs A

Kritischen Weg ermitteln

- Vorgänge ohne Zeitreserven sind kritische Vorgänge.
- Der kritische Weg ist die Kette aller kritischen Vorgänge.

Aufgaben

1. ***Vergleichen Sie das GANTT-Diagramm (Vorwärtsterminierung) und die Vorgangsliste aus dem Beispiel weiter oben mit dem Netzplan im aktuellen Beispiel.***
   a *Beschreiben Sie Vorteile des Netzplans gegenüber dem GANTT-Diagramm.*
   b *Stellen Sie den Zusammenhang zwischen den frühesten Anfangszeitpunkten, der Dauer und den frühesten Endzeitpunkten der Vorgänge 1, 2 und 3 schriftlich dar.*
   c *Warum haben die Vorgänge 4 und 5 innerhalb des Netzplans als frühesten Anfangszeitpunkt eine 2?*
   d *Warum haben die Vorgänge 1, 2 und 3 unterschiedliche SEZ?*
   e *Beschreiben Sie in eigenen Worten den kritischen Weg des Netzplanes. Stellen Sie die Vorgangskette des kritischen Wegs für das dargestellte Projekt vor.*
   f *Erklären Sie kurz den Unterschied zwischen dem freien Puffer und dem Gesamtpuffer am Beispiel des Vorgangs „Flyer bestellen“.*
   g *Angenommen der Vorgang „Flyer entwickeln“ verzögert sich voraussichtlich um drei Tage, der Vorgang „Plakat bestellen“ um einen Tag. Erläutern Sie kurz die Auswirkungen und die zu treffenden Maßnahmen, die durch die Verzögerungen entstehen.*

2. ***Sie sind Mitarbeiter im Golf- und Wellnessresort Lüneburger Heide. Für ein anstehendes Projekt liegen Ihnen folgende Daten in einer Vorgangsliste bereits vor***

Vorgang	Dauer (in Tagen)	Vorgänger
A	5	–
B	3	A
C	6	A
D	4	B
E	8	B
F	2	D, E
G	9	C

a Erstellen Sie einen Netzplan mit den gegebenen Daten.
b Wie lange dauert das Projekt insgesamt?
c Erklären Sie den kritischen Weg des Netzplans.

3. ***Herr Sangenstedt ist Berufsschullehrer an den Berufsbildenden Schulen I in Lüneburg. Mit der Berufsschulklasse der Sport- und Fitnesskaufleute wird im ersten Ausbildungsjahr traditionell eine Klassenfahrt ins Ausland unternommen. Diese wird vorher mit der Klasse an deren Schultagen organisiert. Die Sport- und Fitnesskaufleute werden an zwei Schultagen pro Woche unterrichtet. Die zeitliche Planung der Klassenfahrt erfolgt in Wochentagen.***

Folgende Rahmendaten sind Herrn Sangenstedt aus jahrelanger Erfahrung bekannt:
Als Erstes sind der Ort und der Termin der Klassenfahrt mit der Klasse festzulegen (Vorgangsname: „Termin/Ort" – Dauer: 1 Wochentag). Danach ist eine geeignete Unterkunft zu suchen („Unterkunft" – Dauer: 25 Wochentage) und parallel dazu die Anreise zu organisieren („Anreise" – Dauer: 15 Wochentage) und die Informationen über den Ort einzuholen („Info Ort" – Dauer: 20 Wochentage).
Im Anschluss an diese Vorgänge findet ein Informationsabend für die Eltern und Ausbilder statt („Infoabend" – Dauer: 1 Tag).
Bereits nach dem Einholen der Informationen über den Ort kann Herr Sangenstedt mit der Klasse einen Wochenplan für die Klassenfahrt erstellen (Museen, Bauwerke, Sportstätten, kulturelle Veranstaltungen, Abendprogramm etc.). Dafür benötigt er 10 Tage („Wochenplan" – Dauer: 10 Tage).
Nach der Erstellung des Wochenplans und dem Infoabend beantragt Herr Sangenstedt die Genehmigung für eine Auslandsklassenfahrt bei der Schulbehörde („Genehmigung" – Dauer: 30 Tage).
Zum Schluss muss noch die Abfahrt der Klassenfahrt geplant werden („Abfahrt" – Dauer: 5 Tage).

Erstellen Sie für die gegebenen Daten einen Netzplan.

Zusammenfassung

Die zeitliche Ablauforganisation (Darstellungsmöglichkeiten)		
Arbeitsablaufkarte	**GANTT-Diagramm**	**Netzplan**
Innerbetrieblich Vorgänge werden in ihrem zeitlichen Ablauf und in der Reihenfolge der Verrichtungen grafisch dargestellt.	Balkendiagramm zur Darstellung auf einer Zeitachse bei umfangreichen Vorhaben/Projekten Abhängigkeiten von Vorgängern und Nachfolgern werden berücksichtigt.	Grafische Darstellung der Vorgänge umfangreicher Vorhaben/Projekte unter Berücksichtigung von Pufferzeiten

Arbeitszeitplanung

Durch eine zeitliche Analyse der zu verrichtenden Aufgaben und deren Darstellung in z. B. einer Arbeitsablaufkarte können Schwachstellen innerhalb der betrieblichen Vorgänge ermittelt werden.

Terminplanung

Zur Terminplanung und Terminkontrolle können GANTT-Diagramme oder Netzpläne erstellt werden. Diese berücksichtigen die Reihenfolge und die Dauer der einzelnen Vorgänge sowie deren Reihenfolge.

1.4.2 Die raumorientierte Ablauforganisation

Bei der **räumlichen Gestaltung** der Arbeitsabläufe geht es insbesondere um die Arbeitsplatzgestaltung. Werden mehrere unterschiedliche Arbeitsplätze eingerichtet, so müssen hierfür die räumlichen Gegebenheiten geschaffen werden. In den meisten Fällen ist es sinnvoll, verschiedene Räume für unterschiedliche Arbeitsgänge einzurichten.

Beispiel:
Der Büroraum der Abteilung Buchhaltung der Fitnesskette FFP ist vom Thekenbereich getrennt, damit die anfallenden Arbeiten in einer ruhigen Atmosphäre erledigt werden können.

Um eine größtmögliche Wirtschaftlichkeit zu erreichen, sollten die einzelnen Stellen und Abteilungen räumlich so angeordnet werden, dass kurze Wege (Transportwege, Gehwege, Fahrwege etc.) entstehen.

Beispiel:
In einem Großhandelsbetrieb für Sportbekleidung ist eine Halle in Büroräume und Lager eingeteilt. Folgende Grafik stellt die derzeitige Situation dar:

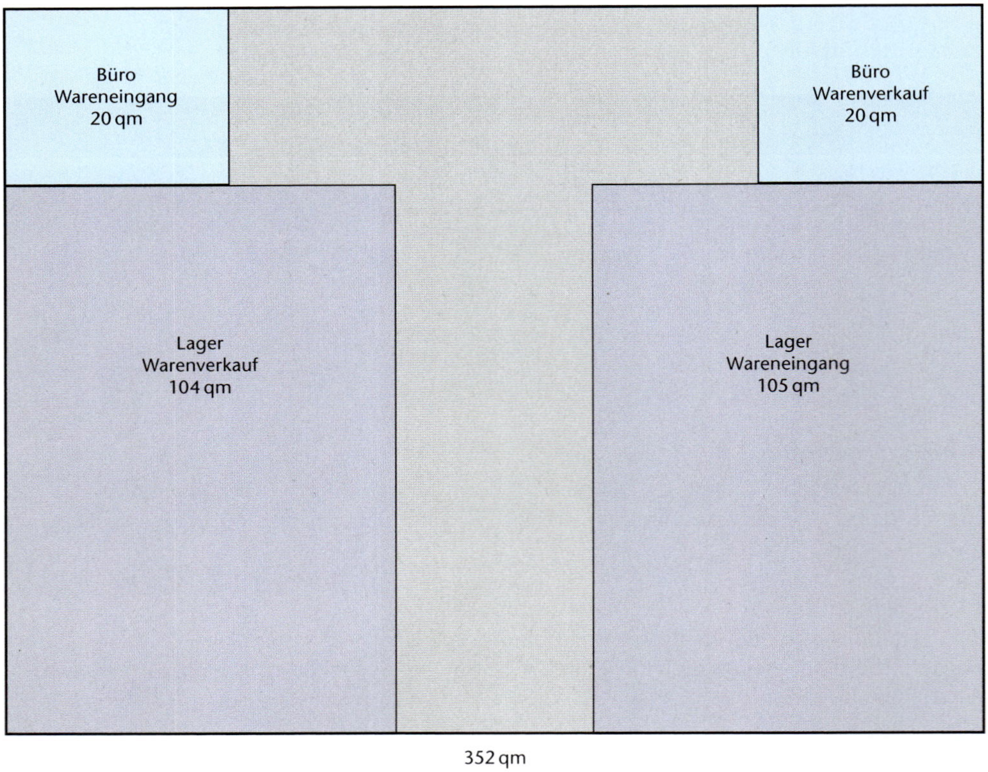

Im Wareneingangslager arbeiten zwei Mitarbeiter, im Warenverkaufslager drei. Jeder Mitarbeiter muss pro Arbeitstag durchschnittlich 50-mal aus dem Büro in das Lager und zurück. Durch einen Tausch der Büros könnte jeder Mitarbeiter pro Wegstrecke 0,25 Minuten einsparen. Insgesamt könnten demnach täglich 125 Minuten Arbeitszeit eingespart werden. (Einsparung = 0,25 Minuten · 5 Mitarbeiter · 100 Gehwege)

Gerade in der Sport- und Fitnessbranche ist die räumliche Gestaltung des Betriebes wichtig. Eine sinnvolle Einteilung der einzelnen Bereiche ist sowohl für die Mitarbeiter, als auch für die Kunden/Mitglieder sinnvoll, da circa 80 % der Räumlichkeiten durch beide Anspruchsgruppen genutzt werden.

Aufgaben

1. ***In einem Großhandel arbeiten 10 Mitarbeiter im Warenverkaufslager und 5 Mitarbeiter im Wareneingangslager. Jeder dieser Mitarbeiter muss täglich 30-mal in das Lager und somit auch 30-mal zurück ins Büro.***
   - a *Durch eine Neuanordnung der Büroräume spart jeder Mitarbeiter durchschnittlich 30 Sekunden pro Gang. Berechnen Sie die zeitliche Einsparung pro Mitarbeiter in Minuten.*
   - b *Berechnen Sie die gesamte Zeitersparnis für das Unternehmen in Stunden.*
   - c *Welche Konsequenzen sollte die Unternehmensleitung aus der zeitlichen Einsparung ziehen? Begründen Sie Ihre Aussage.*

2. ***Eine bundesweit tätige Sport- und Fitnesskette hat ihren Geschäftssitz in Köln. In der ersten Etage ist die Geschäftsführung und Verwaltung des Unternehmens angesiedelt.***
Die Unternehmensleitung hat täglich mit ihrem Sekretariat die meisten persönlichen Kontakte. Auch mit dem Leiter des Vertriebs trifft sich die Unternehmensleitung sehr oft.
Der Verwaltungsleiter hat am meisten persönlich Kontakte mit der Personalabteilung. Die Buchhaltung arbeitet sehr selbstständig.
Das Sekretariat ist seit einigen Wochen auch für den Verwaltungsleiter tätig. Dies wird auch zukünftig so bleiben.
Die derzeitige Verteilung der Büroräume ist aus folgender Grafik ersichtlich:

Büro Unternehmensleitung	Büro Leiter Verwaltung	Büro Buchhaltung	WC Damen	WC Herren
	Flur			
Sekretariat Unternehmensleitung	Büro Personal-wesen	Kopierraum	Büro Vertrieb Wellness	Büro Leiter Vertrieb

Erarbeiten Sie ein begründetes Konzept zur Neuverteilung der Büroräume.

3. ***Stellen Sie die Raumverteilung in Ihrem Ausbildungsbetrieb kurz grafisch dar. (Eine grobe Skizze reicht, es muss nicht maßstabsgetreu sein.)***
Prüfen Sie aus Ihren Erfahrungswerten, ob in Ihrem Betrieb Zeitverluste durch die dargestellte Raumverteilung auftreten.

4. ***Innerhalb der raumorientierten Ablauforganisation sollten die einzelnen Arbeitsplätze ebenfalls so gestaltet werden, dass die Arbeitsabläufe zeitlich optimiert werden.***
Der Buchhalter einer großen Sport- und Fitnesskette hat sein Büro wie unten dargestellt eingerichtet:

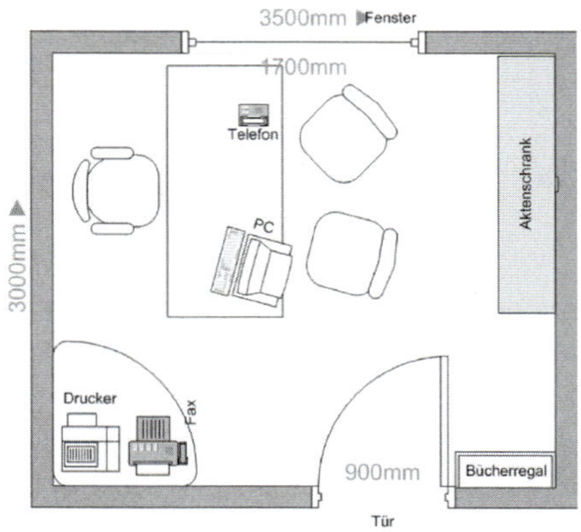

Die überwiegende Tätigkeit des Buchhalters besteht aus der Debitoren- und Kreditorenbuchhaltung. Täglich werden durchschnittlich 60 Ausgangsrechnungen für die Debitoren bearbeitet. Jede dieser Rechnungen wird nach der Erstellung und Buchung doppelt ausgedruckt. Ein Ausdruck wird in den Debitorenakten abgelegt.
Eingangsrechnungen der Kreditoren kommen u. a. per E-Mail. Diese werden ebenfalls nach der Buchung ausgedruckt. Die durchschnittlich 30 Eingangsrechnungen täglich werden anschließend ebenfalls in den entsprechenden Akten abgelegt.

Entwickeln Sie einen konkreten Vorschlag für die Büroeinrichtung des Buchhalters. Erstellen Sie eine grobe Skizze der Neuanordnung. Begründen Sie Ihre Entscheidung schriftlich.

1.4.3 Die funktionsorientierte Ablauforganisation

Die funktionsorientierte Ablauforganisation analysiert und verbessert die gesamten betrieblichen Arbeitsabläufe innerhalb der Aufbauorganisation des Unternehmens. Möglichst alle anfallenden Tätigkeiten werden konkreten Tätigkeitsschritten und den entsprechenden Abteilungen und Stellen zugeordnet. Dabei sollten die Aspekte der räumlichen und zeitlichen Ablauforganisation berücksichtigt werden.
Auch in der funktionsorientierten Ablauforganisation existieren mehrere Möglichkeiten der grafischen Darstellung betrieblicher Vorgänge. Die oben vorgestellte Arbeitsablaufkarte ist hier ebenso einsetzbar wie die nachfolgend genannten Möglichkeiten.

Das Ablaufdiagramm

In einem Ablaufdiagramm (auch: Flussdiagramm, Datenflussplan, Programmablaufplan) werden die einzelnen Arbeitsschritte nacheinander dargestellt. Jedes Diagramm beginnt mit einem Startsymbol und endet mit einem Endesymbol. Neben den zu verrichtenden Tätigkeiten können in einem Ablaufdiagramm auch Entscheidungen angezeigt werden. Entscheidungen werden in einem Flussdiagramm meist nur mit „ja" oder „nein" dargestellt. Gegebenenfalls sind mehrere Entscheidungen nacheinander zu treffen, dann wird die Symbolik mehrmals wiederholt.
Damit ein Ablaufdiagramm nicht unübersichtlich wird, sollten zusammenhängende, logische Abläufe gegebenenfalls als eigenes Diagramm dargestellt werden. Folgende Symbolik hat sich für die Erstellung von Flussdiagrammen etabliert:

Symbolik Flussdiagramm

Legende:

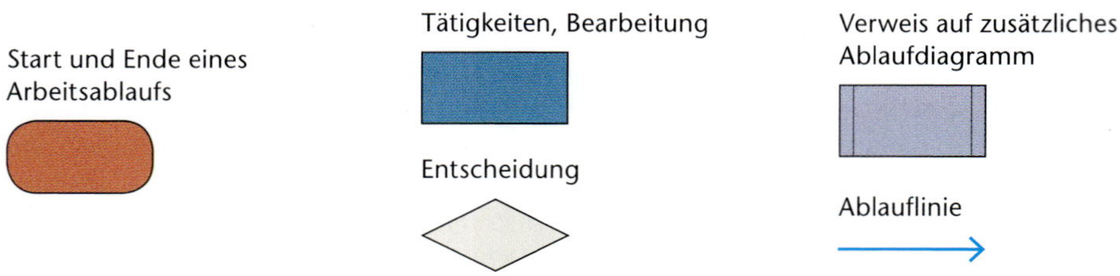

Beispiel:
In der Fitnesskette FFP wurde im Rahmen der Ablauforganisation der Vorgang der Kundenanamnese analysiert. In einem Ablaufdiagramm wird dieser Prozess dargestellt:

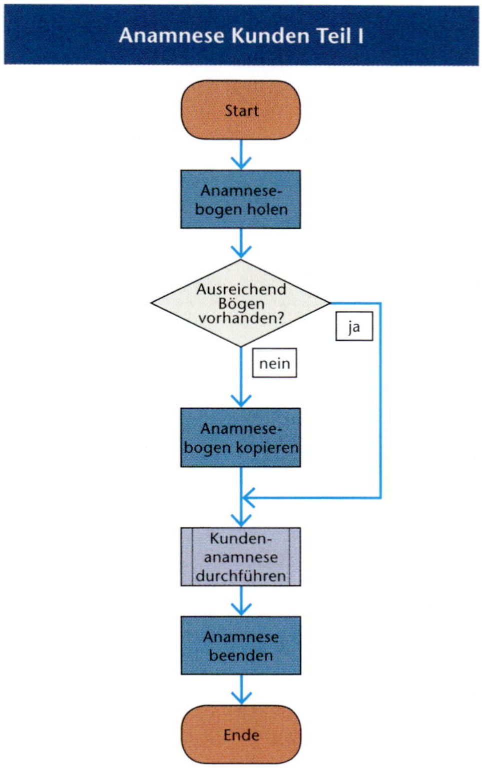

Aufgaben

1. ***Beschreiben Sie den Arbeitsablauf „Anamnese Kunden Teil I" aus dem Beispiel in eigenen Worten.***

2. ***Im Golf- und Wellnessresort Lüneburger Heide soll der Vorgang der Kundenzahlung in einem Ablaufdiagramm dargestellt werden.***
   Wenn ein Kunde seinen Aufenthalt bezahlen möchte, ist zunächst zu prüfen, ob er bar zahlen will. Wenn ja, ist das zusätzliche Diagramm „Barzahlung" aufzurufen. Möchte der Kunde nicht bar zahlen, ist zu prüfen, ob er mit Karte zahlt. Dann wäre der Vorgang „Kartenzahlung" aufzurufen. Auch die Zahlung auf Rechnung ist zu berücksichtigen. Nach erfolgreicher Zahlung ist der Vorgang abgeschlossen.
   Erstellen Sie für den beschriebenen Ablauf ein Ablaufdiagramm.

3. ***Stellen Sie einen selbst gewählten Arbeitsablauf aus Ihrem Ausbildungsbetrieb in einem Ablaufdiagramm dar. Präsentieren Sie das Diagramm Ihren Mitschülern.***

Das Organisationshandbuch

Ein Organisationshandbuch umfasst alle wichtigen organisatorischen Regelungen eines Unternehmens. Die Ergebnisse der Aufbau- und der Ablauforganisation werden in diesem Handbuch zusammengefasst. Das Handbuch sollte in allen Abteilungen verfügbar sein, damit die Mitarbeiter jederzeit darin nachschlagen können.
Neben der Unternehmensgeschichte enthält ein Organisationshandbuch auch das Organigramm des Unternehmens. Weiterhin werden die Zuständigkeiten der Stellen und Abteilungen näher erläutert. Neben einer Telefonliste ist daher i. d. R. auch ein Raumplan des Unternehmens integriert, um zuständige Abteilungen und/oder Stellen schnell zu erreichen.

Eine detailliertere Beschreibung der betrieblichen Arbeitsabläufe bietet das Organisationshandbuch ebenfalls. Hier können Ablaufdiagramme, Tätigkeiten, Mitarbeiter und benötigte Ressourcen in einer übersichtlichen Form aufgelistet werden.

Beispiel:
Der Vorgang „Anamnese Neukunden" wird in der Fitnesskette FFP in einem Organisationshandbuch auf zwei Seiten beschrieben. Die erste Seite des Vorgangs hat folgendes Aussehen:

Organisationshandbuch (OHB)

Anamnese Neukunden Teil 1 — **Seite 1/2**

Prozessablauf	**Anforderungen/ Tätigkeiten**	**Durchführung**	**Dokumente/ Ressourcen**
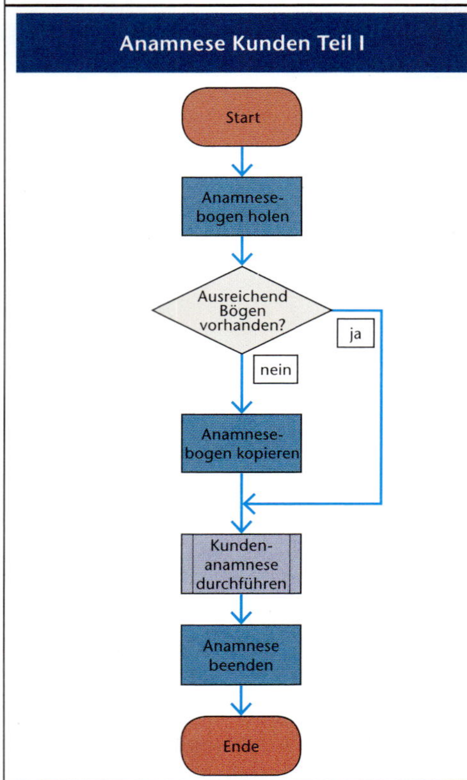	Anamnese eines Neukunden	Trainer	
	Anamnesebogen liegt im Fach 17, Tresenbereich.	Trainer	Anamnese-bogen (Kopie)
	Wenn keine Kopie des Bogens mehr vorhanden ist, Original kopieren	Trainer oder Tresendienst	Anamnese-bogen (Kopie/ Original)
	Anamnese vollständig durchführen (siehe nächste Seite OHP)	Trainer	Anamnese-bogen (Kopie/OHB)

Aufgaben

1. ***Beschreiben Sie die Vorteile eines Organisationshandbuchs im Vergleich zu einem Ablaufdiagramm.***

2. ***Im Golf- und Wellnessresort Lüneburger Heide soll der Vorgang der Kundenzahlung in einem Organisationshandbuch dargestellt werden.***
   Die Zahlung erfolgt grundsätzlich an der Rezeption. Wenn ein Kunde seinen Aufenthalt bezahlen möchte, ist zunächst zu prüfen, ob er bar zahlen will. Wenn ja, ist das zusätzliche Diagramm „Barzahlung" aufzurufen. Möchte der Kunde nicht bar zahlen, ist zu prüfen, ob

er mit Karte zahlt. Dann wäre der Vorgang „Kartenzahlung" aufzurufen. Auch die Zahlung auf Rechnung ist zu berücksichtigen. Nach erfolgreicher Zahlung ist der Vorgang abgeschlossen.
Erarbeiten Sie für ein Organisationshandbuch die erste Seite des Vorganges „Kundenzahlung". Übernehmen Sie dafür Ihr oben angefertigtes Ablaufdiagramm.

Zusammenfassung

Die funktionsorientierte Ablauforganisation (Darstellungsmöglichkeiten)		
Arbeitsablaufkarte	Ablaufdiagramm	Organisationshandbuch
Innerbetriebliche Vorgänge werden in ihrem zeitlichen Ablauf und in der Reihenfolge der Verrichtungen grafisch dargestellt	Grafische Veranschaulichung von logischen Abläufen der betrieblichen Prozesse	Zusammenfassung aller betrieblichen Regelungen hinsichtlich der Aufbau- und Ablauforganisation

Die funktionsorientierte Ablauforganisation

Die funktionsorientierte Ablauforganisation analysiert und verbessert die gesamten betrieblichen Arbeitsabläufe innerhalb der Aufbauorganisation des Unternehmens.
Die Arbeitsabläufe werden möglichst genau analysiert und den zuständigen Abteilungen, Stellen und Mitarbeitern zugeordnet.

1.5 Führungsstile unterscheiden und deren Auswirkung auf die Arbeitsmotivation und das Betriebsklima einschätzen

Hierarchien, Berichts- und Weisungssysteme sind in allen Unternehmen vorhanden, um eine Kommunikation innerhalb der Leistungserstellung und der Leistungsverwertung zu ermöglichen. In jedem Unternehmen ist die Art der Kommunikation jedoch stark von den Mitarbeitern und deren Verhältnis untereinander und zur Unternehmensleitung abhängig. Die folgende allseits bekannte Regelung existiert wohl schon genauso lange, wie es abhängige Arbeit gibt:

§ 1: Der Chef hat immer recht!
§ 2: Sollte der Chef einmal unrecht haben, tritt automatisch § 1 in Kraft!

Die Personal- und Mitarbeiterführung gilt als ein Prozess, der zielgerichtet das Leistungsverhalten und das soziale Verhalten der Mitarbeiter beeinflussen soll. Im modernen Personalmanagement wird unter dem Begriff Führungsaufgaben mehr verstanden, als dies noch vor wenigen Jahren der Fall war. Lange Zeit wurden Führungsaufgaben (Aufgaben des dispositiven Faktors) ausschließlich betriebswirtschaftlich definiert:

Die „klassischen" betriebswirtschaftlichen Führungsaufgabe				
Festlegung der betrieblichen Ziele	**Planung der Zielverwirklichung**	**Organisation der Zielverwirklichung**	**Koordination der Aufgabenerfüllung**	**Kontrolle**
Beispiele: – *Gewinnmaximierung* – *Erreichung eines bestimmten Marktanteils*	*Beispiele:* – *Absatzplan* – *Finanzplan* – *Beschaffungsplan*	*Beispiele:* – *Festlegung der Aufbau- und Ablauforganisation*	*Beispiele:* – *Abstimmung der betrieblichen Tätigkeiten* – *Festlegung der optimalen Faktorkombinationen*	*Beispiele:* – *Soll-Ist-Vergleich*

Diese Führungsaufgaben bleiben selbstverständlich nach wie vor bestehen. In den letzten Jahren wurde aber (glücklicherweise) erkannt, dass Mitarbeiter nicht allein der „Produktionsfaktor ausführende Arbeit" sind.
Mitarbeiter sind Individuen mit unterschiedlichen Ansichten und Bedürfnissen. Diese – im Grunde triviale – Feststellung hat zu einem Wandel (zu einer Erweiterung) der Führungsaufgaben geführt: Neben der betriebswirtschaftlichen Betrachtung werden individuelle und soziale Aspekte des Personals berücksichtigt.

Bedürfnisse der Mitarbeiter im Arbeitsprozess

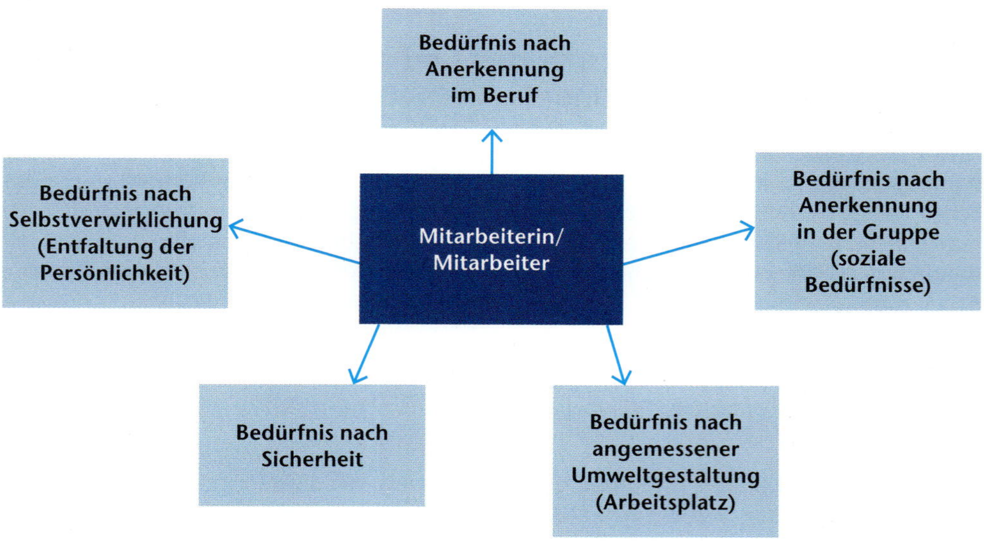

Die Bedürfnisse sind bei jedem Mitarbeiter unterschiedlich ausgeprägt.

Der klassische Ablauf „Der Chef weist an, die Mitarbeiter führen aus", hat im modernen Führungsbereich keinen Platz mehr. Vielmehr sollten die Grundsätze der Personalführung Anwendung finden:

Grundsätze moderner Personalführung
– **Anerkennung** (Lob) der Mitarbeiter und ihrer Leistungen – **konstruktive (!) Kritik** an Mitarbeitern, dadurch sollen die Mitarbeiter motiviert werden – **Ermutigung zum selbstständigen Handeln** der Mitarbeiter – **Eingehen auf Probleme und Bedürfnisse** der Mitarbeiter

Natürlich lässt sich dieser Wandel in der Wahrnehmung der Führungsaufgaben auch betriebswirtschaftlich begründen: Motivierte und zufriedene Mitarbeiterinnen und Mitarbeiter erzielen eine höhere Produktivität!
Unter dem Begriff Führungsstil fasst man die Art und Weise zusammen, in der ein Vorgesetzter die Personalführung und die Führungsaufgaben ausübt. Es soll hier von vornherein darauf hingewiesen werden, dass es **den** Führungsstil nicht gibt. Auch leitende Angestellte und Unternehmensleiter sind Individuen, und somit völlig unterschiedlich. Dies kennen Sie aus dem täglichen Leben ebenso:

Beispiele:
- *Jeder Lehrer hat einen anderen Unterrichtsstil.*
- *Jeder Ausbilder erklärt die betrieblichen Aufgaben individuell.*

In der Betriebswirtschaftslehre wird von sogenannten idealtypischen Führungsstilen gesprochen. „Ideal" ist dabei nicht im Sinne von „optimal" zu verstehen. Vielmehr bezeichnet das Wort „idealtypisch" die beiden Führungsstile, zwischen denen sich die realen Führungsstile ansiedeln.

1.5.1 Idealtypische und realtypische Führungsstile

Als idealtypische Führungsstile werden der autoritäre und der kooperative Führungsstil sowie der des Laissez-faire bezeichnet. Dabei handelt es sich um theoretisch mögliche Führungsextreme. Realtypische Führungsstile existieren tatsächlich, sie liegen irgendwo zwischen den beiden Extremen.
Am leichtesten zu verstehen sind die zwei idealtypischen Führungsstile, wenn man sie unter verschiedenen Gesichtspunkten vergleicht:

Vergleich zweier idealtypischer Führungsstile		
	autoritär	laissez-faire
Verhältnis Vorgesetzter und Mitarbeiter	Der Vorgesetzte gibt Anweisungen. Die Mitarbeiter haben diese zu befolgen. Widerspruch oder Nachfragen sind nicht erlaubt.	Den Mitarbeitern wird völlige Entscheidungsfreiheit eingeräumt. Der Vorgesetzte beteiligt sich an den Entscheidungen nicht.
Arbeitsabläufe	Der Vorgesetzte befiehlt die jeweils notwendigen Schritte. Der jeweils folgende Schritt wird noch nicht bekannt gegeben.	Die Mitarbeiter werden sich selbst überlassen. Die Abläufe werden selbst bestimmt.
Lob und Kritik	Der Vorgesetzte lobt und kritisiert den Einzelnen persönlich.	Lob und Kritik gibt es nicht.

Beispiele:

Stellen Sie sich die idealtypischen Führungsstile für die Schule vor:

- *Laissez-faire:*
  Bei der Einschulung sagt der Lehrer: „Ihr sollt lesen und schreiben lernen. Nun seht mal zu, wie ihr das macht."
- *autoritär:*
  Der Lehrer sagt: „Schreibt ein B."
  Am nächsten Tag: „Schreibt ein u."
  Am darauffolgenden Tag: „Schreibt ein s."
  Schüler: „Was bedeutet das denn? B – u – s?" Lehrer: „Das geht euch nichts an."

Aus eigener Erfahrung kann jeder erkennen, dass die realen Führungsstile sich irgendwo zwischen den beiden idealtypischen befinden. Es gibt Vorgesetzte, die den eher autoritären Stil bevorzugen, aber auch solche, die eher zum Laissez-faire neigen. Aber die Extreme finden sich in der Realität wohl nicht. In der Praxis zeigt sich, dass unterschiedliche Führungsstile keine Rückschlüsse auf den Erfolg oder den Misserfolg eines Unternehmens zulassen. Vielmehr hängt der Führungsstil von den persönlichen Eigenschaften des Vorgesetzten ab.

Beispiele:

- *In der Schule gibt es „strenge" (autoritäre) Lehrer. Diese erklären einem den Lehrstoff auf ihre Art.*
- *Ebenso gibt es „lockere" (Laissez-faire-) Lehrer. Aber auch diese erklären einem den Lehrstoff.*
- *Auch die Trainer der 18 Klubs der Fußballbundesliga sind mehr oder weniger autoritär. Ein direkter Zusammenhang zum Erfolg des Klubs und der Trainerpersönlichkeit ist jedoch nicht nachweisbar.*

Die realtypischen Führungsstile siedeln sich zwischen den beiden idealtypischen Führungsstilen an.

Die Wirtschaftstheorie hat daraus geschlussfolgert, dass ein optimaler Führungsstil in der Mitte angesiedelt sein muss. Dieser (auch wieder theoretische und daher idealtypische) optimale Führungsstil wird als kooperativer Führungsstil bezeichnet.

Der idealtypische kooperative Führungsstil	
	kooperativ (demokratisch)
Verhältnis Vorgesetzter und Mitarbeiter	Vorgesetzte und Mitarbeiter sind Partner. Der Vorgesetzte koordiniert. Er bezieht seine Autorität aus der fachlichen und persönlichen Kompetenz.
Arbeitsabläufe	Die Arbeitsabläufe werden mit allen Mitarbeitern abgesprochen. Der Vorgesetzte beschreibt das Ziel, die Mitarbeiter wählen den Weg. Der Vorgesetzte hilft bei Problemen.
Lob und Kritik	Der Vorgesetzte sucht objektive Maßstäbe für positive und negative Kritik.

Im Zusammenhang mit den Führungsstilen müssen auch die Begriffe Direktorialprinzip und Kollegialprinzip genannt werden. Beim Direktorialprinzip werden betriebliche Entscheidungen und Willensbildung von der Unternehmensleitung und dem Management getroffen. Das Direktorialprinzip ist daher nahe an einem autoritären Führungsstil und wird häufig im Einliniensystem umgesetzt. Das Kollegialprinzip ist dem kooperativen Führungsstil sehr ähnlich. Bei Entscheidungen und Willensbildung werden hier alle betroffenen Mitarbeiter einbezogen.

1.5.2 Die „Management-by-Führungstechniken"

Aus dem kooperativen Führungsstil wurden in der betrieblichen Praxis verschiedene Gestaltungsmöglichkeiten entwickelt. Diese werden auch Führungstechniken genannt. Im allgemeinen Sprachgebrauch hat sich für diese Führungstechniken die angloamerikanische Sprachweise durchgesetzt. Man spricht von den Management-by-Führungstechniken.

Management by Exception	Management by Delegation	Management by Objectives
Führung nach dem Ausnahmeprinzip (Abweichungskontrolle)	**Führung durch Delegation von Verantwortung**	**Führung durch Zielvereinbarungen**
– Mitarbeiter treffen die Entscheidungen für Routineaufgaben selbstständig. – Die Routineentscheidungen werden dem Vorgesetzten somit abgenommen. – Der Vorgesetzte legt das Sollergebnis für einen bestimmten Zeitraum fest. – Der Vorgesetzte greift nur in Ausnahmefällen (bei Abweichungen vom Sollergebnis) ein.	– Jeder Mitarbeiter erhält einen bestimmten Aufgaben- und Kompetenzbereich. – Innerhalb des Kompetenzbereiches kann der Mitarbeiter selbstständig handeln und entscheiden. – Jeder Mitarbeiter ist für seinen Kompetenzbereich verantwortlich. Er muss dafür „geradestehen" – Ein Aufbau einer Hierarchiestruktur ist erforderlich. – Der Vorgesetzte wird entlastet.	– Vorgesetzte und Mitarbeiter erarbeiten eine Zielvereinbarung für die einzelnen Abteilungen. – Die Abteilungsleiter erarbeiten für ihre Abteilungen Teilziele. – Jeder Mitarbeiter soll das vereinbarte Ziel durch eigenes, verantwortliches Handeln erreichen.

Die drei genannten Management-by-Techniken werden allgemein anerkannt. Neben diesen Führungstechniken existieren inzwischen einige weitere, wie beispielsweise Management by Results, Management by Projects, Management by Teaching und Management by Motivation.

Aufgaben

1. ***Jeder Mitarbeiter hat individuelle Bedürfnisse. Die unterschiedlichen Erwartungen, die ein Mitarbeiter an seinen Arbeitgeber stellt, sollen in der modernen Personalführung berücksichtigt werden.***
   a Erläutern Sie die in der Grafik „Bedürfnisse der Mitarbeiter" angegebenen Bedürfnisse anhand von persönlichen Beispielen.

b Sortieren Sie Ihre in Aufgabe a) entwickelten Bedürfnisse nach Ihrer persönlichen Dringlichkeit. Erläutern Sie dabei, inwieweit Sie Ihre Bedürfnisse in Ihrem Ausbildungsbetrieb verwirklichen können.

c Beschreiben Sie, inwieweit die „Grundsätze moderner Personalführung“ in Ihrem Ausbildungsbetrieb umgesetzt werden.

2. *Nennen und erläutern Sie die drei idealtypischen Führungsstile. Verwenden und erklären Sie in diesem Zusammenhang auch das Kollegial- und das Direktorialprinzip.*

3. *Was ist ein realtypischer Führungsstil? Ordnen Sie bei der Beantwortung dieser Frage zwei Ihrer Vorgesetzten einem realtypischen Führungsstil zu, indem Sie die Kriterien „Verhältnis Vorgesetzter und Mitarbeiter“, „Arbeitsabläufe“ und „Lob und Kritik“ berücksichtigen.*

4. *Aus dem kooperativen Führungsstil haben sich die Management-by-Techniken entwickelt.*

a Erläutern Sie die Unterschiede der drei allgemein anerkannten Management-by-Techniken.

b Diskutieren Sie die Vor- und Nachteile der drei genannten Führungstechniken.

c Welche der genannten Führungstechniken wird in Ihrem Ausbildungsbetrieb am ehesten umgesetzt? Erörtern Sie Ihre Antwort.

d Recherchieren Sie im Internet drei weitere Management-by-Techniken. Erklären Sie Ihre ausgewählten Führungstechniken kurz, aber präzise.

1.5.3 Motivation, Demotivation und Betriebsklima

Der Personalführung stehen verschiedene Instrumente zur Verfügung, die es ermöglichen, die Mitarbeiter zu motivieren.
Wie bereits oben erwähnt, beinhaltet die Personalführung mehr als die reine Vorgabe unternehmerischer Zielsetzungen. Eine beachtliche Aufgabe der Personalführung ist der Bereich der Mitarbeitermotivation. Qualifizierte, engagierte Mitarbeiter sind für Unternehmen unabdingbar. Deshalb ist es wichtig, Mitarbeiter an ein Unternehmen zu binden und sie zu fördern.
Ein ganz enger Zusammenhang besteht zwischen der Motivation der Mitarbeiter und dem Betriebsklima. Ein gutes Betriebsklima motiviert die Mitarbeiter i. d. R. positiv. Umgekehrt sorgen motivierte Mitarbeiter meist auch für ein angenehmes Betriebsklima. Auch dieser Zusammenhang kann durch die Unternehmensführung positiv oder negativ beeinflusst werden.

Diese 9 Verhaltensweisen demotivieren Ihre Mitarbeiter

1.

Die Mitarbeiter haben nicht den Eindruck, dass ihr Vorgesetzter gemeinsam mit ihnen die Ziele erreichen will. Vielmehr gibt dieser die Wege dorthin genau vor. Folgende Floskeln sind hierfür typisch:

- „Das ist so am besten, wie ich das denke.“
- „Das haben wir immer so gemacht, das hat sich so bewährt.“
- „Wir wollen hier nichts Neues. Nur kein Risiko eingehen.“

Die Konsequenz: Die Mitarbeiter können ihren eigenen Stellenwert im Unternehmen nicht mehr erkennen.

2.

Zu einem solchen Verhalten neigen besonders Führungskräfte, die innerhalb des eigenen Bereichs oder der eigenen Abteilung aufgestiegen sind. Der Grund: Vielfach finden sie sich in ihrer „neuen Rolle“ (noch) nicht zurecht und greifen dann auf Altbekanntes – ihr Fachgebiet – zurück. Damit mischen sie sich aber nicht nur in fremde Aufgabengebiete ein und degradieren sich selbst zum „Obersachbearbeiter“, sondern sie demotivieren auf diese Weise auch ihre Mitarbeiter.

3.

Ähnlich demotivierend wirkt es sich auf die Mitarbeiter aus, wenn Führungskräfte nur Aufgaben ohne eigene Kompetenz erteilen. Dadurch erhalten sie den Eindruck, nur „Handlanger“ zu sein.

4.

Obwohl in Zeiten des Wissensmanagements jeder Führungskraft klar sein müsste, dass auch die Informationsbereitstellung an alle Mitarbeiter zum entscheidenden Wettbewerbsvorteil werden kann, verfahren manche immer noch nach dem Motto „Wissen ist Macht“. Die Folge: Der Arbeitsprozess sowie die Zielerreichung werden gefährdet, da die Mitarbeiter nicht rechtzeitig neue Erkenntnisse in ihre Arbeit einbinden können. Neben dem Misserfolg macht sich zudem bei den Mitarbeitern das Gefühl der persönlichen Unwichtigkeit breit („Ich bin es nicht einmal wert, dass man mich informiert“).

5.

Wenn Führungskräfte Ziele vage oder gar nicht formulieren und mit ihren Mitarbeitern vereinbaren, wissen diese nicht, was sie eigentlich erreichen sollen. Die Gefahr hierbei: Die Mitarbeiter beginnen, nur noch auf Anordnung zu arbeiten, oder verwalten ihre Aufgaben, statt diese zu gestalten.

6.

„Anerkennung ist eine Pflanze, die vorwiegend auf Gräbern wächst!“ Nach diesem Motto verfahren Vorgesetzte, die grundsätzlich nur Missstände wahrnehmen und gute Ergebnisse als den Normalzustand begreifen. Wenn eine Führungskraft mit ihren Mitarbeitern aber immer nur Kritikgespräche führt, schafft sie keine vertrauensvolle Basis in ihrem Team. Genauso demotivierend wie fehlendes positives Feedback wirkt ein „Standard-Lob“: Schon beim zweiten Mal wird es nicht mehr ernst genommen.

7.

Vorgesetzte, die alle Entscheidungen einsam fällen und durchsetzen, vermitteln ihren Mitarbeitern, dass diese für sie „unwichtig sind“ und „nicht dazugehören“. Die Folge: Die Mitarbeiter revanchieren sich mit Gleichgültigkeit.

8.

Mitarbeiter, die immer nur erleben, dass ihnen Misserfolge persönlich angelastet werden, bei Erfolg aber die Führungskraft „die Lorbeeren erntet“, werden über kurz oder lang kaum mehr freiwillig ihre ganze Schaffenskraft in das Team einbringen.

9.

Kein Mensch ist vor Fehlern und falschem Verhalten gefeit. Nicht jedem Vorgesetzten gelingt es, im Eifer der Situation nur sachbezogene Kritik zu äußern und allgemeine Werturteile zu vermeiden. Persönliche verbale Angriffe verletzen aber nicht nur, sie wirken auch wenig vertrauensfördernd auf die Zusammenarbeit.

Quelle: http://www.vorgesetzter.de/mitarbeitermotivation/motivationstechniken/diese-9-verhaltensweisen-demotivieren-ihre-mitarbeiter, Stand 05.11.2009

Aufgabe

Lesen Sie den Text „Diese 9 Verhaltensweisen demotivieren Ihre Mitarbeiter“ durch.

a An wen ist der Text vornehmlich gerichtet? Begründen Sie Ihre Aussage konkret.

b Entwickeln Sie jeweils eine kurze, prägnante Teilüberschrift für die neun beschriebenen Verhaltensweisen.

c Stellen Sie Ihre entwickelten Überschriften in einer übersichtlichen Form dar.

d Fassen Sie die Hauptaussagen des Textes kurz schriftlich zusammen.

1.5.4 Instrumente der Mitarbeitermotivation

Der Begriff Motivation wird häufig beschrieben als der Wille, ein Ziel zu erreichen. Dabei wird die intrinsische Motivation der extrinsischen Motivation gegenübergestellt. Von intrinsischer Motivation wird immer dann gesprochen, wenn die Motivation aus der Tätigkeit selbst bzw. durch den Mitarbeiter selbst entsteht. Intrinsische Motivation kann somit mit dem Satz „Jemand tut etwas, weil er es selbst tun möchte" beschrieben werden.

Beispiel:
Kreativität, Eigenverantwortung, Engagement und Zuverlässigkeit sind immer intrinsisch motiviert.

Bei der extrinsischen Motivation soll die Motivation durch äußere Anreize erfolgen.

Beispiel:
Provisionen, Sonderurlaub, Feiertagszuschläge und betriebliche Sozialleistungen zählen zu den extrinsischen Anreizen.

Der Unternehmensführung stehen unterschiedliche Instrumente zur Verfügung, die zu einer Zufriedenheit und zur Motivation von Mitarbeitern führen können. Zum einen können materielle Anreize geboten werden, aber auch immaterielle Instrumente können zum gewünschten Erfolg führen:

Ausgewählte Instrumente der Mitarbeitermotivation		
direkte materielle Motivation	indirekte materielle Motivation	immaterielle Motivation
– Arbeitsentgelt – Erfolgsbeteiligung – Sozialleistungen – betriebliches Vorschlagswesen	– Arbeitsbedingungen – Arbeitsempfinden – Personalauswahl – Führungsstil	– Information und Kommunikation – Aus- und Weiterbildungen – Konfliktsteuerung – Anerkennung der Persönlichkeit

Der direkte materielle Anreiz

Ein direkter materieller Anreiz für die Mitarbeiter/-innen besteht aus reinen geldlichen Leistungen. Die Mitarbeiter erhalten für ihre Tätigkeit einen Lohn bzw. ein Gehalt. Häufig werden für spezielle Aufgabengebiete auch Erfolgsbeteiligungen vereinbart. Erfolgsbeteiligungen bieten eine zusätzliche Motivation für eine bessere Arbeitsleistung.

Beispiel:
Die Außendienstmitarbeiter eines Sportgeräteherstellers erhalten, neben ihrem Festgehalt, eine Provision auf die von ihnen verkauften Sportgeräte.

Neben den gesetzlichen Sozialleistungen bieten viele Unternehmen inzwischen freiwillige zusätzliche soziale Leistungen an, um Mitarbeitern einen Anreiz für eine gute Leistung zu bieten.

Beispiele:
- *Im Golf- und Wellnessresort Lüneburger Heide dürfen die Mitarbeiter die Sport- und Wellnesseinrichtungen umsonst nutzen.*

- *Für die Mitarbeiter der Fitnesskette FFP hat der Arbeitgeber eine zusätzliche betriebliche Altersvorsorge abgeschlossen.*

Vor allem in größeren Betrieben wird dem betrieblichen Vorschlagswesen eine immer wichtigere Rolle zugewiesen. Jeder Mitarbeiter wird aufgefordert, betriebliche Prozesse genau zu beobachten und zu analysieren. Werden Verbesserungsvorschläge eingebracht, die den betrieblichen Ablauf (nach der Umsetzung) optimieren, so erhält der Mitarbeiter eine Prämie.

Der indirekte materielle Anreiz

Bei den indirekten materiellen Anreizen wird keine geldliche Leistung erbracht. Vielmehr wird hierdurch ein eventueller materieller Nachteil (im Vergleich zu anderen Unternehmen) ausgeglichen. Der tatsächliche Lohn bzw. das tatsächliche Gehalt sind für Mitarbeiter nicht allein ausschlaggebend. Viele Menschen verzichten gern auf ein paar Euro, wenn sie sich an ihrem Arbeitsplatz wohlfühlen.

Beispiel:
Marianne Michel, Leiterin der Verwaltung bei der Fitnesskette FFP, wird von einem Konkurrenzunternehmen über einen Personalberater angeworben. Würde Frau Michel den Arbeitsplatz wechseln, erhielte sie 300,00 € mehr Gehalt im Monat. Frau Michel lehnt das Angebot ab, da sie sich bei FFP sehr wohl fühlt.

Die beiden wichtigsten Instrumente für eine indirekte materielle Motivation sind die Arbeitsbedingungen und die Personalauswahl. Gute Arbeitsbedingungen sind sehr motivationsfördernd. Dazu zählen u. a. die Arbeitsplatzgestaltung, die Arbeitszeiten und der Urlaub.

Beispiele:
Marianne Michel ist mit den Arbeitsbedingungen bei der Fitnesskette FFP sehr zufrieden:
- *Es werden ihr flexible Arbeitszeiten gewährt.*
- *Mit 32 Tagen Urlaub pro Jahr ist Frau Michel sehr zufrieden.*
- *Das Büro von Frau Michel ist mit einer Klimaanlage ausgestattet.*

Wichtig ist neben den Arbeitsbedingungen auch die Personalauswahl eines Unternehmens. Wie schon oben erwähnt, müssen die Mitarbeiter „zusammenpassen".

Beispiele:
Marianne Michel ist mit dem Team bei FFP sehr zufrieden:
- *Die Unternehmensleitung ist sachlich, fair und fachkompetent.*
- *Bei ihren Mitarbeitern ist Frau Michel anerkannt und durchaus beliebt.*
- *Es herrscht ein sehr gutes Betriebsklima.*

Der immaterielle Anreiz

Immaterielle Motivationen der Mitarbeiter werden häufig unter dem Schlagwort Betriebsklima zusammengefasst. Immaterielle Anreize sind nicht geldlich messbar. Trotzdem muss bei der Personalführung auf motivationsfördernde Maßnahmen zurückgegriffen werden. Wie schon des Öfteren erwähnt, sind zufriedene Mitarbeiter ein wichtiger Erfolgsfaktor für Unternehmen.

Die Grenzen zwischen dem indirekten materiellen Anreiz und der immateriellen Motivation sind fließend. Zu den immateriellen Anreizen werden u. a. die Konfliktsteuerung, die Anerkennung der Persönlichkeit, die Aus- und Weiterbildungsmöglichkeiten gezählt.

Übersicht Mitarbeitermotivation

So können Sie die Motivationen Ihrer Mitarbeiter nachhaltig beeinflussen:

- Beseitigen Sie Beziehungsstörungen.
- Prüfen Sie Beziehungen regelmäßig in Einzelgesprächen oder Workshops.
- Nehmen Sie Ihre eigene Person nicht von Kritik aus.
- Vertrauen Sie Ihren Mitarbeitern: Hören Sie zu, fördern Sie Ideen und delegieren Sie mit allen Konsequenzen.
- Nutzen Sie die Talente Ihrer Mitarbeiter: Loten Sie ihre Fähigkeiten aus.
- Besetzen Sie Stellen richtig, vermeiden Sie sowohl Unter- als auch Überforderung.
- Eröffnen Sie Perspektiven.
- Ermutigen Sie zur Selbstverantwortung.
- Erkennen Sie Erfolge an.
- Sehen Sie bei Fehlern die Chancen zu lernen.
- Vereinbaren Sie mit Ihren Mitarbeitern realistische Ziele.
- Delegieren Sie durch Mission: Definieren Sie lediglich Auftrag und Termine.

Quelle: http://www.vorgesetzter.de/extras/gratis-downloads/uebersicht-mitarbeitermotivation, Stand 05.11.2009

Aufgaben

1. ***Erklären Sie kurz die Begriffe intrinsische und extrinsische Motivation. Entwickeln Sie zwei konkrete Beispiele aus Ihrem Umfeld.***
2. ***Als motivationssteigernd werden materielle Anreize (direkte und indirekte) und immaterielle Anreize genannt.***
   a *Erklären Sie kurz den Unterschied zwischen materiellen und immateriellen Anreizen.*
   b *Beschreiben Sie Beispiele der Motivationsförderung aus Ihrem Ausbildungsbetrieb.*
   c *Beschreiben Sie demotivierende Situationen aus Ihrem Ausbildungsbetrieb.*
   d *Entwickeln Sie Möglichkeiten, demotivierende Aspekte in einem Unternehmen abzuschalten.*
   e *Beschreiben Sie die Wirkung des Betriebsklimas auf die Motivation der Mitarbeiter.*

1.5.5 Das Rollenverhalten in der Teamarbeit

Die Personalwirtschaft als wichtiges Instrument der betrieblichen Leistungserstellung sucht und fördert die Mitarbeiter unter dem Gesichtspunkt der beruflichen Handlungskompetenz. Diese setzt sich zusammen aus den sogenannten Schlüsselqualifikationen:

Schlüsselqualifikationen

Methodenkompetenz	Sozialkompetenz	Fachkompetenz
– Lernfähigkeit – Lernbereitschaft (Stichwort: lebenslanges Lernen) – Entscheidungsfähigkeit – logisches Denken – analytisches Denken – Bewertungsfähigkeit – usw.	– Kommunikationsfähigkeit – Einsatzbereitschaft – Selbstständigkeit – Kooperationsfähigkeit – Verantwortungsbewusstsein – Fairness – usw.	– berufsspezifisches Wissen – Umsetzung des theoretischen Wissens in die Praxis – usw.

In Zusammenhang mit den dargestellten Handlungskompetenzen müssen auch die Begriffe „Hard Skills" und „Soft Skills" genannt werden. Hard Skills, also die „harten Fähigkeiten", beschreiben vorwiegend den fachlichen Bereich der Mitarbeiter. Neben den schulischen Leistungen werden hier auch Berufserfahrung, Weiterbildungen, Fremdsprachenkenntnisse, EDV-Kenntnisse etc. erfasst.
Mit den Soft Skills werden persönliche Kompetenzen des Mitarbeiters beschrieben, die zur Aufgabenbewältigung innerhalb des Unternehmens beitragen sollen. Diesen „weichen Fähigkeiten" werden u. a. Kommunikationsfähigkeit, Kritikfähigkeit, Selbstständigkeit, Eigeninitiative, Höflichkeit und Teamfähigkeit zugeordnet. Insbesondere der Teamfähigkeit kommt in vielen Unternehmen ein hoher Stellenwert zu, da Teamarbeit ein wichtiger Bestandteil im täglichen Geschäftsbetrieb ist.

Gemeinsame Sache machen

Das Ergebnis guter Teamarbeit ist mehr als die Summe der Einzelleistungen. Nur wenn alle Spieler auf das gleiche Tor zielen, kann das Team auf der Punktejagd erfolgreich sein.
Was auf dem Sportplatz selbstverständlich ist, gilt auch für das Spielfeld im Büro: Bevor gemeinsame Höchstleistungen möglich sind, geht es ums Einspielen. Die Mannschaft muss sich kennenlernen, Stärken und Schwächen der Einzelnen wahrnehmen und integrieren und eine gemeinsame Spieltaktik entwickeln.
Auch wenn man nach dem Match nicht allein auf dem Siegertreppchen stehen darf: Mehr Spieler bringen mehr Power aufs Spielfeld, mehr Einsatz, mehr Erfahrung und mehr Wissen. Gemeinsam verringert sich die Wahrscheinlichkeit, Fehlentscheidungen zu treffen. Teamarbeit ist in jeder Abteilung und in jedem Gemeinschaftsbüro gefragt. Übergeordnetes Ziel ist es, Synergien zu nutzen, effektiv miteinander umzugehen und sich optimal einander zuzuarbeiten.

Team oder Gruppe: Der feine Unterschied

Zusammen arbeiten ist nicht gleich zusammenarbeiten. In einer Gruppe befassen sich meist mehrere Menschen mit ähnlichen Aufgaben; sie arbeiten zwar parallel, steuern aber nicht auf ein gemeinsames Ziel zu.
Anders im Team. Hier besetzt jedes Mitglied seine eigene Rolle und trägt dazu bei, dass sich die Rollen zu einem festen Ganzen verbinden. Bei Projektarbeiten oder bei der Durchführung von Kampagnen wird dieser Unterschied besonders deutlich: Man arbeitet Hand in Hand, wirft sich gegenseitig Aufgaben zu, verteilt verschiedene Zuständigkeiten auf alle Teammitglieder – und muss sich dabei immer auf die Fähigkeiten des anderen verlassen können. Der Vorteil: In einem eingespielten Team gibt es in der Regel keine Hierarchierangeleien. Jeder weiß, was er kann und was der andere leistet.

Anforderungen an die Teammitglieder

Das Idealprofil eines guten Teamplayers baut auf den Soft-Skill-Kompetenzen auf: Kommunikative Fähigkeiten stehen ebenso wie Diplomatie und Vermittlungsgeschick an erster Stelle. Genauso wichtig ist es, eine positive, engagierte Grundeinstellung zu haben und das Umfeld – wenn es denn sein muss – immer wieder aufs Neue motivieren zu können. Damit gehen Überzeugungskraft und Zielorientiertheit einher: Der Blick nach vorn, ohne andere am Wegrand links liegen zu lassen.
Gift fürs Team sind hierarchisches Denken und sture Hartnäckigkeit. Konstruktive Kritik ist erlaubt und sogar gewinnbringend – doch persönliche, emotionale Attacken senken das Arbeitsklima sofort in Minusbereiche.

Gemeinsam sind Mitarbeiter stärker und auch produktiver. Doch für eine erfolgreiche Teamarbeit müssen wichtige Grundsätze beachtet werden.

Gemeinsinn: Grundvoraussetzung für den gemeinsamen Erfolg ist der Wille jedes Einzelnen, sich im und für das Team zu engagieren. Jedes Mitglied wird für seine Stärken, die es einbringt, geschätzt. Schwächen werden über das Team kompensiert.
Der Teamleiter koordiniert das Geschehen und behält den Überblick. Es gehört ebenso zu seinen Aufgaben, das Teamverhalten von Zeit zu Zeit zu überprüfen und gegebenenfalls ein klärendes Gespräch anzusetzen, bei dem Missverständnisse offen diskutiert werden.

Sachlichkeit: Themen auf der zwischenmenschlichen Ebene sind für die Teamarbeit tabu. Sie hemmen die Potenziale des Teams und können zu leicht die Atmosphäre zum Kippen bringen. Das gilt in beide Richtungen: Wer sich mit einem Mitglied besonders gut versteht, rückt von den anderen automatisch weiter weg oder grenzt einen anderen Kollegen im Extremfall unbewusst aus – das ist die natürliche Logik eines Beziehungsgeflechts.

Offenheit: Der Mensch hält gern an dem fest, was er kennt und was ihm vertraut ist. Doch das blockiert. Arbeitet ein Team schon zu lange zusammen, verhärten sich bekannte Muster und der Raum für Kreativität und Weiterentwicklung wird immer enger. Es ist deshalb wichtig, immer wieder für Input von außen zu sorgen: zum Beispiel sich bewusst der Kritik nicht beteiligter Kollegen zu stellen oder neue Mitglieder ins Team zu integrieren. Meist erkennen Neuankömmlinge sofort, wo noch Schwächen liegen, und bringen frischen Wind in den eingefahrenen Workflow.

Ganz wichtig: Meinungsverschiedenheiten können wichtige Denkanstöße sein.

Die beste Taktik nützt nichts ohne eine fähige Mannschaft – der Spielfeldaufbau ist wichtig! Hierbei entscheiden nicht nur die fachlichen Kompetenzen und Fähigkeiten, sondern auch die Chemie.
Wenn abzusehen ist, dass zwei Kollegen absolut nicht miteinander auskommen, dann sind gute Vorsätze reine Zeitverschwendung – besser, man versucht es von vornherein mit einer anderen Aufstellung. Idealerweise besteht ein Team aus Mitgliedern mit sehr unterschiedlichen Stärken. Das gewährleistet eine breite und zugleich verlässliche Kompetenz. Beispielsweise gibt es den Beratertyp, der informiert und überzeugt. Dann den Kreativen, der für die guten Ideen und innovativen Einfälle zuständig ist. Außerdem den praktisch veranlagten Macher, der sich um die Umsetzung kümmert, den wortgewandten Verkäufertyp, der Überzeugungsarbeiten leisten kann, und zu guter Letzt den Organisator, der den Überblick behält und das Geschehen kontrolliert.

Teams sind das Gesicht des Unternehmens
Bei der Größe des Teams geht es immer darum, möglichst effizient arbeiten zu können: Es sollten so viele Mitglieder sein, dass die Aufgaben gleichmäßig aufgeteilt werden können und Informationsfluss und Koordinierung untereinander reibungslos funktionieren. ußerdem gilt es zu bedenken, dass ein Arbeitstreffen mit sehr großen Teams schwer zu organisieren ist. Bei einer Truppe von drei bis sieben Mitarbeitern läuft das Zusammenspiel in aller Regel optimal.
Aus der Gesamtheit aller Mitspieler ergibt sich der individuelle Teamcharakter bzw. die Identität des Teams. Über die eigene Abteilung oder das einzelne Projekt hinaus ist es das Gesicht, mit dem man sich innerhalb der Firma als leistungsstarke Mannschaft positionieren kann.

Quelle: http://www.focus.de/finanzen/karriere/berufsleben/tid-6864/teamarbeit_aid_66782.html Stand 04.10.2013

Aufgaben

1. ***Erläutern Sie kurz die Schlüsselqualifikationen. Nennen Sie für jeden Kompetenzbereich mindestens zwei Beispiele für einen Mitarbeiter im Sport- und Fitnessbereich. (Hinweis: Diese Thematik wird in Lernfeld 2 vertieft dargestellt.)***
2. ***Erklären Sie kurz die Begriffe Soft Skills und Hard Skills. Beschreiben Sie dabei kurz Ihre persönlichen Hard Skills und Soft Skills.***
3. ***Im obigen Artikel „Gemeinsame Sache machen" werden wesentliche Aspekte der Teamarbeit beschrieben.***
   - *a Beschreiben Sie den Unterschied zwischen einem Team und einer Gruppe. Entwickeln Sie dazu ein anschauliches Beispiel aus dem Sport- und Fitnessbereich.*
   - *b Welche Aufgaben hat ein Teamleiter innerhalb eines Teams?*
   - *c Welche wesentlichen Eigenschaften sollten die Teammitglieder aufweisen, damit das Team effektiv arbeitet?*
   - *d Welche Aspekte sollten bei der Teamzusammenstellung beachtet werden?*

Zusammenfassung

Unternehmensführung und Arbeitsmotivation		
Unternehmensführung	Motivation	Teamarbeit
idealtypische Führungsstile – autoritärer Führungsstil – kooperativer Führungsstil – Laissez-faire	– intrinsische Motivation – extrinsische Motivation (materielle und immaterielle Anreize)	– Teamfähigkeit – Teamzusammenstellung – Teamarbeit
Führungstechniken – Management by Exception – Management by Delegation – Management by Objectives		

Unternehmensführung

Abhängig von der Führungspersönlichkeit liegt der realtypische Führungsstil zwischen dem idealtypischen autoritären Führungsstil und dem Laissez-faire.
Bei den Führungstechniken wird dahingehend unterschieden, ob die Leitungstätigkeit durch eine Abweichungskontrolle (Management by Exception), durch Delegation von Verantwortung (Management by Delegation) oder durch Zielvereinbarungen (Management by Objectives) ausgeführt wird.

Mitarbeitermotivation

Grundsätzlich kann die Motivation immer nur durch den Mitarbeiter selbst erfolgen (intrinsische Motivation). Durch externe Anreize (extrinsische Motivation) von Seiten der Unternehmensführung (direkte und indirekte materielle Anreize, immaterielle Anreize) kann eine zusätzliche Motivation erreicht werden.

Teamarbeit
Ein Team ist eine Gruppe von Mitarbeitern, die gemeinsam eine Aufgabe erledigen sollen. Innerhalb eines Teams existiert häufig keine formelle Hierarchie. Im Team soll durch das Zusammenwirken ergänzender (meist unterschiedlicher) Fähigkeiten und Fertigkeiten der Teammitglieder ein Ergebnis erreicht werden, das für jedes einzelne Teammitglied allein nicht erreichbar wäre.

2 Einen Überblick über die Einrichtungen und Träger des Sports erarbeiten

Im Einführungskapitel wurde bei der Erarbeitung der Begriffe Sport, Fitness, Wellness und Gesundheit bereits angedeutet, dass in den entsprechenden Bereichen auch wirtschaftliche Aspekte beachtet werden sollten. Sportliche Betätigungen sind seit etlichen Jahren auch von wirtschaftlichem Interesse, es handelt sich um einen großen Markt. Neben Sportgeräten, Sportbekleidung und gesunden Nahrungsmitteln verkaufen sich auch Mitgliedschaften in Sportvereinen und Fitness- und Wellnessanlagen zunehmend gut.
Auf der anderen Seite müssen öffentliche und private Sportstätten aber auch finanziert und unterhalten werden. Hier werden die Einrichtungen und Träger des Sports gefordert. Sportvereine, Sportverbände, private Fitness- und Wellnessanbieter, Bund, Länder und Gemeinden finanzieren und betreiben diese Sportstätten.

2.1 Den unorganisierten Sport definieren

In Deutschland steigt die Zahl der aktiven Sport-, Fitness- und Wellnessbetätigungen kontinuierlich. Der Sport in der Bundesrepublik verwaltet sich selbst, d. h., der Staat reglementiert den Sport grundsätzlich nicht. Diese Selbstverwaltung des Sports ermöglicht es daher jedem Bürger, sich seine sportlichen Aktivitäten selbst auszusuchen. Eine Mitgliedschaft in einem Verein oder einem Fitnessstudio ist daher nicht zwingend erforderlich, solange Individualsportarten oder Mannschaftssportarten privat organisiert werden. Neben dem Vereinssport und dem Schulsport hat der unorganisierte Sport in den letzten Jahrzehnten zunehmend an Bedeutung gewonnen. Joggen, Nordic Walking, Radfahren und Schwimmen sind bei den Individualsportarten am weitesten verbreitet. Fußball liegt in den Mannschaftssportarten vorn, Basketball ist derzeit auch sehr beliebt.

Beispiele:
- *Die Auszubildende Sarah joggt nach Feierabend täglich 30 Minuten im Wald.*
- *Die kaufmännische Angestellte Irmgard Mauser aus Köln betreibt seit sechs Monaten jeden zweiten Tag Nordic Walking am Rhein.*
- *Sabrina Ullrich und Nadine Werding spielen jeden Donnerstag Squash in einem Tennis- und Squash-Center.*
- *Der Rentner Fritz Klein schwimmt jeden morgen im städtischen Hallenbad 1.000 Meter.*
- *Lucas Müller fährt in jeder freien Minute mit drei Freunden Snowboard. Seit Jahren betreibt er diesen Sport intensiv, aber rein privat. Im Winter betreibt er seinen Sport in den Alpen, im Sommer in einer Ski- und Snowboard-Halle.*

- *Einige Kinder aus Gelsenkirchen treffen sich mehrmals die Woche nach der Schule und spielen auf einem nahegelegenen Bolzplatz Fußball.*
- *Sechs Jugendliche treffen sich regelmäßig nachmittags auf einem öffentlichen Basketball-Court zum Basketball.*

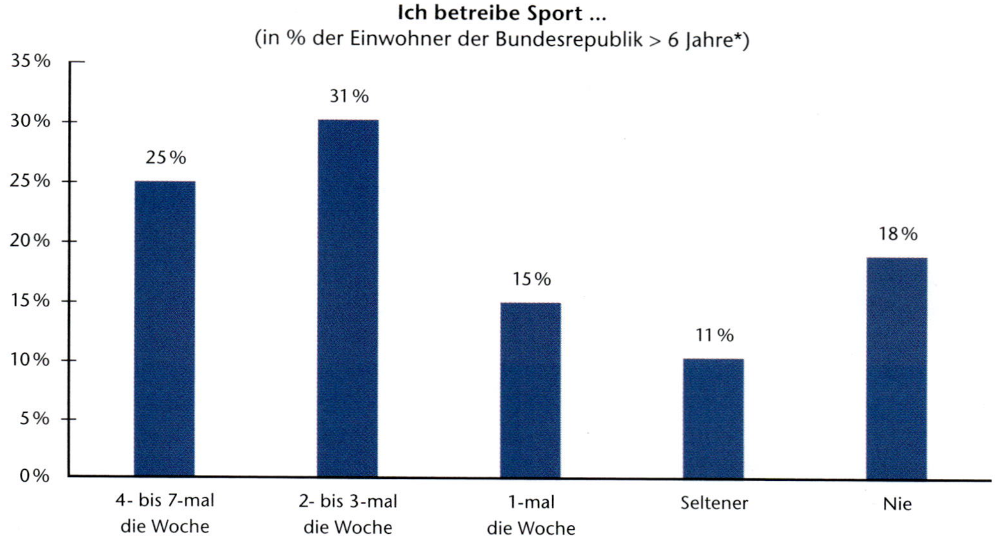

** 78.000.000 Einwohner sind älter als 6 Jahre.*
Quelle: selbst erstellte Grafik unter Bezugnahme auf eine repräsentative Umfrage der inFas/ABDA 2008

Aufgaben

1. ***Betrachten Sie die Grafik „Ich betreibe Sport ...“.***
   a *Wie viele Einwohner, die älter als sechs Jahre sind, betreiben keinen Sport?*
   b *Erörtern Sie mindestens drei unterschiedliche Gründe, die dazu führen könnten, das ein Großteil der Einwohner keinen Sport treibt.*
   c *Angenommen, in Sportvereinen und im Schulsport sind ca. 25 Millionen Einwohner wöchentlich mindestens einmal sportlich aktiv, in Fitnessstudios ca. 3 Millionen: Berechnen Sie die Anzahl der Einwohner, die mindestens einmal pro Woche Sport treiben, ihre sportlichen Aktivitäten aber nicht in Vereinen, Schulsport oder Fitnessanlagen ausüben.*
2. ***Der Sport ist ein wirtschaftlich hart umkämpfter Markt. Lesen Sie nochmals obige Beispiele zum unorganisierten Sport.***
   a *Überlegen Sie zu jedem Beispiel, welche finanziellen Mittel die Sportler für ihren Sport aufbringen müssen.*
   b *Überlegen Sie für jedes Beispiel, wer die genutzten Sportstätten finanziert, instand hält und betreibt.*

2.2 Die politischen Träger des Sports kennen

Sportplätze, Sporthallen und andere öffentliche Sportstätten müssen gepflegt und erhalten werden. Oft sind dafür, neben den Sportvereinen, auch die Städte, Kreise und Gemeinden zuständig. Finanzielle Mittel aus öffentlichen Kassen müssen zur Verfügung gestellt werden, um die Sportstätten zu erhalten. Organisatorisch wird dadurch die Politik auf Städte- und Gemeindeebene bis hoch zum Bundespräsidenten in die Sportorganisation eingebunden.

Die politischen Zuständigkeiten für den organisierten Sport sind aus folgender Abbildung ersichtlich:

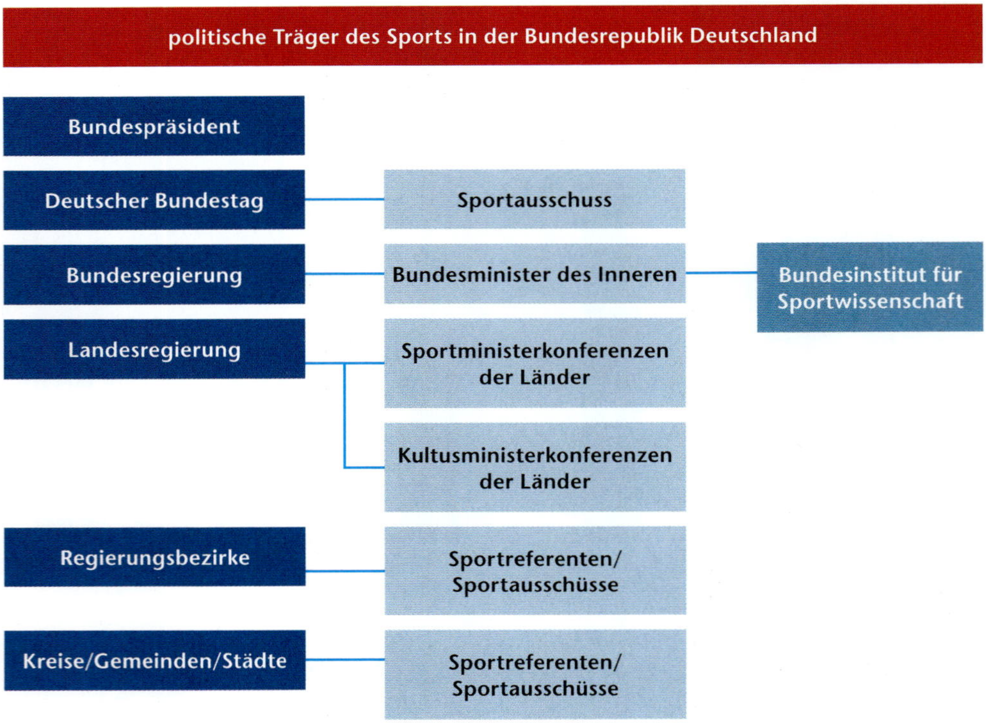

Bund, Länder und Gemeinden sind in der Bundesrepublik unter anderem für die Sportförderung zuständig. Während der Bund überwiegend den Leistungssport fördert (z. B. Bundesleistungszentren, Olympiastützpunkte, Unterstützung des Hochleistungssports etc.), greift die kommunale Sportförderung insbesondere beim Bau und bei der Erhaltung von Sportanlagen und der Förderung des Kinder- und Jugendsports.

Aufgaben

Bearbeiten Sie, ausgehend von der obigen Darstellung der politischen Träger des Sports und nach der Durchführung notwendiger Internetrecherchen, die folgenden Aufgaben:

1. ***Wer unterschreibt die Ehrenurkunden bei Bundesjugendspielen? Nennen Sie das politische Amt und den Namen der Person.***
2. ***Wer ist derzeit innerhalb der Bundesregierung für den Sport zuständig? Nennen Sie das Amt, den Namen und die Partei der zuständigen Person.***
3. ***Recherchieren Sie für Ihr Bundesland Namen, Amt und Partei der für den Sport zuständigen Personen.***
4. ***Welche Hauptaufgaben hat die Sportministerkonferenz der Länder? Stellen Sie Ihre Antwort in einer übersichtlichen Form dar.***
5. ***Welches politische Gremium/Amt ist in Ihrer Stadt/Gemeinde für den Vereinssport zuständig?***

2.3 Vereine und Verbände zuordnen

Viele Sporttreibende sind in Vereinen organisiert, die meist wiederum Landes- und Bundesfachverbänden angeschlossen sind. Wollen Sportler an Wettkämpfen teilnehmen, um ihr Können mit anderen zu vergleichen, so kommen sie an einem Beitritt in einen Verein kaum vorbei. Wettkämpfe, von der Vereinsmeisterschaft bis zu den Deutschen Meisterschaften, werden durch Vereine und die entsprechenden Dachverbände organisiert.

Beispiel:
Lucas Müller fährt seit Jahren in jeder freien Minute Snowboard. Er ist inzwischen in der Disziplin Snowboardcross sehr gut. Seine Freunde, mit denen er regelmäßig Snowboard fährt, schlägt er ständig. Nun möchte er sich auch mit anderen messen. Daher tritt er einem Ski- und Snowboardverein bei.

2.3.1 Die Vereine als Träger des Sports

Recherchen im Internet, die in einschlägigen Suchmaschinen zum Begriff „Träger des Sports" durchgeführt werden, führen zu dem Ergebnis, dass die Sportvereine am häufigsten als Träger des Sports genannt werden. Sportvereine werden meist gemeinnützig geführt und durch ehrenamtliche Tätigkeiten unterstützt. Daher stehen sie als Träger des Sports auch im öffentlichen und politischen Interesse, wenn es beispielsweise um finanzielle oder steuerliche Förderungen geht.
Turn- und Sportvereine existieren in den unterschiedlichsten Ausprägungen. Die Palette reicht von kleinen Vereinen mit wenigen Mitgliedern für nur eine Sportart bis hin zu großen Vereinen mit vielen Mitgliedern und vielfältigem Sportangebot.

Beispiele:
- *Ein Verein für Sportangler, der „Gut Fisch e. V." in Köln, hat 20 Mitglieder. Die einzige Disziplin in diesem Verein ist das Sportangeln.*
- *Der „Racket-Klub e. V." bietet Badminton und Squash als Sportarten an. Der Verein hat 170 Mitglieder.*
- *Der „Städtische Sportverein 1898" hat 7.500 Mitglieder und ist derzeit in 34 Sportarten aktiv.*

(Die Rechtsform des Vereins wird in den folgenden Ausführungen noch ausführlich erläutert.)

2.3.2 Der Deutsche Olympische Sportbund

In der Bundesrepublik Deutschland fällt dem Deutschen Olympischen Sportbund (DOSB) eine herausragende Rolle zu. Der DOSB vertritt als Sportdachverband 97 Mitgliedsorganisationen, in denen circa 91.000 Turn- und Sportvereine organisiert sind. Dadurch verfügt der DOSB über circa 27,5 Millionen Mitgliedschaften.

Beispiel:
Lucas Müller, als Mitglied des Ski- und Snowboardvereins Berchtesgaden e. V., ist über seinen Verein und somit über den Snowboard Verband Deutschland Mitglied im DOSB.

Der DOSB berät seine Mitgliedsorganisationen und vertritt deren Interessen gegenüber der Europäischen Union, dem Bund, den Ländern und Gemeinden. Durch die Zusammenarbeit

mit vielen kulturellen und politischen Gremien soll der Sport möglichst allen Menschen zugänglich gemacht werden.
Durch die Vereinigung des Deutschen Sportbundes (DSB) und des Nationalen Olympischen Komitees für Deutschland (NOK) existiert der DOSB seit Mai 2006. Der DOSB ist ein eingetragener Verein mit Sitz in Frankfurt am Main.

Mitglieder des DOSB

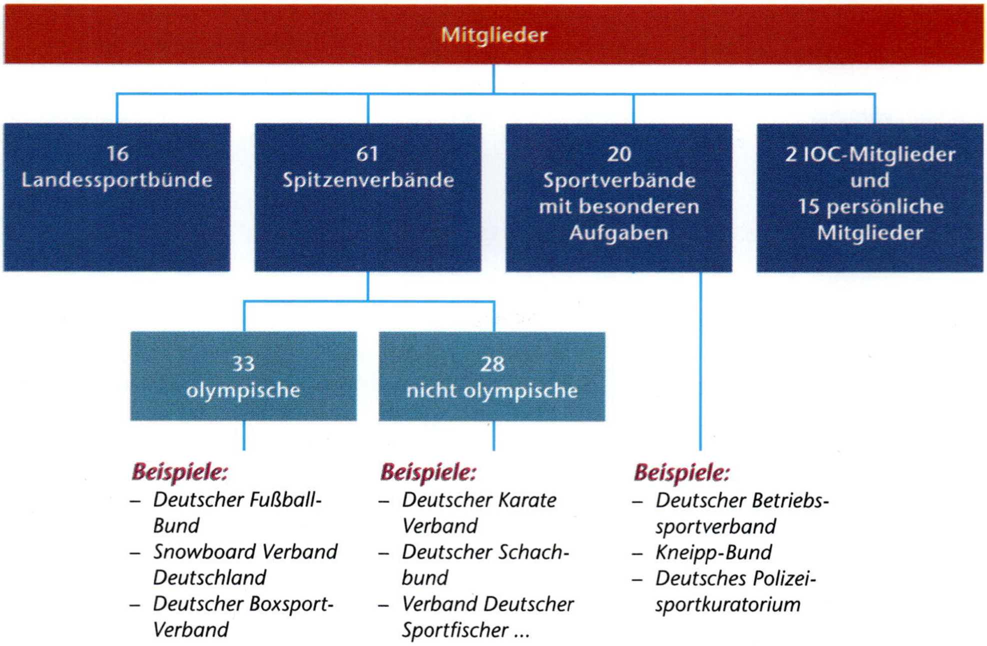

Im DOSB sind derzeit 61 Spitzenverbände der einzelnen Sportarten und 20 Sportverbände mit besonderen Aufgaben vertreten. Diese Bundesfachverbände sind meist Zusammenschlüsse der Landesfachverbände der jeweiligen Sportarten bzw. Interessengruppen. Die Vereine sind Mitglieder dieser Landesfachverbände. Landesfachverbände bieten ihren Mitgliedern unter anderem Lehrgänge an, unterstützen die Vereine und organisieren Wettkämpfe auf Landesebene. Der Bundesfachverband plant und führt z. B. deutsche und internationale Meisterschaften in seiner Sportdisziplin durch, bildet Trainer aus und gründet Bundesleistungszentren.

Beispiel:
Sabine Meierhoff spielt in der Jugend-Frauenfußballmannschaft des Fußballklubs 1. FC Hamburg-Altona. Der Verein ist Mitglied im Hamburger Fußball Verband, der wiederum im Norddeutschen Fußball-Verband organisiert ist. Der Norddeutsche Fußball Verband ist Mitglied des Deutschen Fußball-Bundes. Der DFB ist Mitglied im DOSB. Sabine Meierhoff zählt also zu den 27,3 (Stand Januar 2015) Millionen Mitgliedschaften des DOSB.

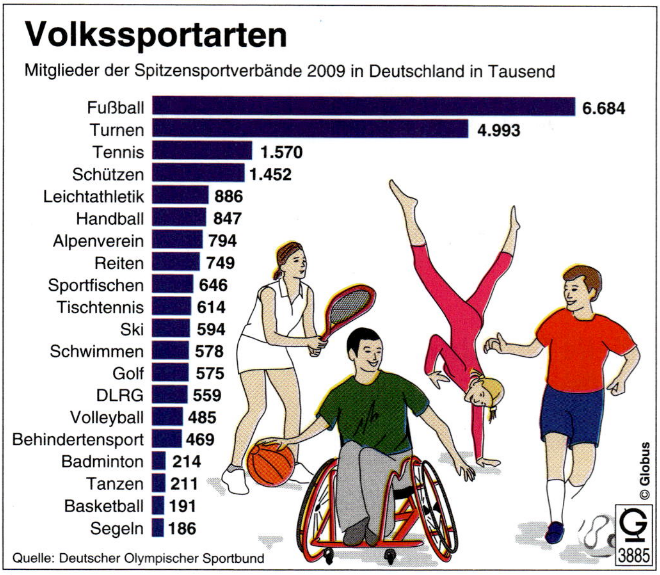

Neben den Sportverbänden sind auch die Landessportbünde der 16 Bundesländer im DOSB vertreten. Landessportbünde sind ein Zusammenschluss der Vereine auf Länderebene, unabhängig von der Sportart. Die Landessportbünde bilden die Interessenvertretungen der Vereine gegenüber den Bundesländern, den Gemeinden und den Städten. Zielsetzung der Landessportbünde ist die Förderung des Vereinssports durch Unterhaltung, Modernisierung und Bau von Sportstätten, durch Unterstützung der Ausbildung von Übungsleitern sowie durch finanzielle und ideelle Unterstützung der Vereine etc.

Beispiel:
Auszug aus der Satzung des Landessportbundes Nordrhein-Westfalen:

§ 3 Zweck

Zweck des LandesSportBundes NRW e.V. ist es,

(1) dafür einzutreten, dass alle ihm über seine Mitglieder angeschlossenen Sportvereine ihren Vereinsmitgliedern den gewünschten Sport unter zeitgemäßen Bedingungen anbieten können und die Individualmitglieder seiner Mitglieder ihren Sport ausüben können;
(2) dafür einzutreten, dass allen Einwohnern und Einwohnerinnen im Lande Nordrhein-Westfalen die Möglichkeit gegeben wird, unter zeitgemäßen Bedingungen Sport zu treiben;
(3) den Sport und die Kinder- und Jugendhilfe in jeder Beziehung zu fördern und die dafür erforderlichen Maßnahmen zu koordinieren;
(4) den Sport in überverbandlichen und überfachlichen Angelegenheiten – auch gegenüber Staat und Gemeinde und in der Öffentlichkeit – zu vertreten und die damit zusammenhängenden Fragen seiner Mitgliedsorganisationen zu regeln.

[...]

Quelle: http://www.lsb-nrw.de/medien/downloadcenter/?keyword=Satzung%20des%20Landessportbundes%20NRW%20e.V.&cHash=53d4372a8c93dde930da1fc51a7582f2 Stand 10.06.2016

Aufgaben

1. ***Informieren Sie sich im Internet über die Mitgliederorganisation des DOSB. Schaffen Sie sich insbesondere einen Überblick über die Spitzenverbände und die Sportverbände mit besonderen Aufgaben.***
2. ***Beschreiben Sie anhand eines Beispiels die Zusammensetzung eines olympischen Spitzenverbandes innerhalb des DOSB ausgehend von einem ortsansässigen Verein.***
3. ***Erklären Sie den grundsätzlichen Unterschied zwischen den Landesfachverbänden und den Landessportbünden.***

2.4 Kommerzielle Einrichtungen als Träger des Sports erkennen

Während die Sportvereine in der Regel keine kommerziellen Ziele verfolgen, also keine Gewinnerzielungsabsicht als primäres Ziel setzen, sind viele Unternehmen im Sport- und Fitnessbereich erwerbswirtschaftlich tätig. Sowohl im Bereich der Fitnessanlagen, der Wellnessangebote als auch in einigen Racketdisziplinen existiert eine Vielzahl kommerzieller Anbieter, die ebenfalls den Trägern des Sports zugerechnet werden müssen.

Beispiele:
- *Laut DSSV boten im Jahre 2008 in der Bundesrepublik 5.802 Fitnessanlagen ihre Leistungen an.*
- *In der Bundesrepublik gibt es über 1.000 kommerzielle Squashcenter.*

(Kommerzielle Unternehmen der Sport- und Fitnessbranche werden im nächsten Kapitel ausführlich besprochen.)

Zusammenfassung

Träger des Sports		
politischer Träger des Sports	Vereine und Verbände	kommerzielle Unternehmen
– Bund – Länder – Gemeinden/Kreise/Städte	– Sportvereine – DOSB (u. a. mit den Landessportbünden und Spitzenverbänden und den Sportverbänden mit besonderen Aufgaben)	Beispiele: – Fitnessanlagen – Squashcenter – Kegelbahnen – etc.

Neben dem organisierten Sport betreiben viele Sportler ihr Hobby unorganisiert in ihrer Freizeit.

3 Gemeinnützige und kommerzielle Unternehmen der Sport- und Fitnessbranche unterscheiden und zuordnen

Gemäß Artikel 9 des Grundgesetzes haben alle Deutschen das Recht, Vereine und Gesellschaften zu gründen. Außerdem herrscht in der Bundesrepublik Gewerbefreiheit. Dadurch wird es prinzipiell jedem ermöglicht, ein Unternehmen zu gründen und zu betreiben (Art. 12 GG, § 1 GewO).

Grundgesetz

Artikel 8
Alle Deutschen haben das Recht, sich ohne Anmeldung oder Erlaubnis friedlich und ohne Waffen zu versammeln.
(...)

Artikel 9
Alle Deutschen haben das Recht, Vereine und Gesellschaften zu bilden.
(...)

Artikel 12
Alle Deutschen haben das Recht, Beruf, Arbeitsplatz und Ausbildungsplatz frei zu wählen. Die Berufsausübung kann durch ein Gesetz oder aufgrund eines Gesetzes geregelt werden.
(...)

Gewerbeordnung

§ 1 Grundsatz der Gewerbefreiheit
Der Betrieb eines Gewerbes ist jedermann gestattet, soweit nicht durch dieses Gesetz Ausnahmen oder Beschränkungen vorgeschrieben oder zugelassen sind.
(...)

Grundsätzlich kann man Unternehmen in kommerzielle und nicht kommerzielle Unternehmen (auch: Non-Profit-Unternehmen) einteilen. Während im kommerziellen Bereich die Gewinnerzielung ein Hauptziel der Gewerbetreibenden ist, sind nicht kommerzielle Einrichtungen i. d. R. gemeinnützig.

3.1 Nicht kommerzielle Unternehmen erkennen und zuordnen

Non-Profit-Organisationen (NPO) werden zur Erfüllung bestimmter Zwecke bzw. spezifischer Aufgaben geschaffen. NPO sind durch ein Mindestmaß an formaler Organisation gekennzeichnet. NPO dürfen keine Gewinne bzw. Überschüsse an Eigentümer oder Mitglieder ausschütten. Sie weisen ein Minimum an Selbstverwaltung und Entscheidungsautonomie auf. NPO sind stets durch ein Mindestmaß an Freiwilligkeit gekennzeichnet. In den Organen der NPO sind meistens Ehrenamtliche tätig, während die kontinuierliche Aufgabenerfüllung durch vollamtliche Angestellte (Geschäftsführer, Referenten, Mitarbeiter) wahrgenommen wird.

Quelle: http://wirtschaftslexikon.gabler.de/Archiv/4696/nonprofit-organisation-npo-v6.html, Stand 05.01.2010, leicht geändert

Nicht kommerzielle Unternehmen, auch Non-Profit-Unternehmen genannt, werden meist als gemeinnützige Einrichtungen geführt. In der Bundesrepublik Deutschland herrschen bei den nicht kommerziellen Unternehmen folgende Rechtsformen vor: der Verein, die gemeinnützige Gesellschaft mit beschränkter Haftung (gGmbH) und die Stiftung. Auch die Genossenschaften können gemeinnützige Zwecke verfolgen. Vereinzelt existieren sogar gemeinnützige Aktiengesellschaften (gAG). In der Sport- und Fitnessbranche überwiegen die gemeinnützigen Vereine.

Beispiele:
- *Die meisten Sportvereine haben gemeinnützigen Charakter.*
- *Viele Krankenhäuser werden in der Rechtsform der gemeinnützigen GmbH geführt.*
- *Der Zoologische Garten in Berlin ist eine gemeinnützige Aktiengesellschaft.*
- *Die Stiftung Warentest erfüllt ausschließlich gemeinnützige Zwecke.*

Um eine Anerkennung der Gemeinnützigkeit zu erreichen, müssen u. a. folgende zusätzliche Kriterien eingehalten werden:

- Das gemeinnützige Unternehmen muss grundsätzlich der Allgemeinheit zugängig sein. Ein Ausschluss bestimmter Personen oder Personengruppen ist nicht zulässig.
- Die Ausgaben des Vereins dürfen nur für den in der Satzung festgelegten Zweck erfolgen.
- Mitglieder, Geschäftsführer oder Vorstand dürfen keine privaten Zuwendungen aus dem Vermögen des gemeinnützigen Unternehmens erhalten.
- Das gesamte Vermögen des gemeinnützigen Unternehmens ist zweckgebunden.

Um die Gemeinnützigkeit zu erlangen, muss ein Antrag beim zuständigen Finanzamt gestellt werden. Dieser Antrag kann auch formlos eingereicht werden.
Die Gemeinnützigkeit wird rechtlich aus der Steuergesetzgebung abgeleitet. In den §§ 51 bis 68 der Abgabenordnung (AO) sind die gesetzlichen Regelungen zur Gemeinnützigkeit zu finden. Um den gemeinnützigen Status zu erlangen, müssen bestimmte gemeinnützige Zwecke erfüllt werden. Diese sind in § 52 AO festgelegt:

Abgabenordnung (AO)

§ 52 Gemeinnützige Zwecke

(1) Eine Körperschaft verfolgt gemeinnützige Zwecke, wenn ihre Tätigkeit darauf gerichtet ist, die Allgemeinheit auf materiellem, geistigem oder sittlichem Gebiet selbstlos zu fördern. Eine Förderung der Allgemeinheit ist nicht gegeben, wenn der Kreis der Personen, dem die Förderung zugutekommt, fest abgeschlossen ist, zum Beispiel Zugehörigkeit zu einer Familie oder zur Belegschaft eines Unternehmens, oder infolge seiner Abgrenzung, insbesondere nach räumlichen oder beruflichen Merkmalen, dauernd nur klein sein kann. Eine Förderung der Allgemeinheit liegt nicht allein deswegen vor, weil eine Körperschaft ihre Mittel einer Körperschaft des öffentlichen Rechts zuführt.

(2) Unter den Voraussetzungen des Absatzes 1 sind als Förderung der Allgemeinheit anzuerkennen:

1. die Förderung von Wissenschaft und Forschung;
2. die Förderung der Religion;
3. die Förderung des öffentlichen Gesundheitswesens und der öffentlichen Gesundheitspflege, insbesondere die Verhütung und Bekämpfung von übertragbaren Krankheiten, auch durch Krankenhäuser im Sinne des § 67, und von Tierseuchen;
4. die Förderung der Jugend- und Altenhilfe;
5. die Förderung von Kunst und Kultur;
6. die Förderung des Denkmalschutzes und der Denkmalpflege;
7. die Förderung der Erziehung, Volks- und Berufsbildung einschließlich der Studentenhilfe;
8. die Förderung des Naturschutzes und der Landschaftspflege im Sinne des Bundesnaturschutzgesetzes und der Naturschutzgesetze der Länder, des Umweltschutzes, des Küstenschutzes und des Hochwasserschutzes;
9. die Förderung des Wohlfahrtswesens, insbesondere der Zwecke der amtlich anerkannten Verbände der freien Wohlfahrtspflege (§ 23 der Umsatzsteuer-Durchführungsverordnung), ihrer Unterverbände und ihrer angeschlossenen Einrichtungen und Anstalten;
10. die Förderung der Hilfe für politisch, rassisch oder religiös Verfolgte, für Flüchtlinge, Vertriebene, Aussiedler, Spätaussiedler, Kriegsopfer, Kriegshinterbliebene, Kriegsbeschädigte und Kriegsgefangene, Zivilbeschädigte und Behinderte sowie Hilfe für Opfer von Straftaten; Förderung des Andenkens an Verfolgte, Kriegs- und Katastrophenopfer; Förderung des Suchdienstes für Vermisste;
11. die Förderung der Rettung aus Lebensgefahr;
12. die Förderung des Feuer-, Arbeits-, Katastrophen- und Zivilschutzes sowie der Unfallverhütung;
13. die Förderung internationaler Gesinnung, der Toleranz auf allen Gebieten der Kultur und des Völkerverständigungsgedankens;
14. die Förderung des Tierschutzes;
15. die Förderung der Entwicklungszusammenarbeit;
16. die Förderung von Verbraucherberatung und Verbraucherschutz;
17. die Förderung der Fürsorge für Strafgefangene und ehemalige Strafgefangene;
18. die Förderung der Gleichberechtigung von Frauen und Männern;
19. die Förderung des Schutzes von Ehe und Familie;
20. die Förderung der Kriminalprävention;
21. die Förderung des Sports (Schach gilt als Sport);
22. die Förderung der Heimatpflege und Heimatkunde;
23. die Förderung der Tierzucht, der Pflanzenzucht, der Kleingärtnerei, des traditionellen Brauchtums einschließlich des Karnevals, der Fastnacht und des Faschings, der Soldaten- und Reservistenbetreuung, des Amateurfunkens, des Modellflugs und des Hundesports;
24. die allgemeine Förderung des demokratischen Staatswesens im Geltungsbereich dieses Gesetzes; hierzu gehören nicht Bestrebungen, die nur bestimmte Einzelinteressen staatsbürgerlicher Art verfolgen oder die auf den kommunalpolitischen Bereich beschränkt sind;
25. die Förderung des bürgerschaftlichen Engagements zugunsten gemeinnütziger, mildtätiger und kirchlicher Zwecke.

Sofern der von der Körperschaft verfolgte Zweck nicht unter Satz 1 fällt, aber die Allgemeinheit auf materiellem, geistigem oder sittlichem Gebiet entsprechend selbstlos gefördert wird, kann dieser Zweck für gemeinnützig erklärt werden. Die obersten Finanzbehörden der Länder haben jeweils eine Finanzbehörde im Sinne des Finanzverwaltungsgesetzes zu bestimmen, die für Entscheidungen nach Satz 2 zuständig ist.

Vielfach wird behauptet, gemeinnützige Unternehmen dürften keine Gewinne erzielen. Diese Behauptung ist so nicht richtig. Auch nicht kommerzielle Unternehmen und Vereine dürfen Gewinne erzielen, müssen diese aber zeitnah dem gemeinnützigen Zweck, dem ideellen Bereich, wieder zuführen. Eine zeitnahe Verwendung ist normalerweise dann gegeben, wenn die Gewinne im folgenden Geschäftsjahr dem gemeinnützigem Zweck wieder zugeführt werden. Eine Ausschüttung des Gewinns an die Inhaber ist nicht zulässig.

Beispiel:
Der gemeinnützige Sportverein SC Lüneburg erzielte im vergangenen Geschäftsjahr einen Überschuss von 25.000,00 €. Der Gewinn wird für neue Sportgeräte und die Modernisierung der Sporthalle genutzt, wird also gemeinnützig verwendet.

Gemeinnützigen Unternehmen werden eine Reihe von Vorteilen zugestanden:

- Gemeinnützige Unternehmen sind regelmäßig von der Körperschaftssteuer, der Gewerbesteuer, der Erbschaftssteuer und der Vermögenssteuer befreit.
- Gemeinnützige Vereine können Spendenbescheinigungen für erhaltene Spenden ausstellen. Der Spender kann den gespendeten Betrag bei seiner Steuererklärung absetzen.
- Die Gemeinnützigkeit ist häufig Voraussetzung dafür, dass öffentliche und private Zuschüsse gewährt werden.

Aufgaben

1. Welche Rechtsformen werden in der Bundesrepublik überwiegend für gemeinnützige Zwecke gewählt?

2. Erklären Sie kurz den Unterschied in der Gewinnverwendung kommerzieller und gemeinnütziger Unternehmen.

3. Lesen Sie zunächst den methodischen Hinweis „Gesetzestexte lesen".

Arbeiten Sie nun den § 52 AO aufmerksam durch.
a Wie wird nach § 52 AO Absatz 1 die Verfolgung gemeinnütziger Zwecke definiert?
b § 52 Absatz 1 AO schreibt eine Förderung der Allgemeinheit für die Anerkennung der Gemeinnützigkeit zwingend vor. Wann liegt eine solche Förderung der Allgemeinheit nach § 52 AO nicht vor. Entwickeln Sie drei Negativbeispiele und erläutern Sie diese mithilfe des Gesetzestextes.

4. In § 52 Absatz 2 AO werden in 25 Punkten anzuerkennende gemeinnützige Zwecke aufgelistet. In gemeinnützigen Unternehmen werden viele Aufgaben durch Ehrenamtliche übernommen. Betrachten Sie in diesem Zusammenhang die nachfolgende Grafik:

a Ordnen Sie die dargestellten Bereiche des ehrenamtlichen Engagements einem oder mehreren der 25 Punkte des § 52 Absatz 2 AO zu.

b Entwickeln und erläutern Sie konkrete Beispiele für gemeinnützige Unternehmen, die in den grafisch dargestellten Bereichen tätig sein könnten.

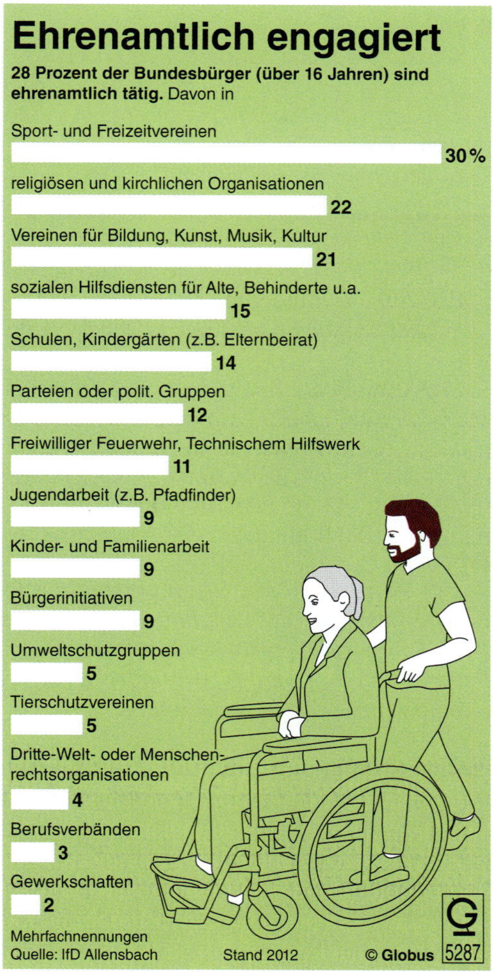

3.2 Kommerzielle Unternehmen erkennen und zuordnen

Kommerzielle Unternehmen werden durch Unternehmer geführt. Es stellt sich zunächst die Frage, wer ist überhaupt ein Unternehmer? Unternehmer ist grundsätzlich die Person, die ein Gewerbe betreibt, unabhängig von der Größe und der Art des Gewerbes. Jede geschäftsfähige Person kann ein Gewerbe anmelden.

Beispiele:
- *Manfred Unger möchte ein Sport- und Fitnessstudio eröffnen.*
- *Sabine Kohlhase gründet an der Nordsee eine Surfschule.*

Grundsätzlich herrscht in der Bundesrepublik Gewerbefreiheit. Zum Schutze der Gesellschaft (z. B. Gesundheitsschutz, Umweltschutz) und zum Schutze einiger freier Berufe (Rechtsanwalt, Steuerberater etc.) wird die Gewerbefreiheit eingeschränkt.
Hier werden genehmigungspflichtige Gewerbebetriebe (z. B. Privatkrankenhäuser, Gastwirtschaften oder Spielhallen) und Gewerbe, die einen Sachkundenachweis erfordern (z. B. Apotheken, Lebensmitteleinzelhandel), unterschieden.

Beispiele:

- *Gaststätten (Schankwirtschaften und Speisewirtschaften) benötigen eine Konzession (Erlaubnis), wenn alkoholische Getränke ausgeschenkt werden.*
- *Ein Einzelhandelskaufmann möchte in der Innenstadt eine Apotheke eröffnen. Dies wird ihm nicht gewährt. Voraussetzung wäre hier ein Studium und eine dadurch erreichbare Approbation (= Berechtigung zur Berufsausübung).*
- *Ein Jurist möchte in Berlin ein Rechtsanwaltsbüro gründen. Dies wird nur genehmigt, wenn er eine Zulassung erhält.*
- *Die mehrmalige Wahl zum örtlichen Schützenkönig berechtigt nicht zum Verkauf von Waffen aller Art.*
- *Ein Steuerberater muss entsprechende Sachkenntnisse durch eine Prüfung nachweisen.*

Bei der Gründung und dem Betrieb eines Fitnessstudios bzw. eines Vereins sind keine speziellen Vorschriften zu beachten. Hier greift die Gewerbefreiheit. Werden den Mitgliedern alkoholfreie Getränke und/oder kleine Speisen angeboten, so sind allerdings die Bestimmungen zur Lebensmittelhygiene einzuhalten. Werden alkoholische Getränke ausgeschenkt, so sind die Vorschriften des Gaststättengesetzes (GastG) voll anzuwenden.

Beispiele:

- *Das Fitnessstudio „Fit & Joy" verkauft als Serviceleistung günstige, alkoholfreie Getränke an seine Mitglieder. Die Vorschriften des Gaststättengesetzes greifen hier nicht.*
- *Ein Sportverein betreibt in seinem Vereinsheim ein Restaurant. Speisen, alkoholfreie und alkoholische Getränke werden auch an Nichtmitglieder ausgeschenkt. Die Vorschriften des Gaststättengesetzes sind voll anzuwenden.*

Für neu gegründete Unternehmen, Unternehmensauflösungen und Unternehmensübernahmen besteht in der Bundesrepublik eine **Meldepflicht** (§ 14 GewO).

Gewerbeordnung

§ 14 Anzeigepflicht

Wer den selbstständigen Betrieb eines stehenden Gewerbes oder einer Zweigniederlassung oder einer unselbstständigen Zweigstelle anfängt, muss dies der für den betreffenden Ort zuständigen Behörde gleichzeitig anzeigen.
(...)

Die wichtigsten zuständigen Behörden werden nachfolgend aufgelistet:

- Das Gewerbeamt in der Stadt- oder Gemeindeverwaltung führt das Gewerberegister. Die Anmeldedurchschriften werden vom Gewerbeamt automatisch an das Landratsamt, das Finanzamt, die Industrie und Handelskammer bzw. die Handwerkskammer, das Gewerbeaufsichtsamt, das Ordnungsamt, die zuständige Berufsgenossenschaft und das Statistische Landesamt weitergeleitet. Beim Gewerbeamt sind nicht nur Unternehmensneugründungen zu melden, sondern ebenso Unternehmensübernahmen und Gewerbeauflösungen.
- Beim zuständigen Finanzamt muss sich der Gründer eines Unternehmens innerhalb von zwei Wochen nochmalig anmelden. Die automatische Benachrichtigung des Gewerbeamtes reicht aus steuerrechtlichen Gründen nicht aus. Durch das Anmelden beim Finanzamt erhält der Gewerbetreibende seine Steuernummer, unter der er künftig seine Steuern abzuführen hat.

- Als Kaufmann muss eine Anmeldung beim zuständigen Amtsgericht erfolgen. Hier wird beim Registergericht die Eintragung in das Handelsregister beantragt

Aufgaben

1. ***Weshalb ist es sinnvoll, den Grundsatz der Gewerbefreiheit durch Gesetze und Verordnungen einzuschränken?***
2. ***Nennen Sie jeweils fünf Gewerbebetriebe aus Ihrem näheren Umkreis, die der Gewerbefreiheit bzw. der eingeschränkten Gewerbefreiheit unterliegen.***
3. ***Bei welchen zuständigen Behörden kann sich ein Existenzgründer über eventuelle Einschränkungen der Gewerbefreiheit informieren?***
4. ***Bei welchen Behörden muss ein neuer Gewerbebetrieb angemeldet werden?***

Gewerbetreibende sind – wie bereits erwähnt – Unternehmer, unabhängig von der Art und der Größe ihres Gewerbes. Bei der Definition eines Gewerbes greift man auf das Einkommensteuergesetz zurück. Demnach ist ein Gewerbe jede selbstständige, nachhaltige Beteiligung am wirtschaftlichen Verkehr, die mit der Absicht, Gewinne zu erzielen, betrieben wird (§ 15 EStG).

Methodischer Hinweis – Gesetzestexte lesen

(Folgende Ausführungen geben lediglich einen kurzen Einblick in die Analyse von Gesetzestexten. Für unsere Thematik benötigen wir keine tiefgreifenden, juristischen Analysemethoden.)

Im Wirtschaftsleben müssen rechtliche Regelungen berücksichtigt werden. In vielen Fällen ist es daher notwendig, die entsprechenden Gesetze, Erlasse oder Verordnungen zu lesen und zu verstehen.
Gesetzestexte enthalten regelmäßig Tatbestandsmerkmale (TBM), aus denen eine Rechtsfolge oder ein Ergebnis abgeleitet wird.

Beispiel:

Strafgesetzbuch (StGB)
§ 242 Diebstahl

Wer eine fremde bewegliche Sache einem anderen in der Absicht wegnimmt, die Sache sich oder einem Dritten rechtswidrig zuzueignen, wird mit Freiheitsstrafe bis zu fünf Jahren oder mit Geldstrafe bestraft.

- Zunächst sind die zu überprüfenden Tatbestandsmerkmale herauszuarbeiten und auf ihre Wirksamkeit zu überprüfen.
- Nur wenn alle TBM erfüllt sind, tritt die Rechtsfolge ein.

„Wer eine fremde (TBM 1) bewegliche Sache (TBM 2) einem anderen (TBM 3) in der Absicht (TBM 4) wegnimmt (TBM 5), die Sache sich (TBM 6) oder einem Dritten (TBM 7) rechtswidrig zuzueignen (TBM 8), wird mit Freiheitsstrafe bis zu fünf Jahren (Rechtsfolge) oder mit Geldstrafe bestraft (alternative Rechtsfolge)."

In konkreten Fallbearbeitungen besteht häufig die Schwierigkeit, das korrekte Gesetz und/ oder den richtigen Paragrafen zu finden.

Einkommensteuergesetz

§ 15 Einkünfte aus Gewerbebetrieb [...]

(2) Eine selbstständige nachhaltige Betätigung, die mit der Absicht, Gewinne zu erzielen, unternommen wird und sich als Beteiligung am allgemeinen wirtschaftlichen Verkehr darstellt, ist Gewerbebetrieb, wenn die Betätigung weder als Ausübung von Land- und Forstwirtschaft noch als Ausübung eines freien Berufs noch als eine andere selbstständige Tätigkeit anzusehen ist. [...]

- Eine **selbstständige Tätigkeit** liegt vor, wenn die Rechtsgeschäfte in eigenem Namen und auf eigene Rechnung getätigt werden. Der Selbstständige haftet für sein Handeln persönlich.

  Beispiele:
  - *Sabine Ludwig – Inhaberin des Fitnessstudios „Fit & Joy" – ist für ihr Unternehmen verantwortlich. Sie haftet z. B. für alle Entscheidungen, da sie diese in eigener Verantwortung trifft.*
  - *Lars Meyer – Leiter des Verkaufs bei Bits & Bait Computerdesign e. Kfr. – verkauft 20 Design-Computer an einen Großkunden. Er ist nicht selbstständig. Er handelt im Auftrag seines Arbeitgebers.*

- Eine **nachhaltige (wiederholte) Tätigkeit** wird bei der Begriffsbestimmung eines Gewerbes erforderlich, damit nicht schon jede einmalige Tätigkeit als Gewerbe betrachtet wird.

  Beispiel:
  *Eine Privatperson, die **einmalig** einen gebrauchten Computer für 500,00 € verkauft ist noch kein Gewerbetreibender.*

- Eine **Gewinnerzielungsabsicht** wird verlangt, um nicht schon die reine liebhaberische Tätigkeit als Gewerbe anzusehen. Eine kommerzielle Ausrichtung der Unternehmen wird daher vorausgesetzt. Die Absicht, Gewinne zu erzielen, reicht, um dem EstG zu entsprechen. Auch ein verlustreiches Gewerbe ist ein Gewerbe, sofern die Absicht vorhanden ist.

  Beispiel:
  Ein Münzsammler, der (selbst)ständig und nachhaltig Münzen kauft und verkauft oder tauscht, damit aber keinen Gewinn erzielen will, kann nicht als Gewerbetreibender angesehen werden.

Landwirtschaftliche Betriebe und die sogenannten freien Berufe werden vom Gewerbebetrieb abgegrenzt. Diese Berufsgruppen üben ihre Tätigkeit zwar nachhaltig, selbstständig und mit der Absicht, Gewinne zu erzielt, aus, zählen jedoch aus wirtschaftlichen und organisatorischen Gründen nicht zum Gewerbe.

Einkommensteuergesetz

§ 13 Einkünfte aus Land- und Forstwirtschaft

(1) Einkünfte aus Land- und Forstwirtschaft sind

1. Einkünfte aus dem Betrieb von Landwirtschaft, Forstwirtschaft, Weinbau, Gartenbau, Obstbau, Gemüsebau, Baumschulen und aus allen Betrieben, die Pflanzen und Pflanzenteile mithilfe der Naturkräfte gewinnen. Zu diesen Einkünften gehören auch die Einkünfte aus der Tierzucht und Tierhaltung [...]

§ 15 Einkünfte aus Gewerbebetrieb

(1) Einkünfte aus Gewerbebetrieb sind

1. Einkünfte aus gewerblichen Unternehmen. Dazu gehören auch Einkünfte aus gewerblicher Bodenbewirtschaftung, z. B. aus Bergbauunternehmen und aus Betrieben zur Gewinnung von Torf, Steinen und Erden, soweit sie nicht land- oder forstwirtschaftliche Nebenbetriebe sind [...]

§ 18. Selbstständige (freiberufliche) Arbeit

(1) Einkünfte aus selbstständiger Arbeit sind

1. Einkünfte aus freiberuflicher Tätigkeit. Zu der freiberuflichen Tätigkeit gehören die selbstständig ausgeübte wissenschaftliche, künstlerische, schriftstellerische, unterrichtende oder erzieherische Tätigkeit, die selbstständige Tätigkeit der Ärzte, Zahnärzte, Tierärzte, Rechtsanwälte, Notare, Patentanwälte, Vermessungsingenieure, Ingenieure, Architekten, Handelschemiker, Wirtschaftsprüfer, Steuerberater, beratenden Volks- und Betriebswirte, vereidigten Buchprüfer (vereidigten Bücherrevisoren), Steuerbevollmächtigten, Heilpraktiker, Dentisten, Krankengymnasten, Journalisten, Bildberichterstatter, Dolmetscher, Übersetzer, Lotsen und ähnliche Berufe. [...]

Aufgaben

1. ***Arbeiten Sie zunächst den methodischen Hinweis „Gesetzestexte lesen" durch.***
2. ***In den Ausführungen zu § 15 Absatz 2 EStG wird ein Tatbestandsmerkmal nicht erläutert. Ermitteln und interpretieren Sie dieses Merkmal (gegebenenfalls mithilfe einer Internetrecherche).***
3. ***Überprüfen Sie für folgende Sachverhalte, ob es sich um ein Gewerbe handelt. Begründen Sie Ihre Antwort.***
   a *Ein angestellter Einzelhandelskaufmann verkauft im Supermarkt ständig Lebensmittel an die Kunden.*
   b *Ein Krankengymnast eröffnet in der Innenstadt eine neue Praxis. Im ersten Jahr erzielt er einen Verlust von 20.000,00 €.*
   c *Ein angestellter Kfz-Mechaniker kauft in seiner Freizeit ständig Gebrauchtwagen, repariert und renoviert diese und verkauft sie wieder.*
   d *Ein selbstständiger Handelsvertreter schließt im Namen und auf Rechnung eines Maschinenherstellers Kaufverträge ab.*
   e *Ein Tischler spezialisiert sich auf das Renovieren alter Spiegelschränke. Er eröffnet am 1. Juli eine eigene Tischlerei.*
   f *Eine Baumschule mit sieben Mitarbeitern erzielt einen Gewinn in Höhe von 270.000,00 €.*
   g *Eine Bergbauunternehmen hat einen Jahresgewinn von 1.197.000,00 € erwirtschaftet.*
   h *Ein Rentner verkauft jeden Dienstag auf dem Wochenmarkt seine selbst geschnitzten und bemalten Holzfiguren.*
   i *Ein Landwirt erzielt durch den Anbau und den Verkauf von Mais einen Gewinn nach Steuern von 120.000,00 €.*
   j *Die Bahnhofsmission verkauft täglich Suppe für 1,00 € an Bedürftige.*
   k *Ein Lehrer erteilt regelmäßig Nachhilfe in Rechnungswesen und Betriebswirtschaftslehre. Er berechnet 15,00 € pro Stunde.*

3.3 Das Zielsystem kommerzieller Unternehmen erarbeiten

Kommerzielle Unternehmen haben im Wesentlichen eine erwerbswirtschaftliche Zielsetzung. Sie wollen Gewinne erzielen, rentabel wirtschaften und langfristig fortbestehen. Bei nicht kommerziellen und gemeinnützigen Unternehmen und Verbänden stehen nicht die Höhe des Gewinns im Vordergrund, sondern z. B. soziale Zielsetzungen.

3.3.1 Wirtschaftliche (ökonomische) Zielsetzungen

Die Ökonomie (Wirtschaftslehre) ist die Lehre vom wirtschaftlichen Handeln. Die Zielsetzungen von kommerziellen Unternehmen sind vorwiegend wirtschaftlich ausgerichtet.

Ziel: Gewinn

Jeder Unternehmer möchte durch seine Tätigkeit einen möglichst hohen Gewinn erzielen. Er muss schließlich mit diesem Gewinn den Lebensunterhalt und damit den Lebensstandard sichern.

Beispiel:

- *Bettina Sost, Inhaberin des Sport- und Fitnessstudios „WomenFit" in Köln, muss aus dem Gewinn ihres Unternehmens ihre Wohnung, ihr Auto, ihren Urlaub, Lebensmittel und vieles mehr bezahlen.*

Der Gewinn, also das Einkommen des Unternehmers, muss höher sein, als er in vergleichbarer Anstellung als Angestellter wäre. Schließlich trägt der Selbstständige das volle Risiko eines Unternehmers. Er könnte sein gesamtes Privat- und Betriebsvermögen verlieren.

Ziel: Rentabilität

Eng verbunden mit dem Ziel der Gewinnerzielung ist die Rentabilität. Häufig werden Sätze wie *„Wir müssen rentabel arbeiten"* oder *„Dieser Auftrag ist unrentabel"* genutzt. Unternehmen können mittels Rentabilitätskennziffern überprüfen, ob sie wirtschaftlich (rentabel) arbeiten.

Die Eigenkapitalrentabilität:
Die Eigenkapitalrentabilität gibt an, mit wie viel Prozent sich das eingesetzte Kapital verzinst.

$$\text{Eigenkapitalrentabilität} = \frac{\text{Gewinn} \cdot 100}{\text{Eigenkapital}}$$

Die Eigenkapitalrentabilität sollte über den Marktzinsen für angelegtes Kapital liegen. Ansonsten würde sich die Arbeit und das Risiko für einen Unternehmer nicht lohnen. Er könnte sein Geld bei einem Kreditinstitut anlegen und würde mehr Zinseinnahmen als Unternehmensgewinne erzielen.

Beispiel:
Das Unternehmen WomensFit erzielt einen Gewinn von 70.000,00 €. Das Eigenkapital beträgt 393.000,00 €. Die Eigenkapitalrentabilität liegt demnach bei 17,8 %. Das Unternehmen arbeitet rentabel, da der Marktzins für angelegtes Kapital wesentlich niedriger ist.

Aufgaben

Die Eigenkapitalrentabilität sollte über dem Marktzins für langfristig angelegtes Kapital liegen.

1. ***Prüfen Sie, ob folgende Unternehmen rentabel arbeiten.***
2. ***Lohnt sich das jeweilige unternehmerische Risiko? (Begründen Sie Ihre Meinung schriftlich.)***

(Der aktuelle Marktzins für langfristig angelegtes Kapital liegt bei 9 %.)

a Ein Inhaber einer Fitness- und Wellnessanlage ermittelte im letzten Jahr eine Eigenkapitalrentabilität von 6 %. Im laufenden Jahr erzielte er einen Gewinn von 120.000,00 €. Sein Eigenkapital beträgt 1,5 Millionen €.

b Ein Tischlermeister möchte sich selbstständig machen. Er möchte ein Grundstück mit Gebäude, das er als Werkstatt nutzen will, (Wert 400.000,00 €) und 50.000,00 € Bargeld investieren. Er erwartet einen Gewinn von ca. 40.000,00 €.

c Ein Informatiker ist als Programmierer selbstständig. Sein Eigenkapital besteht aus einem Computer (Wert 4.000,00 €) und aus vielen Büchern (Wert ca. 2.000,00 €). Sein Gewinn lag im letzten Jahr bei 15.000,00 €.

Die Umsatzrentabilität

Die Umsatzrentabilität gibt an, wie viel Euro Gewinn pro 100,00 € Nettoumsatz (Nettoumsatz = für verkaufte Produkte und Dienstleistungen erhaltenes Geld ohne Umsatzsteuer) erzielt wird.

$$\text{Umsatzrentabilität} = \frac{\text{Unternehmensgewinn} \cdot 100}{\text{Nettoumsatz}}$$

Beispiel:

Das Unternehmen WomenFit. erzielt einen Gewinn von 70.000,00 €. Der Umsatz beträgt 700.000,00 €. Die Umsatzrentabilität liegt demnach bei 10 %. Pro 100,00 € mehr Umsatz wird ein Gewinn von 10,00 € erzielt. Wird also ein neues Mitglied mit einem Jahresbeitrag von 500,00 € geworben, steigt der Gewinn um 50,00 €.

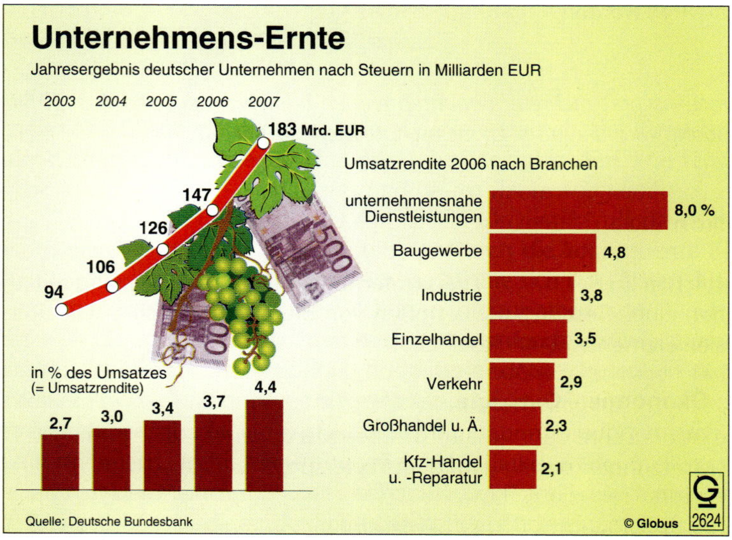

Aufgaben

1. ***Die Umsatzrentabilität zeigt, wie viel Euro Gewinn pro 100,00 € Nettoumsatz erzielt wird. Im Unternehmen „Karl Schnell – Fahrräder GmbH" wird bei einem Umsatz von 1.000.000,00 € ein Gewinn von 150.000,00 € erzielt.***
   a *Wie hoch ist die Umsatzrentabilität bei „Karl Schnell – Fahrräder GmbH"?*
   b *Im Unternehmen wird überlegt, einen neuen Mitarbeiter für den Außendienst einzustellen. Die Personalkosten für den potenziellen neuen Mitarbeiter liegen bei 35.000,00 €. Wie viel Umsatz müsste der neue Mitarbeiter erzielen, damit sich seine Einstellung lohnt?*
   c *Würden Sie zur Einstellung des neuen Mitarbeiters raten? Begründen Sie Ihre Meinung.*

2. ***Ein Unternehmen erzielt einen Gewinn von 500.000,00 €.***
   a *Wie hoch ist die Eigenkapitalrentabilität bei einem Eigenkapital von 8.000.000,00 €? (Geben Sie den Rechenweg mit an!)*
   b *Wie ist die oben errechnete Eigenkapitalrentabilität zu beurteilen, wenn der aktuelle Marktzins für langfristiges Kapital bei 4 % liegt? Begründen Sie Ihre Antwort!*

3. ***Bearbeiten Sie folgende Fragen zur Grafik „Unternehmens-Ernte" – (Globus 2624)***
   a *Berechnen Sie die absolute und die prozentuale Veränderung des Jahresergebnisses deutscher Unternehmen von 2003 bis 2007.*
   b *Berechnen Sie das durchschnittliche Jahresergebnis (Mittelwert) deutscher Unternehmen für den dargestellten Zeitraum.*
   c *Berechnen Sie die absolute und die prozentuale Veränderung des Jahresergebnisses deutscher Unternehmen von 2006 auf 2007.*
   d *Berechnen Sie den Nettoumsatz deutscher Unternehmen für das Jahr 2007.*
   e *Erörtern Sie die Umsatzrendite des Einzelhandels anhand eines Sportfachgeschäfts. Nennen Sie dabei auch mindestens zwei konkrete Produktbeispiele.*

Ziel: Erhaltung des Betriebes

Verständlicherweise hat kein Unternehmer ein Interesse daran, dass sein Unternehmen „bankrott geht". Die Erhaltung des Betriebes als ein Unternehmensziel ist eng verbunden mit dem erwerbswirtschaftlichen Prinzip: Ohne Gewinne wird das Unternehmen nicht lange überleben.
Allerdings gibt es auch Unternehmungen auf Zeit, die nach der Erreichung des Unternehmensziels aufgelöst werden.

Beispiel:
Eine Arbeitsgemeinschaft mehrerer Bauunternehmen baut die Autobahn A 345. Nach Fertigstellung der Autobahn wird die Arbeitsgemeinschaft wieder aufgelöst.

3.3.2 Zielkonflikte

Die wirtschaftlichen Zielsetzungen eines Unternehmens kollidieren häufig mit anderen wichtigen Bereichen einer Gesellschaft. Betroffen von diesem Zielkonflikt sind u. a. die Umwelt und die sozialen Elemente einer Gesellschaft.

Zielkonflikt: Ökonomie – Ökologie

Die Ökologie ist die Lehre des Verhältnisses des Menschen zu seiner Umwelt. Die o. g. ökonomischen Zielsetzungen stehen häufig im Widerspruch zur Ökologie.

Beispiele:
- *Auf einer Sportveranstaltung werden die Getränke in Plastikbechern verkauft, da dies günstiger ist als die Reinigung von Gläsern.*
- *Industrieunternehmen benötigen für die Produktion Energie. Aber der Vorrat an Rohstoffen und Energieträgern ist begrenzt.*
- *Unternehmen müssen ihre Erzeugnisse transportieren. Dies geschieht in Industrienationen überwiegend mit Lkws. Hierdurch wird die Umwelt stark belastet.*
- *Die Endprodukte haben häufig eine aufwendige, verkaufsfördernde Verpackung. Der Verpackungsmüll muss beseitigt werden.*

Viele Unternehmen haben inzwischen neben der ökonomischen Zielsetzung auch ökologische Ziele in ihre Unternehmenspolitik aufgenommen. Dies geschah zum Teil aus Einsicht, zum großen Teil auch aus Marketinggesichtspunkten.

Aufgabe

Die Ökologie steht in einem Konflikt mit der Ökonomie. Unternehmen, aber auch Verbraucher, können einiges für die aktive Umweltentlastung tun.

Nennen Sie für folgende ökologische Begriffe Beispiele aus Ihrem näheren Umfeld

a für Ihren Ausbildungsbetrieb,
b für Verbraucher.

- *Energieeinsparung*
- *Beseitigung der Müllberge*
- *Reinhaltung der Luft*
- *Reinhaltung des Wassers*
- *Recycling (die Wiederverwertung oder Weiterverwendung von Produkten)*

Zielkonflikt: Ökonomie – soziale Standpunkte

Würden Unternehmen ausschließlich und rigoros der wirtschaftlichen Zielsetzung folgen, so würden sie ihren Mitarbeitern so wenig wie möglich zahlen, um einen hohen Gewinn zu erzielen.

Aufgabe

Lesen Sie bitte den folgenden fiktiven Text. Stellen Sie Ihre Meinung zum Inhalt des Textes kurz schriftlich dar.

Teppiche aus Indien – jetzt besonders fein gewebt

Indischer Teppichhersteller geht in die Offensive

Neu Delhi.
Teppichfabrikant Dayal Sabna ist zufrieden: „Dieses Jahr läuft das Geschäft besonders gut.“
Der Grund: Erstmals kann er besonders fein gewebte Teppiche anbieten. Das Phänomen liegt in der Beschäftigung von Kindern unter zehn Jahren. Die können besonders feine Knoten knüpfen. Das zahlt sich in der Qualität der Teppiche aus. Darauf ist Sabna stolz.
Nicht ohne Grund hat er 2.000 Kinder in den Slums der indischen Hauptstadt angeworben. Zwölf Stunden täglich arbeiten die Kinder. Er gibt sich fürsorglich: „Die meisten bekommen jetzt immerhin zwei Mahlzeiten täglich.“

Das ist ungewöhnlich für indische Verhältnisse. In anderen Betrieben essen die Kinder während der Arbeit, wenn sie für einen kurzen Augenblick von den Aufsehern nicht beobachtet werden. Dass die Bedingungen für die Kinder hart sind, findet Sabna nicht: „Immerhin erhalten die Kinder einen Lohn von gut 15,90 € im Monat. Von vier arbeitenden Kindern kann sich in Indien eine Familie gut ernähren!“

In modernen Industrienationen ist eine so drastische Ausbeutung der Arbeitnehmer heute nicht mehr denkbar. Kinderarbeit ist glücklicherweise gesetzlich verboten. Gewerkschaften und Staat schützen die Mitarbeiter.
Unternehmen haben inzwischen erkannt, dass ein soziales Engagement einen positiven Einfluss auf die wirtschaftlichen Ziele hat. Zufriedene, sozial abgesicherte Mitarbeiter sind motiviert und arbeiten effektiv.

Beispiele:
- *Unternehmen können eine betriebliche Altersversorgung finanzieren.*
- *Einige Unternehmen betreiben Betriebskindergärten.*
- *Mitarbeiter dürfen bei den Arbeitsbedingungen mitbestimmen und/oder mitgestalten.*

3.3.3 Weitere unternehmerische Zielsetzungen

Neben den genannten Erfolgszielen eines Unternehmens besitzen viele Unternehmen ein wesentlich komplexeres Zielsystem, das durch strategische Entscheidungen und kurzfristige, zielorientierte Maßnahmen verfolgt wird.

Überblick über wichtige Unternehmensziele

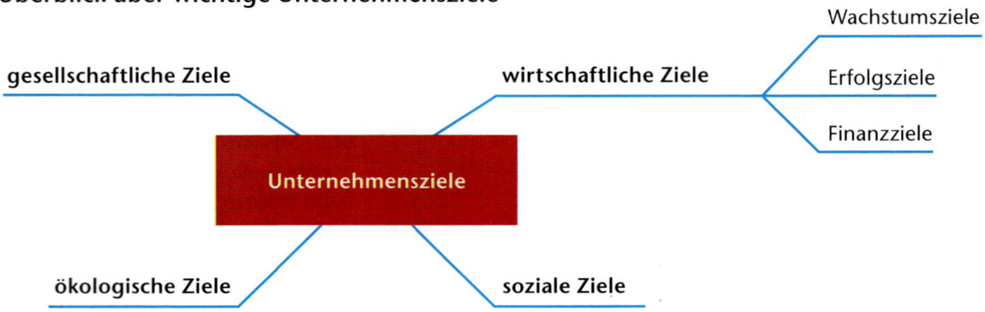

- **Wachstumsziele** sind u.a. die Steigerung des Absatzes, die Erhöhung des Umsatzes, die Erhöhung des Marktanteils, die Erschließung neuer Märkte, die Erweiterung des Sortiments.
- **Erfolgsziele** beinhalten neben der Rentabilität u.a. die Gewinnsteigerung, die Kostensenkung, die Geschäftsprozessoptimierung.
- **Finanzziele** bestehen aus der Sicherung und Steigerung der Liquidität, aus der Verbesserung der Kreditwürdigkeit, aus der Optimierung der Kapitalstruktur etc.
- **Soziale Ziele** verfolgen die Arbeitsplatzsicherung, die Förderung der Mitarbeiter, den Ausbau der sozialen Leistungen etc.

- **Ökologische Ziele** beschäftigen sich mit der Umwelt. Umweltverträgliche Produktion, geringe Schadstoffbelastungen, umweltgerechte Produkte und Recycling sind nur einige Beispiele.
- **Gesellschaftliche Ziele** könnten das Image, Corporate Identity oder politische Macht sein.

Ein geeignetes Zielsystem wird in jedem Unternehmen unterschiedlich ausgestaltet. Die Zielhierarchie wird der strategischen Ausrichtung des Unternehmens angepasst. Einen wichtigen Einfluss auf die Zielsetzung haben natürlich die Eigentümer und die Unternehmensleitung. Aber auch andere Interessengruppen können das Zielsystem eines Unternehmens beeinflussen.
Die **Shareholder** eines Unternehmens, also die Eigentümer, verfolgen i. d. R. andere Interessen als beispielsweise die Mitarbeiter. Die alleinige Ausrichtung eines Unternehmens auf die Shareholder war lange Zeit vorherrschend. Inzwischen orientiert sich das Zielsystem in modernen Unternehmen jedoch häufig an den **Stakeholdern**, den Anspruchsgruppen eines Unternehmens.

Stakeholder (Anspruchsgruppen) eines Unternehmens

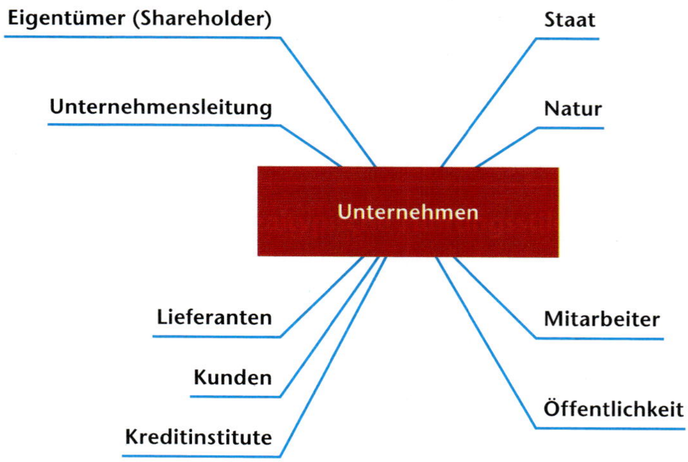

Aus Sicht der verschiedenen Stakeholder sind unterschiedliche Zielbeziehungen denkbar. Komplementäre Zielsetzungen ergänzen sich und sind miteinander verträglich. Konkurrierende Zielsetzungen behindern sich bei der Zielerreichung gegenseitig. Indifferente Zielsetzungen können unabhängig voneinander erreicht werden.

Aufgaben

1. *Ein großer deutscher Automobilhersteller der Mittelklasse verzeichnet in den letzten drei Jahren einen konjunkturell und wettbewerbsbedingten Absatzrückgang. Die weltweite Konjunktur kommt langsam wieder in Schwung. Die Mitbewerber auf dem globalen Markt bieten die Pkws in der Mittelklasse jedoch erheblich günstiger an. Die hohen Personalkosten und Personalnebenkosten in der Bundesrepublik werden häufig für den hohen Marktpreis des Pkws genannt.*

Auf einer Betriebsversammlung soll die derzeitige Krise des Unternehmens angesprochen werden. Sowohl die Unternehmensleitung und die Shareholder als auch die Mitarbeitervertretung sollen ein Zielkonzept zur Sanierung erarbeiten.

a Entwickeln Sie ein begründetes Zielkonzept aus Sicht der Unternehmensleitung und der Shareholder für die nächsten fünf Jahre.

b Entwickeln Sie ein begründetes Zielkonzept aus Sicht der Mitarbeitervertretung für die nächsten fünf Jahre.

c Als Journalist einer Wirtschaftszeitschrift haben Sie die Betriebsversammlung verfolgt. Stellen Sie komplementäre, konkurrierende und indifferente Ziele der beiden Anspruchsgruppen als kurzen Zeitungsartikel dar.

2. ***Auch nicht kommerzielle Unternehmen verfolgen einen Teil der genannten Ziele, um ihren gemeinnützigen Zweck zu erreichen.***
Stellen Sie in einer übersichtlichen Form die genannten Ziele für kommerzielle und für nicht kommerzielle Unternehmen gegenüber.

Zusammenfassung

Kommerzielle und nicht kommerzielle Unternehmen		
kommerzielle Unternehmen	**nicht kommerzielle Unternehmen**	**Gemeinnützigkeit**
(auch: Profit-Unternehmen) Gewinnerzielungsabsicht, um den Inhabern einen möglichst hohen Ertrag (Profit) zu erwirtschaften (= erwerbswirtschaftlicher Zweck)	(auch: Non-Profit-Unternehmen) Keine primäre Gewinnerzielungsabsicht; mögliche Gewinne werden (i. d. R.) dem gemeinnützigem Zweck zugeführt.	Liegt vor, wenn das Unternehmen seine Tätigkeit für die Förderung materieller, geistiger oder sittlicher Gebiete für die Allgemeinheit durchführt.

Mögliche Zielsetzungen erwerbswirtschaftlicher Unternehmen

- **Wachstumsziele** (z. B. Steigerung des Absatzes, Erhöhung des Umsatzes, Erhöhung des Marktanteils, Erschließung neuer Märkte etc.)
- **Erfolgsziele** (z. B. Rentabilität steigern, Gewinnsteigerung, Kostensenkung etc.)
- **Finanzziele** (z. B. Sicherung und Steigerung der Liquidität, Verbesserung der Kreditwürdigkeit, Optimierung der Kapitalstruktur etc.)
- **Soziale Ziele** (z. B. Arbeitsplatzsicherung, Förderung der Mitarbeiter, Ausbau der sozialen Leistungen etc.)
- **Ökologische Ziele** (z. B. umweltverträgliche Produktion, geringe Schadstoffbelastungen, umweltgerechte Produkte, Recycling etc.)
- **Gesellschaftliche Ziele** (z. B. Verbesserung des Images, Corporate Identity, politische Macht etc.)

Auch nicht kommerzielle Unternehmen können einen Großteil der genannten Ziele verfolgen. Insbesondere im sozialen und ökologischen Bereich, aber auch Teilziele im Finanz-, Erfolgs- und Wachstumsbereich werden angestrebt, um den meist gemeinnützigen Zweck des Unternehmens zu erreichen.

3.4 Ein Unternehmensleitbild erarbeiten

Fußball in Bochum, aus Bochum und für Bochum

Der VfL Bochum ist bisher eine der großen Überraschungen in der Fußballbundesliga. Sieben Punkte aus vier Spieltagen bedeuten derzeit Platz zwei der Tabelle, direkt hinter dem Ersten FC Bayern München. In anderer Hinsicht ist der Club aus dem Revier sogar ganz vorne. Als erster Bundesligaverein haben sich die Bochumer ein Leitbild gegeben. Auf der Mitgliederversammlung vor knapp zwei Wochen wurde es erstmals der Öffentlichkeit vorgestellt. Darin bekräftigt der Verein unter anderem seine Identifikation mit der Stadt im Revier. „In Bochum, aus Bochum, für Bochum" heißt es in dem Papier.

„Das Leitbild hat eine interne und eine externe Dimension. Nach innen wollen wir die Identifikation der Mitarbeiter mit dem Club stärken und einen Orientierungsrahmen geben. Nach außen wollen wir natürlich darstellen, welche Identität wir als VfL Bochum haben", sagt Vorstand Ansgar Schwenken. Vor mehr als drei Jahren begannen die Vorbereitungen für das jetzt vorliegende Dokument. [...]

Insgesamt sind im Lauf der gut zweieinhalb Jahre mehr als 1.000 Fans, Sponsoren, Medienvertreter und Mitarbeiter zum VfL befragt worden. Auch einige Profis so wie der Trainer- und Betreuerstab haben sich den Fragen gestellt. „Wir haben dann in der schwierigen Phase zu Beginn der vergangenen Saison noch einmal im Stadion eine Befragung durchgeführt", sagt Schwenken. Damals sah es lange so aus, als steige der Club wieder einmal in die Zweite Liga ab.

Alle Ergebnisse flossen in die Formulierung des Leitbilds ein. Anfang des Jahres wurde eigens ein ehemaliger wissenschaftlicher Mitarbeiter der Universität Bochum eingestellt, der sich um das Projekt kümmerte. Zentral formuliertes Ziel ist „das Bestreben, sportlich und wirtschaftlich dauerhaft erstklassig zu sein". Dabei will der Club „unbeugsam, nah, professionell und mitreißend" auftreten und sich zugleich zu seiner sozialen Verantwortung bekennen.

[...]

Nötig wurde der Schritt zu einem eigenen Leitbild unter anderem, weil der Verein in den vergangenen zehn Jahren gerade auf der wirtschaftlichen Seite deutlich zugelegt habe, sagt Schwenken. Der Umsatz stieg von 14 auf jetzt 36 Millionen Euro. Die Mitarbeiterzahl hat sich in dieser Zeit verdreifacht.

„Was wir früher auf dem Flur mal kurz ansprechen konnten, haben wir jetzt verschriftlicht", sagt Schwenken. Damit deutet er an, dass das Leitbild nichts grundlegend Neues für den Club ist. Im Wesentlichen habe sich der VfL Bochum schon immer so verstanden.

Quelle: Welt, 9. September 2007, von Jürgen Bröker http://www.welt.de/wams_print/article1169600/Fussball_in_Bochum_aus_Bochum_und_fuer_Bochum.html, Stand 05.09.2016, gekürzt

Aufgaben

1. **Lesen Sie gegebenenfalls zunächst den methodischen Hinweis „Sachtexte analysieren" erneut durch.**

2. **Analysieren Sie den Text „Fußball in Bochum, aus Bochum und für Bochum" im Hinblick auf die folgenden Fragen.**
   a Aus welchen Gründen hat sich der VfL Bochum ein Leitbild erstellt?
   b Das Leitbild des VfL Bochum ist überschrieben mit „In Bochum, aus Bochum, für Bochum". Welche Aussage möchte der VfL Bochum damit treffen?

c *Welche Gruppen sollen durch das Leitbild des VfL Bochum angesprochen werden?*
d *Wie lange dauerte der Prozess der Erstellung des Leitbildes?*
e *Welche Gruppen wurden bei der Erstellung des Leitbildes beteiligt. Halten Sie diese Beteiligung bei der Erstellung eines Leitbildes für gerechtfertigt? Begründen Sie Ihre Meinung.*
f *Welche Ziele lassen sich aus dem Leitbild des VfL Bochum ableiten?*

Ein Leitbild bestimmt die strategische (langfristige) Zielvorgabe eines Unternehmens/Verbandes. Ein Unternehmensleitbild ist mehr als eine reine Zielformulierung. Häufig wird in diesem Zusammenhang der Begriff der Unternehmensphilosophie genutzt. Die Unternehmensphilosophie erfasst die Werte und Normen eines Unternehmens. Damit ist auch das Verhalten gegenüber Kunden und Kollegen erfasst, welches der Unternehmensphilosophie entsprechen soll. Die Unternehmensphilosophie ist eine Wunschkultur. Je stärker die Philosophie der gelebten Unternehmenskultur entspricht, desto positiver wirkt sich dies auf die Motivation und den Unternehmenserfolg aus.
Unternehmensziele und Unternehmensphilosophie werden häufig in den Unternehmensleitbildern formuliert. Das Leitbild bringt die angestrebte Identität eines Unternehmens zum Ausdruck. Damit wird auch dem Erscheinungsbild (Corporate Image) des Unternehmens gedient.
Unternehmensleitbilder sind auf das Unternehmen zugeschnitten. Daher existieren keine einheitlichen Leitbilder, sondern eine Vielzahl unterschiedlicher Ausprägungen. Ein Unternehmensleitbild sollte jedoch immer einige Mindestmerkmale beinhalten.

Mindestinhalte eines Unternehmensleitbildes:
- *Grundsätze zum Sinn und zum Zweck des Unternehmens*
- *Grundsätze zu den allgemeinen Geschäftsprinzipien des Unternehmens*
- *Vorgaben zum Umgang mit Kunden, Kapitalgebern, Mitarbeitern, Geschäftspartnern, Mitbewerbern etc.*

Beispiele:
- *Leitbild fact Fitness*

Fact und seine Philosophie
Unser Ziel ist es, Menschen durch eine professionelle Beratung und individuelle Betreuung zu regelmäßiger Bewegung zu motivieren. Gesundheit und Wohlbefinden stehen bei uns im Mittelpunkt. (...)

Das fact und sein Team
Im Umgang mit unseren Mitarbeitern sind wir fair und offen. Freundschaftliche und ehrliche Kommunikation ist die Basis unserer Zusammenarbeit. Durch laufende Weiterbildung fördern wir die berufliche Entwicklung unseres Teams.

Das fact und seine Mitglieder
(...) Wir verpflichten uns gegenüber allen Mitgliedern, mit unseren Angeboten auf dem neuesten Stand der Sportwissenschaft zu sein. Wir nehmen die Anliegen unserer Mitglieder ernst und unterstützen sie aktiv darin, ihre persönlichen Ziele zu erreichen.

Das fact und die Zukunft
Wir investieren heute und in Zukunft in vielseitige Angebote und neue Infrastrukturen. Wir arbeiten täglich daran, erfolgreich, vielseitig und attraktiv zu bleiben, sowohl für unsere Mitarbeitenden als auch für unsere Mitglieder. (...)

Quelle: http://www.fact-fitness.de/ueber-uns/leitbild.html, Stand 14.09.2016

– *Leitbild des VfL Bochum*

Wer wir sind

In Bochum, aus Bochum, für Bochum

Der VfL Bochum 1848 ist ein Bochumer Junge.

Tief im Westen bilden wir eine echte Gemeinschaft: Kurve, Mitglieder, Mitarbeiter, Spieler und Partner sind Fans. Wir Fans sind stolz, den VfL Bochum 1848 zu unterstützen, für ihn zu spielen und für ihn zu arbeiten. Durch leidenschaftlichen, ehrlichen und erlebnisreichen Fußball vermitteln wir Freude, Faszination und Begeisterung. Wir identifizieren uns mit den hier formulierten Zielen und Werten!

Unser Ziel

Unser Ehrgeiz und unbeugsamer Antrieb als Fans ist das Bestreben, sportlich und wirtschaftlich dauerhaft erstklassig zu sein.

Unsere Werte

Wir bekennen uns zu unserer regionalen Identität und unserer Tradition!
Bochumer sind unsere Fans und unsere Fans sind Bochumer. Denn Bochumer zu sein heißt, sich zum Ruhrpott und zu dessen Lebensgefühl zu bekennen: hart zu arbeiten, selbstbewusst zu sein und ehrlich miteinander umzugehen.
Mit diesem Lebensgefühl haben seit über 150 Jahren Anhänger und Mitglieder, Ehrenamtliche und Mitarbeiter, Spieler und Trainer, Partner und Revier am sympathischen Erscheinungsbild und der wirtschaftlichen Solidität mitgewirkt.
(...)
Wir lassen uns bei unseren Handlungen von unserer Historie und Herkunft leiten: Blau und Weiß sind unsere Farben, der Ruhrpott unsere Region, Bochum unsere Heimat, und die Castroper Straße unser Zuhause! (...)

PROFESSIONELL
Wir nehmen alle Herausforderungen an und wollen jedes Spiel gewinnen - dafür arbeiten wir hart und ehrlich.
Wir setzen uns sportliche und wirtschaftliche Ziele, die wir konsequent verfolgen und an denen wir uns messen lassen. (...)

NAH
Unser Stadion liegt im Herzen unserer Stadt. An der Castroper Straße sind wir leicht erreichbar, ist das Geschehen auf dem Platz zum Greifen und führt die räumliche Enge zu einer einmaligen, emotionalen Atmosphäre.
Unser Zuhause ist gleichzeitig Sinnbild unseres familiären Umgangs. (...)
Inmitten des Ruhrpotts bilden wir ein sympathisches Gegengewicht: selbstbewusst statt selbstgefällig, bodenständig statt abgehoben, anfassbar statt unberührbar.

UNBEUGSAM
(...) Gestern, heute und morgen: Wir trotzen selbstbewusst den Widrigkeiten, kämpfen gemeinsam gegen Rückschläge und bleiben auch bei Niederlagen fair! „Nicht unter kriegen lassen" ist unser Antrieb, „immer wieder aufstehen" unser Prinzip, „trotzdem" unser Motto!

MITREISSEND
Im Ruhrpott erkämpfen wir uns Erfolge traditionell gemeinsam – auch außerhalb des Fußballs. Daher verstehen wir uns als Mannschaft aus Fans, in der wir uns mit grenzenloser Leidenschaft unterstützen. Diese Leidenschaft ist unser Motor, immer alles für unseren VfL Bochum 1848 zu geben. (...)

SOZIALE VERANTWORTUNG
Wir verpflichten uns den Werten des Sports: Toleranz, Fairplay, Solidarität und Gleichheit leben wir vor. Unsere Gemeinschaft integriert Fans unterschiedlichster Herkunft, unabhängig religiöser Überzeugung und kultureller Wurzeln.
In Not geratenen Menschen leisten wir Unterstützung, fordern und fördern Zivilcourage und sprechen uns konsequent gegen jede Form von Diskriminierung aus. (...)

Quelle: http://www.vfl-bochum.de/kickit/upload/webseite/verein/Leitbild.pdf Stand 05.09.2016, gekürzt

Aufgaben

1. ***Lesen Sie zunächst die Leitbilder von fact Fitness und des VfL Bochum konzentriert durch.***
2. ***Was versteht man unter einem Unternehmensleitbild?***
3. ***Ein Unternehmensleitbild sollte einige Mindestinhalte berücksichtigen.***
   a *Nenne Sie die Mindestinhalte, die ein Unternehmensleitbild enthalten sollte.*
   b *Überprüfen Sie, ob das Leitbild von fact Fitness die Mindestinhalte eines Leitbildes enthält.*
   c *Überprüfen Sie, ob das Leitbild des VfL Bochum die Mindestinhalte eines Leitbildes enthält.*
   d *Mit welchem der beiden dargestellten Leitbilder können sich die Kunden (Fans) besser identifizieren? Begründen Sie Ihre Meinung.*
   e *Mit welchem der beiden dargestellten Leitbilder können sich die Mitarbeiter besser identifizieren? Begründen Sie Ihre Meinung.*
4. ***Überprüfen Sie in Ihrer Klasse, welche Ausbildungsbetriebe ein Unternehmensleitbild bzw. eine Unternehmensphilosophie formuliert haben. Stellen Sie die Unternehmensleitbilder kurz vor und beurteilen Sie diese.***

4 Branchentypische Rechtsformen im Sport- und Fitnessbereich vergleichen

Die Rechtsordnung der Bundesrepublik Deutschland kennt mehrere Unternehmensformen (Rechtsformen, Gesellschaftsformen) des privaten Rechts. Es liegt in der Regel in der Entscheidungsbefugnis des Gründers oder des Eigentümers, welche Unternehmensform er wählt. Mit dem Begriff „Unternehmensformen" wird die rechtliche Verfassung einer Unternehmung beschrieben. Häufig wird der exaktere Ausdruck „Rechtsform einer Unternehmung" verwendet.
Die Rechtsform ist im Wesentlichen von der Anzahl der Kapitalgeber und deren Haftung abhängig. Es werden die Einzelunternehmen und die Gesellschaften unterschieden. Einzelunternehmer werden durch einen Inhaber geleitet. Gesellschaften kennzeichnen sich dadurch aus, dass mehrere Personen, die Gesellschafter, als Eigentümer vorhanden sind.
Bei den Gesellschaftsformen sind die Personengesellschaften und die Kapitalgesellschaften zu unterscheiden:

Unterscheidung von Personen- und Kapitalgesellschaften	
Personengesellschaft	**Kapitalgesellschaft**
– Mindestens ein Gesellschafter haftet unbeschränkt, d. h. auch mit seinem Privatvermögen.	– Haftung lediglich mit dem Betriebsvermögen
– Die Geschäftsführung erfolgt i. d. R. durch die voll haftenden Gesellschafter.	– Die Geschäftsführung erfolgt durch Organe, z. B. den Vorstand einer Aktiengesellschaft.
– Es ist kein Mindestkapital bei der Gründung erforderlich.	– Ein Mindestkapital ist bei der Gründung i. d. R. erforderlich.
– Die Gesellschaften unterliegen der Einkommensteuer.	– Die Gesellschaften unterliegen der Körperschaftsteuer.

Beispiele:
- *Zu den Personengesellschaften gehören u. a. die Gesellschaft des bürgerlichen Rechts, die Offene Handelsgesellschaft und die Kommanditgesellschaft.*
- *Zu den Kapitalgesellschaften zählen die Gesellschaft mit beschränkter Haftung und die Aktiengesellschaft.*

Die Entscheidung für eine bestimmte Rechtsform fällt nicht nur bei der Gründung eines Unternehmens. Bei einer Veränderung wesentlicher persönlicher, wirtschaftlicher, rechtlicher oder steuerrechtlicher Faktoren kann auch ein Rechtsformwandel angestrebt oder notwendig werden. Die Überführung eines Unternehmens von einer Rechtsform in eine andere wird als Umwandlung bezeichnet.

Aufgaben

1. ***Erläutern Sie den grundlegenden Unterschied zwischen Einzelunternehmen und Unternehmensgesellschaften.***
2. ***Nennen Sie jeweils drei Beispiele für Einzelunternehmen bzw. Gesellschaften aus Ihrer Stadt/Ihrem Landkreis.***
3. ***Betrachten Sie nebenstehende Grafik:***

Berechnen Sie anschließend die absolute Anzahl der Rechtsformen in Deutschland:

a an Einzelunternehmen,
b an Kapitalgesellschaften,
c an Gesellschaften mit beschränkter Haftung,
d an Aktiengesellschaften.

Die Rechtsformen von Unternehmen unterscheiden sich im Wesentlichen in der Anzahl der Kapitalgeber und deren Haftung. Um einen ersten Überblick über die Rechtsformen zu erhalten, bietet es sich an, einige Fragen zu beantworten.

Vergleichskriterien der Rechtsformen

Wie wird das Unternehmen gegründet?
- Ist eine Mindestanzahl von Gründern vorgeschrieben?
- Müssen gesetzliche Formvorschriften beachtet werden?

Wer finanziert das Unternehmen?
- Wer bringt welches Kapital in das Unternehmen?
- Muss ein Mindestkapital erbracht werden?

Wer haftet für das Unternehmen?
- An wen kann sich ein Gläubiger wenden, um seine Forderungen zu befriedigen?
- Mit welchem (betrieblichen und / / oder privaten) Kapital wird gehaftet?

Wer führt die Geschäfte des Unternehmens?
- Kann die Geschäftsführung im Innenverhältnis eingeschränkt werden?
- Ist ein Gesellschafter von der Geschäftsführung von vornherein ausgeschlossen?

Wer vertritt das Unternehmen gegenüber Dritten?
- Welche Personen haben die Befugnis, Verträge mit z. B. Banken, Lieferanten etc. zu schließen?

Wie wird ein Gewinn verteilt?
- Wer erhält wie viel von einem erzielten Gewinn?

Wer trägt einen Verlust?
- Wer muss in welcher Höhe für einen Verlust des Unternehmens einstehen?

In der Sport- und Fitnessbranche sind die nachfolgend aufgeführten Rechtsformen häufig vertreten, andere Rechtsformen eher vereinzelt bis gar nicht. So sind innerhalb der knapp 6.000 Sport- und Fitnessanlagen (Stand 2007) Einzelunternehmen, Gesellschaften mit beschränkter Haftung und Gesellschaften des bürgerlichen Rechts oft zufinden. Auch die eingetragenen Vereine bieten immer öfter Sport und Fitness an:

Rechtsformen in der Fitnessbranche

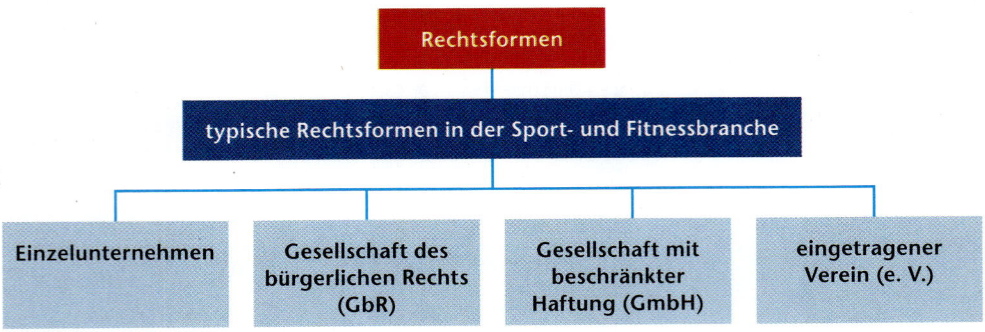

Offene Handelsgesellschaften, Partnergesellschaften, Kommanditgesellschaften und Aktiengesellschaften hingegen sind in der betrachteten Branche eher selten.

4.1 Das Einzelunternehmen analysieren

Der Inhaber eines Einzelunternehmens leitet seinen Betrieb in eigener Verantwortung und auf eigenes Risiko. Diese Rechtsform ist typisch für Kleinbetriebe.

Fitness heute

Oktober / Ausgabe 10, fiktiv

Fit in die Selbstständigkeit Teil 3 – Einzelunternehmer gleich Einzelgänger?

In den ersten Teilen unserer Serie „Fit in die Selbstständigkeit" haben wir uns mit den grundlegenden rechtlichen Voraussetzungen der Gründung einer Sport- und Fitnessanlage beschäftigt (Gewerbefreiheit, Anmeldung, Kaufmannseigenschaften, Firma und Handelsregistereintragung). Wir haben ebenso die Notwendigkeit eines geeigneten Standortes betrachtet, als auch die persönlichen und fachlichen Qualifikationen des Gründers erörtert.

Vielfach werden Fitnessanlagen durch eine Person allein gegründet, es handelt sich dann um ein Einzelunternehmen. Bei der Gründung sind keine Formvorschriften zu beachten. Lediglich die Anmeldung des Gewerbes bei den zuständigen Ämtern und Behörden ist durchzuführen.

Der Inhaber muss für alle Verbindlichkeiten seines Unternehmens (Lieferantenschulden, Löhne etc.) haften. Dabei bezieht sich die Haftung auf das Betriebsvermögen und das Privatvermögen des Unternehmers (unbeschränkte Haftung). Jeder Existenzgründer, der ein Einzelunternehmen führen möchte, sollte sich darüber im Klaren sein, dass im Insolvenzfall auch sein Privatvermögen zur Begleichung der Schulden herangezogen wird.

Sollten Sie unsere Serie „Fit in die Selbstständigkeit" aufmerksam verfolgen, wollen wir natürlich zu diesem Zeitpunkt nicht über Insolvenzen sprechen. Die positive Nachricht für alle Einzelunternehmer: Ein Gewinn steht Ihnen ganz alleine zu! Für Ihren privaten Lebensunterhalt können Sie jederzeit Geld- oder Sachwerte aus dem Betriebsvermögen entnehmen (Privatentnahmen).

Doch lassen Sie uns nicht zu weit vorausschauen. Bevor Sie mit Ihrer Sport- und Fitnessanlage die ersten Gewinne erzielen, muss zunächst die Gründung finanziert werden. Ein Mindestkapital ist für ein Einzelunternehmen nicht vorgeschrieben. Das Kapital kann in Form von Geld, Sachwerten (z. B. Gebäude, Fitnessgeräte, Autos) oder Rechten (z. B. Lizenzen) aufgebracht werden. Der Einzelunternehmer kann und muss frei entscheiden, welche Kapitalhöhe für sein Unternehmen notwendig ist. Ob zusätzlich zur Kapitaleinlage Kredite gewährt werden, hängt entscheidend von der finanziellen Situation des Unternehmers ab. Die Kreditinstitute gewähren einen Kredit nur dann, wenn ausreichend Sicherheiten vorhanden sind.

Ein Einzelunternehmer darf und muss alle betrieblichen Entscheidungen allein treffen. Er trägt somit das volle unternehmerische Risiko. Die

Entscheidungsbefugnis bezieht sich sowohl auf die Geschäftsführung als auch auf die Vertretung. Die Geschäftsführung umfasst alle innerbetrieblichen Tätigkeiten, beispielsweise die Erstellung von Organisationsplänen, Arbeitsaufträge erteilen, Mitarbeiter befördern, Pausenzeiten festlegen etc. Von Vertretung spricht der Jurist bei Rechtsbeziehungen zu Dritten (Lieferanten, Banken, Kunden etc.). Geschäftsführung und Vertretungsvollmacht können teilweise vom Inhaber an seine Mitarbeiter weitergegeben werden.

Ein Einzelunternehmer sollte also kein Einzelgänger sein. Die Kommunikation mit Kunden, Mitarbeitern, Lieferanten, Banken usw. ist wesentlicher Bestandteil eines unternehmerischen Erfolgsrezepts. (rr)

Methodische Hinweise – Sachtexte analysieren

In der Sport- und Fitnessbranche verändern sich die Rahmenbedingungen für die Unternehmen ständig. Trendsportarten entstehen, neue Fitnessgeräte kommen auf den Markt, neue medizinische Erkenntnisse müssen berücksichtigt werden etc. Es ist daher von besonderer Bedeutung, Sachtexte beispielsweise in Fachzeitschriften, im Internet oder in Büchern zu lesen und zu analysieren.

Die folgenden Schritte bieten eine Hilfestellung für die Analyse von Sachtexten.

1. Schritt – Fragestellung bzw. Ziel des Lesens klären

Klären Sie als Erstes, mit welchem Ziel Sie den Text überhaupt lesen wollen.

a) Wollen Sie erfahren, welcher Sachinhalt allgemein im Text enthalten ist?
b) Wollen Sie etwas über ein bestimmtes Ereignis erfahren? Dabei helfen Ihnen die Fragen: Wer hat was gemacht? Wann und wo wurde dies gemacht? Wie und warum wurde es gemacht?
c) Wollen Sie etwas über ein bestimmtes Problem, dessen Ursache/-n und Lösungsmöglichkeit/-en erfahren?
d) Wollen Sie etwas über ein bestimmtes Produkt/eine Dienstleistung erfahren?
e) Brauchen Sie eine Lösung für ein bestimmtes Problem bzw. eine Anleitung für etwas (bspw. Gebrauchsanleitung)?
f) Brauchen Sie eine Entscheidungsgrundlage bzw. muss eine rechtliche Situation geklärt werden (bspw. Gesetzestexte). Hier kann es eventuell notwendig sein, dass Sie aufgrund der komplizierten Formulierungen Zusatzinformationen bzw. Erläuterungen brauchen (häufig in Fachbibliotheken oder meist kostenpflichtig im Internet erhältlich).
g) Wollen Sie erfahren, was ein Autor bzw. eine Autorin zu einem bestimmten Thema denkt?
h) Wollen Sie etwas über den Autor bzw. die Autorin des Textes erfahren?

2. Schritt – Überblick verschaffen

Verschaffen Sie sich zunächst einen Überblick über den ausgewählten Text. Klären Sie dabei die folgenden Fragen:

a) Wer ist der Autor bzw. die Autorin? Was wissen Sie bereits über diese/n?
b) Wo ist der Text erschienen (Quelle)? Was wissen Sie über diese Zeitung/Zeitschrift usw.?

c) Wann ist der Text erschienen? Was wissen Sie über diese Zeit (besonders interessant bei älteren Texten)?
d) Welche Überschrift (und ggf. Unterüberschrift) hat der Text? Gibt die Überschrift schon einen Hinweis auf den Inhalt bzw. das Thema. Was wissen Sie bereits über das Thema?
e) Lesen Sie den betreffenden Text nun zügig/schnell durch. Markieren Sie unbekannte Wörter und fremde Begriffe (bspw. Fachbegriffe) mit einem Textmarker.
f) Schlagen Sie nun die Fremdwörter sowie die fremden Begriffe nach und notieren Sie die Bedeutung dieser Fremdwörter und fremden Begriffe neben oder unter dem Text, ggf. auf einem gesonderten Blatt.

3. Schritt – gründliches Lesen und Text verstehen

a) Lesen Sie den Text nun gründlich Satz für Satz. Denken Sie noch einmal an Ihr Leseziel / Ihre Fragestellung – siehe 1.
b) Achten Sie beim Lesen besonders auch auf Besonderheiten bzw. Hinweise des Autors (Zwischenüberschriften oder **fett** gedruckte Wörter, kursiv Geschriebenes, Bilder, Tabellen, Diagramme usw.).
c) Markieren Sie die wichtigsten Begriffe und Aussagen mit einem Textmarker (andere Farbe als für die Fremdwörter).
d) Fragen Sie sich nach jedem Absatz, ob Sie den Inhalt verstanden haben. Wenn nein, dann lesen Sie den Absatz noch einmal. Wenn ja, dann schreiben Sie neben den Absatz eine kurze Zusammenfassung in zwei bis drei eigenen Worten.

4. Schritt – verwertbare Informationen festhalten und den Inhalt zusammenfassen

a) Notieren Sie sich die Informationen, die Sie unter 2. a–d schon zusammengetragen haben (Autor, Quelle, Datum, Überschrift).
b) Notieren Sie alle eigenen Kurzzusammenfassungen, die Sie neben die Absätze geschrieben haben, untereinander.
c) Halten Sie noch weitere Informationen, die noch nicht notiert sind, die aber zur Bearbeitung Ihrer Aufgabenstellung von Bedeutung sein könnten, mit eigenen Worten auf übersichtliche Art und Weise fest.
d) Notieren Sie sich jetzt die konkrete Antwort auf Ihre Fragestellung.
e) Wenn Sie beauftragt worden sind, für andere (Vorgesetzte, Kollegen ...) eine bestimmte Fragestellung mithilfe des Sachtextes zu beantworten, dann sollten Sie für diese eine kurze Inhaltsangabe verfassen.

Hierbei gibt es einige formale Anforderungen zu beachten. Beachten Sie deshalb die folgenden Hinweise:

- Schreiben Sie einen Einleitungssatz, in dem Sie die Überschrift des Textes, den Autor/die Autorin, die Quelle, das Erscheinungsdatum sowie den wichtigsten Inhalt als Vorinformation ganz kurz zusammenfassen.
- Fassen Sie danach den wesentlichen Inhalt des gesamten Textes in wenigen Sätzen zusammen (Leseziel beachten!).
- Schreiben Sie in eigenen Worten in der Zeitform Präsens/Gegenwart kurze, leicht verständliche Sätze in einem sachlichen Stil. Wandeln Sie dabei ggf. die direkte Rede in indirekte Rede (Konjunktiv) um.

Beispiel:
Übertragung der direkten Rede in indirekte Rede:
Direkte Rede: Der Vorstand versichert soeben: *„Wir sind mit dem Stand der Tarifgespräche zufrieden."*
Indirekte Rede: Der Vorstand versichert soeben, *er sei mit dem Stand der Tarifgespräche zufrieden.*

Aufgaben

1. ***Lesen Sie zunächst die methodischen Hinweise „Sachtexte analysieren".***
2. ***Lesen Sie den Zeitungsartikel aus „Fitness heute" aufmerksam durch. Beantworten Sie dazu die Fragen „Vergleichskriterien der Rechtsformen". Stellen Sie Ihre Ergebnisse auf einer DIN-A4-Seite übersichtlich dar.***
3. ***Zitat aus „Fitness heute", Ausgabe 10, Artikel „Fit in die Selbstständigkeit Teil 3 – Einzelunternehmer oder Einzelgänger": „Das Kapital kann in Form von Geld, Sachwerten oder Rechten aufgebracht werden."***
   Überprüfen Sie für folgende Fälle, welche Form(en) der Kapitaleinlage vorliegt/vorliegen.
   a Herbert Meis will einen Copyshop eröffnen. Durch einen Lotteriegewinn besitzt er 20.000,00 €, die er als Kapital in sein Unternehmen einbringen will.
   b Brigitta Wirt möchte ein Taxiunternehmen gründen. Ihren Privatwagen, einen Audi im Wert von 22.000,00 €, wird sie künftig als Firmenwagen nutzen.
   c Manfred Sauer ist Softwareentwickler. Er besitzt mehrere Lizenzen für Bürosoftware im Gesamtwert von 10.000,00 €. Diese wird er in sein neues Unternehmen einbringen.
   d Herr Hebel finanziert seine Kfz-Werkstatt mit 100.000,00 € Eigenkapital, seinem Grundstück im Wert von 150.000,00 € und seiner Garage im Wert von 40.000,00 €.
   e Lars Petersen finanziert ein Sport- und Fitnessstudio mit 40.000,00 € Eigenkapital. Die Restfinanzierung wird über Kredite und Gründungszuschüsse mithilfe seiner Hausbank erbracht.
4. ***Karl Käfer betreibt als Einzelunternehmer einen Einzelhandel in Lübeck. Sein Betrieb führt ein tiefes Sortiment an Marzipan. Prüfen Sie für folgende Sachverhalte, ob es sich um die Geschäftsführung oder um die Vertretung handelt. Begründen Sie Ihre Antwort.***
   a Herr Käfer nimmt für seinen Betrieb einen Kredit in Höhe von 5.000,00 € auf.
   b Herr Käfer verkauft ein Holstentor aus Marzipan für 150,00 € an eine Kundin.
   c Herr Käfer weist seine Verkäuferin an, während der Geschäftszeiten eine rote Weste zu tragen.
   d Herr Käfer entnimmt dem Firmenkonto 3.000,00 € für eine private Reise.
   e Herr Käfer erteilt seiner Verkäuferin die Vollmacht, alle gewöhnlichen Verkäufe selbstständig durchzuführen.
5. ***Überprüfen Sie, ob es sich bei den folgenden Sachverhalten um die Gründung, die Haftung, die Gewinnverwendung, die Geschäftsführung oder die Vertretung handelt. Mehrfachnennungen sind möglich. Begründen Sie Ihre Antwort.***
   a Lars Petersen meldet ein Sport- und Fitnessstudio als Einzelunternehmen beim Gewerbeamt an.
   b Herr Hebel bestellt für seine Kfz-Werkstatt bei einem Lieferanten einen Satz Sommerreifen.
   c Lars Petersen bestellt für sein Sport- und Fitnessstudio bei einem Lieferanten drei Laufbänder.
   d Herr Petersen beauftragt eine Mitarbeiterin, die Laufbänder am vorgesehenen Platz aufzustellen.
   e Lars Petersen tilgt einen Existenzgründungskredit bei seiner Hausbank.

f Lars Petersen nimmt eine Kiste Mineralwasser aus seinem Sport- und Fitnessstudio mit in seine Privatwohnung.

g Lars Petersen beauftragt eine freiberufliche Aerobic-Trainerin. Sie leitet einmal pro Woche einen Kurs speziell für Männer. Die Trainerin wird bar bezahlt. Der Trainingsraum wird anschließend von einer Mitarbeiterin gereinigt.

h Brigitta Wirt, Taxiunternehmerin, nutzt einen Firmenwagen, um in den Urlaub nach Italien zu fahren.

i Der Kfz-Meister Herr Hebel eröffnet auf seinem Privatgrundstück eine Reparaturwerkstatt.

j Zu Beginn ist die Auftragslage bei Herrn Hebel noch nicht so gut. Um seinen Gesellen bezahlen zu können, muss er deshalb 2.900,00 € von seinem Privatkonto nehmen.

k Herr Hebel nimmt 500,00 € aus der Kasse. Er beauftragt seinen Gesellen, dafür bei einem Lieferanten Motoröl zu bestellen.

4.2 Die Gesellschaft des bürgerlichen Rechts erörtern

Die Gesellschaft des bürgerlichen Rechts zählt zu den Personengesellschaften. Bei Personengesellschaften vereinbaren mindestens zwei Unternehmer die Erreichung eines gemeinsamen Zweckes. Das Kapital wird dabei von allen beteiligten Gesellschaftern aufgebracht. Mindestens einer der Gesellschafter haftet mit seinem Gesamtvermögen.
Schließen sich zwei oder mehrere Personen zur Erreichung eines gemeinsamen Zwecks zusammen, so handelt es sich um ein Gesellschaftsunternehmen. Die Gründe für einen solchen wirtschaftlichen Zusammenschluss sind mannigfaltig. So sind Kapitalerhöhung, Verteilung des Risikos, Arbeitsteilung, Erhöhung der Kreditwürdigkeit oder persönliche Gründe (Alter, Erbfall) nur einige mögliche Ursachen.

Personengesellschaften

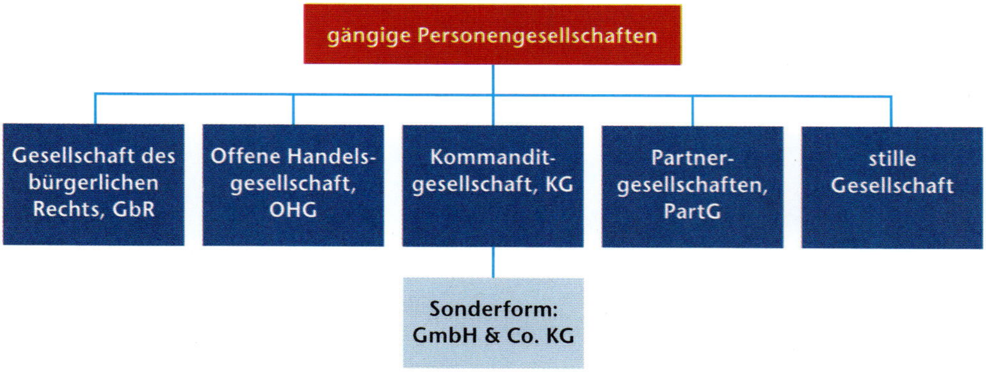

Die Gesellschaft des bürgerlichen Rechts (auch: BGB-Gesellschaft, Gelegenheitsgesellschaft) ist ein Zusammenschluss mehrerer Personen, die ein bestimmtes Ziel erreichen wollen (§ 705 BGB). Die GbR ist die ursprüngliche Form aller Personengesellschaften. Die Regelungen des Bürgerlichen Gesetzbuches greifen sowohl im Wirtschaftsleben als auch im privaten Bereich.

Bürgerliches Gesetzbuch (BGB)

§ 705 Inhalt des Gesellschaftsvertrages

Durch den Gesellschaftsvertrag verpflichten sich die Gesellschafter gegenseitig, die Erreichung eines gemeinsamen Zweckes in der durch den Vertrag bestimmten Weise zu fördern, insbesondere die vereinbarten Beiträge zu leisten.

BGB-Gesellschaften der Privatpersonen

Wohl alle Personen sind oder waren schon an einer GbR beteiligt, auch wenn die Betreffenden davon gar nichts wussten.

Beispiel:
Fahrgemeinschaften, Kegelklubs oder Lotto-Tippgemeinschaften sind Gesellschaften des bürgerlichen Rechts.

BGB-Gesellschaften von Kaufleuten

Im wirtschaftlichen Bereich ist die GbR weit verbreitet, wenn mehrere Unternehmen gemeinsam einen großen Auftrag durchführen.

Beispiel:
Mehrere Handwerksunternehmen gründen eine GbR, um einen großen Bauauftrag durchzuführen, diverse Banken bilden ein Konsortium für die Neuemission von Aktien eines Großunternehmens.

BGB-Gesellschaften von Freiberuflern

Auch im Bereich der freiberuflichen Tätigkeiten sind Gesellschaften des bürgerlichen Rechts sehr häufig.

Beispiel:
Mehrere Ärzte führen eine Gemeinschaftspraxis. Zwei Anwälte führen zusammen eine Anwaltssozietät.

Wie wird eine GbR gegründet?

Für die Gründung einer GbR ist kein Mindestkapital vorgeschrieben. Es gibt keine Formvorschrift, die BGB-Gesellschaft kann also auch mündlich oder stillschweigend gegründet werden. Es ist jedoch im Wirtschaftsleben vorteilhaft, einen schriftlichen Gesellschaftervertrag abzuschließen, der zumindest die Höhe der Einlagen, die Geschäftsführung und die Gewinnverteilung regelt.

Wer finanziert die GbR?

Soweit in einem Gesellschaftervertrag keine anderen Vereinbarungen getroffen werden, gelten die Vorschriften des BGB. Die Gesellschafter haben gleiche Kapitaleinlagen zu erbringen (§ 706 BGB).

Wer haftet für die GbR?

Jeder Gesellschafter haftet für die Verbindlichkeiten der GbR. Die Haftung erstreckt sich sowohl auf das Gesellschaftsvermögen als auch auf das Privatvermögen.

Beispiel:
Fünf Nachbarn bestellen gemeinsam Heizöl, um einen Mengenrabatt zu erhalten. Zahlt einer der Nachbarn nicht, so haften die vier anderen für dessen Schulden.

Schließt ein Gesellschafter einen Vertrag, ohne die notwendige Zustimmung der anderen Gesellschafter einzuholen, so haftet er auch allein für die eingegangene Verpflichtung (siehe unten, Vertretung der GbR).

Wer führt die Geschäfte der GbR?
Nach § 709 BGB sind *alle Gesellschafter gemeinsam* zur Geschäftsführung berechtigt und verpflichtet. Auch dies gilt nur, wenn im Gesellschaftervertrag keine anderen Vereinbarungen getroffen wurden. Jeder Gesellschafter kann nach bürgerlich-rechtlicher Regelung nur mit Zustimmung *aller* Mitgesellschafter Entscheidungen treffen.

Beispiel:
Ob in einer Fahrgemeinschaft die Frau des Fahrers einmalig zur Arbeit gefahren wird kann nicht der Fahrer entscheiden, sondern alle Mitglieder müssen dem zustimmen.

Wer vertritt die GbR gegenüber Dritten?
Eine BGB-Gesellschaft, die eine Etablissementbezeichnung (Geschäftsbezeichnung) führt und damit am Wirtschaftsleben teilnimmt, ist eine quasijuristische Person, deshalb können Rechtsgeschäfte für das Unternehmen abgeschlossen werden[1]. Jeder Vertrag kann auch mit den Gesellschaftern eingegangen werden.

Beispiel:
Lars Petersen und Martina Odry betreiben zusammen das Fitnessstudio „Step-Fun-Well GbR". Das Studio nimmt am allgemeinen Wirtschaftsleben gewerblich teil. Es können Verträge sowohl mit dem Studio abgeschlossen werden als auch mit den natürlichen Personen Herrn Petersen und Frau Odry.

Liegt kein abweichender Gesellschaftsvertrag vor, so haben alle Gesellschafter gemeinsam Vertretungsmacht (§ 714 BGB). Das bedeutet, dass jedes Rechtsgeschäft durch alle Gesellschafter abgeschlossen werden muss, oder es müssen für jedes einzelne Rechtsgeschäft Spezialvollmachten vorliegen.

Beispiel:
Soll ein neues Sportgerät für das Fitnessstudio gekauft werden, müssen Herr Petersen und Frau Odry beide zustimmen. Erteilt Frau Odry ihrem Partner die Vollmacht, ein Sportgerät zu kaufen, so kann Herr Petersen den Kaufvertrag auch allein abschließen.

Schließt ein Gesellschafter einen Vertrag, ohne die notwendige Zustimmung der anderen Gesellschafter einzuholen, so haftet er auch allein für die eingegangene Verpflichtung (§ 179 BGB).

---

[1] *Eine genauere juristische Darstellung würde hier zu weit führen. Der Bundesgerichtshof (BGH) geht in einem Urteil davon aus, dass grundsätzlich von der Rechtsfähigkeit der BGB-Gesellschaft auszugehen ist, solange nicht eine Rechtsvorschrift ein bestimmtes Recht ausschließt. Die Folgen aus dem Urteil werden unter Juristen seit Jahren heftig diskutiert.*

Beispiel:

Bestellt Herr Petersen – ohne Wissen von Frau Odry – ein Sportgerät für 20.000,00 €, haftet er im Innenverhältnis persönlich dafür. Frau Odry kann zur Begleichung der Verbindlichkeiten herangezogen werden. Der Verkäufer des Sportgerätes kann sich darauf berufen, dass Frau Odry Gesellschafterin der GbR ist, da ja die GbR wie eine juristische Person anzusehen ist.

Wie wird der Gewinn einer GbR verteilt?

Jeder Gesellschafter hat Anspruch auf den gleichen Anteil am Gewinn, unabhängig von der Höhe seiner Einlage (§ 722 BGB). Durch einen Gesellschaftervertrag können andere Gewinnverteilungen vereinbart werden.

Wer trägt einen Verlust einer GbR?

Jeder Gesellschafter trägt – unabhängig von der Höhe seiner Einlage – den gleichen Anteil am Verlust (§ 722 BGB). Andere Bestimmungen eines Gesellschaftervertrages haben Vorrang vor den Regelungen des BGB.

Zur Beendigung einer GbR führen unter anderem folgende im BGB genannten Gründe:

Bürgerliches Gesetzbuch (BGB)

§ 723 Kündigung durch Gesellschafter

Ist die Gesellschaft nicht für eine bestimmte Zeit eingegangen, so kann jeder Gesellschafter sie jederzeit kündigen. [...]

(Hinweis: Wird die Gesellschaft gekündigt, dann geht sie in eine Auflösungsgesellschaft über. Das bedeutet, dass ihr Zweck nicht mehr der vereinbarte Gesellschaftszweck (§ 705 BGB) ist, sondern ihre Auflösung).

§ 726 Auflösung wegen Erreichens oder Unmöglichwerdens des Zweckes

Die Gesellschaft endigt, wenn der vereinbarte Zweck erreicht oder dessen Erreichung unmöglich geworden ist.

§ 727 Auflösung durch Tod eines Gesellschafters

(1) Die Gesellschaft wird durch den Tod eines der Gesellschafter aufgelöst, sofern nicht aus dem Gesellschaftsvertrag sich ein anderes ergibt.

Aufgaben

1. ***Nennen Sie drei GbRs, an denen Sie beteiligt waren/beteiligt sind. Begründen Sie kurz, warum es sich bei Ihren Beispielen um eine BGB-Gesellschaft handelt.***

2. ***Die Beendigung (Auflösung) einer BGB-Gesellschaft ist im Bürgerlichen Gesetzbuch geregelt. Beschreiben Sie am Beispiel einer Lotto-Tippgemeinschaft die Auflösungsgründe der §§ 723, 726 und 727 BGB. Die Tippgemeinschaft besteht aus fünf Mitarbeitern eines Unternehmens.***

3. ***Wie ist die Geschäftsführung und Vertretung in einer BGB-Gesellschaft geregelt?***

4. *Um sein Sortiment (bisher Marzipan) zu verbreitern, gründet Herr Käfer eine GbR mit Frau Schmidtke. Als Einzelunternehmer hat Herr Käfer bisher 30.000,00 € eigenes Kapital in sein Unternehmen eingebracht.*
Frau Schmidtke verkauft Süßigkeiten aller Art. Der Verkauf erfolgt zukünftig gemeinsam in den Verkaufsräumen des Herrn Käfer. Einen – über die gesetzlichen Vorschriften hinausgehenden – Gesellschaftervertrag schließen die beiden nicht ab.

a Wie viel Kapital muss Frau Schmidtke in die GbR einbringen? Begründen Sie Ihre Antwort.
b In welcher Form kann Frau Schmidtke das notwendige Kapital in die BGB-Gesellschaft einbringen? Nennen Sie auch konkrete Beispiele.
c Die GbR erzielt einen Gewinn von 80.000,00 €. Davon wurden 60.000,00 € durch den Verkauf des Marzipans erwirtschaftet. Wie ist der Gewinn zu verteilen?
d Herr Käfer kauft – ohne Wissen der Frau Schmidtke – für den Betrieb eine neue Registrierkasse für 3.450,00 €. Wer haftet im Ernstfall für die Verbindlichkeit?
e Die BGB-Gesellschaft erzielt einen Verlust. Obwohl durch den Verkauf der Süßigkeiten noch ein Gewinn in Höhe von 10.000,00 € erreicht wurde, konnte der Verlust von 30.000,00 € im Marzipanverkauf nicht aufgefangen werden. Wer muss den Verlust in welcher Höhe tragen?

5. *Heike Seibold und Birgit Franzen planen, in Hamburg eine Sport- und Fitnessanlage mit großzügigem Wellnessbereich für Frauen zu eröffnen. Im Gesellschaftsvertrag der „Ladys FitAndWell GbR" wird vereinbart, dass Frau Seibold 60.000,00 € Kapital aufbringt, Frau Franzen 24.000,00 €.*

a Im Gesellschaftsvertrag ist vereinbart, dass jede Gesellschafterin vom Gewinn zunächst 8 % erhält, die sogenannte Vordividende. Der Restgewinn soll im Verhältnis der Einlagen verteilt werden. Die Gewinne werden ausgezahlt. Berechnen Sie die Gewinnanteile der Damen, wenn 50.000,00 € Überschuss zu verteilen sind.
b Gemäß Gesellschaftsvertrag wird ein Verlust zu 60 % von Frau Seibold getragen, der Rest von Birgit Franzen. Der jeweilige Verlustanteil wird vom Kapitalkonto der Gesellschafterin entnommen. Berechnen Sie den Kontostand der Kapitalkonten bei einem Verlust von 12.000,00 €.
c Eine weitere Vereinbarung des Gesellschaftervertrages sieht vor, dass von einem Gewinn zunächst die Kapitalkonten auf die ursprünglich vereinbarten Beträge aufgestockt werden. Berechnen Sie unter Berücksichtigung der Aufgaben 5 a) und 4 b) die Gewinnanteile von Heike Seibold und Birgit Franzen. Im Abschlussjahr beträgt der Gewinn 20.000,00 €.

6. *Sie beabsichtigen, nach der Ausbildung ein Unternehmen in der Sport- und Fitnessbranche zu gründen. Zusammen mit zwei bis drei vertrauensvollen Gesellschaftern wollen Sie dazu eine GbR gründen.*
Im Internet werden kostenfrei einige Gesellschaftsverträge für die GbR als Muster angeboten. Recherchieren Sie in Kleingruppen (höchstens vier Personen) nach geeigneten Musterverträgen.
Formulieren Sie anschließend in Ihrer Gruppe einen Mustervertrag für Ihre BGB-Gesellschaft. Beachten Sie dabei auch die für Ihr Unternehmen wichtigen Aspekte des Handouts „Was gehört in einen GbR-Gesellschaftervertrag?" (vgl. oben)

4.3 Die Gesellschaft mit beschränkter Haftung erklären

Die Gesellschaft mit beschränkter Haftung (GmbH) ist eine juristische Person, deren Gesellschafter nicht persönlich haften. Die GmbH ist eine beliebte Kapitalgesellschaft, da sie relativ einfach gegründet werden kann. Die GmbH ist immer dann die bevorzugte Unternehmensform, wenn eine Person – oder eine überschaubare Gruppe von Personen – ein Unternehmen betreiben will, ohne mit seinem Privatvermögen zu haften.

4.3.1 Die Gründung der GmbH

Die wesentlichen Merkmale für die Gründung einer GmbH sind relativ schnell dargestellt:

- Die Gründung erfolgt durch eine oder mehrere Personen.
- Der Gesellschaftsvertrag muss folgende Mindestinhalte aufweisen:
  Sitz und Zweck des Unternehmens, Firma der GmbH, Höhe des Stammkapitals (mindestens 25.000,00 €) und Stammeinlage (Beteiligung am Stammkapital) jedes Gesellschafters.
- Ein Gesellschaftsvertrag (Satzung) bedarf der notariellen Beurkundung.
- Das Unternehmen muss im Handelsregister eingetragen werden.

Durch die Eintragung in das Handelsregister Abteilung B entsteht die GmbH. Vor der Eintragung und vor der Ausstellung einer sogenannten Gründungsurkunde besteht zwischen den Gesellschaftern eine Gesellschaft des bürgerlichen Rechts. Die Gesellschafter haften bis zur Eintragung ins Handelsregister persönlich und solidarisch.

Beispiel:
Heike Seibold und Birgit Franzen planen, in Hamburg eine Sport- und Fitnessanlage mit großzügigem Wellnessbereich für Frauen zu eröffnen. Das Unternehmen soll in Form einer GmbH geführt werden.
Geeignete Räumlichkeiten sind bereits gefunden. Ein Vorvertrag für die Pacht der Räume wurde mit dem Vermieter abgeschlossen. Bei einem eventuellen Rücktritt vom Vertrag wäre eine Konventionalstrafe in Höhe von zwei Monatspachten zu bezahlen. Frau Seibold und Frau Franzen haften bis zur Gründung der GmbH auch mit ihrem Privatvermögen.

Sobald der Gesellschaftsvertrag durch alle Gesellschafter erarbeitet worden ist, kann dieser durch einen Notar beurkundet werden. Der Notar erstellt nach der Beurkundung eine sogenannte Gründungsurkunde. Aus der vormaligen GbR wird dadurch eine Vor-GmbH, die GmbH in Gründung (GmbH i. G.). Die GmbH i. G. ist teilrechtsfähig[1], kann also schon Verträge abschließen.
Nach der Eintragung in das Handelsregister ist die GmbH voll rechtsfähig. Die Firma muss die Bezeichnung Gesellschaft mit beschränkter Haftung (GmbH) enthalten.

---

1 *Eine genauere juristische Darstellung würde hier zu weit führen.*

Beispiel:
Heike Seibold und Birgit Franzen planen, in Hamburg eine Sport- und Fitnessanlage mit großzügigem Wellnessbereich für Frauen zu eröffnen. Der Gesellschaftsvertrag der „Ladys FitAndWell GmbH" wurde am 2. Mai 20.. notariell beurkundet. Das Unternehmen ist vier Wochen später im Handelsregister eingetragen und somit voll rechtsfähig.

Die größten Fitnessketten in Deutschland sind GmbHs

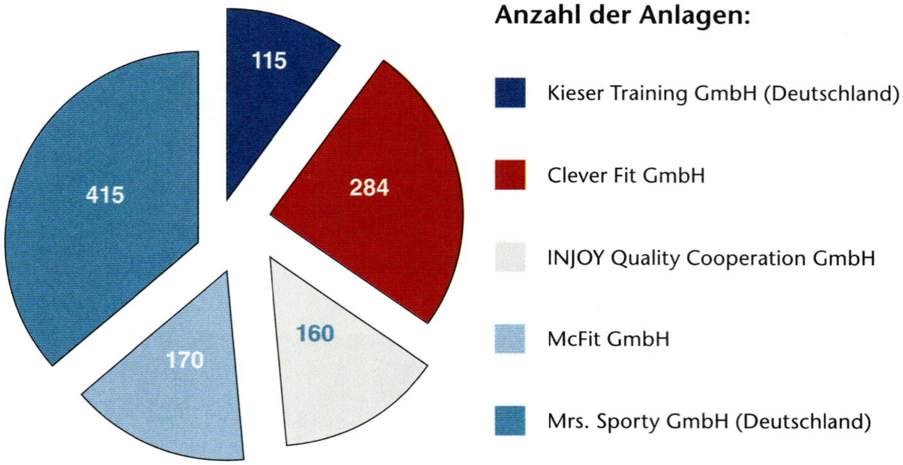

Quelle: selbst erstellte Grafik unter Bezugnahme der Daten des DSSV, Stand September 2016

Wie wird eine GmbH finanziert?

- Das sogenannte Stammkapital (auch: gezeichnetes Kapital) wird von den Gesellschaftern durch die Stammeinlagen erbracht.
- Die Summe der vereinbarten Stammeinlagen der Gesellschafter entspricht dem Stammkapital.
- Das Stammkapital muss bei der Gründung mindestens 25.000,00 € betragen. Jeder höhere Betrag ist natürlich möglich.
- Wenn die Stammeinlagen nicht sofort in voller Höhe einbezahlt werden sollen, dann muss dies im Gesellschaftsvertrag vorgesehen werden.
- Jeder Gesellschafter muss aber mindestens ein Viertel der übernommenen Stammeinlage vor der Eintragung in das Handelsregister einzahlen.
- Insgesamt muss die Hälfte des Stammkapitals vor der Anmeldung zum Handelsregister in das Gesellschaftsvermögen eingezahlt worden sein.
- Jeder Gesellschafter haftet gesamtschuldnerisch für die ausstehenden, also noch nicht geleisteten Stammeinlagen der anderen Gesellschafter.
- Jeder Gesellschafter muss sich mindestens mit 100,00 € (Stammeinlage) am Stammkapital beteiligen. Höhere Stammeinlagen müssen durch 50,00 € teilbar sein.

Beispiele:

- *Marianne Möller und Siegbert Schulze gründen das Reinigungsunternehmen „Schnell und Sauber – Reinigungen aller Art GmbH". Frau Möller beteiligt sich gemäß Gesellschaftsvertrag mit 50.000,00 € (Stammeinlage), Herr Schulze mit 30.000,00 € (Stammeinlage) an der GmbH (Stammkapital = 80.000,00 €). Die GmbH wird im Handelsregister eingetragen.*
- *Im Gesellschaftsvertrag der Müller GmbH ist ein Stammkapital von 25.000,00 € ausgewiesen. Die Gesellschafter haben sich verpflichtet folgende Stammeinlagen einzuzahlen:*
  Herr Schmetter 7.500,00 €
  Frau Honecker 5.000,00 €
  Herr Kahn 10.000,00 €
  Herr Häuslich 2.500,00 €
  Herr Schmetter besitzt zurzeit nur 2.000,00 €, Frau Honecker 5.000,00 €, Herr Kahn 5.000,00 € und Herr Häuslich lediglich 500,00 €; diese Beträge wollen sie auf das Bankkonto der Gesellschaft einzahlen.
  Herr Schmetter geht mit diesem Vertrag zum Notar Dr. jur. M. Müller, der prüft, ob die gesetzlichen Anforderungen erfüllt sind. Die Anforderungen, dass der Gesamtbetrag mindestens 25.000,00 € betragen soll und jede Stammeinlage einen Betrag von 100,00 € überschreiten sollte, werden erfüllt. Die Höhe der tatsächlichen Einzahlungen reicht allerdings nicht aus:

Gesellschafter	Stammeinlagen	Einzahlungsbetrag	Mindesteinzahlungsbetrag (25 %)	entspricht gesetzlicher Anforderung?
Herr Schmetter	7.500,00 €	2.000,00 €	1.875,00 €	Ja
Frau Honecker	5.000,00 €	5.000,00 €	1.250,00 €	Ja
Her Kahn	10.000,00 €	5.000,00 €	2.500,00 €	Ja
Herr Häuslich	2.500,00 €	500,00 €	625,00 €	Nein
Gesamt	25.000,00 €	12.500,00 €	12.500,00 €	Ja

Herr Häuslich müsste seinen Einzahlungsbetrag auf 625,00 € erhöhen.

Wer führt die Geschäfte und vertritt die GmbH?

Eine GmbH besteht aus mindestens einem Geschäftsführer und der Gesellschafterversammlung. Wenn eine GmbH mehr als 500 Arbeitnehmer beschäftigt, ist zusätzlich ein Aufsichtsrat notwendig.

Der **Geschäftsführer** führt die Geschäfte der GmbH und vertritt das Unternehmen nach außen. Dabei können sowohl die Gesellschafter die Geschäftsführer (*geschäftsführende Gesellschafter*) sein, als auch externe Geschäftsführer eingestellt werden. Die Amtszeit des Geschäftsführers ist grundsätzlich unbegrenzt. Er wird durch die Gesellschafterversammlung abberufen.

Der Geschäftsführer kann in seinen Rechten im Innenverhältnis beschränkt werden. Dies gilt jedoch nicht im Außenverhältnis. Gegenüber einem Dritten gilt diese Einschränkung nicht. Der Geschäftsführer erhält ein vereinbartes Gehalt (auch der geschäftsführende Gesellschafter), es fallen also auch die vollen Sozialabgaben als Kosten für die GmbH an.

Die **Gesellschafterversammlung** besteht aus den Gesellschaftern. Die Stimmrechte der Gesellschafter bemessen sich nach den Geschäftsanteilen, die nach der Höhe der Stammeinlage bestimmt werden. Die Gesellschafterversammlung stellt den Jahresabschluss und die Verwendung des Gewinnes fest. Sie bestellt und beruft Geschäftsführer, Prokuristen sowie Generalhandlungsbevollmächtigte und soll die Geschäftsführung überwachen.

Bei Unternehmen mit mehr als 500 Arbeitnehmern übernimmt diese Funktion der **Aufsichtsrat**. Darüber hinaus prüft er den Jahresabschluss und Lagebericht. Er erstattet einen Bericht an die Gesellschafterversammlung.

Wer haftet für die GmbH?

Die Gesellschafter haften mit ihren Einlagen. Ausnahmen gibt es dann, wenn die Gesellschafter bei der Gründung falsche Angaben gemacht haben, dann haften Gesellschafter und Geschäftsführer als Gesamtschuldner. Darüber hinaus haften Geschäftsführer für die Gesellschaft, wenn sie nicht die Sorgfalt eines ordentlichen Geschäftsmannes anwenden[1].

Beispiel:
Rudolf Glincke ist Geschäftsführer der BrainSoftware GmbH. Er lässt die gesetzlichen Sozialversicherungsbeiträge nicht an die Krankenkasse überweisen, weil er damit eine Zahlungsunfähigkeit abwenden will. Herr Glincke ist in diesem Fall Treuhänder. Er arbeitet damit nicht wie ein ordentlicher Geschäftsmann. Er haftet persönlich für die Sozialversicherungsbeiträge.

Wer erhält den Gewinn in der GmbH? Wer trägt die Verluste?

Die Gewinne werden aufgrund eines Beschlusses der Gesellschafterversammlung verteilt. Der Geschäftsführer kann der Versammlung einen Vorschlag zur Gewinnverwendung machen. Verluste mindern die Geschäftsanteile der Gesellschafter. Soweit der Verlust nicht durch einen Beschluss der Gesellschafter mit den Gewinn- oder Kapitalrücklagen verrechnet wird, bleibt er als Verlustvortrag in der Bilanz bestehen.

4.3.2 Die Gründung als Unternehmergesellschaft (haftungsbeschränkt)

Die Unternehmergesellschaft (haftungsbeschränkt), kurz UG (haftungsbeschränkt), ist keine eigenständige Rechtsform, sondern eine GmbH mit erleichterten Gründungsmodalitäten. Ein wesentlicher Vorteil der UG (haftungsbeschränkt) liegt für viele Unternehmensgründer darin, dass die für eine GmbH erforderlichen 25.000,00 € Gründungskapitel hier nicht notwendig sind. Theoretisch, in der Praxis aber eher selten, kann die UG (haftungsbeschränkt) mit einem Euro Stammkapital gegründet werden.

Grundsätzlich wird eine UG (haftungsbeschränkt) genauso gegründet wie eine GmbH. Der Gesetzgeber hat allerdings einige mögliche Vereinfachungen für die Gründung beschlossen. Die wichtigsten Unterschiede der Unternehmergesellschaft (haftungsbeschränkt) im Vergleich zur „richtigen" GmbH sind:

- Das Stammkapital bei der Gründung ist frei wählbar. Das Mindeststammkapital beträgt einen Euro. Es muss bei der Eintragung in das Handelsregister vollständig eingezahlt sein.
- Sacheinlagen sind beim Stammkapital nicht möglich. Durch die freie Wählbarkeit des Gründungskapitals sind Sacheinlagen jedoch auch nicht nötig.
- Eine UG (haftungsbeschränkt) kann nur bis zu einer Höhe von 25.000,00 € Stammeinlage gegründet werden.
- Von den Jahresüberschüssen müssen ständig 25 % als Rücklage einbehalten werden. Dies gilt so lange, bis die vorgeschriebene Rücklage 25.000,00 € beträgt, also dem Stammkapital der GmbH entspricht.
- Sind bei der Gründung der UG (haftungsbeschränkt) drei oder weniger Gesellschafter vorhanden, so kann ein Mustervertrag (häufig auch Mustersatzung genannt) verwendet werden. Dieser Vordruck braucht lediglich ausgefüllt zu werden, was die Gründung erleichtert.

---

[1] *Auch hier würde eine ausführliche Darstellung der Geschäftsführerhaftung einer GmbH zu weit führen.*

Aufgaben

1. ***Mario Wesel und Sabrina Kunze wollen sich mit einer Sport- und Fitnessanlage selbstständig machen. Die Idee entsteht am 12. Mai bei einer Tasse Kaffee. Während des Gesprächs wird beschlossen, eine GmbH zu gründen. Herr Wesel will als Eigenkapital das Erdgeschoss seines Hauses (Wert 110.000,00 €) und 30.000,00 € als Geldeinlage in das Unternehmen einbringen. Frau Kunze möchte sich mit einer Einlage von 80.000,00 € beteiligen. Nach mehreren intensiven Verhandlungen verfassen beide am 22. Juni einen Gesellschaftsvertrag. Die Renovierung und der Umbau des zukünftigen Fitnessstudios beginnen am 24. Juni durch beauftragte Fachbetriebe. Die Geschäftsausstattung wird sukzessive ab dem 30. Juni bei ausgesuchten Lieferanten bestellt.***
   Der Gesellschaftsvertrag wird am 30. Juli durch einen Notar beurkundet. Die Eröffnung findet am 1. August statt. Am 15. August wird das Unternehmen im Handelsregister eingetragen.
   - *a Warum können die Gesellschafter im vorliegenden Fall keine Unternehmergesellschaft (haftungsbeschränkt) gründen?*
   - *b Beschreiben Sie chronologisch die entstehenden Rechtsformen anhand des Weges von der Idee bis zur endgültigen Entstehung der GmbH.*
   - *c Wie haften die Gesellschafter für die Umbau- und Renovierungskosten?*
   - *d Beschreiben Sie anhand der Ausgangssituation kurz den Unterschied zwischen der Stammeinlage der Gesellschafter und dem Stammkapital einer GmbH. Geben Sie dabei konkrete Beträge an.*
   - *e Berechnen Sie die Mindeststammeinlage der Gesellschafter, die zur Gründung eingezahlt werden muss.*

2. ***Anika Heerbach und Jens Kulatke wollen eine GmbH gründen. Frau Heerbachs Stammeinlage (Geldeinlage) beträgt gemäß Gesellschaftervertrag 20.000,00 €, die von Herrn Kulatke beträgt 10.000,00 €.***
   - *a Frau Heerbach erbringt ihre Stammeinlage voll. Wie viel muss Herr Kulatke mindestens einzahlen? Begründen Sie Ihre Antwort.*
   - *b Herr Kulatke kann zunächst nur 6.000,00 € einzahlen. Wie viel muss Frau Heerbach zur Gründung der GmbH mindestens aufbringen? Begründen Sie Ihre Antwort.*
   - *c Erklären Sie kurz das Stimmrecht der Gesellschafterversammlung anhand der Ausgangssituation. Es geht um die Verwendung eines Gewinns von 35.000,00 €.*

3. ***Erläutern Sie kurz die Vorteile, die Kleinunternehmer bei der Gründung einer Unternehmergesellschaft (haftungsbeschränkt) haben.***

4.4 Den eingetragenen Verein darstellen

In der Bundesrepublik Deutschland ist traditionell der Verein eine sehr beliebte Rechtsform, wenn es darum geht, gemeinsame Interessen zu verfolgen. Die Vielfalt reicht vom kleinen Taubenzüchterverein über den Karnevalsverein bis zu großen Sportvereinen.
Grundsätzlich sind bei den Vereinen zwei Formen möglich: die nicht in das Vereinsregister eingetragenen Vereine und die eingetragenen Vereine, regelmäßig abgekürzt als e.V. Der eingetragene Verein ist jedoch weitaus verbreiteter, nicht zuletzt da hier die Haftung des Vorstandes und der Vereinsmitglieder nicht auf das Privatvermögen ausgedehnt ist. Bei den Sportvereinen handelt es sich zu annähernd 100 % um eingetragene Vereine, deshalb werden diese in den folgenden Darstellungen besonders berücksichtigt.

Die **Gründung** eines Vereins ist relativ einfach:

- Für die Gründung sind mindestens sieben Personen nötig (§ 56 BGB).
  Diese müssen nicht zwangsweise natürliche Personen sein, es kann sich auch um juristische Personen handeln, also beispielsweise einen anderen Verein oder eine GmbH.
  (Ist der Verein eingetragen, darf die Mitgliederzahl nicht unter drei sinken.)
- Eine Gründerversammlung muss durchgeführt werden.
- Auf der Gründerversammlung muss eine Satzung erstellt und diskutiert werden.
  Ist ein gemeinnütziger Zweck angestrebt, so sollte die Satzung vorher vom Finanzamt auf die Gemeinnützigkeit hin überprüft werden.
  Die Satzung enthält
  - Name, Sitz und Zweck des Vereins,
  - Regelungen über den Ein- und Austritt von Mitgliedern,
  - Regelungen über die Mitgliedsbeiträge,
  - Regelungen über die Zusammensetzung des Vorstandes,
  - Regelungen über die Mitgliederversammlung
  - etc.
- Die Satzung ist von mindestens sieben Gründungsmitgliedern zu unterschreiben.
- Die Gründungsversammlung muss einen Vorstand wählen.
- Über die Gründungsversammlung ist ein Protokoll zu erstellen.
  Das Protokoll muss folgende Mindestinhalte enthalten:
  - Tag und Ort der Gründungsversammlung,
  - Namen des Versammlungsleiters und eines Protokollführers,
  - gefasste Beschlüsse und Abstimmungsergebnisse,
  - Namen, Vornamen, Geburtsdaten und Anschrift der Vorstandsmitglieder,
  - Unterschriften der Personen, die nach Satzung das Protokoll unterschreiben müssen,
  - zum Protokoll gehört auch eine Anwesenheitsliste.
- Der Vorstand meldet den Verein beim zuständigen Vereinsregister an.
  Für die Eintragung ist in den meisten Bundesländern eine öffentliche Beglaubigung notwendig, d.h., es wird normalerweise ein Notar eingeschaltet.

Bis zur Eintragung in das Vereinsregister wird juristisch von einem Vorverein gesprochen. Personen die vor der Eintragung für den Verein handeln, haften so lange auch mit ihrem Privatvermögen. Erst nach der Eintragung entfällt die private Haftung.
Ein Sportverein finanziert sich überwiegend aus den Mitgliederbeiträgen und aus Spenden. Es ist aber auch möglich Einnahmen aus Veranstaltungen, Sponsorengelder oder Einkünfte aus Vermögensverwaltung (z.B. Zinsen für Sparguthaben) für die Finanzierung des Vereinszweckes zu erhalten.

Die **Geschäftsführung und Vertretung** eines Vereins obliegt dem gewählten Vorstand. Geschäftsführungs- und Vertretungsbefugnisse dieses Organs sollten in der Satzung des Vereins geregelt werden. Besteht der Vorstand aus mehreren Personen, wird häufig eine gemeinschaftliche Vertretung festgelegt, d.h., dass immer mindestens zwei Vorstandsmitglieder gemeinsam zur Vertretung und Geschäftsführung berechtigt sind.
Oberstes Organ eines Vereins ist nicht der Vorstand, sondern die Mitgliederversammlung. Alle Vereinsmitglieder sind mindestens einmal pro Jahr durch den Vorstand zur Mitgliederversammlung einzuladen. Jedes Vereinsmitglied hat genau eine Stimme. Die Mitgliederversammlung trifft alle grundsätzlichen Entscheidungen des Vereins. Sie wählt und entlastet den Vorstand, sie beschließt die Satzung und deren Änderungen etc.

Mitglieder und Vorstand eines eingetragenen Vereins haften nicht mit ihrem Privatvermögen. Die Haftung ist, außer in einigen Ausnahmefällen der Vorstandshaftung, auf das Vereinsvermögen beschränkt.
Da es sich bei Sportvereinen i.d.R. um gemeinnützige Vereine handelt, wird ein Gewinn dem Zweck des Vereins zugeführt. Eine Gewinnausschüttung an die Mitglieder ist nicht gestattet.

Aufgaben

1. In der Bundesrepublik existieren knapp 600.000 eingetragene Vereine. Betrachten Sie dazu folgende Darstellung:

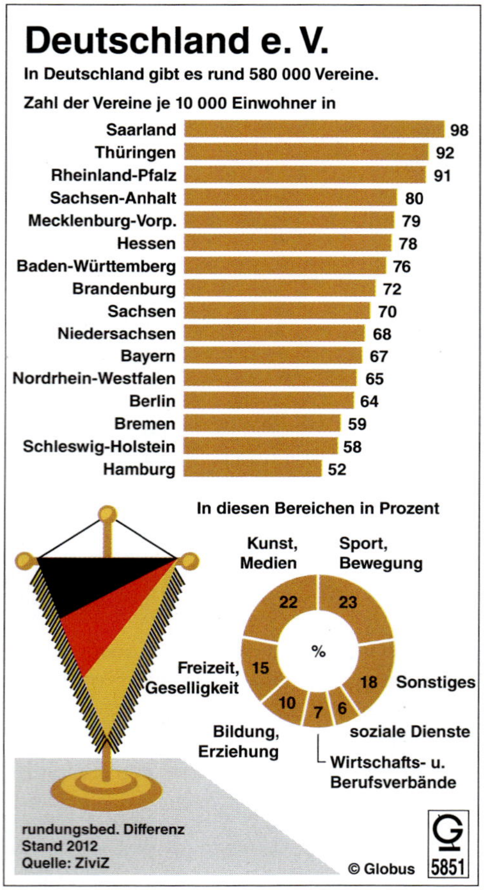

a Nennen Sie für die sieben unten abgebildeten Bereiche jeweils konkrete, real existierende Beispiele. Recherchieren Sie gegebenenfalls im Internet.

b Wie viele Vereine im Bereich Sport und Bewegung gibt es in der Bundesrepublik in absoluten Zahlen?

c Erklären Sie kurz den Unterschied zwischen eingetragenen und nicht eingetragenen Vereinen.

2. Angenommen, Sie möchten mit 11 Freunden einen Schachverein gründen, da Sie schon lange gemeinsam Schachabende veranstalten.

a Stellen Sie den Gründungsablauf des Vereins in einer übersichtlichen Form Ihren „Mitstreitern“ vor.

b Schlagen Sie drei Finanzierungsmöglichkeiten für den neuen Verein vor.

c Beschreiben Sie kurz die Organe des zukünftigen Schachvereins.

d Erklären Sie kurz die Haftung des zukünftigen Vereins.

e Welche Aufgabe hat die Mitgliederversammlung eines Vereins?

Zusammenfassung

Branchentypische Rechtsformen der Sport- und Fitnessbranche			
Einzelunternehmen	**Gesellschaft des bürgerlichen Rechts**	**Gesellschaft mit beschränkter Haftung**	**eingetragener Verein**
– Ein Inhaber haftet mit Geschäfts- und Privatvermögen. – Alleinige Vertretung und Geschäftsführung des Inhabers – Gewinnverwendung und Verlustrisiko liegen beim Inhaber. – Finanzierung durch den Inhaber	– Mehrere Gesellschafter haften mit Geschäfts- und Privatvermögen. – Gemeinschaftliche Geschäftsführung und Vertretung – Gewinne und Verluste verteilen sich gleichmäßig auf alle Gesellschafter. – Finanzierung zu gleichen Teilen durch alle Gesellschafter	– Haftung ist auf das Betriebsvermögen beschränkt. – Geschäftsführung vertritt die GmbH nach außen und führt die Geschäfte. – Gewinnverteilung gemäß Beschluss der Gesellschafterversammlung; Verluste mindern die Geschäftsanteile. – Finanzierung durch Gesellschafter, Stammkapital mindestens 25.000,00 €	– Haftung ist auf das Vereinsvermögen beschränkt. – Geschäftsführung und Vertretung durch gewählten Vorstand. – Gewinn wird dem Vereinszweck zugeführt; Verluste trägt der Verein. – Finanzierung aus Mitgliedsbeiträgen, Spenden, Vermögenswerten etc.

Das Einzelunternehmen

Bei einem Einzelunternehmen betreibt eine Person ein Handelsgewerbe. Der Unternehmer leitet sein Unternehmen auf eigenes Risiko (Geschäftsführung und Vertretung). Das Kapital wird in Form von Geld- oder Sacheinlagen oder Rechten aufgebracht. Er haftet mit dem Betriebsvermögen und seinem Privatvermögen.

Die GbR (BGB-Gesellschaft)

Die GbR ist eine Personengesellschaft. Sie ist i. d. R. eine Gesellschaftsform der Nichtkaufleute. Mindestens zwei Personen schließen sich zur Erreichung eines gemeinsamen Ziels zusammen. Dies kommt im privaten, wirtschaftlichen und freiberuflichen Bereich vor.

Die GmbH

Die GmbH ist eine Kapitalgesellschaft. Die Haftung beschränkt sich auf das Betriebsvermögen. Eine Sonderform stellt die Unternehmergesellschaft (haftungsbeschränkt) dar. Die Gründungsmodalitäten sind insbesondere im Hinblick auf die Mindesteinlage bei der Gründung vereinfacht. Das Mindeststammkapital beträgt einen Euro.

Der eingetragene Verein

Der eingetragene Verein ist eine juristische Person. Mindestens sieben Gründungsmitglieder gründen auf der Gründerversammlung den Verein. Eingetragene Vereine sind meistens gemeinnützig.

4.5 Weitere rechtliche Bestimmungen bei der Wahl der Rechtsform kennen

Innerhalb der Sport- und Fitnessbranche existieren die unterschiedlichsten Unternehmen. Sowohl kommerzielle als auch nicht kommerzielle Unternehmen sind in diesem Bereich tätig. Gerade im Bereich der kommerziellen Unternehmen ist es unumgänglich, die rechtlichen Regelungen genauestens zu kennen. Begriffe wie juristische Personen, Kaufmannseigenschaften, Handelsregister, Vereinsregister und Firma gehören zum grundlegenden kaufmännischen Vokabular.

4.5.1 Natürliche und juristische Personen

Wir haben bei der Darstellung der branchentypischen Rechtsformen im Sport- und Fitnessbereich die Begriffe „natürliche Person“ und „juristische Person“ schon gehört. Es ist nun an der Zeit, diese Begriffe etwas genauer zu betrachten.
Nur sogenannte Rechtssubjekte können am Rechtsverkehr teilnehmen. Rechtssubjekte sind Personen. Es werden natürliche und juristische Personen unterschieden.

- **Natürliche Personen** sind alle Menschen, unabhängig von Alter, Geschlecht, Religion oder Staatsangehörigkeit.

  Beispiele:
  - *Der zwei Tage alte Frank ist eine natürliche Person.*
  - *Der 104-jährige Herbert Hoch ist eine natürliche Person.*

- Juristische Personen sind keine Menschen, sondern Vereinigungen von natürlichen Personen oder Vermögensmassen.

Juristische Personen können klagen und verklagt werden. Sie können – wie natürliche Personen – am Rechtsleben teilnehmen. Sie werden von natürlichen Menschen vertreten.

Beispiele:
- *Eine Aktiengesellschaft (AG) ist eine juristische Person. Sie wird vom Vorstand vertreten.*
- *Eine Gesellschaft mit beschränkter Haftung (GmbH) ist eine juristische Person. Sie wird von den Geschäftsführerinnen/Geschäftsführern vertreten.*
- *Ein eingetragener Verein (e.V.) ist eine juristische Person. Er wird von einem Vorstand vertreten.*
- *Das Land Niedersachsen ist eine juristische Person. Es wird durch die Landesregierung vertreten.*

Juristische Personen

juristische Personen des privaten Rechts	juristische Personen des öffentlichen Rechts
– Wirtschaftsvereinigungen (z. B. AG, GmbH, eG) – nicht wirtschaftliche Vereinigungen (z. B. Sportverein) – Stiftung	– Körperschaften (Bund, Länder und Gemeinden) – Anstalten (z. B. Schulen, Rundfunkanstalten) – Stiftungen des Staates

Aufgaben

1. Erläutern Sie den Unterschied zwischen natürlichen und juristischen Personen.

2. Ordnen Sie den Rechtssubjekten zu:
a natürliche Personen,
b juristische Personen des privaten Rechts oder
c juristische Personen des öffentlichen Rechts.

1) der Rentner Fritz Fleißig
2) Benno, der Hund von Fritz Fleißig
3) der Rechtsanwalt Peter Lieblich
4) das Zweite Deutsche Fernsehen (ZDF)
5) der Fernsehsender Pro7
6) die Berufsbildenden Schulen Lüneburg
7) die Volkswagen AG

4.5.2 Der Kaufmann gemäß Handelsgesetzbuch

Die Gesellschaft mit beschränkter Haftung ist eine Rechtsform, die im Sport- und Fitnessbereich weit verbreitet ist. Die GmbH ist durch ihre Rechtsform Kaufmann im Sinne des Handelsgesetzbuches (HGB). Dadurch sind weitreichende Rechte und Pflichten zu berücksichtigen. Kenntnisse über die Kaufmannseigenschaften des HGB sind daher unerlässlich:
Nach den Regelungen der §§ 1-6 Handelsgesetzbuch (HGB) können nur solche (natürliche und juristische) Personen Kaufmannseigenschaft erlangen, die ein Gewerbe betreiben.
Der Kaufmannsbegriff weicht in der alltäglichen Sprache von der Definition des HGB ab.

Beispiel:
Lars Petersen hat seine Abschlussprüfung zum Sport- und Fitnesskaufmann vor der IHK erfolgreich abgeschlossen. Er arbeitet nun als kaufmännischer Angestellter in seinem Ausbildungsbetrieb. Er ist jedoch nicht Kaufmann im Sinne des HGB.

In diesem Fall wird zwar eine kaufmännische Ausbildung abgeschlossen und die Berufsbezeichnung enthält das Wort „Kaufmann", trotzdem handelt es sich hier nicht um Kaufleute gemäß HGB. Wer die Kaufmannseigenschaft des Handelsrechtes besitzt, muss die Vorschriften des Handelsgesetzbuches beachten. Hierzu sind regelmäßig gute kaufmännische Kenntnisse erforderlich.

Rechte und Pflichten des Kaufmanns

Kaufleute sind an die Bestimmungen des Handelsgesetzbuches und des BGB gebunden. Aus dem HGB ergeben sich bestimmte Rechte und Pflichten. (Einige der aufgeführten Rechte und Pflichten werden zu einem späteren Zeitpunkt ausführlich erörtert.)

Ein Kaufmann

- **muss** seine Buchführung nach handelsrechtlichen Vorschriften gestalten. Er muss z. B. die Vorschriften der doppelten Buchführung beachten und einen Jahresabschluss (Gewinn- und Verlustrechnung und Bilanz) erstellen.
- **muss** sich bei einer Bürgschaft selbstschuldnerisch verbürgen. Der Gläubiger kann sich somit direkt und sofort an den Bürgen wenden, sobald der eigentliche Schuldner nicht zahlt. Die sogenannte Einrede der Vorausklage einer Ausfallbürgschaft gilt hier nicht. Bei

einer Ausfallbürgschaft muss der Gläubiger zunächst alle juristischen Mittel ausschöpfen (gerichtliches Mahnverfahren, Zwangsvollstreckung), bevor der Bürge haftet.

- **muss** sich beim Amtsgericht in das Handelsregister eintragen lassen.
- **muss** eine Wareneingangskontrolle durchführen (Vergleiche Lernfeld 6).
- **muss** auf seinen Geschäftsbriefen genau bestimmte, gesetzliche Bestandteile angeben (vgl. Lernfeld 6).
- **kann** eine Bürgschaft mündlich abgeben. Der Formzwang laut BGB, der besagt, dass eine Bürgschaft in Schriftform abzuschließen ist, wird bei Kaufleuten aufgehoben.
- **kann** Prokura erteilen.
- **kann** eine Firma führen.

Diese Rechte und Pflichten gelten für alle Kaufleute. Es ist nunmehr die Frage zu beantworten, wer eigentlich Kaufmann ist.

Der Istkaufmann
Kaufmann im Sinne des § 1 Handelsgesetzbuch ist, wer ein Handelsgewerbe betreibt. Die Kaufmannseigenschaft entsteht bei Kaufleuten durch die Aufnahme des Gewerbebetriebes.

Handelsgesetzbuch

§ 1 Istkaufmann

(1) Kaufmann im Sinne dieses Gesetzes ist, wer ein Handelsgewerbe betreibt.

(2) Handelsgewerbe ist jeder Gewerbebetrieb, es sei denn, dass das Unternehmen nach Art oder Umfang einen in kaufmännischer Weise eingerichteten Geschäftsbetrieb nicht erfordert.

Somit wird *grundsätzlich* für jeden Gewerbebetrieb die Kaufmannseigenschaft angenommen, unabhängig von der Branche.

Beispiele:
- *Lars Petersen eröffnet in Lüneburg ein Fitnessstudio.*
- *Herr Suhrkamp gründet an der Ostsee eine Surfschule.*
- *Bettina Bait ist Inhaberin von Bits & Bait Computerdesign e. Kfr.*
- *Ein Einzelhandelskaufmann eröffnet ein Ladengeschäft für Krawatten aller Art.*
- *Ein Kfz-Meister macht sich mit einer Werkstatt selbstständig.*
- *Frau Sauber, die Ehefrau des Hausmeisters, betreibt in der Berufsschule den Kiosk.*

Betrachten wir noch einmal eines der o. g. Beispiele:

Beispiel:
Frau Sauber, die Ehefrau des Hausmeisters, betreibt in der Berufsschule den Kiosk.

Gemäß HGB ist Frau Sauber Istkaufmann. Es ist jedoch anzunehmen, dass sie von der doppelten Buchführung noch nichts gehört hat. Um alle Rechte und Pflichten eines Kaufmannes kennenzulernen, müsste sie viel Zeit in Fortbildungen investieren und könnte sich um ihren Kiosk nur noch wenig kümmern.

Kleingewerbe betreiben nicht zwangsweise ein Handelsgewerbe. Legen die Inhaber glaubhaft dar, dass ihr Gewerbebetrieb nach Art oder Umfang keinen kaufmännischen Geschäftsbetrieb voraussetzt, so wird gemäß § 1 Abs. 2 HGB kein Handelsgewerbe angenommen.

Beispiel:
Frau Mutig betreibt einen kleinen Zeitungskiosk in der Innenstadt von Köln. Sie hat keine Mitarbeiter, der Gewinn liegt durchschnittlich bei 25.000,00 € im Jahr. Sie wird als Kleingewerbe angesehen.

Eine gesetzliche oder einheitliche Vorschrift, wann ein Übergang vom Kleingewerbe zu einem großen Gewerbebetrieb gegeben ist, existiert nicht. Im Zweifelsfall entscheidet der Rechtspfleger des Amtsgerichts. Indizien für einen kaufmännischen Geschäftsbetrieb sind z. B. die Einstellung von kaufmännischem Personal (Sekretärinnen, Einkaufsleiter etc.) und eine eigenständige Buchhaltung. Auch die steuerrechtlichen Vorschriften des § 141 AO (Buchführungspflicht) werden häufig herangezogen. Übersteigt die Höhe des Umsatzes dauerhaft 500.000,00 € oder der Gewinn 50.000,00 € im Kalenderjahr, wird dieser Gewerbebetrieb nicht mehr als klein betrachtet.

Der Kannkaufmann
Landwirtschaftliche Betriebe, deren Unternehmen nach Art und Umfang einen kaufmännischen Geschäftsbetrieb erfordert, können durch Eintragung in das Handelsregister die Kaufmannseigenschaft annehmen. Kleingewerbe sind hierzu ebenfalls berechtigt, unabhängig von der Größe des Unternehmens (Kannkaufmann, Kaufmann kraft freiwilliger Eintragung).

Handelsgesetzbuch

§ 2 Kannkaufmann

Ein gewerbliches Unternehmen, dessen Gewerbebetrieb nicht schon nach § 1 Abs. 2 Handelsgewerbe ist, gilt als Kaufmann im Sinne dieses Gesetzbuches, wenn die Firma des Unternehmens in das Handelsregister eingetragen ist. Der Unternehmer ist berechtigt, aber nicht verpflichtet, die Eintragung (...) herbeizuführen. (...)

Kleingewerbe *können* die Kaufmannseigenschaft annehmen, wenn sie sich in das Handelsregister eintragen lassen. Durch die Eintragung erlangen sie alle Rechte und Pflichten eines Kaufmanns.

Beispiel:
Der Lottomillionär Erwin Lindemann möchte in Wuppertal eine kleine Boutique eröffnen. Da er die Geschäfte nicht selbst führen möchte, will er seiner Tochter Prokura erteilen. Er lässt seine Boutique im Handelsregister eintragen und erlangt dadurch die Kaufmannseigenschaft.

Handelsgesetzbuch

§ 3 Land- und Forstwirtschaft; Kannkaufmann

(1) Auf den Betrieb der Land- und Forstwirtschaft finden die Vorschriften des § 1 keine Anwendung.

(2) Für ein land- oder forstwirtschaftliches Unternehmen, das nach Art und Umfang einen in kaufmännischer Weise eingerichteten Geschäftsbetrieb erfordert, gilt § 2 (...)

(3) Ist mit dem Betrieb der Land- oder Forstwirtschaft ein Unternehmen verbunden, das nur ein Nebengewerbe des land- oder forstwirtschaftlichen Unternehmens darstellt, so finden auf das im Nebengewerbe betriebene Unternehmen die Vorschriften der Absätze 1 und 2 entsprechende Anwendung.

Land- und forstwirtschaftliche Betriebe (die ja bekanntlich nicht zu den Gewerbebetrieben gerechnet werden) und deren Nebengewerbe (z. B. Molkerei, Brauerei, Weinkellerei eines Winzers) sind *berechtigt*, die Kaufmannseigenschaft anzunehmen, wenn nach Art und Umfang ein kaufmännischer Geschäftsbetrieb erforderlich ist.

Beispiele:
- *Ein Großbauernhof für Schweinezucht beschäftigt 60 Mitarbeiter. Insgesamt wird ein Gewinn von 600.000,00 € erzielt. Der landwirtschaftliche Betrieb ist nicht im Handelsregister eingetragen. Somit ist der landwirtschaftliche Betrieb kein Kaufmann.*
- *Ein Großbauernhof für Schweinezucht beschäftigt 60 Mitarbeiter. Insgesamt wird ein Gewinn von 600.000,00 € erzielt. Der landwirtschaftliche Betrieb ist im Handelsregister eingetragen. Somit besteht die Kaufmannseigenschaft.*

Der Formkaufmann
Juristische Personen sind Formkaufleute, hierunter fallen die Kapitalgesellschaften (z. B. die Gesellschaft mit beschränkter Haftung, GmbH, und die Aktiengesellschaft, AG) und Genossenschaften (§ 6 HGB). Die betroffenen Unternehmen erhalten die Kaufmannseigenschaft (durch Eintragung in das Handelsregister) allein durch die Wahl der *Rechtsform* (Kaufmann kraft Rechtsform).

Handelsgesetzbuch

§ 6 Handelsgesellschaften; Formkaufmann

(1) Die in Betreff der Kaufleute gegebenen Vorschriften finden auch auf die Handelsgesellschaften Anwendung.

(2) Die Rechte und Pflichten eines Vereins, dem das Gesetz ohne Rücksicht auf den Gegenstand des Unternehmens die Eigenschaft eines Kaufmanns beilegt, bleiben unberührt, auch wenn die Voraussetzungen des § 1 Abs. 2 nicht vorliegen.

Unabhängig von der Größe des Gewerbebetriebes werden Kapitalgesellschaften (z. B. Aktiengesellschaft, Gesellschaft mit beschränkter Haftung) und Genossenschaften immer als Kaufleute betrachtet.

Beispiele:
- *Lars Petersen eröffnet ein Fitnessstudio in der Rechtsform einer GmbH.*
- *Mehrere landwirtschaftliche Betriebe gründen eine Einkaufsgenossenschaft.*
- *Ein Automobilhersteller wandelt sein Unternehmen in eine Aktiengesellschaft um.*

Aufgaben

1. ***Nennen und erklären Sie die wichtigsten Rechte und Pflichten eines Kaufmanns.***
2. ***Prüfen Sie für folgende Fälle, ob und welche Kaufmannseigenschaft vorliegt.***
   - *a Frau Schmidt betreibt einen kleinen Kiosk in der Form einer GmbH in einer Fußgängerzone.*
   - *b Herr Rot führt eine kleine Pension im Schwarzwald. Er hat drei Mitarbeiter und ist nicht im Handelsregister eingetragen.*
   - *c Herr Reich ist Fuhrunternehmer in Hamburg. Er beschäftigt 28 Mitarbeiter, hat einen durchschnittlichen Umsatz von 700.000,00 € und erzielt einen Gewinn von 120.000,00 €.*
   - *d Der Vorstandsvorsitzende der Volkswagen AG*
   - *e Ein landwirtschaftlicher Betrieb erzielt einen Jahresgewinn von 4 Millionen €.*
   - *f Das Architektenbüro „Schnell & Flink" erwirtschaftet mit seinen 35 Mitarbeitern regelmäßig einen Gewinn von 200.000,00 €.*
   - *g Herr Braun verkauft im Winter Glühwein und Bockwurst und im Sommer Kaltgetränke und Eis.*
   - *h Die Klempnerei Fritz Flink hat inzwischen 60 Angestellte, u. a. fünf kaufmännische Mitarbeiter.*
   - *i Das – im Handelsregister eingetragene – Unternehmen des Spediteurs Hans Pech litt in den letzten beiden Jahren an der schlechten Auftragslage. Von ursprünglich 60 Mitarbeitern sind noch 10 beschäftigt. Es wird ein Verlust von 57.000,00 € erzielt.*
   - *j Die Investmentfondsgesellschaft m. b. H. hat einen Umsatz von 100.000,00 € und einen Gewinn von 30.000,00 € erzielt.*
3. ***Worin unterscheiden sich die Kaufmannseigenschaften der Kannkaufleute des § 2 HGB und des § 3 HGB? Entwickeln Sie auch jeweils zwei konkrete Beispiele.***

4.5.3 Die Firma

Der Begriff Firma wird durch das Handelsgesetzbuch geprägt.

Handelsgesetzbuch

§ 17 Begriff

Die Firma eines Kaufmanns ist der Name, unter dem er seine Geschäfte betreibt und die Unterschrift abgibt.

Ein Kaufmann kann unter seiner Firma klagen und verklagt werden.

Im allgemeinen Sprachgebrauch wird das Wort Firma gleichgesetzt mit den Begriffen Betrieb oder Unternehmen. Handelsrechtlich ist die Firma der Name eines Kaufmanns. Hier sind der bürgerliche Name und die Firma voneinander zu trennen.

Die Vorschriften für die Firma gelten für Kaufleute. Gewerbebetriebe, die die Kaufmannseigenschaft nicht besitzen, können keine Firma führen. Die Bezeichnung dieser Betriebe werden Geschäftsbezeichnung bzw. Etablissementbezeichnung genannt. Dies kommt in einigen Branchen recht häufig vor, so z. B. im Gaststättengewerbe.

Beispiele:
- *Inge Koch ist Inhaberin der Gaststätte „Zum goldenen Wildschwein".*
- *Apotheke „Zur Linde"*

Die Inhaber dieser Betriebe können rechtswirksame Geschäfte nur mit ihrem bürgerlichen Namen abschließen, da es sich bei der Geschäftsbezeichnung nicht um eine Firma handelt.

Beispiele:
- *Ein zechprellender Gast kann nicht von der Gaststätte „Zum goldenen Wildschwein" verklagt werden. Die Inhaberin Inge Koch muss die Klage unter ihrem bürgerlichen Namen führen.*
- *Das Versandunternehmen „Junge Mode GmbH" klagt (als Kaufmann) unter dem handelsrechtlichen Namen, der Firma „Junge Mode GmbH".*

Die Firmenwahl

Der Kaufmann ist in der Wahl seiner Firma frei. Die Firma darf nicht irreführend gewählt werden, insbesondere dürfen keine falschen Angaben enthalten sein. Die Firma hat den gesetzlich festgelegten Rechtsformzusatz zu berücksichtigen.

Kaufleute sind bei der Firmenwahl an das geltende Recht gebunden. Daraus ergeben sich unterschiedliche Vorschriften für verschiedene Unternehmensformen. Die Firma besteht aus dem gesetzlich vorgegebenen Firmenbestandteil (Rechtsformzusatz).

Handelsgesetzbuch

§ 19 Bezeichnung der Firma bei Einzelkaufleuten, einer OHG oder KG

Die Firma muss (...) enthalten:

1. bei Einzelkaufleuten die Bezeichnung „eingetragener Kaufmann", „eingetragene Kauffrau" oder eine allgemein verständliche Abkürzung dieser Bezeichnung, insbesondere „e. K.", „e. Kfm." oder „e. Kfr.";
2. bei einer offenen Handelsgesellschaft die Bezeichnung „offene Handelsgesellschaft" oder eine allgemein verständliche Abkürzung dieser Bezeichnung;
3. bei einer Kommanditgesellschaft die Bezeichnung „Kommanditgesellschaft oder eine allgemein verständliche Abkürzung dieser Bezeichnung.

Gesetz betreffend die Gesellschaften mit beschränkter Haftung (GmbHG)

§ 4 Firma

Die Firma der Gesellschaft muss (...) die Bezeichnung „Gesellschaft mit beschränkter Haftung" oder eine allgemein verständliche Abkürzung dieser Bezeichnung enthalten.

§ 5a Unternehmergesellschaft

(1) Eine Gesellschaft, die mit einem Stammkapital gegründet wird, das den Betrag des Mindeststammkapitals nach § 5 Abs. 1 unterschreitet, muss in der Firma abweichend von § 4 die Bezeichnung „Unternehmergesellschaft (haftungsbeschränkt)" oder „UG (haftungsbeschränkt)" führen.

Aktiengesetz

§ 4 Firma

Die Firma der Aktiengesellschaft muss (...) die Bezeichnung „Aktiengesellschaft" oder eine allgemein verständliche Abkürzung dieser Bezeichnung enthalten.

Ansonsten ist der Kaufmann in der Wahl seiner Firma frei. Die häufigsten Firmen sind:

- Personenfirma: Hier werden ein oder mehrere Namen verwendet.

  Beispiele:
  - *„Lars Petersen GmbH"*
  - *„Schuster und Gross OHG" oder „Adam Opel AG"*

- Sachfirma: Hier ist der Gegenstand des Unternehmens ableitbar.

  Beispiele:
  - *„Sport- und Fitnessstudio Köln GmbH."*
  - *„Bierbrauerei AG"*

- Phantasiefirma: Sie besteht aus einer werbewirksamen Bezeichnung.

  Beispiele:
  - *„Fit & Fun & Freu(n)de e. Kfm."*
  - *„Schnell, Sauber, Günstig – Reinigung e. Kfr."*

- Gemischte Firma: Hier werden z. B. sowohl Personennamen, als auch der Gegenstand des Unternehmens genannt

  Beispiele:
  - *„Bierbrauerei Karl Schluckauf AG"*
  - *„Fitnessstudio Arnold Weissenegger e. K."*

Aufgaben

1. ***Erläutern Sie den Unterschied zwischen Firma, Etablissementbezeichnung und bürgerlichem Namen.***

2. ***Nennen Sie Beispiele aus Ihrer Umgebung für Personen-, Sach-, Fantasie- und gemischte Firmen.***

3. ***Überlegen Sie sich für folgende Fälle je drei mögliche Firmen.***
   a Der Tischlermeister Herbert Holt und der Industriekaufmann Günther Held gründen eine Tischlerei in der Rechtsform einer Offenen Handelsgesellschaft.
   b Die Einzelhandelskauffrau Susanne Satte eröffnet allein ein Bekleidungsgeschäft für Damenmoden.

c Berthold Bat ist Inhaber einer Software-Entwicklungsunternehmens, das in der Rechtsform einer Gesellschaft mit beschränkter Haftung geführt wird.
d Die Rechtsanwälte Fritz Fahl und Wilhelm Müller wollen eine gemeinsame Kanzlei führen. Sie sind spezialisiert auf Scheidungen und Erbrecht.
e Die Gesellschafter einer Kommanditgesellschaft, Sabine Schmidt und Robert Rand, betreiben einen Versand für Spielzeuge aller Art.

Firmengrundsätze

Die Firma eines Kaufmanns unterliegt bestimmten Firmengrundsätzen, die zum einen den Missbrauch der Firmierung verhindern und zum anderen bestehende Firmen schützen.

- Der Grundsatz der **Firmenöffentlichkeit** schreibt jedem Kaufmann vor, seine Firma und spätere Änderungen der Firma in das Handelsregister eintragen zu lassen. Diese Eintragungen werden veröffentlicht.

Handelsgesetzbuch

§ 29 Anmeldung der Firma

Jeder Kaufmann ist verpflichtet, seine Firma und den Ort seiner Hauptniederlassung bei dem Gericht, in dessen Bezirk sich seine Niederlassung befindet, zur Eintragung in das Handelsregister anzumelden [...]

§ 31 Änderung der Firma; Erlöschen

(1) Eine Änderung der Firma oder ihrer Inhaber (...) ist (...) zur Eintragung in das Handelsregister anzumelden.

(2) Das Gleiche gilt, wenn die Firma erlischt. (...)

- Der Grundsatz der **Firmenwahrheit** besagt, dass der Firmenkern bei Gründung eines Unternehmens wahr sein muss. Wird eine Personenfirma gewählt, so darf kein Name in der Firma erscheinen, der nicht tatsächlich mit dem Unternehmen verbunden ist.

Handelsgesetzbuch

§ 18 Firma eines Einzelkaufmanns

(2) Die Firma darf keine Angaben enthalten, die geeignet sind, über die geschäftlichen Verhältnisse, die für die angesprochenen Verkehrskreise wesentlich sind, irrezuführen. (...)

Beispiel:
Die Millionärstochter Susanne Berlin, geborene Reich, eröffnet nach ihrem Betriebswirtschaftsstudium eine Anlageberatung. Den stadtbekannten Namen ihres vermögenden Vaters darf sie in der Firma nicht nutzen, solange dieser nicht tatsächlich am Unternehmen beteiligt ist.

- Eng verbunden mit der Firmenausschließlichkeit ist der **Firmenschutz**. Wer am gleichen Ort die gleiche Firma benutzt, wird vom Registergericht von Amtswegen zur Unterlassung aufgefordert und kann vom Inhaber der bereits vorhandenen Firma verklagt werden. Der Firmenschutz gilt auch überregional, soweit das Registergericht eine Irreführung durch die gewünschte Firma bemerkt. Hier greift dann die allgemeine Regelung des §12 Bürgerliches Gesetzbuch (BGB).

Bürgerliches Gesetzbuch

§ 12 Namensrecht

Wird das Recht zum Gebrauch eines Namens dem Berechtigten von einem anderen bestritten oder wird das Interesse des Berechtigten dadurch verletzt, dass ein anderer unbefugt den gleichen Namen gebraucht, so kann der Berechtigte von dem anderen Beseitigung der Beeinträchtigung verlangen. Sind weitere Beeinträchtigungen zu besorgen, so kann er auf Unterlassung klagen.

Beispiele:
- *Michaela Otto aus Würzburg gründet einen Versandhandel. Ihre Firma will sie „Otto Versand" nennen. Dies wird ihr untersagt, da bereits ein überregional bekannter Versandhandel dieses Namens besteht.*
- *Der eingewanderte Schotte Patrick Mac Donald eröffnet in Kiel einen Imbiss. Die Geschäftsbezeichnung „McDonalds" verstößt gegen das Firmenrecht.*

- Aus dem § 18 (2) HGB leitet sich auch der Grundsatz der **Firmenklarheit** ab. Demnach darf ein gewählter Firmenzusatz keine falschen Verhältnisse des Unternehmens vortäuschen.

Beispiel:
- *Der regionale Gebrauchtwarenhändler Karl Kummer in Meppen darf seine Firma nicht „Karl Meyer e. K. – Autozentrale Europa" nennen, da der Zusatz eine falsche Größe des Unternehmens vortäuscht.*
- *Ein Töpfer, der Vasen herstellt, darf nicht den Zusatz „Vasenfabrik" führen.*

- Die **Firmenausschließlichkeit** schreibt vor, dass jede neue Firma sich von bereits ansässigen Firmen unterscheiden muss. Jede Verwechslungsgefahr soll ausgeschlossen werden.

Handelsgesetzbuch

§ 30 Unterscheidbarkeit

(1) Jede neue Firma muss sich von allen an demselben Ort oder in derselben Gemeinde bereits bestehenden und in das Handelsregister oder in das Genossenschaftsregister eingetragenen Firmen deutlich unterscheiden.

(2) Hat ein Kaufmann mit einem bereits eingetragenen Kaufmann die gleichen Vornamen und den gleichen Familiennamen und will auch er sich dieser Namen als seiner Firma bedienen, so muss er der Firma einen Zusatz beifügen, durch den sie sich von der bereits eingetragenen Firma deutlich unterscheidet.

Beispiele:
- *Harald Host, Sohn des Inhabers der Firma „Harald Host e. K. – Südfrüchte-Import", gründet ebenfalls ein Unternehmen für den Import von Südfrüchten. Er könnte die Firma z. B. „Harald Host Junior e. Kfm. – Südfrüchte" nennen*

- *Petra Renate Müller eröffnet ein Softwareunternehmen. Es ist bereits eine Firma „Petra Müller e. Kfr." im Handelsregister eingetragen. Frau Müller könnte „Petra Renate Müller e. Kfr. – Software" oder „Software aller Art – P. Müller, e. K." firmieren.*

- Der Grundsatz der **Firmenbeständigkeit** ermöglicht die Weiterführung der vorhandenen Firma bei Veräußerung, Heirat, Erbschaft oder Verpachtung. Damit wird der Firmenwert (der „gute Name" auch „Goodwill" eines Betriebes) geschützt.

Handelsgesetzbuch

§ 21 Fortführung bei Namensänderung

Wird ohne eine Änderung der Person der Name des Geschäftsinhabers oder der in der Firma enthaltene Name eines Gesellschafters geändert, so kann die bisherige Firma fortgeführt werden.

Beispiel:
Petra Renate Müller, Inhaberin der Firma „Petra Müller e. K. – Software", heiratet und nimmt den Namen ihres Mannes an. Ihr bürgerlicher Name lautet nun Petra Renate Meier. Die Firma kann trotzdem unter „Petra Müller e. K. – Software" weitergeführt werden.

Handelsgesetzbuch

§ 22. Fortführung bei Erwerb des Handelsgeschäfts

(1) Wer ein bestehendes Handelsgeschäft unter Lebenden oder von Todes wegen erwirbt, darf für das Geschäft die bisherige Firma mit oder ohne Beifügung eines das Nachfolgeverhältnis andeutenden Zusatzes fortführen, wenn der bisherige Geschäftsinhaber oder dessen Erben in die Fortführung der Firma ausdrücklich willigen.

Beispiel:
Karl Friedrich Blum betreibt ein Kaufhaus für Haushaltswaren als Einzelunternehmer. Die Firma lautet: „Karl F. Blum e. Kfm.". Der Einzelhändler Karl Friedrich Blum verkauft später aus Altersgründen sein Unternehmen an Franz Haupt. Franz Haupt führt die Firma (also den handelsrechtlichen Namen des Unternehmens) „Karl F. Blum e. Kfm." weiter, da der Betrieb unter diesem Namen bekannt ist. Franz Haupt (bürgerlicher Name) unterschreibt seine Geschäftsbriefe künftig mit Karl F. Blum (Firma).

Aufgaben

1. Gegen welche rechtlichen Bestimmungen wird gegebenenfalls verstoßen? Begründen Sie Ihre Antwort.

a Herbert Rose ist Inhaber einer großen, bekannten Fabrik „Herbert Rose e. K. – Büromaterial". Sein Sohn, ebenfalls Herbert Rose, eröffnet einen Einzelhandel für Bürobedarf. Er möchte am gleichen Ort „Herbert Rose e. K. – Büromaterial" firmieren.

b Herbert Rose ist Inhaber des Einzelhandels „Herbert Rose e. K. – Büromaterial" in Lüneburg. Sein Sohn, ebenfalls Herbert Rose, eröffnet in München einen Einzelhandel für Bürobedarf. Er möchte dort „Herbert Rose e. K. – Büromaterial" firmieren.

c Sabine Gutensohn erwirbt die Boutique „Schönfeld Moden GmbH" von Irmtraud Schönfeld. Sie führt die Firma weiter, obwohl dies vertraglich nicht vereinbart ist. Die Eintragung in das Handelsregister unterlässt sie.

*d Der Kfz-Meister **B**ernd **M**ichael **W**eber macht sich mit einer Kfz-Werkstatt selbstständig. Er gründet ein Einzelunternehmen. Als Firma möchte er seine Initialen „BMW" verwenden.*

e Der Kfz-Meister Bernd Michael Weber macht sich mit einer Kfz-Werkstatt inklusive eines kleinen Gebrauchtwagenhandels selbstständig. Er gründet ein Einzelunternehmen. Er möchte „Weber – Kfz-Europacenter" firmieren.

2. Welche Firmengrundsätze werden angesprochen, wenn vom Firmenwert gesprochen wird?

4.5.4 Das Handels- und Vereinsregister

Das **Handelsregister** ist ein amtliches **Verzeichnis aller Kaufleute** eines Amtsgerichtsbezirks. Es wird vom Registergericht des Amtsgerichts geführt.
Das Handelsregister besteht aus zwei Abteilungen. Die Abteilung A erfasst Einzelunternehmen und Personengesellschaften (z. B. OHG, KG, GmbH & Co. KG), die Abteilung B die Kapitalgesellschaften (z. B. GmbH, AG, KGaA). Für Genossenschaften wird das **Genossenschaftsregister** geführt, Vereine werden im **Vereinsregister** eingetragen.
Das Handelsregister unterrichtet die Öffentlichkeit über wichtige Tatbestände. Die Einsicht in das Handelsregister ist jeder Person gestattet. Es ist ebenfalls möglich, Abschriften in beglaubigter Form ausstellen zu lassen.
Es werden folgende Informationen über die Kaufleute eingetragen:

- Firma,
- Ort der Niederlassung (Firmensitz),
- Gegenstand des Unternehmens (nur in Abteilung B),
- Grundkapital bzw. Stammkapital (nur in Abteilung B),
- Kapitaleinlage des Kommanditisten,
- Geschäftsinhaber, Gesellschafter, Geschäftsführer,
- Prokuristen,
- Rechtsverhältnis,
- Insolvenzverfahren.

Amtsgericht Musterhausen HRA 25					
Nr. der Eintragung	a) Firma b) Sitz	Geschäftsinhaber, persönlich haftender Gesellschafter	Prokura	Rechtsverhältnisse	a) Datum b) Bemerkungen
1	2	3	4	5	6
1	a) Klausen KG b) Musterhausen	Hermann Klausen, Kaufmann, Musterhausen Stefanie Klausen, Kauffrau, Musterhausen	Karl-Heinz Meier ist Einzelprokura erteilt worden.	Kommanditgesellschaft Kommanditistin Ingrid Klausen, geb. Schmidt in Musterhausen, mit einer Einlage von 300.000,00 €	a) 13. Juli 1991 Groß (Rechtspfleger)
2		Karl Heinz Meier, geb. 12. 03. 1958, Musterhausen			a) 2. Januar 1999 Klein (Rechtspfleger)

In der Abteilung B des Handelsregisters werden zusätzliche Daten der Kapitalgesellschaften veröffentlicht, da diese lediglich mit ihrem Betriebsvermögen haften. Der Gegenstand des Unternehmens, das Kapital und der/die Vertretungsbevollmächtigte/-n der Unternehmen werden zusätzlich im Register eingetragen.

Amtsgericht Musterhausen HRB 67						
Nr. der Eintragung	a) Firma b) Sitz c) Gegenstand des Unternehmens	Grundkapital oder Stammkapital	Geschäftsführer Vorstand	Prokura	Rechtsverhältnisse	a) Datum b) Bemerkungen
1	2	3	4	5	6	7
1	a) Fit, Fun & Joy – Fitnesscenter GmbH b) Musterhausen c) Angebot an Fitness- und Gesundheitskursen und eigenständiges Fitnesstraining	200.000,00 €	Otto Franzen, Dipl.-Kaufmann, Neustadt Otto Franzen jun., Sport- und Fitnesskaufmann, Kleindorf		Gesellschaft mit beschränkter Haftung Jeder Geschäftsführer ist allein zur Vertretung berechtigt.	a) 17. April 2009 Zickig (Rechtspfleger)

Eintragungen, die von Amts wegen oder auf Antrag gelöscht werden, werden rot unterstrichen.

Beispiel:
Karl-Heinz Meier wurde die Einzelprokura von der Klausen KG entzogen. Die Eintragung wurde rot unterstrichen, also gelöscht (vgl. HRA 25 oben). In diesem Fall ist der Grund der Löschung auch dem Handelsregister zu entnehmen. Herr Meier wurde als Gesellschafter in die Kommanditgesellschaft aufgenommen.

Eintragungen in das Handelsregister müssen mündlich durch den/die Inhaber oder schriftlich in beglaubigter Form beantragt werden. Von Amts wegen werden nur in Ausnahmefällen Eintragungen vorgenommen, so z. B. bei Konkurseröffnung. Alle Eintragungen, Änderungen und Löschungen werden in einer örtlichen Zeitung in der Rubrik „Öffentliche Bekanntmachungen" und im Bundesanzeiger veröffentlicht.

Beispiele:
- *Zur Eintragung einer OHG müssen alle Gesellschafter persönlich erscheinen. Ist ein Gesellschafter verhindert, so muss der Antrag von einem Notar beglaubigt sein.*
- *Die Eröffnung des Insolvenzverfahrens über die „Software KG – Schlicht & Teuer" wird im Handelsregister von Amts wegen eingetragen und veröffentlicht.*

Das Handelsregister genießt öffentlichen Glauben. Auf sämtliche eingetragenen und veröffentlichten Tatbestände kann sich ein Dritter verlassen, es sei denn, ihm ist die Nichtigkeit der Eintragung bekannt. Umgekehrt können sich auch die Kaufleute auf das Handelsregister berufen, sofern die Eintragungen veröffentlicht wurden.

Beispiel:
Die Einzelprokura von Herrn Habicht wird durch die Rose GmbH widerrufen. Zukünftig besitzt Herr Habicht Gesamtprokura mit Frau Schnell, d. h., beide Prokuristen dürfen die GmbH nur gemeinsam vertreten. Der Widerruf der Einzelprokura ist zwar im Innenverhältnis sofort wirksam, im Außenverhältnis erst nach Eintragung und Veröffentlichung im Handelsregister.

Die meisten Eintragungen in das Handelsregister haben deklaratorische Wirkung (rechtsbezeugende Wirkung), d. h., der Rechtsvorgang ist auch ohne die Eintragung wirksam, wird aber durch diese bestätigt.

Beispiele:
- *die Kaufmannseigenschaft der Istkaufleute*
- *das Rechtsverhältnis der Prokuristen*
- *die Rechtsform der Personengesellschaften*

Einige Eintragungen in das Handelsregister sind rechtserzeugend, sie haben konstitutive Wirkung. Die Rechtswirkung tritt erst durch die Eintragung ein.

Beispiele:
- *der Firmenschutz*
- *die Annahme der Kaufmannseigenschaft von Kleingewerben*
- *die Rechtsform der Kapitalgesellschaften*

Analog zum Handelsregister werden beim Amtsgericht auch das **Genossenschaftsregister** und das **Vereinsregister** geführt.

Beispiel:
Möglicher Aufbau eines Vereinsregisters:

Amtsgericht Musterhausen				VR 25
Nr. der Eintragung	a) Name b) Sitz des Vereins	Vorstand	Rechtsverhältnisse (Satzung, Vertretung, Auflösung, Entziehung der Rechtsfähigkeit usw.)	a) Tag der Eintragung, Unterschrift b) Bemerkungen
1	2	3	4	5
...	...	...	...	...

Aufgaben

1. ***In welcher Abteilung und/oder in welchem Register werden folgende Gewerbe/Tatbestände eingetragen?***
   a die Firma „Edith Elisabeth Engel – Süßwaren e. K."
   b die „Versicherungsgesellschaft mbH"
   c Frau Waltraud Witzig erhält Einzelprokura in der „Stolz AG"
   d der „Sportfreunde Lüneburg e. V."
   e die „Landmaschinengenossenschaft e G."
   f Frau Sabine Schwarz erhöht ihre Kommanditeinlage auf 400.000,00 €.

2. ***Informieren Sie sich im Internet, welche Daten in einem Vereinsregister erfasst und veröffentlicht werden.***

3. ***Wer kann in das Handelsregister Einsicht nehmen?***

4. ***Welche der folgenden Eintragungen in das Handelsregister haben deklaratorische Wirkung, welche konstitutive?***
   a die beschränkte Haftung eines Kommanditisten
   b die Gründung einer Aktiengesellschaft
   c die Aufnahme eines neuen Gesellschafters in eine OHG
   d Gesamtprokura

Zusammenfassung

Kaufmännische Grundbegriffe zur Wahl der Rechtsform		
Personen	**Kaufmannseigenschaften**	**Firma**
– Natürliche Personen sind alle Menschen. – Juristische Personen sind Vereinigungen von natürlichen Personen oder Vermögensmassen.	– Istkaufmann ist, wer ein Handelsgewerbe betreibt. – Kannkaufleute können sich freiwillig ins Handelsregister eintragen. – Formkaufleute sind Kaufleute kraft Rechtsform.	– Die Firma ist der Name eines Kaufmanns. – Die Firma muss die Rechtsform klar erkennen lassen.

Firmengrundsätze

Die **Firmenöffentlichkeit** schreibt jedem Kaufmann vor, seine Firma und spätere Änderungen der Firma in das Handelsregister eintragen zu lassen.
Die **Firmenwahrheit** besagt, dass der Firmenkern bei Gründung eines Unternehmens wahr sein muss.
Die **Firmenklarheit** schreibt vor, dass ein gewählter Firmenzusatz keine falschen Verhältnisse des Unternehmens vortäuschen darf.
Die **Firmenausschließlichkeit** schreibt vor, dass jede neue Firma sich von bereits ansässigen Firmen unterscheiden muss.
Die **Firmenbeständigkeit** ermöglicht die Weiterführung der vorhandenen Firma bei Veräußerung, Heirat, Erbschaft oder Verpachtung.

Das Handelsregister

Das **Handelsregister** ist ein öffentliches, amtliches Verzeichnis aller Kaufleute eines Amtsgerichtsbezirks. Es wird vom Registergericht des Amtsgerichts geführt.
Die Abteilung A des Handelsregisters veröffentlicht alle Einzelunternehmen und Personengesellschaften, die Abteilung B alle Kapitalgesellschaften.
Das **Vereinsregister** ist das öffentliche Register der eingetragenen Vereine.

4.6 Sonstige Rechtsformen im Überblick darstellen

Wie bereits erwähnt, sind in der Sport- und Fitnessbranche die Rechtsformen des Einzelunternehmens, der Gesellschaft des bürgerlichen Rechts, des Vereins und der Gesellschaft mit beschränkter Haftung am weitesten verbreitet. Trotzdem ist es für Unternehmen wichtig, sich mit weiteren Rechtsformen auseinanderzusetzen. Bei Vertragsabschlüssen, beispielsweise mit Lieferanten oder Dienstleistungsunternehmen, können diese Kenntnisse sehr bedeutend sein.

Rechtsformen der Wirtschaft

Im Folgenden werden die Offenen Handelsgesellschaften, die Kommanditgesellschaften und die Aktiengesellschaften ausführlicher erörtert, da sie in der Bundesrepublik weit verbreitet sind. Anschließend folgt eine kurze Darstellung der anderen Rechtsformen.

4.6.1 Offene Handelsgesellschaften (OHG) und Kommanditgesellschaften (KG)

Die Rechtsformen der OHG und der KG werden im Handelsgesetzbuch (HGB) geregelt. Die Regelungen des Handelsrechtes sind eindeutiger als die des Bürgerlichen Gesetzbuches.

Vergleich der Offenen Handelsgesellschaft mit der Kommanditgesellschaft Die Gründung		
	OHG	KG
Definition	– Zusammenschluss von zwei oder mehr Personen, deren Zweck der Betrieb eines Handelsgewerbes ist	– wie bei OHG – mindestens ein Komplementär (Vollhafter) und ein Kommanditist (Teilhafter)
Gesetz	– §§ 105 ff. Handelsgesetzbuch	– §§ 161 ff. Handelsgesetzbuch

Gründung	– Im **Innenverhältnis** (= Rechte und Pflichten der Gesellschafter untereinander) entsteht die OHG mit dem im Gesellschaftsvertrag vereinbarten Termin. – Der Gesellschaftsvertrag ist nicht formgebunden, ein schriftlicher Vertrag ist aber sinnvoll und üblich. – Werden Grundstücke als Kapitaleinlage erbracht, so muss der Gesellschaftsvertrag notariell beurkundet werden. – Im **Außenverhältnis** (= Rechtsbeziehung der Gesellschafter zu Dritten) wird die OHG spätestens durch die deklaratorische Eintragung der Firma in das Handelsregister Abteilung A gegründet. – Die Anmeldung muss von allen Gesellschaftern vollzogen werden. – Tätigt ein Gesellschafter schon vor der Eintragung im Namen der OHG Geschäfte, so gilt diese von diesem Zeitpunkt an als gegründet.	– wie bei OHG – Die Höhe der Einlage der Kommanditisten wird im Handelsregister veröffentlicht.

Aufgaben

1. ***Beschreiben Sie kurz den grundsätzlichen Unterschied zwischen dem Innenverhältnis und dem Außenverhältnis. Stellen Sie dabei auch eine Beziehung zu den Begriffen Geschäftsführung und Vertretung her.***
   Präzisieren Sie Ihre Beschreibung durch jeweils zwei konkrete Beispiele.

2. ***Herr Klein und Frau Odry betreiben zusammen einen Copyshop „Quick-Copy Stuttgart GbR". Der Copyshop nimmt am allgemeinen Wirtschaftsleben gewerblich teil. Beide überlegen, die GbR in eine OHG umzuwandeln.***
   Offene Handelsgesellschaften und Kommanditgesellschaften sind – im Gegensatz zur GbR – Kaufleute gemäß HGB. Welche Rechte und Pflichten ergeben sich daraus für Frau Odry und Herrn Klein (vgl. oben: Kaufmannseigenschaften)?

3. ***Wann gelten in folgenden Fällen die Gesellschaften im Innen- und/oder Außenverhältnis als gegründet? Begründen Sie Ihre Antwort.***
   a Fred Noss, Herbert Meis und Inge Kanler gründen die „Beauty – Sport- und Fitness OHG München". Die Eintragung in das Handelsregister wurde noch nicht beantragt. Herr Meis bestellt für die OHG am 12. Mai 20.. vier Laufbänder für 12.000,00 €.
   b Fred Noss, Herbert Meis und Inge Kanler wollen in einem Nebengebäude ihrer Sport- und Fitnessanlage in Hamburg einen Copyshop mit Internetcafe, eröffnen. In der „Copy- und Internet-Shop KG" sind Herr Noss und Frau Kanler Komplementäre. Herr Meis beteiligt sich als Kommanditist. Am 13. Februar verfassen und unterschreiben die Gesellschafter den Gesellschaftsvertrag. Die Eröffnung des Copyshops findet am 1. Mai statt. Die ersten Büromöbel bestellte Herr Noss am 22. Februar Die Handelsregistereintragung wird am 22. Juli 20.. vorgenommen.

In einer OHG haften alle Gesellschafter unbeschränkt (auch mit dem Privatvermögen), solidarisch (auch für Verbindlichkeiten der OHG, die andere Gesellschafter eingegangen sind) und unmittelbar (die Gläubiger können sich an jeden Gesellschafter wenden, um Ihre Forderungen einzuholen). Das gilt ebenfalls für die Vollhafter (Komplementäre) einer Kommanditgesellschaft.
Die Kommanditisten (Teilhafter) einer KG haften hingegen lediglich mit ihrer Einlage.

Vergleich der Offenen Handelsgesellschaft mit der Kommanditgesellschaft Finanzierung und Haftung		
	OHG	KG
Finanzierung	– Jeder Gesellschafter ist verpflichtet, seine im Gesellschaftsvertrag vereinbarte Kapitaleinlage in bar, Sach- oder Rechtswerten zu erbringen. – Ein Mindestkapital ist nicht vorgeschrieben. – Die Kapitaleinlage geht in das Eigentum der OHG über (Gesamthandvermögen). – Eine OHG wird von Kreditinstituten i. d. R. als kreditwürdig angesehen, da alle Gesellschafter auch mit ihrem Privatvermögen haften.	– wie bei OHG
Haftung	– Für die Verbindlichkeiten der OHG haften die Gesellschafter *unbeschränkt, unmittelbar und solidarisch.* – Die Gläubiger der OHG können sich *unmittelbar* an jeden Gesellschafter wenden, um ihre Forderungen auszugleichen. – Jeder Gesellschafter haftet *solidarisch* auch für die Verbindlichkeiten der OHG, die durch andere Gesellschafter verursacht wurden. – Die *unbeschränkte* Haftung bezieht sich sowohl auf das Geschäftsvermögen der OHG als auch auf das Privatvermögen der Gesellschafter. – Tritt ein neuer Gesellschafter in die OHG ein, so haftet er auch für die Verbindlichkeiten, die vor seinem Eintritt entstanden sind. – Scheidet ein Gesellschafter aus der OHG aus (*Kündigungsfrist sechs Monate zum Jahresende*), haftet er noch fünf Jahre für alle vor seinem Austritt entstandenen Schulden.	– Für die Verbindlichkeiten der OHG haften die Komplementäre *unbeschränkt, unmittelbar und solidarisch.* – Kommanditisten haften in Höhe der vereinbarten Einlage, unabhängig davon, wie viel der Haftungssumme schon eingezahlt wurde. – Die Haftungsbeschränkung ist erst nach Eintragung in das Handelsregister wirksam, vorher haften die Kommanditisten genauso wie die Komplementäre.

Verlust	– Soweit keine anderen vertraglichen Vereinbarungen vorliegen, wird ein Verlust zu gleichen Teilen von allen Gesellschaftern getragen (§ 121 HGB).	– Ein Verlust ist gemäß § 168 HGB in einem angemessenen Verhältnis von den Gesellschaftern zu tragen. – Anderslautende vertragliche Regelungen sind üblich, da die Formulierung „angemessenes Verhältnis" sehr ungenau ist. – Wird die Kapitaleinlage eines Kommanditisten durch seinen Verlustanteil gemindert, so kann er einen späteren Gewinn nicht einfordern, bis die vereinbarte Einlage wiederum erreicht ist. – Bereits an den Kommanditisten ausgezahlte Gewinne brauchen nicht zurückerstattet zu werden.

Vor allem hinsichtlich der Geschäftsführung und der Vertretung ist die OHG wesentlich flexibler als eine BGB-Gesellschaft.

Vergleich der Offenen Handelsgesellschaft mit der Kommanditgesellschaft Geschäftsführung und Vertretung		
	OHG	KG
Geschäftsführung	– Jeder Gesellschafter besitzt Einzelgeschäftsführungsbefugnis, d. h., jeder Gesellschafter darf alle Handlungen vornehmen, die der Betrieb des Unternehmens *gewöhnlich* mit sich bringt. – Bei *außergewöhnlichen* Geschäften (Kauf oder Verkauf von Grundstücken, Aufnahme eines hohen Kredites etc.) ist die Zustimmung *aller* Gesellschafter erforderlich. – Die Einzelgeschäftsführungsbefugnis ist ferner dahin gehend eingeschränkt, dass die anderen Gesellschafter im Einzelfall ein *Widerspruchsrecht* haben. Wird einer Maßnahme widersprochen, so muss diese unterbleiben. – Die Geschäftsführungsbefugnis kann auch vertraglich eingeschränkt oder aufgehoben werden. Ein nicht geschäftsführender Gesellschafter besitzt Kontrollrecht, d. h., er kann in die Bücher und den Geschäftsbetrieb Einsicht nehmen, um sich über die Lage des Unternehmens zu informieren.	– Geschäftsführung und Vertretung unterliegen *ausschließlich* den Vollhaftern. Es gelten die gleichen Vorschriften, die auch für die Gesellschafter einer OHG anzuwenden sind. – Die Kommanditisten sind von der Geschäftsführung und Vertretung ausgeschlossen. Sie haben aber ein Widerspruchsrecht bei allen *außergewöhnlichen* Geschäften, nicht jedoch bei gewöhnlichen. – Die Kommanditisten haben ein *Kontrollrecht*, d. h., sie können Einblick in den *Jahresabschluss* der Gesellschaft nehmen und diesen durch Einsicht in die Bücher, und Papiere der Gesellschaft kontrollieren. – Ein Recht auf die laufende Kontrolle der Bücher wie die nicht geschäftsführenden Gesellschafter einer OHG, besitzen die Kommanditisten nicht.

Geschäfts-führung	– Die Erteilung der Prokura bedarf der Zustimmung der *geschäftsführenden* Gesellschafter. Der Widerruf einer Prokura kann indes durch einen Gesellschafter erfolgen.[1]	
Vertretung	– Grundsätzlich kann jeder Gesellschafter die OHG allein vertreten (Einzelvertretungsrecht). Der Gesellschaftsvertrag kann dieses Recht einschränken § 125 HGB. – Der Ausschluss der Vertretungsmacht muss im Handelsregister eingetragen werden.	– Geschäftsführung und Vertretung unterliegen *ausschließlich* den Vollhaftern. Es gelten die gleichen Vorschriften, die auch für die Gesellschafter einer OHG anzuwenden sind. – Kommanditisten sind von der Vertretung ausgeschlossen.

Aufgaben

1. ***Welche sind die wesentlichen Unterschiede zwischen einer GbR und einer OHG hinsichtlich der Haftung, der Kapitalaufbringung, der Geschäftsführung und der Vertretung? Stellen Sie Ihre Ausführungen übersichtlich, tabellarisch dar.***

2. ***Herr Schmitt ist (mit Herrn Schulze) Gesellschafter der „Lebensmittel aller Art – Schmitt & Schulze OHG". Wie ist die Rechtslage in folgenden Fällen, wenn die gesetzlichen Regelungen greifen? Begründen Sie Ihre Antwort.***
   a Herr Schmitt nimmt für die OHG einen Kredit in Höhe von 5.000,00 € auf.
   b Herr Schmitt erteilt seiner Ehefrau Prokura.
   c Herr Schmitt stellt eine Verkäuferin ein.
   d Herr Schmitt möchte ein Grundstück für 500.000,00 € kaufen.
   e Herr Schulze hat Hummer für 10.000,00 € bestellt. Der Lieferant hat vertragsgemäß geliefert und fordert nun das Geld von Herrn Schmitt.
   f Herr Schmitt will Frau Schnecke als Gesellschafterin in die OHG aufnehmen.

3. ***Was verstehen Sie bei einer OHG***
   a unter dem Wettbewerbsverbot,
   b unter dem Kontrollrecht,
   c unter dem Gesamthandvermögen,
   d unter der Einzelvertretungsbefugnis?

4. ***Erläutern Sie den Unterschied beim a) Widerspruchsrecht und b) Kontrollrecht der Kommanditisten und der Komplementäre.***

5. ***Welches sind die wesentlichen Unterschiede eines Komplementäres und eines Kommanditisten hinsichtlich der Haftung, der Kapitalaufbringung, der Geschäftsführung, Vertretung und des Verlustanteils? Stellen Sie Ihre Ausführungen übersichtlich tabellarisch dar.***

---

[1] *Die Prokura wird im Verlaufe des Buches noch ausführlich dargestellt.*

<table>
<tr><th colspan="3">Vergleich der Offenen Handelsgesellschaft
mit der Kommanditgesellschaft

Gewinnverteilung</th></tr>
<tr><th></th><th>OHG</th><th>KG</th></tr>
<tr><td>Gewinnverteilung</td><td>– Jeder Gesellschafter kann zur Bestreitung seines Lebensunterhaltes während des Geschäftsjahres 4 % seines (für das letzte Geschäftsjahr ermittelten) Kapitalanteils entnehmen.
– Dies gilt auch, wenn die OHG Verluste macht (§ 122 HGB).
– Sofern der Gesellschaftsvertrag keine anderen Vereinbarungen enthält, erhält jeder Gesellschafter zum Ende des Geschäftsjahres 4 % seiner Kapitaleinlage (=Vordividende).
– Ein verbleibender Restgewinn wird nach Köpfen aufgeteilt (§ 121 HGB).
– Reicht der Jahresgewinn zur Auszahlung der Vordividende nicht aus, so wird ein entsprechend kleinerer Prozentsatz errechnet.
– Privatentnahmen und Privateinlagen im Laufe des Geschäftsjahres müssen zinsmäßig berücksichtigt werden.</td><td>– Ist keine vertragliche Vereinbarung vorhanden, so erhält jeder Gesellschafter 4 % seiner Kapitaleinlage (Vordividende).
– Ein verbleibender Restgewinn wird im angemessenen Verhältnis verteilt (§ 168 HGB).
– Der Gewinnanteil eines Kommanditisten wird seinem Kapitalkonto so lange gutgeschrieben, bis die vereinbarte Einlage erreicht ist.
– Ist die Einlage bereits voll erbracht, wird der Gewinnanteil an den Teilhafter ausgezahlt.</td></tr>
</table>

Verluste werden zu gleichen Anteilen getragen.

Beispiel:
Die Gewinnverteilung der „Beauty – Sport- und Fitness OHG München“:
Jahresgewinn 114.000,00 €, die Verteilung erfolgt gemäß HGB.

Gesellschafter	Einlage	Vordividende (4 % der Einlage)	Restgewinn (pro Kopf)	Gesamtgewinn
Fred Noss	200.000,00 €	8.000,00 €	30.000,00 €	38.000,00 €
Herbert Meis	100.000,00 €	4.000,00 €	30.000,00 €	34.000,00 €
Inge Kanler	300.000,00 €	12.000,00 €	30.000,00 €	42.000,00 €
Summe	**600.000,00 €**	**24.000,00 €**	**90.000,00 €**	**114.000,00 €**

(Restgewinn (90.000,00 €) = Reingewinn (114.000,00 €) – Vordividende (24.000,00 €)

Aufgaben

1. ***Susanne Reschke (Einlage zu Beginn des Geschäftsjahres 200.000,00 €), Werner Ried (300.000,00 €), Hugo Schreiber (500.000,00 €) und Frieda Soboll (400.000,00 €) sind Gesellschafter der Sport- und Fitnesskette „FitFunFunny OHG".***
   a *Die OHG erzielt einen Gewinn von 256.000,00 €. Wie wird der Gewinn verteilt, wenn keine vertragliche Vereinbarung getroffen wurde? Ermitteln Sie den Gesamtgewinn jedes Gesellschafters.*
   b *Die OHG macht einen Verlust von 248.000,00 €. Wie hoch ist der Verlustanteil jedes Gesellschafters gemäß HGB?*
   c *Die OHG erwirtschaftet einen Verlust in Höhe von 560.000,00 €. Gemäß Gesellschaftsvertrag wird ein Verlust im Verhältnis zur Einlage zum Jahresbeginn getragen. Berechnen Sie den Verlustanteil für jeden Gesellschafter.*
   d *Wie viel € würde jeder Gesellschafter gemäß HGB erhalten, wenn der Gewinn lediglich 42.000,00 € betrüge?*
   e *Susanne Reschke hat am 30. Juni des Jahres mit Zustimmung aller Gesellschafter 50.000,00 € ihrer Kapitaleinlage entnommen. Herr Schreiber hat zum gleichen Zeitpunkt seine Einlage um 100.000,00 € erhöht. Im Gesellschaftsvertrag ist die Gewinnverteilung nicht geregelt. Wie hoch ist der Gewinnanteil jedes Gesellschafters bei einem Jahresgewinn von 85.000,00 €?*

2. ***Bernd Kaz und Birgit Pütz sind Komplementäre der „Software – Pflege und Entwicklung KG" mit je 150.000,00 € Einlage. Rüdiger Alt ist als Kommanditist mit 100.000,00 € beteiligt, die er zu 80 % eingezahlt hat.***
   a *Gemäß Gesellschaftsvertrag erhält Herr Alt vom Reingewinn 8 % seiner Einlage. Ein darüber hinausgehender Gewinn wird bis zu 100.000,00 € thesauriert (für Investitionen einbehalten), der Rest wird unter den Vollhaftern nach Köpfen aufgeteilt. Wie viel erhält jeder Gesellschafter ausgezahlt, wenn der Gewinn a) 110.000,00 € oder b) 300.000,00 € beträgt?*
   b *Herr Kaz möchte seinen Neffen als Programmierer einstellen. Herr Alt mag den Neffen nicht und möchte die Einstellung verhindern. Wie ist die Rechtslage?*
   c *Birgit Pütz plant den Verkauf eines Firmengrundstückes und des dort gebauten Verwaltungsgebäudes. Wie ist die Rechtslage?*
   d *Am 20. August hat Herr Alt Urlaub. Er geht in die Buchhaltungsabteilung der KG und möchte alle Geschäftsunterlagen einsehen, da ihm langweilig ist. Wie ist die Rechtslage?*

4.6.2 Die Aktiengesellschaft

Die **Aktiengesellschaft (AG)** ist eine juristische Person, deren Gesellschafter (**Aktionäre**) nicht persönlich haften. Die Aktionäre sind an der AG mit den Anteilen ihrer Aktie beteiligt. Die Aktiengesellschaft (AG) ist eine Kapitalgesellschaft. Ihr Grundkapital muss mindestens 50.000,00 € betragen. Das Grundkapital teilt sich in Aktien auf, die leicht zu veräußern sind.

Aktien sind Wertpapiere, die bestimmte Rechte verbriefen:
- Stimmrecht in der Hauptversammlung
- Recht auf ein Dividendenanteil
- Recht auf Liquidationserlös
- Recht auf den Bezug neuer Aktien

DAX: Ein Spiegelbild der deutschen Wirtschaft

Aktuelle Zusammensetzung und prozentuale Gewichtung der Unternehmen im Deutschen Aktienindex (Stand 22.12.2008)

Änderung der Index-Zusammensetzung

Austauschdatum	Aufsteiger	Absteiger
03.09.1990	Metallgesellschaft	Feldmühle Nobel
03.09.1990	Preussag*	Nixdorf Vz.
18.09.1995	SAP Vz.	Deutsche Babcock
22.07.1996	Metro*	Kaufhof
23.09.1996	Münchener Rückversicherung	Continental
18.11.1996	Deutsche Telekom	Metallgesellschaft
22.06.1998	Bay. Hypo- u. Vereinsbank*	Bay. Vereinsbank
22.06.1998	adidas-Salomon	Bay. Hypo- u. Wechselbank
21.12.1998	DaimlerChrysler*	Daimler-Benz
22.03.1999	Degussa-Hüls*	Degussa
25.03.1999	ThyssenKrupp*	Thyssen
20.09.1999	Fresenius Medical Care	Hoechst
14.02.2000	Epcos	Mannesmann
19.06.2000	E.ON*	Veba

Austauschdatum	Aufsteiger	Absteiger
19.06.2000	Infineon Technologies	Viag
18.12.2000	Degussa*	Degussa-Hüls
19.03.2001	Deutsche Post	Karstadt Quelle
23.07.2001	MLP Vz.	Dresdner Bank
23.09.2002	Altana	Degussa
23.12.2002	Deutsche Börse	Epcos
22.09.2003	Continental	MLP Vz.
19.12.2005	Hypo Real Estate	Bay. Hypo- u. Vereinsbank
18.09.2006	Deutsche Postbank	Schering
18.06.2007	Merck KGaA	Altana
22.09.2008	K + S	TUI
22.12.2008	Beiersdorf	Continental
22.12.2008	Salzgitter	Hypo Real Estate

*durch Fusion oder Abspaltung Quelle: Deutsche Börse © Globus 2576

Eine AG kann durch eine oder mehrere Personen gegründet werden. Der Gründungsvorgang ist detailliert im Aktiengesetz (§§ 23 – 53 AktG) beschrieben. Er umfasst neun Phasen:

1. Phase: Feststellung der Satzung

Die Gründer müssen zunächst eine Satzung feststellen, die folgenden Mindestinhalte hat:
- Firma und Sitz der AG
- Gegenstand des Unternehmens
- Höhe des Grundkapitals (mindestens 50.000,00 €)
- Zerlegung des Grundkapitals in Nenn- oder Stückaktien u. a. m. (§ 23 Abs. 3 AktG)
- Bestimmungen über die Form der Bekanntmachung

Darüber hinaus sind zusätzliche Angaben bei Sachgründungen zu machen (siehe § 27 AktG). Auch müssen Angaben zum Gründungsaufwand gemacht werden.
Nachdem die Gründer die Satzung zusammengestellt haben, wird diese in notarieller Form festgestellt.

2. Phase: Zeichnung der Aktien

Nach der Feststellung der Satzung müssen die Gründer sämtliche Aktien übernehmen („zeichnen"). Die Anteile der einzelnen Gründer müssen in der notariell beurkundeten Gründungsurkunde angegeben werden. Mit dieser Übernahme ist die Gesellschaft errichtet.

3. Phase: Bestellung der Gründungsorgane

Nach der Gründung werden die Organe bestellt. Die Gründer bestellen den Aufsichtsrat, der zunächst nicht der Mitbestimmung unterliegt, dieser bestellt den Vorstand.

4. Phase: Aufbringung des Grundkapitals

Danach fordert der Vorstand die Bareinlagen der Gründer ein. Die Gründer müssen mindestens ein Viertel des geringsten Ausgabebetrages einzahlen.
Sacheinlagen müssen regelmäßig unverzüglich geleistet werden, es sei denn, bei der Sacheinlage handelt es sich um eine Verpflichtung, dann kann sie der AG innerhalb von fünf Jahren übergeben werden.

5. Phase: Gründungsbericht

Die Gründer haben schriftlichen Bericht über die Gründung zu erstatten.

6. Phase: Gründungsprüfung

Der Gründungsbericht wird durch Mitglieder von Vorstand und Aufsichtsrat geprüft. Meistens wird in der Praxis zusätzlich ein externer Prüfer gerufen, der den Vorstand und Aufsichtsrat berät.

7. Phase: Anmeldung zum Handelsregister

Die AG wird durch alle Gründer, Vorstände und Aufsichtsratsmitglieder zur Eintragung in das Handelsregister angemeldet. Der Anmeldung sind die Satzung, die Bestellungsurkunden für Vorstand und Aufsichtsrat, der Gründungs- und Prüfbericht sowie ggf. der Sachgründungsbericht beizufügen.

8. Phase: Registerrichterliche Prüfung

Das Gericht prüft formell die Gründungsvorschriften.

9. Phase: Eintragung in das Handelsregister

Nach abgeschlossener Prüfung erfolgt die Eintragung in das Handelsregister. Mit der Eintragung entsteht die AG. Die Eintragung ist bekannt zu machen.

Eine AG besteht aus einem Vorstand, dem Aufsichtsrat und der Hauptversammlung.

- Der **Vorstand** ist das leitende Organ der AG. Er wird vom Aufsichtsrat auf fünf Jahre bestellt. Vorstände erhalten ein Gehalt, genannt Vorstandstantieme, das im Jahresabschluss ausgewiesen wird. Der Vorstand führt die Geschäfte, vertritt die Gesellschaft, berichtet regelmäßig dem Aufsichtsrat über die Geschäftslage und erstellt den Jahresabschluss. Außerdem beruft er die Hauptversammlung ein.

- Der **Aufsichtsrat** besteht aus mindestens drei Mitgliedern. Aufsichtsratsmitglieder erhalten Tantieme; sie sind allerdings nicht Angestellte der AG. Der Aufsichtsrat bestellt und beruft den Vorstand ab. Er überwacht die Arbeit des Vorstandes und prüft den Jahresabschluss. Auch kann er eine außerordentliche Hauptversammlung einberufen, wenn es das Wohl der Gesellschaft, beispielsweise bei drohenden hohen Verlusten, verlangt.

- Die **Hauptversammlung** besteht aus den Aktionären. Sie wählen mit Zweidrittelmehrheit den Aufsichtsrat und berufen diesen auch ab. Nach dem Bericht des Aufsichtsrates akzeptieren sie die Tätigkeit des Vorstandes und Aufsichtsrates (Entlastung). Die Hauptversammlung entscheidet bei wichtigen Grundsatzfragen (z. B. Satzungsänderungen). Außerdem beschließt sie über die Gewinnverwendung.

Die AG wird von mindestens einem Vorstand **geleitet**, der eine natürliche Person sein muss. Die Geschäftsführungs- und Vertretungsbefugnis des Vorstandes kann nicht beschränkt werden. Besteht der Vorstand aus mehreren Personen, erfolgt eine Abstimmung der Mitglieder. Diese Abstimmung kann nach Ressort gegliedert sein, in dem der jeweilige Vorstand alleine entscheiden kann. Oder die Abstimmung erfolgt nach Mehrheitsregeln.
Die AG wird durch ihre Gesellschafter, die Aktionäre, **finanziert**. Der niedrige Nennbetrag einer Aktie (mindestens 1,00 €) kann schon bei geringen Anlagenbeträgen zum Kauf einer Aktie führen. Durch die hohe Schnelligkeit des Kaufes und Verkaufes einer Aktie an der Börse ist sie als Spekulations-, aber auch als Anlageobjekt sowohl für institutionelle Anleger als auch für Kleinaktionäre interessant.

Wenn eine AG gegründet worden ist, **haftet** nur diese AG mit ihrem Geschäftsvermögen für die Verbindlichkeiten der Gläubiger. Für Mängel in der Gründung haftet die verantwortliche Personengruppe gesamtschuldnerisch.
Wie auch bei der GmbH haftet der Vorstand dafür, dass er die Gesellschaft sorgfältig führt. Dabei soll er im Interesse der Gesellschaft und der Aktionäre handeln.
Aufgrund des festgestellten Jahresabschlusses können Vorstand und Aufsichtsrat bis zur Hälfte (des um den Verlustvortrag und um die Einstellung in die gesetzliche Rücklage verminderten Teils) des **Jahresüberschusses** in die Gewinnrücklagen einstellen. Über den verbleibenden Teil des Jahresüberschusses (der Bilanzgewinn) entscheidet dann die Hauptversammlung.
Ein **Verlust** wird zunächst durch Entnahmen aus den Gewinnrücklagen buchhalterisch ausgeglichen. Es ist möglich, dass der Vorstand im Einvernehmen mit Aufsichtsrat und Hauptversammlung zusätzlich Kapital aus den Gewinnrücklagen bucht, um eine Dividende zahlen zu können.
Falls die Gewinnrücklage aufgebraucht ist, werden die Kapitalrücklage und die gesetzliche Rücklage aufgelöst. Diese beiden Rücklagen dürfen nur zur Deckung eines Fehlbetrages verwendet werden, nicht jedoch zur Dividendenzahlung.

Aufgaben

1. ***Erläutern Sie kurz die Organe einer Aktiengesellschaft.***
2. ***Das Grundkapital einer Aktiengesellschaft beträgt 700.000,00 €. Der Nennwert einer Aktie dieser AG liegt bei 5,00 €. Wie viele Aktien des Unternehmens existieren?***
3. ***Welche Rechte erhält ein Anteilseigner (Aktionär) durch den Kauf einer Aktie?***
4. ***In welcher Höhe haftet ein Aktionär für das Unternehmen?***

4.6.3 Die KGaA

Die Kommanditgesellschaft auf Aktien ist eine Kapitalgesellschaft, die jedoch Elemente der Kommanditgesellschaft beinhaltet.
Vereinfacht dargestellt arbeitet diese Rechtsform so: Die Komplementäre sind wie bei einer KG die Vollhafter und somit auch geschäftsführungs- und vertretungsbefugt. Die Kommanditisten haften nur mit ihrer Einlage. Im Unterschied zur reinen Kommanditgesellschaft besteht die Einlage der Kommanditisten jedoch aus Aktien.

4.6.4 Die GmbH & Co. KG

Die **GmbH & Co. KG** ist eine Kommanditgesellschaft, deren Komplementär (Vollhafter) eine Gesellschaft mit beschränkter Haftung (GmbH) ist.
Rechtlich gesehen handelt es sich bei der GmbH & Co. KG um eine Personengesellschaft. Der „Vollhafter" ist dabei eine GmbH, die lediglich mit dem Betriebsvermögen haftet, unter Umständen also mit nicht mehr als 25.000,00 €
Normalerweise sind die Kommanditisten gleichzeitig Gesellschafter der GmbH. Bei dieser Rechtsform ist es somit den Kommanditisten möglich, direkt an der Geschäftsführung und Vertretung teilzunehmen. Als angestellte Geschäftsführer der GmbH beeinflussen Sie die Geschicke des Unternehmens, ohne persönlich zu haften.
Die meisten Kommanditgesellschaften in der Rechtsform der GmbH & Co. KG wurden aus steuerlichen Gründen vor 1976 gegründet. Bis zu diesem Zeitpunkt wurden die Gewinne einer reinen GmbH zunächst mit Körperschaftsteuer belegt, anschließend wurde dieser schon besteuerte Gewinn bei den einzelnen Gesellschaftern noch mit der Einkommensteuer besteuert. Die Gewinne der Personengesellschaft GmbH & Co. KG unterlagen indes nur der Einkommensteuer. Seit der Körperschaftsteuerreform von 1976 ist die Doppelbesteuerung jedoch hinfällig.
Auch heute sprechen noch einige steuerliche Aspekte für die Rechtsform der GmbH & Co. KG, allerdings sind diese wesentlich komplizierter. Im Einzelfall muss von Fachleuten durchgerechnet werden, ob eine GmbH & Co. KG oder eine GmbH steuerlich günstiger ist.
Weitere Gründe für eine GmbH & Co. KG sind z. B. die Umgehung der Publizitätspflicht der Kapitalgesellschaften oder die geminderte Mitbestimmung der Arbeitnehmer bei Personengesellschaften.

4.6.5 GmbH & Co. KGaA

Die **GmbH & Co. KGaA** als Mischform der GmbH & Co. KG und der KGaA hat sich in den letzten Jahren vornehmlich in den Lizenzspielerabteilungen der Fußballbundesliga etabliert.

Beispiel:
Borussia Dortmund, Hertha BSC Berlin, der SV Werder Bremen und der 1. FC Köln werden als GmbH & Co. KGaA geführt.

4.6.6 Die Genossenschaft

Die Genossenschaft ist ein Zusammenschluss von natürlichen und/oder juristischen Personen. Genossenschaften arbeiten i. d. R. wirtschaftlich, um ein gemeinsames Ziel zu erreichen

oder um gemeinsame Interessen zu verfolgen. Einkaufsgenossenschaften sind beispielsweise in der Landwirtschaft und im Mittelstand häufig anzufinden.
Für die Gründung einer Genossenschaft sind mindestens drei Personen nötig. Die Genossenschaft muss in das Genossenschaftsregister eingetragen werden und erhält i. d. R. die Abkürzung eG. Geschäftsführung und Vertretung erfolgen bei dieser Rechtsform durch einen Vorstand, der aus mindestens zwei Mitgliedern bestehen muss.

Beispiel:
Volks- und Raiffeisenbanken sind Genossenschaften.

4.6.7 Die stille Gesellschaft

Bei der stillen Gesellschaft geht die Einlage eines Kapitalgebers in das Vermögen eines Kaufmanns über. Der Name des Kapitalgebers und die Höhe seiner Einlage erscheinen nicht im Handelsregister.
Die stille Gesellschaft ermöglicht es einem Kaufmann, einen anderen zu beteiligen, ohne das er in der Geschäftsführung und Vertretung beschränkt wird. Die Beteiligung wird nach Außen nicht sichtbar. Es entsteht kein echtes Gesellschafterverhältnis, sondern ein langfristiges Gläubigerverhältnis.
Der stille Gesellschafter hat das Kontrollrecht wie ein Kommanditist, d. h., er darf den Jahresabschluss überprüfen. Gewöhnlich ist der stille Gesellschafter vertraglich am Gewinn beteiligt, nicht jedoch am Verlust.

4.6.8 Die Partnerschaftsgesellschaft

Die **Partnerschaftsgesellschaft** ist eine Sonderform der OHG für die freien Berufe.
Das Partnerschaftsgesellschaftsgesetz (PartGG) ermöglicht es den Freiberuflern, neben einer GbR, eine neue Rechtsform zu wählen. Die Rechtsform der Partnerschaftsgesellschaft steht allen Freiberuflern offen. Sie lehnt sich bezüglich Vertretung, Geschäftsführung und Haftung eng an die Vorschriften für die OHG an.
Bei der Gründung einer Partnerschaftsgesellschaft muss ein schriftlicher Gesellschaftsvertrag aufgesetzt werden. Partner können nur natürliche Personen sein, juristische Personen (z. B. GmbH, AG) sind ausgeschlossen.
Der Name der Partnerschaftsgesellschaft wird beim Amtsgericht im **Partnerschaftsregister** eingetragen. Der Name muss den Zusatz „und Partner" oder „Partnerschaft" enthalten sowie mindestens einen Namen eines Partners und die in der Partnerschaft vertretenen Berufe.

Beispiel:
Fred Schubert, Rechtsanwalt, Erika Engelhardt, Steuerberaterin, und Wilfried Wirt, Wirtschaftsprüfer, gründen eine Partnerschaftsgesellschaft. Der einzutragende Name kann u. a. lauten „Engelhardt & Partner – Rechtsanwälte, Steuerberater, Wirtschaftsprüfer" oder Wirt, Schubert, Engelhardt Partnerschaft – Rechtsanwälte, Steuerberater, Wirtschaftsprüfer".

Aufgaben

1. ***Erläutern Sie den Aufbau einer GmbH & Co. KG***
2. ***In welcher Abteilung des Handelsregisters wird die Einlage eines stillen Gesellschafters veröffentlicht, der sich mit 100.000,00 € an einer OHG beteiligt?***

3. *Erläutern Sie die gesetzlichen Regelungen zur Geschäftsführung und Vertretung*
a einer GmbH & Co. KG,
b einer Genossenschaft,
c einer stillen Gesellschaft,
d einer Partnerschaftsgesellschaft.

4. *Lesen Sie nochmals die Ausgangssituation zu diesem Lernfeld.*
a Erklären Sie Sarah, Gabriela und Thomas die Rechtsform der GmbH & Co. KGaA, in der Borussia Dortmund geführt wird.
b Thomas erzählt, dass Bayern München zum Teil ein Verein ist, zum Teil als Aktiengesellschaft geführt wird. Erklären Sie kurz die beiden Rechtsformen.

Zusammenfassung

Weitere Rechtsformen im Überblick			
Offene Handelsgesellschaft	**Kommanditgesellschaft**	**Aktiengesellschaft**	**Kommanditgesellschaft aA**
– Gesellschafter haften unmittelbar, unbeschränkt, solidarisch. – Einzelvertretungsrecht und -geschäftsführung jedes Gesellschafters – Gewinnverwendung: jeder Gesellschafter erhält 4 % seiner Einlagen. Ein Restgewinn wird nach Köpfen verteilt. – kein Mindestkapital erforderlich	– Komplementäre haften wie OHG-Gesellschafter, Kommanditisten mit ihrer Einlage. – Geschäftsführung und Vertretung durch Komplementäre, Kommanditisten haben Kontrollrecht. – Gewinnverwendung: Jeder Gesellschafter erhält 4 % seiner Einlage. Ein Restgewinn wird im angemessenen Verhältnis verteilt. – Kein Mindestkapital erforderlich.	– Haftung ist auf das Betriebsvermögen beschränkt. – Vorstand vertritt die AG nach außen und führt die Geschäfte. – Gewinnverteilung gemäß Beschluss der Hauptversammlung. – Finanzierung durch Ausgaben von Aktien, Grundkapital mindestens 50.000,00 €	– wie KG, Kommanditisten sind Aktionäre (vereinfachte Darstellung) **GmbH & Co. KG** – KG, dessen Vollhafter eine GmbH ist (vereinfachte Darstellung) **GmbH & Co. KGaA** – Mischform aus GmbH & Co. KG und KGaA (in der Fußballbundesliga häufig vorkommend) **Weitere Formen** – Genossenschaft, stille Gesellschaft, Partnergesellschaft etc.

Lernfeld 2
Die Berufsausbildung selbstverantwortlich mitgestalten

Thomas: Hallo Sarah, hallo Gabriela, habt ihr schon von Marc gehört, der ist ganz schön mit seinem Chef aneinandergeraten?

Sarah: Nein, was ist denn passiert?

Thomas: Marc hat seinem Chef erklärt, dass er nicht mehr bereit sei, 50 Stunden in der Woche und jeden Sonntag zu arbeiten, er möchte auch mal freihaben.

Gabriela: Und was hat sein Chef dazu gesagt?

Thomas: Er sei nur der Auszubildende und außerdem müsse er arbeiten, da er schon über 18 Jahre alt sei.

Gabriela: Ist ja ein Zufall. Gestern bin ich beim Rumsurfen im Internet auf ein Forum für Sport- und Fitness gestoßen. Da hat eine Auszubildende ein ähnliches Problem geäußert. Hier, ich zeig euch mal einen Ausdruck des Beitrags, wollte ich heute eigentlich im Unterricht mal ansprechen.

> vivian91: Hallo, kennt sich jemand mit den Arbeitszeiten in der Ausbildung aus? Ich muss täglich 10 Stunden arbeiten, sogar sonntags. Mein Chef lässt mich auch noch nach der Berufsschule antanzen, echt stressig. Er sagt immer, dass ich doch schon 18 bin und mich nicht so anstellen solle. Dann kommen da noch so Sprüche wie: Lehrjahre sind keine Herrenjahre oder Azubi kommt von Auszubeutender:-(
> Zur Krönung muss ich auch noch den zweiten Berufsschultag nacharbeiten, deshalb jeden Sonntag ran. Das heißt nur ein freien Tag in der Woche, samstags – nix mit Party bis morgens. Irgendwie fühle ich mich ganz schön ausgebeutet. Da muss es doch Regelungen geben, oder? Eigentlich wollte ich die Ausbildung nicht gleich wieder hinschmeißen, aber unter diesen Bedingungen ... Vielleicht könnt ihr ja helfen, also wer Rat weiß, bitte melden ;-)

Sarah: Das scheint dann ja häufiger vorzukommen. Stimmt das denn, dass man mit über 18 Jahren zu jeder Zeit arbeiten muss, die dem Chef gefällt oder gibt es da Einschränkungen?

Thomas: Keine Ahnung! Aber ich musste im ersten Monat in der Woche auch über 50 Stunden arbeiten, weil ein Mitarbeiter länger wegen Krankheit ausfiel, da war ich noch nicht einmal 18. War aber eben nur ein Monat.

Sarah: Dann lass uns doch mal rausfinden, ob das bei dir und Marc alles korrekt gelaufen ist, da muss es doch Vorschriften geben.

Thomas: Gute Idee. Aber wo schaut man da am besten nach, im Internet?

Gabriela: Bei uns in der Schulbibliothek gibt es doch auch bestimmt irgendwelche Gesetzbücher oder andere Literatur dazu.

Thomas: Über das duale System haben wir ja schon etwas gehört und herausgefunden. Da muss es doch noch mehr geben, was in Richtung erlaubte Arbeitszeit zielt. Ich hol mal schnell meinen Nutzerausweis und dann lass uns loslegen.

Die drei gehen in die Schulbibliothek und recherchieren mit der Stichwortsuche im Bibliothekscomputer.

Thomas: Hier habe ich schon einen Treffer unter Ausbildung – das Berufsbildungsgesetz.

Sarah: Hab ich doch gesagt, dass es dafür Gesetze gibt. Schau mal, das liegt als gedruckte Fassung und sogar als PDF-Datei vor, lass uns die gleich mal anklicken.

Sarah: Das sind aber viele Punkte – 105 Paragrafen, das müssen wir uns wohl in Ruhe anschauen.

Thomas: Richtig, lass uns das mal systematisch angehen. Ich leihe mal die gedruckte Fassung aus, damit lässt sich besser arbeiten …

Neben der Klärung der Fragen, ob Marc, der Mitschüler unserer drei Azubis, so lange und auch sonntags arbeiten muss oder ob es rechtens ist, dass die Berufsschulzeit nachgearbeitet werden muss, wie dies im Internetforum problematisiert wurde, finden Sie in diesem Kapitel auch noch Antworten auf folgende Fragen:

- Wie lernt man richtig?
- Welche Inhalte hat die Ausbildung im Betrieb und in der Berufsschule?
- Welche Arbeitszeitregelungen und Schutzgesetze gibt es für Auszubildende?
- Welche besonderen Regelungen gelten für Schwangere oder junge Mütter in der Ausbildung?
- Wie können Jugendliche oder Auszubildende ihre Interessen im Betrieb durchsetzen?
- Welche wichtigen Regelungen gibt es zum Arbeits-, Gesundheits- und Umweltschutz, damit im Ausbildungsbetrieb nichts Gefährliches passiert?
- Wer ist zuständig, wenn bei der Arbeit oder in der Schule doch ein Unfall passiert?
- Welche Gründe und Wege gibt es, den Umweltschutz dauerhaft in einem Unternehmen zu integrieren?
- Wie können betriebliche und private Daten geschützt werden?
- Was passiert, wenn man arbeitslos wird oder kein Geld mehr zum Leben hat?
- Wie ist man gegen Krankheiten oder später gegen Pflegebedürftigkeit im Alter abgesichert?
- Welche finanzielle Absicherung besteht nach Ende des Arbeitslebens?
- Wie kann man zusätzlich noch privat für das Alter vorsorgen?

1 Das Lernen selbst organisieren

1.1 Die Notwendigkeit lebenslangen Lernens anerkennen

Bis vor etwa 20 Jahren galt vielfach noch der klassische Lebens- und Bildungsweg „Schule – Ausbildung – Beruf – Ruhestand", bei dem der einmal erlernte Beruf sozusagen zum Lebensberuf wurde. Das Erlernen neuer Berufe war im Wesentlichen nicht notwendig, eine Weiterbildung gab es häufig nur in konkreten Umbruchsituationen (bspw. Einführung neuer Technologien), die aber nur in relativ großen Zeitabständen von mehreren Jahren auftraten. In einigen Industriezweigen war es über Jahrzehnte sogar nicht einmal notwendig, die Arbeitsstelle zu wechseln, man arbeitete von der Ausbildung bis zur Rente im selben Unternehmen.

Heute stehen die **Gesellschaft** und der Einzelne vor vielfältigen **Herausforderungen** und rasanten **Entwicklungen**.

- Experten zufolge verdoppelt sich das technische Wissen etwa alle drei Jahre. Das heißt, dass immer mehr neue Technologien Einzug in unseren privaten und Arbeitsalltag halten, die erst einmal beherrscht werden müssen. Die Informationstechnologien machen eine Kommunikation in nahezu Echtzeit möglich. Man kann jederzeit und überall erreichbar sein – Kommunikationsgrenzen gibt es damit nicht mehr.
- Die Globalisierung hat zur Folge, dass Unternehmen weltweit in direkter Konkurrenz zueinander stehen. Hier müssen globale Strategien und lokale Besonderheiten der Märkte in Einklang gebracht werden. Ländergrenzen verschwinden damit ebenso.
- Das Wissen nimmt ebenfalls in allen Bereichen rasant zu. Es ist unmöglich, dass ein Einzelner diese Flut an Informationen noch überblicken und verarbeiten kann. Das Wissen, das ein europäischer Durchschnittsmensch im 17. Jahrhundert im Laufe seines ganzen Lebens gesammelt hat, steht vom Umfang her heutzutage allein in der Werktagausgabe einer der großen Tageszeitungen. Hier wird deutlich, dass man Strategien entwickeln muss, mit dieser Fülle selbstbestimmt umzugehen. Immer neue Erkenntnisse bedeuten aber auch, dass altes (falsches) Wissen verworfen werden muss.

Darüber hinaus gibt es zukünftige Entwicklungen und Herausforderungen, die eine starke Flexibilität und ein ständiges Dazulernen erfordern.

- In Deutschland müssen wir beispielsweise die Gesellschaft vor dem Hintergrund des demografischen Wandels (weniger Kinder, mehr ältere Leute, längere Lebenserwartungen) gestalten.
- National und global gilt es, auf Herausforderungen wie den Klimawandel, das Erschöpfen der fossilen Energievorräte oder den gerechten Ausgleich von ökonomischen, ökologischen und sozialen Interessen (im Sinne der Nachhaltigkeit/Sustainability) zu reagieren.

All diese (nur kurz angerissenen und längst nicht vollständigen) Entwicklungen machen deutlich, dass die Umsetzung eines lebensbegleitenden und kontinuierlichen Lernens für die Individuen, die Unternehmen und die Gesellschaft entscheidend für die Teilhabe an der Zukunft sind.

Für den beruflichen Bereich bedeutet dies konkret, dass der technologische, wirtschaftliche und gesellschaftliche Wandel hohe Anforderungen an die Kompetenzen und Qualifikationen der Fachkräfte in den Unternehmen stellt. Maßgebliche Grundlage für diese Qualifikationen sind in Deutschland die duale Berufsausbildung und die berufliche Weiterbildung. Die berufliche Weiterbildung verbessert die individuellen Chancen am Arbeitsmarkt und trägt maßgeblich zu Innovation, Wachstum und zur besseren Wettbewerbsfähigkeit der Unternehmen bei.

Diese Wichtigkeit hat u. a. die Bundesregierung erkannt und vielfältige Programme zur Förderung der Weiterbildung geschaffen (Näheres unter http://www.bmas.de – Themen: Aus- und Weiterbildung). In den meisten Bundesländern besteht sogar die Möglichkeit, dass Arbeitnehmer an bis zu fünf Tagen im Jahr einen zusätzlichen **Bildungsurlaub** für die Weiterbildung in Anspruch nehmen können (weitere Informationen im Internet unter den Suchbegriffen „Bildungsurlaubsgesetz" bzw. „Bildungsfreistellungsgesetz" sowie dem betreffenden Bundesland).

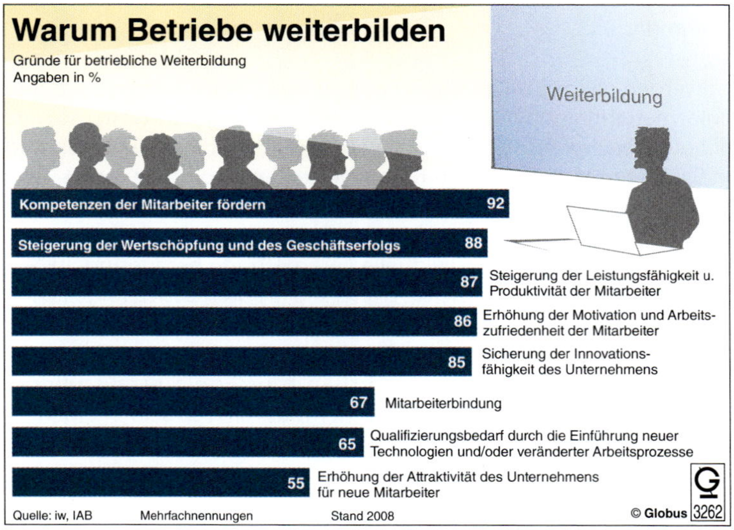

Das bedeutet zusammenfassend, dass Lernzeiten nur am Anfang der Berufsbiografie nicht mehr ausreichen, weil uns der vielfältige Wandel ständig vor neue Herausforderungen stellt – Lernen begleitet heute unser ganzes Leben. Wichtig ist es dabei, Strategien und Techniken für das lebenslange Lernen zu entwickeln, denn das Wissen, „wie man lernt" wird zukünftig eine Schlüsselkompetenz im Umgang mit den vielfältigen Veränderungen sein.

1.2 Eigene Lernstrategien durch Lern- und Arbeitstechniken entwickeln

So unterschiedlich die einzelnen Menschen sind, so individuell sind auch ihre **Lernstrategien**. Dennoch kann man einige allgemeine Aussagen treffen.

Momentan herrscht unter Experten weitgehend Einigkeit darüber, dass es einem leichter fällt zu lernen, wenn man
- *ein konkretes Problem lösen muss,*
- *selbst aktiv werden kann,*
- *eine emotionale Verbindung mit dem Lernstoff herstellen kann,*
- *möglichst viele Sinne im Lernprozess anspricht.*

Die Erinnerungsquote steigt deutlich an, je mehr Sinne am Lernprozess beteiligt sind:

nur Hören	nur Sehen	Sehen und Hören	Sehen, Hören und Diskutieren	Sehen, Hören, Diskutieren und selber Tun
20 %	30 %	50 %	70 %	90 %

Wenn Sie im Ausbildungsbetrieb bzw. in der Berufsschule demnach mit anhaltendem oder kurzfristigem Erfolg, schneller bzw. langsamer, effektiver oder wirkungsloser als bspw. Ihre Mitschüler lernen, hat dies oft nichts mit der Intelligenz zu tun, sondern mit der Relevanz (Bedeutung) für Ihr Leben und daher mit Ihrer Lernmotivation, mit den vorhandenen Lernstrategien und Lerntechniken sowie mit den unterschiedlichen Kanälen, mit denen Sie den Lernstoff aufnehmen.

Im Folgenden werden einige Strategien, Techniken bzw. Methoden kurz vorgestellt. Für weitergehende Informationen sind Verweise auf das Internet angeführt. Hier sowie im Buchhandel und in Bibliotheken werden Sie eine Fülle an Lektüre zu diesen Themen finden. Darüber hinaus finden Sie im gesamten Lehr-/Lernbuch verteilt methodische Hinweise, die Ihnen bei der Problembearbeitung und beim Lernen helfen können.

Am zuverlässigsten finden Sie Ihre individuelle Lernmethode heraus, indem Sie sich zum einen erinnern, auf welche Art und Weise Sie bisher die größten Lernerfolge erzielt haben, und zum anderen bei sich selbst beobachten, welchen Erfolg eine neue Methode oder Technik hat. Die Eignung der ein oder anderen neuen Methode für Ihren individuellen Lernerfolg wird häufig einfach nur durch Versuch und Irrtum bzw. Erfolg herauszufinden sein – also mutig herangehen und ausprobieren. Jeder Lerner muss sich so seinen eigenen „Werkzeugkasten" im Laufe der Zeit zusammenstellen, ein „Allheilmittel" gibt es nicht.

1.2.1 Lerntypen bestimmen und lerntypbedingte Arbeitstechniken nutzen

Seit den 1970er-Jahren gibt es den Ansatz, dass in Tests herausgefunden werden soll, welcher **Lerntyp** man ist, um danach individuelle Lernstrategien zu entwickeln. Dabei geht man davon aus, dass die einzelnen Sinnesorgane (Augen, Ohren, Nase, Haut- und Muskelrezeptoren, Geschmacksinn) bei jedem Menschen unterschiedlich stark ausgeprägt sind. Zum Lernen gebrauchen wir nun diese unterschiedlich ausgeprägten Sinnesorgane, die durch vielfältige Kanäle den Lernstoff in unser Gedächtnis transportieren. Jeder weiß eigentlich aus eigener Erfahrung, dass es viele unterschiedliche Arten des Lernens gibt. Der eine kann sich einen Lernstoff gut merken, wenn er vorgelesen und anschließend eigenhändig notiert wird, der andere braucht dafür eine grafische Darstellung oder das Gespräch mit Mitmenschen über das Thema. In Anlehnung an die Sinnesorgane, die beim Lernen aktiv beteiligt sind, spricht man deshalb von **auditiven** (hören), **visuellen** (sehen), **kommunikativen** (reden) und **haptisch-motorischen** (anfassen und bewegen) Lerntypen.

Der auditive Lerntyp – Lernen durch Hören

Der auditive Lerntyp kann mündlichen Erklärungen gut folgen, nimmt Informationen leicht durch das Hören auf, behält sie und kann sie gut wiedergeben. Dieser Lerntyp lernt am besten, wenn er den Lernstoff hört, daher sollten störende Nebengeräusche vermieden werden. Hilfreich sind das laute Vorsprechen des Lernstoffes (Selbstgespräche) sowie das Festhalten des Lernstoffes mithilfe von Diktiergeräten bzw. der Diktierfunktion von MP3-Playern, um diesen so immer wieder anhören zu können. Besonders geeignet sind diese „Hörspiele" für längere Autofahrten – bspw. zur Berufsschule und zurück. Hilfreich kann es auch sein, wenn der Lernende den Lernstoff anderen mündlich erklärt bzw. vorträgt.

Der visuelle Lerntyp – Lernen durch Sehen

Der visuelle Lerntyp lernt am besten durch das eigene Lesen, das Betrachten von Abbildungen und Schaubildern und das Beobachten von Handlungsabläufen. Hilfreich sind selbst erstellte Grafiken, Übersichten, Schaubilder, Mind-Maps oder Zusammenfassungen. Er bevorzugt klar strukturierte Tafelbilder und fertigt gern schriftliche Aufzeichnungen an. Nutzen Sie als visueller Lerntyp Flipcharts, fertigen Sie Plakate an, erstellen Sie Spickzettel (natürlich nur zum Lernen) oder Lernkarten, nehmen Sie entsprechende Reportagen aus dem Fernsehen auf, greifen Sie auf Lehrfilme zurück oder drehen Sie selbst welche. Der visuelle Lerntyp braucht eine optisch angenehme Lernumgebung, Unordnung lenkt ihn ab.

Der kommunikative Lerntyp – Lernen durch Gespräche

Beim kommunikativen Lerntyp steht der Austausch mit anderen im Mittelpunkt, er lernt am besten durch Gespräche bzw. Diskussionen. Dieser Lerntyp lässt sich den Lernstoff von anderen erklären, diskutiert ihn ausführlich und nimmt im Gespräch sowohl die Position des Fragenden als auch des Erklärenden ein. Hilfreich sind Gesprächspartner, die fragen, widersprechen oder zum Nachdenken anregen. Gruppengespräche, Diskussionsrunden, Frage-Antwort-Spiele oder kommunikative Rollenspiele sind geeignete Lernmethoden.

Der haptisch-motorische Lerntyp – Lernen durch anfassen und bewegen

Der haptisch-motorische Lerntyp lernt am besten, indem er Handlungsabläufe im wahrsten Sinne des Wortes begreifen kann, indem er Handlungen also selbst ausführt und Dinge berühren kann. Dieser Lerntyp braucht Aktion, Bewegung und unmittelbare Beteiligung. Er sollte sich beim Lernen bewegen und den Lernstoff mit Gegenständen in Verbindung bringen, die er anfassen kann. Hilfreich sind Experimente, das Nachahmen von Abläufen, Rollenspiele oder das Lernen mit Material (bspw. Entfernungen mit Maßband messen lassen).

Der reale Lerner ist in der Regel ein Mischtyp aus den dargestellten Lerntypen. Um herauszufinden, welche Bereiche in welchem Umfang auf Sie zutreffen, absolvieren Sie einfach einen der zahlreichen Lerntypentests im Internet. Dort können Sie auch die Beiträge der Befürworter und Kritiker dieses Ansatzes verfolgen. Nähere Informationen finden Sie unter dem naheliegenden Suchbegriff „Lerntypentest".

Aufgaben

1. ***Worin unterscheiden sich die vier Lerntypen im Wesentlichen?***
2. ***Führen Sie zwei bis drei Lerntypentests aus dem Internet durch.***
3. ***Vergleichen Sie die Ergebnisse und stellen Sie diese Ihren Lernerfahrungen gegenüber. Welche Konsequenzen ergeben sich daraus für Ihr zukünftiges Lernen?***

1.2.2 Die Assoziationstechnik anwenden

Momentan gilt es als gesicherte Erkenntnis, dass das Denken des Menschen überwiegend in Bildern erfolgt. Bei der Nennung des Begriffs „Auto" entsteht beispielsweise automatisch ein Bild in unserem Kopf. Das kann das Lieblingsauto sein, das erste Auto, ein kürzlich gesehenes usw. Diesen Umstand sollte man beim Lernen berücksichtigen. Das Lernen fällt einem leichter, wenn man zum Lernstoff Bilder im Kopf erschaffen kann.

Beispiel:
Anschaulich macht dies das folgende kleine – dem ein oder anderen vielleicht schon vertraute – Experiment. Lesen Sie sich die drei fett gedruckten Sätze ein Mal in normaler Geschwindigkeit durch und versuchen Sie danach, diese Sätze aus dem Gedächtnis wieder aufzusagen:

Ein Zweibein saß auf einem Dreibein und aß ein Einbein. Dann kam ein Vierbein und stahl dem Zweibein das Einbein. Daraufhin nahm das Zweibein das Dreibein und warf es nach dem Vierbein.

Und, hat die Wiedergabe des Inhalts funktioniert? In der Tat ist dies ein wenig schwierig. Viel leichter geht dies, wenn Sie in Bildern denken. Das Zweibein steht für einen Menschen, das Dreibein für einen Barhocker, das Einbein für eine Hähnchenkeule und das Vierbein für einen Hund. Sicherlich haben Sie auch jetzt bereits wieder beim Lesen dieser Begriffe automatisch Bilder in Ihrem Kopf erschaffen.

Versuchen Sie nun das Experiment noch einmal. Die Wiedergabe sollte Ihnen jetzt erheblich leichter fallen. Diese Technik wird auch ***Assoziationstechnik*** *genannt, weil wir die Begriffe mit Bildern verknüpfen (Assoziation = Verknüpfung von Vorstellungen).*

In der Konsequenz bedeutet dies, dass Sie sich im Lernprozess Bilder bzw. kleine Bildergeschichten erschaffen müssen. Verknüpfen Sie den Lernstoff mit gedanklichen Bildern.

Weitere Informationen finden Sie im Internet unter den Stichworten „Assoziationstechnik“ oder „Mnemotechnik“.

Aufgaben

1. ***Beschreiben Sie die Vorgehensweise bei der Assoziationstechnik mit eigenen Worten.***
2. ***Versuchen Sie sich zehn Gegenstände aus Ihrem Klassenraum in einer bestimmten Reihenfolge zu merken. Wenden Sie dabei die Assoziationstechnik an – denken Sie sich eine kleine Geschichte aus, in der die Gegenstände nacheinander vorkommen.***

1.3 Einen geeigneten Arbeitsplatz gestalten

Genauso wichtig wie das Wissen über die richtige Lernstrategie ist ein geeigneter Arbeitsplatz. Auch hier werden die individuellen Ansprüche sehr unterschiedlich sein. Der eine braucht absolute Stille zum Lernen, der andere benötigt dagegen Musik als Geräuschkulisse im Hintergrund. Der eine ist ein absoluter Ordnungsfanatiker, bei dem alles an seinem Platz liegen muss, bei dem anderen beherrscht das Genie das Chaos. Wie dem auch sei, auch hier heißt es ausprobieren, beobachten und erfolgreiche Strategien übernehmen. Dennoch können im Folgenden aus langjährigen Erfahrungen einige Tipps gegeben werden, wie ein optimaler Arbeitsplatz gestaltet werden kann.

Der **Arbeitsplatz** sollte **funktional** so gestaltet sein, dass alles Notwendige in der greifbaren Nähe ist. Am Arbeitsplatz sollten demnach alle notwendigen Hilfsmittel sofort zu finden sein, sodass man nicht erst lange suchen und eventuell aufstehen und herumlaufen muss. Andernfalls wird man durch die Sucherei aus den Gedankengängen gerissen oder nutzt diese mehr oder minder unbewusst als Fluchtmöglichkeit vor der eigentlichen Arbeit.

Die folgenden Hilfsmittel gehören neben dem obligatorischen Computer auf jeden Fall an den Arbeitsplatz eines kaufmännischen Auszubildenden:

- Peripheriegeräte wie Scanner oder Drucker mit notwendigem Zubehör (Ersatzdruckerpatronen, Druckerpapier, Druckerfolien) ...
- Nachschlagewerke wie Duden bzw. Wahrig, Fremdwörterlexikon, ein allgemeines Lexikon oder ein Wirtschaftslexikon, ggf. ein Synonymlexikon ...
- Terminkalender, Stundenplan, Wochenplan ...
- Notizzettel oder Haftnotizen, Notizpapier („Schmierpapier“) ...
- Ringbucheinlagen, Schreibblöcke, Karteikarten, Schreibfolien, ggf. Briefumschläge ...
- Schreibutensilien wie Kugelschreiber, Textmarker, Bleistift, Füller, Fineliner, Rollerball, Folienstifte usw. mit zugehörigen Ersatzpatronen bzw. Ersatzminen ...
- Locher, Hefter (Tacker) mit Heftklammern, Enthefter, Tesafilm, Schere, Cuttermesser, Lineal, ggf. Pins oder Reißbrettstifte, Büroklammern, Heftstreifen ...
- Ordner, Hefter, Ablagen, Klarsichthüllen, Bücher- bzw. Ablageregal, ggf. Hängeregister, evtl. Pinnwand
- für die Ordnung ein ausreichend großer Papierkorb, ggf. für Mülltrennung mehrere Müllbehälter
- zur Datensicherung bzw. -speicherung und Weitergabe geeignete Medien wie CD- oder DVD-Rohlinge, externe Festplatte, USB-Stick ...
- ausreichend Lichtquellen, die je nach Bedürfnis einfach eingestellt werden können
- wichtige Kontaktadressen bzw. Telefonnummern (ggf. als Datei im Computer) für den „Notfall“, wenn man bspw. mit einer Aufgabe nicht weiterkommt und einen Mitschüler anrufen muss ...

Alle anderen Dinge (Comics, der neue „Kicker“, Taschenbücher, Zeitschriften, Spielkonsolen ...), die ablenken könnten, sollten aus dem Arbeitsbereich verbannt werden.

Der **Arbeitsplatz** sollte **ergonomisch** gestaltet sein, sodass ein angenehmes und längeres Arbeiten mit der richtigen Einrichtung problemlos möglich ist. Dazu gehören das richtige Sitzmöbel, ein entsprechender Schreibtisch sowie eine angenehme und funktionale Beleuchtung. Darüber hinaus sollte Stille oder eine für den Lernenden angenehme Geräuschkulisse herrschen.

Folgende Aspekte sollen daher bei der Einrichtung des Arbeitsplatzes berücksichtigt werden:

- Der **Schreibtisch** sollte ausreichend groß sein, um Platz für den Computerbildschirm bzw. Laptop (Notebook), das Ausbreiten von Unterlagen, zum Schreiben und für die o. g. Hilfsmittel zu haben. Die Mindestgröße sollte dabei 100 x 60 cm (Größe eines mittleren

Schultisches) betragen. Ist der Computerbildschirm bzw. das Display relativ groß, sollte der Schreibtisch tiefer sein, damit ein angenehmes Sehen und effektives Arbeiten (mit Tastatur und Unterlagen sowie Hilfsmitteln) noch möglich ist. Eine glänzende bzw. reflektierende Oberfläche sollte vermieden werden, da sie ablenkt. Die ideale Höhe liegt zwischen 70 und 80 cm (je nach Körpergröße). Durch verstellbare Schreibtischbeine kann jeder individuell seine optimale Arbeitshöhe einstellen (gibt es in jedem gut sortierten Möbelfachgeschäft). Einige bevorzugen eine geringfügige Neigung der Tischplatte, spezielle Schreibtische mit dieser Funktion gibt es zu kaufen.

- Der **Schreibtischstuhl** sollte ein bequemer und höhenverstellbarer Drehstuhl mit Rollen (Ausrichtung und Positionswechsel in alle Richtungen problemlos möglich) sein. Wichtig sind eine ausreichend große Sitzfläche sowie eine angenehme Lehne, die den Rücken oder genauer die Lendenwirbelsäule entlastet bzw. stützt. Inwiefern die Rückenlehne verstellbar sein muss oder Armlehnen notwendig sind, sollte jeder für sich selbst herausfinden, hier gehen die Vorlieben weit auseinander. Darüber hinaus muss er so stabil sein, dass ein häufiger Stellungswechsel von Rumpf und Gesäß problemlos möglich ist. Beim längeren Sitzen belasten bzw. entlasten wir so unterschiedliche Regionen unseres „Sitzfleisches" (dynamisches Sitzen), was für uns das Sitzen über längere Zeit angenehmer macht.

- Für die richtige und angenehme Bein- und Fußstellung ist eine verstellbare **Fußstütze** hilfreich. Durch sie können auch Höhendifferenzen bei kleineren Menschen und nicht verstellbaren Schreibtischen ausgeglichen werden. Für diejenigen, die häufig kalte Füße haben, sind die Fußstützen sogar beheizbar erhältlich.

- Aus ergonomischer Sicht ist es durchaus sinnvoll, wenn man die Möglichkeit hat, zwischen sitzenden und stehenden Tätigkeiten zu wechseln. Dafür ist ein **Stehpult** als Ergänzung zum Schreibtisch ideal. Beim Stehen und Sitzen werden unterschiedliche Muskelgruppen beansprucht, sodass man durch den häufigen Haltungswechsel insgesamt nicht so schnell ermüdet. Der Nachteil des Stehpults ist der zusätzliche Platzbedarf.

- Der **Computerbildschirm** sollte so gewählt werden, dass er nicht reflektiert (Stellung zum Fenster und anderen Lichtquellen beachten) und in der Position verstellbar ist (neigen, ggf. drehen), damit das oben beschriebene dynamische Sitzen und ein optimaler Blick auf den Bildschirm jederzeit möglich sind. Ideal ist die Höhe des Bildschirms, wenn man beim Geradeausblick die obere Bildschirmkante erblickt.

- Wichtig für den optimalen Arbeitsplatz ist die richtige **Beleuchtung**. Man sollte ausreichend Lichtquellen mit einem für sich als Nutzer angenehmen Licht zur Verfügung haben. Große Helligkeitsunterschiede und störende Schatten sollten vermieden werden. Schlechtes bzw. zu wenig Licht führen zur schnelleren Ermüdung und zu schmerzenden Augen, die Konzentration lässt stark nach. Der Arbeitstisch und die Tastatur sollten möglichst gleichmäßig und so beleuchtet sein, dass man die Schrift in Büchern und auf der Tastatur gut lesen kann.

- Für das konzentrierte Arbeiten ist es erst einmal wichtig, generell einen **ruhigen Ort** als Arbeitsplatz zu wählen und störende Geräusche zu verhindern (bspw. die Lüftereinstellung am PC überprüfen und in den leisen Modus wechseln oder bereits beim Kauf auf einen leisen Lüfter achten). Je nach innerem Befinden und Vorlieben braucht der eine die totale Stille (sofern dies überhaupt möglich ist) und der andere seine Lieblingsmusik im Hintergrund. Auch hier muss jeder seine eigenen Erfahrungen machen. Allgemein kann jedoch festgestellt werden, dass Musik gerade bei monotonen oder Routinearbeiten hilfreich sein kann, beim konzentrierten Arbeiten lenkt sie jedoch häufig ab. Niedrigere Frequenzen sind für unser Ohr angenehmer als hohe Frequenzen, gleichmäßiger Lärm wird als weniger störend empfunden als unerwartete bzw. immer wieder neu einsetzende Geräusche.

Weitere Informationen finden Sie dazu im Internet unter den Stichworten „Arbeitsplatzgestaltung" und „Ergonomie".

Aufgaben

1. ***Betrachten Sie Ihren schulischen Arbeitsplatz. Welche der vorher angeführten Aspekte sind hier nicht erfüllt? Wie kann man die Arbeitsplätze unter Beachtung der besonderen Umstände in der Berufsschule (viele Schüler, wenig Platz) dennoch besser gestalten?***

2. ***Betrachten Sie als „Hausaufgabe" im Ausbildungsunternehmen und zu Hause jeweils Ihren dortigen Arbeitsplatz. Welche Verbesserungspotenziale finden sich dort?***

1.4 Das richtige Zeitmanagement umsetzen

Ein bedeutender Aspekt beim selbstorganisierten Lernen ist die richtige **Zeitgestaltung**. Gerade am Anfang der Ausbildung gibt es diesbezüglich viel Neues. Man muss jetzt die Ausbildung im Betrieb und in der Berufsschule mit Arbeitszeiten, Anfahrtswegen und -zeiten planen, das bisherige Privatleben soll auch aufrechterhalten werden, einige Behördengänge zum Bürgeramt oder zur BAB-Stelle (Berufsausbildungsbeihilfe) sind notwendig, vielleicht muss eine neue Wohnung gesucht werden oder der Umzug steht bereits an. Auch die sportlichen oder sozialen Aktivitäten, wie Ehrenämter oder Trainertätigkeiten, müssen noch unter einen Hut gebracht werden. Hier ist das richtige Zeitmanagement mit der Optimierung von Abläufen, der Identifizierung von „Zeitverschwendern" und Möglichkeiten der Zeiteinsparung – gerade für Leute mit permanenten Zeitproblemen – sehr wichtig.

Grundlegend ist zunächst einmal aber die Frage, ob man wirklich mehr Zeit zur Verfügung haben will. Viele Menschen sind mit ihrem Tagesablauf zufrieden. Häufig ist man es auch gar nicht mehr gewohnt bzw. es kommt einem sogar „unheimlich" vor, dass man über sich und seine Gewohnheiten intensiv nachdenkt. Verwirrend ist bei einigen der Gedanke an die Frage, was man mit der Zeit machen soll, die man eventuell durch Umstrukturierungen in seinem Leben einspart. Darüber hinaus leben wir in einer Gesellschaft, in der es nach außen wichtig erscheint, immer etwas zu tun zu haben. Demgegenüber steht das eigentliche Ziel des Zeitmanagements, nämlich die gesparte Zeit nicht für noch mehr berufliche oder schulische Arbeit zu verwenden, sondern für die anderen wichtigen Sachen im Leben, die Sie zufriedener machen und Ihnen die Möglichkeit geben, sich zu erholen und Ihre Energiereserven wieder aufzutanken.

*Die Entscheidung für ein **Zeitmanagement** muss eine bewusste Zustimmung dafür sein, dass man wirklich mehr Zeit für sich haben und etwas an seinem Tagesablauf ändern will, da ansonsten alle Tipps und Techniken nicht helfen werden und man die notwendigen Schritte (siehe folgende Aufgaben und Hinweise) nur halbherzig oder gar nicht durchlaufen wird.*

Wenn man sich bewusst für ein Zeitmanagement entschieden hat, dann muss im ersten Schritt festgelegt werden, mit welchem Ziel man seine Zeit systematisch und kontinuierlich planen will. Oder anders gefragt: Was ist mir wichtig, wofür will ich die gesparte Zeit verwenden? In einem zweiten Schritt ist es dann notwendig, eine Istanalyse vorzunehmen – also zu überprüfen, wofür man seine Zeit beim jetzigen Tagesablauf verwendet.

Aufgaben

1. ***Was versteht man unter einem Zeitmanagement und mit welchem Ziel wird es betrieben?***
2. ***Fertigen Sie eine Tabelle mit drei Spalten und zehn Zeilen an.***
   Schreiben Sie in die erste Spalte die Tätigkeiten, die Ihnen in Ihrem Leben am wichtigsten sind – beginnen Sie dabei oben mit der wichtigsten Tätigkeit.
   Schreiben Sie in die zweite Spalte, wie viel Zeit (in Stunden) Sie durchschnittlich pro Woche für diese Tätigkeit aufwenden. Schreiben Sie nun in die dritte Spalte, wie viel Zeit Sie (realistisch) am liebsten verwenden würden (siehe Beispieltabelle).

Tätigkeit	verw. Zeit	Wunschzeit
Treffen mit der Familie	3 Std.	8 Std.
zum Fitness-Training gehen	1,5 Std.	4 Std.
Trainer F-Jugend Fußball	2 Std.	4 Std.

3. ***Fragen Sie sich nun, ob Sie das Gefühl haben, Zeitprobleme zu haben (verpassen Sie Termine, müssen Sie oft hetzen, reicht die Zeit nach Ihrem Gefühl am Tag nicht aus ...).***

   Führen Sie jetzt die Istanalyse durch. Dabei gibt es zwei Varianten:
   Verlaufen die Wochentage sehr unterschiedlich, dann füllen Sie bei Variante 1 die 7-Tage-Tabelle in Zweistundenschritten aus (siehe Beispieltabellen).
   Ist Ihr Tagesablauf immer gleich, dann füllen Sie bei Variante 2 eine detaillierte 24-Stunden-Tabelle in Halbstundenschritten aus.

Variante 1 (DIN-A4-Querformat):

Zeit	Mo.	Di.	Mi.	Do.	Fr.	Sa.	So.
4–6	schlafen	schlafen	schlafen	schlafen	schlafen Zeitungen austragen	schlafen	Disco
6–8	Jogging, Frühstück	Arbeit	Berufs-schule	Arbeit	Arbeit	schlafen	Heim-fahrt

Variante 2 (DIN A4-Hochformat):

Uhrzeit	Tätigkeit
5:00–5:30	schlafen
5:30–6:00	schlafen
6:00–6:30	Bad (duschen, schminken etc.)
6:30–7:00	Frühstück
7:00–7:30	Fahrt mit dem Fahrrad zur Arbeit
7:30–8:00	E-Mail-Eingang überprüfen

4. ***Kontrollieren Sie Ihre Aufzeichnungen nun auf „Zeitverschwender".***
Fällt Ihnen bspw. auf, dass Sie doch täglich drei Stunden bei schülerVZ, studiVZ oder facebook „virtuell unterwegs" sind, es ihr Wunsch aber war, mehr Zeit mit Ihren Freunden aktiv in der Realität zu verbringen? Dann haben Sie hier ein Änderungspotenzial erkannt.
Das Gleicht gilt, wenn Ihnen auffällt, dass Sie eigentlich pro Woche sechs Stunden für schulische Dinge (Vorbereitung auf Klassenarbeiten, Hausaufgaben usw.) verwenden wollten, Sie jedoch nur auf eineinhalb Stunden kommen – hier sollte sich etwas ändern.
Analysieren Sie nun nach diesem Muster die gesamten Aufzeichnungen. Notieren Sie sich Möglichkeiten der Zeiteinsparung. Gleichen Sie dieses nun mit Ihrer ersten Tabelle – den Lieblingstätigkeiten – ab. Können und wollen Sie etwas in Ihrem Tagesablauf verändern?

Im beruflichen und schulischen Bereich sollten Sie effektiv mit Ihrer Zeit umgehen. Hierbei lassen sich vor allem zwei **Hauptschwierigkeiten** identifizieren:

- **Startschwierigkeiten**: Vielen fällt es schwer, mit einer (häufig zwar unangenehmen, aber notwendigen) Arbeit zu beginnen. Man findet viele (vorgeschobene) Gründe, den Arbeitsbeginn zu verschieben, oder lässt sich nur allzu gern von jeder sich bietenden Möglichkeit ablenken. Dies führt dazu, dass der Arbeitsbeginn verschleppt wird und am Ende – wenn man dann doch nicht mehr entfliehen konnte – die Zeit nicht ausreicht. Das Arbeitsergebnis ist damit häufig unvollständig und unbefriedigend.
- **Koordinationsschwierigkeiten**: Häufig will man aber auch zu viel auf einmal erledigen, was zur Folge hat, dass man zwar viele Arbeiten anfängt, aber keine intensiv und zur wirklichen Zufriedenheit erledigt. Darüber hinaus entsteht das Gefühl, dass man so viel zu tun hat, dass man sich nicht „traut", Erholungsphasen einzulegen, was wiederum zur Folge hat, dass man gar nicht mehr ausgeruht und mit voller Energie arbeiten kann. Im Grunde ist man zwar scheinbar sehr stark beschäftigt, verschwendet im Ergebnis seine Zeit aber, weil man weder ausgeruht ist, noch brauchbar gearbeitet hat.

Die folgenden **Hinweise** und **Tipps** helfen Ihnen, Ihren Tagesablauf und Ihre Zeitkontingente besser zu planen.

- Planen Sie nur schriftlich (Terminkalender, Schülerkalender etc.), damit Sie jederzeit nachschauen können und nicht noch zusätzlich mit dem Merken beschäftigt sind.
- Nehmen Sie sich jeden Tag 5 bis 10 Minuten für die Planung Ihrer Termine bzw. Arbeiten Zeit. Überprüfen Sie dabei, ob alle anstehenden Aufgaben erledigt wurden. Noch unerledigte Aufgaben übertragen Sie bitte wieder für den bzw. die kommenden Tag(e) in Ihren Kalender, damit diese nicht einfach vergessen werden. Neue Aufgaben werden entsprechend hinzugefügt.
- Planen Sie rechtzeitig im Voraus und planen Sie eher mehr als zu wenig Zeit ein.
- Ordnen Sie die zu erledigenden Aufgaben nach Wichtigkeit und Dringlichkeit. Beginnen Sie mit den Aufgaben, die am wichtigsten sind und am schnellsten erledigt werden müssen.
- Bei langfristigen bzw. größeren Projekten planen Sie ähnlich wie im Gantt-Diagramm (siehe Lernfeld 1). Legen Sie die einzelnen Arbeitsschritte mit der notwendigen Zeit fest. Bringen Sie die Arbeitsschritte in die Reihenfolge der Bearbeitung. Planen Sie ausreichend Pufferzeiten ein. Tragen Sie jetzt die Arbeitsschritte in umgekehrter Reihenfolge ein, sodass Sie mit dem letzten Schritt am Tag der geplanten Fertigstellung des Projekts beginnen. Nun rechnen Sie zurück und wissen, wann Sie spätestens beginnen müssen und wie viel Zeit in Anspruch genommen wird.

- Gehen Sie Fehlplanungen auf den Grund und lernen Sie für die Zukunft daraus – Fehler passieren, es kann nicht immer alles perfekt laufen. Aber was können Sie evtl. ändern, damit die Zeitplanung zukünftig besser wird? Wo hat die Zeit nicht gereicht? Wie viel Zeit wäre notwendig gewesen? Wurde die Zeit optimal genutzt? Sind Sie mit dem Ergebnis zufrieden? Was haben Sie mit der gesparten Zeit angefangen?

Methodischer Hinweis zur Zeitplanung – die ALPEN-Technik:

Die sogenannte ALPEN-Technik ist ein vergleichsweise einfaches, aber bei richtiger und konsequenter Handhabung sehr effektives Mittel der Tagesplanung. Sie gehört zu den am weitesten verbreiteten Methoden des Arbeits- und Zeitmanagements und umfasst fünf Arbeitsschritte, die in der Regel nacheinander abzuarbeiten sind:

A ufgaben notieren, die zu erledigen sind.
L änge der Aufgabenerledigung auflisten bzw. Zeitbedarf der Aufgaben realistisch schätzen.
P ufferzeiten reservieren für unvorhergesehene, dringliche Aufgaben oder Probleme.
E ntscheidungen treffen über die Reihenfolge der Aufgaben und Prioritäten setzen.
N achkontrolle am Abend des Tages und Übertrag der unerledigten Aufgaben auf den nächsten Tag.

Diese Technik eignet sich sowohl für den privaten als auch für den beruflichen Bereich. Nehmen Sie sich auch am Ende eines Arbeitstages die notwendige Zeit, um Ihre betrieblichen Aufgaben und Termine zu koordinieren. So ist gewährleistet, dass Sie den Überblick behalten und Fristen eingehalten werden.

Quelle: http://www.teachsam.de/arb/zeitmanagement/zeitmanag_2_4_5.htm, Stand 06.02.2010, gekürzt und bearbeitet

Weitere Informationen erhalten Sie im Internet oder in Bibliotheken unter den Stichworten „Zeitplanung", „Zeitmanagement" oder „ALPEN-Methode" bzw. „ALPEN-Technik".

1.5 Das soziale Netzwerk gestalten – die SEELE des Lernens

Häufig vergessen, aber eigentlich unerlässlich ist ein intaktes **soziales Netzwerk**, in das man eingebunden ist. Gemeint ist in diesem Zusammenhang die vielfältige Interaktion innerhalb der Familie, im Freundes- oder Bekanntenkreis, unter Arbeitskollegen oder in der Berufsschule, im Sportverein usw.

Normalerweise baut man diese Netzwerke nicht nach dem Kosten-Nutzen-Prinzip auf, also ich lerne eigentlich nicht bewusst nur die Leute kennen, die mir etwas nutzen bzw. frage mich jedes Mal, was bringt mir das. Vielmehr spielen in diesem Bereich Aspekte wie Sympathie, Zuneigung, gemeinsame Interessen, familiäre Verbundenheit usw. eine Rolle, es muss häufig einfach die Chemie stimmen.

Unter dem Gesichtspunkt des Lernens erfolgt hier dennoch eine eher funktionale Betrachtung, also es wird untersucht, wie das soziale Netzwerk aussehen muss, damit man effektiv lernen kann. Stark vereinfacht lässt sich dies in fünf Kategorien darstellen – die SEELE des Lernens.

- **S**chaffen von wichtigen Grundlagen:
  Gerade wenn Sie lernen müssen, ist ein intaktes soziales Umfeld sehr wichtig. Nach Möglichkeit sollten Sie hier (dauerhafte) Strukturen schaffen, die Ihnen die Konzentration auf das Lernen erleichtern. Grundlegend ist es wichtig, dass Ihre Wohnsituation angemessen geklärt ist, dass Sie wissen, wie Sie zum Betrieb und zur Schule gelangen, dass klar ist, wer bzw. wie die notwendigen Einkäufe und Behördengänge erledigt werden usw. Wenn nötig, scheuen Sie sich nicht, die Unterstützung von Familie und Freunden zu nutzen. Erst wenn das „normale" Leben organisiert ist, haben Sie auch den Kopf frei, sich mit dem Lernen zu beschäftigen. In besonderen privaten Situationen sind auch besondere soziale Strukturen unabdingbar. Wenn man beispielsweise als Elternteil bzw. als alleinerziehende Mutter oder als alleinerziehender Vater eine Ausbildung absolviert, dann ist es von grundlegender Bedeutung, dass man die Kinderbetreuung geklärt hat. Dies gilt für den Alltag, aber auch für Notfälle (geschlossener Kindergarten wegen Streiks oder Fortbildung des Personals) oder in emotionalen Stresssituationen wie unmittelbar vor der Prüfung. Wenn man erst in diesen Situationen anfängt, über die Problemlösung nachzudenken, ist ein Lernerfolg kaum noch möglich, da die ganze Energie logischerweise in den privaten Bereich fließt.

- **E**lementare Probleme sofort lösen:
  Gibt es in Ihrem sozialen Umfeld Probleme bzw. Schwierigkeiten, dann versuchen Sie, diese schnellstmöglich zu lösen bzw. zu beseitigen. Diese Art von Problemen stuft man natürlich höher ein als die Lernproblematik, daher vernachlässigt man zwangsläufig das Lernen in diesen Situationen. Probleme in diesem Bereich werden der Erfahrung nach auch nicht kleiner, je länger man Sie vernachlässigt bzw. wenn man deren Lösung immer wieder hinausschiebt. Deshalb lösen Sie diese Probleme am besten sofort. Dies trifft nicht nur für den privaten Bereich zu, sondern auch für die schulische oder betriebliche Zusammenarbeit. Bei schwerwiegenden Beeinträchtigungen wie Mobbing oder Cybermobbing muss umgehend eine angemessene Lösung dieser belastenden Situation für Sie herbeigeführt werden. Hierbei sind die Lehrer bzw. Ausbilder als Mediatoren/Vermittler im Konflikt am besten geeignet – sprechen Sie diese deshalb unbedingt an.

- **E**mpfindungen ausdrücken und mitteilen:
  Wichtig ist es ebenfalls, dass Sie sich über Ihre neuen Erfahrungen und Probleme – gerade am Anfang Ihrer beruflichen Karriere – austauschen können. Im Mittelpunkt steht dabei die Tatsache, dass Sie Ihre Probleme ansprechen können und erfahren, ob es anderen auch so geht. Dies ist nämlich in den überwiegenden Fällen so, da die meisten Auszubildenden am Anfang ihrer Berufsausbildung lernen müssen, mit der ungewohnten Situation in Betrieb und Schule, einem evtl. Wohnortwechsel oder dem Verlust des angestammten Freundeskreises umzugehen. Beim gemeinsamen Gespräch können sich so Selbstzweifel gar nicht erst festsetzen, man kann ggf. gemeinsam Lösungsmöglichkeiten suchen oder einen neuen Baustein zu seinem Netzwerk hinzufügen, indem man neue Freundschaften schließt. So können eventuell auch die notwendigen Grundlagen (siehe oben) geschaffen werden.

- **L**enken Sie sich zwischendurch auch mal ab:
  Damit Sie nun nicht aber tagtäglich „im eigenen Ausbildungssaft schmoren", brauchen Sie auch soziale Kontakte, die nichts mit Beruf und Schule zu tun haben. Es ist durchaus notwendig, dass Sie Ihrem Kopf mal Auszeiten von derartigen ausbildungsbezogenen Problemen gönnen. Das bedeutet, dass man diesbezügliche alte Kontakte durchaus pflegen bzw. neue aufbauen sollte. Oft ist ein Blick von außen ganz hilfreich bzw. relativiert das ein oder andere berufliche bzw. schulische Problem. Die Außenstehenden holen einen

sozusagen auf den Boden der Realität zurück, man wird wieder „geerdet im normalen Leben". So bekommt man anschließend eventuell sogar einen neuen Blickwinkel auf die ausbildungsbezogenen Probleme, die sich dann vielleicht viel leichter lösen lassen, oder die Probleme nehmen nicht mehr den vorherigen Stellenwert ein. Auf alle Fälle werden Sie vom Berufs- und Schulalltag für eine gewisse Zeit abgelenkt und können sich diesbezüglich ein wenig regenerieren.

- **E**xperten helfen sich untereinander:
  Wenn Sie beispielsweise beim Lerntypentest und bei der Reflexion Ihrer eigenen Erfahrung herausbekommen haben, dass Sie eher der kommunikative Lerntyp sind, dann ist es für eine erfolgreiche Lernstrategie unerlässlich, dass Sie sich eine Lerngruppe aufbauen. Hier müssen Sie Ihrem sozialen Netzwerk also einen Baustein hinzufügen. Zugegebenermaßen ist dies unter der Voraussetzung, dass häufig Mitschüler – wie bspw. in Landkreisberufsschulen üblich – über viele Orte verteilt wohnen und arbeiten, etwas schwierig.
  Darüber hinaus ist es von Vorteil, wenn man die Stärken der anderen nutzen und die eigene Stärke zur Verfügung stellen kann. In jeder Berufsschulklasse gibt es den ein oder anderen, der bspw. gut im Rechnungswesen ist, aber Schwierigkeiten in Englisch hat oder im Lernfeld 2 glänzt, aber zu Lernfeld 4 keinen rechten Zugang findet. Hier kann man sich gegenseitig sehr gut unterstützen. Nach Vereinbarung kann dies nach der Schule in Lerngruppen, abends bei gemeinsamen Treffen oder per Telefon bzw. E-Mail erfolgen. Ihnen gibt es ein sicheres Gefühl, wenn Sie beim Lernen wissen, dass Sie jemanden ansprechen, anrufen bzw. anschreiben können, wenn Sie bei einem Problem nicht weiterkommen. Im Übrigen macht die Prüfungsvorbereitung in der Gruppe ebenfalls erheblich mehr Spaß und ist aufgrund der vielen unterschiedlichen „Experten" effektiver. Auch Sie lernen als Experte, wenn Sie anderen etwas erklären. Sie müssen dann nämlich Sachverhalte einfach, kurz und nachvollziehbar darlegen, eine ideale Vorbereitung für die schriftliche Abschlussprüfung.

Insgesamt wird deutlich, dass man von vornherein und kontinuierlich einen kleinen Teil seiner Energie in den Aufbau und die Erhaltung seines sozialen Netzwerkes investieren sollte, damit man in diesem Bereich die notwendige Rückendeckung, Unterstützung sowie einen Austausch und soziale Teilhabe hat. Der Mensch als soziales Wesen braucht die Einbettung in soziale Strukturen, um glücklich zu sein. Nur wenn in diesem Bereich alles stimmt, kann die volle Energie auf das Ziel des erfolgreichen Lernens gelenkt werden. Dies gilt sowohl für Ihre momentane Situation als Berufsschüler als auch für zukünftige Phasen der Aus- oder Weiterbildung. Scheuen Sie sich auch nicht, externe Hilfe in Anspruch zu nehmen – Ihre Lehrer und Ausbilder, Familie und Freunde werden gerne bei der Gestaltung des Netzwerkes helfen.

Zusammenfassung

Selbst gestaltetes Lernen

Lernzeiten nur am Anfang der Berufsbiografie sind nicht mehr ausreichend, weil uns der vielfältige Wandel ständig vor neue Herausforderungen stellt – Lernen begleitet heute unser ganzes Leben. Wichtig ist es dabei, Strategien und Techniken für das lebenslange Lernen zu entwickeln, denn das Wissen, „wie man lernt", wird zukünftig eine Schlüsselkompetenz im Umgang mit den vielfältigen Veränderungen sein.

Bereiche für die eigene Lernstrategie				
Lerntyp	Lerntechniken	Arbeitsplatzgestaltung	Zeitmanagement	soziales Netzwerk
In Anlehnung an die Sinnesorgane, die beim Lernen aktiv beteiligt sind, spricht man von **auditiven** (hören), **visuellen** (sehen), **kommunikativen** (reden) und **haptisch-motorischen** (anfassen und bewegen) Lerntypen.	**Lerntypbedingte Lerntechniken** (Hörspiel, Lernkassetten, Mind-Map, Plakat, Lerngruppe, Rollenspiel, usw.), die **Assoziationstechnik** verknüpft den Lernstoff mit gedanklichen Bildern – Erschaffung von Bildern bzw. kleinen Bildergeschichten.	Der Arbeitsplatz sollte **funktional** so eingerichtet sein, dass alles Notwendige in greifbarer Nähe ist. **Ergonomisch** sollte der Arbeitsplatz so gestaltet sein, dass ein längeres Arbeiten problemlos möglich ist. Dazu gehören ein geeigneter Stuhl, Tisch usw.	Das richtige Zeitmanagement hilft Ihnen, die beruflichen und privaten Aktivitäten zu koordinieren, Termine einzuhalten und mehr Freizeit zur Verfügung zu haben. Geeignet sind dafür bspw. die **ALPEN-Methode** oder eine Variante des Gantt-Diagramms.	Der Mensch als soziales Wesen braucht die Einbettung in soziale Strukturen. Nur wenn in diesem Bereich alles stimmt, kann die volle Energie auf das Ziel des erfolgreichen Lernens gelenkt werden – das soziale Netzwerk ist die **SEELE** des Lernens.

2 Das Konzept der dualen Berufsausbildung erläutern

Die Berufsausbildung im **dualen System**, in dem der bzw. die Auszubildende mindestens an den Lernorten Betrieb und Berufsschule ausgebildet wird, hat in Deutschland nach wie vor eine große Bedeutung. Mehr als 50 % der Jugendlichen eines Jahrgangs nehmen nach dem Besuch einer allgemeinbildenden Schule direkt die Ausbildung im dualen System auf. Insgesamt befinden sich so jährlich ca. 1,5 Millionen Jugendliche in der dualen Berufsausbildung.

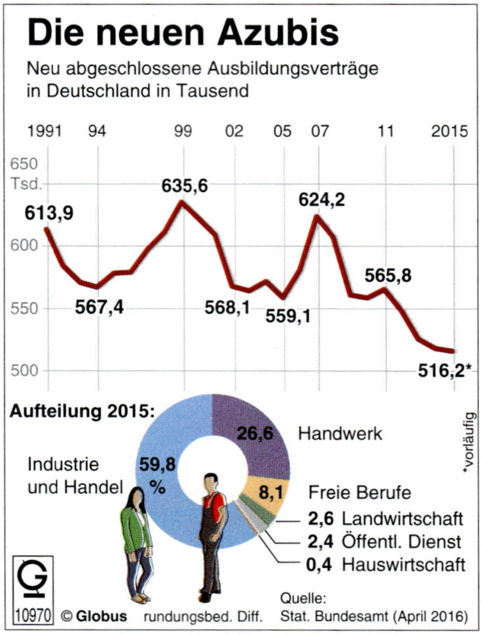

Für viele Jugendliche ist der Übertritt von der allgemeinbildenden Schule in die duale Berufsausbildung ein wichtiger Schritt, bei dem viele neue Eindrücke gesammelt werden und eine gewisse Unsicherheit aufgrund der ungewohnten Situation besteht. Das eigene Handeln im Betrieb hat jetzt reale Folgen, ein Schonraum wie in der Schule

ist dort nicht mehr vorhanden. Wenn Fehler passieren, dann verspätet sich eine Lieferung, ein Kunde ist unzufrieden oder es entsteht sogar ein finanzieller Schaden. Darüber hinaus muss man sich jetzt mit zwei sehr unterschiedlichen Lernorten arrangieren – auf der einen Seite die praktische Arbeit im Betrieb und auf der anderen Seite die eher theoretische Ausbildung in der Berufsschule. Im privaten Bereich macht man die ersten Schritte in die Selbstständigkeit. Der ein oder andere verdient das erste Mal sein eigenes Geld. Häufig werden während der Ausbildung auch die erste eigene Wohnung bezogen, der Führerschein gemacht und das erste Auto angeschafft. Wie man sieht, eine aufregende und lehrreiche Zeit.
Eine der wesentlichen rechtlichen Grundlagen für die Berufsausbildung ist das Berufsbildungsgesetz, das bereits seit über 40 Jahren die wichtigsten Regelungen für die Ausbildungsbetriebe und die Auszubildenden enthält.

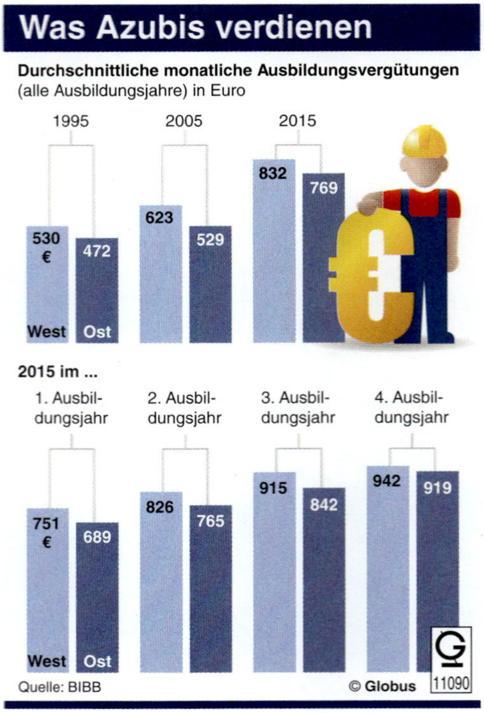

2.1 Das Berufsbildungsgesetz erklären

Das **Berufsbildungsgesetz (BBiG)** ist nach über siebenjährigen Verhandlungen im September 1969 nach Verabschiedung im Bundestag und Zustimmung im Bundesrat in Kraft getreten. Es war somit die erste bundeseinheitliche Grundlage für die Ausbildung junger Auszubildender in Betrieb und Berufsschule. Die Zeiten eines zersplitterten Berufsbildungsrechts, das aus vielen unterschiedlichen Einzelgesetzen bestand und für jede Branche und Bundesländer unterschiedliche Regelungen hatte, waren damit vorbei.

Das Berufsbildungsgesetz enthält einheitliche Bestimmungen über das Zustandekommen, die Beendigung und den prägenden Inhalt des Berufsausbildungsverhältnisses, wie etwa die Fragen einer angemessenen Vergütung, der Arbeitszeit oder der Länge der Probezeit. Hinzu treten Vorschriften über die Anerkennung von Ausbildungsberufen, die Ausbildungsordnung, das Prüfungswesen sowie die qualitative Überwachung, Beratung und Regelung der Berufsausbildung.

Aufgaben

1. ***Warum war es sinnvoll, ein Berufsbildungsgesetz zu verabschieden?***

2. ***Lesen Sie sich die folgenden Auszüge aus dem Berufsbildungsgesetz (BBiG) genau durch. Beachten Sie dabei die methodischen Hinweise zum Lesen von Gesetzestexten (vgl. S. 103).***

3. ***Beantworten Sie nach dem Lesen die folgenden Leitfragen zu den wichtigsten Punkten Ihrer Berufsausbildung.***

12 Leitfragen zur Berufsausbildung:

(1) Was hat die Berufsausbildung zu vermitteln – welches Ziel hat sie folglich?
(2) Welche Form und Inhalte muss ein Berufsausbildungsvertrag aufweisen?
(3) Was versteht man unter Lernortkooperation?
(4) Welche Rechte und Pflichten hat der/die Auszubildende?
(5) Welche Rechte und Pflichten hat der/die Ausbildende?
(6) Welchen Zeitraum darf die Probezeit umfassen?
(7) Wann und wie kann die Ausbildungszeit verkürzt werden?
(8) Wie lange darf die Ausbildung auch im Ausland absolviert werden?
(9) Wann sind Auszubildende vom Betrieb freizustellen?
(10) Wann wird man zur Prüfung zugelassen?
(11) Wann beginnt und wann endet das Ausbildungsverhältnis regulär?
(12) Wann und wie darf gekündigt werden?

3. ***Überlegen Sie, was diese Punkte der Berufsausbildung konkret für Ihre Ausbildung in Ihrem Betrieb bedeuten. Tauschen Sie sich darüber mit Ihren Mitschülern/-innen aus.***

4. ***Was ist in diesem Zusammenhang Ihrer Meinung nach mit beruflicher Handlungsfähigkeit als Mittel zum Erreichen des Ausbildungsziels gemeint (siehe §§ 1, 13, 14 BBiG)?***

Auszüge aus dem Berufsbildungsgesetz (BBiG):

§ 1 – Ziele und Begriffe der Berufsbildung

(1) Berufsbildung im Sinne dieses Gesetzes sind die Berufsausbildungsvorbereitung, die Berufsausbildung, die berufliche Fortbildung und die berufliche Umschulung.

(3) Die Berufsausbildung hat die für die Ausübung einer qualifizierten beruflichen Tätigkeit in einer sich wandelnden Arbeitswelt notwendigen beruflichen Fertigkeiten, Kenntnisse und Fähigkeiten (berufliche Handlungsfähigkeit) in einem geordneten Ausbildungsgang zu vermitteln. Sie hat ferner den Erwerb der erforderlichen Berufserfahrungen zu ermöglichen.

§ 2 – Lernorte der Berufsbildung

(1) Berufsbildung wird durchgeführt
1. in Betrieben der Wirtschaft, in vergleichbaren Einrichtungen außerhalb der Wirtschaft, insbesondere des öffentlichen Dienstes, der Angehörigen freier Berufe und in Haushalten (betriebliche Berufsbildung),
2. in berufsbildenden Schulen (schulische Berufsbildung) und
3. in sonstigen Berufsbildungseinrichtungen außerhalb der schulischen und betrieblichen Berufsbildung (außerbetriebliche Berufsbildung).

(2) Die Lernorte nach Absatz 1 wirken bei der Durchführung der Berufsbildung zusammen (Lernortkooperation).

(3) Teile der Berufsausbildung können im Ausland durchgeführt werden, wenn dies dem Ausbildungsziel dient. Ihre Gesamtdauer soll ein Viertel der in der Ausbildungsordnung festgelegten Ausbildungsdauer nicht überschreiten.

§ 7 – Anrechnung beruflicher Vorbildung auf die Ausbildungszeit

(1) Die Landesregierungen können nach Anhörung des Landesausschusses für Berufsbildung durch Rechtsverordnung bestimmen, dass der Besuch eines Bildungsganges berufsbildender Schulen oder die Berufsausbildung in einer sonstigen Einrichtung ganz oder teilweise auf die Ausbildungszeit angerechnet wird. [...]

(2) Die Anrechnung nach Absatz 1 bedarf des gemeinsamen Antrags der Auszubildenden und Ausbildenden. Der Antrag ist an die zuständige Stelle zu richten. Er kann sich auf Teile des höchstzulässigen Anrechnungszeitraums beschränken.

§ 8 – Abkürzung und Verlängerung der Ausbildungszeit

(1) Auf gemeinsamen Antrag der Auszubildenden und Ausbildenden hat die zuständige Stelle die Ausbildungszeit zu kürzen, wenn zu erwarten ist, dass das Ausbildungsziel in der gekürzten Zeit erreicht wird. Bei berechtigtem Interesse kann sich der Antrag auch auf die Verkürzung der täglichen oder wöchentlichen Ausbildungszeit richten (Teilzeitberufsausbildung).

Begründung des Ausbildungsverhältnisses

§ 10 – Vertrag

(1) Wer andere Personen zur Berufsausbildung einstellt (Ausbildende), hat mit den Auszubildenden einen Berufsausbildungsvertrag zu schließen.

(2) Auf den Berufsausbildungsvertrag sind, soweit sich aus seinem Wesen und Zweck und aus diesem Gesetz nichts anderes ergibt, die für den Arbeitsvertrag geltenden Rechtsvorschriften und Rechtsgrundsätze anzuwenden.

§ 11 – Vertragsniederschrift

(1) Ausbildende haben unverzüglich nach Abschluss des Berufsausbildungsvertrages, spätestens vor Beginn der Berufsausbildung, den wesentlichen Inhalt des Vertrages gemäß Satz 2 schriftlich niederzulegen; die elektronische Form ist ausgeschlossen. In die Niederschrift sind mindestens aufzunehmen
1. Art, sachliche und zeitliche Gliederung sowie Ziel der Berufsausbildung, insbesondere die Berufstätigkeit, für die ausgebildet werden soll,
2. Beginn und Dauer der Berufsausbildung,
3. Ausbildungsmaßnahmen außerhalb der Ausbildungsstätte,
4. Dauer der regelmäßigen täglichen Ausbildungszeit,
5. Dauer der Probezeit,

6. Zahlung und Höhe der Vergütung,
7. Dauer des Urlaubs,
8. Voraussetzungen, unter denen der Berufsausbildungsvertrag gekündigt werden kann,
9. ein in allgemeiner Form gehaltener Hinweis auf die Tarifverträge, Betriebs- oder Dienstvereinbarungen, die auf das Berufsausbildungsverhältnis anzuwenden sind.

(2) Die Niederschrift ist von den Ausbildenden, den Auszubildenden und deren gesetzlichen Vertretern und Vertreterinnen zu unterzeichnen.

(3) Ausbildende haben den Auszubildenden und deren gesetzlichen Vertretern und Vertreterinnen eine Ausfertigung der unterzeichneten Niederschrift unverzüglich auszuhändigen.

Pflichten der Auszubildenden

§ 13 – Verhalten während der Berufsausbildung

Auszubildende haben sich zu bemühen, die berufliche Handlungsfähigkeit zu erwerben, die zum Erreichen des Ausbildungsziels erforderlich ist. Sie sind insbesondere verpflichtet,

1. die ihnen im Rahmen ihrer Berufsausbildung aufgetragenen Aufgaben sorgfältig auszuführen,
2. an Ausbildungsmaßnahmen teilzunehmen, für die sie nach § 15 freigestellt werden,
3. den Weisungen zu folgen, die ihnen im Rahmen der Berufsausbildung von Ausbildenden, von Ausbildern oder Ausbilderinnen oder von anderen weisungsberechtigten Personen erteilt werden,
4. die für die Ausbildungsstätte geltende Ordnung zu beachten,
5. Werkzeug, Maschinen und sonstige Einrichtungen pfleglich zu behandeln,
6. über Betriebs- und Geschäftsgeheimnisse Stillschweigen zu wahren.

Pflichten der Ausbildenden

§ 14 – Berufsausbildung

(1) Ausbildende haben

1. dafür zu sorgen, dass den Auszubildenden die berufliche Handlungsfähigkeit vermittelt wird, die zum Erreichen des Ausbildungsziels erforderlich ist, und die Berufsausbildung in einer durch ihren Zweck gebotenen Form planmäßig, zeitlich und sachlich gegliedert so durchzuführen, dass das Ausbildungsziel in der vorgesehenen Ausbildungszeit erreicht werden kann,
2. selbst auszubilden oder einen Ausbilder oder eine Ausbilderin ausdrücklich damit zu beauftragen,
3. Auszubildenden kostenlos die Ausbildungsmittel, insbesondere Werkzeuge und Werkstoffe zur Verfügung zu stellen, die zur Berufsausbildung und zum Ablegen von Zwischen- und Abschlussprüfungen, auch soweit solche nach Beendigung des Berufsausbildungsverhältnisses stattfinden, erforderlich sind,

4. Auszubildende zum Besuch der Berufsschule sowie zum Führen von schriftlichen Ausbildungsnachweisen anzuhalten, soweit solche im Rahmen der Berufsausbildung verlangt werden, und diese durchzusehen,
5. dafür zu sorgen, dass Auszubildende charakterlich gefördert sowie sittlich und körperlich nicht gefährdet werden.

(2) Auszubildenden dürfen nur Aufgaben übertragen werden, die dem Ausbildungszweck dienen und ihren körperlichen Kräften angemessen sind.

§ 15 – Freistellung

Ausbildende haben Auszubildende für die Teilnahme am Berufsschulunterricht und an Prüfungen freizustellen. Das Gleiche gilt, wenn Ausbildungsmaßnahmen außerhalb der Ausbildungsstätte durchzuführen sind.

§ 16 – Zeugnis

(1) Ausbildende haben den Auszubildenden bei Beendigung des Berufsausbildungsverhältnisses ein schriftliches Zeugnis auszustellen. Die elektronische Form ist ausgeschlossen. Haben Ausbildende die Berufsausbildung nicht selbst durchgeführt, so soll auch der Ausbilder oder die Ausbilderin das Zeugnis unterschreiben.

(2) Das Zeugnis muss Angaben enthalten über Art, Dauer und Ziel der Berufsausbildung sowie über die erworbenen beruflichen Fertigkeiten, Kenntnisse und Fähigkeiten der Auszubildenden. Auf Verlangen Auszubildender sind auch Angaben über Verhalten und Leistung aufzunehmen.

Vergütung

§ 17 – Vergütungsanspruch

(1) Ausbildende haben Auszubildenden eine angemessene Vergütung zu gewähren. Sie ist nach dem Lebensalter der Auszubildenden so zu bemessen, dass sie mit fortschreitender Berufsausbildung, mindestens jährlich, ansteigt.

(2) Sachleistungen können in Höhe der nach § 17 Abs. 1 Satz 1 Nr. 4 des Vierten Buches Sozialgesetzbuch festgesetzten Sachbezugswerte angerechnet werden, jedoch nicht über 75 Prozent der Bruttovergütung hinaus.

(3) Eine über die vereinbarte regelmäßige tägliche Ausbildungszeit hinausgehende Beschäftigung ist besonders zu vergüten oder durch entsprechende Freizeit auszugleichen.

§ 18 – Bemessung und Fälligkeit der Vergütung

(1) Die Vergütung bemisst sich nach Monaten. Bei Berechnung der Vergütung für einzelne Tage wird der Monat zu 30 Tagen gerechnet.

(2) Die Vergütung für den laufenden Kalendermonat ist spätestens am letzten Arbeitstag des Monats zu zahlen.

Beginn und Beendigung des Ausbildungsverhältnisses

§ 20 – Probezeit

Das Berufsausbildungsverhältnis beginnt mit der Probezeit. Sie muss mindestens einen Monat und darf höchstens vier Monate betragen.

§ 21 – Beendigung

(1) Das Berufsausbildungsverhältnis endet mit dem Ablauf der Ausbildungszeit. Im Falle der Stufenausbildung endet es mit Ablauf der letzten Stufe.

(2) Bestehen Auszubildende vor Ablauf der Ausbildungszeit die Abschlussprüfung, so endet das Berufsausbildungsverhältnis mit Bekanntgabe des Ergebnisses durch den Prüfungsausschuss.

(3) Bestehen Auszubildende die Abschlussprüfung nicht, so verlängert sich das Berufsausbildungsverhältnis auf ihr Verlangen bis zur nächstmöglichen Wiederholungsprüfung, höchstens um ein Jahr.

§ 22 – Kündigung

(1) Während der Probezeit kann das Berufsausbildungsverhältnis jederzeit ohne Einhalten einer Kündigungsfrist gekündigt werden.

(2) Nach der Probezeit kann das Berufsausbildungsverhältnis nur gekündigt werden

1. aus einem wichtigen Grund ohne Einhalten einer Kündigungsfrist,
2. von Auszubildenden mit einer Kündigungsfrist von vier Wochen, wenn sie die Berufsausbildung aufgeben oder sich für eine andere Berufstätigkeit ausbilden lassen wollen.

(3) Die Kündigung muss schriftlich und in den Fällen des Absatzes 2 unter Angabe der Kündigungsgründe erfolgen.

(4) Eine Kündigung aus einem wichtigen Grund ist unwirksam, wenn die ihr zugrunde liegenden Tatsachen dem zur Kündigung Berechtigten länger als zwei Wochen bekannt sind. Ist ein vorgesehenes Güteverfahren vor einer außergerichtlichen Stelle eingeleitet, so wird bis zu dessen Beendigung der Lauf dieser Frist gehemmt.

Prüfungswesen

§ 37 – Abschlussprüfung

(1) In den anerkannten Ausbildungsberufen sind Abschlussprüfungen durchzuführen. Die Abschlussprüfung kann im Falle des Nichtbestehens zweimal wiederholt werden. Sofern die Abschlussprüfung in zwei zeitlich auseinander fallenden Teilen durchgeführt wird, ist der erste Teil der Abschlussprüfung nicht eigenständig wiederholbar.

(2) Dem Prüfling ist ein Zeugnis auszustellen. Ausbildenden werden auf deren Verlangen die Ergebnisse der Abschlussprüfung der Auszubildenden übermittelt. Sofern

die Abschlussprüfung in zwei zeitlich auseinander fallenden Teilen durchgeführt wird, ist das Ergebnis der Prüfungsleistungen im ersten Teil der Abschlussprüfung dem Prüfling schriftlich mitzuteilen.

(3) Dem Zeugnis ist auf Antrag der Auszubildenden eine englischsprachige und eine französischsprachige Übersetzung beizufügen. Auf Antrag der Auszubildenden kann das Ergebnis berufsschulischer Leistungsfeststellungen auf dem Zeugnis ausgewiesen werden.

(4) Die Abschlussprüfung ist für Auszubildende gebührenfrei.

§ 43 – Zulassung zur Abschlussprüfung

(1) Zur Abschlussprüfung ist zuzulassen,
1. wer die Ausbildungszeit zurückgelegt hat oder wessen Ausbildungszeit nicht später als zwei Monate nach dem Prüfungstermin endet,
2. wer an vorgeschriebenen Zwischenprüfungen teilgenommen sowie vorgeschriebene schriftliche Ausbildungsnachweise geführt hat und
3. wessen Berufsausbildungsverhältnis in das Verzeichnis der Berufsausbildungsverhältnisse eingetragen oder aus einem Grund nicht eingetragen ist, den weder die Auszubildenden noch deren gesetzliche Vertreter oder Vertreterinnen zu vertreten haben.

§ 48 – Zwischenprüfungen

(1) Während der Berufsausbildung ist zur Ermittlung des Ausbildungsstandes eine Zwischenprüfung entsprechend der Ausbildungsordnung durchzuführen. Die §§ 37 bis 39 gelten entsprechend.

2.2 Den Rechtsrahmen der dualen Berufsausbildung beschreiben

Wie bereits in den vorangegangenen Abschnitten deutlich wurde, erfolgt die Berufsausbildung in den anerkannten Ausbildungsberufen in Form der Lernortkooperation im **dualen System**. Das bedeutet, dass die Ausbildung zum einen in einem Ausbildungsbetrieb und zum anderen in der Berufsschule absolviert wird. Für beide Lernorte gibt es verbindliche Gesetze, Verordnungen und Ordnungsmittel, welche die Inhalte, die bundesweite Einheitlichkeit und Mindestanforderungen der Ausbildung festlegen bzw. gewährleisten. Für die Betriebe ist die wichtigste Vorgabe die Ausbildungsordnung, die Schule folgt dem Rahmenlehrplan eines Ausbildungsberufs.

2.2.1 Die Ausbildungsordnung für die betriebliche Ausbildung

Die **Ausbildungsordnung (AO)** wird vom Bundesministerium für Wirtschaft und Technologie im Einvernehmen mit dem Bundesministerium für Bildung und Forschung erlassen. Dabei werden die Ministerien vom Bundesinstitut für Berufsbildung (BIBB) von fachkompetenter Seite beraten. Das BIBB (mehr Informationen unter http://www.bibb.de) erforscht dabei seit mehr als 35 Jahren die Zukunftsaufgaben der Berufsbildung, fördert Innovationen in der nationalen wie internationalen Berufsbildung und entwickelt neue, praxisorientierte Lösungsvorschläge für die berufliche Aus- und Weiterbildung. Die Ergebnisse dieser Forschung sind die Grundlage für die Schaffung oder Modernisierung von Ausbildungsberufen. Die derzeitigen und auch zukünftigen Anforderungen in einem Beruf werden identifiziert und münden in der sogenannten Ausbildungsordnung (AO).

Diese Ausbildungsordnung (ausführliche Bezeichnung für die Sport- und Fitnesskaufleute: Verordnung zur Regelung der Berufsausbildung zum Sport- und Fitnesskaufmann/zur Sport- und Fitnesskauffrau) legt dabei u. a. die Ausbildungsdauer, die Kenntnisse und Fertigkeiten des Berufsbildes, Regelungen zur Zwischen- und Abschlussprüfung, die Pflicht zum Führen eines Ausbildungsnachweises (auch bekannt als Berichtsheft) sowie die zeitliche und sachliche Gliederung der Ausbildung in einem Ausbildungsrahmenplan fest. Somit ist durch die Bundeskompetenz der Ministerien verbindlich vorgegeben, welche Kenntnisse, Fähig- und Fertigkeiten ein Auszubildender in welchem Zeitraum und Ausbildungsjahr erwerben soll.

Von besonderem Interesse für Auszubildende sind folgende Regelungen:

Auf der Grundlage der Ausbildungsordnung ist der Ausbildende (Betrieb) verpflichtet, für den Auszubildenden einen individuellen **Ausbildungsplan** zu erstellen, aus dem ersichtlich wird, welche Inhalte, Kenntnisse und Fertigkeiten zu welcher Zeit (Ausbildungsjahr, evtl. sogar Ausbildungsmonat) in welchem Bereich (bspw. Abteilungen) erlangt werden sollen (§ 4 AO). Dabei sind in der Summe alle im Ausbildungsrahmenplan enthaltenen Aspekte zu berücksichtigen. Dies soll die Qualität der Ausbildung gewährleisten – oder pointiert gesagt: Ein dreijähriges Kaffeekochen ist als Ausbildung demnach nicht möglich.

Zur Ermittlung des Ausbildungsstandes soll zur Hälfte des zweiten Ausbildungsjahres eine **Zwischenprüfung** durchgeführt werden (§ 5 AO). Die Zwischenprüfung wird – wie auch die Abschlussprüfung – von der zuständigen Industrie- und Handelskammer (weitere Informationen unter http://www.dihk.de) organisiert und überwacht. Die Zwischenprüfung umfasst die Inhalte sowie Kenntnisse und Fertigkeiten des ersten Ausbildungsjahres gemäß Ausbildungsordnung sowie den im Berufsschulunterricht zu vermittelnden Lehrstoff. Sie findet speziell im Prüfungsbereich „Leistungsprozesse im Sport- und Fitnessbereich" statt. Der Prüfling soll dabei in 120 Minuten durch die Bearbeitung von praxisbezogenen schriftlichen Aufgaben nachweisen, dass er betriebliche Rechnungsvorgänge bearbeiten, einzelne betriebliche Leistungsangebote ausgestalten und den Einsatz von Kommunikationsmitteln planen kann.

Durch die **Abschlussprüfung** soll festgestellt werden, ob der Prüfling die berufliche Handlungsfähigkeit erworben hat (§ 6 AO). Insbesondere soll der Prüfling nachweisen, dass er die dafür erforderlichen beruflichen Fertigkeiten beherrscht, die notwendigen beruflichen Kenntnisse und Fähigkeiten gemäß Ausbildungsordnung besitzt und mit dem im Berufsschulunterricht zu vermittelnden, für die Berufsausbildung wesentlichen Lehrstoff vertraut ist.

Die Abschlussprüfung besteht aus den vier **Prüfungsbereichen**:

a) Kaufmännische Steuerung von Sport- und Fitnessaktionen:

Inhalte:	Veranstaltungen planen, durchführen, bewerben, Beschaffung, Kalkulation, Rechnungen, Controlling, Arbeits- und Umweltschutz ...
Aufgaben:	praxisbezogene schriftliche Prüfungsaufgaben
Dauer:	120 Minuten
Gewichtung:	30 % der Gesamtbewertung

b) Angebotsentwicklung und Verkauf:

Inhalte:	Leistungsangebote entwickeln, Personaleinsatz, Verkauf, Kundengewinnung, Qualitätssicherung ...
Aufgaben:	praxisbezogene schriftliche Prüfungsaufgaben
Dauer:	90 Minuten
Gewichtung:	30 % der Gesamtbewertung

c) Trainingsplanung und Beratung:

Inhalte:	Trainingspläne erstellen und erläutern, Kundengespräche führen
Aufgaben:	praxisbezogene schriftliche Prüfungsaufgaben (Erstellen eines Trainingsplans) sowie Durchführung einer Gesprächssimulation
Dauer:	Erstellen des Trainingsplans – 30 Minuten Durchführung der Gesprächssimulation – 15 Minuten
Gewichtung:	30 % der Gesamtbewertung (davon anteilig für diesen Prüfungsteil: Trainingsplan 40 %, Gesprächssimulation 60 %)

d) Wirtschafts- und Sozialkunde:

Inhalte:	allgemeine wirtschaftliche und gesellschaftliche Zusammenhänge der Berufs- und Arbeitswelt darstellen und beurteilen ...
Aufgaben:	praxisbezogene schriftliche Prüfungsaufgaben
Dauer:	60 Minuten
Gewichtung:	10 % der Gesamtbewertung

Die Abschlussprüfung ist bestanden, wenn
- das Gesamtergebnis mindestens „ausreichend" (Durchschnittsnote 4,0) ist,
- in mindestens drei Prüfungsbereichen mit mindestens „ausreichend" bewertet worden sind (also einmal Note 5 möglich) und
- kein Prüfungsbereich mit „ungenügend" (keine Note 6 erlaubt) bewertet worden ist.

Sollte der Prüfling in mehr als einem Prüfungsbereich die Note 5 („mangelhaft") erhalten haben bzw. im Gesamtergebnis nicht die Note 4 („ausreichend") erreichen, dann kann er einen Antrag auf eine 15-minütige mündliche Ergänzungsprüfung in einem eigentlich schriftlichen Prüfungsbereich stellen. Das neue Ergebnis in diesem Prüfungsbereich wird durch die Gewichtung des bisherigen schriftlichen Ergebnisses und dem Ergebnis der mündlichen Ergänzungsprüfung im Verhältnis von 2:1 ermittelt.

Die Ausbildungsordnung ist hinsichtlich der berufsbezogenen Inhalte in zwei Teile gegliedert. Zum einen ist in der **sachlichen Gliederung** genau dargelegt, welche Kenntnisse, Fertigkeiten und Fähigkeiten in den bestimmten Abschnitten der Ausbildung erlangt bzw.

gefördert werden sollen. Zum anderen ist dort auch eine **zeitliche Gliederung** angeführt, sodass genau nachvollzogen werden kann, welche Inhalte der sachlichen Gliederung zu welcher Zeit (im ersten, zweiten oder dritten Ausbildungsjahr) und wie lange (Angabe in Monaten) absolviert werden sollen. Somit ist die Ausbildung inhaltlich und zeitlich klar gegliedert.

Zur Veranschaulichung sind hier zwei Auszüge des Ausbildungsrahmenplans aus der Ausbildungsordnung für Sport- und Fitnesskaufleute angeführt, die zunächst die sachliche (inhaltliche) und anschließend die zeitliche Gliederung der Ausbildung zeigen

Auszug aus dem Ausbildungsrahmenplan – sachliche Gliederung

Ausbildungsrahmenplan für die Berufsausbildung
zum Sport- und Fitnesskaufmann/zur Sport- und Fitnesskauffrau

– Sachliche Gliederung –

Abschnitt A: Berufsprofilgebende Fertigkeiten, Kenntnisse und Fähigkeiten

lfd. Nr.	Teil des Ausbildungsberufsbildes	Zu vermittelnde Fertigkeiten, Kenntnisse und Fähigkeiten
1	2	3
1	Sport und Bewegung (§ 3 Abs. 2 Abschnitt A Nr. 1)	a) individuelle Eingangschecks durchführen b) individuelle Trainingspläne erstellen und umsetzen c) anatomische, physiologische und ernährungsbezogene Aspekte berücksichtigen d) Personen verschiedener Zielgruppen über sportliche Maßnahmen als Gesundheitsvorsorge beraten e) Trainingsmethoden und Techniken anwenden
2	Geschäfts- und Leistungsprozess (§ 3 Abs. 2 Abschnitt A Nr. 2)	
2.1	betriebliche Ablauforganisation, Qualitätssicherung (§ 3 Abs. 2 Abschnitt A Nr. 2.1)	a) betriebliche Ablauforganisation und Geschäftsprozesse erläutern, Informationsflüsse, Entscheidungswege und Schnittstellen berücksichtigen b) qualitätssichernde Maßnahmen im eigenen Arbeitsbereich anwenden, dabei zur kontinuierlichen Verbesserung von Arbeitsprozessen beitragen c) den Zusammenhang zwischen Qualität und Kundenzufriedenheit beschreiben und die Auswirkungen auf das Betriebsergebnis darstellen d) Nutzungs-, Belegungs- und Personaleinsatzpläne erstellen e) Prozess- und Erfolgskontrollen vornehmen und Korrekturmaßnahmen ergreifen

Auszug aus dem Ausbildungsrahmenplan – zeitliche Gliederung

Ausbildungsrahmenplan für die Berufsausbildung
zum Sport- und Fitnesskaufmann/zur Sport- und Fitnesskauffrau

– Zeitliche Gliederung –

Während der gesamten Ausbildungszeit sind schwerpunktmäßig die Fertigkeiten, Kenntnisse und Fähigkeiten der Berufsbildpositionen aus

Abschnitt A Nr. 1	Sport und Bewegung

zu vermitteln.

Erstes Ausbildungsjahr

(1) In einem Zeitraum von insgesamt drei bis fünf Monaten sind schwerpunktmäßig die Fertigkeiten, Kenntnisse und Fähigkeiten der Berufsbildpositionen aus

Abschnitt A. Nr. 2.1	Betriebliche Ablauforganisation, Qualitätssicherung, Lernziele a und b,
Abschnitt A Nr. 2.2	Leistungsangebot, Lernziele a und b.
Abschnitt B Nr. 1.1	Stellung, Rechtsform und Struktur,
Abschnitt B Nr. 1.2	Berufsbildung, arbeits- und sozialrechtliche Grundlagen, Lernziele a bis c.
Abschnitt B Nr. 1.3	Sicherheit und Gesundheitsschutz bei der Arbeit
Abschnitt B Nr. 2.1	Informations- und Kommunikationssystem, Lernziele a und b
Abschnitt B Nr. 2.2	Arbeitsorganisation, Lernziele a und b.

zu vermitteln

Quelle: http://berufenet.arbeitsagentur.de/berufe/docroot/r2/blobs/pdf/recht/r_02959.pdf, Stand 04.10.2013

2.2.2 Der Rahmenlehrplan für die berufsschulische Ausbildung

Die Regelungen für das Bildungswesen und die Kultur bzw. in unserem Fall konkret für den schulischen Teil der Ausbildung in der Berufsschule liegen eigentlich gemäß Grundgesetz in der Zuständigkeit der einzelnen Länder.

Damit es in den wichtigsten Bereichen jedoch ein notwendiges Maß an Gemeinsamkeiten in den Bereichen Bildung, Wissenschaft und Kultur gibt, wurde die „Ständige Konferenz der Kultusminister der Länder in der Bundesrepublik Deutschland" (Kurzform: Kultusministerkonferenz, abgekürzt KMK, weitere Informationen unter http://www.kmk.org) gegründet. Sie ist ein Zusammenschluss der für Bildung und Erziehung, Hochschulen und Forschung sowie kulturelle Angelegenheiten zuständigen Minister bzw. Senatoren der Länder und beruht auf einem Übereinkommen der Länder aus dem Jahr 1948, also noch vor der Konstituierung der Bundesrepublik Deutschland.

Die schulischen Inhalte eines anerkannten Ausbildungsberufs sind so bedeutend, dass diese durch die Kultusministerkonferenz deutschlandweit einheitlich im sogenannten **Rahmenlehrplan** festgelegt werden.

Der Rahmenlehrplan enthält die zu vermittelnden Unterrichtsinhalte, die zu fördernden Kompetenzen und die zu erreichenden Ziele. Darüber hinaus erfolgt eine Gliederung in Lernfelder, welche zusammengefasste thematische Einheiten sind, die sich an betrieblichen Handlungssituationen bzw. Funktionsbereichen orientieren. Die Auszubildenden sollen dabei möglichst realitätsbezogen Probleme mithilfe von fachtheoretischem Wissen mit dem Modell der vollständigen Handlung (selbstständiges Informieren, Planen, Entscheiden, Ausführen, Kontrollieren und Bewerten) bearbeiten.

Der Rahmenlehrplan enthält weiterhin eine Zuordnung der Lernfelder zu den Ausbildungsjahren, einen Zeitrichtwert als Orientierung für die Planung der Anzahl der Unterrichtstunden pro Jahr bzw. pro Woche sowie didaktische und methodische Hinweise für die Lehrkräfte, welche die Umsetzung des Rahmenlehrplans im konkreten Unterricht lenken und erleichtern sollen.

Auszug aus dem Rahmenlehrplan für den Ausbildungsberuf Sport- und Fitnesskaufmann / Sport- und Fitnesskauffrau – Lernfeld 2:

Lernfeld 2:	**Die Berufsausbildung selbstverantwortlich mitgestalten**	**1. Ausbildungsjahr Zeitrichtwert: 60 Stunden**
Ziel: Die Schülerinnen und Schüler erläutern das Konzept der dualen Berufsausbildung und stellen die Aufgaben der an der Berufsausbildung beteiligten Personen und Einrichtungen dar. Vor dem Hintergrund ihrer Interessen beurteilen sie die persönliche und gesellschaftliche Bedeutung der Berufsausbildung und artikulieren ihre Bedürfnisse unter Berücksichtigung von Rechten und Pflichten im Sinne der wesentlichen Rechtsvorschriften der Berufsausbildung. Anhand des Ausbildungsvertrages erschließen sie wesentliche Merkmale von Ausbildungsverhältnissen. Sie unterscheiden die für das Handeln im Unternehmen relevanten betrieblichen Regelungen, Vorgaben und Vereinbarungen, beurteilen deren Bedeutung und analysieren ihren Arbeitsplatz im Hinblick auf die Beachtung von Schutzbestimmungen. Sie erkennen die Notwendigkeit der sozialen Sicherung und der privaten Vorsorge. Sie legen ihre Mitwirkungsrechte dar und bestimmen Möglichkeiten zu ihrer Durchsetzung. Sie analysieren mögliche Konfliktsituationen und entwickeln Lösungsmuster zu deren Beendigung. Die Schülerinnen und Schüler begreifen kommunikative Kompetenz als Voraussetzung für Teamarbeit und Kooperation sowie die Bedeutung lebenslangen Lernens für die persönliche Entwicklung. Die Schülerinnen und Schüler nehmen Möglichkeiten zur Intensivierung und Förderung des eigenen Lernprozesses in der Ausbildung aktiv wahr. Sie entwickeln Lernstrategien, nutzen für das Lernen geeignete Informations- und Kommunikationssysteme und wenden die ihrem Lerntyp angemessenen Lern- und Arbeitstechniken an.		
Inhalte: Berufsbildungsgesetz Ausbildungsordnung, Rahmenlehrplan Beginn und Ende von Ausbildungsverhältnissen Aufbau- und Ablauforganisation Jugendarbeitsschutz, Mutterschutz Arbeits-, Gesundheits- und Umweltschutzbestimmungen Sozialversicherung Jugend- und Auszubildendenvertretung Selbstorganisation des Lernens		

Quelle: http://www.kmk.org/fileadmin/Dateien/pdf/Bildung/BeruflicheBildung/rlp/SportFitnesskaufmann07-06-14.pdf Stand 05.09.2016

2.3 Die Aufgaben der an der Berufsausbildung Beteiligten darstellen

In den vorangegangenen Abschnitten wurde deutlich, dass viele Personen und Institutionen an der Berufsausbildung beteiligt sind. Zur Veranschaulichung zeigt das folgende Schaubild alle Träger der Berufsausbildung mit ihren Aufgaben.

Die Träger der Berufsausbildung

Übergeordneter rechtlich-gesetzlicher Rahmen durch Bundestag und Bundesrat (bspw. Grundgesetz, Berufsbildungsgesetz, Mutterschutzgesetz, Arbeitszeitgesetz ...)

Kooperation des BIBB und der Ministerien		Zusammenarbeit der Kultusminister und Senatoren der einzelnen Bundesländer in der Kultusministerkonferenz (KMK)
Bundesinstitut für Berufsbildung (BIBB) (unter Hinzuziehung von Sachverständigen, u. a. der Gewerkschaften und der Arbeitgeberverbände)	Bundesministerium für Wirtschaft und Technologie im Einvernehmen mit dem Bundesministerium für Bildung und Forschung	
Aufgaben: Erforscht den Bereich Aus- und Weiterbildung in Deutschland und **berät** die zuständigen Bundesministerien.	**Aufgaben:** Entscheidet über die Einführung neuer bzw. die Modernisierung bestehender Ausbildungsberufe, beschließt die sogenannte **Ausbildungsordnung** für die Ausbildungsbetriebe.	**Aufgaben:** Berät und verabschiedet den **Rahmenlehrplan** für die Berufsschule.
rechtlicher Rahmen und Koordination		**rechtlicher Rahmen und Koordination**

Ausbildender (Betrieb)	Auszubildende/-r	Berufsschule
verbunden durch Ausbildungsvertrag		verbunden durch Berufsschulpflicht
Aufgaben/Pflichten:	**Aufgaben/Pflichten:**	**Aufgaben:**
– Vermittlung beruflicher Handlungsfähigkeit – planmäßige, zeitlich und sachlich gegliederte Durchführung der Ausbildung – selbst ausbilden oder eine/-n Ausbilder/-in damit beauftragen – Auszubildenden kostenlos die Ausbildungsmittel zur Verfügung stellen – Auszubildende zum Besuch der Berufsschule sowie zum Führen von schriftlichen Ausbildungsnachweisen anhalten – dafür sorgen, dass Auszubildende charakterlich gefördert sowie sittlich und körperlich nicht gefährdet werden	– die ihnen im Rahmen ihrer Berufsausbildung aufgetragenen Aufgaben sorgfältig ausführen – am Berufsschulunterricht, an Prüfungen und an Ausbildungsmaßnahmen teilnehmen – den Weisungen zu folgen, die ihnen im Rahmen der Berufsausbildung von weisungsberechtigten Personen erteilt werden – die für die Ausbildungsstätte geltende Ordnung beachten – Werkzeug, Maschinen und sonstige Einrichtungen pfleglich behandeln, – über Betriebs- und Geschäftsgeheimnisse Stillschweigen zu wahren	– Förderung einer (beruflichen) Handlungskompetenz – berufliche Grund- und Fachbildung in fachtheoretischen und berufsbezogenen Lernfeldern – berufsübergreifende Inhalte in den Fächern Deutsch/Kommunikation, Englisch/Kommunikation, Politik, Religion, Sport – Verbindung der Fachkompetenz mit allgemeinen Fähigkeiten humaner und sozialer Art – Entwicklung beruflicher Flexibilität – Bereitschaft zur beruflichen Fort- und Weiterbildung wecken – verantwortungsbewusstes Handeln fördern und Kernprobleme unserer Zeit betrachten

Beratung, Förderung, Organisation, Prüfung der Eignung, Überwachung	Industrie- und Handelskammer (IHK)	Kooperation bei der Durchführung und Auswertung von Zwischen- und Abschlussprüfungen
	Aufgaben: – Eintragung der Berufsausbildungsverhältnisse – Förderung und Überwachung der Berufsausbildung – Besetzung von Prüfungsausschüssen mit ehrenamtlichen Prüfern – Durchführung von Zwischen- und Abschlussprüfungen – Feststellung und Überwachung der Eignung der ausbildenden Betriebe bzw. der Ausbilder/-innen ...	

2.4 Das gemeinsame Ziel der Ausbildung identifizieren

Die nachfolgende Grafik zeigt Ihnen, wie die Betriebe den idealen Auszubildenden sehen.

Aufgaben

1. ***Werten Sie die oben stehende Grafik aus. Welche Schlussfolgerungen können Sie für Ihre Ausbildung daraus ziehen?***
2. ***Welchen Stellenwert nehmen unter diesem Blickwinkel die sogenannten allgemeinbildenden Unterrichtsfächer Deutsch/Kommunikation, Englisch/Kommunikation, Politik und Religion ein?***
3. ***Welche Gemeinsamkeiten und welche Aufgabenverteilung haben Ihrer Meinung nach die Kooperationspartner Betrieb und Berufsschule in der Berufsausbildung?***

Bei der näheren Betrachtung der Ausbildungsordnung und des Rahmenlehrplans wird deutlich, dass die berufliche Handlungsfähigkeit bzw. die Handlungskompetenz jeweils als oberstes Ziel genannt sind.

Während die berufliche Handlungsfähigkeit der Ausbildungsordnung primär sehr auf die Kenntnisse, Fähig- und Fertigkeiten des Ausbildungsberufs ausgerichtet ist (im Sinne der Fachkompetenz), greift das Ziel der Förderung einer Handlungskompetenz im Rahmenlehrplan für die Ausbildungsberufe Sport- und Fitnesskaufmann / Sport- und Fitnesskauffrau, Sportfachmann/Sportfachfrau durch den Bildungsauftrag der Berufsschule weiter.

Unter **Handlungskompetenz** versteht man die Bereitschaft und Fähigkeit des Einzelnen, sich in gesellschaftlichen, beruflichen und privaten Situationen sachgerecht, durchdacht sowie individuell und sozial verantwortlich zu verhalten. Die Handlungskompetenz entfaltet sich in den Dimensionen von Fachkompetenz, Personalkompetenz und Sozialkompetenz.

- **Fachkompetenz** bezeichnet dabei die Bereitschaft und Fähigkeit, auf der Grundlage fachlichen Wissens und Könnens Aufgaben und Probleme zielorientiert, sachgerecht, methodengeleitet und selbstständig zu lösen und das Ergebnis zu beurteilen.

- **Personalkompetenz** bezeichnet die Bereitschaft und Fähigkeit, als individuelle Persönlichkeit die Entwicklungschancen, Anforderungen und Einschränkungen in Familie, Beruf und öffentlichem Leben zu klären, zu durchdenken und zu beurteilen, eigene Begabungen zu entfalten sowie Lebenspläne zu fassen und fortzuentwickeln. Sie umfasst personale Eigenschaften wie Selbstständigkeit, Kritikfähigkeit, Selbstvertrauen, Zuverlässigkeit, Verantwortungs- und Pflichtbewusstsein. Zu ihr gehören insbesondere auch die Entwicklung durchdachter Wertvorstellungen und die selbstbestimmte Bindung an Werte.

- **Sozialkompetenz** bezeichnet die Bereitschaft und Fähigkeit, soziale Beziehungen zu leben und zu gestalten, Zuwendungen und Spannungen zu erfassen, zu verstehen sowie sich mit anderen rational und verantwortungsbewusst auseinanderzusetzen und zu verständigen. Hierzu gehört insbesondere auch die Entwicklung sozialer Verantwortung und Solidarität.

Die **Methodenkompetenz** (Fähigkeit zum Einsatz geeigneter Methoden zur Problemlösung) sowie **Lernkompetenz** (Fähigkeit des eigenverantwortlichen und selbst organisierten Lernens) erwachsen aus einer ausgewogenen Entwicklung dieser drei Dimensionen.

Quelle: RAHMENLEHRPLAN für die Ausbildungsberufe Sport- und Fitnesskaufmann/Sport- und Fitnesskauffrau, Sportfachmann/Sportfachfrau, 2007, Seite 4

3 Wesentliche Rechtsvorschriften der Berufsausbildung beurteilen

Grundlegend gilt die Vertragsfreiheit (siehe auch Lernfeld 6) ebenfalls im Bereich der Berufsausbildung, was bedeutet, dass zwischen Ausbildungsbetrieb und Auszubildenden ein individueller Vertrag geschlossen werden kann. Die dort enthaltenen Regelungen dürfen jedoch nicht unterhalb der gesetzlichen Bestimmungen liegen. Diese gesetzlichen Bestimmungen gelten, damit Mindeststandards, bspw. in den Bereichen Arbeitszeit, Pausen und Urlaub, zum Wohle des Auszubildenden eingehalten werden.

3.1 Das Jugendarbeitsschutzgesetz beachten

Seit dem 12. April 1976 gilt das Jugendarbeitsschutzgesetz (JArbSchG – ausführlich: Gesetz zum Schutz der arbeitenden Jugend) mit dem Ziel, Jugendliche in der Ausbildung bzw. im Berufs- und Arbeitsleben vor Überbeanspruchung am Arbeitsplatz zu schützen.

***Jugendliche** im Sinne des § 2 JArbSchG sind alle Personen, die mindestens 15 und noch nicht 18 Jahre alt sind.*

Unter 15-Jährige werden vom Gesetzgeber als Kinder angesehen, deren Beschäftigung zunächst einmal grundlegend verboten ist (§ 5 JArbSchG). Jugendliche, die der Schulpflicht unterliegen, werden ebenfalls als Kinder behandelt, wobei die Schulpflicht in diesem Sinne bundeslandübergreifend nach neun Jahren endet.

Folgende Ausnahmen gelten jedoch für das Beschäftigungsverbot von Kindern bzw. schulpflichtigen Jugendlichen. Erlaubt ist die Beschäftigung von Kindern zum Zwecke der Beschäftigungs- und Arbeitstherapie, im Rahmen des Betriebspraktikums während der Vollzeitschulpflicht, in Erfüllung einer richterlichen Weisung. Weiterhin wenn die Kinder über 13 Jahre alt sind und die Personensorgeberechtigten (in der Regel die Eltern) einwilligen, soweit die Beschäftigung leicht und für Kinder geeignet ist (max. 2–3 Stunden täglich außerhalb der Schulzeit und zwischen 8:00 und 18:00 Uhr), und während der Schulferien für höchstens vier Wochen im Kalenderjahr (dies gilt nur für schulpflichtige Jugendliche).

*Für **Jugendliche** in einem Ausbildungsverhältnis bzw. in einem regulären Arbeitsverhältnis gilt eine **tägliche Arbeitszeit** (ohne Pausen) von 8 bis höchstens 8,5 Stunden bei einer zulässigen wöchentlichen Gesamtarbeitszeit von 40 Stunden in einer vorgeschriebenen 5-Tage-Woche (§ 8 JArbSchG). Fällt ein Arbeitstag auf einen Samstag, Sonntag oder gesetzlichen Feiertag, dann haben Jugendliche zunächst einmal grundsätzlich frei, wobei hier für einige Branchen (Arbeiten in Krankenhäusern, in der Landwirtschaft, im Gaststättengewerbe, beim Sport …) Ausnahmen gelten (§ 16 und 17 JArbSchG). In diesen Fällen müssen sie an einem anderen Wochentag, der kein Berufsschultag ist, freihaben.*

Beispiel:
Der 17-jährige Lutz ist Auszubildender in einem Sportverein. Seine Berufsschultage sind im ersten Ausbildungsjahr der Montag und der Donnerstag. Aufgrund eines großen Handballturniers muss er am Sonntag arbeiten. Nach dem JArbSchG ist dies im Bereich Sport möglich. Sein Arbeitgeber muss ihm nun einen Tag freigeben, der kein Berufsschultag ist. Hier würden sich der Dienstag, Mittwoch oder Freitag anbieten. Im Sinne der zeitnahen Erholung sollte der Dienstag gewählt werden.

Jugendliche dürfen nur in der Zeit von 6:00 bis 20:00 Uhr beschäftigt werden, wobei auch hier branchenspezifische Ausnahmen gelten, die im § 14 JArbSchG geregelt sind. Generell gilt jedoch: Wenn der Berufsschulunterricht vor 9:00 Uhr beginnt, dann darf der jugendliche Auszubildende am Vortag nicht mehr nach 20:00 Uhr beschäftigt werden. Nach Beendigung der täglichen Arbeitszeit dürfen Jugendliche nicht vor Ablauf einer ununterbrochenen Freizeit von mindestens 12 Stunden wieder beschäftigt werden (§ 13 JArbSchG).

*Jugendlichen müssen im Voraus feststehende **Ruhepausen** von angemessener Dauer gewährt werden. Die Ruhepausen müssen dabei mindestens*
- *30 Minuten bei einer Arbeitszeit von mehr als viereinhalb bis zu sechs Stunden,*
- *60 Minuten bei einer Arbeitszeit von mehr als sechs Stunden*

betragen. Spätestens nach viereinhalb Stunden muss die erste Pause gewährt werden.

Als Ruhepause gilt nur eine Arbeitsunterbrechung von mindestens 15 Minuten. Die Ruhepausen müssen in angemessener zeitlicher Lage gewährt werden, frühestens eine Stunde nach Beginn und spätestens eine Stunde vor Ende der Arbeitszeit. Länger als viereinhalb Stunden hintereinander dürfen Jugendliche nicht ohne Ruhepause beschäftigt werden. Der Aufenthalt während der Ruhepausen darf den Jugendlichen in Arbeitsräumen nur gestattet werden, wenn die Arbeit in diesen Räumen während dieser Zeit eingestellt ist und auch sonst die notwendige Erholung nicht beeinträchtigt wird (§ 11 JArbSchG).

Der Arbeitgeber hat Jugendlichen für jedes Kalenderjahr einen bezahlten ***Erholungsurlaub*** *zu gewähren. Der Urlaub beträgt jährlich*
- *mindestens 30 Werktage (inklusive Samstag, jedoch ohne Sonn- und Feiertage), wenn der Jugendliche zu Beginn des Kalenderjahrs noch nicht 16 Jahre alt ist,*
- *mindestens 27 Werktage, wenn der Jugendliche zu Beginn des Kalenderjahrs noch nicht 17 Jahre alt ist,*
- *mindestens 25 Werktage, wenn der Jugendliche zu Beginn des Kalenderjahrs noch nicht 18 Jahre alt ist.*

Der Urlaub soll Berufsschülern in der Zeit der Berufsschulferien gegeben werden. Soweit er nicht in den Berufsschulferien gegeben wird, ist für jeden Berufsschultag, an dem die Berufsschule während des Urlaubs besucht wird, ein weiterer Urlaubstag zu gewähren (§ 19 JArbSchG).

Die Pflicht der Auszubildenden, die Berufsschule zu besuchen, ist in den einzelnen Bundesländern in den entsprechenden Schulgesetzen unterschiedlich geregelt (nähere Informationen finden Sie im Internet unter den Suchbegriffen „Schulgesetz", „Berufsschulpflicht" und Eingabe des Namens Ihres Bundeslandes).

Beispiele:
- *In Niedersachsen gilt die Berufsschulpflicht während der Ausbildung für alle Auszubildenden unabhängig vom Alter.*
- *In Nordrhein-Westfalen gilt hingegen die Regelung, dass jugendliche und erwachsene Auszubildende, die ihre Ausbildung vor Vollendung des 21. Lebensjahres beginnen, für die gesamte Ausbildungszeit schulpflichtig sind. Auszubildende, die bei Beginn der Ausbildung 21 Jahre oder älter sind, sind dahingegen berufsschulberechtigt. Das heißt, dass hier die Wahlfreiheit zwischen Berufsschulbesuch oder Verzicht besteht. Nimmt hier der Auszubildende am Berufsschulunterricht freiwillig teil, so gilt diese Entscheidung in der Regel für die ganze Ausbildung, wobei dann auch hier in vollem Umfang die genannte Freistellungspflicht des Arbeitgebers besteht. Grundsätzlich empfiehlt die IHK in Nordrhein-Westfalen auch bei nicht mehr berufsschulpflichtigen Auszubildenden, nicht auf den regelmäßigen Besuch der Berufsschule zu verzichten.*

Im Rahmen der Berufsausbildung gelten die folgenden Regelungen für **Beschäftigungs- und Freistellungszeiten**:

- Der Arbeitgeber hat den Jugendlichen nach § 9 JArbSchG für die Teilnahme am Berufsschulunterricht freizustellen, wobei dafür kein Entgeltausfall eintreten darf (Berufsschulzeit ist Arbeitszeit!).
- Der Arbeitgeber darf den Jugendlichen nicht beschäftigen
  - vor einem vor 9:00 Uhr beginnenden Unterricht; dies gilt auch für Personen, die über 18 Jahre alt und noch berufsschulpflichtig sind,
  - an einem Berufsschultag mit mehr als fünf Unterrichtsstunden von mindestens je 45 Minuten, einmal in der Woche, wobei dieser dann mit acht Zeitstunden auf die wöchentliche Arbeitszeit angerechnet werden muss,
  - in Berufsschulwochen mit einem planmäßigen Blockunterricht von mindestens 25 Stunden an mindestens fünf Tagen (dieses wird wie eine 40-Stunden-Woche angesehen), wobei zusätzliche betriebliche Ausbildungsveranstaltungen bis zu zwei Stunden wöchentlich zulässig sind.

- Gibt es zwei Unterrichtstage mit mehr als fünf Unterrichtsstunden, so kann der Ausbildungsbetrieb bestimmen, an welchem der beiden Tage der Auszubildende in den Betrieb kommen muss. An diesem Tag sind dann die Unterrichtszeiten einschließlich der Pausen auf die tägliche Höchstarbeitszeit anzurechnen. Der andere Tag, an dem nach der Berufsschule nicht mehr gearbeitet werden darf, wird wie oben beschrieben mit acht Zeitstunden berechnet.
- Nach Rechtsprechung vom Bundesarbeitsgericht (BAG vom 26. März 2001, 5 AZR 413/99) gilt darüber hinaus die Zeit, die der Auszubildende benötigt, um von der Berufsschule zum Arbeitsplatz zu gelangen, ebenfalls als anrechnungspflichtige Arbeitszeit. Zwar bezieht sich dieses Urteil auf erwachsene Auszubildende (siehe unten), muss bzw. müsste jedoch auch auf jugendliche Auszubildende übertragen werden, damit diese unter dem Gleichheitsgrundsatz nicht schlechter gestellt werden.
- Der Arbeitgeber hat darüber hinaus den Jugendlichen ohne Entgeltausfall oder Nacharbeit für die Teilnahme an Prüfungen und Ausbildungsmaßnahmen, die aufgrund öffentlich-rechtlicher oder vertraglicher Bestimmungen außerhalb der Ausbildungsstätte durchzuführen sind, freizustellen. Dies gilt auch für den Arbeitstag, der der schriftlichen Abschlussprüfung unmittelbar vorangeht (§ 10 JArbSchG).

Weitere Informationen über die Details zur Berufsausbildung Jugendlicher und die vielfältigen Ausnahme- bzw. Sonderregelungen finden Sie direkt im Jugendarbeitsschutzgesetz auf der Internetseite des Bundesministeriums für Justiz (http://www.gesetze-im-internet.de/jarbschg).

3.2 Die Arbeitszeitregelungen für Erwachsene in der Berufsausbildung erklären

Für erwachsene Auszubildende sind die Arbeitszeitregelungen – gerade in Bezug auf die Berufsschulzeit – nicht so eindeutig geregelt. 1997 wurde der Absatz 4 des Paragrafen 9 des JArbSchG ersatzlos gestrichen, der besagte, dass Erwachsene für die Berufsschule genauso freizustellen sind wie Jugendliche. Leider wurden zeitgleich keine anderen Regelungen beschlossen, sodass momentan keine ausdrücklichen Anrechnungsbestimmungen für Erwachsene existieren. Um einige wichtige Sachverhalte für die tägliche Praxis zu klären, musste das Bundesarbeitsgericht ein Urteil (BAG vom 26. März 2001, 5 AZR 413/99) fällen, dass jedoch auch noch nicht alle Aspekte regelt. Betrachtet man nun dieses Urteil sowie das Arbeitszeitgesetz (ArbZG – hptt://www.gesetze-im-internet.de/arbzg), das zunächst für alle erwachsenen Arbeitnehmer gilt, ergeben sich folgende Regelungen.

- Gemäß § 3 ArbZG beträgt die zulässige **Höchstarbeitszeit** für Erwachsene acht Stunden täglich. Eine Ausdehnung auf zehn Stunden ist zulässig, wobei die werktägliche Arbeitszeit innerhalb eines Zeitraums von sechs Kalendermonaten oder 24 Wochen im Durchschnitt acht Stunden werktäglich nicht überschreiten darf. Dies bedeutet, dass die geleistete Mehrarbeit relativ zeitnah innerhalb eines halben Jahres ausgeglichen werden muss. Die höchstzulässige Wochenarbeitszeit beträgt bei sechs Arbeitstagen 48 Stunden (im Durchschnitt von sechs bzw. zwölf Monaten – Näheres § 7 ArbZG).
- Auch Erwachsenen sind ausreichend **Ruhepausen** zu gewähren. Diese müssen mindestens 30 Minuten bei einer Arbeitszeit von sechs bis neun Stunden und 45 Minuten bei einer Arbeitszeit über neun Stunden betragen, wobei die erste Pause in jedem Fall spätestens nach sechs Stunden zu gewähren ist. Eine Pause muss mindestens 15 Minuten lang sein.
- Erwachsene Arbeitnehmer müssen nach ihrer täglichen Arbeitszeit eine Ruhezeit von mindestens 11 Stunden haben. In Ausnahmefällen (siehe § 5 ArbZG) ist eine Reduzierung auf 10 Stunden bei entsprechendem zeitnahen Ausgleich möglich.

- Bei erwachsenen Arbeitnehmern gilt ein gesetzlicher **Mindesturlaub** von 24 Werktagen (also inklusive Samstag, jedoch ohne Sonn- und Feiertage).

Eine **Anrechnung der Berufsschulzeit** auf die betriebsübliche/tarifliche Ausbildungszeit erfolgt immer dann, wenn beide Zeiten deckungsgleich sind. Das bedeutet, dass eine Freistellung für die Berufsschule und eine Anrechnung dieser Zeit zu erfolgen haben, wenn in der Berufsschulzeit auch die betriebliche Ausbildung stattfinden könnte (regelmäßige betriebliche Arbeitszeit).

- Ausdrücklich unzulässig ist es, die Berufsschulzeiten im Betrieb nachholen zu lassen oder die betriebliche Ausbildungszeit abweichend von der ansonsten üblichen betrieblichen Ausbildungszeit an den Berufsschultagen so zu ändern, dass noch gearbeitet werden muss. Findet der Berufsschulunterricht außerhalb der betriebsüblichen Arbeitszeit statt (beispielweise an einem arbeitsfreien Tag – Ruhetag in der Gastronomie), muss keine Anrechnung erfolgen. Insgesamt (betriebliche und schulische Ausbildungszeit) darf die gesetzliche Höchstgrenze von 48 Wochenstunden jedoch nicht überschritten werden.
- Gemäß BAG-Urteil zählen neben dem Unterricht auch die Pausen in der Berufsschule und die Zeit, die der Auszubildende benötigt, um von der Berufsschule zum Arbeitsplatz zu gelangen, ebenfalls als anrechnungspflichtig (nicht jedoch der Weg morgens von zu Hause zur Berufsschule!). Beginnt die Berufsschule vor 9:00 Uhr, dann dürfen auch Erwachsene an diesem Tag vorher nicht mehr beschäftigt werden.

Beispiele:

- *Ist die regelmäßige betriebliche Arbeitszeit und damit auch die Ausbildungszeit von 8:00 bis 16:00 Uhr festgelegt und fällt die Berufsschulzeit auch in diese Zeit, dann ist der erwachsene Auszubildende für die Berufsschule freizustellen. Die Schulzeit, die Pausen und die evtl. Wegezeit in den Betrieb werden als betriebliche Ausbildungszeit/Arbeitszeit angerechnet. Diese Zeit darf nicht extra nachgearbeitet werden.*
- *Der Arbeitgeber darf nicht festlegen, dass die betriebliche Ausbildungszeit/Arbeitszeit eigentlich jeden Tag von 8:00 bis 16:00 Uhr ist, für die Auszubildenden an Berufsschultagen jedoch eine Arbeitszeit bis 20:00 Uhr gilt, sodass sie nach der Berufsschule noch arbeiten müssen.*
- *Arbeitet der erwachsene Auszubildende in einem Fitnessstudio immer von 16:00 bis 24:00 Uhr, dann ist der Berufsschulunterricht, der in der Zeit von 8:00 bis 15:00 Uhr stattfindet, nicht als Arbeitszeit anzurechnen. Dies gilt bis zur Höchstgrenze von 48 Wochenstunden. Hier kann der Fall eintreten, dass für einen Auszubildenden die wöchentliche Gesamtarbeits- bzw. Ausbildungszeit im Höchstfall mit 48 Stunden (Arbeitszeit und Schulzeit) höher ausfällt, als die eigentliche betriebliche oder tarifliche Arbeitszeit (in der Regel 40 Stunden pro Woche). Hier ist der erwachsene Auszubildende eindeutig benachteiligt, gesetzliche Regelungen fehlen hier jedoch.*

Für den Blockunterricht gibt es ebenfalls keine besonderen Anrechnungsverfahren. Grundsätzlich ist demnach die Beschäftigung von Erwachsenen auch in Wochen mit Blockunterricht möglich, wobei auch hier die oben genannten Regelungen zutreffen. Hier muss individuell für jeden Tag bzw. jede Woche eine Berechnung unter Berücksichtigung der Schul-, Pausen- und Wegezeiten sowie mit Blick auf die Höchstarbeitsgrenze von 48 Stunden pro Woche erfolgen.

Um endgültig klare Regelungen zu schaffen, sind jetzt die Bundesregierung bzw. die gesetzgebenden Organe gefragt. Wenn dieses Problem noch nicht in Tarifverträgen gelöst wurde, dann sollten die Betriebsräte die vorhandenen Mängel durch eine entsprechende Betriebsvereinbarung ausgleichen. Wo dies noch nicht geschehen ist, weil der Betriebsrat das Problem nicht erkannt hat bzw. keinen Handlungsbedarf sieht, ist die Jugendauszubildendenvertretung – JAV (eine genauere Betrachtung erfolgt im Verlauf der weiteren Ausführungen in diesem Lernfeld) verpflichtet, aktiv zu werden. Die JAV kann beim Betriebsrat beantragen, dass die Verabschiedung einer Betriebsvereinbarung auf die Tagesordnung der nächsten Betriebsratssitzung gesetzt wird. Der Betriebsrat muss dann über den Abschluss beraten, wobei der JAV zu diesem Tagesordnungspunkt ein Teilnahme- und Stimmrecht zusteht.

Grundlegend ist jeder Arbeitgeber nach § 16 ArbZG dazu verpflichtet, einen Abdruck des Arbeitszeitgesetzes, der aufgrund dieses Gesetzes erlassenen, für den Betrieb geltenden Rechtsverordnungen und der für den Betrieb geltenden Tarifverträge und Betriebs- oder Dienstvereinbarungen an geeigneter Stelle im Betrieb zur Einsichtnahme auszulegen oder auszuhängen. Das bedeutet, dass sich jeder Auszubildende und Arbeitnehmer schnell und übersichtlich über die Arbeitszeit- und Pausenregelungen informieren können muss.

Darüber hinaus besteht die ausdrückliche Pflicht des Arbeitgebers, die über die regelmäßige werktägliche Arbeitszeit hinausgehende Arbeitszeit (Mehrarbeit) der Arbeitnehmer aufzuzeichnen und die Unterlagen mindestens zwei Jahre aufzubewahren. Somit müssen alle Überstunden ohne ausdrückliche Aufforderung vom Arbeitgeber festgehalten und entsprechend der Gesetze ausgeglichen werden.

Weitere gesetzliche Regelungen, u.a. zur Akkordarbeit, zu gefährlichen Arbeiten oder zur ärztlichen Untersuchung vor Antritt der Ausbildung bei Jugendlichen, finden Sie im Internet auf den Internetseiten des Bundesministeriums der Justiz – http://www.bundesrecht.juris.de bzw. http://www.gesetze-im-internet.de – unter den entsprechenden Suchbegriffen.

Aufgaben

1. ***Wer wird laut Gesetz als Jugendlicher und wer als Erwachsener angesehen?***
2. ***Warum gibt es überhaupt gesetzliche Mindeststandards in den Bereichen Arbeitszeit, Pausen und Urlaub?***
3. ***Fassen Sie die für Sie geltenden Arbeitszeitregelungen (Alter beachten) während der Berufsausbildung mit eigenen Worten zusammen.***
4. ***Versuchen Sie mit Ihren Kenntnissen und ggf. mit Hilfe des Arbeitszeitgesetzes (ArbZG), das in der Eingangssituation beschriebene Problem von Marc zu lösen. Muss er als 18-jähriger Auszubildender 50 Stunden in der Woche arbeiten, wobei jeder Sonntag ein Arbeitstag ist?***
5. ***Wie ist die Berufsschulpflicht für Sie geregelt (hier Alter und Bundesland beachten)?***
6. ***Lesen Sie sich den folgenden methodischen Hinweis für das Beschriften und Präsentieren von Overheadfolien (OH-Folien) durch.***
7. ***Wie ist die Berücksichtigung von Berufsschulzeiten für die Gesamtarbeitszeit bei jugendlichen und bei erwachsenen Auszubildenden geregelt. Erstellen Sie hierzu eine Übersicht auf einer Overheadfolie (OH-Folie). Strukturieren Sie diese Übersicht so, dass zum einen die Regelungen für Jugendliche sowie für Erwachsene und zum anderen für die Varianten bei einem oder zwei Berufsschultagen bzw. bei Blockunterricht deutlich werden.***
8. ***Recherchieren Sie im Internet (http://bundesrecht.juris.de/burlg/) oder im entsprechenden Gesetzbuch zum Themenkomplex Urlaub im Bundesurlaubsgesetz (BurlG) und beantworten Sie die nachfolgenden Fragen:***
   a Wer hat ab wann einen Urlaubsanspruch?
   b Wie hoch ist der Mindesturlaubsanspruch?

c Was versteht man unter einem Werktag?
d Wie lang muss einer der Urlaubsteile bei geteiltem Urlaub mindestens sein?
e Inwiefern ist eine Übertragung des Urlaubs auf das nächste Kalenderjahr möglich?
f Was passiert, wenn man im Urlaub erkrankt?

Methodischer Hinweis – Gestaltung und Präsentation von Overheadfolien:

Optische Gestaltung – Lesbarkeit:

- Verwenden Sie bei längeren Vorträgen und bei ausreichend Vorbereitungszeit eher bedruckte Folien. Handschriftliche Folien eignen sich nur in besonderen Fällen, bspw. bei kleinen informellen Arbeitsgruppen oder bei der Visualisierung aktueller Gruppenergebnisse.
- Die Schrifthöhe sollte auf der Folie mindestens 6–8 mm (bei bedruckten Folien mind. 14-Punkt-Schrift) betragen.
- Der Helligkeitskontrast sollte maximal sein, daher sollten für die Schrift dunkle Farben wie Schwarz oder Blau verwendet werden.
- Sie können einzelne Wörter oder Wortgruppen durch Unterstreichung, Kursivdruck, Farbe, verschiedene Schriftgrößen usw. hervorheben.
- Vermeiden Sie unbekannte Abkürzungen, Fremdwörter usw.
- Grafiken erhöhen die Verständlichkeit und regen eher an.
- Testen Sie vorher die Lesbarkeit am anderen Ende des Raumes. Richten Sie dafür die Folie und den Projektor richtig zur Projektionsfläche aus und stellen Sie die Schärfe richtig ein.

Inhaltliche Gestaltung:

- Reduzieren Sie die Informationen auf das Wichtigste. Nehmen Sie lieber mehr Folien nacheinander, wobei dann je Folie weniger Informationen enthalten, diese aber übersichtlich gestaltet sind. Ergänzen Sie Ihren Folienvortrag bei Bedarf durch ein Handout, das verdichtet weitere Informationen enthalten kann.
- Verwenden Sie so viele Folien, dass alle zentralen Elemente der Präsentation gezeigt werden. Auf der anderen Seite ist aber auch eine Überflutung mit Folien zu vermeiden. Als Orientierung: Nehmen Sie nicht mehr als eine Folie für zwei Minuten Vortrag.

Präsentation:

- Die Projektionsfläche an der Wand darf nicht verdeckt werden.
- Vermeiden Sie es, in den Lichtstrahl des OH-Projektors zu schauen.
- Nennen Sie als Einleitung das Thema, über das Sie sprechen werden. Sagen Sie ggf., wer noch in Ihrer Arbeitsgruppe ist bzw. wer welchen Teil präsentiert.
- Halten Sie Blickkontakt zum Publikum und sprechen Sie immer zum Publikum gewandt. Reden Sie bei einem Folienwechsel nicht weiter, erst wieder, wenn die Folie richtig ausgerichtet ist.
- Machen Sie nach jedem thematischen Punkt eine kurze Pause.
- Markieren Sie jeweils angesprochene Passagen (Papierpfeil, Abdecken) auf der Folie mit dem Gesicht nach vorn zum Publikum, nicht an der Wand. Stellen Sie sich dafür am besten seitlich neben den Projektor.

- Die Folien sollten ausreichend lange gezeigt und vollständig erläutert werden. Denken Sie immer daran, dass Ihre Zuhörer zumeist nicht im Thema stecken, also mehr Zeit als Sie zum Erfassen der Informationen benötigen.
- Sie können Ihre Informationen auf einmal (vollständiges Auflegen der Folie) oder schrittweise geben, indem Sie eine abgedeckte Folie erst nach und nach aufdecken (Enthüllungstechnik).

3.3 Das Mutterschutzgesetz berücksichtigen

Das Mutterschutzgesetz (MuSchG, ausführlich „Gesetz zum Schutz der erwerbstätigen Mutter" – http://www.bundesrecht.juris.de/muschg/) enthält umfassende Regelungen zur Gestaltung des Arbeitsplatzes, der Arbeitszeiten sowie von Beschäftigungsverboten für werdende und stillende Mütter innerhalb eines Arbeitsverhältnisses.

***Werdende Mütter** dürfen in den letzten sechs Wochen vor der Entbindung nicht beschäftigt werden, es sei denn, dass sie sich zur Arbeitsleistung ausdrücklich bereit erklären; die Erklärung kann jederzeit widerrufen werden (§ 3 MuSchG).*

Sie sollen dem Arbeitgeber ihre Schwangerschaft und den mutmaßlichen Tag der Entbindung mitteilen, sobald ihnen ihr Zustand bekannt ist. Auf Verlangen des Arbeitgebers sollen sie das Zeugnis eines Arztes oder einer Hebamme vorlegen. Der Arbeitgeber hat die Aufsichtsbehörde unverzüglich von der Mitteilung der werdenden Mutter zu benachrichtigen. Er darf die Mitteilung der werdenden Mutter Dritten (bspw. Arbeitskollegen) nicht unbefugt bekannt geben (§ 5 MuSchG).

Werdende Mütter dürfen nicht mit schweren körperlichen Arbeiten und nicht mit Arbeiten beschäftigt werden, bei denen sie schädlichen Einwirkungen von gesundheitsgefährdenden Stoffen oder Strahlen von Staub, Gasen oder Dämpfen, von Hitze, Kälte oder Nässe, von Erschütterungen oder Lärm ausgesetzt sind (§ 4 MuSchG).

Für den Sport- und Fitnessbereich gelten besonders die folgenden **Beschäftigungsverbote**:

Werdende Mütter dürfen insbesondere nicht beschäftigt werden

- mit Arbeiten, bei denen regelmäßig Lasten von mehr als fünf Kilogramm Gewicht oder gelegentlich Lasten von mehr als zehn Kilogramm Gewicht ohne mechanische Hilfsmittel von Hand gehoben, bewegt oder befördert werden. Sollen größere Lasten mit mechanischen Hilfsmitteln von Hand gehoben, bewegt oder befördert werden, so darf die körperliche Beanspruchung der werdenden Mutter nicht größer sein als bei Arbeiten nach Satz 1,
- nach Ablauf des fünften Monats der Schwangerschaft mit Arbeiten, bei denen sie ständig stehen müssen, soweit diese Beschäftigung täglich vier Stunden überschreitet,
- mit Arbeiten, bei denen sie sich häufig erheblich strecken oder beugen oder bei denen sie dauernd hocken oder sich gebückt halten müssen.

Mütter (also Frauen nach der Entbindung) dürfen bis zum Ablauf von acht Wochen, bei Früh- und Mehrlingsgeburten bis zum Ablauf von zwölf Wochen nach der Entbindung nicht beschäftigt werden. Bei Frühgeburten und sonstigen vorzeitigen Entbindungen verlängern sich die Fristen zusätzlich um den Zeitraum der Schutzfrist vor der Geburt, der nicht in Anspruch genommen werden konnte. Frauen, die in den ersten Monaten nach der Entbindung nach ärztlichem Zeugnis nicht voll leistungsfähig sind, dürfen nicht zu einer ihre Leistungsfähigkeit übersteigenden Arbeit herangezogen werden.

Beispiel:
Ein junge Frau befindet sich in ihrer gesetzlichen Schutzfrist von sechs Wochen vor der Geburt. Eine Woche vor dem errechneten Geburtstermin bekommt sie ihr Kind. Die nicht ausgeschöpfte Woche wird nun auf die Schutzfrist nach der Geburt aufgeschlagen, sodass sich diese um eine Woche auf neun Wochen verlängert.

Wer eine **werdende** oder **stillende** Mutter beschäftigt, hat bei der Einrichtung und der Unterhaltung des Arbeitsplatzes einschließlich der Maschinen, Werkzeuge und Geräte und bei der Regelung der Beschäftigung die erforderlichen Vorkehrungen und Maßnahmen zum Schutze von Leben und Gesundheit zu treffen. Bei Arbeiten, bei denen ständig gestanden oder gegangen werden muss, hat der Arbeitgeber eine Sitzgelegenheit zum kurzen Ausruhen bereitzustellen. Bei ständig sitzenden Tätigkeiten, muss der werdenden oder stillenden Mutter Gelegenheit zu kurzen Unterbrechungen ihrer Arbeit gegeben werden (§ 2 MuSchG).

§ 7 MuSchG

(1) Stillenden Müttern ist auf ihr Verlangen die zum Stillen erforderliche Zeit, mindestens aber zweimal täglich eine halbe Stunde oder einmal täglich eine Stunde freizugeben. Bei einer zusammenhängenden Arbeitszeit von mehr als acht Stunden soll auf Verlangen zweimal eine Stillzeit von mindestens 45 Minuten oder, wenn in der Nähe der Arbeitsstätte keine Stillgelegenheit vorhanden ist, einmal eine Stillzeit von mindestens 90 Minuten gewährt werden. Die Arbeitszeit gilt als zusammenhängend, soweit sie nicht durch eine Ruhepause von mindestens zwei Stunden unterbrochen wird.

(2) Durch die Gewährung der Stillzeit darf ein Verdienstausfall nicht eintreten. Die Stillzeit darf von stillenden Müttern nicht vor- oder nachgearbeitet und nicht auf die in dem Arbeitszeitgesetz oder in anderen Vorschriften festgesetzten Ruhepausen angerechnet werden. (...)

Werdende und stillende Mütter dürfen in der Regel nicht mit **Mehrarbeit** (nicht mehr als 8 Stunden bei Jugendlichen bzw. nicht mehr als 8,5 Stunden bei Erwachsenen täglich), nicht in der Nacht zwischen 20:00 und 6:00 Uhr und nicht an **Sonn- und Feiertagen** beschäftigt werden.
Auch hier gibt es einige **Ausnahmen**. Während im Jugendarbeitsschutzgesetz noch der Bereich Sport ausdrücklich für eine erlaubte Sonn- und Feiertagsarbeit genannt wird, ist dies beim Mutterschutz nicht der Fall. Hier ist eine differenziertere Betrachtung notwendig. Für Sport-, Wellness- oder Golfhotels greifen die Ausnahmen uneingeschränkt. Das bedeutet, dass werdende Mütter in den ersten vier Monaten der Schwangerschaft und stillende Mütter abweichend vom Nachtarbeitsverbot bis 22:00 Uhr beschäftigt werden können. Das Sonn- und Feiertagsverbot greift hier ebenfalls nicht, was zur Folge hat, dass eben auch an

Sonn- und Feiertagen gearbeitet werden darf, wenn den werdenden oder stillenden Müttern in jeder Woche einmal eine ununterbrochene Ruhezeit von mindestens 24 Stunden im Anschluss an eine Nachtruhe gewährt wird (§ 8 MuSchG).
Fitnessstudios und Sportvereine fallen zunächst nicht in diese Ausnahmenregelungen. Hier dürfen werdende und stillende Mütter nicht nach 20:00 Uhr und nicht an Sonn- und Feiertagen beschäftigt werden. In Fitnessstudios bzw. Sportvereinen sind die Ausnahmenregelungen nur anwendbar, wenn eine Gaststättenkonzession vorliegt und das zuständige Gewerbeaufsichtsamt eine Einstufung als Gast- und Schankwirtschaft zulässt, was nur in besonderen Fällen (enge Verzahnung von Gastronomie und Sportbetrieb) der Fall sein dürfte. Nach Ablauf des vierten Schwangerschaftsmonats dürfen werdende Mütter generell nur noch bis 20:00 Uhr beschäftigt werden.

Beispiele:

- *Die 20-jährige schwangere Andrea soll an einem Sonntag bis 22:00 Uhr arbeiten. Sie ist Auszubildende in einem Golf- und Wellnesshotel und befindet sich im dritten Schwangerschaftsmonat. In diesem Fall ist die Beschäftigung gemäß MuSchG erlaubt.*
- *Ihre ebenfalls 20-jährige schwangere Freundin Sigrun soll auch an einem Sonntag bis 22:00 Uhr arbeiten. Sie ist Auszubildende in einem reinen Fitnessstudio und befindet sich im zweiten Schwangerschaftsmonat. Hier ist hingegen keine Beschäftigung erlaubt.*
- *Beide dürfen unabhängig vom Ausbildungsbetrieb ab dem vierten Schwangerschaftsmonat generell (also ohne Ausnahme) nur noch bis höchstens 20:00 Uhr arbeiten.*

In jedem Fall ist die Beschäftigung einer werdenden Mutter dem zuständigen Gewerbeaufsichtsamt zu melden. Der Arbeitgeber ist dann verpflichtet, für den konkreten Arbeitsplatz eine **Gefährdungsbeurteilung** durchzuführen. Geeignete Vordrucke und Informationsmaterial finden Sie im Internet bei den zuständigen Gewerbeaufsichtsämtern (bspw. in der Rubrik Arbeitsschutz – Mutterschutz – Downloads unter http://www.gewerbeaufsicht.niedersachsen.de).
Weitere Regelungen bzw. Präzisierungen (u. a. zum Mutterschaftsgeld und zum Elterngeld) finden Sie im Internet auf der Internetseite des Bundesministeriums der Justiz – http://www.bundesrecht.juris.de bzw. http://www.gesetze-im-internet.de) unter den entsprechenden Suchbegriffen. Darüber hinaus sind die Bestimmungen zum Kündigungsschutz für werdende und stillende Mütter Inhalt des dritten Ausbildungsjahres (Lernfeld 12).

Zusammenfassung

Wesentliche Rechtsvorschriften der Berufsausbildung (die angegebenen Werte entsprechen den gesetzlichen Mindest- bzw. Höchstbestimmungen)				
Kategorie	**jugendlicher Azubi (ab 15 Jahre, aber noch nicht 18 Jahre alt)**	**erwachsener Auszubildender (ab 18 Jahre)**	**jugendliche werdende bzw. stillende Mutter**	**erwachsene werdende bzw. stillende Mutter**
Arbeitstage	5 Tage	6 Tage	5 Tage	6 Tage (bei Sonn- und Feiertagsarbeit 5 Tage)
Arbeitszeit wöchentlich	bis 40 Stunden	bis 48 Stunden	80 Std. in der Doppelwoche	90 Std. in der Doppelwoche
abweichende Regelungen	In gewissen Grenzen können durch Tarifverträge, Betriebsvereinbarungen oder durch das Bundesministerium für Arbeit und Soziales mit Zustimmung des Bundesrates Abweichungen von den o. g. Regelungen in Kraft treten (siehe bspw. § 21 a und b JArbSchG, § 8 MuSchG).			

<table>
<tr><th>Kategorie</th><th>jugendlicher Azubi (ab 15 Jahre, aber noch nicht 18 Jahre alt)</th><th>erwachsener Auszubildender (ab 18 Jahre)</th><th>jugendliche werdende bzw. stillende Mutter</th><th>erwachsene werdende bzw. stillende Mutter</th></tr>
<tr><td>Arbeitszeit täglich (ohne Pausen)</td><td>8 bis 8,5 Stunden (i. d. R. zwischen 6:00 und 20:00 Uhr)</td><td>8 bis 10 Stunden (keine Einschränkung)</td><td>8 Stunden (i. d. R. zwischen 6:00 und 20:00 Uhr)</td><td>8,5 Stunden (i. d. R. zwischen 6:00 und 20:00 Uhr)</td></tr>
<tr><td colspan="5">Keine Beschäftigung am Berufsschultag vor der Berufsschule erlaubt, wenn diese vor 9:00 Uhr beginnt. Die Unterrichtszeit und die Pausen in der Berufsschule sowie die Wegezeit von der Berufsschule zur Arbeitsstelle gelten nach BAG-Urteil als anrechnungsfähige Arbeitszeit.</td></tr>
<tr><td>Besonderheiten</td><td>unter Umständen ab 16 Jahre auch Arbeit nach 20:00 Uhr (bis max. 22:00 Uhr) möglich (bspw. in Sportgaststätten)</td><td>Evt. muss die Berufsschulzeit nicht als Arbeitszeit angerechnet werden, wobei in der Summe (Arbeitszeit + Berufsschulzeit) die 48 St. nicht überschritten werden dürfen.</td><td colspan="2">– Ab 4. Schwangerschaftsmonat Arbeit generell für alle Schwangeren nur bis 20:00 Uhr erlaubt
– Schwere Lasten dürfen nicht gehoben werden (Lasten von 5 bis max. 10 kg sind erlaubt).
– Ständig stehende Tätigkeiten, Hocken, Bücken und Beugen sind nicht erlaubt.</td></tr>
<tr><td>Sonntagsarbeit/ Arbeit an Feiertagen</td><td>– im Sportbereich zulässig
– max. 2 Sonntage im Monat
– maximal 26 Sonntage im Jahr
– entsprechender Ausgleich an einem Nichtberufsschultag muss herbeigeführt werden</td><td>– im Sportbereich zulässig
– 15 Sonntage müssen im Jahr frei bleiben
– entsprechender Ausgleich an einem Nichtberufsschultag muss herbeigeführt werden</td><td colspan="2">Im Sportbereich im Normalfall keine Sonn- und Feiertagsarbeit zulässig. (Im Verkehrswesen, in Gast- und Schankwirtschaften und im übrigen Beherbergungswesen, im Familienhaushalt, in Krankenpflege- und in Badeanstalten, bei Musikaufführungen, Theatervorstellungen, anderen Schaustellungen, Darbietungen oder Lustbarkeiten jedoch erlaubt (§ 8 MuSchG).)</td></tr>
<tr><td rowspan="2">Pausen</td><td rowspan="2">– 4,5–6 Std. Arbeit: 30 Minuten
– 6 Std. Arbeit: 60 Minu-ten
– Pausenlänge: mind. 15 Minuten
– spätestens nach 4,5 Std. erste Pause</td><td rowspan="2">– 6–9 Std. Arbeit: 30 Minuten
– 9 Std. Arbeit: 45 Minuten
– Pausenlänge: mind. 15 Minuten
– spätestens nach 6 Std. erste Pause</td><td>wie bei jugendlichem Azubidenden</td><td>wie bei erwachsenem Azubibildenden</td></tr>
<tr><td colspan="2">zusätzlich:
– 2 x täglich 30 Minuten Stillzeit oder 1 x 60 Minuten Stillzeit bei einer Arbeitszeit bis 8 Stunden
– 2 x täglich 45 Minuten Stillzeit oder 1 x 90 Minuten Stillzeit bei einer Arbeitszeit über 8 Stunden</td></tr>
<tr><td>Ruhezeiten/ Freizeit</td><td>mindestens 12 Stunden (vor Berufsschultag generell keine Arbeit nach 20:00 Uhr erlaubt)</td><td>mindestens 11 Stunden; (in Ausnahmefällen 10 Stunden mit Ausgleich)</td><td>wie bei jugendlichem Auszubildenden</td><td>wie bei erwachsenem Auszubildenden</td></tr>
<tr><td rowspan="2">Urlaub</td><td rowspan="2">< 16 J.: 30 Werktage
< 17 J.: 27 Werktage
< 18 J.: 25 Werktage</td><td rowspan="2">gesetzlicher Mindesturlaub von 24 Werktagen</td><td>wie bei jugendli. Azubi</td><td>wie bei erwachs. Azubi</td></tr>
<tr><td colspan="2">zzgl. einer Schutzfrist von 6 Wochen vor und 8 Wochen nach der Geburt (bei Zwillings- oder Mehrlingsgeburten bis 12 Wochen nach Geburt)</td></tr>
</table>

4 Die Mitwirkungsrechte darlegen – die betriebliche Mitbestimmung von jungen Arbeitnehmern und Auszubildenden

4.1 Die Möglichkeiten der Interessendurchsetzung bestimmen – die Jugend- und Auszubildendenvertretung (JAV)

Die gesetzliche Grundlage für die Einrichtung einer **Jugend- und Auszubildendenvertretung** (im Folgenden JAV abgekürzt) sind die Paragrafen 60 bis 73b des Betriebsverfassungsgesetzes (BetrVG), das auch die Regelungen für den Betriebsrat (siehe auch Lernfeld 12) enthält. Im Folgenden werden die wichtigsten Regelungen zur JAV kurz dargestellt, bei Besonderheiten bzw. nachrangigen Aspekten wird lediglich auf den entsprechenden Paragrafen verwiesen, hier ist dann bei entsprechendem Interesse ein Selbststudium notwendig (siehe http://bundesrecht.juris.de/betrvg).

Die JAV soll die besonderen Interessen der jugendlichen Arbeitnehmer in einem Betrieb wahrnehmen und diese gegenüber dem Arbeitgeber vertreten. Dies kann die JAV allerdings nicht direkt tun, sondern nur durch ihren Partner den Betriebsrat.

Wenn in einem Unternehmen mindestens fünf Jugendliche beschäftigt sind, die das 18. Lebensjahr noch nicht vollendet haben, oder fünf Jugendliche eine Ausbildung absolvieren, die das 25. Lebensjahr noch nicht vollendet haben, dann kann eine JAV gewählt und damit eingerichtet werden (§ 60 BetrVG). Wahlberechtigt sind alle oben genannten Jugendlichen. Wählbar sind alle Jugendlichen, die das 25. Lebensjahr noch nicht vollendet haben, wobei Mitglieder des Betriebsrates nicht auch noch in die JAV gewählt werden können (§ 61 BetrVG). Sollte ein JAV-Mitglied während seiner Amtszeit das 25. Lebensjahr vollenden, dann bleibt es trotzdem bis zum Ende der Amtszeit im Amt.

Die JAV wird in geheimer und unmittelbarer Wahl gewählt (§ 63 BetrVG). Das bedeutet, dass jeder Wahlberechtigte seine Stimme für einen oder mehrere Kandidaten in der Regel per Stimmzettel abgibt. Der Paragraf 63 des BetrVG regelt die Einladungsfristen und die Einrichtung des Wahlvorstandes.

Die regelmäßigen Wahlen finden alle zwei Jahre in der Zeit vom 1. Oktober bis 30. November statt. Außerhalb dieses Zeitraums kann eine neue JAV nur dann gewählt werden, wenn sie zum ersten Mal gewählt wird, die Zahl der Wahlberechtigten zwischendurch stark gestiegen oder gesunken ist (siehe folgende Tabelle), die gewählte JAV ihren Rücktritt erklärt oder nach gerichtlichem Beschluss aufgelöst bzw. die Wahl erfolgreich angefochten wird. Die regelmäßige Amtszeit der JAV beträgt zwei Jahre. Die Amtszeit beginnt mit der Bekanntgabe des Wahlergebnisses oder, wenn zu diesem Zeitpunkt noch eine JAV besteht, mit Ablauf von deren Amtszeit (§ 64 BetrVG), die spätestens am 30. November des regelmäßigen Wahljahres endet. Bei außerordentlichen Wahlen (siehe oben) regelt § 64 die Einzelheiten.

Die JAV soll sich möglichst aus Vertretern der verschiedenen Beschäftigungsarten und Ausbildungsberufe der im Betrieb tätigen Jugendlichen zusammensetzen. Das Geschlecht, das in der Minderheit ist, muss mindestens entsprechend seinem zahlenmäßigen Verhältnis in der JAV vertreten sein, wenn diese aus mindestens drei Mitgliedern besteht (§ 62 BetrVG). Die Anzahl der Mitglieder einer JAV richtet sich nach der Anzahl der Jugendlichen in einem Betrieb (gemäß § 62 BetrVG).

Größe bzw. Mitglieder anzahl der JAV

Anzahl der wahlberechtigten jugendlichen Arbeitnehmer bzw. Auszubildenden	Größe bzw. Mitglieder der Jugend- und Auszubildendenvertretung (JAV)
5 bis 20	1
21 bis 50	3
51 bis 150	5
151 bis 300	7
301 bis 500	9
501 bis 700	11
701 bis 1.000	13
1.001 und mehr Jugendliche	15

Wie bereits erwähnt, erfolgt die Interessenvertretung partnerschaftlich mit dem Betriebsrat. Das bedeutet, dass der Betriebsrat das Bindeglied zwischen Arbeitgeber und JAV ist. Informationen des Arbeitgebers, die für die JAV gemäß ihren Aufgaben (siehe unten) bedeutsam sind, müssen vom Arbeitgeber an den Betriebsrat und von diesem rechtzeitig und umfassend an die JAV weitergeleitet werden. Die JAV kann sogar verlangen, dass ihr der Betriebsrat entsprechende Unterlagen zur Verfügung stellt. Wenn die JAV nun ihrerseits ein Anliegen hat, dann ist dies rechtzeitig dem Betriebsrat vorzutragen bzw. zu beantragen, damit dieser das Problem dann lösen oder mit dem Arbeitgeber in Verbindung und ggf. in Verhandlungen treten kann (nähere Informationen dazu beim Thema Betriebsrat in Lernfeld 12).

Der Betriebsrat als Bindeglied zwischen JAV und Arbeitgeber

JAV	↔	Betriebsrat	↔	Arbeitgeber
Anliegen, Anträge, Verhandlungen	↔	Bindeglied, Interessenvertreter, Vermittler	↔	Informationen, Verhandlungen, Entscheidungen

Die allgemeinen Aufgaben der JAV bestehen nach § 70 BetrVG vor allem darin,

- Ansprechpartner für die Jugendlichen insbesondere bei Fragen der Berufsbildung zu sein und beim Betriebsrat Anregungen vorzubringen und Maßnahmen zu beantragen sowie auf eine diesbezügliche Erledigung hinzuwirken,
- Maßnahmen zur tatsächlichen Gleichstellung der Jugendlichen beim Betriebsrat zu beantragen,
- darüber zu wachen, dass geltenden Gesetze, Verordnungen, Unfallverhütungsvorschriften, Tarifverträge und Betriebsvereinbarungen durchgeführt bzw. durchgesetzt werden,

- Maßnahmen zur Übernahme von Auszubildenden in ein Arbeitsverhältnis beim Betriebsrat zu beantragen,
- die Integration von ausländischen jugendlichen Arbeitnehmern oder Auszubildenden zu fördern und entsprechende Maßnahmen beim Betriebsrat zu beantragen.

Die JAV kann entweder vor bzw. nach jeder Betriebsversammlung im Einvernehmen mit dem Betriebsrat oder an einem beliebigen anderen Termin im Einvernehmen mit Betriebsrat *und* Arbeitgeber eine betriebliche JAV-Versammlung einberufen (§ 71 BetrVG).

Die JAV kann beim Betriebsrat beantragen, dass Angelegenheiten, die die Jugendlichen betreffen, auf die Tagesordnung der Betriebsratssitzungen gesetzt werden. Zu allen Betriebsratssitzungen kann die JAV einen Vertreter entsenden. Bei Themen, die vor allem die Jugendlichen betreffen, können sogar alle JAV-Mitglieder teilnehmen. Die anwesenden JAV-Mitglieder haben in der Betriebsratssitzung ein Stimmrecht, wenn die Angelegenheiten überwiegend die Jugendlichen nach § 60 BetrVG betreffen.

Damit der Arbeitgeber auf die JAV-Mitglieder keinen Druck ausüben kann, sind diese während ihrer Amtszeit und sogar innerhalb eines Jahres danach vor ordentlichen Kündigungen geschützt.

Bei schwerwiegenden Verfehlungen (aus wichtigem Grund) kann der Arbeitgeber jedoch auch ein JAV-Mitglied ohne Einhaltung einer Kündigungsfrist (fristlos) kündigen (siehe Kündigungsschutzgesetz § 15 – siehe auch Lernfeld 12).

Beabsichtigt der Arbeitgeber, einen Auszubildenden, der Mitglied der JAV ist, nach Beendigung des Berufsausbildungsverhältnisses nicht in ein Arbeitsverhältnis auf unbestimmte Zeit zu übernehmen, so hat er dies drei Monate vor Beendigung des Berufsausbildungsverhältnisses dem Auszubildenden schriftlich mitzuteilen (§ 78a BetrVG).

Weitere Aspekte, wie die Geschäftsführung, die Einrichtung einer Gesamt-JAV bei mehreren Einzel-JAVs in großen Betrieben, Betriebsteilen bzw. Konzernen sowie die Durchführung von Sprechstunden und Besprechungen mit dem Betriebsrat und eine eventuelle Aussetzung von Betriebsratsbeschlüssen, sind in den Paragrafen 66 bis 69 und 72 bis 73b des BetrVG geregelt.

Aufgaben

1. ***Beschreiben Sie die Aufgaben der JAV mit eigenen Worten.***
2. ***Warum gibt es einen besonderen Kündigungsschutz für JAV-Mitglieder?***
3. ***Finden Sie heraus, ob es in Ihrem Ausbildungsbetrieb eine JAV gibt.***
   - *a Wenn ja, wie viele Mitglieder hat diese und in welchen Abständen werden JAV-Versammlungen durchgeführt?*
   - *b Welchen Themen wurden dort innerhalb des letzten Jahres bearbeitet bzw. besprochen?*

4.2 Individuelle Mitbestimmungsrechte auch ohne gewählte Vertreter durchsetzen

Sollte es in einem Betrieb keinen Betriebsrat oder keine JAV geben, dann hat der Arbeitnehmer natürlich trotzdem Rechte gegenüber seinem Arbeitgeber. Inwiefern es allein schwieriger ist, diese Rechte innerhalb des Betriebes durchzusetzen, hängt entscheidend vom Verhältnis zwischen Arbeitgeber und Arbeitnehmer sowie deren Zusammenarbeit ab.

Nach den Paragrafen 81 bis 84 des **Betriebsverfassungsgesetzes (BetrVG)** hat jeder Arbeitnehmer (ob ein Betriebsrat vorhanden ist oder nicht) folgende Rechte bzw. der Arbeitgeber folgende Pflichten (die Darstellung erfolgt nur in Auszügen):

- **Unterrichtungs- und Erörterungspflicht des Arbeitgebers – § 81 BetrVG**
  - Der Arbeitgeber hat die Pflicht, den Arbeitnehmer über die Art seiner Tätigkeit, seine Aufgaben, seine Verantwortung und die Einordnung seiner Tätigkeit in den Betriebsablauf zu unterrichten.
  - Der Arbeitgeber hat die Pflicht, den Arbeitnehmer über Unfall- und Gesundheitsgefahren sowie Maßnahmen zur Vermeidung zu unterrichten.
  - Der Arbeitgeber hat die Pflicht, den Arbeitnehmer über Maßnahmen bzw. Änderungen (technische Anlagen, Arbeitsverfahren, Arbeitsabläufe), die seinen Arbeitsbereich betreffen, zu unterrichten.
- **Anhörungs- und Erörterungsrecht – § 82 BetrVG:**
  - Der Arbeitnehmer hat das Recht, zu betrieblichen Angelegenheiten, von denen er betroffen ist, angehört zu werden.
  - Der Arbeitnehmer kann verlangen, dass ihm die Berechnung und Zusammensetzung seines Arbeitsentgelts erläutert und dass mit ihm die Beurteilung seiner Leistungen sowie die Möglichkeiten seiner beruflichen Entwicklung im Betrieb erörtert werden.
- **Einsicht in die Personalakte – § 83 BetrVG:**
  - Der Arbeitnehmer hat das Recht, in die über ihn geführten Personalakten Einsicht zu nehmen.
- **Beschwerderecht – § 84 BetrVG:**
  - Jeder Arbeitnehmer hat das Recht, sich bei den zuständigen Stellen des Betriebs zu beschweren, wenn er sich vom Arbeitgeber oder von Arbeitnehmern des Betriebs benachteiligt oder ungerecht behandelt oder in sonstiger Weise beeinträchtigt fühlt.

5 Berufsbezogene Arbeits-, Gesundheits- und Umweltschutzbestimmungen anwenden

Der Arbeits-, Gesundheits- und Umweltschutz hat in unserer Arbeitswelt einen hohen Stellenwert. Die nachfolgenden Ausführungen verschaffen Ihnen einen Überblick über die derzeit gültigen Regelungen. Im Mittelpunkt stehen dabei nicht nur der Schutz der Arbeitnehmer, sondern direkt oder indirekt auch Schutz der Kunden sowie die Erhaltung der natürlichen Umwelt. Bereits seit mehr als 150 Jahren widmet sich der Staat durch den Erlass von Gesetzen und durch die Überprüfung der Einhaltung durch Aufsichtsämter dieser Aufgabe.

Heutzutage sind dafür die **Gewerbeaufsichtsämter** zuständig. Ihr gesetzlicher Auftrag ist es, sicherzustellen, dass die Betriebe die Anforderungen des Schutzes von Arbeitnehmerinnen und Arbeitnehmern am Arbeitsplatz sowie des technischen Umwelt- und Verbraucherschutzes einhalten.

Die zehn staatlichen Gewerbeaufsichtsämter sind im Kern Aufsichtsbehörden, arbeiten jedoch „kundennah“. Sie beraten, genehmigen und überwachen. Dazu müssen die Betriebe besichtigt werden; denn nur so können sich die in den Ämtern tätigen Techniker, Ingenieure, Physiker, Chemiker, Biologen, Mediziner, Pharmazeuten sowie die Juristen und Verwaltungsfachkräfte ein umfassendes Bild von den tatsächlichen Arbeits- und Betriebsverhältnissen verschaffen. Um gesetzeskonforme, praxisgerechte und kostengünstige Lösungen gemeinsam zu erreichen, ist die Arbeit der Gewerbeaufsichtsämter auf eine enge Kooperation mit den Betrieben ausgerichtet. Denn dauerhafte Problemlösungen sind einfacher zu erreichen, wenn man miteinander und nicht gegeneinander arbeitet. Insofern versteht sich die staatliche Gewerbeaufsicht auch als „Dienstleister“, der die Betriebe in vielfältiger Hinsicht berät. Gerade kleine und mittlere Betriebe haben einen großen Bedarf an Beratung, um den gesetzlichen Pflichten nachkommen zu können.

Quelle: Broschüre „Arbeitsschutz, Gefahrenschutz, Umweltschutz, Verbraucherschutz“, Niedersächsisches Ministerium für Umwelt und Klimaschutz, Niedersächsisches Ministerium für Soziales, Frauen, Familie und Gesundheit (Hrsg.), Juli 2008, S. 1

Weitere Informationen erhalten Sie bei Ihrem zuständigen Gewerbeaufsichtsamt oder im Internet unter den Stichworten „staatliche Gewerbeaufsicht“, „Gewerbeaufsichtsamt“ im Zusammenhang mit dem Namen Ihres Bundeslandes. Dort finden Sie Ansprechpartner und Informationsmaterial.

5.1 Die Arbeitsschutzbestimmungen beachten

5.1.1 Ziele des Arbeitsschutzes und die Gefährdungsbeurteilung

Ziel *des Arbeitsschutzes ist es, die Beschäftigten vor Gefahren und gesundheitlichen Schädigungen zu schützen, was in einer immer schnelleren und anspruchsvolleren Arbeitswelt elementar wichtig ist.*

Dafür sind verlässliche gesetzliche Grundlagen und für alle Unternehmen gültige Regelungen unerlässlich. Dies gilt sowohl für Maßnahmen innerhalb als auch außerhalb des Unternehmens, wie z. B. Maßnahmen für eine sichere Arbeitsstätte und Arbeitsplatzgestaltung, für Lärmschutz, zur Gesundheit am Arbeitsplatz, zur Geräte- und Produktsicherheit oder für den Umgang mit Gefahrstoffen. Das Arbeitsschutzgesetz (ArbSchG) gestattet dabei den Unternehmen gewisse Ermessensspielräume bei der Umsetzung, um den konkreten Gegebenheiten und Anforderungen eines Betriebs gerecht werden zu können.

Der Arbeitgeber ist verantwortlich für eine funktionierende Organisation des Arbeitsschutzes im Betrieb. Dabei spielt die sogenannte **Gefährdungsbeurteilung** eine zentrale Rolle. Sie umfasst die systematische Beurteilung der für die Beschäftigten mit Ihrer Arbeit verbundenen Gefährdungen und Belastungen und bildet damit eine wesentliche Grundlage für die Ableitung zielgerichteter Arbeitsschutzmaßnahmen.

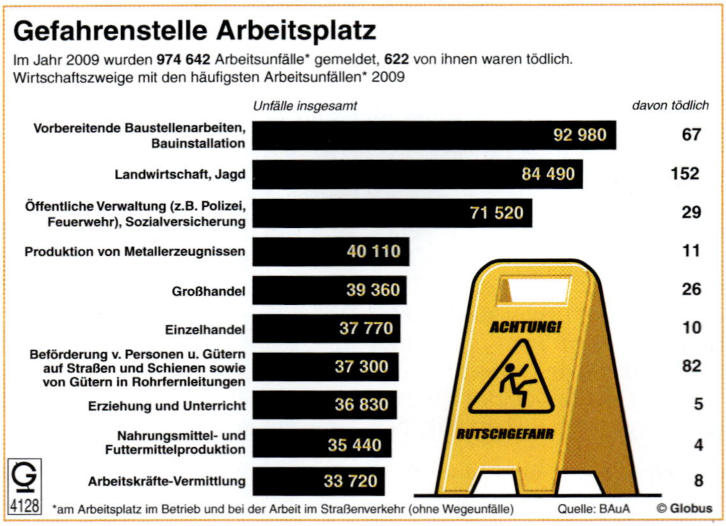

Der Arbeitgeber hat somit die Verantwortung für die Durchführung der Gefährdungsbeurteilung und die Umsetzung der Ergebnisse. Die gesetzliche Basis für die Gefährdungsbeurteilung ist das Arbeitsschutzgesetz (§§ 5, 6).

Die Anforderungen an die Gefährdungsbeurteilung werden für bestimmte Teilbereiche in Verordnungen genauer dargelegt, bspw. durch die Betriebssicherheitsverordnung, Gefahrstoffverordnung, Bildschirmarbeitsverordnung, Lastenhandhabungsverordnung, Biostoffverordnung, Mutterschutzrichtlinienverordnung, Arbeitsstättenverordnung und durch die Lärm- und Vibrations-Arbeitsschutzverordnung.

- **Gefährdungen in einem Unternehmen ergeben sich insbesondere durch**
  - die Gestaltung und Einrichtung der Arbeitsstätte und des Arbeitsplatzes,
  - physikalische, chemische und biologische Einwirkungen,
  - die Gestaltung, die Auswahl und den Einsatz von Arbeitsmitteln, insbesondere von Arbeitsstoffen, Maschinen, Geräten und Anlagen sowie den Umgang damit,
  - die Gestaltung von Arbeits- und Fertigungsverfahren, Arbeitsabläufen und Arbeitszeit und deren Zusammenwirken,
  - unzureichende Qualifikation und Unterweisung der Beschäftigten.

- **Bei der Gefährdungsbeurteilung ist einzuschätzen,**
  - welche Gefährdungen auftreten können,
  - welche Personen von den Gefährdungen betroffen sind,
  - ob die Bedingungen am Arbeitsplatz akzeptabel sind, insbesondere ob sie den Vorschriften und Regeln, den arbeitswissenschaftlichen Erkenntnissen, dem Stand der Technik sowie den Leistungsvoraussetzungen der Beschäftigten entsprechen,
  - wie dringlich und welcher Art die erforderlichen Maßnahmen sind,
  - ob Verbesserungen möglich sind.

Weitere Informationen sowie Hilfen für die Durchführung der Gefährdungsbeurteilung erhalten Sie beim speziellen Internetportal der Bundesanstalt für Arbeitsschutz und Arbeitsmedizin (http://www.gefaehrdungsbeurteilung.de).

Zweckmäßigerweise orientiert sich das Vorgehen des Arbeitgebers an der im Einzelfall vorliegenden Betriebsart und der Betriebsgröße mit den jeweils auftretenden Gefährdungsfaktoren (z. B. arbeitsstätten-, arbeitsmittel- und tätigkeitsbezogene Risiken).

Nach der Ermittlung dieser Faktoren besteht der Kern der Gefährdungsbeurteilung darin, sie auf die Notwendigkeit von möglichen Schutzmaßnahmen hin zu bewerten. Um den Arbeitgeber in seiner Aufgabenwahrnehmung zu unterstützen, gibt es ein vielfältiges und differenziertes Sortiment praxisbezogener Handlungsanleitungen. Anbieter sind beispielsweise die Bundesanstalt für Arbeitsschutz und Arbeitsmedizin (BAuA – http://www.baua.de), die Arbeitsschutzbehörden der Länder und die Träger der gesetzlichen Unfallversicherung (Berufsgenossenschaften – http://www.dguv.de, speziell für den Sportbereich http://www.vbg.de/sportvereine), aber auch zahlreiche gewerbliche Anbieter (Suchbegriff: „Gefährdungsbeurteilung").

Aufgaben

1. ***Was ist mit der Gefährdungsbeurteilung gemeint?***
2. ***Wer ist für die funktionierende Organisation des betrieblichen Arbeitsschutzes verantwortlich?***
3. ***Welche besonderen Gefährdungen gibt es in Ihrem Ausbildungsbetrieb?***

5.1.2 Die Fachkraft für Arbeitssicherheit und Betriebsärzte

Nach dem Gesetz über Betriebsärzte, Sicherheitsingenieure und andere Fachkräfte für Arbeitssicherheit (Kurzform: Arbeitssicherheitsgesetz – ASiG) ist der Arbeitgeber verpflichtet, Betriebsärzte und Fachkräfte für Arbeitssicherheit zu bestellen.

Die **Fachkraft für Arbeitssicherheit** muss vom Arbeitgeber schriftlich bestellt werden. Sie kann eine externe Fachkraft oder ein Mitarbeiter des Unternehmens sein. Der **Betriebsarzt,** oder auch Arbeitsmediziner muss ebenfalls schriftlich bestellt werden. Dies ist in der Regel ein externer, speziell ausgebildeter Facharzt. Lediglich in sehr großen Betrieben (bspw. der Chemieindustrie) kommt es vor, dass der Betriebsarzt Angestellter des Betriebes ist.

Beide – Fachkraft und Betriebsarzt – sind dem Unternehmer direkt unterstellt und haben die Position einer Stabsstelle, damit also lediglich eine beratende Funktion. Sie haben die Aufgabe, den Arbeitgeber beim Arbeits- und Gesundheitsschutz und bei der Unfallverhütung in seinem Betrieb zu unterstützen.

Bei der Anwendung ihrer Fachkunde sind sie weisungsfrei und dürfen wegen der Erfüllung ihrer Aufgaben nicht benachteiligt werden. Für die Einhaltung des Arbeitsschutzes ist in letzter Konsequenz allein der Arbeitgeber bzw. Unternehmer verantwortlich und haftbar.

5.1.3 Der Sicherheitsbeauftragte

Ab einer Betriebsgröße von 20 Beschäftigten hat der Unternehmer gemäß § 22 Sozialgesetzbuch (SGB VII) und § 20 der „Berufsgenossenschaftlichen Vorschrift für Sicherheit und Gesundheit bei der Arbeit" (BGV A1 und Anhang 2, BGV A1) einen Sicherheitsbeauftragten zu bestellen.

Der **Sicherheitsbeauftragte** hat den Unternehmer bei der Durchführung der Maßnahmen zur Verhütung von Arbeitsunfällen und Berufskrankheiten zu unterstützen, insbesondere sich von dem Vorhandensein und der ordnungsgemäßen Benutzung der vorgeschriebenen Schutzeinrichtungen und persönlichen Schutzausrüstungen zu überzeugen und auf Unfall- und Gesundheitsgefahren für die Versicherten aufmerksam zu machen.

Er hat das Recht der Teilnahme an Aus- und Fortbildungsseminaren der zuständigen Berufsgenossenschaft, darf an Betriebsbegehungen durch die Berufsgenossenschaft oder staatliche Aufsichtsbehörde teilnehmen, muss über Unfälle in Kenntnis gesetzt werden und wirkt im Arbeitsschutzausschuss mit. Durch die Wahrnehmung seiner Rechte darf er nicht vom Unternehmer benachteiligt werden. Ein Muster der Bestellungsurkunde finden Sie bei der VBG unter http://www.vbg.de.

Mindestzahl der zu bestellenden Sicherheitsbeauftragten

in Betriebsstätten mit	Mindestzahl der Sicherheitsbeauftragten
21 bis 150 Versicherten	1
151 bis 500 Versicherten	2
501 bis 1.000 Versicherten	3
und für je weitere 500 Versicherte	1 weiterer Sicherheitsbeauftragter

5.1.4 Der Arbeitsschutzausschuss

Soweit in einer sonstigen Rechtsvorschrift nichts anderes bestimmt ist, hat der Arbeitgeber in Betrieben mit mehr als zwanzig Beschäftigten einen **Arbeitsschutzausschuss (ASA)** zu bilden. Bei der Feststellung der Zahl der Beschäftigten sind Teilzeitbeschäftigte mit einer regelmäßigen wöchentlichen Arbeitszeit von nicht mehr als 20 Stunden mit 0,5 und nicht mehr als 30 Stunden mit 0,75 zu berücksichtigen.

Dieser Ausschuss setzt sich zusammen aus
- dem Arbeitgeber oder einem von ihm Beauftragten,
- zwei vom Betriebsrat bestimmten Betriebsratsmitgliedern,
- Betriebsärzten,
- Fachkräften für Arbeitssicherheit und
- Sicherheitsbeauftragten.

Der Arbeitsschutzausschuss tritt mindestens einmal vierteljährlich zusammen und hat die Aufgabe, Anliegen des Arbeitsschutzes und der Unfallverhütung zu beraten. Insbesondere sind dies die Grundlagen der Prävention, die betriebliche Arbeitsschutzorganisation, systematische Ansätze im Arbeitsschutz sowie die Gefährdungs- und Belastungsermittlungen.

Am wirkungsvollsten kann die Sicherheit und Gesundheit der Beschäftigten bei der Arbeit gewährleistet werden, wenn der Arbeits- und Gesundheitsschutz dauerhaft in die Strukturen und Abläufe eines Unternehmens eingebunden wird. **Arbeitsschutzmanagementsysteme (AMS)** sind ein wirksames Instrument zur Verbesserung des Arbeitsschutzes. Ausführliche Informationen dazu finden Sie auf der Website der europäischen Agentur für Sicherheit und Gesundheitsschutz bei der Arbeit (https://osha.europa.eu/de) unter dem Stichwort Arbeitsschutzmanagementsystem.

Aufgaben

1. ***Welcher Unterschied besteht zwischen der Fachkraft für Arbeitssicherheit und dem Arbeitsschutzausschuss?***
2. ***Welche Aufgaben hat der Sicherheitsbeauftragte?***
3. ***Recherchieren Sie in Ihrem Ausbildungsunternehmen, wer als Fachkraft für Arbeitssicherheit und als Betriebsarzt tätig ist.***
4. ***Welche Besonderheiten im Bereich Arbeitsschutz gibt es in Ihrem Ausbildungsbetrieb zu beachten? Betrachten Sie dabei schwerpunktmäßig die Regelungen der Arbeitsstättenverordnung (siehe auch folgende Tabelle)?***

5.1.5 Wichtige rechtliche Grundlagen des Arbeitsschutzes im Überblick

Die folgende Übersicht zeigt die wichtigsten Gesetze und Verordnungen für den Bereich Arbeitsschutz, die schnell und aktuell im Originaltext über die Homepage des Bundesministeriums für Arbeit und Soziales (http://www.bmas.de) oder direkt beim Bundesministerium für Justiz (http://www.bundesrecht.juris.de) abgerufen werden können.

Gesetz	Abkürzung	Inhalt stichwortartig
Gesetz über die Durchführung von Maßnahmen des Arbeitsschutzes zur Verbesserung der Sicherheit und des Gesundheitsschutzes der Beschäftigten bei der Arbeit **Kurzform: Arbeitsschutzgesetz**	ArbSchG	Beinhaltet die Pflichten des Arbeitgebers zur Gefährdungsüberprüfung, Dokumentation und Umsetzung der Maßnahmen zum Arbeits- und Gesundheitsschutz. Darüber hinaus werden auch die Rechte und Pflichten der Mitarbeiter dargelegt. Weiterhin ist aufgeführt, welche Befugnisse die überwachenden Behörden haben und welche Bußgeld- oder Strafvorschriften es bei Verstößen gibt.
Gesetz über Betriebsärzte, Sicherheitsingenieure und andere Fachkräfte für Arbeitssicherheit **Kurzform: Arbeitssicherheitsgesetz**	ASiG	Nach diesem Gesetz hat der Arbeitgeber Betriebsärzte und Fachkräfte für Arbeitssicherheit zu bestellen. Diese sollen ihn beim Arbeitsschutz und bei der Unfallverhütung unterstützen.
Verordnung über Arbeitsstätten **Kurzform: Arbeitsstättenverordnung**	ArbStättV	Regelungen für das Einrichten und Betreiben von Arbeitsstätten, insbesondere für – Verkehrswege, Fluchtwege, Notausgänge, – Arbeits-, Lager-, Maschinen- und Nebenräume, – Sanitärräume (Umkleide-, Wasch- und Toilettenräume), Pausen- und Bereitschaftsräume, – Erste-Hilfe-Räume, – Unterkünfte, – Fußböden, Wände, Decken, Beleuchtung, Oberlichter und Fenster, Türen und Tore, Laderampen, Lüftung, Lärm usw., – Nichtraucherschutz, Brandschutz ...

Verordnung über Sicherheit und Gesundheitsschutz bei der Bereitstellung von Arbeitsmitteln und deren Benutzung bei der Arbeit, über Sicherheit beim Betrieb überwachungsbedürftiger Anlagen und über die Organisation des betrieblichen Arbeitsschutzes **Kurzform: Betriebssicherheitsverordnung**	BetrSichV	Regelungen für das Einrichten und Betreiben von: – Dampfkesselanlagen, – Druckbehälteranlagen außer Dampfkesseln, – Füllanlagen, Tankstellen, – Rohrleitungen unter innerem Überdruck für entzündliche, leicht entzündliche, – hoch entzündliche, ätzende, giftige oder sehr giftige Gase, Dämpfe oder Flüssigkeiten, – Geräte und Anlagen zur Regalbedienung, – Fahrtreppen und Fahrsteige, Personen- und Umlaufaufzüge
Verordnung zum Schutz vor Gefahrstoffen **Kurzform: Gefahrstoffverordnung**	GefStoffV	Regelt Einstufungen und die Schutzmaßnahmen für Tätigkeiten mit Gefahrstoffen mit bestimmten physikalischen oder chemischen Eigenschaften, wie z. B. hoch entzündlich, giftig, ätzend, Krebs erzeugend, fruchtbarkeitshemmend …
Verordnung über Sicherheit und Gesundheitsschutz bei der Arbeit an Bildschirmgeräten **Kurzform: Bildschirmarbeitsverordnung**	Bild-scharbV	Sie umfasst einerseits die technischen Mindestanforderungen an Bildschirmgeräte, den Arbeitsplatz und die Arbeitsumgebung, andererseits aber auch die Softwaregestaltung und die Arbeitsorganisation, um auch psychomentale und kognitive Belastungen zu berücksichtigen.
Verordnung zum Schutze der Mütter am Arbeitsplatz **Kurzform: Mutterschutzrichtlinienverordnung**	MuSchRiV	Regelt die Beschäftigung für werdende oder stillende Mütter in den Bereichen – Gestaltung der Arbeitsbedingungen, – Beschäftigungsbeschränkungen und Beschäftigungsverbote, – Umgang mit Gefahrenstoffen …

5.2 Möglichkeiten des Gesundheitsschutzes durch die Berufsgenossenschaft erörtern

Neben den staatlichen Gewerbeaufsichtsämtern ist die **gesetzliche Unfallversicherung** das wesentliche Element bei der Planung, Durchführung und Überwachung des Arbeits- und Gesundheitsschutzes. Für den erwerbswirtschaftlichen Bereich sind das die sogenannten **Berufsgenossenschaften**, für die öffentliche Hand die Unfallkassen. Für den Bereich Sport ist die Verwaltungs-Berufsgenossenschaft (VBG) als Körperschaft des öffentlichen Rechts mit Sitz in Hamburg (http://www.vbg.de) zuständig. Beim gesetzlichen Unfallschutz werden private Unternehmen der Sportbranche (bspw. Fitnessstudios) und gemeinnützige Sportvereine gleich behandelt.

Die gesetzliche Unfallversicherung (siehe auch am Ende dieses Gesamtkapitels) besteht in Deutschland bereits seit 1884. Für die unterschiedlichen Bereiche der Wirtschaft und die unterschiedlichen Ebenen der öffentlichen Hand wurden spezielle Berufsgenossenschaften bzw. Unfallkassen nach fachlichen Gesichtspunkten im Sinne einer jeweiligen Solidargemeinschaft gegründet. Eine entsprechende Übersicht finden Sie beim DGUV – dem Spitzenverband der deutschen gesetzlichen Unfallversicherer im Internet unter http://www.dguv.de.

Die Berufsgenossenschaften und die Unfallversicherungsträger der öffentlichen Hand haben den gesetzlichen Auftrag, Arbeits- und Schulunfälle sowie Berufskrankheiten und arbeitsbedingte Gesundheitsgefahren zu verhüten und nach Eintritt eines Versicherungsfalles den Verletzten, seine Angehörigen oder Hinterbliebenen zu entschädigen. Dabei sind auch Unfallschäden versichert, die auf dem Weg zur oder von der Arbeitsstätte eintreten.

Jedes Unternehmen wird von seiner zuständigen Berufsgenossenschaft erfasst und ist zur Versicherung verpflichtet, wobei die Beiträge allein von den Unternehmern aufgebracht werden müssen.

Der Vorteil für den Unternehmer besteht darin, dass er nicht wie früher – vor der verpflichtenden Einführung der gesetzlichen Unfallversicherung – eine Unternehmerhaftpflichtversicherung abschließen und bei Schadensfällen in langwierige rechtliche Auseinandersetzungen bzw. Gerichtsprozesse eintreten muss. Tritt heute ein Schaden (Arbeitsunfall, Wegeunfall oder Berufskrankheit) ein, dann leistet die gesetzliche Unfallversicherung zügig und umfassend, ohne im Einzelnen das Verschulden oder die konkrete Gefährdung zu prüfen. Der Unternehmer versichert den Arbeitnehmer sozusagen pauschal. Daraus ergeben sich für den Unternehmer neben seinen Rechten vor allem Pflichten, die er einzuhalten hat.

Rechte und Pflichten des Unternehmers in der gesetzlichen Unfallversicherung

Rechte	Pflichten
Freistellung von der Haftpflicht gegenüber den im Unternehmen tätigen Versicherten	Beachtung der berufsgenossenschaftlichen Vorschriften
Recht auf Beratung in allen Fragen der Unfallversicherung, insbesondere der Unfallverhütung	Unterrichtung der Versicherten über Zuständigkeit und berufsgenossenschaftliche Vorschriften
Wahlberechtigung zur Vertreterversammlung	Meldepflicht von Versicherungsfällen
Wählbarkeit zu den Organen Vertreterversammlung und Vorstand	Beitragspflicht

Quelle: Informationsbroschüre „Versichert bei der VBG – Informationen für Sportvereine“, April 2016, S. 9

Die von den Berufsgenossenschaften erlassenen **Unfallverhütungsvorschriften** (UVV) sind für den Unternehmer verbindlich einzuhalten.

Die Berufsgenossenschaften und die staatlichen Ämter für Arbeitsschutz (Befugnisse und Bezeichnungen können je nach Bundesland unterschiedlich sein) kontrollieren die Sicherheit und Einhaltung der Arbeits- und Gesundheitsschutzvorschriften in regelmäßigen Abständen oder bei konkretem Verdacht in den Unternehmen, wobei die Besuche unangemeldet und auch nachts erfolgen können.

Verwaltungsverfahren
Zur Erfüllung ihrer Aufgaben im Einzelfall führen die Unfallversicherungsträger Verwaltungsverfahren durch. Soweit es um die Entscheidung über Entschädigungsleistungen geht, brauchen die Versicherten in der Regel keinen Antrag zu stellen. Die Unfallversicherungsträger werden aufgrund von Unfall- bzw. Berufskrankheiten-Anzeigen sowie von Arztberichten im Regelfall „von Amts wegen“ tätig.

Unfallanzeige
Die Unternehmer sind verpflichtet, alle Unfälle in ihren Unternehmen (auch Unfälle auf Betriebswegen, Dienstreisen, Wege von und zur Arbeit) dem Unfallversicherungsträger zu melden, wenn ein Mitarbeiter getötet oder so verletzt wird, dass er für mehr als drei Tage arbeitsunfähig wird. Die Unfallanzeige ist binnen drei Tagen zu erstatten, nachdem die Unternehmer von dem Unfall Kenntnis erlangt haben. Sie ist vom Personal- oder Betriebsrat mit zu unterzeichnen. Tödliche Unfälle, Massenunfälle und Unfälle mit schwerwiegenden Gesundheitsschäden sind dem Unfallversicherungsträger sofort per Telefon, Fax oder Mail zu melden.
Bei Unfällen von Kindern in Tageseinrichtungen, Schülern und Studierenden ist die Unfallanzeige vom Leiter der Einrichtung bereits dann zu erstatten, wenn der Versicherte so verletzt wird, dass er ärztliche Behandlung in Anspruch nehmen muss.

Berufskrankheiten-Anzeige
Anhaltspunkte für das Vorliegen einer Berufskrankheit sind anzeigepflichtig. Haben Ärzte den begründeten Verdacht, dass bei einem Versicherten eine Berufskrankheit besteht, so haben sie dies dem Unfallversicherungsträger unverzüglich anzuzeigen.

Vordrucke
Für die Anzeige von Arbeitsunfällen und Berufskrankheiten existieren verbindliche Vordrucke. Die Anzeige kann im Einvernehmen mit dem Anzeigenempfänger auch im Wege der elektronischen Datenübermittlung erstattet werden, soweit die Darstellung den Formularen entspricht und geeignete Maßnahmen zur Sicherstellung des Datenschutzes getroffen werden.

Rechtsbehelfe
Gegen die Verwaltungsakte der Unfallversicherungsträger können die Betroffenen mit einem Rechtsbehelf vorgehen. Über die Art des Rechtsbehelfs, die Behörde oder das Gericht, bei denen der Rechtsbehelf anzubringen ist, deren Sitz, die einzuhaltende Frist und die Form gibt die Rechtsbehelfsbelehrung eines Verwaltungsaktes Auskunft.

Kosten
Für das Verwaltungsverfahren werden keine Gebühren oder Auslagen durch den Unfallversicherungsträger erhoben. Grundsätzlich hat der Betroffene im Verwaltungsverfahren gegenüber dem Unfallversicherungsträger keinen Anspruch auf Erstattung seiner Auslagen (z. B. Portokosten, Rechtsanwaltskosten).
Im Widerspruchsverfahren hingegen müssen diese Kosten durch den Unfallversicherungsträger übernommen werden, soweit der Widerspruch erfolgreich ist.

Quelle: http://www.dguv.de/de/Rehabilitation-Leistungen/Leistungsgrunds%C3%A4tze/Verfahren/index.jsp, Stand 04.10.2013

Aufgaben

1. ***Wer kontrolliert die Sicherheit und Einhaltung der Arbeits- und Gesundheitsschutzvorschriften in einem Unternehmen?***
2. ***Erkundigen Sie sich in Ihrem Ausbildungsunternehmen, auf der Homepage der VBG – insbesondere in der Broschüre „Versichert bei der VBG – Informationen für Sportvereine" – über die berufsgenossenschaftlichen Vorschriften, Arbeitsunfälle, Berufskrankheiten und über das Meldeverfahren im Schadensfall.***
3. ***Erkundigen Sie sich in Ihrem Ausbildungsunternehmen, wann und wie der letzte Besuch der Berufsgenossenschaft durchgeführt wurde.***
4. ***Finden Sie heraus, ob Sie auf dem Weg zur und von der Berufsschule ebenfalls versichert sind, da die Berufsschulzeit ja als Arbeitszeit angerechnet wird.***
   a *Wenn es so sein sollte, ist dann die Berufsgenossenschaft VBG Ihres Unternehmens oder die Unfallkasse der Schule zuständig?*
   b *Wie und bei wem würde dann ggf. die Unfallmeldung erfolgen?*

Zusammenfassung

Beteiligte am betrieblichen Arbeits- und Gesundheitsschutz	
Beteiligte	**Aufgaben**
Arbeitgeber	Zuständig für die funktionierende Organisation des Arbeitsschutzes und die Durchführung der Gefährdungsbeurteilung
Fachkraft für Arbeitssicherheit	Funktion einer Stabsstelle, Unterstützung des Arbeitgebers beim Arbeits- und Gesundheitsschutz sowie bei der Unfallverhütung
Betriebsarzt	Funktion einer Stabsstelle, Unterstützung des Arbeitgebers beim Arbeits- und Gesundheitsschutz sowie bei der Unfallverhütung
Sicherheitsbeauftragter	Notwendig ab einer Betriebsgröße von 20 Beschäftigten, Unterstützung des Arbeitgebers bei der Durchführung von Maßnahmen zur Verhütung von Arbeitsunfällen und Berufskrankheiten
Arbeitsschutzausschuss	Notwendig ab einer Betriebsgröße von 20 Beschäftigten; besteht aus Arbeitgeber, zwei Betriebsratsmitgliedern, Betriebsärzten, Fachkräften für Arbeitssicherheit und Sicherheitsbeauftragten, trifft sich einmal im Vierteljahr zur Beratung der Anliegen des Arbeitsschutzes und der Unfallverhütung
Berufsgenossenschaft	Die Berufsgenossenschaften und die Unfallversicherungsträger der öffentlichen Hand haben den gesetzlichen Auftrag, Arbeits- und Schulunfälle sowie Berufskrankheiten und arbeitsbedingte Gesundheitsgefahren zu verhüten und nach Eintritt eines Versicherungsfalles den Verletzten, seine Angehörigen oder Hinterbliebenen zu entschädigen. Dabei sind auch Unfallschäden versichert, die auf dem Weg zur oder von der Arbeitsstätte eintreten.
Überprüfung: Die Berufsgenossenschaften und die staatlichen Ämter für Arbeitsschutz (Befugnisse und Bezeichnungen können je nach Bundesland unterschiedlich sein – bspw. Gewerbeaufsichtsamt, Gewerbeärzte) kontrollieren die Sicherheit und Einhaltung der Arbeits- und Gesundheitsschutzvorschriften in regelmäßigen Abständen oder bei konkretem Verdacht in den Unternehmen, wobei die Besuche unangemeldet und auch nachts erfolgen können.	

5.3 Die geltenden Umweltschutzbestimmungen berücksichtigen und ein Umweltmanagement einrichten

5.3.1 Gesellschaftliche und gesetzliche Rahmenbedingungen

Wir leben momentan in Zeiten immer knapper werdender Rohstoffe und damit steigender Energie- und Materialkosten und einer sich verschlechternden Umwelt sowie eines sich stark ändernden Klimas, mit noch nicht endgültig vorherzusehenden Folgen. Dies hat die Auswirkung, dass sowohl die Politik verstärkt Umweltaspekte aufgreift als auch das Verbraucherverhalten geändert wird. Darüber hinaus erkennen immer mehr Unternehmen ihre soziale Verantwortung oder sehen den Umweltschutz als wichtiges Marketinginstrument. Die Folge für die Unternehmen ist, dass sie freiwillig oder durch Marktmechanismen und Gesetze sowie Verordnungen gezwungen werden, betriebliche Prozesse im Umweltbereich stetig anzupassen. Ein weiterer wichtiger Aspekt ist natürlich die mögliche Kostenreduzierung durch das Einsparen von knappen Ressourcen.

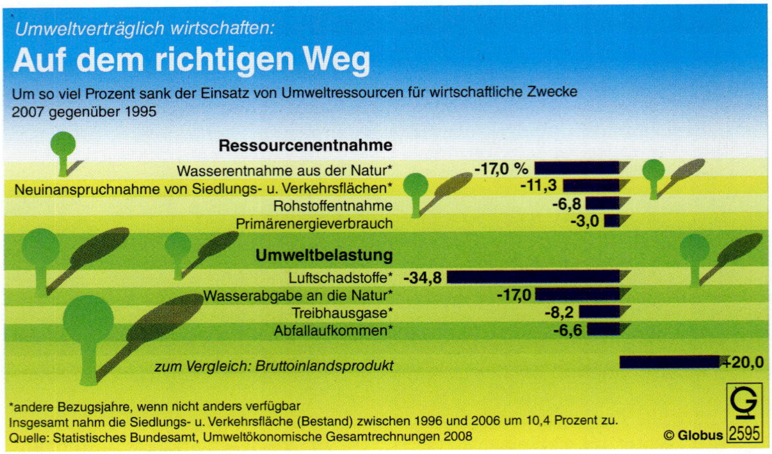

Bestimmungen zum **Umweltschutz**, die von den Unternehmen eingehalten werden müssen, sind in einer Vielzahl von Gesetzen und Verordnungen geregelt. Die nachfolgende Auswahl stellt nur einen sehr kleinen Ausschnitt dar. Eine Übersicht über alle Gesetze und Verordnungen aus dem Umwelt- und Abfallbereich erhalten Sie auf der Internetseite des Bundesministeriums für Umwelt, Naturschutz und Reaktorsicherheit (http://www.bmu.de) unter dem Suchbegriff bzw. Themenbereich „Gesetze". Darüber hinaus können Sie ebenfalls auf der Seite des Bundesministeriums für Justiz (http://www.gesetze-im-internet.de) unter den Suchbegriffen „Abfall" oder „Umwelt" die diesbezüglichen Gesetze und Verordnungen einsehen.

Gesetz	Abkürzung	Inhalt stichwortartig
Gesetz zur Vermeidung, Verwertung und Beseitigung von Abfällen	AbfVVBG	Das Abfallrecht enthält Vorschriften zur Vermeidung und umweltgerechten Entsorgung von Abfällen und stellt ein Zentralgebiet des Umweltrechtes dar. Es hat Bezüge zu fast allen anderen Gebieten des Umweltschutzes, wie z. B. zum Immissionsschutz, zum Gewässerschutz und zum Naturschutz.
Umwelthaftungsgesetz	UmweltHG	Beinhaltet die Regelungen für das Betreiben von Anlagen (bspw. Bergbau, Stahl- und Chemieindustrie) und regelt die Haftung im Schadensfall.
Gesetz über die Vermeidung und Sanierung von Umweltschäden **Kurzform: Umweltschadensgesetz**	USchadG	Regelt den Umgang mit Umweltschäden, die durch eine berufliche Tätigkeit entstehen. Die Pflichten des Schädigers (Informationspflicht, Gefahrenabwehrpflicht, Sanierungspflicht ...) werden erläutert.

Gesetz	Abkürzung	Inhalt stichwortartig
Gesetz zum Schutz vor schädlichen Bodenveränderungen und zur Sanierung von Altlasten **Kurzform: Bundes-Bodenschutzgesetz**	BBodSchG	Zweck des Gesetzes ist der Schutz des Bodens vor schädlichen Bodenbelastungen und der Erhalt der Bodenfunktionen.

5.3.2 Betriebliches Umweltmanagement

Als **Umweltmanagement** bezeichnet man jenen Bereich des Managements in einem Unternehmen, der sich mit allen betrieblichen und behördlichen Umweltaspekten der Organisation auseinandersetzt. Mit dem Aufbau eines Umweltmanagementsystems (UMS) soll die Umweltverträglichkeit und Nachhaltigkeit der Produkte und Prozesse einer Organisation und die entsprechenden Verhaltensweisen der Mitarbeiter und externer Anspruchsgruppen (Kunden, Öffentlichkeit etc.) gesichert werden.

Das betriebliche Umweltmanagement ist in Deutschland auf dem Vormarsch. Fast 10.000 Unternehmen und Organisationen haben sich dafür entschieden, entweder das europäische EMAS-System, die internationale ISO-14001-Norm oder einen der anderen angebotenen Umweltmanagementansätze im Betrieb einzuführen.

Die Herausforderung ist es, unter den vielen Ansätzen das **Umweltmanagementsystem** zu finden, das für das eigene Unternehmen und die Umwelt den größten Nutzen bringt und glaubwürdig gegenüber Geschäftspartnern und der Öffentlichkeit ist.

Übersicht über betriebliche Umweltmanagementsysteme		
EMAS GEPRÜFTES UMWELTMANAGEMENT	**E**co **M**anagement and **A**udit **S**cheme Weltweit anwendbare Verordnung, die von der Europäischen Union herausgegeben wurde.	EMAS steht für die freiwillige Teilnahme von Organisationen an einem Gemeinschaftssystem für Umweltmanagement und Umweltbetriebsprüfung. Das Ziel von EMAS besteht darin, die Umweltleistung von Organisationen kontinuierlich zu verbessern. Hierfür implementieren die Organisationen ein Umweltmanagementsystem. Das System wird systematisch, objektiv und regelmäßig bewertet, Informationen über die Umweltleistung vorgelegt, ein offener Dialog mit der Öffentlichkeit und anderen interessierten Kreisen geführt, die Arbeitnehmer der Organisationen werden aktiv beteiligt und erhalten eine angemessene Schulung. Die Unternehmen und Organisationen werden von einem unabhängigen Umweltgutachter geprüft und können dann die Registrierungsurkunde und das EMAS-Logo zu Kommunikationszwecken benutzen

DIN EN ISO 14001	Weltweite Richtlinie, die von der ISO (Internationale Organisation für Normung mit 150 Mitgliedsstaaten) herausgegeben wurde.	Dies ist ein UMS, mit dem der Umweltschutz systematisch im Management verankert wird. Somit können bei allen täglichen Aufgaben und firmenpolitischen Entscheidungen die Umweltaspekte berücksichtigt werden. Durch die ISO 14001 kann ein Unternehmen nachweisen, dass es sich umweltgerecht verhält. Mit ihrer Hilfe werden Betriebe konkret und systematisch beim Aufbau des Umweltmanagementsystems nach weltweit gültigem Standard unterstützt. Die Betriebe erhalten somit ein wirkungsvolles Instrument, mit dem sie Umweltbelastungen systematisch erfassen und die Umweltsituation laufend verbessern können. Bei Erfüllung der Anforderungen wird das Unternehmen zertifiziert und kann bspw. mit dem Zusatz ISO 14001 im Logo bzw. auf Firmenbriefpapier etc. werben.
EMASeasy	europaweite Verordnung der EU speziell für kleine und mittlere Unternehmen (KMU)	EMASeasy arbeitet mit visuellen Instrumenten, einfachen Checklisten, Tabellen und vorgefertigten Formularen, die speziell an die Bedürfnisse von KMU angepasst sind. Es führt zu einer Zertifizierung nach ISO 14001 oder einer Validierung nach EMAS. Eine neue Alternative zu diesen Einsteiger-UMS ist das folgende relativ neue EMASeasy, da auch die EU erkannt hat, dass man den KMU ein einheitliches anderes Angebot unterhalb der Kosten und des Aufwands von EMAS oder ISO 14001 machen sollte, damit diese ebenfalls ein Umweltmanagementsystem einführen können.
Ökoprofit **ECOfit**	nationale „Einsteigermodelle" für KMU	Diese Systeme stellen erste Schritte zu einem prozessorientierten UMS für KMU dar, die den Aufwand oder die Kosten der umfassenden UMS wie EMAS oder ISO 14001 scheuen. Ökoprofit kann deutschlandweit eingeführt werden, ECOfit ist ein Förderprogramm aus Baden-Württemberg.

Weitere Informationen zu diesen Umweltmanagementsystemen erhalten Sie im Internet auf der Website des Bundesministeriums für Umwelt, Naturschutz und Reaktorsicherheit (http://www.bmu.de) oder auf den deutschen Internetseiten zu EMAS (http://www.emas.de) bzw. zu EMASeasy (http://www.emas-easy.de) sowie beim Umweltministerium Baden Württemberg. Die Universität Bremen hat einen Leitfaden zur Einführung eines UMS entwickelt (http://www.ums.uni-bremen.de/Leitfaden/start.htm, Stand 03.08.2013).

Das Instrument des betrieblichen Umweltmanagements zielt insgesamt auf die Stärkung der privaten Selbstregulierung in Unternehmen. Das betriebliche Umweltmanagement basiert dabei auf dem Prinzip der Freiwilligkeit. Mit einem Umweltmanagementsystem legen sich Unternehmen hinsichtlich ihrer Organisationsstruktur, Planungstätigkeiten, Verantwortlichkeiten, Vorgehensweisen und Überprüfungsmaßnahmen fest. Ziel ist es, die in der betrieblichen Umweltpolitik festgelegten umweltbezogenen Gesamtziele und Handlungsgrundsätze einer Organisation eigenverantwortlich umzusetzen.

Durch die Einführung eines UMS ergeben sich u. a. folgende Vorteile für das Unternehmen:

- Erhöhung der Rechtssicherheit des Unternehmens und des Unternehmers durch Erfüllen gesetzlicher Forderungen und Auflagen,
- Sicherstellung der unternehmerischen Sorgfaltspflicht,

- Reduzierung von Schadstoffen und damit geringere Belastungen für die Umwelt,
- Verringerung von Unfall- und Haftungsrisiken,
- Vorbeugung von Imageverlusten durch den Aufbau und die Dokumentation von Verantwortungs- und Verhaltensstrukturen bei Stör- und Notfällen,
- Steigerung der Wettbewerbsfähigkeit, da viele Kunden ein UM-System bei der Auftragsvergabe bevorzugen oder fordern bzw. als ökologische Verbraucher dies als zusätzliches Kaufargument sehen,
- Imagegewinn des Unternehmens nach außen und innen durch Information der Öffentlichkeit,
- Steigerung der Versicherungs- und Kreditwürdigkeit,
- Verbesserung der Mitarbeitermotivation durch stärkere Identifikation der Mitarbeiter mit dem Unternehmen,
- Sensibilisieren der Mitarbeiter für umweltschutzrelevante Themen,
- Kostenersparnisse bei Abfall, Material, Wasser, Energie- und Stoffströmen.

Umweltmanagementsysteme bieten darüber hinaus die Chance, die Mitarbeiter aktiver in ihr Unternehmen einzubinden und deren „Vor-Ort-Wissen" besser zu nutzen. Es können so Verbesserungspotenziale genutzt werden, die andernfalls oft verborgen bleiben.

Aufgaben

1. ***Was versteht man unter einem Umweltmanagementsystem (UMS)?***
2. ***Welche Vorteile hat die Einrichtung eines UMS für den Unternehmer?***
3. ***Erkundigen Sie sich in Ihrem Ausbildungsunternehmen, welche konkreten Umweltschutzbestimmungen eingehalten werden müssen.***
4. ***Erkundigen Sie sich darüber hinaus in Ihrem Ausbildungsunternehmen, ob Sie nach einem der genannten UMS bzw. deren Standards validiert oder zertifiziert wurden. Welche Voraussetzungen mussten dafür erfüllt werden?***

6 Den betrieblichen und privaten Datenschutz einhalten

Datensammler müssen ab heute kostenfrei Auskunft erteilen

Von Kathrin Gotthold, 1. April 2010

Berlin – Seit heute haben Verbraucher verbesserte Auskunftsrechte gegenüber Datensammlern. Auskunfteien wie Schufa, Creditreform, Informationsdienst Bürgel oder auch Infoscore müssen nun mitteilen, welche Informationen sie zur Person gespeichert haben, woher sie diese haben, an wen sie sie weitergegeben haben und warum sie diese speichern. Zusätzlich muss der Verbraucher seinen sogenannten Scorewert erfahren. Der Scorewert beschreibt die Bonität, also die errechnete Zahlungsfähigkeit und -willigkeit einer

Person, die Auskunfteien Verbrauchern zuweisen, und ist im Alltag äußerst wichtig geworden. Banken, Mobilfunkanbieter oder auch Versandhändler entscheiden anhand dieser Note, ob, und wenn ja, zu welchen Konditionen sie einen Vertrag mit dem Neukunden abschließen. Die Novellierung des Bundesdatenschutzgesetzes hat die bisher geltenden Regeln, wie Auskunfteien mit Daten umgehen müssen, die sie zur Beurteilung der Bonität sammeln und auswerten, geändert. *got*

Quelle: https://beta.welt.de/welt_print/finanzen/article7011368/Datensammler-muessen-ab-heute-kostenfrei-Auskunft-erteilen.html, Stand 05.09.2016

6.1 Personenbezogene Daten schützen

6.1.1 Die Pflichten des Unternehmers

Nicht nur der Schutz der Mitarbeiter oder der Umwelt stehen im Interesse des Unternehmers, sondern auch der Schutz der betriebsinternen Daten sowie der Daten von Beschäftigten und Kunden. Aus diesem Grund müssen die Daten zum einen regelmäßig gesichert werden (bspw. Sicherungskopien auf externen Datenträgern), um so einen Verlust aufgrund von technischem (bspw. Hard- oder Softwareprobleme) oder menschlichem Versagen (Bedienungsfehler, Unachtsamkeit, Vergessen des Speicherns) zu verhindern. Zum anderen müssen die Daten vor einem unbefugten Zugriff geschützt werden (bspw. durch Sicherheitssoftware, Passwörter etc.).

Der Schutz der personenbezogenen Daten und damit die Wahrung des Persönlichkeitsrechtes haben in Deutschland eine hohe Bedeutung. Aus diesem Grund wurde ein eigenes Gesetz – das **Bundesdatenschutzgesetz (BDSG)** – erlassen, das die Erhebung, Speicherung, Übertragung und Weitergabe von personenbezogenen Daten regelt. Der **Bundesbeauftragte für den Datenschutz und die Informationsfreiheit** ist die Institution der Bundesregierung, welche die Einhaltung des BDSG in oberster Instanz überwacht (http://www.bfdi.bund.de). Auf Länderebene sind dies die Landesbeauftragten für Datenschutz.

Personenbezogene Daten sind alle Informationen, die eine konkrete Person betreffen:
- Name, Vorname und Geburtsdatum,
- Anschrift,
- familiäre Verhältnisse (bspw. ledig, verheiratet, geschieden, Kinder),
- Beruf,
- Religions- oder Parteizugehörigkeit,
- Finanzlage und Vermögenswerte,
- Gesundheitszustand bzw. Krankheiten,
- Ordnungswidrigkeiten und Straftaten.

Wie man sieht, betreffen diese Daten durchaus sensible Bereiche des Privatlebens, die man als Bürger nicht jedem zugänglich machen möchte. Aus diesem Grund ist der Datenschutz gerade in einer Multimediawelt von großer Bedeutung. An dieser Stelle muss ausdrücklich darauf hingewiesen werden, dass die folgenden Regelungen für den privaten und geschäftlichen Bereich in Deutschland gelten. Die jüngsten Enthüllungen über die massive Erhebung persönlicher Daten und Kommunikationsinhalte durch im Ausland ansässige Unternehmen (bspw. Facebook – Sitz in Dublin/Irland – oder Google – Sitz in Kalifornien/USA) sowie durch staatliche Behörden und Geheimdienste des In- und Auslands zeigen, dass derzeit auf diesem Gebiet keine international einheitlichen Regelungen bestehen, welche die Daten schützen. Hier besteht noch ein eindeutiger Nachholbedarf.

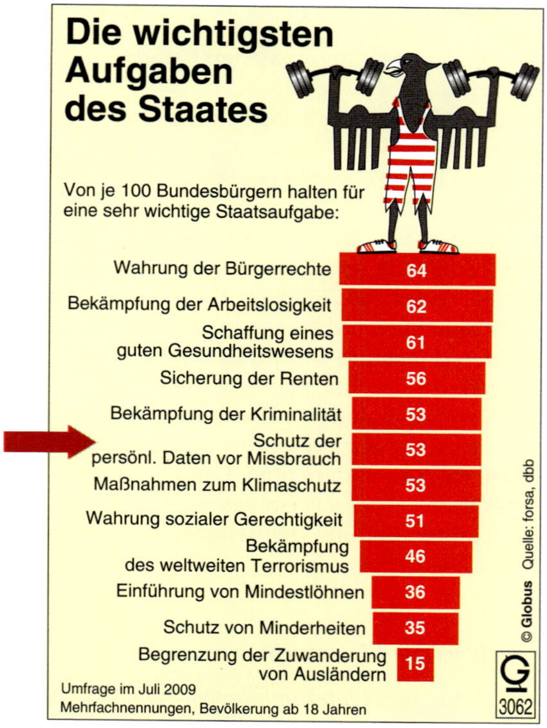

Die Stelle, die die Daten in einem Unternehmen bzw. einer öffentlichen Stelle (öffentliche Verwaltung, Behörde etc.) erhebt, speichert oder verarbeitet, hat folgende Pflichten:

- Information des Betroffenen (dessen Daten gespeichert werden) über Identität der verantwortlichen Stelle (welche die Daten speichert) und über Zweckbestimmung der Erhebung, Verarbeitung oder Nutzung (§ 4 BDSG),
- Einholung der in der Regel schriftlichen Einwilligung des Betroffenen (§ 4a BDSG) bzw. Benachrichtigung bei erstmaliger Speicherung,
- Ernennung eines Beauftragten für Datenschutz (§ 4f BDSG) oder
- ggf. Meldepflicht bei der zuständigen Aufsichtsbehörde vor Inbetriebnahme der automatisierten Datenverarbeitung (§ 4d BDSG),
- Überwachung der ordnungsgemäßen Anwendung der Datenverarbeitungsprogramme (§ 4g BDSG),
- Information der bei der Verarbeitung personenbezogener Daten tätigen Personen über Maßnahmen und Vorschriften des BDSG sowie anderer Vorschriften über den Datenschutz und Mitteilung der besonderen Erfordernisse des Datenschutzes (§ 4g BDSG),
- Wahrung des Datengeheimnisses (§ 5 BDSG).

Diese Pflichten dienen dazu, dass nicht jeder bzw. jedes Unternehmen willkürlich Daten ohne das Einverständnis oder zumindest die Kenntnis des Betroffenen speichern darf.

6.1.2 Der Beauftragte für Datenschutz in einem Unternehmen

Nach § 4f des BDSG muss ein Unternehmen einen **Beauftragten für Datenschutz** innerhalb eines Monats nach Aufnahme der Tätigkeit schriftlich bestellen, wenn

1. mindestens 10 Mitarbeiter mit der automatisierten Verarbeitung der Daten beschäftigt sind und/oder
2. mindestens 20 Mitarbeiter mit der Verarbeitung auf andere Weise (konventionell ohne EDV-Unterstützung) beschäftigt sind,

wobei Teilzeitkräfte in diesen Fällen voll gezählt werden.

Zum Beauftragten für den Datenschutz darf nur bestellt werden, wer die zur Erfüllung seiner Aufgaben erforderliche Fachkunde und Zuverlässigkeit besitzt. Er ist dem Unternehmer direkt unterstellt, wobei er bei seiner Tätigkeit weisungsfrei ist und aufgrund der Ausübung seiner beratenden und Kontrollfunktion nicht benachteiligt werden darf. Zu seinen Aufgaben gehört die Überwachung der Einhaltung des BDSG sowie anderer Vorschriften zum Datenschutz. Er hat insbesondere die ordnungsgemäße Anwendung der Datenverarbeitungsprogramme, mit deren Hilfe personenbezogene Daten verarbeitet werden sollen, zu überwachen. Zu diesem Zweck ist er über Vorhaben der automatisierten Verarbeitung personenbezogener Daten rechtzeitig zu unterrichten. Darüber hinaus hat er die bei der Verarbeitung personenbezogener Daten tätigen Personen durch geeignete Maßnahmen mit den geltenden Datenschutzvorschriften und mit den jeweiligen besonderen Erfordernissen des Datenschutzes vertraut zu machen.

Aufgaben

1. ***Erläutern Sie aus Unternehmer- und Privatsicht, warum der Datenschutz so wichtig ist.***
2. ***Finden Sie heraus, wie in Ihrem Ausbildungsunternehmen die Datensicherung durchgeführt wird.***
3. ***Wer ist in Ihrem Ausbildungsunternehmen der Beauftragte für Datenschutz bzw. für den Datenschutz zuständig? Welche Aufgaben übernimmt diese Person?***

6.2 Die Rechte des Betroffenen beachten

6.2.1 Rechte von Privatpersonen

Der Betroffene (dessen Daten gespeichert werden) erhält nach § 6 BDSG die unabdingbaren Rechte auf Auskunft (§§ 19, 34 BDSG) und auf Berichtigung, Löschung oder Sperrung (§§ 20, 35 BDSG) seiner Daten. Dieses Recht kann auch nicht durch ein Rechtsgeschäft (Vertragsbestandteil, Abkaufen der Daten etc.) beschränkt oder ausgeschlossen werden.

- **Recht auf Auskunft – § 34 BDSG:**
  Dem Betroffenen ist auf Antrag Auskunft zu erteilen über
  1. die zu seiner Person gespeicherten Daten, auch soweit sie sich auf die Herkunft dieser Daten beziehen,
  2. die Empfänger oder Kategorien von Empfängern, an die die Daten weitergegeben werden, und
  3. den Zweck der Speicherung.

- **Recht auf Berichtigung – § 35 BDSG:**
  Personenbezogene Daten sind zu berichtigen, wenn sie unrichtig sind.

- **Recht auf Löschung – § 35 BDSG:**
  Personenbezogene Daten sind zu löschen, wenn
  1. ihre Speicherung unzulässig ist,
  2. es sich um Daten über die rassische oder ethnische Herkunft, politische Meinungen, religiöse oder philosophische Überzeugungen oder die Gewerkschaftszugehörigkeit, über Gesundheit oder das Sexualleben, strafbare Handlungen oder Ordnungswidrigkeiten handelt und ihre Richtigkeit von der verantwortlichen Stelle nicht bewiesen werden kann,
  3. sie für eigene Zwecke verarbeitet werden, sobald ihre Kenntnis für die Erfüllung des Zwecks der Speicherung nicht mehr erforderlich ist, oder
  4. sie geschäftsmäßig zum Zweck der Übermittlung verarbeitet werden und eine Prüfung jeweils am Ende des vierten Kalenderjahres beginnend mit ihrer erstmaligen Speicherung ergibt, dass eine länger währende Speicherung nicht erforderlich ist.

- **Recht auf Sperrung – § 35 BDSG:**
  An die Stelle einer Löschung tritt eine Sperrung, soweit
  1. einer Löschung gesetzliche, satzungsmäßige oder vertragliche Aufbewahrungsfristen entgegenstehen,
  2. Grund zu der Annahme besteht, dass durch eine Löschung schutzwürdige Interessen des Betroffenen beeinträchtigt würden, oder
  3. eine Löschung wegen der besonderen Art der Speicherung nicht oder nur mit unverhältnismäßig hohem Aufwand möglich ist.

  Personenbezogene Daten sind ferner zu sperren, soweit ihre Richtigkeit vom Betroffenen bestritten wird und sich weder die Richtigkeit noch die Unrichtigkeit feststellen lässt.

Der § 28 und der § 32 BDSG sowie die Regelungen des BDSG, die zum 1. April bzw. 11. Juni 2010 in Kraft getreten sind, regeln die Erhebung, Verarbeitung und Nutzung von personenbezogenen Daten der Arbeitnehmer und Kunden bzw. Privatpersonen. Für den kaufmännischen Bereich sind besonders die Neuregelungen zur Werbung und zum Adresshandel interessant. Zunächst wird kurz dargestellt, was sich hinter dem sogenannten Adresshandel verbirgt.

6.2.2 Der Adresshandel

Je mehr Informationen ein Anbieter – welches Produkts auch immer – über seinen potenztiellen Kundenkreis besitzt, umso gezielter und damit wirtschaftlicher kann er bei Werbung und Verkauf vorgehen und umso persönlicher kann er die Adressaten ansprechen.

Besonders interessant sind Informationen über Alter, Ausbildung und Beruf, Kaufkraft, Hobbys und persönliche Interessen. Daten dieser Art werden auf unterschiedliche Weise gewonnen, etwa aus Branchen- und Adressbüchern, wobei die meisten dieser Bücher auch elektronisch verfügbar sind. Ebenso interessant sind Listen von Teilnehmern an Kongressen und ähnlichen Veranstaltungen. Mitunter dienen auch Preisausschreiben, Kundenbefragungen, Haushaltsbefragungen und ähnliche Aktionen vor allem dem Zweck, wirtschaftlich relevante Daten der Teilnehmer zu gewinnen.

Es gibt spezialisierte Unternehmen, die alle zugänglichen Datenquellen nutzen, die Daten aus verschiedenen Datenquellen kombinieren und dadurch in der Lage sind, Unternehmen, die werben möchten, Adressbestände der unterschiedlichsten Art anzubieten, wie etwa Anschriften von leitenden Krankenhausärzten, von Facharbeitern mit Hauseigentum oder von weiblichen Personen einer bestimmtem Einkommensgruppe.

Beispiel:
Die Tatsache, dass jemand in einem Stadtviertel mit überdurchschnittlich vielen Luxusfahrzeugen oder Besitzern von Swimmingpools wohnt, erlaubt den Schluss, dass auch er selbst – jedenfalls mit hoher Wahrscheinlichkeit – finanziell überdurchschnittlich gut gestellt ist.

Besonders interessant sind Kenntnisse über das bisherige Konsumverhalten einer Person, bspw. dass sie Pflanzen und einen Rasenmäher gekauft hat (Gartenbesitzer). Derartige Daten werden von den Datenbesitzern zwar oft nicht bewusst herausgegeben, häufig aber im Rahmen von einmaligen Werbeaktionen bzw. Preisausschreiben unbewusst zur Verfügung gestellt. Darüber hinaus können entsprechende Daten auch beim Internethandel gesammelt werden.

Auf welchem Weg die Daten auch immer gewonnen wurden, sie stellen für die Unternehmen einen enormen Wert dar, da so die Werbung bzw. die Produktinformationen direkt an die Zielgruppe herangetragen werden können. Als wirtschaftliches Gut werden diese Daten natürlich auch weiterverkauft.

6.2.3 Die Rechte und Pflichten im Handel mit personenbezogenen Daten

Da die personenbezogenen Daten – wie beschrieben – längst zu einer Handelsware geworden sind und im Kampf um Marktanteile der Schutz der informationellen Selbstbestimmung immer weniger zählt, ist es umso wichtiger, dass Anbieter bzw. Unternehmen ihre Grenzen sowie die Privatpersonen ihre Rechte kennen. Der Bundesbeauftragte für den Datenschutz und die Informationsfreiheit hat aus diesem Grund die folgenden Erläuterungen zur neuen Gesetzlage herausgegeben.

Grundsätzlich dürfen seit dem 1. September 2009 personenbezogene Daten nur mit Einwilligung des Betroffenen zu Zwecken der Werbung und des Adresshandels weitergegeben werden. Aber Vorsicht: Die Einwilligung hierzu kann auch im Kleingedruckten erteilt werden.

Hier sind die Betroffenen gefordert, besonders das Kleingedruckte zu beachten, bevor eine Unterschrift geleistet wird. Bis zu diesem Zeitpunkt durften Unternehmen eine begrenzte Zahl von Daten nutzen, darunter Name, Anschrift, Geburtsjahr, Beruf sowie akademische Grade und Titel (die sogenannten Listdaten), wenn Sie als Betroffener dieser Verwendung nicht ausdrücklich widersprochen haben.

Von dieser neuen Regelung gibt es aber viele Ausnahmen. Ohne Einwilligung kann Werbung insbesondere dann versendet werden, wenn der Betroffene anhand der Werbung erkennen kann, welches Unternehmen seine Adressdaten hierfür weiterverkauft hat. Dazu müssen Herkunft und Weitergabe der Adressdaten dokumentiert werden.

Bereits aus der Werbung selbst muss für den Betroffenen erkennbar sein, wer seine Daten erstmalig weitergegeben hat. Diese Stelle muss dem Betroffenen dann auf Nachfrage mitteilen können, an wen sie seine Daten zu Werbezwecken in den letzten zwei Jahren weitergegeben hat. Ohne Einwilligung dürfen Unternehmen auch ihre bisherigen Kunden bewerben. Angaben aus allgemein zugänglichen Adress-, Rufnummern- oder Branchenverzeichnissen dürfen auch weiterhin ohne Einwilligung genutzt werden. Berufsbezogene Werbung an die berufliche Anschrift bedarf keiner Einwilligung. Auch Spendenwerbung gemeinnütziger Organisationen bedarf keiner Einwilligung, wenn lediglich Listdaten genutzt werden.

Die neuen gesetzlichen Regelungen sehen für die von den Änderungen betroffenen Unternehmen eine Übergangsfrist von drei Jahren vor. Für Daten, die vor dem 1. September 2009 erhoben wurden, gilt daher die alte Rechtslage zunächst fort, d.h., dass Daten, insbesondere zu Name, Anschrift, Geburtsjahr, Beruf sowie akademische Grade und Titel, weiter wie bisher ohne Einwilligung des Betroffenen für Zwecke der Werbung bis zum 31. August 2012 genutzt werden können.

Aufgaben

1. ***Warum sind Kundendaten für die Werbung so nützlich?***
2. ***Erkundigen Sie sich in Ihrem Ausbildungsbetrieb, inwiefern die Kundendaten zu Werbezwecken genutzt werden.***
3. ***Welche Datenquellen nutzt Ihr Ausbildungsunternehmen, um gezielt neue Kunden(-gruppen) auf Ihr Unternehmen aufmerksam zu machen?***
4. ***Sind Ihre privaten Daten schon einmal ohne Ihr Wissen weitergegeben worden? Haben Sie schon einmal gezielt Werbung von einem Unternehmen erhalten, wobei Sie sich gefragt haben, woher dieses Ihren Namen und Ihre Anschrift hat?***
5. ***Haben Sie schon einmal bei Preisausschreiben mitgemacht oder schauen Sie sich immer das Kleingedruckte an, bevor Sie einen Vertrag unterschreiben? Ist Ihnen dabei schon einmal eine Klausel zur Speicherung und Weitergabe Ihrer Daten aufgefallen?***
6. ***Welche Klausel ist in den Allgemeinen Geschäftsbedingungen (AGB – siehe auch Lernfeld 7) Ihres Ausbildungsunternehmens zum Datenschutz enthalten?***

6.2.4 Der Schutz vor unerwünschter Werbung

Am 4. August 2009 trat das **Gesetz zur Bekämpfung unerlaubter Telefonwerbung** und zur Verbesserung des Verbraucherschutzes bei besonderen Vertriebsformen in Kraft. Es soll die Verbraucherinnen und Verbraucher besser vor unerwünschter Telefonwerbung schützen.

Nach diesem Recht gilt:

- Werbeanrufe sind nur zulässig, wenn der Angerufene vorher ausdrücklich erklärt hat, Werbeanrufe erhalten zu wollen.
- Anrufer bei Werbeanrufen dürfen ihre Rufnummer nicht mehr unterdrücken, um ihre Identität zu verschleiern. Bei Verstößen gegen das Verbot droht eine Geldbuße von bis zu 10.000,00 €.
- Es gibt mehr Möglichkeiten, Verträge, die am Telefon abgeschlossen worden sind, zu widerrufen. So können nun auch Verträge über die Lieferung von Zeitungen, Zeitschriften und Illustrierten sowie über Wett- und Lotterie-Dienstleistungen, die Verbraucher am Telefon abgeschlossen haben, widerrufen werden.

- Der Widerruf ist künftig ohne Angabe von Gründen regelmäßig innerhalb von einem Monat möglich.
- Sonstige Verstöße werden mit einer Geldbuße bis zu 50.000,00 € geahndet.

Weitere Informationen zum Thema finden Sie bei der Verbraucherzentrale (hptt://www.vzbv.de) oder beim Bundesministerium der Justiz (http://www.bmj.bund.de)

Gegen **Werbebriefe** und **Reklame im Briefkasten** kann man sich mit einem geeigneten Aufkleber „Keine Werbung bitte!" wehren. Der hilft aber nur gegen nicht adressiertes Werbematerial, das als Wurfsendung verteilt wird. Namentlich adressierte Sendungen an mehr oder minder speziell ausgewählte Empfänger können Sie so nicht ausschließen. Hier müssen Sie verhindern, dass Ihre Adressdaten von Unternehmen zu Werbezwecken weiterverkauft werden.

In jedem Fall können Sie einem Unternehmen, das Ihnen Werbung zugesandt hat, verbieten, dies weiterhin zu tun oder Ihre Adresse an andere Unternehmen zu Werbezwecken weiterzuverkaufen. Auf dieses Recht müssen Sie hingewiesen werden, wenn Sie Werbung zugesandt bekommen. Es sollte also bereits auf dem Werbeschreiben vermerkt sein, wo und wie Sie den Widerspruch einlegen können. Für den Widerspruch, der keiner weiteren Begründung bedarf, reicht folgende Formulierung: Ich widerspreche der Nutzung oder Übermittlung meiner Daten für Zwecke der Werbung oder der Markt- oder Meinungsforschung (§ 28 Abs. 4 Bundesdatenschutzgesetz).

Sie erfahren, welche Daten von den werbenden Firmen über Sie gespeichert sind, wenn Sie eine Auskunft nach § 34 BDSG verlangen. Sie haben das Recht, grundsätzlich eine schriftliche und kostenfreie Auskunft zu erhalten. Wenn Sie im konkreten Fall der Auffassung sind, dass im Zusammenhang mit der Verarbeitung oder Nutzung Ihrer persönlichen Daten gegen datenschutzrechtliche Bestimmungen verstoßen wurde, können Sie sich an die für private Stellen zuständigen Aufsichtsbehörden für den Datenschutz (bspw. Landesbeauftragte für Datenschutz) wenden.

Personen, die keine Werbung per Post, Telefon, Fax, E-Mail oder Mobiltelefon wünschen, können sich kostenlos in die sogenannte Robinsonliste aufnehmen lassen:

Kontaktdaten:

- per Internet: http://www.robinsonliste.de,
- per Post: Deutsche Robinsonliste, c/o QUADRESS GmbH, Josef-Haumann-Str. 7a, 44866 Bochum,
- per Telefon: 01805 – 450 650,
- per Fax: 01805 – 450 651,
- per E-Mail: info@robinsonliste.de
  (Stand: 31.10.2016).

Der Vollständigkeit halber sei darauf hingewiesen, dass die Nutzung dieser Listen durch die Werbewirtschaft freiwillig ist. Ein Eintrag dort garantiert nicht, dass man absolut direktwerbefrei wird bzw. bleibt.

Der kompromissloseste Weg ist die Löschung aus dem Telefonverzeichnis. Generell muss nach § 29 Abs. 3 BDSG die Aufnahme personenbezogener Daten in elektronische oder gedruckte Adress-, Telefon-, Branchen- oder vergleichbare Verzeichnisse unterbleiben, wenn der entgegenstehende Wille des Betroffenen (Widerspruch) ersichtlich ist.

Ein Beispiel für ein solches Verzeichnis ist das gedruckte und elektronische Kundenverzeichnis der Deutschen Telekom AG, welche die hierfür vorgesehen Daten ihrer Kunden weitergibt an die Deutsche Telekom Medien GmbH, Postfach 16 02 11, 60065 Frankfurt/Main, Telefon: 069-2682–0, wenn der Kunde einer Eintragung in das Verzeichnis oder Nutzung der eingetragenen Daten für Werbezwecke nicht widersprochen hat. Der Widerspruch ist jederzeit nachholbar und kann sowohl bei der Telekom AG als auch bei der Telekom Medien GmbH eingelegt werden.
Weitere Informationen zu Neuerungen in der Gesetzgebung und zur Auslegung des reformierten BDSG erhalten Sie auf der Internetseite des Bundesbeauftragten für den Datenschutz und die Informationsfreiheit (http://www.bfdi.bund.de).

7 Die Notwendigkeit der sozialen Sicherung und der privaten Vorsorge erkennen

7.1 Die Säulen der sozialen Sicherung erläutern

Die **soziale Sicherheit** ist ein grundlegendes Bedürfnis des Menschen. Sie ist in der Bundesrepublik Deutschland ein so hohes Gut, dass sie stets im Mittelpunkt der politischen Bestrebungen der jeweils amtierenden Bundesregierung seit Ende des Zweiten Weltkrieges gestanden hat, wobei die Ursprünge der Sozialversicherung sogar bis in das Jahr 1883 zurückreichen. Das **Sozialstaatsprinzip** ist im Grundgesetz (1949 verabschiedet und in Kraft getreten) in Artikel 20, Absatz 1 und Artikel 28, Absatz 1 unveränderbar festgeschrieben. Sozialstaatlichkeit ist damit eine Verpflichtung für die Politik.

Der Staat soll die Existenzgrundlagen seiner Bürgerinnen und Bürger sichern (soziale Sicherung) und für den Ausgleich zwischen den sozial Schwachen und den sozial Starken sorgen (soziale Gerechtigkeit). Mit der Absicherung des Alters und der wichtigsten Lebensrisiken – wie Krankheit, Pflegebedürftigkeit, Arbeitslosigkeit – wird das Gebot der Sozialstaatlichkeit umgesetzt.

Das Bundesministerium für Arbeit und Soziales führt dazu aus:

„Soziale Sicherheit und soziales Handeln kennzeichnen unseren Sozialstaat. Er gewährleistet eine lebenswerte Gesellschaft, in der alle an den gesellschaftlichen und politischen Entwicklungen teilhaben können und Menschen füreinander einstehen. Die Bekämpfung von Armut und sozialer Ausgrenzung ist eines der vorrangigsten Ziele des Bundesministeriums für Arbeit und Soziales und eine beständige gesellschaftliche Aufgabe. Soziale Sicherung bedeutet, dem Einzelnen in Notlagen, die aus eigener Kraft nicht mehr bewältigt werden können, zur Seite zu stehen und darüber hinaus durch langfristig angelegte

Maßnahmen vorzubeugen – ob bei Krankheit, Unfall, Pflegebedürftigkeit, Arbeitslosigkeit oder Alter. In den einzelnen Zweigen der solidarischen Sozialversicherung ist soziale Sicherung für den Einzelnen organisiert: in der Rentenversicherung, der Kranken- und Pflegeversicherung oder der Unfallversicherung. (...)"

Quelle: Bundesministerium für Arbeit und Soziales, http://www.bmas.de/DE/Themen/Soziale-Sicherung/erklaerung-soziale-sicherung.html, gekürzt, Stand 05.09.2016

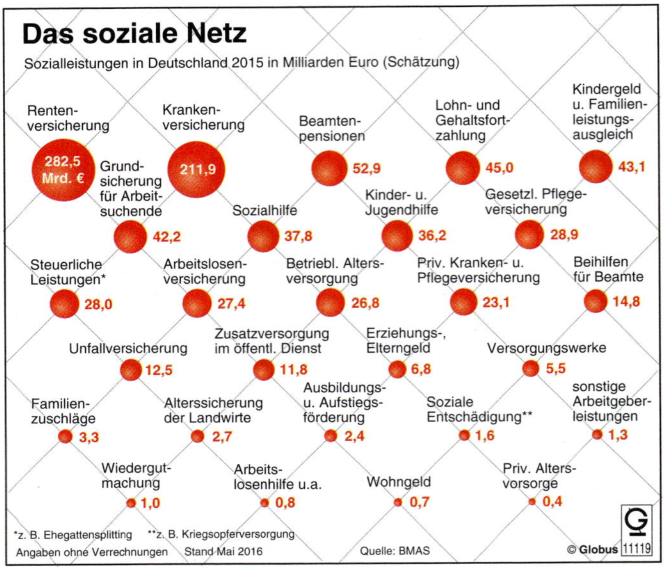

Auf der einen Seite sind die sozialen Sicherungssysteme – wie beschrieben – ein hohes Gut in unserer sozialen Marktwirtschaft, andererseits kostet die Aufrechterhaltung der vielfältigen sozialen Leistungen auch jedes Jahr mehrere Milliarden € (siehe Grafik). Vor dem Hintergrund des demografischen Wandels mit immer mehr älter werdenden Menschen und immer weniger Kindern sowie der wirtschaftlichen Globalisierung steht die zukunftsorientierte Umgestaltung der sozialen Sicherungssysteme im Zentrum des politischen Handelns. In den letzten Jahren wurden bereits einige Reformen auf den Weg gebracht, einige sind gerade in der Planung. Der Reformeifer der Politiker und die unterschiedlichen Reformmodelle sind durch den Rhythmus der verschiedenen Wahlen, durch die jeweiligen parteipolitischen Positionen sowie durch die mediale Öffentlichkeitsarbeit der Parteien geprägt. In unserer Mediengesellschaft werden Reformmodelle öffentlich diskutiert, geändert, verworfen oder zur Umsetzung empfohlen, die Mehrheiten in Bundestag und Bundesrat wechseln häufiger, was einen ständigen Wandel zur Folge hat.

Aus diesen Gründen werden im Folgenden die einzelnen Zweige der sozialen Sicherungssysteme in Deutschland nur kurz mit den derzeit gültigen Regelungen vorgestellt. Für die Recherche zu den jeweils aktuellen Regelungen und Änderungen werden Internetverweise angegeben, sodass Sie sich dort direkt informieren können.

7.1.1 Die Arbeitslosenversicherung

Die **Erwerbsarbeit** (regelmäßige Arbeit gegen Bezahlung in einem regulären Beschäftigungsverhältnis) ist in unserer Gesellschaft von großer Bedeutung. Neben der naheliegenden

Funktion der Existenzsicherung ist sie vielfach auch die wichtigste Quelle für vielfältige und neue Lebenserfahrungen und somit ein Puzzleteil bei der eigenen Identitätsfindung. Dabei ist es ein verhängnisvoller Fehler, wenn sich Menschen bewusst oder unbewusst nur über ihren Beruf und ihre Erwerbsarbeit definieren oder durch ihr Umfeld definiert werden. Die tragischen Folgen dieser verkürzten Sicht auf das eigene Leben sind bei einer eintretenden und länger anhaltenden Erwerbslosigkeit häufig emotionale Labilität, Gefühle der Wertlosigkeit und des Überflüssigseins sowie des Neides, Einschränkung der Handlungsfähigkeit, Abbruch sozialer Beziehungen, Suchterkrankungen, Vereinsamung und manchmal sogar der Suizid. Hiergegen helfen nur eine offene gesellschaftliche Diskussion über den Stellenwert der Erwerbsarbeit und Erwerbslosigkeit, konkrete (psychologische) Hilfen für die Betroffenen und vorbeugend ein intaktes familiäres und soziales Umfeld sowie ein über Jahre gewachsenes Selbstbewusstsein, das beginnend beim Elternhaus über Schule bis hin zur Berufsausbildung aufgebaut werden muss. Hier wird deutlich, dass der Umgang mit der Arbeitslosigkeit und ihren Folgen durchaus eine gesamtgesellschaftliche Aufgabe ist, die zukünftig noch intensiver gelöst werden muss. Zum jetzigen Zeitpunkt gibt es von staatlicher Seite bereits Hilfen für die Wiedereingliederung in den Arbeitsmarkt sowie eine Grundsicherung gegen das finanzielle Risiko einer Arbeitslosigkeit.

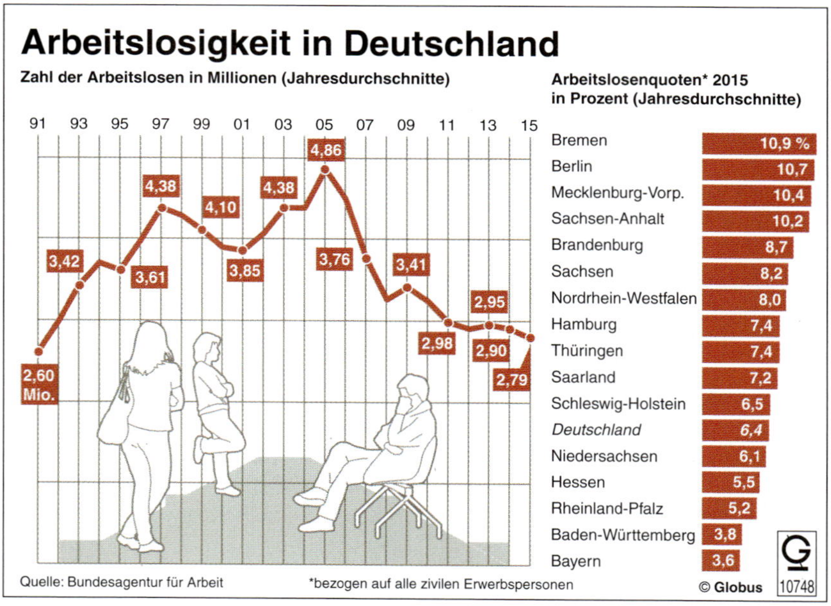

*Als **Arbeitslose** gelten in Deutschland die Menschen, die ...*
- *keine Arbeit (Erwerbsarbeit – regelmäßige Arbeit gegen Entgelt) haben oder weniger als 15 Stunden pro Woche arbeiten und*
- *sich als Arbeitsuchende bei der Agentur für Arbeit gemeldet haben,*
- *unverzüglich für eine Arbeitsaufnahme zur Verfügung stehen,*
- *eine Beschäftigung von 15 Stunden pro Woche oder mehr suchen,*
- *nicht arbeitsunfähig erkrankt sind und*
- *zwischen 15 und 64 Jahre alt sind.*

Für diesen Personenkreis ist die **Bundesagentur für Arbeit** (BA) als Trägerin der Arbeitslosenversicherung zuständig. Die Tradition der BA reicht bis in das Jahr 1927 zurück, in dem die „Reichsanstalt für Arbeitsvermittlung und Arbeitslosenversicherung" erstmals in Deutschland die Folgen der damaligen Weltwirtschaftskrise mit mehr als 6 Millionen Arbeitslosen und immensen Vermögensverlusten abmildern sollte.

Zu den heutigen Aufgaben der größten Behörde Deutschlands gehören unter anderem:
- die Arbeitsvermittlung und die Vermittlung von Ausbildungsstellen,
- die Erhaltung von Arbeitsplätzen durch die Zahlung von konjunkturellem Kurzarbeitergeld, „Schlechtwetter- oder Wintergeld" (Saison-Kurzarbeitergeld),
- die finanzielle Unterstützung von Arbeitslosen,
- die Arbeitgeberberatung, die Berufsberatung und
- die Förderung der Aus- und Weiterbildung sowie
- die Arbeitsmarktforschung.

Finanziert wird die Bundesagentur für Arbeit durch Sozialversicherungsbeiträge und Steuergelder.

Im Folgenden liegt der Schwerpunkt dieses Kapitels auf der finanziellen Absicherung der Arbeitslosen. Weitergehende Informationen zum anderen Leistungsspektrum erhalten Sie auf der Internetseite der BA (http://www.arbeitsagentur.de).
Die finanzielle Absicherung von Menschen ohne Arbeit erfolgt seit dem 1. Januar 2005 durch zwei unabhängige Leistungssysteme (**Arbeitslosengeld I und II**), die sich vor allem in der Dauer und Höhe der Leistung und der Art der Finanzierung unterscheiden.

*Das **Arbeitslosengeld I** (ALG I) erhalten diejenigen Arbeitslosen, die innerhalb der letzten zwei Jahre in der Summe mindestens 12 Monate sozialversicherungspflichtig gearbeitet haben. Die Höhe der Zahlung richtet sich nach dem durchschnittlichen Nettolohn in dieser Zeit, der Anzahl der Kinder sowie der Lohnsteuerklasse (Leistungsbezieher mit Kindern erhalten ca. 67 %, kinderlose ca. 60 % des durchschnittlichen Nettolohns).*

Das Arbeitslosengeld I ist eine Versicherungsleistung, die aus den Beiträgen zur Arbeitslosenversicherung, die je zur Hälfte von Arbeitnehmer und Arbeitgeber getragen werden (im Jahr 2016 insgesamt 3 % des Bruttoarbeitsentgelts des Arbeitnehmers) finanziert wird. Dabei sind alle Arbeitnehmer in regulären Arbeitsverhältnissen (Ausnahme: geringfügig Beschäftigte mit einem Einkommen bis 450,00 €) zur Einzahlung in die Arbeitslosenversicherung verpflichtet (Beitragsbemessungsgrenze 2016: 76.200 € -West, 68.400 € Ost - das über diese Beitragsbemessungsgrenze hinausgehende Einkommen wird dann bei den Beiträgen zur Arbeitslosenversicherung nicht mehr berücksichtigt.).

Bestimmte Personengruppen sind von dieser Versicherungspflicht jedoch ausdrücklich ausgenommen, weil sie dem Schutz der Versicherung nicht unterliegen sollen (zum Beispiel Beamte, Richter, Soldaten auf Zeit bzw. Berufssoldaten, Geistliche oder Personen, die das 65. Lebensjahr vollendet haben). Personen, die einen Angehörigen pflegen und Selbstständige (wenn schon einmal eine Vorversicherung bestand) können sich auf Antrag freiwillig versichern lassen. Das ALG I soll es ermöglichen, den Lebensstandard für eine relativ kurze Zeit der Arbeitslosigkeit annähernd zu erhalten. Die konkrete Bezugsdauer (mindestens 6 und höchstens 24 Monate) hängt davon ab, wie alt der Leistungsbezieher ist und wie lange er insgesamt in die Arbeitslosenversicherung eingezahlt hat. Auch Selbstständige, die auf freiwilliger Basis Beiträge zur Arbeitslosenversicherung entrichtet haben, können ein Arbeitslosengeld erhalten.

*Das **Arbeitslosengeld II** (ALG II) erhalten zum einen die erwerbsfähigen hilfebedürftigen Arbeitslosen, wenn die Bezugsdauer des ALG I abgelaufen ist oder die Voraussetzungen dafür gar nicht erst erfüllt wurden. Daneben haben zum anderen auch erwerbstätige Personen, die mit ihrer Arbeit ein nicht bedarfsdeckendes Einkommen erzielen, Anspruch auf Leistungen zur Sicherung des Lebensunterhalts als Arbeitslosengeld II, das dann als ergänzende (aufstockende) Leistung zum Einkommen zu gewähren ist.*

Grundlage dieser steuerfinanzierten Leistung ist das „Zweite Buch Sozialgesetzbuch – SGB II" (das sogenannte „Hartz-IV-Gesetz"). Die Gesamthöhe des ALG II ist abhängig von der Bedürftigkeit, die unter Beachtung der Lebenssituation, des Familienstandes, des vorhandenen Vermögens, der Wohnverhältnisse etc. festgestellt wird.

Ergänzend zu den Regelleistungen können Kinder und Jugendliche auf Antrag der Eltern/Erziehungsberechtigten und unter Nachweis der Bedürftigkeit ein Bildungspaket als Sachleistung erhalten. Jedes Kind soll dadurch einen Zugang zu einem Verein in den Bereichen Sport, Spiel, Kultur und Geselligkeit, zu Ferienfreizeiten und außerschulischer Bildung (Budget monatlich 10,00 €, Jahresbeitrag damit maximal 120,00 €) sowie Schulmaterial im Gegenwert von 100,00 € im Schuljahr (70,00 € zu Jahresbeginn, 30,00 € zum Schulhalbjahr) und einen Zuschuss zu Schul- und Kitaausflügen von 30,00 € im Jahr erhalten. Kinder und Jugendliche, die am Kita- oder Schulmittagessen teilnehmen, können einen Zuschuss von ca. 2,00 € pro Mittagessen bekommen. Kinder mit objektiven Schulproblemen, erhalten ergänzend zu den schulischen Angeboten soweit erforderlich eine angemessene Lernförderung.

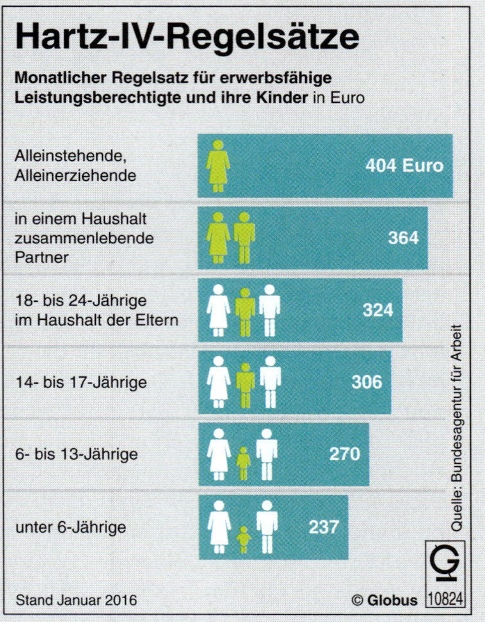

Die zukünftige Höhe der Regelleistungen für Erwachsene, Jugendliche und Kinder soll übergangsweise, bis die laufende Wirtschaftsrechnung (jährliche Ausgaben- und Verbrauchstichprobe für vierteljährlich 2.000 Haushalte) beim Statistischen Bundesamt belastbar entwickelt und erprobt ist (in ca. 3 Jahren), jährlich mittels eines ausgewogenen Mixes von Preis- (70 %) und Lohnindikatoren (30 %) fortgeschrieben werden.

Sowohl das Bildungspaket als auch die Höhe der zukünftigen Regelleistungen sind nicht nur Entscheidungen der Bundesregierung, sondern auch des Bundesrats, sodass es vorkommen kann, dass geplante Änderungen abgelehnt werden oder in den Vermittlungsausschuss gelangen. Zu den jeweils aktuellen Regelungen informieren Sie sich daher bitte auf den nachfolgend aufgeführten Internetseiten.

Darüber hinaus werden ebenfalls – im Rahmen vorgegebener Grenzwerte bzw. im Ermessenspielraum des Sachbearbeiters – die Kosten für Unterkunft sowie die Beiträge zur gesetzlichen Kranken-, Pflege- und Rentenversicherung übernommen.

Das ALG II wird für die Dauer gezahlt, in der die Bedürftigkeit vorliegt (also auch für sehr lange Zeiten der Arbeitslosigkeit), auch dann, wenn der Hilfebedürftige noch nie Beiträge in die Sozialversicherung eingezahlt hat.

An dieser Stelle können nicht alle Regelungen und Problemstellungen der Arbeitslosenversicherung dargestellt werden. Weitere Informationen zur Arbeitslosenversicherung – insbesondere zum ALG II – und zum Bildungspaket finden Sie im Internet unter:

- http://www.bmas.de – Bundesministerium für Arbeit und Soziales
- http://www.arbeitsagentur.de – Bundesagentur für Arbeit, insb. unter den Stichwörtern: Weisungen zum ALG II
- http://www.sozialpolitik.com – didaktisch aufbereitete Materialien der Arbeitsgemeinschaft Jugend und Bildung e. V. in Zusammenarbeit mit dem Bundesministerium für Arbeit und Soziales

Gezielte Informationen zur Höhe der Leistungen erhalten Sie bei der Agentur für Arbeit in Ihrer Nähe oder in der Broschüre „was? wie viel? wer?" der Bundesagentur für Arbeit (kostenlos im Internet unter http://www.arbeitsagentur.de).

Über **Erfolg oder Misserfolg** – gerade der sogenannten Hartz-IV-Regelungen des ALG II – streiten Wissenschaftler und Politiker der unterschiedlichen Parteien seit deren Einführung bis heute. An dieser Stelle soll jedoch auch nicht verschwiegen werden, dass in der Praxis häufig Probleme auftreten, weil viele Rahmenbedingungen in einem bundeseinheitlichen Gesetz gebündelt worden sind, ohne jeweils die notwendige Präzisierung vorzunehmen. So ist bspw. nicht einheitlich geklärt, was unter einem angemessenen Wohnraum zu verstehen ist. Hier ist man im Einzelfall auf die (durchaus langwierige) Klärung von Streitigkeiten durch Gerichte angewiesen. Da die Vermittlung in reguläre Arbeitsverhältnisse einer Vielzahl von Arbeitslosen (150 bzw. 250 je „Fallmanager") im Vordergrund steht, der einzelne Leistungsbezieher eine umfassende Mitwirkungspflicht hat, bei Zuwiderhandlung Leistungen gestrichen werden können, Hausbesuche zur Überprüfung der Bedürftigkeit bzw. zur Feststellung einer Bedarfsgemeinschaft unangekündigt vorgenommen werden und keine Reisen ohne Abmeldung bei der zuständigen Agentur für Arbeit oder beim Jobcenter durchgeführt werden dürfen, kommt es einerseits zu einem hohen Arbeitspensum in der Bearbeitung all dieser Vorgänge, aber andererseits auch zu einer hohen Machtfülle der zuständigen Mitarbeiter, was durchaus zu Problemen in der konkreten Umsetzung der Gesetzgebung vor Ort führen kann.

Inwieweit darüber hinaus das politische Ziel der Vollbeschäftigung – und damit ein wesentlicher Eckpfeiler der Sozialgesetzgebung – in Zeiten der weiter rasant zunehmenden Technologiesierung und Automatisierung bei globaler Konkurrenz überhaupt in Deutschland aufrechtzuerhalten ist, kann an dieser Stelle nicht geklärt werden. Vielleicht sind zukünftig neue Modelle des Zusammenlebens, neue Definitionen für Arbeit und Teilhabe an der Gesellschaft sowie für eine menschenwürdige Lebensführung nicht nur in Deutschland, sondern global notwendig. Die Nachhaltigkeitsforschung hat in diesem Bereich bereits erste Schritte unternommen (Stichworte für die Internetrecherche: „Nachhaltigkeit" und „Lebensqualität").

Aufgaben

1. ***Fassen Sie kurz zusammen, für wen und mit welchem Ziel die Leistungen nach ALG I und ALG II gewährt werden.***
2. ***Recherchieren Sie weiterführend in geeigneter Literatur oder im Internet (bspw. http://www.arbeitsagentur.de, http://www.sozialpolitik.com) zu folgenden Stichworten:***
   a Zumutbarkeitsregelung/zumutbare Arbeit
   b Minijobs

c Ein-Euro-Jobs
d Eingliederungszuschuss
e Insolvenzgeld
f Kurzarbeitergeld

3. ***Diskutieren Sie, inwieweit es gerecht bzw. gerechtfertigt ist, dass der Staat für den einzelnen Bürger zum Teil einschneidende Veränderungen (bspw. Umzug in eine andere Stadt) bestimmen kann, wenn dieser eine staatliche Unterstützung (ALG II) erhält. Wo sehen Sie Möglichkeiten und Grenzen der staatlichen Einflussnahme auf die Chancen und Motivation des Arbeitslosen, eine neue Arbeitsstelle zu finden?***
4. ***Überlegen Sie, welche unterschiedlichen Formen bzw. Arten der Arbeit es in Ihrem Umfeld (Beruf, Familie, Freizeit …) gibt und welche davon mit Geld bezahlt werden.***
5. ***Welche dringenden Aufgaben gibt es Ihrer Meinung nach in unserer Gesellschaft und wie können diese unter großer Teilhabe der Bevölkerung gelöst werden?***
6. ***Wie würden Sie Lebensqualität definieren und wie könnte diese messbar sein?***

7.1.2 Die Sozialhilfe

Während die Arbeitslosenversicherung für bedürftige Arbeitssuchende im erwerbsfähigen Alter eingerichtet wurde, ist die **Sozialhilfe** für bedürftige Nichterwerbsfähige sowie bedürftige Personen über 65 Jahre gedacht. Dieser Personenkreis kann auch weiterhin Sozialhilfe erhalten, d.h. insbesondere Hilfe zum Lebensunterhalt oder Grundsicherung im Alter und bei Erwerbsminderung nach dem SGB XII. Die Sozialhilfe ist eine Hilfe der Gemeinschaft für jeden, der sich nicht selbst helfen und auch nicht auf andere Unterstützung zählen kann.

Grundsätzlich spielt es bei der Sozialhilfe keine Rolle, ob die Notlage selbst verursacht worden ist oder nicht. Auf fast alle Leistungen der Sozialhilfe besteht ein Rechtsanspruch. Wer in Not geraten ist, erhält individuelle Hilfe, bei der die persönlichen und wirtschaftlichen Verhältnisse berücksichtigt werden. Sozialhilfe kann als persönliche Hilfe, als Geldleistung oder als Sachleistung erteilt werden.

Die Sozialhilfe ist dabei kein Almosen für die betroffenen Menschen, sondern eine gesetzlich verankerte Unterstützung für ein menschenwürdiges Dasein. Die Sozialhilfe soll eigentlich nicht nur Armut verhindern, sondern in erster Linie dem Empfänger eine Lebensführung ermöglichen, die der Würde des Menschen entspricht. Andererseits soll sie ihn aber auch in die Lage versetzen, sein Leben möglichst bald wieder aus eigener Kraft zu gestalten. Deshalb haben die Regelungen zur Stärkung dieser Selbsthilfe besondere Bedeutung. Diese beiden Pole bilden in ihrer Gegensätzlichkeit in der Realität durchaus ein Spannungsfeld. Hier stehen ebenso wie bei den Leistungen nach dem sogenannten Hartz-IV-Gesetz die Fragen im Mittelpunkt, was ein menschenwürdiges Leben in Deutschland ist, wer dieses definiert, wie viele Leistungen man zu diesem menschenwürdigen Leben benötigt und ab wann und unter welchen Voraussetzungen der Anreiz zur Eigenversorgung/Erwerbsarbeit bei dem ein oder anderen Leistungsbezieher verloren geht.

Weitere Informationen finden Sie auf der Internetseite des Bundesministeriums für Arbeit und Soziales (http://www.bmas.de).

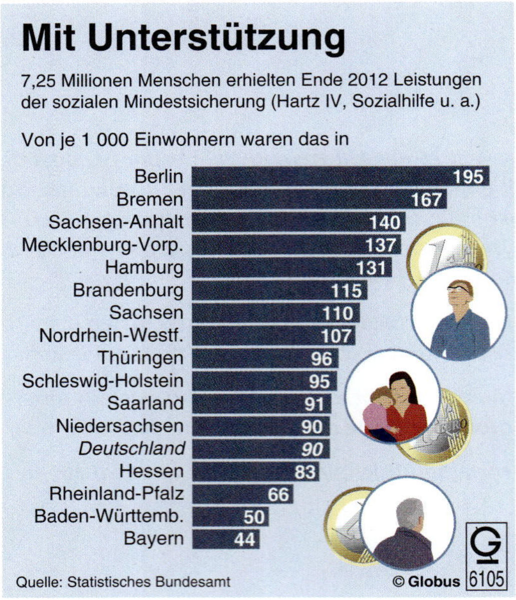

7.1.3 Die gesetzliche Krankenversicherung

Damit eine Krankheit nicht zu einem finanziellen Risiko wird, sichert die **gesetzliche Krankenversicherung** (GKV) ihre Mitglieder im Falle einer Krankheit ab. Die Anfänge der Krankenversicherung reichen dabei bis in das Jahr 1883 zurück – sie ist somit der älteste Zweig der Sozialversicherung. Die GKV ist wie die Arbeitslosenversicherung in der Regel eine Pflichtversicherung, bei der rund 90 % der deutschen Bevölkerung versichert sind.

***Tragendes Prinzip** der gesetzlichen Krankenversicherung ist der Solidarausgleich zwischen Gesunden und Kranken, gut Verdienenden und weniger gut Verdienenden, zwischen Jungen und Alten sowie zwischen Alleinstehenden und Familien. Somit erhalten alle Versicherten das medizinisch Notwendige, und zwar unabhängig von der Höhe der gezahlten Beiträge.*

Die Träger der gesetzlichen Krankenversicherung sind die Ersatzkassen, Ortskrankenkassen, die Betriebs- und Innungskrankenkassen, Knappschaften sowie landwirtschaftlichen Krankenkassen. Diese Träger sind verantwortlich für die Beitrags- und Leistungsbetreuung ihrer Mitglieder.

Arbeitnehmer, die mehr als 450,00 € im Monat und weniger als die sogenannte allgemeine Versicherungspflichtgrenze (auch Jahresarbeitsentgeltgrenze – JAEG – genannt) verdienen, die jährlich von der Bundesregierung festgelegt wird (für 2017 betrug sie 57.600,00 €), sind pflichtversichert. Übersteigt das regelmäßige Jahresarbeitsentgelt diese Grenze in einem Jahr (bis Ende 2010 waren dafür noch drei aufeinander folgende Kalenderjahre und auch das aktuelle Jahr notwendig) und wird auch für das folgende Jahr eine Überschreitung der JAEG erwartet, dann ist der Arbeitnehmer versicherungsfrei. Diese Arbeitnehmer haben dann die Wahl, ob sie in der gesetzlichen Krankenversicherung verbleiben oder in ein private Krankenversicherung (PKV – siehe am Ende des Teilkapitels) wechseln. Diese Regelung gilt seit dem 2. Februar 2007.

Übersicht über alle Versicherten der GKV

pflichtversicherte Mitglieder:

- Arbeitnehmer, einschließlich der zur ihrer Berufsausbildung Beschäftigten,
- Bezieher von Arbeitslosengeld oder Arbeitslosenhilfe,
- landwirtschaftliche Unternehmer und deren Familienangehörige,
- Künstler und Publizisten nach dem Künstlersozialversicherungsgesetz,
- Personen in Einrichtungen der Jugendhilfe,
- Teilnehmer an Leistungen zur Teilhabe am Arbeitsleben,
- behinderte Menschen in anerkannten Werkstätten und in Anstalten, Heimen oder gleichartigen Einrichtungen,
- Studenten, Praktikanten und Auszubildende ohne Arbeitsentgelt sowie Auszubildende des zweiten Bildungswegs,
- Personen, die sich im Bundesfreiwilligendienst (BFD) oder Jugendfreiwilligendienst (als freiwilliges soziales Jahr – FSJ – oder freiwilliges ökologisches Jahr – FÖJ) engagieren,
- Rentner/Rentenantragsteller, die eine bestimmte Vorversicherungszeit erfüllt haben,
- Personen, die über keinen anderweitigen Krankenversicherungsschutz verfügen und aufgrund ihres Status dem System der gesetzlichen Krankenversicherung zuzuordnen sind oder zuletzt gesetzlich krankenversichert waren.

freiwillig Versicherte:

- Versicherungsfreie Personen (gut verdienende Arbeitnehmer, Beamte, Richter etc.), die sich freiwillig für die gesetzliche Krankenversicherung entschieden haben, weil sie mehr als die Jahresarbeitsentgeltgrenze verdient haben und/oder andere bestimmte Voraussetzungen erfüllen (nähere Informationen erhalten Sie dazu bei Ihrer zuständigen Krankenkasse oder im Internet, bspw. unter http://www.sozialgesetzbuch.de – SGB V – § 6 Versicherungsfreiheit)

mitversicherte Mitglieder:

- Ehe- und eingetragene Lebenspartner sowie Kinder, wenn bestimmte Voraussetzungen erfüllt sind (nähere Informationen erhalten Sie dazu bei Ihrer zuständigen Krankenkasse persönlich oder im Internet, bspw. als Informationsfilm unter http://www.tk.de – Versicherung & Tarife – versichert als Familienmitglied oder auf der Seite des Gesundheitsministeriums http://bundesgesundheitsministerium.de unter der Rubrik Krankenversicherung)

Die meisten hauptberuflich Selbstständigen, Freiberufler, Richter, Geistlichen, Berufssoldaten, Beamten bzw. Personengruppen mit Beihilfeanspruch im Krankheitsfall nach beamtenrechtlichen Vorschriften sind unabhängig vom Einkommen von vornherein versicherungsfrei. In der Regel versichern diese sich privat in der privaten Krankenversicherung (PKV), eine freiwillige Versicherung in der GKV wäre aber auch möglich. Weiterführende Informationen zu Voraussetzungen und zur Behandlung dieser Personengruppen erhalten Sie im Internet unter http://www.sozialgesetzbuch.de (SGB V und VI).

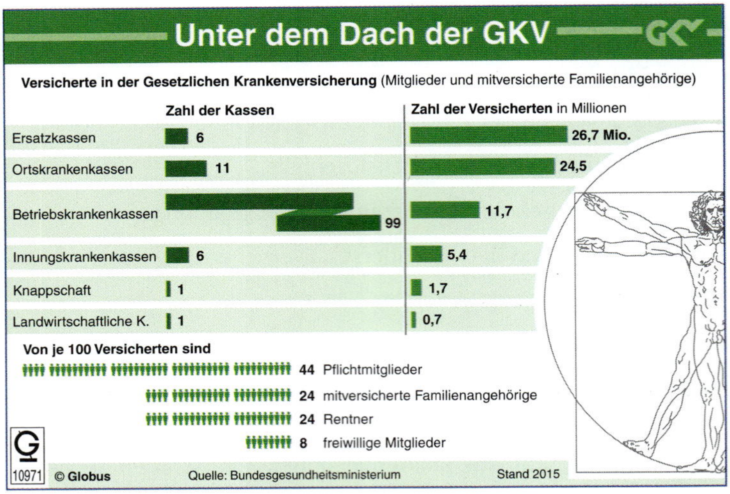

Die gesetzlich versicherten Arbeitnehmer sind verpflichtet, jeden Monat ihren Beitrag je nach Höhe des Arbeitseinkommens (Stand 2013) in die GKV einzuzahlen, was automatisch über den Arbeitgeber erfolgt, der ebenfalls verpflichtend Beiträge leisten muss.

Dies gilt jedoch nur bis zu einer bestimmten Einkommensgrenze (die sogenannte Beitragsbemessungsgrenze – BBG), die ebenfalls jährlich von der Bundesregierung festgelegt wird. Übersteigt das für die Beitragsleistung zu berücksichtigende Einkommen diese Grenze (2017 beträgt diese Grenze 52.200,00 €), so sind von dem übersteigenden Betrag keine Beiträge zu zahlen.

Zum Januar 2015 wurde der allgemeine Beitragssatz zur gesetzlichen Krankenversicherung von 15,5 Prozent auf 14,6 Prozent abgesenkt. Die eine Hälfte (7,3 %) trägt der Arbeitnehmer, die andere Hälfte (7,3 %) der Arbeitgeber. Der frühere gesonderte Beitragsatzanteil von 0,9 Prozent, den die Arbeitnehmer allein zu tragen hatten, ist entfallen. Wenn die Zuweisungen, die Krankenkassen aus dem Gesundheitsfonds erhalten, nicht zur Deckung der voraussichtlichen Ausgaben ausreichen, dann müssen die Krankenkassen nun einen einkommensabhängigen Zusatzbeitrag erheben. Krankenkassenmitglieder können weiterhin unabhängig davon, ob sie die geltende Bindungsfrist von 18 Monaten erfüllt haben, ihre Krankenkasse wechseln, wenn diese Krankenkasse erstmals einen Zusatzbeitrag erhebt oder den Zusatzbeitragssatz erhöht (Sonderkündigungsrecht). Im Durchschnitt liegt der derzeit von den Krankenkassen erhobene Zusatzbeitragssatz bei 0,83 Prozent (Stand 1. Juni 2015).

(Quelle: vgl. http://www.bmg.bund.de/themen/krankenversicherung/finanzierung/finanzierungsgrundlagen-der-gesetzlichen-krankenversicherung.html, Stand 13.06.2016)

Beispiele:

- *Verdient ein Arbeitnehmer im Jahr 52.200,00 € brutto (noch ohne alle Abzüge) so zahlt er insgesamt 7,3 % davon in die GKV ein (Annahme: Seine gesetzliche Krankenversicherung nimmt keinen Zusatzbeitrag.). Dies entspricht 3.810,60 € (mtl. 317,55 €).*
- *Verdient ein Arbeitnehmer nun 60.000,00 € brutto im Jahr, so greift die Beitragsbemessungsgrenze von 52.200,00 €. Das bedeutet, dass er nur für die 52.200,00 € GKV-Beiträge zahlen muss, die darüber hinaus verdienten 7.800,00 € bleiben unberücksichtigt. Demnach zahlt auch er 3.810,60 € (mtl. 317,55 €) in die GKV ein.*
- *Verdient ein Arbeitnehmer beispielsweise seit einem Jahr und auch jetzt im aktuellen Jahr ein Jahresgehalt von 80.000,00 € brutto, so greift einerseits auch hier die Beitragsbemessungsgrenze. Er zahlt also auch nur die 3.810,60 € (mtl. 317,55 €), die über die BBG*

hinausgehenden 27.800,00 € bleiben unberücksichtigt. Zum anderen wird hier die allgemeine Versicherungspflichtgrenze interessant. Da das Einkommen 57.600,00 € übersteigt und auch im folgenden Arbeitsjahr eine Überschreitung dieser Grenze erwartet wird, hat er die Wahl, in die private Krankenversicherung zu wechseln.

- *In allen drei Fällen zahlt der Arbeitgeber ebenfalls jeweils 7,3 % bezogen auf die Beitragsbemessungsgrenze in die GKV ein. Dies entspricht noch einmal 3.810,60 € (mtl. 317,55 €). Insgesamt erhält die GKV im Höchstfall so pro Arbeitnehmer 7.621,20 € (mtl. 635,10 €). (Alle Beispiele basieren auf den Daten des Jahres 2017.)*
- *Erhebt oder erhöht eine Krankenkasse ab Januar einen Zusatzbeitrag, muss sie ihre Mitglieder bis Ende Dezember anschreiben und auf das Sonderkündigungsrecht hinweisen. Die Mitglieder haben bis Ende Januar Zeit, ihr Versicherungsverhältnis zu kündigen. Der Wechsel in eine andere Krankenkasse ist dann zum 1. April möglich.*

Aufgaben

1. **Erläutern Sie das tragende Prinzip der GKV.**
2. **Beschreiben Sie, in welchen Entgeltgrenzen man als angestellte/-r Arbeitnehmer/-in in der GKV pflichtversichert ist.**
3. **Was versteht man unter der Beitragsbemessungsgrenze? (Annahme zur Vereinfachung: Die gesetzliche Krankenkasse nimmt keinen Zusatzbeitrag.)**
4. **Berechnen Sie die Beiträge für die GKV für den Fall, dass ein Arbeitnehmer ein Arbeitsentgelt von 2.000,00 € brutto pro Monat verdient.**
   a Berechnen Sie die Beiträge des Arbeitnehmers pro Monat und pro Jahr.
   b Berechnen Sie die Beiträge des Arbeitgebers pro Monat und pro Jahr.
   c Summieren Sie beide Beiträge.

Die beitragspflichtigen Einnahmen von Pflichtversicherten sind Arbeitsentgelt, Renten der gesetzlichen Rentenversicherung, sogenannte Versorgungsbezüge (zum Beispiel Betriebsrenten) sowie Arbeitseinkommen aus selbstständiger Tätigkeit, das neben einer Rente der gesetzlichen Rentenversicherung oder Versorgungsbezügen gezahlt wird. Freiwillige Mitglieder zahlen zusätzlich Beiträge aus sonstigen Einnahmen wie zum Beispiel aus Einnahmen aus Kapitalvermögen oder aus Einkünften aus Vermietung und Verpachtung.

Die oben beschriebenen Beiträge werden von den gesetzlichen Krankenkassen und Knappschaften (mit Ausnahme der Landwirtschaftlichen Krankenkasse (LKK), die sich nach wie vor selbst verwaltet) von ihren Mitgliedern bzw. deren Arbeitgebern zentral eingezogen und an den **Gesundheitsfonds** des Bundes weitergeleitet, der durch das Bundesversicherungsamt (http://www.bundesversicherungsamt.de) verwaltet wird. Der Gesundheitsfonds wird aufgrund des sehr hohen Finanzbedarfs in der GKV ebenfalls durch Steuermittel gespeist. Der jährliche Bundeszuschuss wird aus Steuermitteln pauschal für sog. versicherungsfremde Leistungen an die GKV (zum Beispiel beitragsfreie Familienversicherung von Kindern und Ehegatten oder Leistungen für Mutterschaft und Schwangerschaft) gezahlt. Ab 2016 beträgt der Bundeszuschuss 14 Milliarden Euro und ist ab 2017 auf jährlich 14,5 Milliarden Euro festgeschrieben (siehe Haushaltsbegleitgesetz 2014). Die Krankenkassen erhalten nun wiederum vom Gesundheitsfonds eine einheitliche Grundpauschale pro Versicherten plus Alter, Geschlecht, Einkommen und Risiko berücksichtigende Zu- und Abschläge zur Deckung ihrer standardisierten Leistungsausgaben. Hierdurch wird die unterschiedliche Versicherten- und Krankheitsstruktur berücksichtigt.

Beispiel:
Krankenkassen mit älteren und kranken Versicherten erhalten mehr Finanzmittel als Krankenkassen mit einer Vielzahl an jungen und gesunden Versicherten.

Darüber hinaus erhalten sie weitere Zuweisungen zur Deckung der sonstigen standardisierten Ausgaben (z. B. Verwaltungsausgaben, Satzungs- und Ermessensleistungen). Erhält eine Krankenkasse Zuweisungen, die ihren eigenen Finanzbedarf überschreiten, so hat sie die Möglichkeit, diese an ihre Mitglieder als Prämien auszuzahlen, soweit sie bereits über eine ausreichende Finanzreserve verfügt. Kommt eine Krankenkasse hingegen mit den ihr zugewiesenen Mitteln nicht aus, muss sie sogenannte Effizienzreserven erschließen (Kosten einsparen); reicht auch dies nicht aus, muss sie von ihren Mitgliedern einen Zusatzbeitrag erheben.

Die Versicherten können der Zahlung dieses Zusatzbeitrags nur durch den Wechsel zu einer anderen Krankenkasse entgehen, die keine oder ggf. nur geringere Zusatzbeiträge erhebt.

Bestimmte Personengruppen werden nicht mit einem Zusatzbeitrag belastet. In den Fällen, in denen bereits der „allgemeine" Krankenkassenbeitrag von Dritten gezahlt wird, zum Beispiel von der Bundesagentur für Arbeit oder anderen Trägern oder Einrichtungen, wird von dort auch der Zusatzbeitrag bezahlt. Für Arbeitslosengeld II-Empfänger trägt der Bund die Zusatzbeiträge in Höhe des durchschnittlichen Zusatzbeitrags. Für Bezieher von Arbeitslosengeld I, die den Zusatzbetrag – sofern ein solcher erhoben wurde - bislang selbst tragen mussten, wird der kassenindividuelle Zusatzbeitrag in Zukunft von der Bundesagentur für Arbeit bezahlt.

Quelle: http://www.bmg.bund.de/themen/krankenversicherung/finanzierung/finanzierungsgrundlagen-der-gesetzlichen-krankenversicherung.html, 13.06.2016.

Grundlegend hat jeder Bürger im Rahmen der gesetzlichen Bestimmungen (versicherungsrechtlicher Status, Einkommensgrenzen etc.) in Deutschland die Wahlfreiheit seiner Krankenversicherung, was bedeutet, dass er aus den derzeit 125 gesetzlichen bzw. 49 privaten Krankenversicherungen (Stand 2016) auswählen kann.

Eine Übersicht über die gesetzlichen und privaten Krankenversicherungen erhalten Sie im Internet auf den Seiten der jeweiligen Verbände:
- Spitzenverband der gesetzlichen Krankenversicherung – http://www.gkv-spitzenverband.de,
- Verband der privaten Krankenversicherung e. V. – http://www.pkv.de.

Das Leistungsspektrum der GKV ist sehr vielfältig und so umfangreich, dass es hier nicht vollständig aufgeführt werden kann. Weitere Informationen erhalten Sie auf der Internetseite des Bundesministeriums für Gesundheit (http://www.bmg.bund.de). Die nachfolgende schlagwortartige Übersicht soll Ihnen an dieser Stelle jedoch schon einmal einen kleinen Eindruck über die Leistungen der GKV verschaffen.

Das Leistungsspektrum der gesetzlichen Krankenversicherung (in Auszügen):

- Gesundheitsförderung und Krankheitsverhütung,
- Früherkennung von Krankheiten,
- Krankenbehandlung (Arzt, Zahnarzt, Krankenhaus, ambulante Versorgung, Haushaltshilfe, häusliche Krankenpflege etc.),
- Arzneimittel, Hilfsmittel, Heilmittel,
- Zahlung von Krankengeld (70 % des regelmäßigen Bruttoarbeitsentgelts, jedoch nicht mehr als 90 % des letzten Nettoarbeitsentgelts),
- Leistungen bei Schwangerschaft und Mutterschaft.

Das folgende Schaubild fasst die Träger, die Finanzierung und die Leistungen der gesetzlichen Krankenversicherung noch einmal in übersichtlicher Form zusammen (Stand 2013):

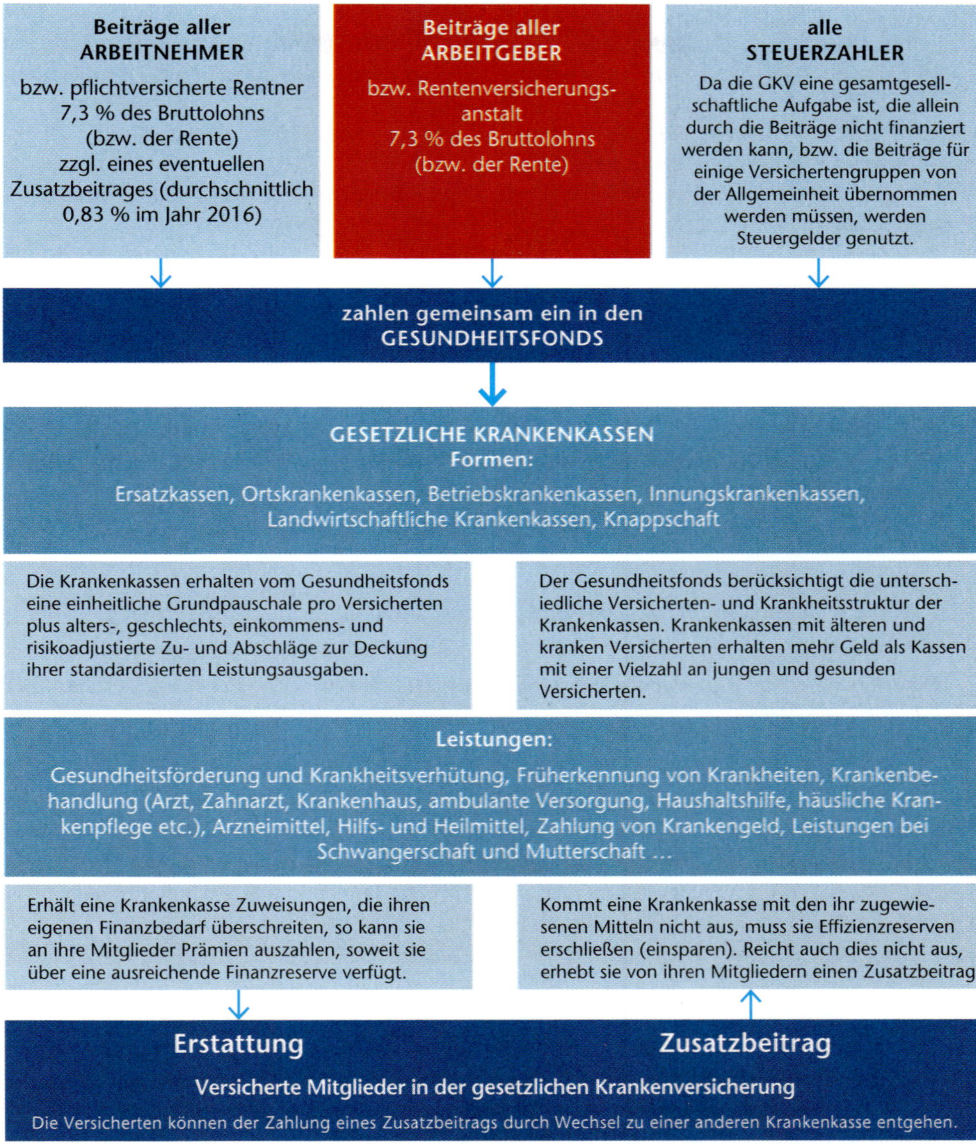

Die **private Krankenversicherung** (PKV), die sich ausschließlich aus den Beiträgen der versicherten Mitglieder finanziert, hat grundlegend zunächst das gleiche Leistungsspektrum wie die gesetzliche Krankenversicherung. Darüber hinaus bietet sie auch eine Vielzahl individueller Tarife und Zusatzversicherungen (Chefarztbehandlung, höherwertiger Zahnersatz, Einzelzimmer im Krankenhaus …) an, wobei die Höhe der Beiträge dann jeweils zwar standardisiert (vereinheitlichte Fragebögen oder ärztliche Gesundheitsprüfung), aber doch konkret für den einzelnen Privatversicherten festgelegt wird. Hier spielen Faktoren wie Alter, Geschlecht und individuelles Krankheitsrisiko eine Rolle. Alte und kranke Menschen zahlen daher häufig wesentlich höhere Beiträge als junge und gesunde Versicherte. Seit dem 1. Januar 2009 muss jede private Krankenversicherung auch einen Basistarif anbieten, der im Wesentlichen nur den Leistungen der gesetzlichen Krankenversicherung entspricht. Die PKV darf dabei niemanden ablehnen, der einen berechtigten Antrag auf Versicherung im Basistarif stellt. Hier sind Abweisungen, Leistungsausschlüsse oder Risikozuschläge nicht erlaubt. Der Basistarif kostet bei allen Versicherern für Erwachsene ab 21 Jahren maximal rund 570,00 € im Monat.

Weitere und jeweils aktuelle Informationen zum gesamten Themenkomplex Krankenversicherung erhalten Sie im Internet:

- Bundesministerium für Gesundheit – http://www.bmg.bund.de oder http://bundesgesundheitsministerium.de,
- Spitzenverband der gesetzlichen Krankenversicherung – http://www.gkv-spitzenverband.de,
- Verband der privaten Krankenversicherung e. V. – http://www.pkv.de,
- Medienpaket „Sozialpolitik" – http://www.sozialpolitik.com.

Aufgaben

1. ***Während der gesetzlich Versicherte beim Arzt seine Versichertenkarte vorlegt und die Arztkosten über die Kassenärztliche Vereinigung (http://www.kbv.de) mit der Krankenkasse abgerechnet werden, ist dies beim Privatversicherten anders. Beantworten Sie die folgenden Fragen für eine private Krankenversicherung:***
   a Wie macht der Patient beim Arzt deutlich, dass er zur PKV gehört?
   b Wohin schickt der Arzt nach der Behandlung seine Rechnung in der PKV?
   c Was macht der Patient nach der Behandlung in der PKV?
   Tipp: Die verbeamteten Berufsschullehrer/-innen sind in der Regel privatversichert – fragen Sie doch einfach mal bei Ihrer Lehrerin/Ihrem Lehrer nach.

2. ***Diskutieren Sie Vor- und Nachteile der beiden unterschiedlichen Versicherungssysteme GKV und PKV?***

7.1.4 Die Pflegeversicherung

Alle Industrienationen haben eines gemeinsam: Ihre Gesellschaft wird immer älter. Nach den Vorausschätzungen zur Bevölkerungsentwicklung in Deutschland wird die Anzahl älterer Personen (60 Jahre und älter) von 2008 bis zum Jahr 2030 um 7,5 Mio. Menschen auf 28,5 Mio. ansteigen. Ein heute sieben Jahre altes Mädchen hat gute Chancen, das 22. Jahrhundert zu erleben. Diese positive Entwicklung hat jedoch auch Kehrseiten. Ab dem 80. Lebensjahr steigt die statistische Wahrscheinlichkeit, auf fremde Hilfe angewiesen zu sein, rapide an – auf 28,6 %. Das bedeutet, je älter die Bevölkerung wird, desto höher wird auch die Zahl der Pflegebedürftigen.

Pflegebedürftigkeit bedeutet für Betroffene und ihre Angehörigen große physische, psychische und finanzielle Belastungen. Erschwerend kommt hinzu, dass sich die Familienstrukturen verändert haben. In den Familien gibt es weniger Kinder, oft sind diese berufstätig und können sich nicht so intensiv um ihre Eltern kümmern, wie es früher einmal der Fall war. Um Pflegebedürftige und ihre Familien zu entlasten, wurde deshalb die **soziale Pflegeversicherung** eingeführt. Denn nach dem Grundgesetz ist die Bundesrepublik Deutschland ein sozialer Rechtsstaat, der seinen Bürgerinnen und Bürgern für die wesentlichen Lebensrisiken einen angemessenen Schutz garantieren muss.

Am 1. Januar 1995 wurde somit die letzte große Lücke in der sozialen Versorgung mit der Einführung der Pflegeversicherung als neuen eigenständigen Zweig der Sozialversicherung geschlossen. Bis zu diesem Zeitpunkt war es so, dass häufig auch sehr gute Renten nicht ausgereicht haben, um einen Platz im Pflegeheim zu bezahlen, wodurch Pflegebedürftige häufig zu Sozialfällen wurden. Aus diesem Grund musste der Staat handeln.

Da prinzipiell jeder einmal auf diese Hilfe angewiesen sein kann (im Jahr 2013 waren dies in Deutschland ca. 2,5 Millionen Menschen), wurde schon bei der Einführung der Pflegeversicherung eine umfassende Versicherungspflicht für alle gesetzlich und privat Versicherten festgelegt. Das bedeutet: Jeder, der gesetzlich krankenversichert ist, ist automatisch in der sozialen Pflegeversicherung versichert und jeder privat Krankenversicherte muss eine private Pflegeversicherung abschließen. Die Ausgaben der gesetzlichen sozialen Pflegeversicherung werden durch Beiträge finanziert, die Arbeitnehmer und Arbeitgeber entrichten (insgesamt für Personen mit Kind 2,35 %, für Kinderlose: 2,6 % vom Bruttoeinkommen; Beitragsbemessungsgrenze wie in der GKV 52.200,00 € im Jahr 2017).

Wie viele Leistungen ein Pflegebedürftiger aus der Versicherung bekommt, hängt von Grad und Dauer der Hilfebedürftigkeit ab. Braucht jemand nur Hilfe beim täglichen Waschen und Einkaufen? Kann die Person alleine essen oder nicht? Kann sie zu Hause wohnen oder braucht sie rund um die Uhr Betreuung? Je nach Umfang des Hilfebedarfs gibt es verschiedene Pflegestufen (siehe folgende Grafik). Die Pflegeversicherung gibt dabei den Pflegebedürftigen die Möglichkeit, selbst zu entscheiden, wie und von wem sie gepflegt werden wollen. Die Bundesregierung prüft regelmäßig alle drei Jahre, erstmals im Jahr 2014, Notwendigkeit und Höhe einer Anpassung der Leistungen der Pflegeversicherung. Durch diese Dynamisierung soll gewährleistet sein, dass die Pflegeleistungen an die Preisentwicklung angepasst werden.

Die Pflegebedürftigen haben die **Wahl**, Hilfe von professionellen Fachkräften in Anspruch zu nehmen, oder sie bekommen Geld, das sie den pflegenden Angehörigen als finanzielle Anerkennung geben können. Oberstes Ziel ist es, den pflegebedürftigen Menschen weitestgehend ein selbstbestimmtes Leben zu ermöglichen. Allerdings deckt die soziale Pflegeversicherung häufig nicht alle Kosten der Pflege ab, den Rest trägt der Pflegebedürftige oder seine Familie selbst. Sie wird deshalb auch als „Teilkasko-Versicherung" oder Kernsicherungssystem bezeichnet. Um eine vollständige Absicherung zu haben, müsste eine private zusätzliche Pflegeversicherung abgeschlossen werden.

Im Elften Buch des Sozialgesetzbuches (SGB XI) finden sich alle wichtigen Regelungen zur sozialen Pflegeversicherung. Weiterführende Informationen finden Sie im Internet auf den Seiten des Bundesministeriums für Gesundheit (http://www.bmg.bund.de). bzw. http://bundesgesundheitsministerium.de

In Zukunft werden körperliche, geistige und psychische Einschränkungen gleichermaßen erfasst und in die Einstufung einbezogen. Mit der Begutachtung wird der Grad der Selbstständigkeit in sechs verschiedenen Bereichen gemessen und – mit unterschiedlicher Gewichtung – zu einer Gesamtbewertung zusammengeführt. Daraus ergibt sich die Einstufung in einen Pflegegrad. Die sechs Bereiche sind:

- Mobilität
- Kognitive und kommunikative Fähigkeiten
- Verhaltensweisen und psychische Problemlagen
- Selbstversorgung
- Bewältigung von und selbstständiger Umgang mit krankheits- oder therapiebedingten Anforderungen und Belastungen
- Gestaltung des Alltagslebens und sozialer Kontakte

Hauptleistungsbeträge in Euro	PG1	PG2	PG3	PG4	PG5
Geldleistung ambulant	316	545	728	901	
Sachleistung ambulant	689	1298	1612	1995	
Entlastungsbetrag ambulant (zweckgebunden)	125	125	125	125	125
Leistungsbetrag stationär	125	770	1262	1775	2005
bundesdurchschnittlicher pflegebedingter Eigenanteil	580	580	580	580	

Quelle: http://www.bundesgesundheitsministerium.de/index.php?id=684, Stand 07.03.2017

Aufgaben

1. ***Beschreiben Sie kurz, warum es notwendig war, die soziale Pflegeversicherung einzuführen.***
2. ***Welche Wahlmöglichkeiten haben die Pflegebedürftigen im Rahmen ihrer Hilfe?***
3. ***Recherchieren Sie, wie teuer die Pflege in einem Pflegeheim sein kann. Fragen Sie dazu ggf. in Pflegeheimen in Ihrer Nähe nach.***
4. ***Gibt es in Ihrem persönlichen Umfeld pflegende Familienangehörige? Befragen Sie diese doch einmal zu ihren Erfahrungen in der täglichen Pflege und im Umgang mit der Pflegeversicherung.***
5. ***Recherchieren Sie in geeigneter Literatur oder im Internet, welche Möglichkeiten es zur privaten Pflegeversicherung gibt und wie hoch die entsprechenden Beiträge sein würden? Vielleicht können Sie auch die Auszubildenden der Kaufleute für Versicherungen und Finanzen in Ihrer Berufsschule dazu befragen.***

7.1.5 Die gesetzliche Unfallversicherung

Jedes Jahr ereignen sich in der Bundesrepublik Deutschland rund 1.400.000 Arbeits- und Wegeunfälle. Hinzu kommen rund 18.000 Fälle von anerkannten Berufskrankheiten und rund 1,5 Millionen Schulunfälle. Für die Betroffenen bedeutet das oft gravierende Veränderungen ihrer Lebensgestaltung. Die Gesundheit und Arbeitskraft bestmöglich wiederherzustellen – das ist die Aufgabe der **gesetzlichen Unfallversicherung** (siehe auch vorherige Ausführungen zu: „Möglichkeiten des Gesundheitsschutzes durch die Berufsgenossenschaft erörtern"). Jeder Arbeitnehmer und jeder Auszubildende ist durch die gesetzliche Unfallversicherung abgesichert. In der gewerblichen Wirtschaft und in der Landwirtschaft sind die Berufsgenossenschaften die zuständigen Unfallversicherungsträger. Im Bereich der öffentlichen Hand sind es die Gemeindeunfallversicherungsverbände und Unfallkassen. Unter den Versicherungsschutz fallen Unfälle, die sich am Arbeitsplatz oder in der Schule sowie auf dem Weg dorthin und zurück ereignen – auch Berufskrankheiten sind versichert.

Die gesetzliche Unfallversicherung schützt folgende Personen:
- Arbeitnehmer und Angestellte,
- Landwirte, Familienangehörige,
- Kinder, die Tageseinrichtungen besuchen,
- Schüler und Studenten,
- behinderte Menschen in Werkstätten für behinderte Menschen,
- Helfer bei Unglücksfällen,
- Zivil- und Katastrophenschutzhelfer,
- Blut- und Organspender,
- häuslich Pflegende und Haushaltshilfen,
- Helfer bei nicht gewerbsmäßigen Bauarbeiten,
- Personen, die für den Bund, ein Land, eine Gemeinde oder eine andere öffentlich-rechtliche Institution ehrenamtlich tätig sind, sowie Zeugen vor Gericht,
- Arbeitslose und Sozialhilfeempfänger bei Erfüllung ihrer Meldepflichten,
- Strafgefangene und Entwicklungshelfer
- freiwillig versicherte Unternehmer/Selbstständige,
- freiwillige Versicherung für bürgerschaftlich Engagierte/Ehrenamtliche (bspw. im Sportverein), die nicht pflichtversichert sind (siehe oben).

Für Beamte gelten besondere Vorschriften.

Detaillierte Informationen zum Aufbau, zur Finanzierung und zu den Leistungen der gesetzlichen Unfallversicherung in Deutschland finden Sie auf den Internetseiten des Spitzenverbands der Deutschen Gesetzlichen Unfallversicherung (http://www.dguv.de) und der Verwaltungs-Berufsgenossenschaft (http://www.vbg.de), die für den Bereich Sport zuständig ist, sowie auf der Internetseite der Spitzenverbände der deutschen Sozialversicherung (http://www.deutsche-sozialversicherung.de).

7.1.6 Die Rentenversicherung

Die **gesetzliche Rentenversicherung** (GRV) ist das größte soziale Sicherungssystem in der Bundesrepublik, das seine Ursprünge im Jahr 1889 (Gesetz über die Invaliditäts- und Altersversicherung des damaligen Reichskanzlers Otto von Bismarck) hat. In ihrer mehr als 120-jährigen Geschichte haben sich die Leistungen der gesetzlichen Rentenversicherung von einem bloßen Zuschuss zum allgemeinen Lebensbedarf zur maßgeblichen Grundlage für ein finanziell gesichertes Alter entwickelt.

Die Rentenversicherung wird von besonderen öffentlich-rechtlichen Körperschaften durchgeführt. Träger sind die Deutsche Rentenversicherung Bund, die Deutsche Rentenversicherung Knappschaft-Bahn-See sowie die Regionalträger, wie z. B. Deutsche Rentenversicherung Baden-Württemberg oder Nord etc.

*Der **Beitragssatz** beträgt seit dem 1. Januar 2013 18,9 % und wird je zur Hälfte von Arbeitnehmer und Arbeitgeber getragen. Maßgebend ist dafür das Bruttoarbeitsentgelt des Arbeitnehmers. Auch in der GRV gibt es eine Beitragsbemessungsgrenze, bei der man für diejenigen Teile des Arbeitsentgelts bzw. Arbeitseinkommens, die oberhalb der Beitragsbemessungsgrenze (im Jahr 2017 beträgt diese für den Bereich West 76.200,00 € und den Bereich Ost 68.400,00 €) liegen, keine Beiträge zahlt. Für die knappschaftliche Rentenversicherung gelten Sonderbeiträge – 9,35 % Arbeitnehmeranteil und 15,45 % Arbeitgeberanteil, insgesamt 24,8 % im Jahr 2016 (Beitragsbemessungsgrenzen: West 94.200,00 € und Ost 84.000,00 € im Jahr 2017).*

Nach dem Erwerbsleben ersetzt die Rente im Alter das Arbeitsentgelt und trägt damit entscheidend zu einem gesicherten Lebensabend bei. Geschlecht, Alter oder Gesundheitszustand spielen für den Beitrag zur gesetzlichen Rentenversicherung – anders als bei privaten Versicherungen – keine Rolle. Auch die GRV ist eine Pflichtversicherung (Ausnahmen wiederum: Beamte, Richter usw.). Geringfügig Beschäftigte können sich freiwillig versichern, für Selbstständige gelten besondere Regelungen, da sie unter bestimmten Umständen versicherungspflichtig und in anderen Fällen wiederum versicherungspflichtfrei sind – genaue Informationen zu den Einzelfällen erhalten Sie im Rentenlexikon des Bundesministeriums für Arbeit und Soziales (http://www.rentenlexikon.bmas.de) unter dem Stichwort „Selbstständige". Versicherungspflichtfreie Selbstständige können sich ebenfalls freiwillig versichern.

Die gesetzliche Rentenversicherung bietet aber nicht nur soziale Sicherheit im Alter, sondern auch schon während der Erwerbsphase – in Form von Rehabilitationsleistungen oder Renten wegen verminderter Erwerbsfähigkeit. Zudem werden Hinterbliebene beim Tod des Ehepartners beziehungsweise des Lebenspartners bei eingetragener Lebenspartnerschaft durch die Hinterbliebenenrente oder beim Tod eines Elternteils durch die Waisenrente unterstützt.

Die **Altersrente** ist für jeden individuell, weil sie sich im Wesentlichen aus dem jeweils versicherten Einkommen errechnet, wobei Beschäftigungszeiten, Zeiten der Berufsausbildung, des Studiums, der Arbeitslosigkeit oder der Kindererziehung unterschiedlich berücksichtigt werden. Für jede versicherungsrelevante Zeit werden sogenannte Entgeltpunkte vergeben.
Grundlage für unser derzeitiges gesetzliches Rentensystem ist der sogenannte **Generationenvertrag**. Zwischen der beitragszahlenden (jungen) und der rentenempfangenden (alten) Generation gilt das Prinzip, dass die arbeitenden Versicherten durch ihre Beiträge die Renten von heute finanzieren. Dabei erwartet die beitragszahlende Generation, dass die nachfolgenden Generationen bereit sind, das Gleiche zu tun.
Der Generationenvertrag ist ein unausgesprochener und nicht schriftlich festgelegter Vertrag zwischen diesen Gruppen, also ein gesellschaftliches Übereinkommen. Aufgrund des bereits dargelegten demografischen Wandels (rückläufige Geburtenzahlen bei gleichzeitig steigender Lebenserwartung) und den Veränderungen in der Arbeitswelt (zunehmende Technologiesierung und Automatisierung, globale Konkurrenz etc.) nimmt die Zahl der Beitragszahler im Verhältnis zu den Rentenbeziehern immer mehr ab, woraus sich für die gesetzliche Rentenversicherung eine sehr große Finanzierungslücke ergibt. Die Folgen sind, dass das festgelegte Renteneintrittsalter bereits gestiegen ist (von 65 auf 67 Jahre) und even-

tuell noch steigen wird sowie eine mittel- bis langfristige Absenkung der gesetzlichen Altersrenten unausweichlich scheint.

Im Laufe ihrer Entwicklung hat die gesetzliche Rentenversicherung durchaus ihre Anpassungsfähigkeit an veränderte wirtschaftliche, demografische und gesellschaftliche Rahmenbedingungen unter Beweis gestellt. Die Rente bietet dem einzelnen Bürger Sicherheit, denn Rentenanwartschaften und -ansprüche genießen verfassungsrechtlichen Eigentumsschutz. Das sozialstaatliche Prinzip der gesetzlichen Rente ist ein fester Bestandteil des deutschen Gesellschaftsverständnisses und wird von allen wichtigen gesellschaftlichen Gruppen mitgetragen. Demnach ist es eigentlich sicher, dass die heutige Jugend auch im Alter eine Rente bekommt, aber deren Höhe und das Alter, bis zu dem gearbeitet werden muss, sind ungewiss.

Weiterführende Informationen zur gesetzlichen Rentenversicherung erhalten Sie im Internet:
- http://www.bmas.de,
- http://www.deutsche-rentenversicherung.de,
- http://www.deutsche-rentenversicherung-knappschaft-bahn-see.de,
- http://www.sozialpolitik.com.

Mit Blick auf die derzeitige Situation in der gesetzlichen Rentenversicherung kann festgestellt werden, dass auch jetzt schon die Altersrenten vielfach nicht für den Lebensunterhalt ausreichen.

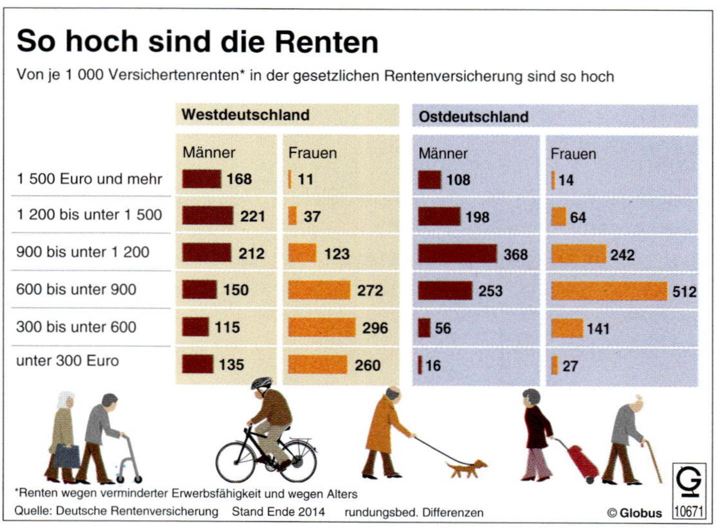

Berücksichtigt man nun, dass die Renten wahrscheinlich noch abgesenkt werden müssen, dann entsteht im Alter eine erhebliche Versorgungslücke, die jeder rechtzeitig durch eine zusätzliche betriebliche oder private Altersvorsorge schließen sollte.

Aufgaben

1. ***Was versteht man unter dem Generationenvertrag?***
2. ***Recherchieren Sie, wie hoch momentan bzw. für den letzten statistisch ausgewerteten Zeitraum die Durchschnittsaltersrente in Deutschland für Männer und Frauen sowie insgesamt ist und von wie vielen Beitragsjahren dabei ausgegangen wird.***
3. ***Berechnen Sie, wie hoch Ihre Lebenshaltungskosten momentan sind. Überschlagen Sie, wie hoch diese sein werden, wenn Sie Rentner sind (andere Bedürfnisse, Wohnverhältnisse etc.). Reicht die ermittelte Durchschnittsaltersrente für Ihre Lebenshaltungskosten aus?***
4. ***Erkundigen Sie sich in Ihrem Ausbildungsbetrieb, wie hoch Ihr Arbeitsentgelt sein wird, wenn Sie „ausgelernt" haben, also die Berufsausbildung im dualen System abschlossen haben. Gehen Sie davon aus, dass Sie 45 Jahre in Ihrem Beruf arbeiten werden. Nach heutigem Stand würden Sie dann durchschnittlich etwa 50 % Ihres Nettolohns als Altersrente erhalten. Wie viel würde Ihnen ca. monatlich zur Verfügung stehen. Reicht dies aus, um Ihre Lebenshaltungskosten im Alter zu finanzieren?***
5. ***Recherchieren Sie weiterhin, was unter Altersarmut zu verstehen ist und wie sich diese zukünftig entwickeln wird.***
6. ***Fertigen Sie ein zusammenfassendes Schaubild, Plakat oder eine Mind-Map mit den wichtigsten Informationen zu den sechs Säulen der staatlichen Sozialversicherung (Arbeitslosenversicherung, Sozialhilfe sowie gesetzliche Krankenversicherung, Pflegeversicherung, Unfallversicherung und Rentenversicherung) an.***

Zusammenfassung

Die soziale Sicherung in Deutschland

Soziale Sicherheit und soziales Handeln kennzeichnen den deutschen Sozialstaat. Soziale Sicherung bedeutet, dem Einzelnen in Notlagen, die aus eigener Kraft nicht mehr bewältigt werden können, zur Seite zu stehen und darüber hinaus durch langfristig angelegte Maßnahmen vorzubeugen – ob bei Krankheit, Unfall, Pflegebedürftigkeit, Arbeitslosigkeit oder Alter.

Die Arbeitslosenversicherung

Leistungsbezieher	Als Arbeitslose gelten in Deutschland die Menschen, die keine Arbeit (Erwerbsarbeit – regelmäßige Arbeit gegen Entgelt) haben oder weniger als 15 Stunden pro Woche arbeiten und sich als Arbeitsuchende bei der Agentur für Arbeit gemeldet haben, unverzüglich für eine Arbeitsaufnahme zur Verfügung stehen, eine Beschäftigung von 15 Stunden pro Woche oder mehr suchen, nicht arbeitsunfähig erkrankt sind und zwischen 15 und 64 Jahre alt sind.
Träger	Bundesagentur für Arbeit (BA)

Leistung	Arbeitsvermittlung und die Vermittlung von Ausbildungsstellen, die Erhaltung von Arbeitsplätzen durch die Zahlung von konjunkturellem Kurzarbeitergeld, „Schlechtwetter- oder Wintergeld" (Saison-Kurzarbeitergeld), die finanzielle Unterstützung von Arbeitslosen (ALG I und ALG II / Hartz-IV), die Arbeitgeberberatung, die Berufsberatung und die Förderung der Aus- und Weiterbildung sowie die Arbeitsmarktforschung
Finanzierung	Sozialversicherungsbeiträge (durch Arbeitnehmer und Arbeitgeber) sowie Steuergelder

Die Sozialhilfe

Leistungsbezieher	bedürftige Nichterwerbsfähige sowie bedürftige Personen über 65 Jahre
Träger	Bundesrepublik Deutschland, Bundesländer
Leistung	Wer in Not geraten ist (unabhängig vom Verschulden), erhält individuelle Hilfe, bei der die persönlichen und wirtschaftlichen Verhältnisse berücksichtigt werden. Sozialhilfe kann als persönliche Hilfe, als Geldleistung oder als Sachleistung erteilt werden. Ziel ist die Sicherung des soziokulturellen Existenzminimums.
Finanzierung	Steuergelder

Die gesetzliche Krankenversicherung (GKV)

Leistungsbezieher	pflichtversicherte Mitglieder, mitversicherte Familienangehörige, freiwillig versicherte Mitglieder
Träger	gesetzliche Krankenkassen und Knappschaften
Leistung	in Auszügen: Gesundheitsförderung und Krankheitsverhütung, Früherkennung von Krankheiten, Krankenbehandlung (Arzt, Zahnarzt, Krankenhaus, ambulante Versorgung, Haushaltshilfe, häusliche Krankenpflege etc.), Arzneimittel, Hilfs- und Heilmittel, Zahlung von Krankengeld, Leistungen bei Schwangerschaft und Mutterschaft ...
Finanzierung	beitragsfinanziert (bspw. durch die Beiträge von Arbeitnehmer und Arbeitgeber) sowie steuerfinanziert – Einzahlung in den Gesundheitsfonds

Die soziale Pflegeversicherung

Leistungsbezieher	pflegebedürftige Personen, die in Pflegestufen eingestuft werden
Träger	Pflegekassen (die eng an die gesetzlichen Krankenkassen angegliedert, jedoch eigenständige Behörden sind)
Leistung	Sach-, Geld- und Dienstleistungen
Finanzierung	Jeder, der gesetzlich krankenversichert ist, ist automatisch in der sozialen Pflegeversicherung versichert und jeder privat Krankenversicherte muss eine private Pflegeversicherung abschließen. Die Ausgaben der sozialen Pflegeversicherung werden durch Beiträge finanziert, die Arbeitnehmer und Arbeitgeber je zur Hälfte entrichten.

Die gesetzliche Unfallversicherung

Leistungsbezieher	Die gesetzliche Unfallversicherung schützt folgende Personen: Arbeitnehmer und Angestellte, Landwirte und deren Familienangehörige, Kinder, die Tageseinrichtungen besuchen, Schüler und Studenten, behinderte Menschen in Werkstätten für behinderte Menschen, Helfer bei Unglücksfällen, Zivil- und Katastrophenschutzhelfer, Blut- und Organspender, häuslich Pflegende und Haushaltshilfen, Helfer bei nicht gewerbsmäßigen Bauarbeiten, Personen, die für den Bund, ein Land, eine Gemeinde oder eine andere öffentlich-rechtliche Institution ehrenamtlich tätig sind sowie Zeugen vor Gericht, Arbeitslose und Sozialhilfeempfänger bei Erfüllung ihrer Meldepflichten, Strafgefangene und Entwicklungshelfer sowie freiwillig versicherte Unternehmer/Selbstständige sowie freiwillig versicherte Ehrenamtliche.
Träger	gewerbliche Wirtschaft und Landwirtschaft: Berufsgenossenschaften öffentliche Hand (Bund, Länder, Gemeinden): Gemeindeunfallversicherungsverbände und Unfallkassen
Leistung	Prävention und Versicherungsschutz bei Unfällen, die sich am Arbeitsplatz oder in der Schule sowie auf dem Weg dorthin und zurück ereignen – auch Berufskrankheiten sind versichert.
Finanzierung	Berufsgenossenschaften: aus Beiträgen der Unternehmen Gemeindeunfallversicherungsverband, Unfallkassen: steuerfinanziert

Die gesetzliche Rentenversicherung (GRV)

Leistungsbezieher	Rentner nach Beendigung des Erwerbslebens, Hinterbliebene und Waisen
Träger	öffentlich-rechtliche Körperschaften: Deutsche Rentenversicherung – Bund, Deutsche Rentenversicherung Knappschaft-Bahn-See sowie die Regionalträger, wie z. B. Deutsche Rentenversicherung Baden-Württemberg oder Nord etc.
Leistung	soziale Sicherheit im Alter (Altersrente) sowie schon während der Erwerbsphase Rehabilitationsleistungen oder Renten wegen verminderter Erwerbsfähigkeit, Hinterbliebenenrente für Hinterbliebene beim Tod des Ehepartners beziehungsweise des Lebenspartners bei eingetragener Lebenspartnerschaft, Waisenrente beim Tod eines Elternteils
Finanzierung	Beiträge der pflichtversicherten Mitglieder, die je zur Hälfte von Arbeitnehmer und Arbeitgeber aufgebracht werden, Beiträge von freiwillig versicherten Mitgliedern sowie Steuermittel

7.2 Die private Vorsorge

Um zusätzlich für das Alter zu sparen oder Geld gewinnbringend für später anzulegen, gibt es Angebote für alle Bedürfnisse und jeden Geldbeutel. Doch wer die Wahl hat, hat bekanntlich auch die Qual. Deshalb sollte man sich vor der Entscheidung für eine Form der privaten Vorsorge immer informieren und fachkundig beraten lassen. Dies kann an dieser Stelle nicht geleistet werden. Aus diesem Grund folgen eine überblicksartige Aufstellung und die Verweise auf entsprechende Quellen.

Welche Variante der privaten Vorsorge im Einzelnen die richtige ist, hängt nämlich immer von den persönlichen Einstellungen (bspw. risikofreudig oder risikoscheu), der persönlichen Lebenssituation (ledig, Familie, Kinder) und den individuellen Lebenszielen ab. So kann man zum Aufbau zusätzlicher Altersbezüge zum Beispiel private Kapital- oder Rentenversicherungen abschließen, in Kapitalmarktprodukte investieren oder auch Wohneigentum erwerben.

Allgemein gilt aber: Je früher man mit der privaten Altersvorsorge beginnt, desto geringer kann der monatliche Sparbeitrag sein, denn in der langen Ansparphase kommt durch den Zinseszinseffekt auch mit kleinen Beträgen ein beträchtliches Kapital zusammen.

Je näher jedoch das Rentenalter ist, desto höher sollten einerseits die Investitionen in den Aufbau der Zusatzrente und desto sicherer sollten andererseits die Anlageprodukte sein. Denn mögliche Verluste lassen sich in relativ kurzen Ansparphasen nur schwer ausgleichen.

Unabhängig vom Alter gilt: Nur wer bereit ist, für eine mögliche höhere Rendite auch ein höheres Risiko einzugehen, sollte Aktien, Aktienfonds oder eine fondsgebundene Lebensversicherung als Anlageform in Erwägung ziehen. Private Rentenversicherungen, Kapitallebensversicherungen, Banksparpläne und Rentenpapiere dagegen sind relativ sichere Altersvorsorgeprodukte.

Da dieser Bereich – gerade die Finanzdienstleistungen – ein sehr komplexes Gebiet ist, sollte man unbedingt fachkundigen Rat einholen. Hierbei können neben den kommerziellen Bankberatern und Finanzdienstleistern (z. B. Versicherungen) mit einem finanziellen Eigeninteresse (Provisionen) vor allem unabhängige Berater wie die Verbraucherzentralen (http://www.verbraucherzentrale.de) oder die Stiftung Warentest (http://www.test.de) weiterhelfen. So hat der Bundesverband der Verbraucherzentralen im Jahr 2012 ein aktuelles Buch zur Altersvorsorge herausgegeben, das über die Landesverbraucherzentralen (bspw. http://www.verbraucherzentrale-niedersachsen.de) gegen ein relativ geringes Entgelt zu beziehen ist.

7.2.1 Die betriebliche Altersvorsorge

Die **betriebliche Altersvorsorge** bzw. **Altersversorgung** (BAV) ist eine Versorgungszusage des Arbeitgebers, die er seinen Arbeitnehmerinnen und Arbeitnehmern aus Anlass des Arbeitsverhältnisses gibt. Dabei haben Beschäftigte (Ausnahme einige Arbeitnehmerinnen und Arbeitnehmer des öffentlichen Dienstes) grundsätzlich das Recht, einen Teil ihres Lohns oder Gehalts zugunsten einer betrieblichen Altersvorsorge umzuwandeln, um später eine Betriebsrente zu erhalten.

Nach § 1a des Gesetzes zur Verbesserung der betrieblichen Altersversorgung (BetrAVG, http://www.bundesrecht.juris.de/betravg) haben Arbeitnehmerinnen und Arbeitnehmer einen individuellen Anspruch auf eine betriebliche Altersvorsorge, wenn sie die Zusage des Arbeitgebers durch Entgeltumwandlung selbst finanzieren. Der Arbeitgeber bzw. die Arbeitgeberin muss diesem Wunsch nachkommen.

Eine Pflicht des Arbeitgebers, sich an der Alterssicherung seiner Beschäftigten zu beteiligen, ist durch den Rechtsanspruch auf Entgeltumwandlung allerdings nicht vorhanden. Das heißt, dass die Arbeitnehmer einen Teil ihres Arbeitsentgelts für die Altersvorsorge selbst ansparen.

Das Unternehmen bzw. der Betrieb übernimmt dabei jedoch die komplette Abwicklung und ist im Namen der Arbeitnehmer Vertragspartner eines entsprechenden Finanzdienstleisters. Einige Arbeitgeber oder sogar ganze Branchen (meist tarifvertraglich vereinbart) zahlen ihren Arbeitnehmern dennoch freiwillig einen Zuschuss zur betrieblichen Altersversorgung. Der Staat unterstützt dies mit einer Steuer- und Sozialabgabenersparnis.

Aufgaben

1. ***Beschreiben Sie, auf welchem Wege eine betriebliche Altersvorsorge zustande kommt.***
2. ***Erkundigen Sie sich, ob es in Ihrem Ausbildungsunternehmen bereits die Möglichkeit einer betrieblichen Altersversorgung gibt.***
   a *Sollte dies der Fall sein: Wie ist diese ausgestaltet (Anbieter, Beiträge, erwartete Auszahlung etc.)?*
   b *Sollte dies nicht der Fall sein: Weiß Ihr Arbeitgeber vom Rechtsanspruch (seit Januar 2002) der Arbeitnehmer bei Entgeltumwandlung?*

7.2.2 Möglichkeiten der zusätzlichen privaten Vorsorge und staatlichen Förderung

Die zusätzliche **private Vorsorge** ist grundsätzlich freiwillig. Jeder kann also wählen, ob überhaupt und wenn ja, wie er vorsorgen möchte. Wie bereits erwähnt, gibt es je nach Persönlichkeit, Lebenssituation und Lebenszielen unterschiedliche Vorsorgemöglichkeiten. Im Folgenden werden stichpunktartig einige erwähnt, eine weitergehende Beschäftigung ist jedoch unbedingt notwendig (siehe Linkliste am Ende).

Für den einen können der Erwerb von Wohneigentum und eine dementsprechende Finanzierung hilfreich sein. Hier sind zinsgünstige KfW-Darlehen, Bausparverträge oder Wohn-Riester-Verträge interessant. Andere legen Ihr Geld in Bundesschatzbriefe an und lassen sich ihr eingesetztes Kapital sicher verzinsen. Risikofreudigere investieren in Aktien oder Aktienfonds und hoffen auf große Kursgewinne.

Wer neben den eigenen Beiträgen eine staatliche Unterstützung erhalten möchte, für den sind zertifizierte Altersvorsorgeprodukte (bspw. die sogenannte Riester-Rente) notwendig. Diese staatlich geförderte private Altersvorsorge soll in der Ansparphase zweckmäßig, transparent sowie verbraucherfreundlich sein und im Alter ein dauerhaftes und verlässliches Zusatzeinkommen bieten. Deshalb müssen alle Anlageprodukte strenge, vom Staat festgelegte und überwachte Mindestanforderungen (Zertifizierungskriterien) erfüllen. Nur dann werden sie als förderfähig anerkannt und von der Bundesanstalt für Finanzdienstleistungsaufsicht (BaFin) zertifiziert.

Achten Sie darauf, dass das Produkt die Prüfnummer der Zertifizierungsstelle und den Vermerk trägt: „Der Altersvorsorgevertrag ist zertifiziert worden und damit im Rahmen des § 10a des Einkommensteuergesetzes steuerlich förderfähig". Dies bedeutet, dass das Produkt den gesetzlichen Anforderungen entspricht. Aber Achtung: Die Zertifizierung ist kein Qualitäts- oder Gütesiegel. Sie sagt nichts darüber aus, wie viel Gewinn der Vertrag abwirft. Sie bestätigt nur, dass die Voraussetzungen für die Förderung gegeben sind. Bereits seit Einführung im Jahr 2002 streiten die Experten darüber, wie sinnvoll und gewinnbringend die einzelnen Produkte sind (teilweise werden sehr hohe Gebühren erhoben, bzw. hohe Provisionen fallen an, die gewinnschmälernd wirken). Bei einer objektiven Betrachtung können die bereits erwähnten Verbraucherzentralen oder die Stiftung Warentest (http://www.test.de) helfen.

Im Einzelnen müssen vom Staat unterstützte und somit zertifizierte private Rentenversicherungen, Bankspar- und Investmentfondssparpläne folgende Bedingungen erfüllen:

- Die Zusatzrente darf nicht vor Vollendung des 60. Lebensjahres oder vor Beginn der Altersrente geleistet werden.
- Erwerbsunfähigkeitsschutz und Hinterbliebenenabsicherung müssen nicht zwingend, können aber zusätzlich vereinbart werden.
- Für Altersvorsorgeverträge, die ab dem 1. Januar 2006 abgeschlossen werden, müssen Anbieter geschlechtsneutrale Tarife („Unisex-Tarife“) anbieten. So wird sichergestellt, dass Frauen nicht aufgrund ihrer höheren Lebenserwartung höhere Eigenbeiträge leisten müssen als Männer beziehungsweise bei gleich hohen Beiträgen geringere monatliche Auszahlungen erhalten.
- Der Anbieter muss garantieren, dass zu Beginn der Auszahlungsphase mindestens die eingezahlten Beträge (Eigenbeiträge und Zulagen) als Zusatzrente zur Verfügung stehen (Schutz des eingezahlten Kapitals).
- Die Zusatzrente muss lebenslange Leistungen garantieren – entweder als Leibrente (bei gleich bleibender oder steigender Rentenzahlung bis zum Tod) oder als Auszahlungsplan bis zum 85. Lebensjahr mit anschließender lebenslanger Leibrente (Restverrentung). Eine Teilkapitalauszahlung bis zu einer Höhe von insgesamt 30 Prozent des zu Beginn der Auszahlungsphase zur Verfügung stehenden Kapitals ist jedoch zulässig.
- Die Abschluss- und Vertriebskosten des Altersvorsorgevertrags müssen über einen Zeitraum von mindestens fünf Jahren verteilt werden. Der Anbieter muss den Anleger bei Vertragsabschluss über die Höhe und Verteilung dieser Kosten ebenso informieren wie über die Kosten für Verwaltung, Vertragsumstellung, Vermögensverwaltung und Produktwechsel.
- Der Anbieter muss den Anleger außerdem über die Anlagemöglichkeiten, die Struktur der Geldanlagen und das Risikopotenzial unterrichten sowie Standardberechnungen anbieten, die dem Anleger einen einfachen Produktvergleich ermöglichen.
- Der Anleger muss seinen Altersvorsorgevertrag während der Ansparphase ruhen lassen, also beitragsfrei stellen können. Er muss seinen Vertrag auch kündigen können, um das angesparte Kapital auf einen anderen Altersvorsorgevertrag desselben oder eines anderen Anbieters zu übertragen.
- Altersvorsorgeverträge und das darin angesparte Kapital sind nicht pfändbar und gehören nicht zur Insolvenzmasse. Sie sind vor jedem Zugriff Dritter geschützt, also auch vor der Anrechnung bei Bezug von Arbeitslosengeld II und Sozialgeld.

Bei den staatlich geförderten Produkten ist es in der Regel so, dass ein bestimmter Prozentsatz des jährlichen Bruttoeinkommens angelegt werden muss. Bei der sogenannten Riester-Rente sind dies ab dem Jahr 2010 4 % (max. 2.100,00 €) des maßgeblichen Vorjahreseinkommens, wobei staatliche Zulagen – bspw. für Ehepartner und Kinder – gewährt werden. Außerdem kann der Anlagebetrag im Rahmen der Einkommensteuererklärung als zusätzliche Sonderausgabe (bis max. 2.100,00 €) steuermindernd geltend gemacht werden, wobei der Zulagenanspruch dann allerdings gegengerechnet wird.

Voraussetzung, um in den Genuss einer staatlichen Förderung zu kommen, ist in der Regel die unbeschränkte Einkommenssteuerpflicht in der Bundesrepublik Deutschland, wobei es je nach Modell unterschiedliche Zielgruppen gibt.

Der Gesetzgeber fördert zum Beispiel bei der **Riester-Rente** ausschließlich die folgenden Personengruppen:

- in der gesetzlichen Rentenversicherung pflichtversicherte Arbeitnehmer-/innen,
- Auszubildende,
- Beamte
- Berufs- und Zeitsoldaten,
- Wehr-/Zivildienstleistende,
- Mütter und Väter während der dreijährigen gesetzlichen Kindererziehungszeit,
- pflichtversicherte Selbstständige,
- geringfügig Beschäftigte, die auf Sozialversicherungsfreiheit verzichtet haben,
- pflichtversicherte Landwirte,
- Bezieher/innen von Arbeitslosengeld I, II,
- Bezieher/innen von Vorruhestandsgeld, Krankengeld, Verletztengeld, Versorgungskrankengeld, Übergangsgeld, Unterhaltsgeld,
- Bezieher/innen von Existenzgründungszuschüssen.

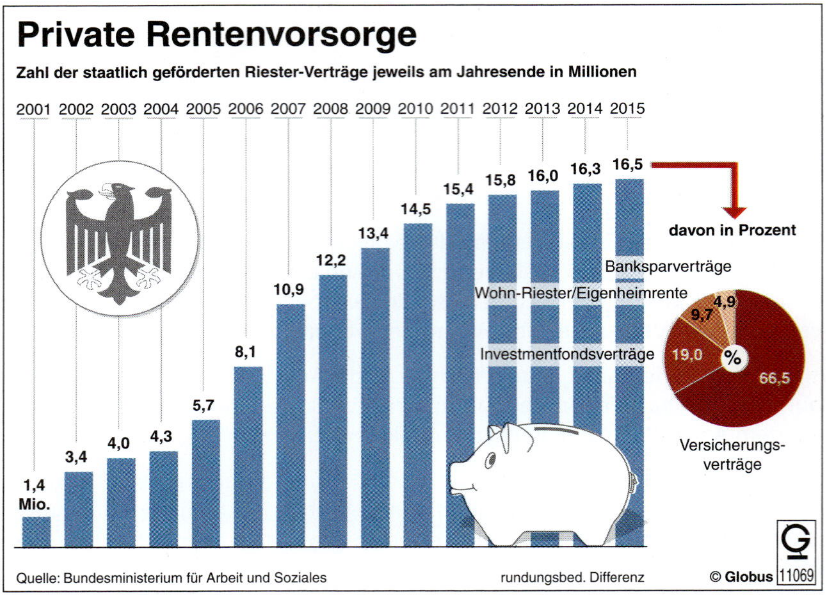

Demgegenüber steht beispielsweise die **„Basisrente" (sogenannte Rürup-Rente)**, die eine private, kapitalgedeckte Rentenversicherung ist, die steuerlich gefördert wird und sich insbesondere an Freiberufler und andere Selbstständige wendet, die eine Eigenvorsorge für ihren Ruhestand treffen müssen.

Die Basisrente eignet sich grundsätzlich für alle, die steuerlich gefördert für ihr Alter vorsorgen möchten. Besonders interessant ist sie für nicht gesetzlich rentenversicherte Selbstständige, Freiberufler und Gewerbetreibende, die sich eine – zudem noch staatlich geförderte – Altersvorsorge aufbauen möchten. Aber auch für Arbeiter, Angestellte und Beamte kann sie als Ergänzung zu deren gesetzlicher Altersvorsorge sinnvoll sein. Die Beiträge zu einer „Rürup-Rente" werden steuerlich gefördert.

Aufgaben

1. ***Recherchieren Sie, welche wesentlichen Unterschiede es in der nach dem Ökonomen Bert Rürup benannten „Rürup-Rente" (Basisrente) und der nach dem damaligen Minister für Arbeit und Sozialordnung Walter Riester benannten „Riester-Rente" gibt.***
2. ***Recherchieren Sie weiterhin, welche zustimmenden und kritischen Stimmen es zu diesen beiden Möglichkeiten der privaten Altersvorsorge gibt.***

Zusammenfassend kann festgestellt werden, dass der Staat mit all seinen Aktivitäten die Absicht hat, beim Aufbau einer zusätzlichen Altersvorsorge mit Zulagen, Steuervergünstigungen und in der betrieblichen Altersversorgung extra Beitragsersparnissen in der Sozialversicherung zu helfen. Außerdem sollen mit dem Alterseinkünftegesetz (AltEinkG – http://www.bundesfinanzministerium.de) die Rahmenbedingungen für die betriebliche Altersversorgung nochmals verbessert und die Attraktivität, bspw. der Riester-Rente, erhöht werden.

Man kann davon ausgehen, dass sich die Alterssicherung in Zukunft aufgrund des vielfältigen Wandels noch stärker als bisher auf die drei folgenden Säulen stützen müssen wird:

1. Säule: die gesetzliche Rentenversicherung,
2. Säule: die betriebliche Altersversorgung und
3. Säule: die private Altersvorsorge.

Weiterführende Informationen zum Themengebiet Altersvorsorge finden Sie im Internet:
- http://www.bmas.de (insbesondere unter den Suchbegriffen: betriebliche und private Altersvorsorge),
- http://www.rentenlexikon.bmas.de,
- http://www.bundesfinanzministerium.de,
- http://www.ihre-vorsorge.de,
- http://www.verbraucherzentrale.de bzw. http://www.vzbv.de,
- http://www.test.de,
- http://www.altersvorsorge-macht-schule.de.

Zusammenfassung

Die private Vorsorge

Die sozialen Sicherungssysteme des Staates dienen der Grundsicherung der Bürgerinnen und Bürger. Wer zusätzliche Leistungen erhalten möchte, muss sich als Privatperson auch selbstständig darum kümmern. Dennoch gibt es in vielen Fällen eine staatliche Unterstützung in Form von Zuschüssen oder Steuererleichterungen, weil die private Vorsorge ausdrücklich erwünscht ist.

Die betriebliche Altersvorsorge (BAV)

Arbeitnehmerinnen und Arbeitnehmer haben einen gesetzlichen Anspruch auf eine betriebliche Altersvorsorge, wenn sie diese durch Entgeltumwandlung selbst finanzieren. Der Arbeitnehmer spart also einen Teil seines Gehalts oder Lohns über längere Zeit an. Der Arbeitgeber hat nicht die Pflicht, sich daran zu beteiligen, kann es aber. Das Unternehmen bzw. der Betrieb übernimmt jedoch auf alle Fälle die komplette Abwicklung und ist im Namen der Arbeitnehmer Vertragspartner eines entsprechenden Finanzdienstleisters.

Die staatlich geförderte Altersvorsorge

Wer neben den eigenen Beiträgen eine staatliche Unterstützung erhalten möchte, für den sind zertifizierte Altersvorsorgeprodukte (bspw. die sogenannte Riester-Rente) notwendig. Diese staatlich geförderte private Altersvorsorge soll in der Ansparphase zweckmäßig, transparent sowie verbraucherfreundlich sein und soll im Alter ein dauerhaftes und verlässliches Zusatzeinkommen bieten. Deshalb müssen alle Anlageprodukte strenge, vom Staat festgelegte und überwachte Mindestanforderungen (Zertifizierungskriterien) erfüllen. Nur dann werden sie als förderfähig anerkannt und von der Bundesanstalt für Finanzdienstleistungsaufsicht (BaFin) zertifiziert.

Die staatlich geförderte Basisrente (Rürup-Rente)	Die staatlich geförderte Riester-Rente
Die Basisrente (Rürup-Rente) eignet sich zwar grundsätzlich für alle, die steuerlich gefördert für ihr Alter vorsorgen möchten. Besonders interessant ist sie jedoch für nicht gesetzlich rentenversicherte Selbstständige, Freiberufler und Gewerbetreibende, die sich eine – zudem noch staatlich geförderte – Altersvorsorge aufbauen möchten. Aber auch für Arbeiter, Angestellte und Beamte kann sie als Ergänzung zu deren gesetzlicher Altersvorsorge sinnvoll sein. Die Beiträge zu einer Rürup-Rente werden steuerlich gefördert.	Der Gesetzgeber fördert ausschließlich die folgenden Personengruppen: in der gesetzlichen Rentenversicherung pflichtversicherte Arbeitnehmer, Auszubildende, Beamte, Berufs- und Zeitsoldaten, Wehr-/Zivildienstleistende, Mütter und Väter während der dreijährigen gesetzlichen Kindererziehungszeit, pflichtversicherte Selbstständige, geringfügig Beschäftigte, die auf Sozialversicherungsfreiheit verzichtet haben, pflichtversicherte Landwirte, Bezieher von Arbeitslosengeld I und II, Bezieher von Vorruhestandsgeld, Krankengeld, Verletztengeld, Versorgungskrankengeld, Übergangsgeld, Unterhaltsgeld, Bezieher von Existenzgründungszuschüssen

Bei den staatlich geförderten Produkten ist es in der Regel so, dass ein bestimmter Prozentsatz des jährlichen Bruttoeinkommens angelegt werden muss. Bei der sogenannten Riester-Rente sind dies ab dem Jahr 2010 bspw. 4 % des maßgeblichen Vorjahreseinkommens, wobei staatliche Zulagen – bspw. für Ehepartner und Kinder – gewährt werden.

Weitere Möglichkeiten der privaten Vorsorge

Es gibt noch in Vielzahl anderer Möglichkeiten der privaten Vorsorge, die vom Kapitalaufbau in einer klassischen Lebensversicherung über den Erwerb und die Finanzierung von Wohneigentum bis hin zum Kauf von Aktien oder Edelmetallen reichen.
Darüber hinaus ist es ebenfalls möglich, die staatlichen Sicherungssysteme privat zu ergänzen. Dies betrifft nicht nur den vorher dargestellten Bereich der Altersvorsorge, sondern auch die Absicherung gegen Berufsunfähigkeit und Krankheit (private Berufsunfähigkeits- bzw. Krankengeldversicherung) oder die Aufstockung des zur Pflege zur Verfügung stehenden Geldes (private Pflegeversicherung). Durch eine private Kranken- bzw. Zusatzversicherung kann man beispielsweise auch als gesetzlich Versicherter Leistungen erhalten, die über die GKV hinausgehen, oder man schränkt die Zuzahlungsbeiträge (bspw. bei Zahnersatz) ein.

Lernfeld 3
Geschäftsprozesse erfassen und auswerten

Thomas: Hallo Sarah, hallo Gabriela! Mann, bin ich froh, dass heute Berufsschule ist, hätte nicht gedacht, dass ich mich noch einmal auf die Schule freue.

Sarah: Was ist denn bei dir los, dass du Sehnsucht nach Unterricht hast?

Thomas: Zum einen ist bei uns Inventur, aber das ist noch in Ordnung, da die Geräte und die Ausstattung schnell gezählt sind. Zum anderen wird aber auch die Gesellschafterversammlung vorbereitet, da gibt's ganz schön Hektik: in der Buchhaltung nachfragen, Unterlagen zusammenstellen und zum Steuerberater hinbringen, dann andere Unterlagen wieder abholen, Statistiken erstellen usw. Und immer steht die Frage im Raum, ob wir genug Gewinn gemacht haben, damit die Teilhaber, die ihr Geld investiert haben, auch zufrieden sind.

Sarah: Das kenne ich. Bei uns ist das auch immer so, wenn die Jahreshauptversammlung in unserem Verein vorbereitet wird. Wir müssen dann auch alle Unterlagen zusammentragen und die Einnahmen den Ausgaben gegenüberstellen. Auch da ist immer die bange Frage, ob unsere Vereinsmitglieder mit der Arbeit und den Finanzen zufrieden sind.

Gabriela: Bei uns ist das ein wenig anders. Wir als Teil einer Aktiengesellschaft reichen unsere Unterlagen und Abrechnungen an die Zentrale weiter. Einmal im Jahr werden dann alle Aktionäre zum Hauptsitz in Köln eingeladen, wo unser Vorstand Rechenschaft ablegt. Bei der nächsten Hauptversammlung werde ich auch dabei sein.

Thomas: Na dann geht's euch ja auch ähnlich.

Gabriela: Ja, und Inventur gibt es bei uns auch. Da müssen wir dann auch alles zählen, jeden Golfschläger, jeden Golfbuggy und sogar jeden Golfball, so will das unser Chef.

Sarah: Und was macht man dann mit den Zahlen?

Thomas: Hab ich mich auch und dann meinen Chef gefragt. Der sagte, das brauchen wir für die Buchhaltung. Da wird ein Verzeichnis erstellt, was wir alles im Betrieb haben, das nennt man dann Inventar.

Gabriela: Für mich ist das alles noch nicht so klar, was in unserer Buchhaltungsabteilung so passiert.

Sarah: Stimmt, mir auch nicht. Das bedeutet, dass wir uns mal wieder näher damit beschäftigen müssen.

Thomas: Richtig, dann lasst uns mal loslegen ...

In diesem Kapitel finden Sie Antworten auf die Fragen rund um die Geschäftsprozesse in einem Unternehmen und zum betrieblichen Rechnungswesen:

- Welche Material-, Informations- und Werteflüsse gibt es in einem Unternehmen?
- Wie können diese Geschäftsprozesse erfasst und ausgewertet werden?
- Was versteht man unter dem betrieblichen Rechnungswesen?
- Worin besteht der Unterschied zwischen Inventur und Inventar?
- Was ist die Bilanz eines Unternehmens und wie ist diese aufgebaut?
- Wie dokumentiert man die einzelnen Geschäftsfälle richtig?
- Wie und wozu wird ein Kassenbuch geführt?
- Was versteht man unter einem Buchungssatz?
- Warum hält man alle Geld- oder Warenbewegungen des Unternehmens in Konten fest?
- Welche Arten von Konten gibt es und wie sind diese aufgebaut?
- Wie kann man ermitteln, ob ein Unternehmen erfolgreich gearbeitet hat?
- Welche Entscheidungen kann man aus den Daten der Buchhaltung bzw. des Rechnungswesens ableiten?
- Was ist eigentlich die Umsatzsteuer?
- Welche Bedeutung bzw. Folgen hat die Umsatzsteuer für Unternehmen und Kunden?
- Wie wird die Umsatzsteuer buchhalterisch behandelt – wie wird sie gebucht?
- Welche Rechenverfahren helfen bei der Erstellung und Auswertung der gesammelten Daten?

1 Den Material-, Informations- und Wertefluss analysieren

1.1 Daten gewinnen und nutzen

Unternehmen nutzen Informationen als wichtigen Erfolgsfaktor ihrer unternehmerischen Tätigkeit. Neben Informationen, die außerhalb des Unternehmens gesammelt werden (externe Informationen), gibt es eine Vielzahl von Informationen innerhalb des Unternehmens (interne Informationen).

In Unternehmen entstehen täglich große Datenmengen, die in Zahlen gefasst werden. Das Zahlenwerk dient der Abbildung des Unternehmens. Komplex wird das Zahlenwerk dadurch, dass die verschiedenen Zahlen in Relationen (Abhängigkeiten und Beziehungen) zueinanderstehen oder zu Kennzahlen zusammengefasst werden. Für ein Unternehmen der Sport- und Fitnessbranche sind dabei natürlich andere Zahlen interessant als für ein Unternehmen im Industriesektor. Die automatisierte Verarbeitung dieser Zahlen und Zahlenverknüpfungen erfolgt mittels der elektronischen Datenverarbeitung (EDV). Die Verarbeitung dieser Daten findet heute in spezialisierten Datenbanken, wie z. B. den Buchführungsprogrammen, statt.

Hierzu ein Beispiel aus einem Fitnessstudio:

Beispiel:
Der Kunde Knut Hauser ist seit drei Jahren Mitglied und in dieser Zeit eher unregelmäßig aktiv. Folgende Daten entstehen bei der Anlage des Mitglieds:
Mitgliedsnummer, Name, Vorname, Straße, Hausnummer, Postleitzahl, Ort, Telefonnummer, E-Mailadresse, Aufnahmedatum, Vertragsart – dies sind Bestandsdaten oder Stammdaten.

Folgende Daten entstehen erst im Laufe der Mitgliedschaft:
Trainingsdatum, Übungen, Wiederholungen, Gerätenummer, Geräteeinstellungen, Kurse (gebucht), Zusatzleistungen, Mitgliedsbeitrag u.s.w. – dies sind **Bewegungsdaten** für diesen Kunden.
Die **Kombination** dieser Zahlen führt zu einer Verknüpfung von **Bewegungs-** und **Stammdaten** und der oben angesprochenen Komplexität.

Beispiel:
Die Rechnungsnummer 087653 (Monatsrechnung) gehört zu dem Vertrag des Typs 12 (Nutzung nur in Nebenzeiten) des Kunden Knut Hauser (Mitgliedsnummer 12433). Knut Hauser begleicht diese Rechnung durch Einzugsermächtigung von 65,00 € am 02.07.2011 auf unser Konto mit der Nummer 45345321 bei der Volksbank eG Lüneburg mit der Bankleitzahl 24090041.

Neben der reinen Verwaltung von Zahlen, wie z. B. Anzahl der Mitglieder und Adressen der Mitglieder, sollte eine Datenbank auch für Auswertungen geeignet sein. So könnte das Unternehmen daran interessiert sein, wie hoch die Anzahl der zusätzlich gebuchten Leistungen je Mitglied ist und wie hoch die daraus resultierenden Umsätze je Mitglied sind, um „guten" Mitgliedern besondere Aufmerksamkeit zu schenken. Das Wissen über die Mitglieder ist Voraussetzung, um **zielgerichtet** und **mitgliederorientiert** zu planen. Sehr bedeutsam für ein Unternehmen der Sport- und Fitnessbranche ist die Bindung der Kunden an das Unternehmen. Die Kennzahl „**Fluktuation**", damit bezeichnet man die Kündigungsquote nach sechs Monaten Mitgliedschaft, ist ein wesentlicher Anhaltspunkt für eine erfolgreiche Bindung der Mitglieder an das Unternehmen.

$$\text{Fluktuation} = \frac{\text{Anzahl der Kündigungen pro Jahr}}{\text{durchschnittlicher Mitgliederstand pro Jahr}} \cdot 100$$

Beispiel:
Wenn erkennbar ist, dass ein Mitglied nur noch selten erscheint, könnte dies ein Signal für ein drohendes Ende der Mitgliedschaft sein. Dies wiederum kann ein Unternehmen durch besondere Aktionen, z. B. im Bereich Werbung (Lernfeld 4 und 5), verhindern.

Zur Fluktuation gibt es viele Studien, die zum Teil zu unterschiedlichen Ergebnissen kommen. Gemeinsam ist den Studien dabei:
Die Fluktuation
- ist abhängig vom Bundesland,
- ist abhängig von der Zugehörigkeit (Kette, Einzel, Filial) und
- sollte durch verstärkte Kundenbindung reduziert werden.

Aufgaben
Betriebswirtschaftliche Entscheidungen werden überwiegend auf der Basis von Zahlen getroffen.

1. ***Jemand möchte sich von Ihnen Geld leihen. Sie kennen die Person nicht und wissen auch nicht, ob Sie Ihr Geld jemals wieder zurückbekommen. Welche Informationen benötigen Sie, um dieser Person ein Darlehen zu gewähren? Erstellen Sie eine umfassende Checkliste zur Beurteilung der Kreditwürdigkeit.***
2. ***Informationen sind in jedem Unternehmen wichtig. Versuchen Sie Ihren Ausbildungsbetrieb nur mithilfe von Zahlen abzubilden! Zum Beispiel: Anzahl der Mitarbeiter im Bereich X, Anzahl der Mitarbeiter im Bereich Y, Anzahl der Kunden pro Tag/pro Monat/pro Jahr.***
3. ***Wiederholen Sie die Kennzahlen Eigenkapitalrentabilität und Umsatzrentabilität aus dem Lernfeld 1.***
4. ***Die Berechnung von Kennzahlen kann Aufschluss über Unternehmen geben.***
   a Berechnen Sie die Fluktuation beim Fitnessstudio „Topfit" in Gelsenkirchen: Durchschnittliche Mitglieder pro Jahr 900, Anzahl der Kündigungen pro Jahr 300.
   b Vergleichen Sie die Zahl mit der Gesamtbranche und beurteilen das Fitnessstudio.

1.2 Geschäftsprozesse erfassen und abbilden

Ein Geschäftsprozess bezeichnet eine Abfolge von Tätigkeiten, Aktivitäten und Verrichtungen zur Schaffung von Produkten und Dienstleistungen. Die Abfolge der Funktionen wird durch die Leistung ohne Rücksicht auf organisationale oder funktionale Grenzen des Unternehmens bestimmt.

Gegenstand des Prozessmanagements sind Geschäftsprozesse (Business Processes). Als Geschäftsprozesse bezeichnet man alle Prozesse der Leistungserstellung (Produktion von Gütern und Dienstleistungen) und der sie begleitenden Prozesse, wie Verwaltung und Informationsverarbeitung. Geschäftsprozesse dienen der Realisierung übergeordneter Ziele des Unternehmens. Zu den Geschäftsprozessen zählen z. B.:

- Kundennutzenoptimierungs- und Vermarktungsprozess,
- Produktentstehungs- und Produktherstellungsprozess,
- Auftragsabwicklungsprozess,
- Logistik- und Serviceprozess,
- Unternehmensplanungs- und Controllingprozess,
- Personalentwicklungs- und Motivationsprozess.

Geschäftsprozesse sind aus den Unternehmenszielen abgeleitet und leisten einen Beitrag zur Wertschöpfung des Unternehmens. Sie sind zielgerichtet, haben ein Ergebnis, bestehen aus mehreren betrieblichen Einzelaktivitäten, werden von Aufgabenträgern mithilfe von Ressourcen realisiert und integrieren den Kunden und Lieferanten in den Ablauf. Geschäftsprozesse verursachen Kosten.

Die Prozesse werden nach ihrem Beitrag zur Wertschöpfung in Kernprozesse und Serviceprozesse unterschieden:
Kernprozesse haben eine direkte Schnittstelle zum Kunden und tragen direkt zur Wertschöpfung bei, wohingegen Serviceprozesse nur eine Unterstützungsfunktion für die Kernprozesse haben.

Probleme der klassischen, funktionsorientierten Aufbauorganisation

In der klassischen Organisationsarbeit wird von den Zielen des Unternehmens ausgehend so lange analysiert, das heißt zerlegt und untergliedert, bis elementare Verrichtungen (Tätigkeiten) entstehen.

Diese werden als Aufgaben formuliert. Aufgaben sind Handlungsanweisungen an einen Mitarbeiter mit einem festgelegten Ergebnis. Die Aufgabenanalyse mit der anschließenden Bildung von Arbeitsplätzen kennen Sie bereits aus Lernfeld 1.

Nachteile der Funktionsorientierung:

- Redundanz des vorhandenen Datenmaterials, d. h., die Daten von Lieferanten und Kunden sind in verschiedenen Abteilungen mehrfach vorhanden,
- keine Datenintegration,
- arbeitsplatzbezogene Sichtweise des Unternehmens (Abteilungsdenken),
- gute Aufgabenerfüllung (Aufgabenrelevanz?),
- fehlende Flexibilität,
- Bereichsdenken.
- Die betrieblichen Prozesse verlaufen quer zu den betrieblichen Funktionen!

Die Analyse der Geschäftsprozesse startet mit einer umfassenden Istanalyse. Hierbei werden Bestände (Erfassung aller Vermögenswerte und Schulden), betriebliche Funktionen (Wer macht was womit im Unternehmen und mit welchem Ergebnis?), betriebliche Daten (Stamm- und Bewegungsdaten) und die Aufbauorganisation (z. B. in einem Organigramm) untersucht. Anschließend zeigt eine Schwachstellenanalyse, wo es im Unternehmen Verbesserungspotenzial gibt. Sie ist Basis für das zu erstellende Sollkonzept.

Die Erfassung von Geschäftsprozessen ist eine Verwaltungsarbeit mit Auswirkungen auf die Leitung eines Unternehmens. Es werden alle Prozesse dokumentiert und hinterfragt. Die anschließende Auswertung der Prozesse, z. B. mithilfe von Kennzahlen, ermöglicht einen Vergleich mit anderen Unternehmen der Branche und mit dem eigenen Unternehmen (Vorher-nachher-Vergleiche). Das Management eines Unternehmens entscheidet dann, welche Maßnahmen zur Verbesserung der Situation zu treffen sind.

Vorteile der Geschäftsprozessorientierung:

- ganzheitliches, bereichsübergreifendes Handeln der Mitarbeiter,
- höhere Mitverantwortung und mehr unternehmerisches Denken der Mitarbeiter,
- Zielorientierung (Kundenwünsche!),
- Optimierung der Prozesse möglich,
- Harmonisierung der Prozesse möglich.

Die Beschaffung von Betriebsmitteln, sowie deren planmäßige Abschreibung und der Verkauf von Waren und Dienstleistungen sind wichtige Geschäftsprozesse für ein Unternehmen der Sport- und Fitnessbranche. Die vollständigen Prozesse sind Gegenstand des Lernfeldes 6 („Sachleistungen beschaffen").

Im Vordergrund der Betrachtung in diesem Lernfeld steht nicht der Zwang zur Erfassung von Zahlen, sondern die Notwendigkeit der Erfassung als Basis der unternehmerischen Tätigkeit! Je besser die Informationen sind, desto besser kann die, auf Informationen basierende, Entscheidung sein. Jeder Manager sucht also zunächst nach Informationen in Form von Zahlen, Aussagen, Stimmungen und Ahnungen, ehe er Entscheidungen trifft.

1.3 Eine Inventur durchführen (Istanalyse)

1.3.1 Die Inventur

Das Berechnen von Kennzahlen soll eine Analyse der derzeitigen Situation eines Unternehmens ermöglichen. Um diese Kennzahlen überhaupt errechnen zu können, werden Zahlen benötigt, die das Unternehmen in der aktuellen Situation abbilden. Diese Istanalyse wird von den Unternehmungen gemacht, damit sie wissen, „wo sie aktuell stehen".

Einige Istanalysen werden aber auch vom Gesetzgeber vorgeschrieben. So muss ein Unternehmen zu genau festgelegten Anlässen eine Inventur durchführen.

Inventur ist die Tätigkeit der mengen- und wertmäßigen Erfassung aller Bestände eines Unternehmens. Sie umfasst körperliche und nicht körperliche Vermögensteile und Schulden.

Tipp:
Mussten Berufsschüler früher noch eine Vielzahl an Gesetzestexten kaufen und in der Berufsschule einsetzen, ist es heute ausreichend, die entsprechende Seite im Internet zu nutzen: http://www.gesetze-im-internet.de. Dort können die Gesetzestexte eingesehen werden oder sogar als PDF-Datei heruntergeladen werden. Sollten im Folgenden Paragrafen des HGB genannt sein, ist es hilfreich, diese nachzusehen.

Bestandsliste Kursraum

	Anzahl
Balance-Pads	17
grüne Hanteln groß (3 kg)	8
grüne Hanteln klein (1 kg)	17
rote Hanteln (1 kg)	11
gelbe Hanteln (0,5 kg)	27
lila Hanteln (2 kg)	6
Fußmanschetten blau	18
Fußmanschetten rot	29
Massagebälle	11
Gummireifen	18
Kopfstützen	6
Stepps	20
Therabänder rot	19
Tubes	10
Matten	26
softX-Bälle	8
Redondo Bälle	20
Springseile	9

Beispiel:
Das Fitnessstudio FFP (Fit Fun Power) in Harburg beauftragt seinen Auszubildenden Thomas, im Kursraum alle Sportgeräte zu erfassen. Ziel dieser Aktion: erkennen, welche Geräte vorhanden sind und welche fehlen. Das Ergebnis fasst Thomas in einer kleinen Tabelle zusammen.

Aufgaben

1. ***Beurteilen Sie die Tabelle von Thomas. Welche Informationen sind vorhanden? Welche Informationen fehlen?***
2. ***Vergleichen Sie die Tätigkeit von Thomas mit der o.g. Definition einer Inventur. Erweitern Sie die Tabelle, sodass sie als Inventurliste dienen kann.***

Die gesetzlichen Grundlagen der Inventur finden sich in § 240 HGB. Hier werden nicht nur die Zeitpunkte dieser Bestandsaufnahme, sondern auch der Umfang geregelt.

Handelsgesetzbuch

§ 240 Inventar
(1) Jeder Kaufmann hat zu Beginn seines Handelsgewerbes seine Grundstücke, seine Forderungen und Schulden, den Betrag seines baren Geldes sowie seine sonstigen Vermögensgegenstände genau zu verzeichnen und dabei den Wert der einzelnen Vermögensgegenstände und Schulden anzugeben.
(2) Er hat demnächst für den Schluss eines jeden Geschäftsjahrs ein solches Inventar aufzustellen. Die Dauer des Geschäftsjahrs darf zwölf Monate nicht überschreiten. Die Aufstellung des Inventars ist innerhalb der einem ordnungsmäßigen Geschäftsgang entsprechenden Zeit zu bewirken.

Eine Inventurliste kann folgendermaßen aussehen:

Inventurliste

Blatt-Nr.: ________

Bestandsaufnahme vom: 02.01.20...

Abteilung/Lagerstelle: *Verwaltung (Nebengebäude)*
Artikelgruppe:

Gegenstand	Menge (Soll)	Menge (Ist)	geprüft	Einzelwert (in €)	Gesamtwert (in €)
Schreibtisch 200x100 beige	1	1		680,00	680,00
Schreibtisch 130x80 beige	2	2	✓	520,00	1.040,00
Computertisch 100x80 beige	1	1		320,00	320,00
Schreibtischstuhl Leder schwarz	3	3	✓	80,00	840,00
Drehstuhl schwarz mit Lehnen	4	4		180,00	720,00
PC HAL 4711	2	2		2.300,00	4.600,00
Drucker IO Laser	2	1	✓	530,00	530,00
Drucker Pronto	1	1		400,00	400,00
Schreibmaschine Falke E-67	2	2		610,00	1.220,00
Telefonanlage Niemens Hyp299	1	1		930,00	930,00
Fax Niemens RT	1	1		1.210,00	1.210,00
Aktenschrank Eiche braun	4	4		980,00	3.920,00
Rollcontainer Eiche braun	6	6		430,00	2.580,00
Sessel Leder braun	3	3	✓	210,00	630,00
Tisch 130x80 Eiche braun	1	1		499,00	499,00
Garderobe Eiche braun	1	1		630,00	630,00
Schreibtischlampe Halogen	3	3		217,00	651,00
Sonstiges:					
Kühlschrank BFW-Öko	0	1	✓	825,00	825,00
					22.225,00

geprüft
A. Müller

Inventurliste

1.3.2 Anlässe für die Inventur unterscheiden

Eine Inventur muss bei folgenden Anlässen (siehe § 240, 1 und 2) gemacht werden:

- bei Gründung eines Unternehmens,
- bei Übernahme eines Unternehmens,
- vor Verkauf, Beendigung eines Unternehmens,
- zum Abschluss eines jeden Geschäftsjahres (kann vom Kalenderjahr abweichen!).

Zudem existieren einige Vereinfachungen der Inventur (§ 241 HGB), die insbesondere für kleine Unternehmungen mit geringem Umsatz und Gewinn gelten können (§ 241a HGB). Allerdings sollte jedes Unternehmen aus naheliegenden Gründen daran interessiert sein, zu wissen, welche Vermögenswerte und Schulden vorhanden sind.

Beispiele:

- *Herr und Frau Lindemann eröffnen eine Herrenboutique in Wuppertal. Bei der Gründung des Unternehmens müssen sie eine Inventur machen.*
- *Aus Altersgründen verkaufen Herr und Frau Lindemann die Herrenboutique an Ernst Hoppenstedt. Sie müssen Inventur machen.*
- *Am Ende seines ersten Geschäftsjahres nach der Übernahme muss Ernst Hoppenstedt Inventur machen.*
- *Am Ende eines jeden noch folgenden Geschäftsjahres muss Ernst Hoppenstedt Inventur machen.*

1.3.3 Die möglichen Inventurverfahren unterscheiden

Die Erfordernisse der Praxis haben zu mehreren Inventurverfahren geführt, die den Unternehmen mehr Freiheit im Hinblick auf den Zeitpunkt der Inventur lassen. Dazu müssen die Unternehmen aber zusätzlichen Ansprüchen des Gesetzgebers gerecht werden.

Stichtagsinventur

Die **Stichtagsinventur** wird innerhalb von 10 Tagen vor oder nach dem Stichtag durchgeführt. Die Einkommensteuerrichtlinien erlauben, dass die Inventurarbeiten zeitnah durchgeführt werden. Diese Formulierung wird so interpretiert, dass die Inventurarbeiten in einem Zeitraum von 10 Tagen vor bzw. 10 Tagen nach dem Abschlussstichtag erfolgen dürfen.

Beispiel:

Das Fitnessstudio FFP in Harburg hat am 31.12. den Abschlussstichtag (Geschäftsjahr gleich Kalenderjahr) und macht am 28.12. Inventur. Alle Zu- und Abgänge bis zum 31.12. müssen mengen- und wertmäßig erfasst werden. Zugänge in diesem Zeitraum werden zu den Beständen vom 28.12. addiert; Abgänge werden von den Beständen vom 28.12. subtrahiert.
Der Baustoffhandel Hans Asmussen macht seine Inventur regelmäßig um den 31.12. Er lagert Klinker in einem offenen Lager unter freiem Himmel. Aufgrund eines plötzlichen Wintereinbruches kann nicht gezählt werden. Erst nachdem der Schnee abgetaut ist, können die Paletten gezählt werden.

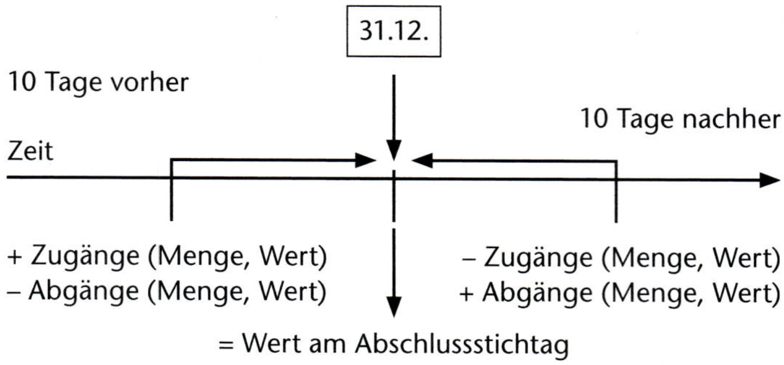

Stichtagsinventur

Vorteil: Zum Abschlussstichtag liefert dieses Inventurverfahren die aktuelle Stückzahl und den aktuellen Wert.

Nachteile:
- eventuell Betriebsunterbrechung notwendig,
- eventuell Einsatz des gesamten Personals und Hilfspersonals am Stichtag,
- Arbeitsaufwand an einem Tag.

Zeitlich verlegte Inventur

Bei einer **zeitlich verlegten Inventur** kann die körperliche Bestandsaufnahme 3 Monate vor oder 2 Monate nach dem Abschlussstichtag durchgeführt werden. Die einzelnen Artikel dürfen zu unterschiedlichen Zeitpunkten aufgenommen werden. Der am Inventurtag ermittelte Bestand wird nur wertmäßig auf den Abschlussstichtag fortgeführt bzw. zurückgerechnet.

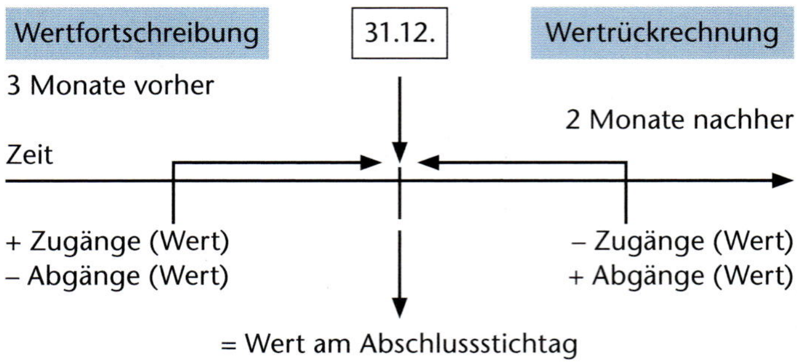

Zeitlich verlegte Inventur

Bei der Stichtagsinventur beträgt der Zeitraum für die zeitnahe Erfassung der Bestände 20 Tage (10 Tage vor und 10 Tage nach dem Abschlussstichtag). Im Falle der zeitlich verlegten Inventur wird dieser Zeitraum auf 5 Monate erweitert. Die körperliche Bestandsaufnahme hat in einem Zeitraum von 3 Monaten vor bzw. 2 Monaten nach dem Abschlussstichtag zu erfolgen.
Der Zeitpunkt dieser Bestandsaufnahme kann für jeden Artikel einzeln festgelegt werden. Der am Inventurtag ermittelte Bestand wird nur wertmäßig auf den Abschlussstichtag fortgeführt bzw. zurückgerechnet.

Beispiel:

Wertfortschreibung (Stichtag 31.12., Inventurtag 22.10.)

Wert am Tag der Inventur (z. B. 22.10.)	*950,00 €*
+ Wert der Zugänge vom 22.10. bis 31.12.	*250,00 €*
– Wert der Abgänge vom 22.10. bis 31.12.	*400,00 €*
= Wert am Abschlussstichtag (31.12.)	*800,00 €*

(Bestandswert + Wert der Zugänge – Wert der Abgänge = Wert am Abschlussstichtag)

Wertrückrechnung (Stichtag 31.12.)

Wert am Tag der Inventur (14.02.)	*680,00 €*
– Wert der Zugänge vom 01.01. bis 14.02.	*230,00 €*
+ Wert der Abgänge vom 01.01. bis 14.02.	*450,00 €*
= Wert am Abschlussstichtag (31.12.)	*900,00 €*

(Bestandswert – Wert der Zugänge + Wert der Abgänge = Wert am Abschlussstichtag)

Permanente Inventur

Die permanente Inventur ermöglicht den täglichen Überblick über alle Bestände und deren Veränderungen und entspricht somit den Erfordernissen eines modernen Betriebes. Sie wird durch eine Lagerkartei bzw. Lagerdatei realisiert. Die körperliche Inventur kann an einem beliebigen Tag für jeden Artikel getrennt durchgeführt werden, um zu überprüfen, ob die buchmäßigen Lagermengen stimmen.

Unter bestimmten Voraussetzungen kann auf die Inventur am Abschlussstichtag verzichtet werden. Dies setzt allerdings die stetige (permanente) Überwachung der Bestände sowie deren Zu- und Abgänge voraus. Der Bestand am Jahresende entspricht dann dem sogenannten buchmäßigen Bestand der EDV.

Trotzdem muss einmal pro Jahr an einem beliebigen Tag eine körperliche Bestandsaufnahme durchgeführt werden. Der Zeitpunkt dieser Bestandsaufnahme kann für jeden Artikel einzeln festgelegt werden. Dadurch wird sichergestellt, dass die rechnerischen Bestände der EDV auch tatsächlich vorhanden sind.

Gründe für Abweichungen der Bestände wären z. B.
- Schwund,
- Verderb,
- Diebstahl und
- Fehlmeldungen an die EDV (Bestandsänderungen nicht gemeldet).

Vorteile:
- täglich aktueller Lagerbestand.
- Die körperliche Bestandsaufnahme der einzelnen Warengruppen des Vorratsvermögens kann zu beliebigen Zeitpunkten durchgeführt werden.
- Es besteht die Möglichkeit, sich für die körperliche Bestandsaufnahme den Zeitabschnitt zu wählen, an dem die Lagerbestände extrem niedrig sind. Dadurch können Zeit und Kosten gespart werden.

Nachteil:
Diese Inventurart darf nur verwendet werden, wenn eine Lagerverwaltung täglich die Zu- und Abgänge bucht.

Aufgaben

1. ***Erläutern Sie die folgenden Begriffe:***
   a Inventur
   b Stichtagsinventur
   c permanente Inventur
   d zeitlich verlegte Inventur
2. ***Am 13.02. wird eine zeitlich verlegte Inventur im Lebensmitteleinzelhandel Meyer e. Kfr. durchgeführt. Bei den Marmeladengläsern, einer bestimmten Marke wird ein Bestand von 23 Gläsern festgestellt. Die Gläser haben einen Verkaufspreis von 1,50 €, im Einkauf kosten die Gläser 1,00 €. Seit dem Jahresstichtag sind 140 Gläser verkauft worden und es sind Gläser im Wert von 124,00 € angeliefert worden. Die Preise haben sich seit dem Stichtag nicht verändert.***
   a Berechnen Sie den Inventurbestand zum 13.02. und zum Jahresstichtag.
   b Wieso kann der Bestand der Marmeladengläser im Laden nicht zum Verkaufspreis bei der Inventur bewertet werden?

3. *In der Materialwirtschaft eines Betriebes werden die Bestände mithilfe eines EDV-Programms geführt. Man kann u. a. die Bestände, z. B. für Handelswaren, wie folgt ausdrucken lassen:*

Datum	Text	Menge (in Stück)
02. 01.	Anfangsbestand	60
20. 01.	Zugang	+ 10
05. 02.	Abgang	– 40
06. 03.	Zugang	+ 20
08. 04.	Abgang	– 25
09. 05.	Abgang	– 15
20. 09.	Zugang	+ 70
05. 10.	Abgang	– 20
31. 10.	Abgang	– 20
15. 11.	Zugang	+ 10
18. 12.	Abgang	– 35
30. 12.	Inventur	15
31. 12.	Schlussbestand	15

Genügt dieser Ausdruck den gesetzlichen Anforderungen an die permanente Inventur? Begründen Sie Ihre Aussage!
Was müsste zusätzlich berücksichtigt werden, damit der Betrieb eine permanente Inventur durchführen kann?

4. *Der Baustoffhandel Klotz & Partner KG lagert seine Betonplatten in einem offenen Lager unter freiem Himmel. Zum Tag der Inventur am 02.01. kommt es zu einem Schneechaos. Der Bestand kann erst am 12.01. gezählt werden. Ist eine stichtagsnahe Inventur noch zustande gekommen, wenn keine Lagerbewegungen mengen- und wertmäßig festgestellt werden können?*

5. *Der Einzelhändler Martin Müller ermittelt im Rahmen der zeitlich verlegten Inventur den Vorratsbestand an Handelswaren zum Abschlussstichtag (31.12.).*
Berechnen Sie jeweils den Wert zum Abschlussstichtag:

   Bestand am Aufnahmetag (15.10.): 64.500,00 €; Wert der Zugänge vom 15.10. bis 31.12.: 14.300,00 €; Wert der Abgänge (Verbrauch) vom 15.10 bis 31.12.: 6.900,00 €.

   Bestand am Aufnahmetag (06.02.): 87.600,00 €; Wert der Abgänge vom 31.12. bis 06.02.: 44.800,00 €; Wert der Zugänge vom 31.12. bis 06.02.: 33.200,00 €.

6. *Komplettieren Sie die nachfolgende Übersicht.*

	Stichtagsinventur	zeitl. verlegte Inventur	permanente Inventur
Kurzbeschreibung			
Vorteile			
Nachteile			
Frist für die körperliche Bestandsaufnahme			

1.4 Das Inventar erstellen

Das Inventar ist ein ausführliches Bestandsverzeichnis, das alle Vermögensgegenstände und Schulden nach Art, Menge und Wert ausweist. Das Inventar ist das niedergeschriebene Ergebnis der Inventur und Basis für die Bilanz.

Das Inventar gibt der Unternehmensleitung einen ausführlichen Bericht über alle vorhandenen Vermögensgegenstände und über sämtliche Schulden. Es beantwortet die Frage, was körperlich und nicht körperlich im Unternehmen vorhanden ist und wie hoch der Anteil eigener Mittel in den vorhandenen Vermögensteilen ist. Für das Inventar existieren keine gesetzlichen Gliederungsvorschriften. Die Praxis hat jedoch bestimmte Ordnungsprinzipien entwickelt. Da die Bilanz (s. u.) aus dem Inventar entsteht, bedeutet die Übernahme dieser Prinzipien eine Arbeitsersparnis.

Das Inventar besteht aus drei Teilen:

A. Vermögen
B. Schulden
C. Eigenkapital

Das Inventar wird in Staffelform aufgestellt, d. h., die einzelnen Posten stehen untereinander. Die Vermögensposten und die Schulden werden durch die Inventur ermittelt. Von der Summe des Vermögens subtrahiert man nun die Summe der Schulden und erhält als Unterschiedsbetrag das Eigenkapital (Reinvermögen).

| | A. Vermögen
– | B. Schulden
= | C. Eigenkapital (Reinvermögen)

Die Ermittlung des Eigenkapitals führt bei Berufsschülern häufig zu Verwechslungen. Daher noch einmal als Merksatz:

Das Eigenkapital ist nicht als irgendwie geartetes Bargeld vorhanden. Tatsächlich handelt es sich bei der Unterscheidung von Eigen- und Fremdkapital (Schulden) nur um die Herkunft der Vermögenswerte! Häufig wird daher auch die Bezeichnung „abstraktes Kapital" verwendet.

Beispiel:
Haben Sie einen Pkw im Wert von 1.500,00 € zu 30 % durch einen Kredit bei einem Geldgeber (Eltern, Großeltern) finanziert, dann haben Sie Vermögen im Wert von 1.500,00 € (den Pkw), Schulden in Höhe von 450,00 € (30 % von 1.500,00 €) und ein Eigenkapital in Höhe von 1.050,00 €.

Vermögen

Das Vermögen des Unternehmens beinhaltet alle einzeln bewertbaren materiellen und immateriellen Güter und Rechte. Hierzu zählen alle Bar- und Sachmittel. Ebenfalls zu den Vermögensposten gehören noch ausstehende Zahlungen der Kunden, die unter dem Posten „Forderungen aus Lieferung und Leistung" geführt werden. Das Unternehmen kann dieses Geld von seinen Kunden einfordern.

Beispiele:
- *Gebäude, Grundstücke, Lagerhallen*
- *Patente, Konzessionen, Rechte*
- *Handelswaren (Snacks, Riegel)*
- *Forderungen aus Lieferung und Leistung (a. LL)*
- *Bankguthaben*
- *Geräte und Maschinen*
- *Fuhrpark (Pkw, Lkw)*
- *Betriebs- und Geschäftsausstattung (Bürotische, Computer, Drucker)*
- *Einrichtung (z. B. Betten in einem Wellnesshotel)*
- *Software (z. B. Verwaltungssoftware für Hotellerie, Trainingssoftware für Mitglieder eines Fitnessstudios, Vereinssoftware für Mitgliederverwaltung)*

Ordnung der Vermögensposten

Das **Vermögen** wird in **Anlage**- und **Umlaufvermögen** untergliedert. Die Reihenfolge der verschiedenen Vermögensposten im Inventar bestimmt sich durch ihre Nähe zum Geld. Ein Grundstück lässt sich beispielsweise wesentlich schwieriger in Bargeld umwandeln als ein Bürostuhl. Diese Geldnähe wird mit dem Begriff „Liquidität" (Flüssigkeit) bezeichnet.

Beispiele:
- *Geräte sind liquider als Gebäude.*
- *Forderungen aus Lieferungen und Leistungen sind liquider als Geräte*
- *Bargeld ist liquider als Forderungen aus Lieferungen und Leistungen.*
- *Bankguthaben sind liquider als Bargeld, da sie z. B. schneller von Hamburg nach München transferiert werden können.*

Anlagevermögen

Alle Vermögensteile, die dazu bestimmt sind, dem Unternehmen langfristig zum Erreichen der Unternehmensziele zu dienen, gehören zum Anlagevermögen. Sie sind die Basis der eigentlichen Betriebstätigkeit. Hierzu zählen u. a. die Betriebsstätte, die Geräte und Maschinen, der Fuhrpark (Pkws, Lkws) und die Betriebseinrichtung.

Umlaufvermögen

Alle Vermögensteile, die sich durch die laufende Geschäftstätigkeit kontinuierlich verändern und somit nur kurzfristig dem Unternehmen dienen, gehören zum Umlaufvermögen. Sie sind die eigentlichen Träger des betrieblichen Gewinns. Hierzu zählen u. a. Waren (z. B. Fitnessriegel), Roh-, Hilfs- und Betriebsstoffe im Industriebetrieb, Forderungen aus Lieferung und Leistung, das Bankguthaben und der Kassenbestand. Die Unterscheidung, ob ein Vermögensposten zum Anlage- oder Umlaufvermögen gehört, ist abhängig vom Unternehmenszweck.

Beispiel:
Ein Bürostuhl ist im Fall eines Wellnesshotels ein Gegenstand des Anlagevermögens (Posten: Betriebs- und Geschäftsausstattung). Derselbe Bürostuhl war vorher ein Gegenstand des Umlaufvermögens des Büromöbelhändlers (Posten: Bestand an Warenvorräten) und davor in der Möbelfabrik im Umlaufvermögen (Posten: Roh-, Hilfs-, Betriebsstoffe, Vorprodukte).

Während das Anlagevermögen in seiner Zusammensetzung meist über längere Zeiträume relativ konstant bleibt, ändert sich das Umlaufvermögen täglich.

Schulden

Die Schulden eines Unternehmens werden im Rechnungswesen Fremdkapital genannt. Sie entstehen schon allein dadurch, dass Lieferung und Zahlung von Gütern zeitlich auseinanderfallen. Dieser vereinbarte Zeitraum zur Zahlung der Schulden aus Lieferung und Leistung wird mit dem Begriff „Zahlungsziel" bezeichnet. Der dazugehörige Liefererkredit wird in der Buchhaltung unter dem Posten „Verbindlichkeiten aus Lieferung und Leistung" verbucht.

Beispiel:
Wir vereinbaren mit unserem Lieferanten, der Fitness-Food GmbH, ein Zahlungsziel von 90 Tagen für gelieferte Fitnessriegel. Dadurch können wir die gelieferten Riegel bereits verkaufen, bevor wir selber bezahlen müssen!

Ordnung der Schulden

Das Fremdkapital der Unternehmung wird in langfristige und kurzfristige Schulden untergliedert. Die Reihenfolge der verschiedenen Fremdkapitalposten im Inventar bestimmt sich durch ihre Fristigkeit (Fälligkeit). Die Sortierung der Schulden nach steigender Fälligkeit zeigt uns die dringlichsten Schulden als letzten Posten.

Eigenkapital

Das Eigenkapital zeigt als rechnerische Größe den Anteil des Vermögens, den das Unternehmen bzw. die Unternehmensgründer aus eigenen Mitteln erbracht haben. Es ist ein rechnerischer Wert, der keinen direkten Rückschluss auf die Eigentumsverhältnisse auf der Vermögensseite zulässt. Auch entspricht das Eigenkapital nicht dem Ertrag des Unternehmensverkaufs im Insolvenzfall.

Zur Illustration der theoretischen Aussagen zum Inventar sehen Sie im Folgenden ein etwas „anderes" Inventar. Auch hier sehen Sie, dass der Zweck und die Branche des Unternehmens für die Feststellung wichtig ist, was Anlage- und was Umlaufvermögen ist. Für das grundlegende Aussehen des Inventars ist der Zweck jedoch unwichtig. Das Inventar ist natürlich nicht vollständig, sondern es dient lediglich zur Darstellung des grundsätzlichen Aufbaus eines Inventars.

Inventar des Sporternährungshandels F4 (Fit-Food-Fighter-Familiy), Reinfeld, zum 31. Dez. 20..		
A. Vermögen	€	€
I. Anlagevermögen		
Grundstücke und Gebäude	60.000,00	
Grund und Boden	150.000,00	210.000,00
Geschäftsbauten		
Betriebs- und Geschäftsausstattung		
1 Transporter Ranso	28.700,00	
1 Pkw Sahara Brazzo	19.000,00	
50 Regale zu je 1.686,00 €	84.300,00	
2 Schreibtische zu je 1.200,00 €	2.400,00	
1 Personalcomputer und Drucker	5.600,00	140.000,00
II. Umlaufvermögen		
Waren		
13.000 Dosen „Kreatin" zu je 6,10 €	85.800,00	
1.200 Dosen Glutamin-Pulver zu je 11,50 €	13.800,00	99.600,00
Forderungen aus Lieferungen und Leistungen lt. besonderem Verzeichnis		16.850,00
Kassenbestand und Guthaben bei Banken		
Kassenbestand	2.000,00	
Dresdner Bank, Hamburg	9.500,00	
Commerzbank, Reinfeld	6.500,00	18.000,00
Summe des Vermögens		584.450,00
B. Schulden		
I. langfristige Schulden		141.000,00
Verbindlichkeiten gegenüber Banken	80.000,00	
sonstige langfristige Verbindlichkeiten	61.000,00	
II. kurzfristige Schulden		
Verbindlichkeiten aus Lieferungen und Leistungen lt. besonderem Verzeichnis		46.500,00
Summe der Schulden		187.500,00
C. Ermittlung des Eigenkapitals (Reinvermögen)		
Summe des Vermögens		484.450,00
– Summe der Schulden		187.500,00
= Eigenkapital (Reinvermögen)		296.950,00
Reinfeld, den 9. Januar 20..		

2 Den Unternehmenserfolg ermitteln und die Vermögens-, Finanz- sowie Ertragslage des Betriebes beurteilen

2.1 Den Gewinn durch einen Eigenkapitalvergleich ermitteln

Ein wesentliches Ziel von Unternehmungen ist die Gewinnerzielung. Der Gewinn vermehrt das (rechnerische) Eigenkapital. Vergleicht man zwei aufeinanderfolgende Inventare, so lässt sich durch die Gegenüberstellung des Eigenkapitals des ersten Jahres mit dem Eigenkapital des zweiten Jahres der Gewinn des Unternehmens ermitteln.

Beispiel:

1. Jahr		2. Jahr	
A. Vermögen	290.000,00 €	A. Vermögen	310.000,00 €
B. Schulden	110.000,00 €	B. Schulden	120.000,00 €
C. Eigenkapital	180.000,00 €	C. Eigenkapital	190.000,00 €

Das Eigenkapital hat sich um 10.000,00 € vermehrt. Der Gewinn wird errechnet, indem das Eigenkapital des ersten Jahres von dem Eigenkapital des zweiten Jahres abgezogen wird. Ist die errechnete Zahl negativ, handelt es sich um einen Verlust.

Die Ermittlung des Gewinns entspricht dem Betriebsvermögensvergleich des § 5 in Verbindung mit § 4, Absatz 1 des Einkommensteuergesetzes (EStG).

Aufgaben

1. ***Wodurch unterscheiden sich Anlage- und Umlaufvermögen?***
2. ***Wodurch unterscheiden sich Eigenkapital und Fremdkapital?***
3. ***Erläutern Sie den Unterschied zwischen Eigenkapital und Bargeld.***
4. ***Im Rahmen einer Inventur wurden verschiedene Vermögensgegenstände und Schulden in der Baustoffhandlung Meier GmbH aufgenommen. Ordnen Sie die Gegenstände in das folgende Schema ein:***
   (1) AV, (2) UV, (3) EK, (4) langfristiges FK, (5) kurzfristiges FK
   a Bankguthaben
   b Lkw 7,5 t
   c PC mit Laserdrucker
   d Kies
   e Verbindlichkeiten
   f Forderung
   g Reinvermögen
   h Bankdarlehen (Laufzeit 6 Jahre)
   i Garage
   j Grundstück
   k Verwaltungsgebäude
   l Schuld an das Finanzamt (Betriebssteuer)
   m rote Klinker

5. Unterscheiden Sie das Inventar von der Inventur.

6. Die Lambdorfer DVD-Verleih OHG ermittelt während einer Inventur folgende Werte:
Grundstück mit Gebäude Immenstraße 23 in Hannover 1.300.000,00 €; Kasse 4.500,00 €, Bankguthaben (Sparkasse) 3.890,00 €; Forderungen laut Verzeichnis 167.010,00 €; Waren laut Verzeichnis 240.000,00 €; Betriebsstoffe 2.500,00 €; Darlehen Kto. 323352 bei der Sparkasse 250.000,00 €; Verbindlichkeiten laut Verzeichnis 345.000,00 €; Darlehen bei der Sparda-Bank Kto. 655 563 30.000,00 €; Betriebs- und Geschäftsausstattung 250.000,00 €; Eigenkapital?
Erstellen Sie das Inventar zum 31.12. ...

7. Erstellen Sie das Inventar der Paulsen Maschinenbaugesellschaft KG, Bonn, zum 31.12. ...:
Rohstoffe lt. Verzeichnis I 22.000,00 €; Hilfsstoffe lt. Verzeichnis II 12.500,00 €; Betriebsstoffe lt. Verzeichnis III 4.500,00 €; bebaute Grundstücke Bahnhofsstr. 12 250.000,00 €; bebaute Grundstücke Bahnhofsstr. 12 150.000,00 €; Verwaltungsgebäude Bahnhofsstr. 2.300.000,00 €; Betriebsgebäude Nobelstr. 3.400.000,00 €; fertige Erzeugnisse lt. Verzeichnis IV 12.000,00 €; unfertige Erzeugnisse lt. Verzeichnis V 23.000,00 €; Kundenforderungen lt. Verzeichnis VI 120.000,00 €; Bankguthaben bei der Commerzbank Bonn 230.000,00 €; Betriebs- und Geschäftsausstattung lt. Verzeichnis VII 154.000,00 €; technische Anlagen lt. Verzeichnis VIII 2.300.000,00 €; Darlehensschulden: Commerzbank Köln 3.500.000,00 €; Stadtsparkasse 1.500.000,00 €; Hypotheken 1.000.000,00 €; Verbindlichkeiten lt. Verzeichnis IX 120.000,00 €; Kasse 4.500,00 €; Eigenkapital?

8. Heinrich Schmidt e. Kfm. ermittelte in den drei Jahren folgende zusammengefasste Bestände in €.
a Ermitteln Sie das Eigenkapital in den Jahren 1 bis 3.
b Ermitteln Sie den Gewinn des Jahres 2 und 3. Interpretieren Sie die Entwicklung.

	Jahr 1	Jahr 2	Jahr 3
Anlagevermögen	200.000,00	240.000,00	280.000,00
Umlaufvermögen	170.000,00	150.000,00	160.000,00
langfrisitiges Fremdkapital	97.000,00	102.000,00	140.000,00
kurzfristiges Fremdkapital	70.000,00	80.000,00	79.000,00

2.2 Die Bilanz erstellen und auswerten

2.2.1 Die Erstellung der Bilanz

Die Bilanz stellt kurz gefasst Vermögensposten auf der linken Seite und Kapitalposten auf der rechten Seite gegenüber. Die linke Seite heißt Aktiva oder auch Aktivseite, die nach Liquidität gegliedert wird. Die rechte Seite heißt Passiva oder auch Passivseite, die nach Fälligkeit gegliedert wird. Die Bilanz entsteht auf der Basis des Inventars.

Das Inventar zeigt detailliert alle Vermögensteile und Schulden und das Eigenkapital als errechnete Größe. Dieses umfangreiche Bestandsverzeichnis mit den Posten Art, Menge, Wert einzeln und Wert zusammengerechnet umfasst bereits bei kleinen und mittleren Unternehmen ganze Bände. Dieser immense Umfang macht es nahezu unmöglich, sich einen schnellen Überblick über das Unternehmen zu verschaffen. Daher werden verschiedene Inventarposten zu einem übergeordneten Bilanzposten zusammengefasst.

Beispiel:
Aus den Inventarposten Pkw Perpedes „Eleganza" – 3 Stück – Wert je 45.000,00 € – gesamt 135.000,00 € und dem Posten Lkw „Strada" – 1 Stück – Wert 65.000,00 € wird der Bilanzposten Fuhrpark 200.000,00 €.

Die Bilanz zeigt auf der linken Seite (Aktiva) alle Vermögensteile des Inventars in kurz gefassten Bilanzposten. (Inventar Teil A) Sie zeigt auf der rechten Seite (Passiva) alle Kapitalteile (Eigen- und Fremdkapital) des Inventars in kurz gefassten Bilanzposten (Inventar Teile C und B).

Behält man die „Sortierung" des Inventars bei, erhält man folgendes Bild:

Aktiva	**Passiva**
A. VERMÖGEN	C. EIGENKAPITAL
	B. SCHULDEN

Die linke und die rechte Seite sind gleich groß, da die Differenz zwischen dem Vermögen und den Schulden das Eigenkapital ergibt. Beide Seiten einer Bilanz (aus dem Italienischen: bilancia – Waage) sind definitionsgemäß immer gleich groß.

Anders formuliert:
Jeder Vermögensposten muss auf irgendeine Art finanziert worden sein.

Benutzen wir im Folgenden die oben genannten Begriffe und die Aussagen zur Reihenfolge, dann ergibt sich ein Bilanzskelett (ähnlich der Strukturbilanz), welches der Bilanzgliederung des Handelsgesetzbuchs entspricht:

Aktiva	Bilanzskelett Passiva
I. Anlagevermögen	I. Eigenkapital
1.	
2.	II. Fremdkapital
3.	
II. Umlaufvermögen	1.
1.	2.
2.	3.
3.	

Die Bilanzseiten lassen erkennen, was mit dem Kapital gemacht wurde (Aktiva) und wo es herkommt (Passiva).

Aktivseite		**Passivseite**
Vermögen	=	Kapital
Mittelverwendung	=	Mittelherkunft
Investition	=	Finanzierung
Vermögensformen	=	Vermögensquellen
Vermögen	=	Eigenkapital + Fremdkapital
Eigenkapital	=	Vermögen – Fremdkapital

Die Bilanz als Teil des Jahresabschlusses wird im Handelsgesetzbuch in § 242 ff. beschrieben. Dazu einige Gesetzesauszüge:

Handelsgesetzbuch
§ 242 Pflicht zur Aufstellung
(1) Der Kaufmann hat zu Beginn seines Handelsgewerbes und für den Schluss eines jeden Geschäftsjahrs einen das Verhältnis seines Vermögens und seiner Schulden darstellenden Abschluss (Eröffnungsbilanz, Bilanz) aufzustellen. (...)
(2) Er hat für den Schluss eines jeden Geschäftsjahrs eine Gegenüberstellung der Aufwendungen und Erträge des Geschäftsjahrs (Gewinn- und Verlustrechnung) aufzustellen.
(3) Die Bilanz und die Gewinn- und Verlustrechnung bilden den Jahresabschluss.

§ 243 Aufstellungsgrundsatz
(1) Der Jahresabschluss ist nach den Grundsätzen ordnungsmäßiger Buchführung aufzustellen.
(2) Er muss klar und übersichtlich sein.

§ 244 Sprache. Währungseinheit
Der Jahresabschluss ist in deutscher Sprache und in Euro aufzustellen.

§ 245 Unterzeichnung
Der Jahresabschluss ist vom Kaufmann unter Angabe des Datums zu unterzeichnen. Sind mehrere persönlich haftende Gesellschafter vorhanden, so haben sie alle zu unterzeichnen.

Einkommenssteuergesetz
§ 5b Elektronische Übermittlung von Bilanzen sowie Gewinn- und Verlustrechnungen
(1) Wird der Gewinn nach § 4 Absatz 1, § 5 oder § 5a ermittelt, so ist der Inhalt der Bilanz sowie der Gewinn- und Verlustrechnung nach amtlich vorgeschriebenem Datensatz durch Datenfernübertragung zu übermitteln. (...)

Eine vereinfachte Bilanz sehen Sie in der folgenden Darstellung:

Aktiva	Bilanz		Passiva
I. Anlagevermögen		I. Eigenkapital	
1. Grundstücke, Gebäude	1.200.000,00	1. Eigenkapital	1.630.000,00
2. Geschäftsausstattung	350.000,00	II. Fremdkapital	
3. Fitnessgeräte	620.000,00	1. Hypothek	450.000,00
4. Musikanlage	45.000,00	2. Darlehen	125.000,00
II. Umlaufvermögen		3. Verbindlichkeiten	45.600,00
1. Warenvorräte	12.500,00		
2. Forderungen	21.000,00		
3. Kasse	12.100,00		
4. Bank	13.000,00		
	2.250.600,00		2.250.600,00

Bilanzen aus der Sport- und Fitnessbranche können Sie unter https://www.bundesanzeiger.de finden. Allerdings nur bei Unternehmen, die ihre Bilanzen veröffentlichen (müssen). Im Folgenden sehen Sie die Bilanz des Unternehmens CF Fitness Mainz GmbH und Auszüge aus dem erläuternden Anhang:

CF Fitness Mainz GmbH Mainz

Jahresabschluss zum Geschäftsjahr vom 01.01.2015 bis zum 31.12.2015

Bilanz

Aktiva		
	Gesamtjahr/Stand Euro	Vorjahr Euro
A. Anlagevermögen		
I. Immaterielle Vermögensgegenstände	7.326,00	8.325,00
II. Sachanlagen	212.024,00	252.039,00
B. Umlaufvermögen		
I. Forderungen und sonstige Vermögensgegenstände	19.057,68	13.933,24
II. Kassenbestand, Bundesbankguthaben, Guthaben bei Kreditinstituten und Schecks	105.400,01	101.305,88
C. Rechnungsabgrenzungsposten	20.576,05	27.453,78
D. Nicht durch Eigenkapital gedeckter Fehlbetrag	0,00	10.655,72
Summe Aktiva	364.374,74	413.712,62

Passiva				
	Gesamtjahr/Stand		Vorjahr	
	Euro	Euro	Euro	Euro
A. Eigenkapital				
I. Gezeichnetes Kapital	25.000,00		25.000,00	
nicht eingefordertes ausstehendes Kapital	–12.500,00		–12.500,00	
eingefordertes Kapital	12.500,00		12.500,00	
II. Verlustvortrag	–23.155,72		-96.913,83	
III. Jahresüberschuss	32.072,90	21.417,18	73.758,11	(–10.655,72)
B. Rückstellungen		17.901,10		3.500,00
C. Verbindlichkeiten		152.335,46		213.176,62
D. Rechnungs-abgrenzungsposten		172.721,00		197.036,00
Summe Passiva		364.374,74		413.712,62

ANHANG

I. ALLGEMEINE ANGABEN ZUM JAHRESABSCHLUSS

(1) Allgemeines

Der Jahresabschluss der cf Fitness Mainz GmbH wurde auf der Grundlage der Rechnungslegungsvorschriften des Handelsgesetzbuchs aufgestellt.

Wie im Vorjahr wurden die Vorschriften des Bilanzrechtsmodernisierungsgesetzes angewandt. (...)

(2) Gliederungsgrundsätze

Die Gliederung der Bilanz und der Gewinn- und Verlustrechnung entspricht den §§ 266 und 275 HGB, wobei für die Gewinn- und Verlustrechnung das Gesamtkostenverfahren Anwendung findet.

Die Gesellschaft gilt als „Kleine Kapitalgesellschaft" nach § 267 Abs. 1 HGB.

(3) Bilanzierungs- und Bewertungsgrundsätze

Das Sachanlagevermögen ist zu Anschaffungskosten, vermindert um planmäßige Abschreibungen angesetzt. Die Abschreibungen werden linear vorgenommen.

Die Forderungen werden mit dem Nominalbetrag, die sonstigen Vermögensgegenstände zu Anschaffungskosten bilanziert.

Die sonstigen Rückstellungen berücksichtigen alle erkennbaren und latenten Risiken.

Verbindlichkeiten werden zum Erfüllungsbetrag angesetzt.

II. ERLÄUTERUNGEN ZUR BILANZ

(4) Verbindlichkeiten

Verbindlichkeiten in Höhe von TEUR 46 (Vj. TEUR 113) haben eine Restlaufzeit von bis zu einem Jahr.

III. SONSTIGE ANGABEN

(5) Geschäftsführung

Die Geschäftsführung wurde von Herrn Patrick Kölsch, Kaufmann im abgelaufenen Geschäftsjahr ausgeübt.

Mainz, den 08. März 2016

gez. Patrick Kölsch

Die Feststellung bzw. Billigung des Jahresabschlusses erfolgte am: 08.03.2016

Quelle: https://www.bundesanzeiger.de, Stand 18.06.2016

Aufgabe

Erstellen Sie eine kurze Präsentation des Unternehmens, die auf den o. g. Aussagen und Zahlen basiert. Versuchen Sie, unbekannte Begriffe durch Recherche im Internet zu bestimmen. (Keine Sorge, wenn Sie einige Begriffe nicht verstehen! Es handelt sich schließlich um einen realen Jahresabschluss.)

2.2.2 Die Auswertung der Bilanz

Die Bilanz ist Ausgangspunkt für eine Vielzahl von unternehmerischen Kennziffern, die Aussagen über das Unternehmen ermöglichen. Sie ist u. a. Basis der Bonitätsbewertung. Kennzahlen sind verdichtete Informationen über das Unternehmen. Sie werden als Messzahlen, Verhältniszahlen oder in komplexeren Kennzahlensystemen verwendet und erlauben, Entwicklungen im Unternehmen zu erkennen. Einige weitere Kennzahlen finden sich im Kapitel 6 dieses Lernfelds.

Die Bilanz ermöglicht einen kurz gefassten Überblick über ein Unternehmen. Interessant für die Analyse sind die sogenannten Verhältniszahlen.

Verhältniszahlen werden üblicherweise zur Darstellung der Vermögens- und Kapitalstruktur verwendet. Die Berechnung von Verhältniszahlen kann für die Beurteilung der Kreditwürdigkeit eines Unternehmens (Bonität) wertvolle Hinweise geben.

Beispiele:
- *Das Verhältnis Eigenkapital zu Fremdkapital beträgt bei der Blech-Werk München OHG 34,8 % zu 65,2 %.*
- *Das Verhältnis Anlagevermögen zu Umlaufvermögen beträgt beim Großhandel für Nahrungsergänzungsmittel Nutri-Fit 21 % zu 79 %.*

Das Verhältnis von Eigen- zu Fremdkapital erlaubt Aussagen über den Grad der Verschuldung des Unternehmens. Das Verhältnis von Anlage- zu Umlaufvermögen erlaubt tendenzielle Aussagen über die Art des Unternehmens. Anlagenintensive Unternehmen sind eher aus dem Industriebereich, wohingegen umlaufintensive Unternehmen eher dem Handelsbereich zuzuordnen sind.

Beispiel:
Das Steuern eines Unternehmens mittels Kennzahlen lässt sich mit dem Autofahren vergleichen. Wenn Sie mit einem Pkw fahren, erhalten Sie eine Vielzahl von Anzeigen der Instrumente. So sehen Sie durch die Windschutzscheibe, wohin Sie fahren, am Tachometer sehen Sie Ihre Geschwindigkeit, an der Tankanzeige sehen Sie die vorrätige Treibstoffmenge, und außerdem warnen Signalleuchten beim Erreichen bestimmter kritischer Mengen (Öl), Temperaturen (Frostwarnung) und ähnlichen Widrigkeiten des Autofahrens.

Diese Instrumente und Anzeigen benötigt auch ein Unternehmen, um zu sehen, ob es tatsächlich auf dem gewünschten Kurs steuert. Betriebliche Kennzahlen gibt es bei einem so komplexen Gebilde, wie es ein Betrieb naturgemäß ist, natürlich wesentlich mehr. Ähnlich der Ölanzeige spricht man auch hier von (betriebswirtschaftlichen) Frühwarnsystemen, die beim Erreichen kritischer Werte der Indikatoren (z. B. Umsatzzahlen) sofort benachrichtigen. Leider ist die Reaktion auf sinkende Umsatzzahlen wesentlich komplizierter als die auf fehlendes Öl! (Deswegen ist der Zeitraum von der ersten Fahrstunde bis zum Führerschein auch meist kürzer als die Anzahl der Wirtschaftslehrestunden in der Ausbildung.) Weitere Beispiele sind das Ausbleiben von Folgeaufträgen der Kunden oder der Anbieterwechsel der Stammkundschaft.

Aufgaben

1. ***Wann muss eine Bilanz erstellt werden?***
2. ***Unterscheiden Sie die Bilanz vom Inventar.***
3. ***Bestimmen Sie die Bilanzgleichung mit Eigenkapital, Vermögen und Fremdkapital.***
4. ***Ordnen Sie die unten stehenden Begriffe den beiden folgenden Bereichen zu:***
   a Mittelverwendung
   b Mittelherkunft
   Vermögen, Eigenkapital, Anlagevermögen, Kapital, Form des Vermögens, Herkunft des Vermögens, Fremdkapital, Umlaufvermögen, Aktiva, Passiva.

5. *Erstellen Sie eine Bilanz aus dem Inventar Lambsdorfer DVD-Verleih OHG (siehe Aufgabe 6, zum Inventar).*

6. *Erstellen Sie aus den folgenden Angaben eine Bilanz.*

technische Anlagen und Maschinen	800.000,00
Betriebs- und Geschäftsausstattung	900.000,00
Rohstoffe	150.000,00
Betriebsstoffe	60.000,00
fertige Erzeugnisse	85.000,00
Forderungen a. LL	160.000,00
Kasse	5.000,00
Bank	10.000,00
Darlehensschulden	1.700.000,00
Verbindlichkeiten a. LL	250.000,00

a Wie hoch ist das Eigenkapital, das Fremdkapital und das Gesamtkapital des Unternehmens?
b Wie beurteilen Sie das Verhältnis zwischen Eigen- und Fremdkapital?
c Wie sieht das Verhältnis zwischen Anlagevermögen und Eigenkapital aus? Wie beurteilen Sie dieses Verhältnis?

7. *Welchem Unternehmen würden Sie eher einen Kredit gewähren? Begründen Sie Ihre Meinung mithilfe von Kennzahlen.*

Unternehmen A:			
Anlagevermögen	120.000,00	Eigenkapital	20.000,00
Umlaufvermögen	230.000,00	Fremdkapital	330.000,00
Unternehmen B:			
Anlagevermögen	320.000,00	Eigenkapital	50.000,00
Umlaufvermögen	30.000,00	Fremdkapital	300.000,00
Unternehmen C:			
Anlagevermögen	220.000,00	Eigenkapital	80.000,00
Umlaufvermögen	130.000,00	Fremdkapital	270.000,00

2.2.3 Die Grenzen der Bilanzanalyse erkennen

Die Bilanz entspricht, ähnlich einer Fotografie, einer Momentaufnahme eines Unternehmens. Sie zeigt statisch Bilanzposten und deren Werte. Entwicklungen dieser Posten, ähnlich einem Film aus vielen einzelnen Bildern, sind aus der Bilanz nicht zu erkennen. Die Entwicklungen sind aber aus den Büchern des Unternehmens zu erkennen.

Beispiel:
Betrachten Sie zwei Bilanzen aufeinanderfolgender Jahre, so sehen Sie nur die Veränderungen zu den Zeitpunkten der Bilanzerstellung. Die Bewegung der Bilanzposten in dem betreffenden Jahr ist nicht direkt zu erkennen.

Bilanz	Momentaufnahmen	statisch (ein Foto)
Bilanzvergleich	Momentaufnahmenvergleich	statisch-komparativ (zwei Fotos)
Bücher	Film kontinuierliche Überwachung	dynamisch (sehr viele Fotos)

2.2.4 Die Umsetzung einer Geschäftsidee als Bilanz darstellen

Die Analyse von Bilanzen sieht in der Regel viel komplizierter aus, als sie tatsächlich ist. Dies liegt unter anderem daran, dass die Bilanzen, die Sie kennenlernen, aus Unternehmen stammen, die seit vielen Jahren kaufmännisch tätig sind. Daher soll im Folgenden ein stark vereinfachtes Beispiel zur Illustration der „Entstehung einer Bilanz" dienen.

Geschichte

Fritz Grieger, Schüler am Fachgymnasium Wirtschaft in Oberschönwiesentalaue, fährt in seiner Freizeit leidenschaftlich gern Fahrrad. Seine Freunde Mark und Philipp möchten im übernächsten Jahr mit Fritz eine Reise nach Australien machen. Leider fehlt Mark und Fritz das nötige Geld. Mark arbeitet daher in den Ferien in der Marmeladenfabrik Fruchtoase in Kleinbergbach an einer Abfüllanlage für 9,50 € pro Stunde.
Fritz beschließt, einen anderen Weg zu gehen und mithilfe des Fahrrads Geld zu verdienen; er macht sich selbstständig.

Idee

Fritz möchte einen Couch-Service anbieten. Jeder Kunde kann bei ihm von den gängigen Bringdiensten (Pizza, Croque, DVD, Getränke, Lebensmittel u. Ä.) unter nur einer Telefonnummer alles bestellen. Der Slogan „Eine für alles – alles für Sie" scheint Fritz sehr Erfolg versprechend. Er holt die bestellten Waren bei den einzelnen Bringdiensten ab und liefert sie gegen eine Gebühr direkt nach Haus. So kann er mit seinem Hobby „Radfahren" noch einen kleinen Verdienst machen. Durch seinen Service wird der DVD-Abend mit zwei DVDs, vier Currywürsten, einer Flasche Cola, drei Flaschen Mineralwasser und einem Leihabspielgerät erst perfekt.
Fritz bündelt die Dienstleistungen der verschiedenen Unternehmen (hier sind es zwei) zu einem neuen Produkt: „integrierter Lieferservice".

Start

1. Zu Beginn seiner Karriere als Lieferdienstleister hat Fritz die folgenden Voraussetzungen:

- ein Fahrrad im Wert von derzeit 650,00 €,
- ein Bankkonto mit zzt. 220,00 €,
- ein Portemonnaie mit zzt. 45,00 €.

Seine „Eröffnungsbilanz" hätte daher folgendes Aussehen:
2. Er leiht sich zudem bei seiner Großmutter 200,00 € als zusätzliches Startkapital. Sie gibt ihm das Geld bar.

Folgen:

- Der Posten Kasse vermehrt sich um 200,00 € (Leihgabe der Oma).
- Der Posten Fremdkapital (Schulden) vermehrt sich um 200,00 €

(Fritz muss das Geld zurückzahlen).

Aktiva	Eröffnungsbilanz		Passiva
Fuhrpark	650,00	Eigenkapital	915,00
Bank	220,00		
Kasse	45,00		
	915,00		915,00

Aktiva	Bilanz		Passiva
Fuhrpark	650,00	Eigenkapital	915,00
Bank	220,00	Fremdkapital	200,00
Kasse	245,00		
	1.115,00		1.115,00

3. Fritz investiert einen Teil des Geldes in eine neue Telefonanlage (180,00 €) gegen Barzahlung, da seine Eltern sich über die ständig besetzte Leitung beschweren.
4. Er kauft zudem einen gebrauchten PC (850,00 €) auf Ziel, d.h. auf Kredit. Beide Güter gehören zur sogenannten Betriebs- und Geschäftsausstattung (BGA).

Folgen:
- Der Posten BGA vermehrt sich um 1.030,00 € (Telefon 180,00 € + PC 850,00 €).
- Der Posten Kasse vermindert sich um 180,00 € (Telefon).
- Der Posten Fremdkapital vermehrt sich um 850,00 € (PC).

Aktiva	Bilanz		Passiva
BGA	1.030,00	Eigenkapital	915,00
Fuhrpark	650,00	Fremdkapital	1.050,00
Bank	220,00		
Kasse	65,00		
	1.965,00		1.965,00

Das Beispiel könnte jetzt noch erweitert werden. Fritz stellt Mitarbeiter ein und kauft weitere Fahrräder. Er kauft ein Grundstück mit Gebäude und einen Pkw, er verkauft ein gebrauchtes Fahrrad, erwirtschaftet Umsatzerlöse, bezahlt Steuern, macht endlich seinen Urlaub in Australien, eröffnet dort eine Filiale usw. Bei allen Transaktionen verändert sich die Bilanz. Diese Transaktionen nennt man Geschäftsvorfälle. Sie verändern entweder die Zusammensetzung oder die Summe(n) der Bilanzposten.

3 Relevante Rechtsvorschriften beachten

3.1 Die Buchführungspflicht feststellen

Die Verpflichtung, über alle relevanten Tätigkeiten in Unternehmen Bücher zu führen, kann aus unterschiedlichen Gesetzen entstehen.

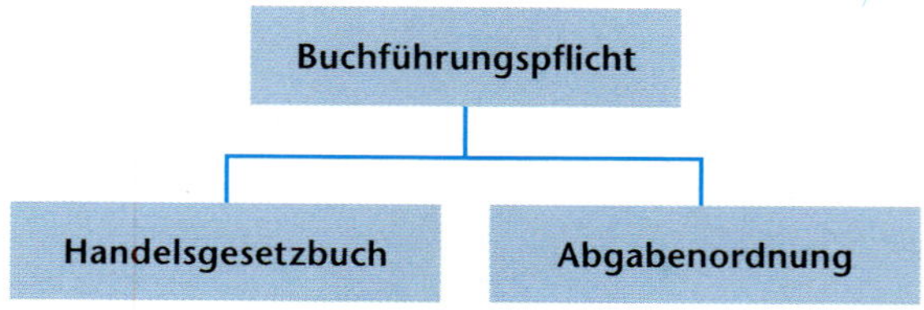

3.1.1 Die Buchführungspflicht nach Handelsgesetzbuch (HGB)

Das **Handelsgesetzbuch** (HGB) verpflichtet Kaufleute im § 238, Bücher zu führen:

§ 238 Buchführungspflicht

(1) Jeder Kaufmann ist verpflichtet, Bücher zu führen und in diesen seine Handelsgeschäfte und die Lage seines Vermögens nach den Grundsätzen ordnungsmäßiger Buchführung ersichtlich zu machen. Die Buchführung muss so beschaffen sein, dass sie einem sachverständigen Dritten innerhalb angemessener Zeit einen Überblick über die Geschäftsvorfälle und über die Lage des Unternehmens vermitteln kann. Die Geschäftsvorfälle müssen sich in ihrer Entstehung und Abwicklung verfolgen lassen.

Aufgaben

1. ***Wer ist Kaufmann? Wiederholen Sie dazu Lernfeld 1 („Der Istkaufmann").***
2. ***Überprüfen Sie, ob Ihr Ausbildungsbetrieb Kaufmann im Sinne des § 1 HGB ist.***
3. ***Wiederholen Sie den Begriff „Geschäftsvorfälle" aus dem Abschnitt „Die Umsetzung einer Geschäftsidee als Bilanz darstellen". Nennen Sie zehn Geschäftsvorfälle, die in Büchern erfasst werden müssen.***

In § 238 HGB steht, dass Bücher nach den Grundsätzen ordnungsmäßiger Buchführung zu führen sind. Diese abstrakte Formulierung im HGB wird durch die Praxis, die Wissenschaft und einige weitere Paragrafen ergänzt. Die Gesamtheit der so entwickelten Grundsätze heißt „Grundsätze ordnungsmäßiger Buchführung" (GoB). Diese GoB sind aus Erfahrungen und Notwendigkeiten entwickelte Vorgehensvorschriften, die eine Einheitlichkeit bei der Erstellung von Jahresabschlüssen ermöglichen. Damit einher geht eine Gleichheit bei der Behandlung der Unternehmungen in steuerlicher Hinsicht. Einer willkürlichen Steuerbefreiung bzw. Steuerbegünstigung steht z. B. das sogenannte Belegprinzip entgegen, d. h., es kann nur begünstigt werden, was auch belegt werden kann.

Grundsätze ordnungsmäßiger Buchführung (GoB)

Grundsatz	Ausgestaltung
Allgemeiner Grundsatz (§ 238 (1) Satz 2 HGB) (§ 145 AO)	– Überblick über Vermögenslage und Schulden innerhalb angemessener Zeit für sachverständige Dritte möglich
Klarheit und Übersichtlichkeit (§ 238 (1) Satz 3 HGB)	– keine Buchung ohne zugehörigen Beleg (Belegprinzip) – sachgerechte und überschaubare Organisation und Führung der Bücher – Erhalt aller ursprünglichen Eintragungen (Verbot von Radierung und Überschreiben)
Vollständigkeit und Richtigkeit (§§ 239, 246 HGB) (§ 146 AO)	– vollständige Eintragungen – richtige Eintragungen – zeitgerechte Eintragungen (zeitliche Ordnung im Grundbuch) – fortlaufende Eintragungen – geordnete Eintragungen (sachliche Ordnung im Hauptbuch) – Verbot der Saldierung (Verrechnung) von Posten
Lesbarkeit der Daten (§ 239 (4) Satz 2 HGB) (§ 147 AO)	– Daten müssen innerhalb angemessener Frist lesbar gemacht werden können
Aufbewahrung der Buchführungsunterlagen (§ 257 HGB) (§ 147 AO)	– Datenträger und Programme müssen aufbewahrt werden – geordnete Aufbewahrung aller Buchungsbelege, Buchungsprogramme, Bücher, Inventare, Bilanzen, Jahresabschlüsse – Aufbewahrungsfrist: 10 Jahre (ab Jahresende)

Aufgaben

1. ***Erläutern Sie den Zweck der „Grundsätze ordnungsmäßiger Buchführung" (GoB).***

2. ***Begründen Sie, ob die folgenden Verhaltensweisen den Grundsätzen ordnungsmäßiger Buchführung entsprechen:***
   - *a Heini Schmidt e. Kfm. schreibt seine Belege immer mit Bleistift.*
   - *b Otto Walter ist Buchhalter der Elektro AG. Aus Platzmangel vernichtet er alle Belege, die älter als acht Jahre sind, nachdem sie gescannt worden sind.*
   - *c Heinrich Meier sammelt seine Belege in Schuhkartons und verbucht sie alle drei Monate.*
   - *d Eduard Hansen führt mithilfe eines EDV-Programms die Bücher. Er macht keine Sicherheitskopie, weil außer ihm keiner auf seinen Rechner zugreifen kann.*
   - *e Weil es einfach zu lästig ist, immer den Kunden mit im EDV-Programm einzugeben, bucht die Debitorenbuchhalterin Eva Schmidt alle Rechnungen auf ein Konto.*
   - *f Heinz Schmidt, Bilanzbuchhalter, vertippt sich bei der Eingabe einer Zahl. Statt 3.000,00 € gibt er 300.000,00 € ein. Bei einer Überprüfung der Konten entdeckt er den Fehler, korrigiert ihn aber nicht.*
   - *g Joanna Jansen sichert die Buchhaltungsdaten einmal am Tag und lässt die Diskette auf dem Schreibtisch liegen.*

3. ***Was müsste Ihrer Meinung nach bei der elektronischen Buchführung gewährleistet sein, damit sie gemäß den GoB durchgeführt werden darf? Recherchieren Sie dazu im Internet den Begriff „Grundsätze zur ordnungsmäßigen Führung und Aufbewahrung von Büchern, Aufzeichnungen und Unterlagen in elektronischer Form sowie zum Datenzugriff (GoBD)"!***

Die handelsrechtliche Buchführungspflicht ist durch das Bilanzmodernisierungsgesetz (BilMoG) an konkrete finanzielle Grenzwerte gekoppelt, die den Werten der Abgabenordnung (s. u.) entsprechen:

Handelsgesetzbuch
§ 241a Befreiung von der Pflicht zur Buchführung und Erstellung eines Inventars

Einzelkaufleute, die an den Abschlussstichtagen von zwei aufeinander folgenden Geschäftsjahren nicht mehr als 600.000 € Umsatzerlöse und 60.000 € Jahresüberschuss aufweisen, brauchen die §§ 238 bis 241 nicht anzuwenden. (...)

Achtung: Die unter § 241a HGB genannten Zahlen und alle anderen Wertgrenzen in Gesetzen unterliegen dem Wandel. Aktuelle Zahlen finden Sie unter der bekannten Adresse http://www.gesetze-im-internet.de.

3.1.2 Die Buchführungspflicht nach Abgabenordnung (AO)

Die oben erörterte Pflicht zur Buchführung ist die sogenannte originäre (ursprüngliche) Buchführungspflicht, die sich aus dem HGB ergibt.

Daneben existiert die sogenannte derivative (abgeleitete) Buchführungspflicht, die sich aus anderen Gesetzen ergibt. Insbesondere das Steuerrecht verpflichtet beim Erreichen bestimmter Grenzen zur Buchführung. Dabei steht die Kaufmannseigenschaft nicht im Vordergrund.

Ist eine der folgenden Grenzen erreicht, muss das Unternehmen nach Steuerrecht (Abgabenordnung, §§ 140, 141 AO) Bücher führen:

Umsatz	mehr als	600.000,00 €
Gewinn	mehr als	60.000,00 €

4 Wertveränderungen erkennen und in der Bilanz erfassen

Das Bilanzgleichgewicht (Summe Aktiva = Summe Passiva) bleibt nach jeder Änderung der Bestände erhalten. Es gibt vier Arten von Bestandsveränderungen, die das Eigenkapital nicht berühren.

1. der Aktivtausch
2. die Aktiv-Passiv-Mehrung
3. die Aktiv-Passiv-Minderung
4. der Passivtausch

Die Bestandsveränderungen werden durch Geschäftsvorfälle verursacht. Als Geschäftsvorfälle bezeichnen wir alle Vorgänge, die Wertveränderungen des Vermögens und/oder des Kapitals zur Folge haben.

Die vier Arten der Bestandsveränderung werden im Folgenden anhand einer stark vereinfachten Bilanz genauer erläutert. Die Bilanz dient nur der Erläuterung und hat mit einer realen Bilanz nur ansatzweise Ähnlichkeit!

Auslöser ist dabei immer ein Geschäftsvorfall, d. h. ein Vorgang, der die Zusammensetzung des Vermögens und/oder des Kapitals zur Folge hat. Eine Änderung des Eigenkapitals nur durch „Verschieben“ von Beständen ist **nicht** möglich!

4.1 Der Aktivtausch

Ein Geschäftsvorfall, der zwei Posten auf der Aktivseite (Vermögen) der Bilanz anspricht verändert die Bilanzsumme nicht, da nur die Werte zweier Posten getauscht werden. Die Zusammensetzung des Vermögens ändert sich.

Bei einem **Aktivtausch** werden nur Bilanzposten der Aktivseite angesprochen. Diese tauschen ihre Werte. Ein Posten wird dabei vermehrt, ein anderer Posten wird vermindert.

Beispiele:
- *Die Alleskauf-Großhandel Hannover GmbH kauft bei einem Computerhändler einen iMac (Computer) gegen Banküberweisung im Wert von 1.500,00 €. Die Betriebs- und Geschäftsausstattung (BGA) der Alleskauf-Großhandel Hannover GmbH erhöht sich durch den zusätzlichen iMac um 1.500,00 €, wobei der Kontostand um 1.500,00 € vermindert wird.*
- *Das Fitnessstudio Fit und Gut kauft einen neuen Schreibtisch für 1.200,00 € gegen Barzahlung. Der Bestand an Schreibtischen (BGA, Aktivseite) erhöht sich, der Bestand an Bargeld (Kasse, Aktivseite) sinkt.*

Der Aktivtausch verändert die Bilanzsumme nicht. Es wird lediglich die Zusammensetzung der Aktivseite verändert.

Betrachten Sie jetzt die Änderung beim Kauf des Schreibtisches:

Posten: BGA (Schreibtisch) und
Kasse (Bargeld)

Aktivseite: Der Kauf des Schreibtisches vermehrt den Posten BGA um 1.200,00 €.

Aktivseite: Die Barzahlung des Schreibtisches vermindert den Posten Kasse um 1.200,00 €.

Aktiva	Ausgangsbilanz (**vor** dem Schreibtischkauf)		Passiva
Grundstücke & Gebäude	1.567.000	Eigenkapital	1.630.600
BGA	**350.000**	Hypothek	450.000
Fitnessgeräte	230.000	Darlehen	125.000
Musikanlage	45.000	Verbindlichkeiten	**45.000**
Warenvorräte	12.500		
Forderungen	21.000		
Kasse	**12.100**		
Bank	13.000		
	2.250.600		2.250.600

Aktiva	Ausgangsbilanz (**nach** dem Schreibtischkauf)		Passiva
Grundstücke & Gebäude	1.567.000	Eigenkapital	1.630.600
BGA	**351.200**	Hypothek	450.000
Fitnessgeräte	230.000	Darlehen	125.000
Musikanlage	45.000	Verbindlichkeiten	**45.000**
Warenvorräte	12.500		
Forderungen	21.000		
Kasse	**10.900**		
Bank	13.000		
	2.250.600		2.250.600

Die Bilanzsumme (2.250.600 €) änderte sich bei diesem Tausch auf der Aktivseite nicht! Die Passivseite wird nicht angesprochen. Die Zusammensetzung des Vermögens (Aktivseite) hingegen hat sich verändert. Es sind weniger liquide Mittel vorhanden.

4.2 Die Aktiv-Passiv-Mehrung

Ein Geschäftsvorfall, der sowohl die Aktivseite (Vermögen) als auch die Passivseite (Kapital) der Bilanz anspricht und beide Posten vermehrt, erhöht die Bilanzsumme um den gleichen Betrag. Dies wird auch mit dem Begriff „Bilanzverlängerung" bezeichnet.

Bei einer Aktiv-Passiv-Mehrung werden jeweils ein Bilanzposten der Aktivseite und ein Bilanzposten der Passivseite angesprochen. Beide Posten werden vermehrt.

Beispiele:

- *Sie kaufen eine Stereoanlage im Wert von 900,00 € auf Kredit. Ihre Vermögensgegenstände (Aktivseite) vermehren sich um 900,00 €, Ihre Schulden (Verbindlichkeiten a. LL, Passivseite) aber ebenso.*
- *Das Fitnessstudio Fit und Gut kauft ein Cardiogerät der Marke „Life Fitness 95R" bei einem Großhändler für 7.000,00 €.*

Betrachten Sie die Änderung beim Kauf des Gerätes:

Posten: Fitnessgeräte und

Verbindlichkeiten a. LL (Schulden)

Aktivseite: Der Kauf des Cardiogeräts vermehrt den Posten Fitnessgeräte um 7.000,00 €.
Passivseite: Der Kauf des Cardiogeräts vermehrt die Schulden um 7.000,00 €.
Bilanzsumme: Der Kauf des Cardiogeräts vermehrt die Bilanzsumme um 7.000,00 €.

Aktiva — Bilanz (**vor** dem Kauf eines Cardiogeräts) — Passiva

Aktiva		Passiva	
Grundstücke & Gebäude	1.567.000	Eigenkapital	1.636.600
BGA	351.200	Hypothek	450.000
Fitnessgeräte	**230.000**	Darlehen	125.000
Musikanlage	45.000	**Verbindlichkeiten**	**45.000**
Warenvorräte	12.500		
Forderungen	21.000		
Kasse	10.900		
Bank	13.000		
	2.250.600		2.250.600

Aktiva — Bilanz (**nach** dem Kauf eines Cardiogeräts) — Passiva

Aktiva		Passiva	
Grundstücke & Gebäude	1.567.000	Eigenkapital	1.630.600
BGA	351.200	Hypothek	450.000
Fitnessgeräte	**237.000**	Darlehen	125.000
Musikanlage	45.000	**Verbindlichkeiten**	**52.000**
Warenvorräte	12.500		
Forderungen	21.000		
Kasse	10.900		
Bank	13.000		
	2.257.600		**2.257.600**

Hinweis: Der Bilanzposten „Fitnessgeräte" wird üblicherweise unter BGA geführt. Er ist hier nur aus Gründen der Anschaulichkeit aufgeführt.

4.3 Die Aktiv-Passiv-Minderung

Ein Geschäftsvorfall, der sowohl die Aktivseite (Vermögen) als auch die Passivseite (Kapital) der Bilanz anspricht und beide Posten vermindert, vermindert ebenfalls die Bilanzsumme um den gleichen Betrag. Dies wird auch mit dem Begriff „Bilanzverkürzung" bezeichnet.

Bei einer Aktiv-Passiv-Minderung werden jeweils ein Bilanzposten der Aktivseite und ein Bilanzposten der Passivseite angesprochen. Beide Posten werden vermindert.

Beispiele:

- *Sie haben in den Ferien gearbeitet und bezahlen die (auf Kredit gekaufte) Stereoanlage im Wert von 900,00 € per Banküberweisung. Ihr Bankkonto (Aktivseite) vermindert sich ebenso*

um den Betrag von 900,00 €, wie sich Ihre Schulden (Verbindlichkeiten a. LL, Passivseite) vermindern.
- *Das Fitnessstudio Fit und Gut bezahlt die Verbindlichkeiten a. LL, die sie beim Zielkauf des Cardiogeräts einging, per Banküberweisung.*

Was passiert beim Bezahlen dieser Schulden?

Posten: Bank (Überweisung) und

Verbindlichkeiten a. LL (Schulden)

Aktivseite: Die Bezahlung der Schulden vermindert den Posten Bank um 7.000,00 €.
Passivseite: Der Bezahlung der Schulden vermindert die Schulden um 7.000,00 €.
Bilanzsumme: Der Ausgleich der Schulden vermindert die Bilanzsumme um 7.000,00 €.

Bilanz (**vor** dem Bezahlen der Rechnung)

Aktiva		Passiva	
Grundstücke & Gebäude	1.200.000	Eigenkapital	1.630.600
BGA	351.200	Hypothek	450.000
Fitnessgeräte	237.000	Darlehen	125.000
Musikanlage	45.000	**Verbindlichkeiten**	**52.000**
Warenvorräte	12.500		
Forderungen	21.000		
Kasse	10.900		
Bank	**13.000**		
	2.257.600		**2.257.600**

Bilanz (**nach** dem Bezahlen der Rechnung)

Aktiva		Passiva	
Grundstücke & Gebäude	1.200.000	Eigenkapital	1.630.600
BGA	351.200	Hypothek	450.000
Fitnessgeräte	237.000	Darlehen	125.000
Musikanlage	45.000	**Verbindlichkeiten**	**45.000**
Warenvorräte	12.500		
Forderungen	21.000		
Kasse	10.900		
Bank	**6.000**		
	2.250.600		**2.250.600**

4.4 Der Passivtausch

Ein Geschäftsvorfall, der zwei Posten auf der Passivseite (Kapital) der Bilanz anspricht, verändert die Bilanzsumme nicht, da nur die Werte zweier Posten getauscht werden. Die Zusammensetzung des Kapitals ändert sich.
Der Passivtausch betrifft zwei Posten der Kapitalseite (Passivseite). Er erfolgt analog zum Aktivtausch, d. h., ein Posten der Passivseite wird vermehrt und ein Posten wird vermindert. Die Bilanzsumme bleibt dabei unverändert. Es ändert sich lediglich die Zusammensetzung des Kapitals.

Beispiel:
Ein Unternehmen kauft ein Fitnessgerät für 12.000,00 € auf Ziel. Als die Zahlung fällig wird, kann das Unternehmen nicht zahlen. Der Verkäufer bietet dem Käufer eine Zahlung auf Raten mit einem moderaten Zinssatz an.
Dadurch wird eine kurzfristige Verbindlichkeit aus Lieferung und Leistung in Höhe von 12.000,00 € in eine langfristige Verbindlichkeit (Darlehen) umgewandelt.

Posten: Verbindlichkeiten a. LL (Schulden) und
Darlehen

Die Verbindlichkeiten a. LL sinken, der Posten Darlehen steigt.

Bilanzsumme: Die Bilanzsumme bleibt konstant.

Bilanz (**vor** der Umwandlung)

Aktiva		Passiva	
Grundstücke und Gebäude	1.200.000	Eigenkapital	1.630.600
BGA	351.200	Hypothek	450.000
Fitnessgeräte	237.000	**Darlehen**	**125.000**
Musikanlage	45.000	**Verbindlichkeiten**	**45.000**
Warenvorräte	12.500		
Forderungen	21.000		
Kasse	10.900		
Bank	6.000		
	2.250.600		**2.250.600**

Bilanz (**nach** der Umwandlung)

Aktiva		Passiva	
Grundstücke und Gebäude	1.200.000	Eigenkapital	1.630.600
BGA	351.200	Hypothek	450.000
Fitnessgeräte	237.000	**Darlehen**	**137.000**
Musikanlage	45.000	**Verbindlichkeiten**	**33.000**
Warenvorräte	12.500		
Forderungen	21.000		
Kasse	10.900		
Bank	6.000		
	2.250.600		**2.250.600**

Aufgaben

1. ***Betrachten Sie die folgenden Geschäftsvorfälle. Beantworten Sie dabei immer die folgenden Fragen in der vorgegebenen Reihenfolge:***
   - *Welche Posten bzw. Konten werden angesprochen?*
   - *Handelt es sich um Aktiv- oder Passivkonten?*
   - *Werden die Posten vermehrt oder vermindert?*
   - *Welche der vier Arten der Bestandsveränderung liegt vor?*

1.	*Barkauf eines Regals für*	*4.500,00*
2.	*Barabhebung vom Bankkonto*	*200,00*
3.	*Kunde zahlt durch Banküberweisung*	*2.500,00*
4.	*Umschuldung einer Lieferantenverbindlichkeit in ein Darlehen*	*150.000,00*
5.	*Kauf von Waren auf Ziel*	*2.400,00*

6.	*Zielkauf eines Pkws*	*34.000,00*
7.	*Tilgung eines Darlehens per Banküberweisung*	*10.000,00*
8.	*Ausgleich einer Lieferantenrechnung per Bankscheck*	*3.200,00*

2. ***Erstellen Sie eine ordnungsmäßige Bilanz mit folgenden Daten:***
   Gebäude 100.000,00 €, Verbindlichkeiten 50.000,00 €, Bankguthaben 60.000,00 €, Kasse 20.000,00 €, Betriebs- und Geschäftsausstattung (BGA) 100.000,00 €, Darlehen 200.000,00 €, Forderungen 70.000,00 €, Fitnessgeräte 90.000,00 €, Waren 14.000,00 €

3. ***Erstellen Sie für folgende Geschäftsvorfälle die Bilanzen. Geben Sie auch an, um welche Art der Bilanzveränderung es sich handelt.***

Geschäftsvorfall	Art der Bilanzveränderung
1) Umwandlung einer Lieferantenverbindlichkeit in ein Darlehen (20.000,00 €)	
2) Kauf von Waren für 300,00 €	
3) Banküberweisung einer Lieferantenverbindlichkeit in Höhe von 10.000,00 €	
4) Kauf einer Rudermaschine für 8.000,00 € auf Rechnung	

5 Bestands- und erfolgswirksame Geschäftsvorgänge buchen

5.1 Die Logik der Buchführung und des Kontensystems erkennen

Das Führen von Büchern erfolgt durch ein logisches, geschlossenes Kontensystem. Dieses formale System gehört heute zu den Grundkenntnissen der Kaufleute. Es nutzt betriebswirtschaftliche Kenntnisse und einfache mathematische Rechenvorschriften zur zahlenmäßigen Darstellung des Unternehmens.

Beispiel:
Sarah, Auszubildende beim Sportverein, freute sich vor ihrer Ausbildung über eine sehr gute Note in Mathematik. „Das war ja auch einfach, da gab es immer nur eine Lösung und Mathematik ist logisch aufgebaut!" Ihre Zensur in Buchführung hingegen ist nicht so erfreulich. „Da ist mir auch das Rechnen viel zu kompliziert."

Bei genauerer Betrachtung ist diese Aussage so nicht zu halten, denn das System der Buchführung kennt nur die Grundrechenarten, die Prozentrechnung und den Dreisatz. Es ist also eigentlich nur eine sehr kleine, geordnete Teilmenge der Mathematik.

Jeder Posten der Bilanz wird durch mindestens eine Einzelabrechnung in den Büchern geführt. Die Einzelabrechnung vermerkt übersichtlich den Anfangsbestand, Schlussbestand, Mehrungen und Minderungen durch Gegenüberstellung. Die Gegenüberstellung wird mit dem Begriff T-Konto bezeichnet (ein T-Konto hat optisch gesehen die Form des Buchstaben „T"). Nach der Herkunft innerhalb der Bilanz unterscheidet man Aktiv- und Passivkonten.

Die Bilanz wird am Anfang des Geschäftsjahres erstellt. Daneben existieren Einzelabrechnungen (Konten), welche die rechnerischen Bestände buchhalterisch fortschreiben.
Neben den Beständen der Realwelt (Inventur → Inventar → Bilanz) werden Bücher geführt, die diese Bestände rechnerisch zeigen. Dazu bedienen sich die Unternehmen spezieller Software (Buchhaltungssoftware). Würden diese Konten nicht geführt, müsste täglich Inventur gemacht werden und ein Inventar und eine Bilanz erstellt werden:

- Jeder Geschäftsvorfall verändert die in der Bilanz erfassten Werte und würde somit die Aufstellung einer neuen Bilanz erfordern.
- Jeder Geschäftsvorfall berührt nur einige Bilanzpositionen.
- Verschiedene Bilanzpositionen sind so stark zusammengefasst, dass sie für die praktische Buchungsarbeit wenig geeignet sind, wie zum Beispiel die Forderungen a. LL, die in der Bilanz in einer Summe auftauchen. Bei der praktischen Buchungsdurchführung muss man aber die einzelnen Rechnungsbeträge und Zahlungsbeträge erkennen können.
- Die Übersichtlichkeit der Kontenführung ermöglicht konkrete Aussagen zu Bewegungen eines Bilanzpostens. So ist es z. B. möglich, anhand des Kontos zu erkennen, wie viel Geld auf ein Bankkonto einging (Sollseite) und wie viel Geld von diesem Konto abging (Habenseite).
- Der rechnerische Endbestand (Saldo) ermöglicht eine Kontrolle des tatsächlichen Bestandes bei der Inventur

Das Kontensystem ist ein geschlossenes System, welches durch zusätzliche Konten erweiterbar ist. Die Konten finden sich in sachlicher Ordnung im sogenannten **Hauptbuch**. Die Rechenvorschriften und Zuordnungsvorschriften innerhalb des Systems sind sehr einfach. Sie werden zudem konsequent eingehalten. Jedes Konto verfügt über zwei Seiten:

eine Soll- und eine Habenseite.

Achtung: Diese Seiten könnten genauso gut „Hans" und „Inge" oder „links" und „rechts" heißen. Deuten Sie die Namen der Seiten *nicht* als „habe ich", „sollte ich haben" oder sonst wie! Die Bezeichnungen sind historisch geprägt.

Das Kontensystem kennt nur zwei Kontentypen: die Bestandskonten und die Erfolgskonten.

Nutzen Sie als Eselsbrücke nicht ihr Bankkonto. Es ist dort genau anders herum.

5.1.1 Die Bestandskonten

Alle Posten der Aktivseite (Vermögensposten) und der Passivseite (Kapitalposten) zeigen in der Bilanz einen Wert. Dieser ergibt sich aus dem Inventar, welches wiederum aus den Zahlen der Inventur ermittelt wurde. Allerdings handelt es sich hierbei um einen historischen Wert zu einem bestimmten Zeitpunkt. Die Werte der einzelnen Posten ändern sich aber permanent durch Geschäftsvorfälle.

Beispiel:
Das Golf- und Wellnessresort Lüneburger Heide kauft einen neuen Schreibtisch für 1.200,00 € gegen Barzahlung. Der Bestand an Schreibtischen erhöht sich, der Bestand an Bargeld sinkt!

Wie Sie bereits wissen, soll vermieden werden, dass bei jeder Wertveränderung eines Postens gleich ein neues Inventar oder eine neue Bilanz erstellt werden muss. Daher wird für jeden Bilanzposten ein Konto geführt. Einige Bilanzposten erhalten zur besseren Übersichtlichkeit sogar mehrere Konten und diese Konten wiederum mehrere Unterkonten.

Ein Konto erfüllt die folgenden Aufgaben:

- Anfangsbestand erkennen,
- Übersichtlichkeit bewahren,
- Mehrungen erkennen,
- Minderungen erkennen,
- Schlussbestand errechnen.

Das Kontensystem ist **extrem** einfach gehalten und lässt sich durch einige, wenige Regeln erklären. Vorab sollen diese Regeln jedoch einmal vereinfacht dargestellt werden.

Die folgende Darstellung dient nur als Merkhilfe bzw. Starthilfe im System der Buchführung, da sie fast ohne Fachvokabular auskommt. Sie wird später durch korrekte (Fach-)Bezeichnungen ersetzt.

Vermögensposten (linke Seite der Bilanz, Aktivkonten)

Konten, die in der Bilanz auf der linken Seite stehen (AKTIVKONTEN), haben auf der linken Seite (SOLL) ihren Anfangsbestand (steht links, fängt links an!).

Konten, die auf der linken Seite ihren Anfangsbestand haben (AKTIVKONTEN), haben auf der linken Seite (SOLL) auch ihre Mehrungen (fängt links an, wird links mehr!).

Konten, die in der Bilanz auf der linken Seite stehen (AKTIVKONTEN), haben auf der rechten Seite (HABEN) ihre Minderungen und ihren Schlussbestand (fängt links an, wird rechts weniger, hört rechts auf!).

(Zusammengefasst: steht links – fängt links an – wird links mehr – wird rechts weniger – hört rechts auf!)

Kapitalposten (rechte Seite der Bilanz, Passivkonten)

Konten, die in der Bilanz auf der rechten Seite stehen (PASSIVKONTEN), haben auf der rechten Seite ihren Anfangsbestand (steht rechts, fängt rechts an!).

Konten, die auf der rechten Seite ihren Anfangsbestand haben (PASSIVKONTEN), haben auf der rechten Seite (HABEN) auch ihre Mehrungen (fängt rechts an, wird rechts mehr!).

Konten, die in der Bilanz auf der rechten Seite stehen (PASSIVKONTEN), haben auf der linken Seite (SOLL) ihre Minderungen und ihren Schlussbestand (fängt rechts an, wird links weniger, hört links auf!).

(Zusammengefasst: steht rechts – fängt rechts an – wird rechts mehr – wird links weniger – hört links auf!)

Beispiel:
Der o. g. Schreibtisch wird in der Bilanz unter dem Posten Betriebs- und Geschäftsausstattung geführt.
Dieser Vermögensposten steht auf der Aktivseite (links) der Bilanz. Daher handelt es sich bei diesem Konto um ein Aktivkonto. Dieses hat auf der Sollseite (links) den Anfangsbestand und alle Mehrungen (hier 1.200,00 €).
Der Vermögensposten wird bar bezahlt. Immer wenn von Barzahlung gesprochen wird, wird das Konto Kasse angesprochen. Kasse ist ein Aktivkonto, welches auf der Habenseite gemindert wird.

Soll	Betriebs- und Geschäftsausstattung		Haben
Anfangsbestand	200.000,00	Schlussbestand	**201.200,00**
Mehrung, bezahlt bar	1.200,00		
	201.200,00		201.200,00

Soll	Kasse		Haben
Anfangsbestand	70.000,00	Minderung, Barzahlung	1.200,00
		Schlussbestand	68.800,00
	70.000,00		70.000,00

Dieses Beispiel wird unten nochmals aufgegriffen!

Bilanzdarstellung:

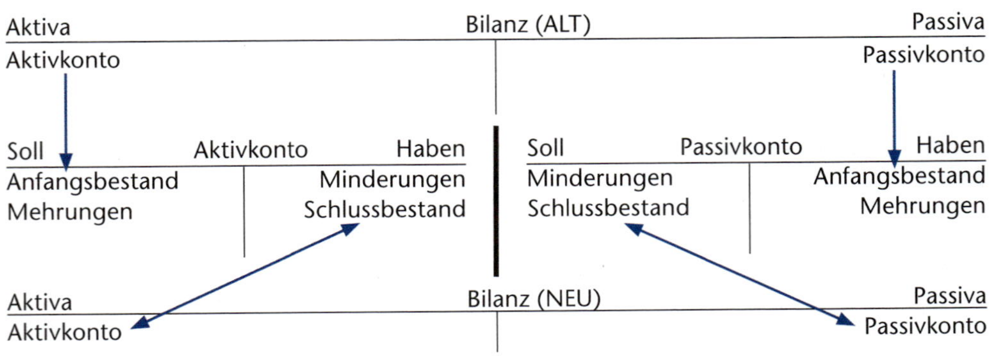

Kontendarstellung:

Soll **AKTIVKONTO** Haben

ANFANGSBESTAND	150,00	200,00	MINDERUNGEN
MEHRUNGEN	150,00	100,00	**SCHLUSSBESTAND**

Soll **PASSIVKONTO** Haben

MINDERUNGEN	150,00	200,00	**ANFANGSBESTAND**
SCHLUSSBESTAND	250,00	200,00	MEHRUNGEN

5.1.2 Die Erfolgskonten

Jedes erwerbswirtschaftlich orientierte Unternehmen ist bemüht, einen Gewinn zu erwirtschaften und somit das Eigenkapital zu vermehren. Das Eigenkapitalkonto erhält daher Unterkonten, welche die Mehrungen (Erträge) und Minderungen (Aufwendungen) des Eigenkapitals aufnehmen.
Durch das Verwalten von Beständen allein kann kein Unternehmer Einkünfte erzielen. Unternehmen sind bemüht, das Eigenkapital zu vermehren und einen Gewinn zu erzielen. Das Eigenkapitalkonto ist somit eines der wichtigsten Konten überhaupt. Es zeigt uns den Anteil der Vermögenswerte, den wir aus eigenen Mitteln erbracht haben.

Aufwendungen

Alle Geschäftsvorfälle, die das Eigenkapital vermindern, werden als **Aufwendungen** bezeichnet.

Beispiele:

- *Mietzahlungen*
- *Löhne und Gehälter*
- *Energiekosten (Strom, Gas, Kohle u. Ä.)*
- *Zinsaufwendungen (für Fremdkapital)*
- *Porto, Telefon, Onlinekosten und Telefax*

Was heißt dann in diesem Zusammenhang eigentlich **Werteverzehr**?

Beispiel:
Sie kaufen ein Käsebrötchen gegen Barzahlung. Dieses Brötchen ist zum baldigen Verzehr gedacht und tatsächlich verzehrt es Ihr Geld (Aufwand). Nach dem Essen ist es nicht mehr vorhanden. Der Wert wurde verzehrt. Allerdings erhalten Sie dafür Energie als Gegenleistung.

Erträge

Alle Geschäftsvorfälle, die das Eigenkapital vermehren, werden als **Erträge** bezeichnet.

Beispiele:

- *Umsatzerlöse (Verkauf von Erzeugnissen und Handelswaren)*
- *Erträge aus Mitgliedsbeiträgen*
- *Zinserträge*
- *Mieteinnahmen*

Auch hierzu ein einfaches Beispiel:

Beispiel:
Sie haben ein Sparkonto bei einer Bank. Wenn Zinserträge auf diesem Konto gutgeschrieben werden. Erhöht sich Ihr Vermögen auf diesem Konto.

Gewinn- und Verlustkonto

Auf diesem Konto werden alle Aufwendungen und Erträge gegenübergestellt. Es entsteht, je nachdem ob die Erträge größer waren als die Aufwendungen, ein Gewinn oder, im umgekehrten Fall, ein Verlust.
Eigentlich müsste dieses Konto bei Betrachtung einer Abrechnungsperiode daher Gewinn- *oder* Verlustkonto heißen. Der Differenzbetrag (Saldo) zwischen Aufwendungen und Erträgen wird dann auf das Konto Eigenkapital als Mehrung (Gewinn) oder Minderung (Verlust) gebucht.

5.1.3 Kontenrahmen und Kontenplan

Viele Unternehmungen verwenden beim Aufbau einer eigenen Finanzbuchhaltung einen Standardkontenrahmen (SKR). Diese Kontenrahmen enthalten Informationen für Steuerautomatik, Umsatzsteuervoranmeldung, betriebswirtschaftliche Auswertungen, Gewinn- und Verlustrechnung und die Bilanz (nach HGB). Die Kontenrahmen sind nach dem dekadischen System aufgebaut, d. h., die Konten sind in Klassen (0–9) eingeteilt. Jede Klasse hat Kontengruppen (0–9) und jede Kontengruppe hat wiederum Kontenarten (0–9), welche in Kontenunterarten (0–9) unterteilt sind.

Beispiel aus dem SKR 03:
Kontonummer 4124
4 betriebliche Aufwendungen (Klasse)
1 Personalaufwendungen (Kontengruppe)
2 Gehälter (Kontenart)
4 Geschäftsführergehalt der GmbH-Gesellschaft (Kontenunterart)

Kontenrahmen dienen als Richtlinie bzw. Empfehlung und ermöglichen vergleichbare bzw. einheitliche Buchungen bei vergleichbaren Geschäftsvorfällen. Die Unternehmen können von den Vorgaben der Kontenrahmen abweichen. Da eine Vielzahl an Buchführungsprogrammen für die SKR ausgelegt ist, bedeutet die Verwendung der SKR eine Arbeitserleichterung.

Auf Basis des Kontenrahmens erstellt jedes Unternehmen einen individuellen Kontenplan (Verzeichnis aller Konten eines Unternehmens).

5.1.4 Das Belegprinzip beachten

Jeder Geschäftsvorfall berührt mindestens zwei Konten. Dabei wird mindestens ein Konto im Soll und mindestens ein Konto im Haben angesprochen. Zu jedem Geschäftsvorfall gehört ein Beleg.

Das System der Buchführung erfolgt, wie Sie bereits wissen, im geschlossenen Kontensystem. Das Bindeglied zwischen dem realen Vorgang in der Geschäftswelt und der Abbildung des Vorgangs in den Büchern ist der Beleg.

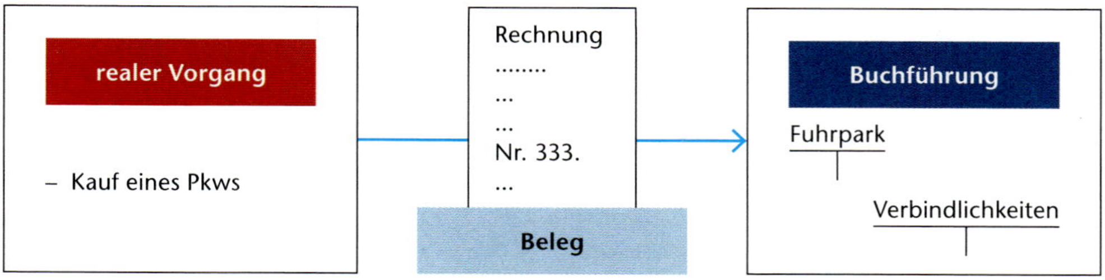

Der Beleg als Bindeglied zwischen realem Vorgang und Buchführung

Nur eine Buchung mit Belegen lässt sich hinterher nachweisen oder anders formuliert:

Keine Buchung ohne dazugehörigen Beleg!

Belege werden in Eigen- und Fremdbelege untergliedert. Dabei kommt es einzig auf die Herkunft der Belege an. Erstellen wir selber einen Beleg (z. B. eine Rechnung), so handelt es sich um einen internen Beleg, den Eigenbeleg. Ein Beleg, der von außen (z. B. von einem Geschäftspartner) in das Unternehmen kommt, wird dementsprechend mit dem Begriff externer Beleg oder Fremdbeleg bezeichnet.

Jeder Beleg erhält in der Praxis eine eindeutige Nummer. Zur eindeutigen, fortlaufenden Nummerierung gibt es spezielle Stempel, die bei jedem Gebrauch die aktuelle Nummer um „eins" erhöhen (sogenannte Paginierstempel).

Die Belegart kann durch alphanumerische Zusätze gekennzeichnet werden, sodass jeder Beleg anhand seiner Nummer eindeutig zuzuordnen ist. Für jede Belegart kann ein eigener Ordner, bzw., eine eigene Mappe (z. B. bei der Hängemappenregistratur) angelegt werden. Eine digitale Archivierung oder die auch noch übliche Archivierung mittels Mikrofilmtechnik ist ebenfalls möglich.

Übliche Buchstabenzusätze:

Eigenbelege	Fremdbelege
AR – Ausgangsrechnung	ER – Eingangsrechnung
K – Kassenbeleg	BA – Kontoauszug der Bank

5.2 Bestandswirksame Geschäftsvorgänge buchen

5.2.1 Das Grundbuch

Die Geschäftsvorfälle werden täglich in verkürzter Form erfasst. Die Erfassung erfolgt dabei in zeitlicher (chronologischer) Reihenfolge im sogenannten **Grundbuch** (auch Tagebuch oder Journal genannt). Bei der EDV-Buchführung heißt das Grundbuch EDV-Journal.
Bei der Erfassung wird zunächst das Konto, welches im Soll angesprochen wird (Sollkonto bzw. die Sollkonten), mit Betrag in €, dann das Wort „an" und dann das Habenkonto (bzw. die Habenkonten) mit Betrag in € genannt.

Kurzform: Soll an Haben

Der Buchungssatz verkürzt die Aufzeichnung des Geschäftsgangs. Er hat die Form:

SOLLKONTO (Betrag) (Sollkonten)

an

HABENKONTO (Betrag) (Habenkonten)

Da eine umgangssprachliche Beschreibung der Geschäftsvorfälle zu langatmigen Sätzen führen würde, um einfache kaufmännische Sachverhalte zu beschreiben, haben Kaufleute seit Jahrhunderten eine Kurzform entwickelt, die die Buchführung kurz und effizient macht.

Was kompliziert klingt, vereinfacht tatsächlich die Schreibarbeit bzw. Tipparbeit und natürlich auch die Arbeit der Erfassung in einem Finanzbuchhaltungsprogramm, da der PC mit reinen Texten wenig anfangen kann.

Beispiel:
Heute, am 07.09..., hat die Verwaltungsabteilung einen neuen Büroschreibtisch für 1.200,00 € gekauft und per Bankscheck bezahlt.

Dieser Text wird zu:

BGA	1.200,00	an	Bank	1.200,00

Wie kommt dieser Buchungssatz zustande? Dazu ein weiteres Beispiel:

Beispiel:
Geschäftsvorfall: Kauf eines Regals für 3.800,00 € auf Ziel.

Der Vorgang der erfolgreichen Erfassung von Geschäftsvorfällen erfolgt zweckmäßigerweise immer nach folgendem Schema:

1. Feststellen, welche Posten bei einem Geschäftsvorfall betroffen sind.
   Betroffen sind: Regal und Zielkauf
2. Feststellen, welche Konten zu den Posten gehören.
   Regal → Betriebs- und Geschäftsausstattung
   Zielkauf → Verbindlichkeiten a. LL
3. Feststellen, ob es sich um Aktiv-, Passiv- oder Erfolgskonten handelt.
   Betriebs- und Geschäftsausstattung → Aktivkonto
   Verbindlichkeiten → Passivkonto

4. Feststellen, ob Konto vermehrt oder vermindert wird.
   Betriebs- und Geschäftsausstattung → Aktivkonto → Mehrung (= Soll)
   Verbindlichkeiten → Passivkonto → Mehrung (= Haben)

5. Bilden des Buchungssatzes.

   Konto Soll → Betriebs- und Geschäftsausstattung 3.800,00 €
   an Konto Haben → Verbindlichkeiten a. LL

Der Buchungssatz lautet jetzt verkürzt:

Betriebs- und Geschäftsausstattung	3.800,00 €	an	Verbindlichkeiten a. LL	3.800,00 €

An dieser prinzipiellen Vorgehensweise ändert sich in der gesamten Buchführung nichts mehr!

Bei der Verwendung eines Finanzbuchhaltungsprogramms kann das Konto aus einem Menü ausgewählt werden bzw. durch die Eingabe der Kontonummer identifiziert werden.

Viele Unternehmen verwenden den EDV-Kontenrahmen der DATEV eG. Dieser ordnet den verschiedenen Bilanzposten nach einem bestimmten System, abhängig von der Branche, Kontennummern zu.

Im vorliegenden Fall würde das bedeuten: 0420 an 1200 1.200,00 € (bei Verwendung der DATEV-Kontennummern SKR03) – 0650 an 1800 1.200,00 € (bei Verwendung der DATEV-Kontennummern SKR04).

5.2.2 Der einfache Buchungssatz

Beim einfachen Buchungssatz wird nur jeweils ein Konto im Soll und ein Konto im Haben angesprochen.

Beispiel:

– *Wir kaufen einen Bürostuhl für 4.500,00 € gegen Bankscheck*

	Soll	*Haben*
Betriebs- und Geschäftsausstattung	*4.500,00*	
an		
Bank		*4.500,00*
– *Wir kaufen einen Pkw auf Ziel lt. ER 112 24.000,00 €*		
Fuhrpark	*24.000,00*	
an		
Verbindlichkeiten a. LL		*24.000,00*
– *Wir bezahlen die ER 112 per Banküberweisung*		
Verbindlichkeiten a. LL	*24.000,00*	
an		
Bank		*24.000,00*

Aufgaben

1. Bilden Sie zu den folgenden Geschäftsvorfällen die Buchungssätze:

a	*Kauf eines Pkws auf Ziel*	*25.850,00*
b	*Kunde bezahlt Rechnung (AR 536643) per Banküberweisung*	*34.000,00*
c	*Barverkauf eines gebrauchten Schreibtisches*	*360,00*
d	*Barkauf von Handelswaren lt. ER 45445*	*980,00*
e	*Umwandlung einer Verbindlichkeit a. LL in eine Darlehensschuld*	*12.000,00*
f	*Kauf eines neuen Schreibtisches gegen Bankscheck*	*4.900,00*
g	*Kauf einer Rudermaschine auf Ziel*	*9.500,00*
h	*Kauf von Steppern gegen Bankscheck*	*2.000,00*
i	*Verkauf eines gebrauchten Cardiogeräts auf Ziel*	*700,00*

2. Nennen Sie zu den folgenden Buchungssätzen die Geschäftsvorfälle:

1. Bank	250,00	an	Kasse	250,00
2. BGA	1.200,00	an	Kasse	1.200,00
3. Handelswaren	890,88	an	Verbindlichkeiten a. LL	890,88
4. Bank	2.000,00	an	Fuhrpark	2.000,00
5. Fuhrpark	35.000,00	an	Bank	35.000,00
6. Kasse	200,00	an	Bank	200,00 €

Buchführung damals: Der kluge Oberbuchhalter

(gefunden von unserer Reporterin H. Schütt)

Berlin

In einem Kaufmannskontor zur Zeit der „Buddenbrooks“ standen hintereinander zehn Stehpulte. Jedes Pult stand mit seiner linken Seite zu den Fenstern, damit die Buchhalter beim Schreiben der Zahlen mit der rechten Hand immer genügend Licht von links hatten. Jeden Morgen betrat der Oberbuchhalter eine Viertelstunde nach den übrigen Buchhaltern das Kontor. Nach einem knappen „Morgen, meine Herren“ ging er zum ersten Stehpult in der Reihe, schloss es auf, sah hinein und verschloss es wieder. Dann buchte er eifrig bis zum Feierabend. Das wiederholte sich Tag für Tag. Jeden Morgen schaute der Oberbuchhalter zuerst in sein Stehpult. Er verschloss es stets sorgfältig, sodass es nur ein wichtiges Geheimnis enthalten konnte, das offenbar die besondere Fachkompetenz des Oberbuchhalters rechtfertigte. Am Tag nach seiner Pensionierung steckte der Schlüssel im Pult. Neugierig öffneten es die übrigen Buchhalter, um zu sehen, welch wichtige Information es barg, die der Oberbuchhalter allmorgendlich zurate ziehen musste. Im Pult lag nur ein kleiner Zettel. Auf ihm stand:

„Soll = Fensterseite“.

(hs)

Auch heute noch gilt diese Regel unverändert. Da ein PC aber nicht weiß, „woher das Licht kommt", müssen wir bei der Eingabe in einem Buchhaltungsprogramm genau darauf achten, welche Konten im Soll und welche im Haben angesprochen werden.

Erschwert wird die Erfassung der Buchungen mithilfe von Finanzbuchhaltungserfassungsbelegen (FiBu-Beleg) durch die Art der Kontierung:

FiBu-Erfassungsbeleg

Soll	Haben	Gegen-Kto.	Beleg 1 Rg.-Nr.	Beleg 2 Fälligkeit	Beleg-Datum	Konto
1.200,00		1800				**0650**

Bei der Buchung des Büroschreibtisches nach DATEV-System (Kontenrahmen SKR 04) bezieht sich der Betrag von 1.200,00 €, der in den Spalten Soll angegeben ist, auf das rechts genannte **Konto 0650** – Betriebs- und Geschäftsausstattung. Das Gegenkonto 1800 (Bank) wird automatisch im Haben angesprochen.[1]
Die folgende Tabelle führt daher zum gleichen Ergebnis:

Soll	Haben	Gegen-kto.	Beleg 1 Rg.-Nr.	Beleg 2 Fälligkeit	Beleg-datum	Konto
	1.200,00	0650				**1800**

Durch das Vertauschen von Konto und Gegenkonto und Seite der Buchung (jetzt: Habenbuchung) wird genau das gleiche Ergebnis erzielt.

Die Eingabe am PC erfolgt analog zur Erfassung auf dem FiBu-Erfassungsbeleg.

Achtung: *Die Logik des Buchungssatzes (Soll an Haben) ist Hauptbestandteil der Arbeit mit einem Buchführungsprogramm. Daher sollte dem Erlernen der Buchungssätze besondere Aufmerksamkeit geschenkt werden.*

5.2.3 Der zusammengesetzte Buchungssatz

Beim zusammengesetzten Buchungssatz erfolgt auf mindestens einer Seite mehr als eine Buchung. In der EDV-Buchführung werden diese zusammengesetzten Buchungssätze häufig in mehrere einfache Buchungssätze aufgeteilt.

Die Summe der SOLLBUCHUNGEN muss immer der Summe der HABENBUCHUNGEN entsprechen. Das bedeutet verkürzt:

SOLL	gleich	HABEN
bzw.		
Summe SOLL	gleich	Summe HABEN

[1] *Auf die Spalten für Umsatzsteuer wird an dieser Stelle verzichtet.*

Beispiel:

Wir kaufen einen PC-Monitor für 800,00 € bei unserem Lieferanten PC-Parts aus Wernigerode und bezahlen 100,00 € bar und den Rest per Bankscheck.
Es werden die Konten Betriebs- und Geschäftsausstattung, Kasse und Bank angesprochen! Die Aktivkonten Bank und Kasse werden im Haben vermindert, das Aktivkonto Betriebs- und Geschäftsausstattung im Soll vermehrt!

1. Betriebs- und Geschäftsausstattung	800,00 €	an	Kasse	100,00 €
			Bank	700,00 €

Der einzige Unterschied zum einfachen Buchungssatz ist, dass mehrere Konten (mindestens drei) angesprochen werden. Der Grundsatz „Soll = Haben" bleibt erhalten.

Die EDV-gerechte Aufarbeitung erfolgt analog zum einfachen Buchungssatz. Allerdings muss erkennbar bleiben, dass die einzelnen Buchungssätze zusammengehören.

Beispiel:

1.a. Betriebs- und Geschäftsausstattung	100,00 €	an	Kasse	100,00 €
1.b. Betriebs- und Geschäftsausstattung	700,00 €	an	Bank	700,00 €

Bei der EDV-gerechten Kontierung werden zudem die Kreditorennummer, die Rechnungsnummer und das Rechnungsdatum erfasst.

5.2.4 Die Eröffnung der Bestandskonten über das Eröffungsbilanzkonto (Saldenvorträge)

Konten werden im System der doppelten Buchführung (Doppik) über das Eröffnungsbilanzkonto (EBK) bzw. über das Konto Saldenvorträge eröffnet. Die Konten befinden sich in sachlicher Übereinstimmung. Jeder Vorgang im System der doppelten Buchführung (Doppik) spricht mindestens zwei Konten an. Das geschlossene System der doppelten Buchführung wird jedoch bei der Eröffnung der Konten durchbrochen:

Auf der Sollseite der Aktivkonten steht ein Wert (Anfangsbestand) ohne eine dazugehörige Habenbuchung! Auf der Habenseite der Passivkonten steht ebenfalls ein Anfangsbestand ohne dazugehörige Sollbuchung!

Zwar wissen Sie mittlerweile, dass Aktivkonten ihren Anfangsbestand auf der Sollseite und Passivkonten auf der Habenseite haben, allerdings fehlt der entsprechende Buchungssatz.

Jede Buchung auf einem Konto wird durch einen Buchungssatz abgebildet.
Dies gilt auch für die Eröffnung der Konten.

Für die Eröffnungsbuchung der Aktivkonten muss demzufolge ein Buchungssatz gebildet werden. Da das Aktivkonto zuerst im Soll angesprochen wird, benötigt man ein Habenkonto.

Dieses heißt Eröffnungsbilanzkonto (EBK), bzw. Saldenvorträge. Es ist ebenso das Gegenkonto für die Eröffnung der Passivkonten. Der historische Begriff „Eröffnungsbilanzkonto" wird zunehmend durch den EDV-gerechten Begriff „Saldenvorträge" ersetzt. Beide Begriffe sind inhaltlich identisch.

Eröffnung der Aktivkonten:

Aktivkonten an Saldenvorträge

Eröffnung der Passivkonten:

Saldenvorträge an Passivkonten

Beispiele:

– *Das Konto BGA wird durch folgenden Buchungssatz eröffnet:*

BGA	351.200,00 €	an	Saldenvorträge	351.200,00 €

– *Das Konto Darlehensschulden wird durch folgenden Buchungssatz eröffnet:*

BGA	137.000,00 €	an	Darlehensschulden	137.000,00 €

Das Konto Saldenvorträge bzw. das Eröffnungsbilanzkonto hat folgendes Aussehen:

Soll	Saldenvorträge		Haben
Eigenkapital	1.630.600,00	Grundstücke & Gebäude	1.567.000,00
Hypothek	450.000,00	BGA	351.200,00
Darlehen	137.000,00	Fitnessgeräte	237.000,00
Verbindlichkeiten	33.000,00	Musikanlage	45.000,00
		Warenvorräte	12.500,00
		Forderungen	21.000,00
		Kasse	10.900,00
		Bank	6.000,00
	2.250.600,00		2.250.600,00

Das Konto Saldenvorträge dient *ausschließlich* zur Eröffnung der Bestandskonten im System der Doppik. Es ist das Spiegelbild der Eröffnungsbilanz.

Aufgabe

Nennen Sie alle Buchungssätze zur Eröffnung der Aktiv- und Passivkonten.

Betrachten wir noch einen anderen Fall.
Das Konto Kasse hat laut Inventur einen Anfangsbestand von 500,00 €.
Der Buchungssatz zur Eröffnung des Kontos Kasse lautet:

Kasse	*500,00 €*	*an*	*Saldenvorträge (SV)*	*500,00 €*

Soll	*Kasse*		*Haben*
SV	*500,00*	–	

Aufgabe

Bilden Sie die Buchungssätze:

a Zielverkauf einer gebrauchten Rudermaschine für 2.000,00 €
b Barauszahlung vom Bankkonto 3.000,00 €
c Umwandlung einer Lieferantenverbindlichkeit in ein Darlehen (15.000,00 €)
d Kauf von Handelswaren auf Ziel für 50.000,00 €
e Verkauf einer gebrauchten Schreibmaschine für 500,00 €, Barzahlung
f Kauf von Hilfsstoffen für 12.000,00 €, 2.000,00 € werden bar gezahlt, der Rest auf Rechnung
g Tilgung eines Darlehens bar 4.000,00 €
h Ein Kunde überweist 6.000,00 € auf unser Bankkonto für die AR 08-15.

5.2.5 Die Buchungen auf den Bestandskonten

Nach der Eröffnung der Konten können die laufenden Geschäftsvorfälle gebucht werden. Jeder Geschäftsvorfall spricht mindestens zwei Konten an. Bei der Buchung wird das jeweilige Gegenkonto angegeben. Nachdem die Anfangsbestände durch die Eröffnungsbuchungen auf die Aktiv- und Passivkonten übertragen wurden, sind diese bereit zur Aufnahme der Geschäftsvorfälle. Auf den Konten erscheint bei der Buchung jeweils das Gegenkonto.

Beispiel:
Die Alleskauf-Großhandel Hannover GmbH benötigt Bargeld für die Abteilung allgemeine Verwaltung, da dort sehr oft Zustellgebühren und Portokosten bar bezahlt werden müssen.

Anfangsbestand des Kassenkontos 500,00 € (Saldenvortrag, SV)
Anfangsbestand des Bankkontos 85.000,00 € (Saldenvortrag, SV)

Aufgabe

Nennen Sie die Buchungssätze zur Eröffnung dieser Konten.

Barabhebung 500,00 € von der Bank

(Sollbuchung) Kasse	500,00 €	an	(Habenbuchung) Bank	500 €

Die Kontendarstellung sieht folgendermaßen aus: (**Hauptbuch**)

Soll	Kasse		Haben
SV	500,00		
Bank	500,00		

Soll	Bank		Haben
SV	85.000,00	Kasse	500,00

Anfangsbestand (SV)
(MEHRUNG)
Bargeld wird mehr.

Anfangsbestand (SV)
(MINDERUNG)
Kontostand nimmt ab.

Die Sollbuchung (Kasse an ...) in Höhe von 500,00 € auf dem Kassenkonto erscheint auf diesem Konto erwartungsgemäß auf der Sollseite. Der Buchungstext auf der Sollseite zeigt das Gegenkonto, d.h., das Konto, bei dem auf der Habenseite gebucht wurde.

Das Aktivkonto Kasse wird auf der Sollseite vermehrt. Dies stimmt mit dem Sachverhalt überein, da wir tatsächlich 500,00 € mehr in der Kasse (bar!) haben.

Zur Wiederholung: Kasse – Aktivkonto – nimmt zu – wird *links* vermehrt.

Die Habenbuchung erscheint auf dem Konto Bank, da dieses um 500,00 € vermindert wurde. Der Buchungstext auf der Habenseite zeigt das Gegenkonto (hier: Kasse).

Zur Wiederholung: Bank – Aktivkonto – nimmt ab – wird *rechts* vermindert.

Aufgabe

Machen Sie sich anhand der folgenden Konten deutlich, welche Buchungssätze und welche Geschäftsvorfälle zugrunde liegen:

Soll	Fuhrpark		Haben
SV	128.000,00	5. Kasse	2.500,00
1. Bank	35.500,00	7. Bank	5.800,00
6. Verb	48.000,00		

Soll	Verbindlichkeiten a. LL		Haben
4. Bank	35.000,00	SV	145.500,00
3. Kasse	1.000,00	2. BGA	12.000,00
		6. Fuhrp	48.000,00

a Nennen Sie die zwei Eröffnungsbuchungen.
b Nennen Sie zuerst die insgesamt sieben Buchungssätze.
c Erläutern Sie dann die dazugehörigen Geschäftsvorfälle.

Jede Buchung spricht mindestens zwei Konten an. Trotzdem kann man anhand des Gegenkontos den Buchungssatz selbst dann rekonstruieren, wenn nur ein Konto bekannt ist.

5.2.6 Der Abschluss der Bestandskonten

Konten werden im System der doppelten Buchführung (Doppik) über das Schlussbilanzkonto abgeschlossen. Es entspricht inhaltlich der Schlussbilanz.

Jede Buchung auf einem Konto wird durch einen Buchungssatz abgebildet.
Dies gilt auch für den Abschluss der Konten.

Die Konten müssen spätestens zum Ende des Geschäftsjahres abgeschlossen werden. Dazu muss der sogenannte Saldo errechnet werden. Ein Saldo ist der Betrag, der das Konto ausgleicht, sodass beide Seiten die gleiche Kontensumme ausweisen. Die Gleichheit der Seiten eines Kontos muss immer erfüllt sein.

Beispiel:

Soll	Fuhrpark		Haben
SV	128.000,00	5. Kasse	2.500,00
1. Bank	35.500,00	7. Bank	5.800,00
6. Verb	48.000,00		

Soll	Verbindlichkeiten a. LL		Haben
4. Bank	35.000,00	SV	145.500,00
3. Kasse	1.000,00	2. BGA	12.000,00
		6. Fuhrp	48.000,00

Zunächst rechnen Sie die wertmäßig stärkere Seite (Fuhrpark: 211.500,00 Sollseite/Verbindlichkeiten a. LL: 205.500,00 Habenseite) zusammen und tragen die Kontosumme ein.

Soll	Fuhrpark		Haben
SV	128.000,00	5. Kasse	2.500,00
1. Bank	35.500,00	7. Bank	5.800,00
6. Verb	48.000,00		
	211.500,00		

Soll	Verbindlichkeiten a. LL		Haben
4. Bank	35.000,00	SV	145.500,00
3. Kasse	1.000,00	2. BGA	12.000,00
		6. Fuhrp	48.000,00
			205.500,00

Danach wird die Kontosumme auf die jeweils anderen Seiten übertragen.

Soll	Fuhrpark		Haben
SV	128.000,00	5. Kasse	2.500,00
1. Bank	35.500,00	7. Bank	5.800,00
6. Verb	48.000,00		
	211.500,00		211.500,00

Soll	Verbindlichkeiten a. LL		Haben
4. Bank	35.500,00	SV	145.500,00
3. Kasse	1.000,00	2. BGA	12.000,00
		6. Fuhrp	48.000,00
	205.500,00		205.500,00

Der Saldo ist der Betrag, der beim Konto Fuhrpark auf der Habenseite fehlt, um beide Seiten gleich groß zu machen. Der Saldo des Kontos Verbindlichkeiten a. LL steht auf der Sollseite. Der Saldo entspricht hier dem Schlussbestand (SB) oder auch Endbestand der Konten. Er wird wie folgt errechnet:

Konto Fuhrpark:

  Kontosumme der stärkeren Seite (211.500,00)
– Buchungen der schwächeren Seite (2.500,00 + 5.800,00)
= Saldo (Schlussbestand, SBK 203.200,00)

Konto Verbindlichkeiten:

  Kontosumme der stärkeren Seite (205.500,00)
– Buchungen der schwächeren Seite (35.500,00 + 1.000,00)
= Saldo (Schlussbestand, SBK 169.000,00)

Soll	Fuhrpark		Haben
SV	128.000,00	5. Kasse	2.500,00
1. Bank	35.500,00	7. Bank	5.800,00
6. Verb	48.000,00	SBK	203.200,00
	211.500,00		211.500,00

Soll	Verbindlichkeiten a. LL		Haben
4. Bank	35.500,00	SV	145.500,00
8. Kasse	1.000,00	2. BGA	12.000,00
SBK	169.000,00	6. Fuhrp	48.000,00
	205.500,00		205.500,00

Der Abschluss der aktiven und passiven Bestandskonten erfolgt über das Schlussbilanzkonto (SBK). Es ist das buchhalterische Abschlusskonto und zeigt auf der Sollseite alle Schlussbestände der Aktivkonten und auf der Habenseite alle Schlussbestände der Passivkonten.

Der Abschluss des Kontos Fuhrpark erfolgt (wie immer) durch einen Buchungssatz mit einer Soll- und einer Habenbuchung. Das Aktivkonto Fuhrpark wird im Haben angesprochen (der

Schlussbestand von 203.200,00 € steht im Haben). Davor steht das angesprochene Gegenkonto (SBK). Dank dieses Sachverhalts kennen Sie auf jeden Fall einen Teil (an Fuhrpark) des Buchungssatzes. Er ist unmittelbar aus dem Konto abzulesen.

Der Buchungssatz zum Abschluss des Kontos lautet:

Schlussbilanzkonto	203.200,00 €	an	Fuhrpark	203.200,00 €

Analog dazu wird das Konto Verbindlichkeiten a. LL abgeschlossen:

Verbindlichkeiten a. LL	169.000,00 €	an	Schlussbilanzkonto	169.000,00 €

Abschluss der Aktivkonten:

Schlussbilanzkonto an Aktivkonten

Abschluss der Passivkonten:

Passivkonten an Schlussbilanzkonto

Soll	Schlussbilanzkonto		Haben
diverse Aktivkonten	580.000,00	diverse Passivkonten	613.700,00
Fuhrpark	203.200,00	Verbindlichkeiten a.LL	169.000,00
	783.200,00		783.200,00

***Achtung:** Die „wahren" Werte des Unternehmens ermittelt immer die Inventur. Die daraus resultierende Schlussbilanz zeigt die tatsächlichen Vermögenswerte, Schulden und das Eigenkapital. Das Schlussbilanzkonto ist ein buchhalterisches Abschlusskonto, welches die rechnerisch ermittelten Werte zeigt. Maßgeblich ist immer die Schlussbilanz!*

Wenn Sie ein Kassenbuch führen, in dem Sie alle Einnahmen und Ausgaben Ihres Portemonnaies erfassen, erhalten Sie einen rechnerischen Wert, der sich noch in Ihrem Portemonnaie befinden sollte. Erhalten Sie beim Einkauf zu viel oder zu wenig Geld zurück oder vergessen Sie eine Ausgabe oder Einnahme zu erfassen, dann weicht der tatsächliche Bestand (Inventur → Inventar → Schlussbilanz) vom buchhalterischen (rechnerischen) Bestand (Buchhaltung → Saldenvortrag → Mehrung, Minderung → Schlussbilanzkonto) ab.

Aufgabe

- ***Erstellen Sie mit den entsprechenden Daten die Eröffnungsbilanz.***
- ***Eröffnen Sie für die Bilanzposten die Konten.***
- ***Übertragen Sie die Buchungssätze in die Konten.***
- ***Schließen Sie die Konten über das Schlussbilanzkonto ab.***

Anfangsbestände laut Inventur:

Fitnessgeräte	*90.000,00 €*	*Kasse*	*30.000,00 €*
BGA	*80.000,00 €*	*Eigenkapital*	*? €*
Forderungen	*60.000,00 €*	*Darlehen*	*120.000,00 €*
Bank	*130.000,00 €*	*Verbindlichkeiten a. LL*	*70.000,00 €*

Buchungssätze:

a) Bank an Kasse 5.000,00 €
b) Verbindlichkeiten an Bank 30.000,00 €
c) Kasse an Forderungen 3.000,00 €
d) Forderungen an Fitnessgeräte 20.000,00 €

Eine ausführliche Darstellung der Beschaffung von Waren und Betriebsmitteln sowie deren buchhalterische Erfassung finden Sie in Lernfeld 6. Hier wird auch der gesamte Sachverhalt der Abschreibungen erläutert.

5.3 Erfolgswirksame Geschäftsvorgänge buchen

Kommerzielle Unternehmen haben eine erwerbswirtschaftliche Zielsetzung. Dieser Sachverhalt war Gegenstand im Lernfeld 1 (Zielsystem). Ein wichtiges – häufig sogar das wichtigste – Ziel ist der Gewinn. Der Gewinn beinhaltet folgende Bestandteile:

- Entlohnung der Unternehmerin bzw. des Unternehmers für die eigene Tätigkeit: Kaum jemand arbeitet gern kostenlos, da der eigene Lebensunterhalt finanziert werden muss.
- Risikoprämie für das eingesetzte Eigenkapital: Das eingesetzte Kapital kann komplett verloren gehen.
- Verzinsung des eingesetzten Kapitals: Bei einer sicheren Geldanlage bekäme die Unternehmerin bzw. der Unternehmer eine sichere Verzinsung.

Bisher haben Sie in der Erfassung der Geschäftsprozesse Bestände gezählt (Inventur), in Bestandsverzeichnissen erfasst (Inventar), in Kurzform (Bilanz) dargestellt und aus diesen Positionen der Realwelt eine rechnerische Welt (Buchführung) gemacht, indem Sie Konten mit einzelnen Posten erstellt haben. Auf diesen Posten haben Sie dann Veränderungen vermerkt und die Kurzform der kaufmännischen Darstellung, den Buchungssatz, kennengelernt und hoffentlich auch seine Entstehung geübt.
Jetzt geht es an den unternehmerischen Erfolg. Erfolgswirksam sind alle Geschäftsvorfälle, die das Eigenkapital verändern. Die einfachste Form der Gewinnerzielung ist:

- Einkauf einer Ware für 100,00 €.
- Verkauf derselben Ware für 200,00 €.
- der daraus resultierende Warenrohgewinn beträgt 100,00 €.

Allerdings fehlen hier weitere, wesentliche Komponenten, wie z. B.
- Personalaufwendungen,
- Aufwendungen für Miete, Pacht,
- Aufwendungen für Wertminderungen durch Verschleiß u. Ä. (Abschreibungen),
- Aufwendungen für Porto, Telekommunikation,
- Aufwendungen für Wasser, Strom,
- Aufwendungen für Verbrauchsmaterial (Druckerpapier, Toner, Toilettenpapier).

Erst durch die Gegenüberstellung aller Aufwendungen und aller Erträge kann ein Unternehmer den Erfolg (Gewinn oder Verlust) ermitteln.

5.3.1 Aufwendungen

Jeder Werteverzehr an Gütern und Dienstleistungen mindert das Eigenkapital und wird als Aufwand gebucht. Aufwendungen entstehen durch die betriebliche Tätigkeit des Unternehmens. Im Sinne des ökonomischen Prinzips sollten die Aufwendungen so gering wie möglich gehalten werden.

Beispiele:
- *In einem Industriebetrieb sind die Materialaufwendungen, d. h. der Verbrauch von Roh-, Hilfs- und Betriebsstoffen sowie Vorprodukten, ein wesentlicher Faktor des Werteverzehrs.*
- *Die Aufwendungen für Löhne und Gehälter umfassen neben den Stundenlöhnen und Monatsgehältern noch freiwillige und gesetzliche Sozialabgaben.*
- *Abschreibungen erfassen die Wertminderung von Gütern, z. B. durch Abnutzung.*

Jeder betrieblich bedingte Aufwand entsteht nur deshalb, weil die Unternehmerin bzw. der Unternehmer Erträge aus den Aufwendungen erwartet.

Beispiel:
Das Fitnessstudio FFP kann die Gehälter seiner Mitarbeiterinnen und Mitarbeiter nur solange bezahlen, wie es genügend Erträge zur Deckung dieser Aufwendungen erzielt.

Aufwendungen entstehen im Regelfall unter der Annahme, dass sie Rückflüsse in Form von Erträgen erbringen. Allerdings gibt es auch Aufwendungen, die in keinem Zusammenhang mit dem eigentlichen Betriebszweck stehen. Die erhöhte Übersichtlichkeit durch die Verwendung von Aufwandskonten wird auch durch treffende Kontenbezeichnungen erzielt:

Beispiele:
- *Das Aufwandskonto „Telekommunikation" erfasst alle Aufwendungen für Telefonate und zum Teil für Datenfernübertragung (DFÜ).*
- *Das Aufwandskonto „Zinsaufwendungen" zeigt alle gebuchten Zinsen, die das Unternehmen zahlt bzw. zu zahlen hat.*
- *Das Konto „Bürobedarf" erfasst die Verbrauchsmaterialien im Büro.*

Die einzelnen Aufwandskonten ermöglichen eine sachliche Trennung der Aufwendungen. Zudem ist zu verschiedenen Zeitpunkten auch ein zeitlicher Vergleich der Konten möglich. Dadurch sind Entwicklungen der Aufwendungen im Zeitablauf zu erkennen.

Beispiele:
- *Die Aufwendungen für Telekommunikation (Konto „Telekommunikation") sind durch den Wechsel des Internetproviders im Februar um 12 % im Vergleich zum Vormonat gesunken.*
- *Die Personalkosten (Konten „Löhne und Gehälter") sind im gleichen Zeitraum um 3,2 % gestiegen.*

Aufwendungen sind die negative Erfolgskomponente. Sie sind keineswegs Selbstzweck, sondern stehen in der Regel in einem Zusammenhang zu den Unternehmenszielen bzw. den daraus abgeleiteten Unterzielen. Sie werden analog zum Eigenkapitalkonto im Soll gebucht.

5.3.2 Erträge

Jeder Wertezuwachs an Gütern und Dienstleistungen erhöht rechnerisch das Eigenkapital und wird als Ertrag gebucht.

In der Buchhaltung lässt sich feststellen, ob das unternehmerische Gewinnziel erreicht wurde. Der buchhalterische Gewinn eines Unternehmens errechnet sich aus den Erträgen abzüglich der Aufwendungen. Die größten Ertragsposten eines Unternehmens sind i. d. R. die Umsatzerlöse. Die Erzielung eines hohen Umsatzes ist daher ein (mögliches) abgeleitetes Ziel aus dem Gewinnziel. Eine Umsatzsteigerung führt bei konstanten Aufwendungen zu einem höheren Gewinn. Analog dazu dient auch die Reduzierung von Aufwendungen dem Gewinnziel.

Beispiele:
- *Das Konto „Zinserträge" erfasst alle gebuchten Ertragszinsen, die wir erhalten.*
- *Das Konto „Mieterträge" erfasst die an uns gezahlten Mieten.*
- *Das Konto „Erträge aus Mitgliedschaften" zeigt wertmäßig die wichtigste Einnahmequelle eines Fitnessstudios.*

Die Ertragskonten repräsentieren als Unterkonten des Kontos Eigenkapital den Zuwachs an Werten. Sie verhalten sich wie das Konto Eigenkapital, d. h., sie werden im Haben angesprochen. Dort stehen beim Konto Eigenkapital die Mehrungen.

Neben der sachlichen Zuordnung der einzelnen Erträge ist auch hier das Erkennen einer Veränderung im Zeitablauf möglich.

Beispiele:
- *Die Erlöse aus Mitgliedschaften sind seit Monaten stark rückläufig.*
- *Die Umsatzerlöse für Nahrungsergänzungsmittel variieren monatlich sehr stark.*

5.3.3 Das Gewinn- und Verlustkonto

Die Erfolgskonten (Aufwands- und Ertragskonten) werden über das Konto „Gewinn und Verlust" (GuV-Konto) abgeschlossen. Im GuV-Konto stehen auf der Sollseite die Salden aller Aufwandskonten und auf der Habenseite die Salden der Ertragskonten.

Steht der Saldo des GuV-Kontos im Soll, wurde ein Gewinn erzielt, anderenfalls ein Verlust.

Es folgt ein exemplarischer Geschäftsgang mit insgesamt zwei Geschäftsvorfällen. Zunächst vermindern wir unser Eigenkapital durch den Kauf von Verbrauchsmaterial. Alle erfolgswirksamen Geschäftsvorfälle, die das Eigenkapital vermindern, werden auf dem zugehörigen Aufwandskonto im Soll gebucht.

1. Wir kaufen Kopier- und Druckerpapier für 250,00 € gegen Barzahlung.

1. Bürobedarf	250,00	an	Kasse	250,00

Die Entstehung der Buchung wird deutlich, wenn Sie das Gegenkonto betrachten. Tatsächlich wird das Kassenkonto vermindert und das Papier wird verbraucht, sodass keinerlei Bestand mehr vorhanden ist. Der Wert wird verbraucht und das Eigenkapital durch sein Unterkonto (Aufwandskonto) vermindert. Jetzt schließen wir das Aufwandskonto ab. Der Saldo des Kontos steht im Haben und wird über das Konto Gewinn und Verlust im Soll abgeschlossen.

Der Buchungssatz zum Abschluss der Aufwandskonten lautet allgemein formuliert:

Gewinn- und Verlustkonto		an	Aufwandskonto	

bzw. hier:

2. Gewinn- und Verlustkonto	250,00	an	Bürobedarf	250,00

Übertragung in das Hauptbuch:

Soll	Eigenkapital		Haben
Minderungen Schlussbestand			Anfangsbestand Mehrungen

Aufwandskonto

Soll	Bürobedarf (Unterkonto)		Haben
Mehrungen Aufwand = **Minderungen des EK**			
1. Kasse	250,00	2. GuV	250,00

Abschluss der Aufwandskonten

Soll	Gewinn- und Verlustkonto		Haben
2. Bürobedarf	250,00		

Abschluss Aufwandskonto

Als Nächstes vermehren wir unser Eigenkapital durch den Verkauf von Nahrungsergänzungsmitteln. Alle erfolgswirksamen Geschäftsvorfälle, die das Eigenkapital vermehren, werden auf dem zugehörigen Ertragskonto im Haben gebucht. (Auf die Berücksichtigung der Umsatzsteuer wird hier zunächst verzichtet.)

Wir verkaufen Nahrungsergänzungsmittel im Wert von 900,00 € gegen Barzahlung.

Der Saldo des Ertragskontos steht im Soll und wird über das Konto Gewinn- und Verlust im Haben abgeschlossen.

Buchungssatz:

3. Kasse	900,00	an	Umsatzerlöse	900,00

Der Buchungssatz zum Abschluss der Ertragskonten lautet allgemein formuliert:

Ertragskonto		an	Gewinn- und Verlustkonto	

bzw. hier:

4. Umsatzerlöse	900,00	an	Gewinn- und Verlustkonto	900,00

Soll	Eigenkapital	Haben
Minderungen Schlussbestand		Anfangsbestand MEHRUNGEN

ERTRAGSKONTO

Soll	Umsatzerlöse (Unterkonto)		Haben
4. GuV	900,00	3. Kasse	Mehrungen 900,00

ABSCHLUSS der ERTRAGSKONTEN

Soll	Gewinn- und Verlust-Konto		Haben
2. Bürobedarf	250,00	4 . Umsatzerlöse	900,00

Die Gegenüberstellung der Aufwands- und Ertragskonten erfolgt auf dem Konto Gewinn und Verlust, das die Salden der Aufwandskonten im Soll und der Ertragskonten im Haben aufnimmt. Anders formuliert:

Im GuV-Konto stehen auf der Sollseite die Aufwendungen und auf der Habenseite die Erträge als Salden der Erfolgskonten. Ein eventuell entstehender Gewinn steht als Saldo im Soll. Ein Verlust steht als Saldo im Haben.

Es ermöglicht dadurch einen Vergleich der Aufwendungen mit den Erträgen und die Berechnung eines Gewinns oder Verlustes. Auf dem Gewinn- und Verlustkonto wird ein Saldo ermittelt. Sind die Erträge (Haben) größer als die Aufwendungen (Soll), dann ist der Saldo im Soll des GuV-Kontos ein Gewinn. Im anderen Fall, d.h., die Aufwendungen sind größer als die Erträge, handelt es sich um einen Verlust. Der Verlust gleicht als Saldo das GuV-Konto im Haben aus.

Gewinne oder Verluste werden über das Eigenkapitalkonto abgeschlossen.

Dem Konto „Gewinn- und Verlust" kommt bei der Beurteilung eines Betriebes eine wesentliche Bedeutung zu. Mit diesem Konto, bzw. der sogenannten Gewinn- und Verlustrechnung, kann ein außenstehender Dritter feststellen, wie „gut" ein Unternehmen gewirtschaftet hat. Von besonderem Interesse ist dabei das Ergebnis der eigentlichen betrieblichen Tätigkeit, d.h. der Anteil des Gewinns (oder Verlustes), der durch den eigentlichen Betriebszweck erzielt wurde.
Zudem ist der Gewinn die Basis der Besteuerung des Unternehmens.

Aufgabe

Stellen Sie bei den folgenden Konten fest, ob es sich um Bestands- oder Erfolgskonten handelt. Ermitteln Sie dann jeweils ob es sich um Aktiv- oder Passivkonten bzw. um Aufwands- oder Ertragskonten handelt.

a Zinserträge
b Mietaufwand
c Verbindlichkeiten a. LL
d Kfz-Steuer
e Umsatzerlöse
f Betriebs- und Geschäftsausstattung
g Forderungen a. LL
h Eigenkapital
i Löhne
j Erträge aus Mitgliedschaften
k Darlehen
l Bürobedarf

Wie entsteht auf dem GuV-Konto ein Gewinn bzw. Verlust? Betrachten wir die zwei Fälle ausführlich:

Fall 1: Gewinn

Erträge (Haben) > Aufwendungen (Soll) = Gewinn (Soll)

Gewinn- und Verlustkonto (GuV-Konto)	
Soll	Haben
AUFWENDUNGEN	**ERTRÄGE**
EK (GEWINN)	

Der Buchungssatz zum Abschluss des GuV-Kontos für den Fall, dass Gewinn erzielt wurde, lautet:

Gewinn- und Verlustkonto an Eigenkapital

Diese Buchung entspricht der **Mehrung** des Eigenkapitals im Haben.

Fall 2: Verlust

Erträge (Haben) < Aufwendungen (Soll) = Verlust (Haben)

Gewinn- und Verlustkonto (GuV-Konto)	
Soll	Haben
AUFWENDUNGEN	ERTRÄGE
	EK (VERLUST)

Der Buchungssatz in diesem eher unangenehmen Verlustfall lautet:

Eigenkapital an Gewinn- und Verlustkonto

Auch hier können Sie die Logik des Kontensystems entdecken. Die **Minderungen** des Eigenkapitalkontos stehen im Soll, der Verlust wird ebenfalls dort gebucht.

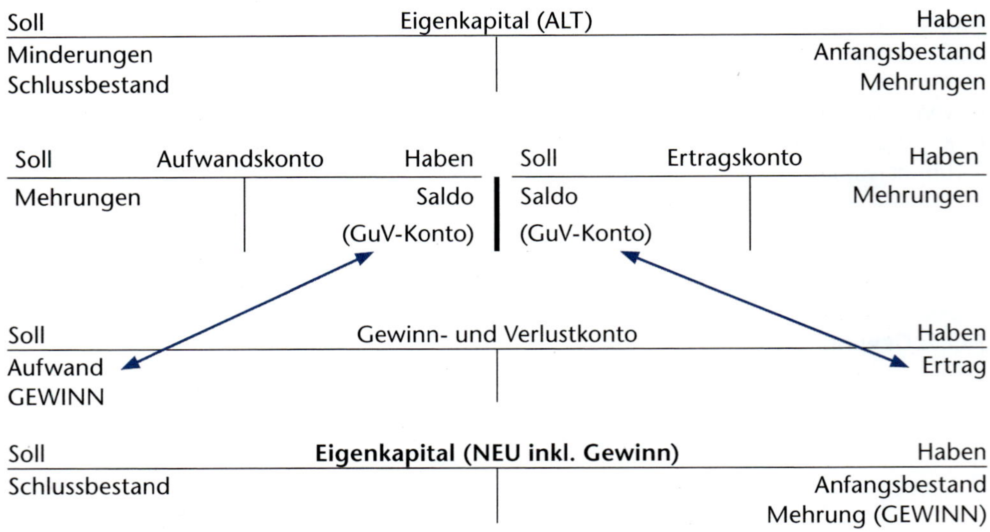

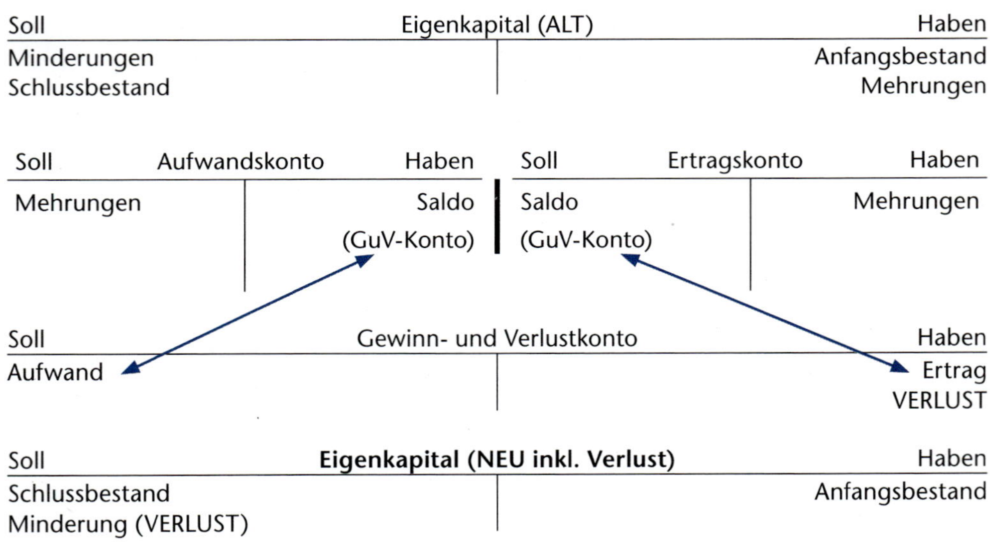

Soll	Gewinn- und Verlustkonto (GuV-Konto)	Haben
Aufwendungen		ERTRÄGE
GEWINN		

Soll	Gewinn- und Verlustkonto (GuV-Konto)	Haben
Aufwendungen		ERTRÄGE
		VERLUST

Aufgabe
Geschäftsgang unter Anwendung der Buchungsregeln:

Anfangsbestände:

Grundstücke und Gebäude	1.200.000,00	Eigenkapital	???
BGA	320.000,00	Hypothek	200.000,00
Fitnessgeräte	237.000,00	Darlehen	150.000,00
Fuhrpark	45.000,00	Verbindlichkeiten	45.000,00
Warenvorräte	2.000,00		
Forderungen	21.000,00		
Kasse	11.000,00		
Bank	35.000,00		

1. ***Erstellen Sie die Eröffnungsbilanz.***
2. ***Erstellen Sie das Konto Saldenvorträge.***
3. ***Eröffnen Sie die Konten (Buchungssätze!) mithilfe des Kontos Saldenvorträge.***
4. ***Buchen Sie die Geschäftsvorfälle (Buchungssätze – Grundbuch).***
5. ***Übertragen Sie die Buchungssätze auf die Konten (Konten – Hauptbuch).***
6. ***Schließen Sie die Erfolgskonten (Aufwands- und Ertragskonten) über das Konto Gewinn und Verlust ab und buchen Sie den Saldo auf das Konto Eigenkapital (mit Buchungssatz).***
7. ***Schließen Sie die Konten über das Schlussbilanzkonto ab (Grund- und Hauptbuch).***
8. ***Erstellen Sie eine Schlussbilanz (Schlussbestände laut Inventur = Buchbestände).***
Erfolgskonten: Erträge aus Mitgliedschaften, Fremdinstandhaltung, Büromaterial, Löhne, Gehälter, Porto – Telefon – Telefax, Zinsaufwendungen, Mietaufwendung

Geschäftsvorfälle:

a Kauf von Handelswaren auf Ziel lt. ER 6241 .... 2.000,00
b Zahlung von Gehältern per Banküberweisung 5.000,00
c Kunden überweisen Mitgliedsbeiträge 27.000,00
d Kauf von Briefmarken gegen Barzahlung 90,00
e Kauf eines Pkws auf Ziel 8.900,00
f Zahlung von Zinsen per Banküberweisung 200,00
g Zahlung von Löhnen per Banküberweisung 1.500,00

h	*Kauf von Bleistiften und Kugelschreibern gegen bar*	*35,00*
i	*Reparatur einer Rudermaschine auf Ziel lt. ER 2231*	*290,00*
j	*Zahlung von Miete für die Geschäftsräume per Banküberweisung*	*2.400,00*
k	*die Bank schreibt Zinsen gut*	*120,00*
l	*Kauf eines Schreibtischs auf Ziel*	*400,00*
m	*Tilgung eines Darlehens per Banküberweisung*	*2.500,00*
n	*Zahlung der ER 6241 per Banküberweisung*	
o	*Bareinzahlung auf das Bankkonto*	*200,00*
p	*Zahlung der ER 2231 per Banküberweisung*	
q	*Barverkauf eines gebrauchten Steppers zum Buchwert für*	*250,00*

9. ***Skizzieren Sie das Gewinn- und Verlustkonto mit den Posten Aufwand und Ertrag für die drei denkbaren Fälle des Saldos (Gewinn, Verlust, kein Saldo).***

10. ***„Die Aufwands- und Ertragskonten verhalten sich als Unterkonten des Eigenkapitals wie das Eigenkapital." Erläutern Sie diese Aussage.***

11. ***Warum haben Aufwands- und Ertragskonten zu Beginn eines Geschäftsjahres keine Bestände?***

Die grundsätzliche Logik des formalen Systems „Buchführung" ist Ihnen nach dem Durcharbeiten der bisherigen Seiten des Lernfeldes 3 bekannt. Sie ist Voraussetzung für die praxisgerechte Nutzung eines Buchführungsprogramms. Im weiteren Verlauf erweitert sich lediglich das bestehende System um zusätzliche Konten, die aber alle Bestandteile des bekannten Systems sind.

Jedes Konto, das zukünftig zu den bereits bekannten Konten dazukommt, ist entweder ein Bestands- oder Erfolgskonto.

Bei den Belegbuchungen müssen Sie eigentlich nur folgende Schritte beachten:

1. Wer hat diesen Beleg ausgestellt? (Rechnung von wem und an wen?)
2. Um welche Belegart handelt es sich (Rechnung, Quittung, Bankauszug etc.)?
3. Von wann ist dieser Beleg?
4. Welche Konten werden angesprochen?
5. Welcher Buchungstext soll verwendet werden?
6. Welche Beträge sind zu buchen?
7. Welche Belegnummer ist zu verwenden?
8. Welche Steuern sind enthalten (z. B. allgemeiner Steuersatz oder ermäßigter Steuersatz)? (Die meisten Programme verfügen über eine Steuerautomatik, die dann selbstständig die erforderlichen Umbuchungen macht.)

In der betrieblichen Realität können Sie nun Belege in ein Buchführungsprogramm eingeben. Das Führen der Konten erledigt dabei ein Computer. Buchhaltungssoftware existiert u. a. für Rechner mit den Betriebssystemen Microsoft Windows, Linux und Mac OS X.

Aufgabe

Erstellen Sie eine kurze Übersicht aktueller Buchführungsprogramme für Unternehmungen der Sport- und Fitnessbranche! Gehen Sie auch auf Unterschiede zwischen Vereinen, Hotels und Fitnessstudios ein. Recherchieren Sie relevante Kriterien zur Beurteilung der Software im Internet.

5.4 Das Kassenbuch führen

Viele der bisher vorgestellten Konten wirken auf Schüler der Berufsschule eher kompliziert oder befremdlich und sie entstammen nicht der Welt der Schüler. Anders verhält es sich beim Kassenbuch. Dieses ist den meisten Schülern auch vor der Ausbildung zum Sport- und Fitnesskaufmann in seinen Grundzügen bekannt und verständlich.

Aufgabe

Experiment „persönliches Kassenbuch" (freiwillig und nur für Sie selbst!)
- *Führen Sie eine Woche lang über Ihre Ausgaben und Einnahmen Buch.*
- *Ordnen Sie Einnahmen und Ausgaben Oberbegriffen zu (Bücher, Sportgeräte, Taschengeld, Nebenjob, Getränke, CDs etc.).*
- *Ermitteln Sie täglich, wie viel Geld Sie noch zur Verfügung haben.*

Das Kassenbuch zeichnet die täglichen Zu- und Abflüsse im Bargeldverkehr auf. Die Einnahmen und Ausgaben werden dabei getrennt (z. B. in unterschiedlichen Spalten) abgebildet. Addiert man die Spalten Einnahmen und Ausgaben auf und saldiert dann das Ergebnis, sollte sich der rechnerische Bestand an Bargeld in der Kasse ergeben. Die meisten Kassenbücher werden heute elektronisch geführt.

Das Kassenbuch hat einige formale Grundbestandteile:
- die Bezeichnung „Kassenbuch",
- der erfasste Zeitraum,
- eine fortlaufende (Seiten-)Nummerierung,
- die Belegnummer,
- den Anfangsbestand,
- den Kassenendbestand,
- die Summen (Einnahmen, Ausgaben),
- die Bezeichnung der Kassenbewegung.

Die Pflicht zur Führung eines Hilfsbuchs der Buchhaltung wird aus dem § 146 AO abgeleitet:

Abgabenordnung

§ 146 Ordnungsvorschriften für die Buchführung und für Aufzeichnungen
(1) Die Buchungen und die sonst erforderlichen Aufzeichnungen sind vollständig, richtig, zeitgerecht und geordnet vorzunehmen. Kasseneinnahmen und Kassenausgaben sollen täglich festgehalten werden.

Die Unternehmung MonKey (http://www.monkey-office.de) stellt u.A. eine kostenlose Software als Download zur Verfügung. Das Programm wird beworben mit:

(...) Basisfunktionen

Freeware

Bereits in der kostenlosen Version unterstützt MonKey Office dich perfekt bei der vorbereitenden Buchführung für deinen Steuerberater. Du kannst die Adressen deiner Geschäftspartner und Kunden verwalten, ein Kassenbuch führen oder alle ein- und ausgehenden Rechnungen (offene Posten) sowie die darauf geleisteten Zahlungen erfassen. Und mit dem integrierten DATEV-Export leitest du alle Daten papierlos an deinen Steuerberater weiter und sparst die Kosten für das sonst erforderliche erneute Erfassen der Vorgänge.

Einfacher Start

MonKey Office bietet umfassend konfigurierte Vorlagen für einen problemlosen Einstieg in die eigene Buchführung. Verschiedene DATEV-Kontenpläne stehen jeweils als EÜR- und Bilanzversion zur Verfügung und machen das Einrichten deiner Firma zum Kinderspiel. Die Vorlagen umfassen neben dem Kontenplan viele weitere Bereiche, beispielsweise Steuersätze, Nummernkreise, Zuordnungen für den Aufbau der Gewinnermittlung oder der Steuermeldungen, Druckformulare, Import- oder Exportdefinitionen und mehr.

Kunden und Geschäftspartner im Blick

Alles Wichtige zu Kunden und Lieferanten wird in der Adressverwaltung dargestellt. Kategorien, Anschriften, Kommunikation, Bankverbindungen, Lieferkonditionen, Zahlungsbedingungen, Notizen und vieles mehr.

Die Kasse stimmt

Einnahmen-Ausgaben-Erfassung mit Buchungsvorlagen: Das Kassenbuch tagesaktuell im Griff. (...)

Quelle: https://www.monkey-office.de/products/monkeyoffice/index.html, Stand 07.09.2016

5.5 Die Umsatzsteuer beim Buchen berücksichtigen

5.5.1 Das System der Umsatzsteuer verstehen

Auf jeder Produktionsstufe von der Urerzeugung bis zum Endverbraucher entsteht ein Mehrwert, der versteuert wird. Durch die Umsatzsteuer bzw. Mehrwertsteuer beteiligt sich der Staat an der Wertschöpfung. Der allgemeine Steuersatz für steuerpflichtige Umsätze liegt derzeit bei 19 %. Der ermäßigte Steuersatz liegt derzeit bei 7 %. Er gilt z. B. für Lebensmittel und Bücher.

*Die Umsatzsteuer ist für Unternehmungen ein **durchlaufender Posten**. Träger dieser Steuer ist einzig der **Endverbraucher**.*

Das System der Mehrwertsteuer besteuert auf jeder Stufe des Produktionsprozesses bis hin zum Endverbraucher den zahlenmäßigen Mehrwert. Es wird im Umsatzsteuergesetz (UStG) geregelt.

Beispiel:
Winfried Werner hat ein kleines Waldstück. Er fällt dort Bäume und verkauft diese an ein Sägewerk für 1.000,00 € (netto) plus 19 % Umsatzsteuer gleich 1.190,00 €.
Das Sägewerk schneidet die Bäume zu und entrindet sie. Das Ergebnis dieser Tätigkeit wird an die Möbelfabrik „AKKI" für 1.500,00 € (netto), bzw. 1.785,00 € (brutto) verkauft.
Die Möbelfabrik bearbeitet das Holz zu massiven Holzschrankwänden. Diese werden an den Möbelgroßhändler „Möbel Meister aus Minden" für 2.900,00 € (3.451,00 € inklusive Mehrwertsteuer) verkauft.
Möbel Meister verkauft die Schrankwand an die Möbeleinzelhändlerin Holzkonzept e. Kfr. für 4.600,00 € (5.474,00 € brutto).
Lars Löwe kauft bei Holzkonzept e. Kfr. die Schrankwand für 10.115,00 € inklusive Mehrwertsteuer.

Der entstandene Mehrwert von der Urerzeugung (Fällen des Baumes) bis hin zum Wohnzimmer von Herrn Löwe beträgt, unter der Annahme eines Mehrwertsteuersatzes von 19 %, 7.500,00 €. Dieser Wert lässt sich mithilfe eines einfachen Dreisatzes ermitteln:

Rechnung (Dreisatz)

Verkaufspreis inkl. 19 % Mehrwertsteuer (brutto)	= 10.115,00 €
Verkaufspreis entspricht einem um 19 % vermehrten Grundwert, also	119 %
Verkaufspreis ohne 19 % Mehrwertsteuer (netto) entspricht	100 %
Nettoverkaufspreis = 10.115,00 € · 100 % geteilt durch 119 %	= 8.500,00 €
Die Mehrwertsteuer beträgt (19 % von 8.500,00 €)	1.615,00 €

Die Berechnung des Nettoverkaufspreises erfolgt mithilfe eines einfachen Dreisatzes. Der Bruttoverkaufspreis (inklusive Mehrwertsteuer) entspricht dabei einem um 19 % vermehrten Grundwert, also 119 %.

Das Inkasso der Mehrwertsteuer ist für die Unternehmungen ein durchlaufender Posten, d. h., mit Ausnahme des zusätzlichen Verwaltungsaufwands entstehen für die Unternehmungen keinerlei Aufwendungen oder Erträge. Sie zahlen lediglich den Differenzbetrag der vereinnahmten und der verausgabten Umsatzsteuer an das Finanzamt.
Zurück zum o. g. Beispiel. Die folgende Tabelle stellt den Sachverhalt der Wertschöpfung dar:

Verkäufer/Einkäufer	Bruttoeinkaufspreis	Bruttoverkaufspreis	Mehrwert (brutto)	Mehrwert (netto)	Mehrwertsteuer (19 % vom Mehrwert)
Winfried Werner	0,00	1.190,00	1.190,00	1.000,00	190,00
Sägewerk	1.190,00	1.785,00	595,00	500,00	95,00
Möbelfabrik	1.785,00	3.451,00	1.666,00	1.400,00	266,00
Möbelgroßhandel	3.451,00	5.474,00	2.023,00	1.700,00	323,00
Möbeleinzelhandel	5.474,00	10.115,00	4.641,00	3.900,00	741,00
Verbraucher	10.115,00				

Der Verbraucher zahlt 10.115,00 €, inklusive 1.615,00 € Mehrwertsteuer.

Zahllast

Die Zahllast ist der Unterschiedsbetrag zwischen der Umsatzsteuer aus dem Verkauf und der Vorsteuer aus dem Einkauf von Gütern und Dienstleistungen. Sie wird monatlich an das Finanzamt überwiesen.

Beispiel:
Der Möbelgroßhandel „Möbel Meister" kassiert 874,00 € Umsatzsteuer aus dem Verkauf. Dieser Betrag entspricht dem kalkulierten Verkaufspreis in Höhe von 4.600,00 € plus 19 % Umsatzsteuer. „Möbel Meister" hat im Einkauf für die Schrankwand 3.451,00 € bezahlt, d. h. 2.900,00 € Warenwert plus 551,00 € Umsatzsteuer aus dem Einkauf (= Vorsteuer).
Die Differenz (874,00 € – 551,00 € = 323,00 €) überweist „Möbel Meister" dem Finanzamt. Von der vereinnahmten Steuer wird die verausgabte Steuer abgezogen und die Differenz überwiesen. Daher hat die Umsatzsteuer für Unternehmungen den Charakter eines „durchlaufenden Postens".

	Umsatzsteuer aus dem Verkauf	874,00 €
–	Umsatzsteuer aus dem Einkauf	551,00 €
=	**Zahllast**	323,00 €

Durch Addition der einzelnen Überweisungen (rechte Spalte der Tabelle oben) wird der gesamte Betrag der Mehrwertsteuer erreicht:

Mehrwertsteuer (19 % vom Mehrwert)	Summe (aufaddiert)
190,00	190,00
95,00	285,00
266,00	551,00
323,00	874,00
741,00	1.615,00

Den gesamten Betrag der Mehrwertsteuer trägt der Endverbraucher. Das Finanzamt erhält diesen Gesamtbetrag durch die Summe der einzelnen Überweisungen der wertschöpfenden Stufen.

Die Umsatzsteuer im Einkauf heißt Vorsteuer.
Die Umsatzsteuer im Verkauf heißt Umsatzsteuer.

Beide Posten werden buchhalterisch als Bestandskonten geführt.

Das Konto Vorsteuer ist ein aktives Bestandskonto. Es hat den Charakter von „Forderungen gegenüber dem Finanzamt".
Das Konto Umsatzsteuer ist ein passives Bestandskonto. Es hat den Charakter von „Verbindlichkeiten gegenüber dem Finanzamt".

Der Unternehmer ermittelt monatlich die Zahllast und teilt diese dem Finanzamt auf besonderen Vordrucken mit. Diese Umsatzsteuervoranmeldung kann bei geringer Umsatzsteuer auch vierteljährlich angemeldet werden. Die Überweisung der Zahllast muss innerhalb von 10 Tagen nach Ablauf des Voranmeldezeitraums erfolgen.

Umsatzsteuergesetz

§ 18 Besteuerungsverfahren
(1) Der Unternehmer hat bis zum 10. Tag nach Ablauf jedes Voranmeldungszeitraums eine Voranmeldung nach amtlich vorgeschriebenem Datensatz durch Datenfernübertragung nach Maßgabe der Steuerdaten-Übermittlungsverordnung zu übermitteln, in der er die Steuer für den Voranmeldungszeitraum (Vorauszahlung) selbst zu berechnen hat. Auf Antrag kann das Finanzamt zur Vermeidung von unbilligen Härten auf eine elektronische Übermittlung verzichten; in diesem Fall hat der Unternehmer eine Voranmeldung nach amtlich vorgeschriebenem Vordruck abzugeben. § 16 Abs. 1 und 2 und § 17 sind entsprechend anzuwenden. Die Vorauszahlung ist am 10. Tag nach Ablauf des Voranmeldungszeitraums fällig.

Vorsteuerüberhang

Bei Geschäftsgründungen und unter anderen, bestimmten Umständen kann es passieren, dass die Vorsteuer größer ist als die Umsatzsteuer. Dieser Fall wird mit dem Begriff „Vorsteuerüberhang" bezeichnet. Das Finanzamt überweist Unternehmungen den ausgewiesenen Vorsteuerüberhang.

Vorsteuer > Umsatzsteuer

	Umsatzsteuer aus dem Einkauf (Vorsteuer)	700,00 €
–	Umsatzsteuer aus dem Verkauf	200,00 €
=	**Vorsteuerüberhang**	500,00 €

5.5.2 Die Buchung der Vorsteuer im Einkauf

Vorsteuer ist ein aktives Bestandskonto (zur Erinnerung: Anfangsbestand und Mehrungen im Soll, Minderungen und Schlussbestand im Haben).

Beispiel:
Das Fitnessstudio FFP kauft für seine Kunden exklusive und aus 1.000 Stück limitierte Sportuhren mit FFP-Logo und Pulsmesser. Der Preis im Einkauf beträgt 120,00 € (netto) für eine Uhr. Das Studio bestellt für alle Filialen der Fitnesskette insgesamt 1.000 Uhren. Es gilt der allgemeine Steuersatz (19 %).

Rechnung:

1.000 · 120,00 € =	120.000,00 € Warenwert (netto)
hinzu kommen	22.800,00 € Umsatzsteuer
Rechnungsbetrag	142.800,00 € (brutto)

Buchung:

Handelswaren	120.000,00 €			
Vorsteuer	22.800,00 €	an	Verbindlichkeiten a. LL	142.800,00 €

Das aktive Bestandskonto Vorsteuer weist Forderungen gegenüber dem Finanzamt aus.

Vereinfacht:

Einkauf von Gütern und Dienstleistungen Vorsteuer	an	Verbindlichkeiten oder Bank oder Kasse

5.5.3 Die Buchung der Umsatzsteuer im Verkauf

Umsatzsteuer ist ein passives Bestandskonto (zur Erinnerung: Anfangsbestand und Mehrungen im Haben, Minderungen und Schlussbestand im Soll).

Beispiel:
Das Fitnessstudio FFP hat alle 1.000 Sportuhren innerhalb von drei Tagen an Kunden verkauft. Der Verkaufspreis der Uhren betrug 178,50 € pro Stück inklusive Umsatzsteuer. Der Verkauf erfolgte ausschließlich an gute Kunden und auf Rechnung, d. h., die Kunden müssen die Uhren noch bezahlen.

Rechnung

1.000 · 178,50 € =	178.500,00 € Warenwert (brutto)
darin enthalten	28.500,00 € Umsatzsteuer
Warenwert	150.000,00 € (netto)

Buchung:

Forderungen	178.500,00 €	an	Umsatzerlöse	150.000,00 €
			Umsatzsteuer	28.500,00 €

Das Konto Umsatzsteuer ist ein passives Bestandskonto, welches Verbindlichkeiten gegenüber dem Finanzamt ausweist. Die Umsatzsteuer aus dem Verkauf ist für FFP zunächst eine Umsatzsteuerschuld. Allerdings darf die gebuchte Vorsteuer aus dem Einkauf von Gütern und Dienstleistungen mit dieser Schuld verrechnet werden.

Vereinfacht:

Forderung oder Kasse oder Bank	an	Umsatzerlöse
	an	Umsatzsteuer

5.5.4 Der Abschluss der Konten

Zum Monatsende wird i. d. R. das Konto Vorsteuer über das Konto Umsatzsteuer abgeschlossen. Der Saldo auf dem Konto Umsatzsteuer entspricht der Zahllast. In unserem Beispiel lässt sich die Zahllast einfach berechnen:

Umsatzsteuer aus dem Verkauf		28.500,00 €
–	Umsatzsteuer aus dem Einkauf	22.800,00 €
=	**Zahllast**	5.700,00 €

Die Kontendarstellung sieht folgendermaßen aus:

S	Vorsteuer		H
Verb. a. LL	22.800,00		

S	Umsatzsteuer		H
		Ford. a. LL	28.500,00

Es erfolgt zunächst eine Prüfung, ob der Saldo des Kontos Umsatzsteuer größer ist als der Saldo des Kontos Vorsteuer. In diesem Fall ergibt sich eine Zahllast und das Konto Vorsteuer wird über das Konto Umsatzsteuer abgeschlossen.

S	Vorsteuer		H
Verb. a. LL	22.800,00	Umsatzsteuer	22.800,00

S	Umsatzsteuer		H
Vorsteuer	22.800,00	Ford. a. LL	28.500,00

Der Buchungssatz zum Abschluss des Kontos Vorsteuer lautet:

Umsatzsteuer 22.800,00 an Vorsteuer 22.800,00

Danach wird das Konto Umsatzsteuer abgeschlossen.

Fall 1: Überweisung der Zahllast

Der Saldo des Kontos Umsatzsteuer wird bis zum 10. des Folgemonats überwiesen.

S	Vorsteuer		H
Verb. a. LL	22.800,00	Umsatzsteuer	22.800,00

S	Umsatzsteuer		H
Vorsteuer	22.800,00	Ford. a. LL	28.500,00
Bank	5.700,00		
	28.500,00		28.500,00

Der Buchungssatz der Überweisung lautet:

Umsatzsteuer 5.700,00 an Bank 5.700,00

Fall 2: Passivierung der Zahllast

Am Ende des Geschäftsjahres wird die Zahllast noch nicht überwiesen. Die Verpflichtung zur Zahlung der Zahllast besteht aber bereits. Daher wird die Zahllast als „sonstige Verbindlichkeit“ in der Schlussbilanz auf der Passivseite geführt. Dieser Vorgang hat die Bezeichnung „Passivierung der Umsatzsteuerzahllast“.

S	Umsatzsteuer		H
Vorsteuer	22.800,00	Ford. a. LL	28.500,00
SBK	5.700,00		
	28.500,00		28.500,00

Die Passivierung der Zahllast wird folgendermaßen gebucht:

Umsatzsteuer	5.700,00	an	Schlussbilanzkonto	5.700,00

Analog zu den Aussagen zur Umsatzsteuerzahllast lässt sich der Vorsteuerüberhang verbuchen.

Abschluss des Kontos Umsatzsteuer über Vorsteuer und anschließende Aktivierung des Vorsteuerüberhangs:

Umsatzsteuer	an	Vorsteuer
Schlussbilanzkonto	an	Vorsteuer

Die Konten Vor- und Umsatzsteuer werden in der Praxis nicht manuell gebucht! Moderne Buchführungsprogramme verfügen über eine Steuerautomatik, welche die Konten fachgerecht saldiert. Zudem werden für Umsätze der verschiedenen Steuersätze (zurzeit 7 % und 19 %) verschiedene Konten, wie beispielsweise „Umsätze Inland mit 19 % USt", angelegt.

Die Begriffe im Überblick:

Begriff	Erläuterung	Dimension
Nettoverkaufspreis	Verkaufspreis ohne Mehrwertsteuer	(€)
Bruttoverkaufspreis	Verkaufspreis mit Mehrwertsteuer	(€)
Mehrwert	Differenz des Nettoverkaufs- und Nettoeinkaufspreises	(€)
Mehrwertsteuersatz	Prozentsatz des Nettopreises, der an das Finanzamt geht	(Prozent)
Mehrwertsteuer	Betrag, der an das Finanzamt geht	(€)
Vorsteuer	Umsatzsteuer beim Einkauf (Forderungscharakter)	(€)
Umsatzsteuer	Umsatzsteuer beim Verkauf (Verbindlichkeitscharakter)	(€)
Zahllast	Überweisung an das Finanzamt; errechnet sich aus Umsatzsteuer minus Vorsteuer (wenn Umsatzsteuer > Vorsteuer)	(€)
Vorsteuerüberhang	Überweisung vom Finanzamt; errechnet sich aus Vorsteuer minus Umsatzsteuer (wenn Vorsteuer > Umsatzsteuer)	(€)

Die Beschaffung und der Verkauf von Waren sowie die buchhalterische Erfassung (einschließlich Umsatzsteuer) dieser Prozesse finden Sie in Lernfeld 6.

Aufgaben

1. ***Erläutern Sie das System der Besteuerung des Mehrwertes auf den verschiedenen Produktionsstufen mithilfe eines selbst gewählten Beispiels.***
2. ***Welchen Charakter hat das Konto „Vorsteuer"?***
3. ***Welchen Charakter hat das Konto „Umsatzsteuer"?***
4. ***Wie wird die Zahllast ermittelt?***

5. ***Wann entsteht ein Vorsteuerüberhang?***
6. ***Welche Folge hätte ein regelmäßiges Entstehen eines Vorsteuerüberhangs?***
7. ***Sie kaufen Ware auf Ziel. Wie lautet der allgemeine Buchungssatz dazu?***
8. ***Sie verkaufen Ware auf Ziel. Wie lautet der allgemeine Buchungssatz dazu?***
9. ***Wie lautet der Buchungssatz zum Abschluss der Vor- und Umsatzsteuerkonten im Falle einer Zahllast?***
10. ***Wer ist Träger der Umsatzsteuer?***

5.6 Aufwendungen und Erträge beim Jahresabschluss zeitlich abgrenzen

Der Jahresabschluss wird für einen Bilanzstichtag, meist den 31. Dezember eines Jahres, angefertigt. Nun sind zu diesem Termin nicht alle Aufwendungen und Erträge bereits durch die entsprechenden Zahlungen ausgeglichen. Diese Tatsache muss durch die sogenannte zeitliche Abgrenzung in der Buchhaltung berücksichtigt werden. Dabei unterscheidet man vier Arten der zeitlichen Abgrenzung:

- sonstige Forderungen,
- sonstige Verbindlichkeiten,
- aktive Rechnungsabgrenzung und
- passive Rechnungsabgrenzung.

Für die buchhalterische Behandlung ist es dabei von besonderer Bedeutung, ob die Zahlung im nächsten Jahr erfolgen wird oder ob der Geldfluss bereits im Abschlussjahr stattgefunden hat.

Beispiele:

- *Das Golf- und Wellnessresort Lüneburger Heide hat einen Seminarraum langfristig an ein Unternehmen vermietet. Die Miete für den Monat Dezember in Höhe von 800,00 € wird jedoch erst am 10. Januar des nächsten Jahres per Lastschrift eingezogen.*
- *Die Fitnesskette FFP hat am 1. Oktober des Jahres zur Finanzierung des neuen Wellness-Bereiches ein Darlehen über 12.000,00 € aufgenommen. Die Zinsen für das Darlehen in Höhe von 1.200,00 € werden am 30. September des nächsten Jahres durch Banküberweisung gezahlt.*
- *Der SC Lüneburg e.V. hat eine Sporthalle gemietet. Die Jahresmiete in Höhe von 9.600,00 € wurde am 1. September für ein Jahr im Voraus per Banküberweisung gezahlt.*
- *Das Golf- und Wellnessresort Lüneburger Heide hat einen Seminarraum für ein Jahr an ein Unternehmen vermietet. Die Jahresmiete in Höhe von 6.000,00 € hat der Mieter am 1. August für ein Jahr im Voraus per Banküberweisung gezahlt.*

Zeitliche Abgrenzungen

- Sonstige Forderungen: Ist ein Ertrag wirtschaftlich dem Abschlussjahr zuzuordnen, die Zahlung geht aber erst im nächsten Jahr ein, so sind sonstige Forderungen beim Jahresabschluss zu erfassen (vgl. erstes Beispiel).
- Sonstige Verbindlichkeiten: Ist ein Aufwand wirtschaftlich dem Abschlussjahr zuzuordnen, die Zahlung wird aber erst im nächsten Jahr veranlasst, so sind sonstige Verbindlichkeiten beim Jahresabschluss zu erfassen (vgl. zweites Beispiel).
- Aktive Rechnungsabgrenzung: Ist eine Zahlung im Abschlussjahr erfolgt, der Aufwand ist jedoch dem nächsten Jahr zuzuordnen, so sind aktive Rechnungsabgrenzungen beim Jahresabschluss zu erfassen (vgl. drittes Beispiel).

- Passive Rechnungsabgrenzung: Ist eine Zahlung im Abschlussjahr eingegangen, der Ertrag ist jedoch dem nächsten Jahr zuzuordnen, so sind passive Rechnungsabgrenzungen beim Jahresabschluss zu erfassen (vgl. viertes Beispiel).

Die notwendigen Buchungen für die zeitliche Abgrenzung zum Jahresabschluss werden nun im Einzelnen dargestellt.

Sonstige Forderungen

Beispiel:
Das Golf- und Wellnessresort Lüneburger Heide hat einen Seminarraum langfristig an ein Unternehmen vermietet. Die Miete für den Monat Dezember in Höhe von 800,00 € wird jedoch erst am 10. Januar des nächsten Jahres per Lastschrift eingezogen.

Der Mietertrag ist wirtschaftlich dem Abschlussjahr zuzuordnen, da es sich um die Miete für den Monat Dezember handelt. Der Zahlungseingang erfolgt jedoch erst nach dem Jahresabschluss. Das Unternehmen muss in der Bilanz den Aktivposten „sonstige Forderungen" erfassen.

Der Buchungssatz zum Jahresabschluss lautet:

sonstige Forderungen	800,00	an	Mieterträge	800,00

Zum Jahresabschluss erfolgen somit noch die Buchungen:

Mieterträge	800,00	an	Gewinn- und Verlustkonto	800,00

und

Schlussbilanzkonto	800,00	an	sonstige Forderungen	800,00

Dadurch wird der Ertrag richtigerweise noch im Abschlussjahr gewinnerhöhend erfasst. Die eigentliche Buchung der Erträge („Bank an Mieterträge") würde ja erst nach dem Jahresabschluss erfolgen. Die Dezembermiete würde dann als Ertrag nicht ausgewiesen.

Der Zahlungseingang im nächsten Jahr wird nun gebucht:

Bank	800,00	an	sonstige Forderungen	800,00

Die Berücksichtigung des Postens „sonstige Forderungen" ist im Sport- und Fitnessbereich insbesondere dann von Bedeutung, wenn Mitgliedsbeiträge vereinbarungsgemäß erst im Folgemonat eingezogen werden.

Sonstige Verbindlichkeiten

Beispiel:
Die Fitnesskette FFP hat am 1. Oktober des Jahres zur Finanzierung des neuen Wellnessbereiches ein Darlehen über 12.000,00 € aufgenommen. Die Zinsen für das Darlehen in Höhe von 1.200,00 € werden am 30. September des nächsten Jahres durch Banküberweisung gezahlt.

Der Zinsaufwand ist wirtschaftlich teilweise dem Abschlussjahr zuzuordnen, da es sich um die Zinsen für ein Darlehen handelt, welches auch drei Monate des Abschlussjahres betrifft.

Die Zahlung erfolgt jedoch erst nach dem Jahresabschluss. Das Unternehmen muss in der Bilanz den Passivposten „sonstige Verbindlichkeiten" erfassen.

Der Buchungssatz für die anteiligen Monate lautet am Jahresabschluss:

Zinsaufwendungen	300,00	an	sonstige Verbindlichkeiten	300,00

Zum Jahresabschluss erfolgen dann die weiteren Buchungen:

Gewinn- und Verlustkonto	300,00	an	Zinsaufwendungen	300,00

und

sonstige Verbindlichkeiten	300,00	an	Schlussbilanzkonto	300,00

Dadurch wird der Aufwand richtigerweise noch im Abschlussjahr gewinnmindernd erfasst. Die eigentliche Buchung des Aufwands („Mietaufwand an Bank"") würde ja erst nach dem Jahresabschluss erfolgen. Die Zinsen für Oktober bis Dezember würden dann als Aufwand im Abschlussjahr nicht ausgewiesen.

Bei der Zahlung im nächsten Jahr wird nun gebucht:

sonstige Verbindlichkeiten	300,00			
Zinsaufwendungen	900,00	an	Bank	1.200,00

Bei der Zahlung im nächsten Jahr wird der Gesamtbetrag überwiesen. Die drei Monate des Abschlussjahres wurden nun bereits als Aufwand gebucht. Der Anteil des laufenden Geschäftsjahres wird bei der eigentlichen Zahlung als Aufwand gebucht.

Aufgabe

1. ***Erläutern Sie in eigenen Worten den Unterschied zwischen sonstigen Forderungen und sonstigen Verbindlichkeiten.***

2. ***Welche Besonderheiten sind beim Jahresabschluss zu berücksichtigen, wenn bei den sonstigen Forderungen nur ein anteiliger Betrag der Zahlung dem Abschlussjahr zuzurechnen ist? Entwickeln Sie ein eigenes Beispiel.***

3. ***Sie sind als Mitarbeiter der Fitnesskette FFP derzeit in der Finanzbuchhaltung eingesetzt. Zum Jahresabschluss sollen die zeitlichen Abgrenzungen durchgeführt werden. Nennen Sie die notwendigen Buchungen zum Jahresabschluss:***
   - *a Die Jahrespacht für eine gepachtete Tennishalle in Höhe von 24.000,00 € wird erst am 31. Juli des nächsten Jahres nachträglich überwiesen.*
   - *b Die Zinsen für ein Darlehen in Höhe von 200,00 € für den Monat Dezember werden erst am 12. Januar nächsten Jahres von unserem Bankkonto abgebucht.*
   - *c Für einen langfristig vermieteten Parkplatz geht vereinbarungsgemäß die Dezembermiete in Höhe von 100,00 € erst im Januar auf unser Bankkonto ein.*
   - *d Für einen weiteren vermieteten Parkplatz geht die Jahresmiete in Höhe von 1.200,00 € erst am 31. März des nächsten Jahres bei uns ein.*
   - *e Die Leasingrate in Höhe von 700,00 € für die Monate Oktober bis Dezember wird erst am 5. Januar nächsten Jahres von unserem Bankkonto abgebucht.*
   - *f Die Mitgliedsbeiträge für Dezember in Höhe von 1.600,00 € einiger Kunden werden vereinbarungsgemäß erst am 10. Januar des Folgejahres per Banklastschrift eingezogen.*

4. ***Nennen Sie jeweils den Buchungssatz des Zahlungseinganges bzw. des Zahlungsausganges für die Fälle a bis f der Aufgabe 3.***

Aktive Rechnungsabgrenzung (ARA)

Beispiel:
Der SC Lüneburg e. V. hat eine Sporthalle gemietet. Die Jahresmiete in Höhe von 9.600,00 € wurde am 1. September für ein Jahr im Voraus per Banküberweisung gezahlt.

Die Buchung bei Zahlung lautete am 1. September:

Mietaufwand	9.600,00	an	Bank	9.600,00

Der Mietaufwand ist wirtschaftlich teilweise dem nächsten Jahr zuzuordnen, da die Jahresmiete bis 31. August des nächsten Jahres gezahlt wurde. Für das Abschlussjahr wurde daher zu viel Aufwand gebucht. Zum Jahresabschluss muss dieser als Posten „aktiver Rechnungsabgrenzung" wieder „ausgebucht" werden.

Der Buchungssatz für die anteiligen Monate (Januar bis August des nächsten Jahres) lautet am Jahresabschluss:

aktive Rechnungsabgrenzung	6.400,00	an	Mietaufwand	6.400,00

Auf dem Aufwandskonto bleibt daher als Saldo nur der Aufwand für das Abschlussjahr:

S	Mietaufwand		H
Bank	9.600,00	ARA	6.400,00
		GuV	3.200,00
	9.600,00		9.600,00

Zum Jahresabschluss erfolgen dann die weiteren Buchungen:

Gewinn und Verlustkonto	3.200,00	an	Mietaufwendungen	3.200,00

und

Schlussbilanzkonto	6.400,00	an	aktive Rechnungsabgrenzung	6.400,00

Dadurch wird der Aufwand richtigerweise nur anteilsmäßig im Abschlussjahr erfasst.
Der Posten „aktive Rechnungsabgrenzung" auf der Aktivseite der Bilanz weist also den Betrag aus, den wir bereits als Ausgabe getätigt haben, für den wir als Unternehmen die Leistung aber erst im nächsten Jahr erhalten.

Bei der Eröffnung der Konten im neuen Jahr wird der anteilige Aufwand durch die Buchung „Aufwandskonto an ARA" übernommen.

Passive Rechnungsabgrenzung (PRA)

Beispiele:
Das Golf- und Wellnessresort Lüneburger Heide hat einen Seminarraum für ein Jahr an ein Unternehmen vermietet. Die Jahresmiete in Höhe von 6.000,00 € hat der Mieter am 1. August für ein Jahr im Voraus per Banküberweisung gezahlt.

Die Buchung bei Zahlungseingang lautete am 1. August:

Bank	6.000,00	an	Mieterträge	6.000,00

Der Mietertrag ist wirtschaftlich teilweise dem nächsten Jahr zuzuordnen, da die Jahresmiete bis 31. Juli des nächsten Jahres gezahlt wurde. Für das Abschlussjahr wurde daher zu viel Ertrag gebucht. Zum Jahresabschluss muss dieser als Posten „passive Rechnungsabgrenzung" wieder „ausgebucht" werden.

Der Buchungssatz für die anteiligen Monate (Januar bis Juli) lautet am Jahresabschluss:

Mieterträge	3.500,00	an	passive Rechnungsabgrenzung	3.500,00

Auf dem Ertragskonto bleibt daher als Saldo nur der Ertrag für das Abschlussjahr:

S	Mieterträge		H
PRA	3.500,00	Bank	6.000,00
GuV	2.500,00		
	6.000,00		6.000,00

Zum Jahresabschluss erfolgen dann die weiteren Buchungen:

Mieterträge	2.500,00	an	Gewinn- und Verlustkonto	2.500,00

und

passive Rechnungsabgrenzung	3.500,00	an	Schlussbilanzkonto	3.500,00

Dadurch wird der Ertrag richtigerweise nur anteilsmäßig im Abschlussjahr erfasst.
Der Posten „passive Rechnungsabgrenzung" auf der Passivseite der Bilanz weist also den Betrag aus, den wir bereits als Einnahme erhalten haben, für den wir als Unternehmen die Leistung aber erst noch im nächsten Jahr erbringen müssen.

Die Berücksichtigung des Postens „passive Rechnungsabgrenzung" ist im Sport- und Fitnessbereich insbesondere dann von Bedeutung, wenn Mitgliedsbeiträge vereinbarungsgemäß schon im Vormonat oder längerfristig im Voraus eingezogen werden.

Bei der Eröffnung der Konten im neuen Jahr wird der anteilige Ertrag durch die Buchung „PRA an Ertragskonto" übernommen.

Aufgabe

1. ***Erläutern Sie in eigenen Worten den Unterschied zwischen den aktiven und den passiven Rechnungsabgrenzungsposten.***
2. ***Erklären Sie den Unterschied zwischen den sonstigen Forderungen und den passiven Rechnungsabgrenzungen.***
3. ***Sie sind als Mitarbeiter der Fitnesskette FFP derzeit in der Finanzbuchhaltung eingesetzt. Zum Jahresabschluss sollen die zeitlichen Abgrenzungen durchgeführt werden. Nennen Sie den Buchungssatz der Zahlung und die notwendigen Buchungen zum Jahresabschluss:***
   a *Die Jahrespacht für eine gepachtete Tennishalle in Höhe von 24.000,00 € wird am 31. Juli des Jahres für ein Jahr im Voraus überwiesen.*

b Die Zinsen für ein Darlehen in Höhe von 200,00 € für den Monat Januar werden am 31. Dezember des Abschlussjahres von unserem Bankkonto abgebucht.
c Für einen langfristig vermieteten Parkplatz geht vereinbarungsgemäß die Januarmiete in Höhe von 100,00 € am 15. Dezember des Abschlussjahres auf unser Bankkonto ein.
d Für einen weiteren vermieteten Parkplatz geht die Jahresmiete in Höhe von 1.200,00 € am 31. März des Abschlussjahres für ein Jahr im Voraus bei uns ein.
e Die Leasingrate in Höhe von 700,00 € für die Monate Januar bis März wird am 28. Dezember des Abschlussjahres von unserem Bankkonto abgebucht.
f Die Mitgliedsbeiträge einiger Kunden für Januar in Höhe von 1.600,00 € werden vereinbarungsgemäß am 15. Dezember des Abschlussjahres per Banklastschrift eingezogen.

4. Nennen Sie die notwendigen Buchungssätze zur Übernahme der Aufwendungen und Erträge im neuen Geschäftsjahr.

6 Die gewonnenen Daten als Grundlage für ökonomische Entscheidungen nutzen

Das Rechnungswesen hat neben der Dokumentationsaufgabe auch die Funktion, Entscheidungen auf der Basis von harten Fakten („Zahlen") zu ermöglichen. Es ist damit das wichtigste Instrument zur kaufmännischen Steuerung und Kontrolle.

Hierzu werden Zahlen z. B. in das Verhältnis zu anderen Zahlen gesetzt, um damit eine Auswertung oder einen Vergleich zu ermöglichen. Im Sport- und Fitnessbereich sind diese Zahlen z. B.
- Anzahl der Mitglieder, Fluktuation in einem Sport- und Fitnessstudio,
- Auslastung der Zimmer in % bei einem Wellnesshotel,
- Mitgliederzahl bei einem Verein,
- erfolgreiche Teilnahme an Fortbildungsseminaren,
- Anzahl hochqualifizierter Trainer/-innen.

Absolute Zahlen sagen dabei im Normalfall wenig aus. Erst durch die Relativierung der Zahlen, z. B. durch den Vergleich mit Konkurrenten, können Aussagen getroffen werden:

Beispiele:
- *Unternehmen A hat in diesem Jahr 250.000,00 € Gewinn erzielt.*
- *Unternehmen B hat lediglich 100.000,00 € Gewinn erzielt.*

Diese absoluten Zahlen sagen zwar etwas über die absolute Höhe des Erfolges aus, aber es sind keine Aussagen über die Entstehungsgeschichte oder den zahlenmäßigen Input der Werte gemacht worden.

Beispiele:
Unternehmen A beschäftigt 5.000 Mitarbeiter und hatte 20 Millionen € Umsatz
Unternehmen B beschäftigt 20 Mitarbeiter und hatte 200.000,00 € Umsatz

Aufgabe
Wiederholen Sie die Kennzahlen Eigenkapital- und Umsatzrentabilität aus dem Lernfeld 1. Berechnen Sie diese Kennzahlen für das o. g. Beispiel.

Erst durch das Verhältnis der Zahlen zu anderen Größen wird ersichtlich, ob der erzielte Erfolg positiv, neutral oder eher negativ zu beurteilen ist. Ähnlich verhält es sich bei der Analyse der Bilanz und der Gewinn- und Verlustrechnung. Hier ist die Gegenüberstellung und Gewichtung von Zahlen im Rahmen der Grenzen der Bilanzanalyse ebenso wichtig.

6.1 Das Kennzahlensystem der finanzwirtschaftlichen Analyse nutzen

In der betriebswirtschaftlichen Praxis haben sich einige Kennzahlen etabliert. Es existieren umfassende Kennzahlensysteme, die ein Unternehmen aus unterschiedlichen Sichten beurteilen.

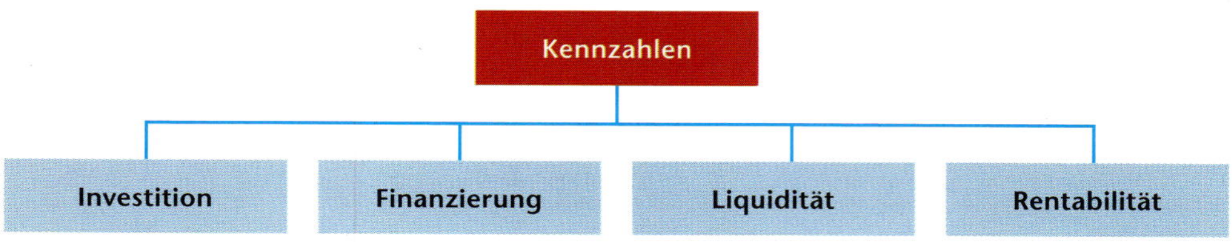

Kennzahlen der finanzwirtschaftlichen Analyse

6.2 Eine Investitionsanalyse durchführen

Die **Investitionsanalyse** befasst sich mit dem Vermögen (Aktivseite der Bilanz) des Unternehmens. Kennzahlen über das Vermögen haben vorrangig die Aufgabe, Aussagen über das Risikopotenzial eines Unternehmens zu machen und auf die Erfolgschancen bei einem entsprechenden Wachstum in der Branche hinzuweisen. Unter dem Aspekt des Risikos ist es für ein Unternehmen besser, das Anlagevermögen langfristig zu finanzieren. Die Ursache liegt darin, dass das Anlagevermögen Fixkosten verursacht, die zu einer andauernden Ausgabenbelastung führen können.

Kennzahl Anlagenintensität

Die Anlagenintensität gibt Auskunft über den Grad der Beweglichkeit des Unternehmens.

$$\text{Anlagenintensität} = \frac{\text{Anlagevermögen}}{\text{Gesamtvermögen}} \cdot 100$$

Eine hohe Anlagenintensität ist z. B. in einer wirtschaftlichen Krisenzeit eher negativ zu beurteilen, da Kapazitäten nicht genutzt werden können. Die Ursachen einer hohen Anlagenkapazität können branchenbedingt sein (z. B. bei Transportunternehmen oder im Schiffbau). Auch kann sie durch Rationalisierungsmaßnahmen hervorgerufen sein.

Kennzahl Umlaufintensität

$$\text{Umlaufintensität} = \frac{\text{Umlaufvermögen}}{\text{Gesamtvermögen}} \cdot 100$$

Eine im Vergleich zur Branche überdurchschnittlich hohe Umlaufintensität lässt z. B. auf eine hohe Materialintensität, hohe Lagerbestände oder einen hohen Forderungsbestand schließen.

Weitere Kennzahlen zur Investitionsanalyse sind denkbar.

6.3 Eine Finanzierungsanalyse erstellen

Die **Finanzierungsanalyse** macht mithilfe der Kapitalseite der Bilanz deutlich, ob sich ein Unternehmen finanziell solide verhält. Die Finanzierungsanalyse hat zum Kern, die Versorgung des Unternehmens mit Eigenkapital zu messen. Daher werden Aussagen zur Finanzierung eines Unternehmens hauptsächlich mit den beiden Kennzahlen **Eigenkapitalquote** und **Verschuldungsgrad** getroffen.

Kennzahl Eigenkapitalquote

$$\text{Eigenkapitalquote} = \frac{\text{Eigenkapital}}{\text{Gesamtvermögen}} \cdot 100$$

Kennzahl Verschuldungsgrad

$$\text{Verschuldungsgrad} = \frac{\text{Fremdkapital}}{\text{Eigenkapital}} \cdot 100$$

Eine hohe Eigenkapitalquote und ein niedriger Verschuldungsgrad bedeuten eine hohe finanzielle Stabilität. Die Gefahr einer Insolvenz sinkt, da die Gläubiger sich jederzeit aus dem Vermögen bedienen können. Gleichzeitig werden Verluste aus der Geschäftstätigkeit durch das Eigenkapital aufgefangen.

Die vertikale Finanzierungsregel wird hierzu gern als Norm durch Kreditinstitute im Rahmen einer Kreditwürdigkeitsprüfung herangezogen.

	Kennzahl (Verschuldungsgrad)	**Urteil der Kreditinstitute**
1 : 1-Regel	$\frac{\text{Fremdkapital}}{\text{Eigenkapital}} \leq 1$	„erstrebenswert"
2 : 1-Regel	$\frac{\text{Fremdkapital}}{\text{Eigenkapital}} \leq 2$	„gesund"

Wenn ein Unternehmen einen erstrebenswerten Verschuldungsgrad hat, dann bekommt es auch leichter einen Kredit. Dies fördert die Möglichkeit, Investitionen durchzuführen, die ertragsträchtig erscheinen.

6.4 Die Liquidität eines Unternehmens analysieren

Bei der **Liquiditätsanalyse** wird die Vermögens- und Kapitalseite des Unternehmens betrachtet. Es wird untersucht, ob das Unternehmen zahlungsfähig ist und damit seinen Verpflichtungen (z. B. Verbindlichkeiten a. LL) nachkommen kann.

Um die Zahlungsfähigkeit eines Unternehmens genauer zu analysieren, wird die Vermögensseite mit der Kapitalseite verglichen. Die wesentliche Überlegung dabei ist, dass die Kapitalbindung und die Kapitalfristigkeit einander entsprechen.

Der **Grundsatz der Fristengleichheit** besagt, dass das langfristige Vermögen durch das langfristige Kapital finanziert werden sollte. Die Kapitalbindung sollte mit der Nutzungsdauer der Investition übereinstimmen. Die Nutzungsdauer einer Investition sollte mit der Dauer der Finanzierung übereinstimmen.

Die horizontale Finanzierungsregel (**goldene Bilanzregel**) besagt, dass das langfristige Kapital mindestens so hoch sein sollte wie das langfristige Vermögen. Hierdurch wird gewährleistet, dass die Gläubiger des Unternehmens durch die Einnahmen aus den anderen Vermögensgegenständen (Vorräte, Forderungen und liquide Mittel) befriedigt werden. Als Kennzahlen zur Beurteilung der Fristengleichheit wird der Deckungsgrad A und B verwendet.

Kennzahl Deckungsgrad

$$\text{Deckungsgrad} = \frac{\text{Eigenkapital}}{\text{Anlagevermögen}} \cdot 100$$

$$\text{Deckungsgrad B} = \frac{\text{Eigenkapital + langfristiges Fremdkapital}}{\text{Anlagevermögen}} \cdot 100$$

Die kurzfristige Betrachtung der Liquidität erfolgt mit einem Vergleich der Fristen auf Basis der kurzfristigen Verbindlichkeiten mit einer entsprechenden Vermögensgröße.

Barliquidität oder **Liquidität 1. Grades**	=	$\frac{\text{liquide Mittel}}{\text{kurzfristige Verbindlichkeiten}}$
Einzugsliquidität oder **Liquidität 2. Grades**	=	$\frac{\text{liquide Mittel + kurzfristige Forderungen}}{\text{kurzfristige Verbindlichkeiten}}$
Vorratsliquidität oder **Liquidität 3. Grades**	=	$\frac{\text{Umlaufvermögen}}{\text{kurzfristige Verbindlichkeiten}}$

Diese Liquiditätskennzahlen hängen eng mit der Bilanz zusammen. Die Bilanz ist eine Stichtagsgröße, die zu einem bestimmten Zeitpunkt gültig ist. Da die Bilanz eines Unternehmens mindestens drei Monate nach dem Stichtag veröffentlicht wird, sind die Größen in der Regel veraltet. Außerdem wird nicht deutlich, welche kurzfristigen Möglichkeiten das Unternehmen hat, zusätzliche Kredite zu beschaffen. Ein weiterer Schwachpunkt liegt darin, dass bestimmte Ursachen, die zu einer Zahlung führen, nicht berücksichtigt werden, zum Beispiel die Zahlung von Gehältern. Daher versucht man, durch eine zeitraumorientierte Größe einen besseren Überblick über die Zahlungsfähigkeit des Unternehmens zu bekommen. Hier ist z. B. der Cashflow die geeignete Größe.

6.5 Die Rentabilität eines Unternehmens ermitteln

Die **Rentabilitätsanalyse** hat die Aufgabe, eine Aussage über die Erfolgslage des Unternehmens zu machen. Hiermit kann auf die Leistungsfähigkeit des Unternehmens geschlossen werden. Zur Beurteilung der Ertragskraft bietet es sich an, die auf das eingesetzte Kapital erwirtschafteten Rendite zu berechnen und sie mit Renditen anderer Anlagemöglichkeiten zu vergleichen. Die Kennzahlen zeigen das Verhältnis zwischen Erfolg des Unternehmens und dem Kapitaleinsatz auf.

Dabei kann zwischen der Eigenkapital- und der Gesamtkapitalrentabilität unterschieden werden. Die Eigenkapitalrentabilität war Gegenstand des Lernfeldes 1. Mit der Gesamtkapitalrentabilität wird demgegenüber die Rentabilität des gesamten Unternehmens berechnet.

Kennzahl Gesamtkapitalrentabilität

$$\text{Gesamtkapitalrentabilität} = \frac{\text{Gewinn} + \text{Zinsaufwendungen}}{\text{Gesamtkapital}} \cdot 100$$

Aufgaben

Ein Fitnessstudio hat folgende (stark vereinfachte) Bilanz

Grundstücke & Gebäude	1.200.000,00	Eigenkapital	???
BGA	320.000,00	Hypothek	200.000,00
Fitnessgeräte	237.000,00	Darlehen	150.000,00
Fuhrpark	45.000,00	Verbindlichkeiten	45.000,00
Warenvorräte	2.000,00		
Forderungen	21.000,00		
Kasse	11.000,00		
Bank	35.000,00		

Der Gewinn im Geschäftsjahr betrug 180.000,00 €, der Umsatz lag bei 840.000,00 €

Bestimmen Sie die folgenden Kennzahlen

a Anlagen- und Umlaufintensität
b Eigenkapital-, Fremdkapitalquote
c Verschuldungsgrad
d Deckungsgrad A und B
e Barliquidität (Liquidität 1. Grades)
f Einzugsliquidität (Liquidität 2. Grades)
g Vorratsliquidität (Liquidität 3. Grades)
h Eigenkapitalrentabilität
i Gesamtkapitalrentabilität
j Umsatzrentabilität

Beurteilen Sie anschließend das Unternehmen.
Suchen Sie im Internet nach realen Vergleichszahlen der Konkurrenzunternehmen.

Lernfeld 4
Märkte analysieren und Marketingstrategien entwickeln

Gabriela: Hallo liebe Freunde der wohlfeilen Formulierung!

Thomas: Ist bei dir alles klar, Gabriela?

Gabriela: Ja, keine Angst. Ich arbeite im Betrieb gerade in der Marketingabteilung an einem Fragebogen für unsere Kunden, da gewöhne ich mich schon einmal an die gehobene Sprachebene. Du weißt ja, dass unsere Kunden im Golfhotel viel Wert darauf legen. Ich möchte heute unseren Deutschlehrer fragen, ob er mir da einige Tipps geben kann.

Thomas: Interessante Sache. Was fragt ihr denn so eure Kunden?

Gabriela: Wir fragen nach der Zufriedenheit, ob wir etwas verbessern können usw. Hintergrund ist die Tatsache, dass vor Kurzem zwei andere Golfanlagen in der Nähe aufgemacht haben. Jetzt ist die Konkurrenz natürlich größer, da müssen wir uns noch mehr ins Zeug legen, um unsere Kunden zufriedenzustellen. Darum fragen wir in Kürze direkt mal nach, um dann noch besser bzw. kundenorientierter zu werden. Wie sieht es eigentlich bei euch in der Fitnessbranche aus, gibt's da auch große Konkurrenz?

Thomas: Ehrlich gesagt, habe ich da gar keinen Überblick, wie viel Fitnessstudios es bei uns in der näheren Umgebung gibt und was die alles so anbieten. Müsste ich mal meinen Chef fragen.

Sarah tritt hinzu.

Thomas: Sarah, weißt du eigentlich, wie viele Vereine es in der Umgebung gibt?

Sarah: Jetzt nicht genau, aber ich kann bei uns im Betrieb nachschauen. Aber warum fragst du?

Thomas: Gabriela und ich haben uns gerade über die Konkurrenz unterhalten und uns gefragt, wie viele Mitbewerber es wohl bei uns gibt.

Sarah: Ach so. Na ja, so richtige Konkurrenten sind die Vereine ja nicht, eventuell nur im gleichen Ort. In kleineren Orten gibt es aber meist nur einen Verein, größere Orte können auch mehrere vertragen. Und bei uns treten die unterschiedlichen Vereine in den verschiedenen Sparten ja auch gegeneinander an – im Fußball, Handball usw.

Gabriela: Stimmt, das ist bei euch ja ein wenig anders als bei Thomas und mir. Jetzt bin ich aber neugierig geworden. Lasst uns doch mal recherchieren, wie viele Fitnessstudios, Golfanlagen und Sportvereine es in unserer Region gibt. Man muss doch wissen, wie der Markt aufgeteilt ist …

In diesem Kapitel stehen die Wünsche der Kunden und die Strategien der Unternehmen im Mittelpunkt, ihre Produkte und Dienstleistungen auf den Markt zu bringen. Hier finden Sie Antworten auf die folgenden Fragen ...

- Welche Wünsche und Bedürfnisse hat der Mensch?
- Was versteht man in der (Betriebs-)Wirtschaft unter einem Markt?
- Welche unterschiedlichen Marktformen gibt es?
- Wie können Unternehmen zusammenarbeiten, um konkurrenzfähiger zu sein?
- Welche Methoden gibt es, um den Markt und die dort handelnden Unternehmen und Kunden zu analysieren?
- Was muss man bei Kundenbefragungen beachten?
- Welche Kundentypen gibt es?
- Was versteht man unter Marketing?
- Welche Bereiche müssen alle geplant werden, um ein Produkt bzw. eine Dienstleistung auf den Markt zu bringen?
- Was versteht man unter Marketingmix?

1 Bedürfnisse und Interessenlagen der Wirtschaftssubjekte erschließen

Ein Markt ist der Ort, an dem Angebot und Nachfrage nach einem Gut aufeinandertreffen, unabhängig von der Lokalität, von der Zeit oder von weiteren Umständen.
Auf einem Markt agieren die sogenannten Wirtschaftssubjekte als Anbieter und Nachfrager. Jede selbstständig handelnde Einheit einer Volkswirtschaft wird als Wirtschaftssubjekt bezeichnet. Grundsätzlich werden bei den Wirtschaftssubjekten die privaten Haushalte, die Unternehmen, die Kapitalsammelstellen (Banken, Versicherungen etc.) und der Staat unterschieden. Die genannten Wirtschaftssubjekte können sowohl als Anbieter von Gütern und Leistungen auf dem Markt handeln als auch als Nachfrager.

Beispiele:

- *Beate Hornke (privater Haushalt) kauft in einem Supermarkt (Unternehmen) Nahrungsmittel für das Wochenende ein. Frau Hornke ist Nachfragerin, der Supermarkt Anbieter von Gütern.*
- *Beate Hornke (privater Haushalt) arbeitet als Sekretärin bei der Fitnesskette FFP (Unternehmen). Frau Hornke bietet ihre Arbeitsleistung an, die Fitnesskette FFP fragt die Arbeitsleistung nach.*
- *Die Fitnesskette FFP (Unternehmen) nimmt bei der Sparkasse (Kapitalsammelstelle) einen Kredit auf. Die Sparkasse ist Anbieter des Kredits, die Fitnesskette FFP Nachfrager.*

Materielle und immaterielle Dinge, die auf einem Markt durch die Wirtschaftssubjekte gehandelt werden, bezeichnet die Volkswirtschaft als Wirtschaftsobjekte. Gängiger ist hier jedoch mittlerweile die Bezeichnung als Gut.

Beispiele:
- *Beate Hornke kauft in einem Supermarkt Nahrungsmittel für das Wochenende ein. Die Nahrungsmittel sind die Wirtschaftsobjekte, die Güter.*
- *Beate Hornke arbeitet als Sekretärin bei der Fitnesskette FFP. Frau Hornke bietet als Gut ihre Arbeitsleistung an.*

Aufgabe

1. ***Auf einem Markt treten Unternehmen als Anbieter von Gütern und private Haushalte (Privatpersonen) als Nachfrager derselben auf. Dabei haben Privatpersonen und Unternehmen natürlich unterschiedliche Erwartungen, Interessen und Ansprüche an das Marktgeschehen.***
   a *Arbeiten Sie zunächst den methodischen Hinweis zur Kartenabfrage durch.*
   b *Bilden Sie in Ihrer Klasse zwei große Gruppen. Eine Gruppe vertritt die Unternehmensinteressen, die zweite die der Privatpersonen.*
   c *Führen Sie nun innerhalb der Gruppen jeweils eine Kartenabfrage durch. Sammeln Sie stichpunktartig möglichst viele Erwartungen, Ansprüche und Interessen Ihres betrachteten Marktteilnehmers.*

Methodischer Hinweis – Kartenabfrage

Die Kartenabfrage ist ein Brainstorming-Verfahren. Brainstorming ist eine Methode zum Finden vieler kreativer Vorschläge für die Lösung eines Problems. In Unternehmen werden die Verfahren dieser sogenannten Kreativitätstechniken z. B. genutzt, um neue Produktideen zu entwickeln oder um organisatorische Problemlösungen zu finden. Die Teilnehmer sammeln Ideen, die ihnen zum Thema einfallen, um daraus neue Denkanstöße zu gewinnen.
Ein Brainstorming besteht aus zwei Phasen:

- Phase 1 = Ideensammlung: Sammlung von Vorschlägen zur Problemlösung
- Phase 2 = Ideenauswertung: Analyse und Beurteilung der gefundenen Ideen für die Lösung des Problems

Durch eine Kartenabfrage werden möglichst viele Ideen, Anregungen und Gedanken in Stichworten gesammelt und sortiert. Diese Kreativitätstechnik wird häufig angewendet, wenn es um Ideenfindung in einer Gruppe geht.

Eine Kartenabfrage kann wie folgt durchgeführt werden:

- Die Fragestellung, Aufgabenstellung, Thematik oder das Problem werden exakt definiert.
- Die Teilnehmer erhalten eine oder mehrere Karten, auf denen sie ihre Ideen aufschreiben. Jede Karte darf nur eine Idee enthalten. Auf jede Karte sollten höchstens drei Zeilen geschrieben werden. Die Schrift muss groß (z. B. mit Edding) sein, damit sie später vom Sitzplatz aus gelesen werden kann.
- Jede Karte wird – gut sichtbar für alle – an einer Wand/Tafel befestigt. Dadurch können sich gleichzeitig weitere Ideen für die anderen Teilnehmer ergeben.
- Nach Beendigung dieses sogenannten Brainwritings (Dauer z. B. 10 Minuten) befinden sich alle Karten unsortiert an der Wand/Tafel.
- Mithilfe eines Moderators werden die Karten anschließend besprochen und nach Gruppen (Themen) sortiert (geclustert). Unklare Aussagen auf einer Karte werden dabei vom Urheber kurz erklärt.

- Für jedes Cluster wird eine neue Karte (gegebenenfalls in einer anderen Form und Farbe) als Überschrift erstellt. Die zugehörigen Karten werden übersichtlich darunter angebracht.
- Sollten wichtige Aspekte fehlen und/oder noch neue Ideen entstehen, so können zusätzliche Karten erstellt und zugeordnet werden.
- Die Cluster können zum Abschluss in eine neue Reihenfolge gebracht werden. Die Reihenfolge kann sich z. B. aus der Dringlichkeit, der Bedeutsamkeit etc. ergeben. Die Reihenfolge wird durch alle Teilnehmer (z. B. durch Handzeichen) festgelegt.
- Die Ergebnisse der Kartenabfrage werden archiviert, damit sie zu einem späteren Zeitpunkt jederzeit zur Verfügung stehen. Die Archivierung kann u. a. durch Abschreiben oder Fotografieren erfolgen.

1.1 Unterschiedliche Bedürfnisse erschließen

Die Marktteilnehmer haben naturgemäß unterschiedliche Interessen. Die Anbieter wollen ihre Güter möglichst zu hohen Preisen verkaufen, die Nachfrager wollen einen möglichst günstigen Preis erzielen. Selbst innerhalb einer Gruppe, beispielsweise der Nachfrager, sind die Bedürfnisse und Interessenlagen unterschiedlich.

Beispiele:

- *Beate Hornke kauft in einem Supermarkt Nahrungsmittel für das Wochenende ein. Unter anderem kauft sie ein Steak, da sie gerne Fleisch isst.*
- *Michaela Gerber kauft in einem Supermarkt Nahrungsmittel für das Wochenende ein. Unter anderem kauft sie Tofu, da sie Vegetarierin ist.*

Die Marktteilnehmer haben unterschiedliche Bedürfnisse. Als Bedürfnis wird der Wunsch bezeichnet, einen tatsächlichen oder empfundenen Mangel abzustellen. Der Psychologe Abraham Maslow hat eine bekannte, wenn auch häufig kontrovers diskutierte, Rangfolge von Bedürfnissen aufgestellt:

Die Maslow'sche Bedürfnispyramide

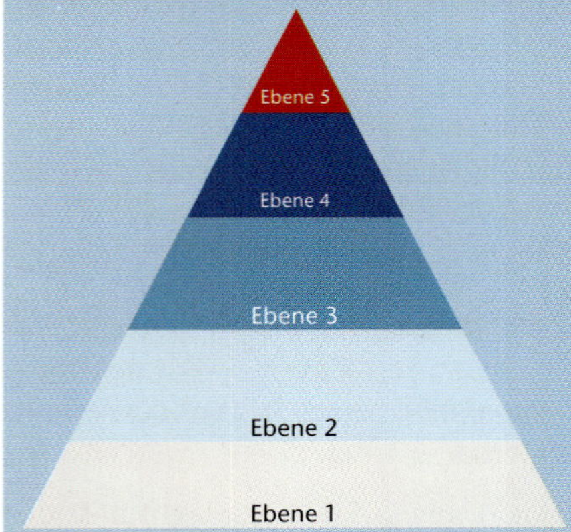

Ebene 1: **physiologische Grundbedürfnisse** (Beispiele: Nahrung, Schlaf, Sexualität)

Ebene 2: **Sicherheitsbedürfnisse** (Beispiele: Schutz vor der Natur, Vorratshaltung, Alterssicherung)

Ebene 3: **soziale Bedürfnisse** (Beispiele: Zughörigkeit zu Gruppen, Liebe)

Ebene 4: **Bedürfnis nach Wertschätzung** (Beispiele: Selbstachtung, Anerkennung, Status)

Ebene 5: **Selbstverwirklichung** (Beispiel: Entwicklung und Entfaltung der eigenen Persönlichkeit)

Maslow geht davon aus, dass zunächst die physiologischen Grundbedürfnisse befriedigt werden müssen, damit die zweite Ebene der Bedürfnispyramide wirkt. Sind die Sicherheitsbedürfnisse befriedigt, so treten die sozialen Bedürfnisse auf usw.

Neben der Maslow'schen Bedürfnispyramide existieren in den Wirtschaftswissenschaften einige weitere Einteilungsansätze der Bedürfnisse. Eine einheitliche Einteilung der Bedürfnisarten existiert nicht.

Einteilungen von Bedürfnissen		
nach Dringlichkeit	nach Art der Befriedigung	nach der Wiederkehr
– Existenzbedürfnisse	– Individualbedürfnisse	– einmalige Bedürfnisse
– Kulturbedürfnisse	– Kollektivbedürfnisse	– wiederkehrende Bedürfnisse
– Luxusbedürfnisse		

Nach der Dringlichkeit von Bedürfnissen erfolgt des Öfteren eine Einteilung in Existenzbedürfnisse, also lebensnotwendige Bedürfnisse, in Kulturbedürfnisse, die abhängig vom sozialen Umfeld auftreten, und Luxusbedürfnisse, also dem Wunsch, Luxusgüter zu besitzen.

Beispiele:
- *Der Wunsch nach Nahrung und Wohnraum wird häufig den Existenzbedürfnissen zugeordnet.*
- *In der Bundesrepublik gehören die Wünsche nach modischer Kleidung, nach einem Handy und nach einem Internetzugang wohl zu den Kulturbedürfnissen. In weiten Teilen Afrikas hingegen wäre ein Internetzugang ein Luxusgut.*
- *Ein Flachbildfernseher war vor einigen Jahren noch ein Luxusgut.*
- *Derzeit werden in der Bundesrepublik ein Privatflugzeug oder eine Jacht noch als Luxusgüter angesehen.*

Der Wunsch, ein Gut zu besitzen, entsteht in den meisten Fällen bei einem Individuum selbst. Hier spricht man von Individualbedürfnissen, da sie von einem Menschen allein befriedigt werden können. Bei den Kollektivbedürfnissen kann die Bedürfnisbefriedigung nur in einer Gemeinschaft erfolgen.

Beispiel:
Das Bedürfnis nach Bildung, Gesundheit und Elektrizität kann oft nur durch eine Gemeinschaft, den Bildungseinrichtungen, Krankenhäusern und Energieversorgungsunternehmen befriedigt werden.

Bedürfnisse bezeichnen ein Mangelempfinden, das mit dem Wunsch einhergeht, diesen Mangel zu beseitigen. Aber nicht alle Bedürfnisse können befriedigt werden, da meist nur ein begrenzter finanzieller Spielraum zur Verfügung steht. Die Bedürfnisse, die durch die finanziellen Mittel (die Kaufkraft) verwirklicht werden könnten, bezeichnet man als Bedarf. Entsteht dann tatsächlich ein Kauf, der Bedarf wird also befriedigt, so tritt eine Nachfrage auf. Der Kauf ist ein Geschäft auf Gegenseitigkeit, bei dem der Käufer ein Gut oder eine Dienstleistung vom Verkäufer gegen Bezahlung übernimmt.

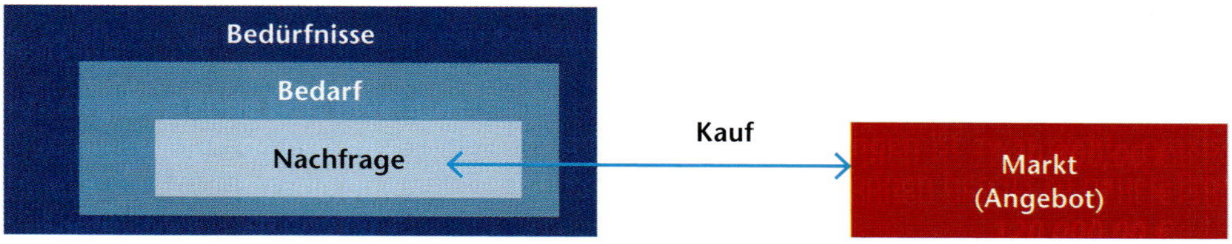

Beispiel:
Bei einem Stadtbummel bekommen Sie Hunger. Sie haben das Bedürfnis, ein Fischbrötchen zu essen. Ihr Geld reicht aus, um ein Fischbrötchen zu erwerben. Es entsteht ein Bedarf. Sie gehen auf dem Markt zum Fischhändler und verlangen ein Fischbrötchen (Nachfrage). Der Händler überreicht Ihnen das Brötchen, Sie bezahlen. Der Kauf ist abgeschlossen.

Aufgaben

1. ***Verdeutlichen Sie den Unterschied der Begriffe Wirtschaftssubjekt und Wirtschaftsobjekt.***
2. ***Erklären Sie mittels selbst gewählter Beispiele die Bedürfnispyramide von Maslow.***
3. ***Beschreiben Sie anhand Ihrer persönlichen Situation mithilfe einiger Beispiele die Existenz-, Kultur- und Luxusbedürfnisse.***
4. ***Erklären Sie anhand eines gewählten Beispiels aus der vorherigen Aufgabe den Zusammenhang zwischen Bedürfnissen, Bedarf und Nachfrage.***
5. ***Finden Sie Beispiele für einmalige und für wiederkehrende Bedürfnisse.***

1.2 Unterschiedliche Interessen der Wirtschaftssubjekte erschließen

Wir haben erfahren, dass Anbieter und Nachfrager auf einem Markt unterschiedliche Bedürfnisse haben. Die privaten Haushalte, die Unternehmen, der Staat und die Kapitalsammelstellen treten, je nach Situation, als Anbieter oder als Nachfrager auf. Die Interessen dieser Wirtschaftssubjekte sind dabei vielfältig.

- **Die Kunden, ihre Erwartungen und Ansprüche**
  Wirtschaftssubjekte, die auf einem Markt als Nachfrager auftreten, werden betriebswirtschaftlich als Kunden bezeichnet. Ein Kunde hat andere Erwartungen, Ansprüche und Interessen, als der Verkäufer.

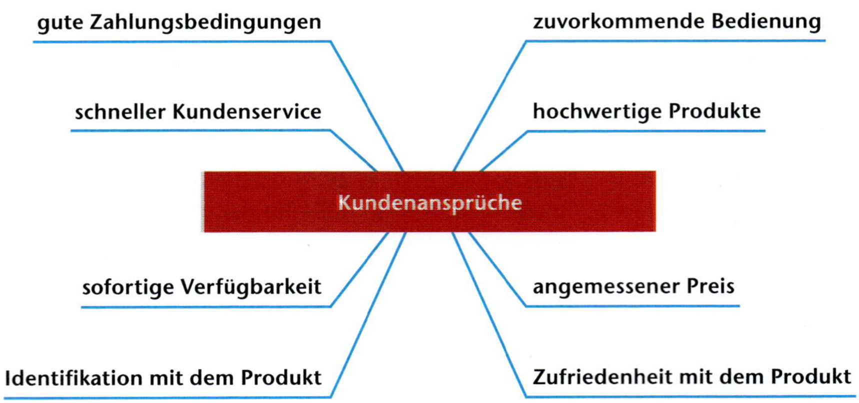

ausgewählte Erwartungen von Kunden

- **Die Unternehmen, ihre Erwartungen und Ansprüche**
  Wenn Unternehmen als Anbieter auf dem Markt tätig sind, wollen sie natürlich möglichst hohe Preise für ihre Güter erzielen. Auf dem Markt sind die Erwartungen und Wünsche der Verkäufer naturgemäß anders als die der Käufer.

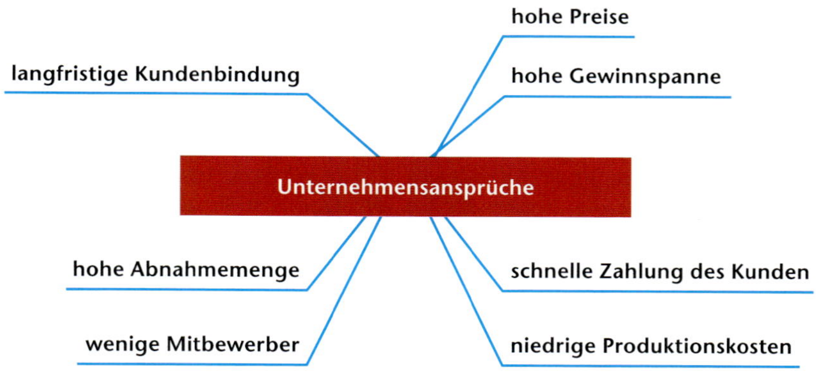

ausgewählte Erwartungen von Unternehmen

- **Die Kapitalsammelstellen und ihre Interessen**
  Kreditinstitute, Bausparkassen, Versicherungen und Investmentfonts werden unter dem Begriff Kapitalsammelstellen zusammengefasst. Kapitalsammelstellen sammeln finanzielle Mittel, die nach einer vereinbarten Zeit dem Kapitalgeber zurückerstattet werden. Das gesammelte Kapital wird von diesen Institutionen möglichst gewinnbringend an verschiedenen Finanz- und Kapitalmärkten angelegt.

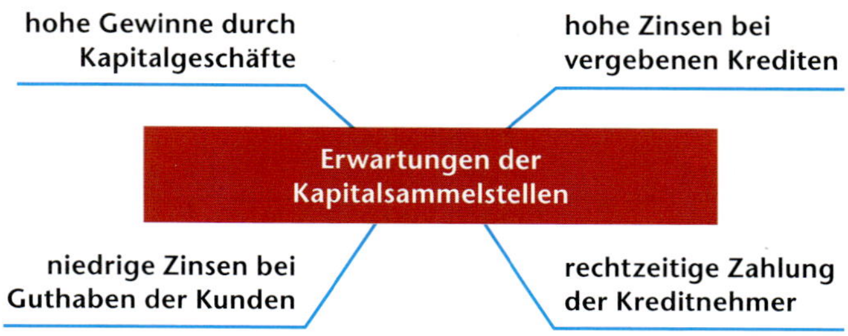

ausgewählte Erwartungen von Kapitalsammelstellen

- **Der Staat und seine Interessen**
  Bund, Länder und Gemeinden haben wiederum eine ganz andere Erwartungshaltung, wenn sie am Markt aktiv werden.

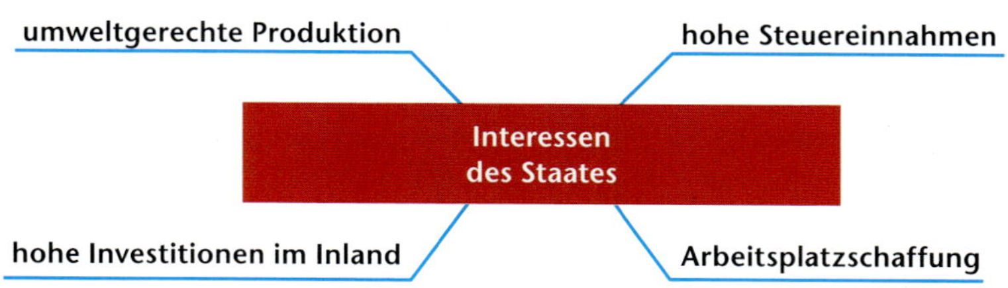

ausgewählte Erwartungen vom Staat

Aufgaben

1. ***Stellen Sie für die folgenden Sachverhalte jeweils die unterschiedlichen Interessen der beteiligten Wirtschaftssubjekte gegenüber:***
   a *Eine Privatperson möchte sich zukünftig mehr sportlich betätigen. Sie erwägt eine Mitgliedschaft in einem Fitnesscenter.*
   b *Eine Privatperson möchte 20.000,00 € aus einer Erbschaft bei einem Kreditinstitut sparen.*
   c *Die Fitnesskette FFP benötigt für eine Investition einen Kredit.*
   d *Ein Unternehmen der chemischen Industrie beantragt bei den zuständigen staatlichen Stellen eine Genehmigung zum Bau einer neuen Fabrik.*
2. ***Vergleichen Sie die oben dargestellten Interessen der Wirtschaftssubjekte mit den Ergebnissen Ihrer Kartenabfrage vom Beginn des Kapitels. Ergänzen Sie gegebenenfalls Ihre Ergebnisse um weitere Aspekte.***

1.3 Den Wirtschaftskreislauf erläutern

Das Wirtschaftsleben in modernen Industrienationen besteht aus einer unüberschaubaren Vielfalt von Vorgängen. Unternehmen, private Haushalte, der Staat, das Ausland kaufen, verkaufen, produzieren, investieren, sparen, importieren, exportieren etc. Es entsteht eine Vielzahl von Geld- und Güterströmen innerhalb einer Volkswirtschaft.
Das Zusammenwirken der Wirtschaftssubjekte wird in einer grafischen Darstellung, dem sogenannten Wirtschaftskreislauf, anschaulich verdeutlicht. Der einfache Wirtschaftskreislauf stellt zunächst lediglich die Güter- und Geldströme zwischen den privaten Haushalten und den Unternehmen dar.

Der einfache Wirtschaftskreislauf

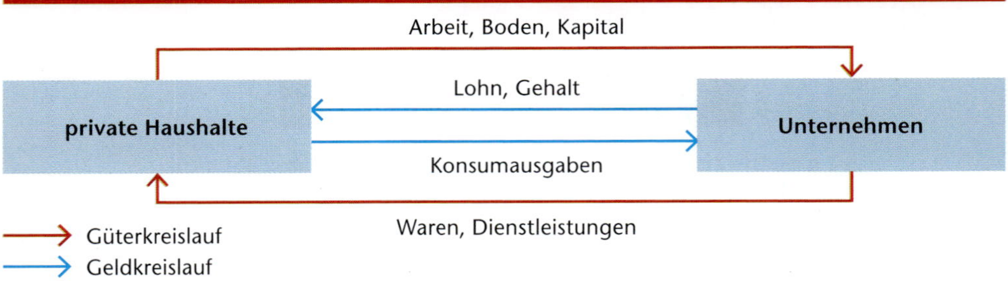

Die privaten Haushalte bieten ihre Arbeitskraft, ihren Grund und Boden und ihr Kapital den Unternehmen an, damit diese Güter produzieren können. Diese Güter werden wiederum an die Haushalte verkauft. Man spricht hier vom Güterstrom oder Güterkreislauf.
Für ihre Arbeitskraft erhalten die privaten Haushalte Lohn und Gehalt. Das verdiente Geld wird für Konsumausgaben genutzt. Der Geldstrom oder Geldkreislauf stellt diese Beziehung dar.
Der Wirtschaftskreislauf ist eine modellhafte Darstellung einer Volkswirtschaft. Die Wirtschaftssubjekte werden jeweils zu einer Einheit zusammengefasst, um den Geld- und Güterstrom anschaulich zu erfassen. Real existieren natürlich unzählige private Haushalte und Unternehmen.

Beispiele:

- *Beate Hornke ist Mitarbeiterin der Fitnesskette FFP. Für ihre Arbeitskraft, die sie dem Unternehmen zur Verfügung stellt, erhält sie monatlich ein Gehalt.*
- *Frau Hornke kauft am Wochenende in einem Supermarkt ein. Die Güter des Unternehmens „Supermarkt" zahlt sie von ihrem Gehalt.*

- *Der Leiter des Supermarktes, Gerhard Müller-Nachwiese, ist Mitglied in der Fitnesskette FFP.*
- *Die Fitnesskette FFP hat in Hamburg Räumlichkeiten bei Franz Kulatke gemietet. Die Privatperson Kulatke erhält für die Räumlichkeiten monatliche Pachtzahlungen.*
- *Das Modell des einfachen Wirtschaftskreislaufes fasst die genannten wirtschaftlichen Aktivitäten anschaulich zusammen.*

Der einfache Wirtschaftskreislauf kann um die sogenannten Kapitalsammelstellen, also Banken, Versicherungen, Investmentfonds etc., erweitert werden. Es ist davon auszugehen, dass die privaten Haushalte und Unternehmen nicht ihr gesamtes Einkommen wieder ausgeben, sondern Teile des Einkommens bei Kapitalsammelstellen sparen. Dafür erhalten sie i. d. R. Zinsen. Die Kapitalsammelstellen nutzen das gesparte Vermögen der Haushalte und der Unternehmen, um beispielsweise Kredite zu vergeben.
Aus Gründen der Übersichtlichkeit wird in erweiterten Wirtschaftskreisläufen meist nur der Geldstrom dargestellt.

Der Wirtschaftskreislauf mit Kapitalsammelstellen

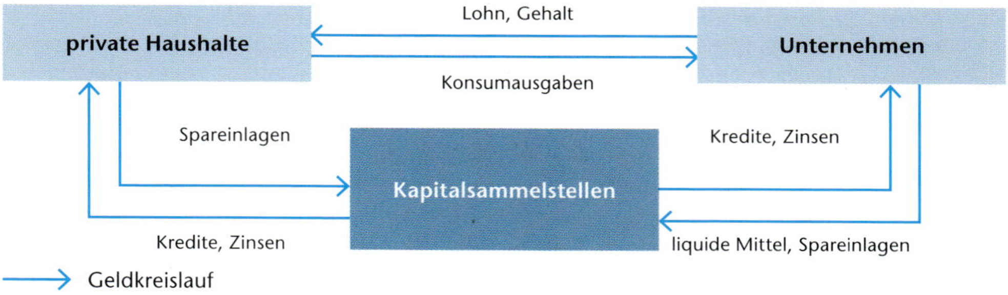

Auch der Staat ist auf dem Markt aktiv. Beamte und Angestellte des öffentlichen Dienstes erhalten Löhne und Gehälter, es werden Transferzahlungen (z. B. Sozialleistungen, wie Arbeitslosengeld, Kindergeld) an die privaten Haushalte getätigt, Steuern und Gebühren werden erhoben etc.

Der erweiterte Wirtschaftskreislauf mit Kapitalsammelstellen und Staat

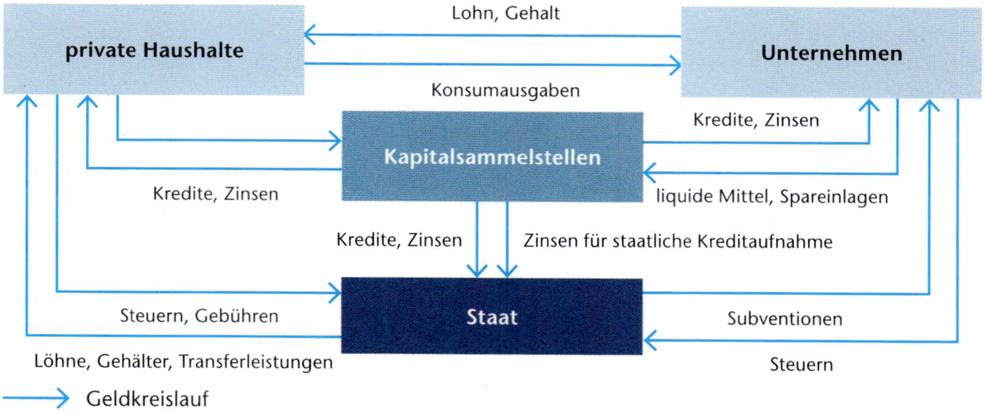

Aufgaben

1. ***Erklären Sie, welche Geld- und Güterströme durch die folgenden Sachverhalte im einfachen Wirtschaftskreislauf angesprochen werden.***
   a *Sabine Bartel, Verkäuferin in einem Kaufhaus, zahlt als Kunde der Fitnesskette FFP 2,50 € für ein Kännchen Kaffee, das sie nach dem Training getrunken hat.*
   b *André Schulz, Trainer bei der Fitnesskette FFP, erhält sein monatliches Gehalt.*
   c *André Schulz gibt seiner Tochter Franziska am Monatsanfang 50,00 € Taschengeld.*
   d *Franziska kauft von ihrem Taschengeld für 15,00 € eine CD in einem Kaufhaus.*

2. ***Erklären Sie, welche Geldströme durch die folgenden Sachverhalte im erweiterten Wirtschaftskreislauf angesprochen werden.***
   a *Christian Leinert hat sich mit einem Fitnessstudio selbstständig gemacht. Bei der Gründung hat er einen Existenzgründerzuschuss von der Bundesagentur für Arbeit in Höhe von 3.000,00 € erhalten.*
   b *Christian Leinert hat zur Existenzgründung einen Kredit in Höhe von 20.000,00 € bei seinem Kreditinstitut aufgenommen.*
   c *Am Ende des ersten Monats der Geschäftstätigkeit zahlt Christian Leinert seiner Mitarbeiterin Marion Strothmann das Gehalt.*
   d *Marion Strothmann zahlt von dem Gehalt ihre Kfz-Steuer in Höhe von 108,00 €.*
   e *Marion Strothmann zahlt monatlich 50,00 € in einen Bausparvertrag ein.*
   f *Die verschuldete Stadt Bielefeld zahlt monatlich Zinsen für aufgenommene Kredite.*

3. ***Der erweiterte Wirtschaftskreislauf soll um das Ausland erweitert werden. Unternehmen erhalten dabei Zahlungen für Exporte und zahlen für Importe, Kapitalsammelstellen vergeben Kredite ins Ausland und zahlen Zinsen für im Inland angelegtes, ausländisches Kapital. Die privaten Haushalte leisten sogenannte Transferzahlungen, z.B. durch Auslandsreisen. Besucher aus dem Ausland leisten Transferzahlungen im Inland. Transferzahlungen des Staates in das Ausland und umgekehrt erfolgen z.B. durch die Entwicklungshilfe oder durch Unterstützungen bei Naturkatastrophen.***
   Erstellen Sie den Geldstrom des erweiterten Wirtschaftskreislaufes mit Kapitalsammelstellen, Staat und Ausland.

1.4 Das ökonomische Prinzip anwenden

Das ökonomische Prinzip ist die Grundlage des wirtschaftlichen Handelns. Es besteht aus dem sogenannten Minimal- und dem Maximalprinzip.
In modernen Industrienationen wächst jeder Mensch mit wirtschaftlichen Entscheidungen auf. Zum Teil bemerken wir gar nicht, dass wir wirtschaften, da die Handlungen spontan erfolgen.

Beispiele:
- *Der 10-jährige Paul bekommt monatlich 10,00 € Taschengeld. Dies möchte er so einteilen, dass er möglichst viele Süßigkeiten, Comics und Fußballbilder kaufen kann. Paul muss wirtschaften.*
- *Die 18-jährige Manuela geht auf das Fachgymnasium Wirtschaft. Sie möchte in den Sommerferien drei Wochen Urlaub in Frankreich verbringen. Dafür möchte Sie möglichst wenig bezahlen. Manuela muss wirtschaften.*
- *Der 40-jährige Herr Melcher ist Berufsschullehrer. Er ist verheiratet und hat drei Kinder. Mit seiner Familie hat er gerade ein Eigenheim gekauft. Er erhält monatlich 2.500,00 € ausgezahlt. Davon muss er die Familie ernähren und das Haus bezahlen. Herr Melcher muss wirtschaften.*

– *Sabine Groß ist Mitinhaberin der Fitnesskette FFP. Sie beschäftigt mehrere Mitarbeiter. Um die Mitarbeiter zu bezahlen, muss sie ständig Aufträge für das Unternehmen akquirieren, Neukunden gewinnen etc. Sabine Groß muss ihren privaten Lebensunterhalt aus den Gewinnen des Unternehmens bestreiten. Sabine Groß muss wirtschaften.*

Alle Personen in den obigen Beispielen zum Wirtschaften handeln (intuitiv) nach dem ökonomischen (wirtschaftlichen) Prinzip. Das ökonomische Prinzip besteht aus zwei Prinzipien, die das Wirtschaften beschreiben:

- Das **Maximalprinzip** verlangt, dass mit gegebenen Mitteln eine möglichst große Leistung erzielt wird.

  Beispiel:
  Der 10-jährige Paul bekommt monatlich 10,00 € Taschengeld (gegebene Mittel). Dies möchte er so einteilen, dass er möglichst viele Süßigkeiten, Comics und Fußballbilder kaufen kann.

  Betriebswirtschaftlich spricht man von einem gegebenen konstanten Input, der einen maximalen Output erzielen soll.

- Das **Minimalprinzip** (Sparprinzip) verlangt, dass eine vorbestimmte Leistung mit möglichst geringen Mitteln erreicht werden soll.

  Beispiel:
  Die 18-jährige Manuela geht auf das Fachgymnasium Wirtschaft. Sie möchte in den Sommerferien drei Wochen Urlaub in Frankreich verbringen (= vorgegebene Leistung). Dafür möchte sie möglichst wenig bezahlen.

Betriebswirtschaftlich formuliert bedeutet dies, dass mit einem minimalen Input ein gegebener konstanter Output erzielt wird.

Aufgaben

Das ökonomische Prinzip besteht aus dem Maximal- und dem Minimalprinzip. Welches dieser Prinzipien wird in den folgenden Fällen verwendet?

1. ***Der 40-jährige Herr Melcher ist Berufsschullehrer. Er ist verheiratet und hat drei Kinder. Mit seiner Familie hat er gerade ein Eigenheim gekauft. Er erhält monatlich 2.500,00 € ausgezahlt. Davon muss er Frau und Kinder ernähren und das Haus bezahlen.***
2. ***Sabine Groß möchte für ihr Unternehmen ein Grundstück in der Kaiserstraße 22 in München kaufen. Dafür möchte sie möglichst wenig zahlen.***
3. ***Sie müssen für das Fach Deutsch „Die Buddenbrooks" von Thomas Mann kaufen. Um Geld zu sparen, kaufen Sie ein gebrauchtes Buch von einem Bekannten.***
4. ***Martina, Schülerin des Fachgymnasiums Wirtschaft, benötigt für den Unterricht einen Taschenrechner „XC123". Sie vergleicht in mehreren Geschäften die Preise und kauft den günstigsten.***
5. ***Eine Gemeinde möchte ein neues Jugendzentrum bauen. Dafür sind im Haushalt 500.000,00 € genehmigt. Die Gemeinde schreibt den Auftrag öffentlich aus.***

Die obigen Aufgaben haben verdeutlicht, dass alle Bereiche einer Gesellschaft wirtschaften müssen. Sowohl Privatpersonen und Unternehmen als auch der Staat (Bund, Länder und Gemeinden) handeln nach dem ökonomischen Prinzip.

1.5 Die Güter als Mittel der Bedürfnisbefriedigung einordnen

Auf einem Markt angebotene Güter dienen der Befriedigung der Bedürfnisse der Nachfrager. Waren und Dienstleistungen werden überwiegend von Unternehmen hergestellt. Unternehmen sind auf allen Sektoren der Wirtschaft tätig. Die Volkswirtschaftslehre kennt fünf Sektoren:

- **Primärsektor (Urproduktion):**
  die Gewinnung von Rohstoffen, z. B. durch Bergbau, Landwirtschaft, Forstwirtschaft;
- **Sekundärsektor (produzierendes Gewerbe):**
  die Verarbeitung von Rohstoffen zu Produkten, z. B. durch Handwerk, Baugewerbe, Energiegewerbe, industrielle Fertigung;
- **Tertiärsektor (Dienstleistungen)**
  Unternehmen, die Dienstleistungen erbringen, z. B. Handel, Banken, Versicherungen, Gaststätten, Hotels ...;
- **Quartärsektor (Informationssektor):**
  Erstellung, Verarbeitung und Verkauf von Informationen (wird seit einigen Jahren als eigenständiger Wirtschaftssektor genannt);
- **Quintärsektor (Entsorgungssektor):**
  Unternehmen der Abfallentsorgung, Recycling etc. (wird gelegentlich als eigener Sektor genannt).

Betriebs- und volkswirtschaftlich werden nur die Güter betrachtet, die knapp sind. Diese wirtschaftlichen Güter haben einen Preis. Freie Güter hingegen stehen unbegrenzt zur Verfügung und sind kostenlos. Die Einteilung der Güter wird in folgender Abbildung verdeutlicht.

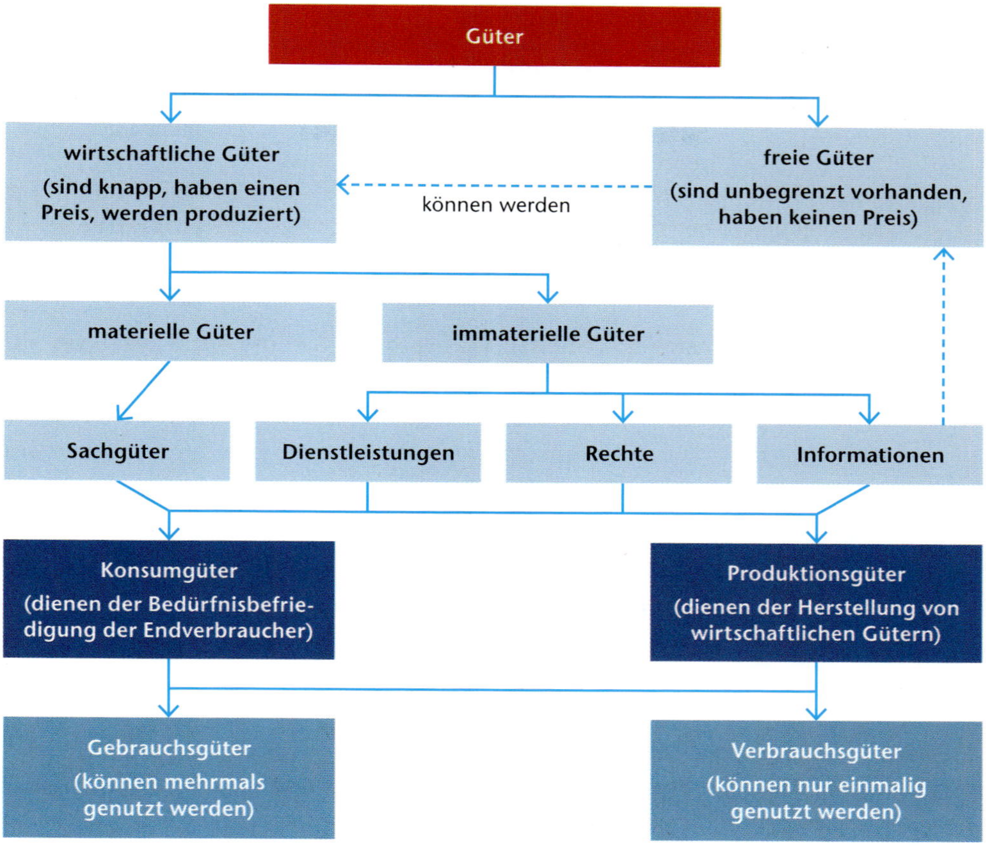

Bei der Einteilung der Güter sind Substitutionsgüter und Komplementärgüter zusätzlich zu erwähnen:

- **Substitutionsgüter** sind Güter, die durch ein anderes Gut ersetzt werden können, ohne dass der Grad der Bedürfnisbefriedigung wesentlich beeinträchtigt wird.
- **Komplementärgüter** sind Produkte, die nur in Kombination zu gebrauchen sind. Steigt der Absatz eines Gutes, so steigt auch der Absatz des Komplementärgutes.

Beispiele:
- *Butter und Margarine, Streichhölzer und Feuerzeuge, Öl und Gas als Brennstoffe, LCD- und Plasmafernseher können substituiert werden.*
- *CD-Player und CDs, Schuhe und Schuhputzmittel, Computer und Drucker gehören zu den Komplementärgütern.*

Zur Herstellung von Gütern werden von Unternehmen Produktionsfaktoren eingesetzt. Die betriebswirtschaftlichen Produktionsfaktoren wurden bereits in Lernfeld 1 vorgestellt. Die Volkswirtschaftslehre definiert die Produktionsfaktoren anders:

Die volkswirtschaftlichen Produktionsfaktoren	Die betriebswirtschaftlichen Produktionsfaktoren (vgl. LF 1)
Arbeit (geistige und körperliche Arbeit)	**Arbeit** (dispositiver Faktor = Leitung und Planung, ausführende Arbeit)
Boden (Erdoberfläche, Bodenschätze, Wasser etc.)	**Betriebsmittel** (Gebäude, Maschinen, Geschäftsausstattung, Fuhrpark etc.)
Kapital (Werkzeug, Gebäude, Maschinen etc.)	**Werkstoffe** (Rohstoffe, Hilfsstoffe, Betriebsstoffe, Vorprodukte)
	Beratung/Kundenbetreuung (im Dienstleistungssektor)
	Informationen (technisches Know-how, Marktkenntnisse etc.)

Beispiel:
Als klassisches Beispiel für die volkswirtschaftlichen Produktionsfaktoren Arbeit, Boden und Kapital wird die Landwirtschaft herangezogen:
Der Landwirt setzt seine Arbeitskraft, seinen Boden (die Felder) und sein Kapital (den Traktor) ein, um Kartoffeln (das Gut) zu produzieren.

Aufgaben

1. ***Beschreiben Sie die fünf Sektoren aus der Volkswirtschaftslehre. Nennen Sie zu jedem Sektor mindestens zwei reale Unternehmen.***
2. ***Unterscheiden Sie wirtschaftliche Güter und freie Güter. Nennen Sie Beispiele.***
3. ***Erklären Sie anhand eines Beispiels den Unterschied zwischen Konsumgütern und Produktionsgütern.***
4. ***Wirtschaftliche Güter sind materielle und immaterielle Güter. Erläutern Sie anhand jeweils eines Beispiels die Sachgüter, die Dienstleistungen, die Rechte und die Informationen als wirtschaftliche Güter.***
5. ***Eine weitere Einteilung der Güter erfolgt in die Gebrauchsgüter und die Verbrauchsgüter.***
   a *Nennen Sie drei Beispiele für Gebrauchsgüter aus dem Konsumbereich.*
   b *Nennen Sie drei Beispiele für Gebrauchsgüter aus dem Produktionsbereich.*
   c *Nennen Sie drei Beispiele für Verbrauchsgüter aus dem Konsumbereich.*
   d *Nennen Sie drei Beispiele für Verbrauchsgüter aus dem Produktionsbereich.*
6. ***Was versteht man unter Substitutionsgütern?***
7. ***Erklären Sie den Begriff Komplementärgüter.***
8. ***Erläutern Sie kurz die volkswirtschaftlichen Produktionsfaktoren.***

Zusammenfassung

Bedürfnisse und Interessen von Wirtschaftssubjekten		
Bedürfnisse, Bedarf	ökonomisches Prinzip	Wirtschaftskreislauf
Bedürfnisse (Beispiele) – Existenzbedürfnisse – Kulturbedürfnisse – Luxusbedürfnisse **Bedarf** durch Kaufkraft gedeckte Bedürfnisse (Jeder Marktteilnehmer hat individuelle Bedürfnisse und verfolgt eigene Interessen.)	**Maximalprinzip** mit gegebenen Mitteln eine möglichst große Leistung erzielen **Minimalprinzip** eine vorgegebene Leistung mit möglichst geringen Mitteln erreichen	**einfacher Wirtschaftskreislauf** Darstellung der Geld- und Güterströme zwischen privaten Haushalten und Unternehmen **erweiterter Wirtschaftskreislauf** Kapitalsammelstellen, Staat und Ausland werden berücksichtigt.

Volkswirtschaftliche Produktionsfaktoren

Zur Herstellung von Gütern werden die Produktionsfaktoren Arbeit, Boden und Kapital so kombiniert, dass eine rationale Herstellung erfolgt.

Güter

Auf einem Markt werden (materielle und immaterielle) Güter angeboten, damit die Wirtschaftssubjekte ihre Bedürfnisse befriedigen können. Das gilt sowohl für Konsumgüter als auch für Produktionsgüter.
Nach der Dauer der Nutzung werden Gebrauchsgüter und Verbrauchsgüter unterschieden.

2 Den Markt als Koordinationsinstanz unterschiedlicher Interessen charakterisieren

Im Lernfeld 4 werden nachfolgend unterschiedliche Märkte analysiert und Marketingstrategien für Unternehmen entwickelt. Eine Analyse des Marktes setzt voraus, dass die Grundbegriffe der Marktwirtschaft zunächst verinnerlicht werden. Daher ist es unumgänglich sich kurz mit den Begriffen der freien Marktwirtschaft, der Zentralverwaltungswirtschaft und der sozialen Marktwirtschaft auseinanderzusetzen.

2.1 Freie Marktwirtschaft und Zentralverwaltungswirtschaft unterscheiden

Sowohl die freie Marktwirtschaft als auch die Zentralverwaltungswirtschaft sind idealtypische Wirtschaftsordnungen. Sie existieren in der Realität nicht und haben in ihrer theoretischen Ausprägung auch niemals real existiert.

Merkmale der freien Marktwirtschaft	
Merkmal	**Erläuterung**
Produktion und Konsum werden ausschließlich durch den Markt bestimmt.	Es findet ein freier Wettbewerb statt. Der Staat greift nicht in die Wirtschaftsabläufe ein. Die Preisbildung erfolgt auf dem Markt.
Grundprinzip ist das Individualprinzip.	Jeder Marktteilnehmer ist für sich selbst verantwortlich. Es herrscht Vertragsfreiheit, Gewerbefreiheit, freie Berufswahl, Konsumentenfreiheit etc.
Produktionsmittel sind Privateigentum der Unternehmen.	Produzenten entscheiden, wann und ob sie investieren wollen, was sie produzieren wollen etc.

In der freien Marktwirtschaft wird die Planung und Durchführung der Produktion und des Konsums den einzelnen Wirtschaftsteilnehmern völlig überlassen. Der Staat greift in das Wirtschaftsgeschehen nicht ein. Jeder Marktteilnehmer, egal welchen Alters, welchen Geschlechts und in welcher körperlichen Verfassung, muss seinen Lebensunterhalt und den seiner Familie über Angebote und Nachfragen des Marktes erwirtschaften.

Merkmale der Zentralverwaltungswirtschaft	
Merkmal	**Erläuterung**
Produktion und dadurch der Konsum werden ausschließlich durch den Staat geplant.	Der Staat plant die Produktion und gibt den Unternehmen Planvorgaben zur Herstellung vorgegebener Güter. Die Preise werden vorgegeben. Ein Wettbewerb ist nicht nötig.
Grundprinzip ist das Kollektivprinzip.	Unternehmen und Haushalte haben keine individuelle Entscheidungsfreiheit. Sie müssen sich den Vorgaben des Staates unterordnen.
Produktionsmittel sind Staatseigentum.	Staatliche Behörden entscheiden, wann und ob sie investieren wollen, was produziert wird etc.

Die Zentralverwaltungswirtschaft ist charakterisiert durch eine zentrale Lenkung, Planung und Kontrolle des Wirtschaftsgeschehens. Dadurch soll eine gerechte Verteilung der Güter an die Bevölkerung erfolgen, egal welchen Alters, welchen Geschlechts und in welcher körperlichen Verfassung der Bürger ist.

2.2 Die soziale Marktwirtschaft der Bundesrepublik Deutschland erläutern

Wenn ausschließlich der Markt durch Anbieter und Nachfrager die Produktion und den Konsum einer Volkswirtschaft steuern würde und der Staat sich nicht in das Marktgeschehen als regulierendes Gremium einbringen würde, dann hätte man – vereinfacht dargestellt – eine freie Marktwirtschaft. Die Formulierung des vorangegangenen Satzes lässt schon vermuten, dass eine freie Marktwirtschaft als solches nicht existiert. Real existierende Marktwirtschaften sind niemals freie Marktwirtschaften, es handelt sich immer um gelenkte Marktwirtschaften.

Beispiele:
- *Das Wirtschaftssystem der Vereinigten Staaten von Amerika wird häufig als freie Marktwirtschaft bezeichnet. Tatsächlich ist aber auch in den USA ein Einfluss des Staates auf das Marktgeschehen vorhanden. Die US-Amerikaner nennen ihr Wirtschaftssystem schlicht „market economy", also Marktwirtschaft.*
- *Auch in Russland wurde Anfang der 1990er-Jahre die Marktwirtschaft als Wirtschaftssystem eingeführt. Der Einfluss des Staates auf den Markt ist in Russland größer als in den USA. Trotzdem nennen die Russen ihr Wirtschaftssystem schlicht „рыночная зкономика", also Marktwirtschaft.*

Das Wirtschaftssystem der Bundesrepublik Deutschland wird als soziale Marktwirtschaft beschrieben. Die soziale Marktwirtschaft ist ein in Deutschland entwickeltes Wirtschaftssystem, das nach dem Zweiten Weltkrieg eingeführt wurde. Die soziale Marktwirtschaft kombiniert die grundsätzliche Freiheit des Marktes mit dem Prinzip des sozialen Ausgleichs.

Die soziale Marktwirtschaft der Bundesrepublik Deutschland

Die deutsche Wirtschaftspolitik orientiert sich seit Mitte des 20. Jahrhunderts am Konzept der Sozialen Marktwirtschaft (...) Die zentrale Idee besteht darin, die Freiheit aller, die als Anbieter oder Nachfrager am Markt teilnehmen, zu schützen und gleichzeitig für sozialen Ausgleich zu sorgen (...)
Märkte sorgen über den Preismechanismus für den Ausgleich von Angebot und Nachfrage: Sind besonders begehrte Güter knapp, steigt deren Preis. Das drängt Nachfrage zurück und bietet zugleich Gewinnmöglichkeiten für zusätzliche Anbieter. Anbieter werden versuchen, die Produktion so kostengünstig wie möglich zu gestalten. So kommt es zu einer effizienten Verwendung der Produktionsmittel und zu günstigen Preisen für die Verbraucher. Dafür ist wichtig, dass Wettbewerb mit offenem Marktzugang herrscht und Marktmacht verhindert wird. (...)
Der zweite Grundsatz der sozialen Marktwirtschaft neben dem freien Markt ist der soziale Ausgleich. Dieser soll die Freiheit des Marktes möglichst nicht einschränken, aber eine soziale Absicherung für diejenigen bereit stellen, die aufgrund von Alter, Krankheit oder Arbeitslosigkeit keine Markteinkommen erzielen können. Dabei gilt es, die richtige Balance zu finden. Soziale Leistungen und das Handeln des Staates müssen durch Steuern und Abgaben finanziert werden. Diese belasten aber diejenigen, die mit ihren Einkommen den Wohlstand erzeugen. Ziel ist also eine solide soziale Absicherung, bei gleichzeitig größtmöglichem Wohlstand. Bereits Ludwig Erhard war sich darüber im Klaren, dass um so weniger sozialpolitische Hilfen notwendig sind, je erfolgreicher die Wirtschaftspolitik ist.

Quelle: Bundesministerium für Wirtschaft und Technologie, http://www.bmwi.de/DE/Themen/Wirtschaft/soziale-marktwirtschaft.html, Stand 13.06.2016, gekürzt

Die soziale Marktwirtschaft garantiert die Freiheit des Marktes, schützt aber schwächere Marktteilnehmer und sozial Bedürftige. Wesentliche Merkmale für den freien Markt sind dabei u.a.:

- die Vertragsfreiheit,
- die freie Berufswahl,
- die Gewerbefreiheit,
- die Tarifautonomie,
- die Eigentumsgarantie,
- der freie Wettbewerb,
- der freie Außenhandel.

Der Staat soll den freien Markt innerhalb der sozialen Marktwirtschaft immer dann einschränken, wenn schwächere Marktteilnehmer zu schützen sind, wenn der Wettbewerb gefährdet ist, wenn Leistungen notwendig sind, die private Unternehmen nicht leisten können, und wenn nicht im Arbeitsprozess stehende Personen Hilfe benötigen. Die wesentlichen Eingriffe des Staates sind u. a.:

- die Sozialpolitik (Arbeitslosenversicherung, Rentenversicherung, Krankenversicherung, Pflegeversicherung, Unfallversicherung, Kindergeld, Mutterschutz etc.),
- die Wettbewerbspolitik (z. B. Verbot von Kartellen, Fusionskontrolle, Vergabe von öffentlichen Aufträgen etc.),
- die Strukturpolitik (z. B. Förderung strukturschwacher Gebiete oder Branchen, Förderung von Umstrukturierungsmaßnahmen in bestimmten Branchen etc.),
- die Verhinderung der Gefährdung der Bevölkerung (z. B. Einschränkung der Gewerbefreiheit, Verbot von Drogen etc.),
- die Regelungen zum Vertragsrecht (insbesondere zum Schutze der „schwächeren" Vertragsparteien, z. B. Arbeitsrecht, Mietrecht etc.).

Aufgaben

1. ***Erläutern Sie die Merkmale einer freien Marktwirtschaft und vergleichen Sie diese mit einer Zentralverwaltungswirtschaft.***
2. ***Lesen Sie den Text „Die soziale Marktwirtschaft der Bundesrepublik Deutschland" des Bundesministeriums für Wirtschaft und Technologie aufmerksam durch.***
   a Fassen Sie die Kernaussagen des Textes in eigenen Worten zusammen.
   b Welche Aufgaben übernimmt der Staat innerhalb der sozialen Marktwirtschaft?
   c Entwickeln Sie eine kurze, aber treffende Definition der sozialen Marktwirtschaft der Bundesrepublik Deutschland.
3. ***In einer sozialen Marktwirtschaft greift der Staat unter bestimmten Bedingungen in den Markt ein. Entwickeln Sie für die oben genannten fünf Merkmale jeweils mehrere konkrete Beispiele.***

2.3 Marktformen und Marktarten unterscheiden

In den Nachrichten, speziell in den Wirtschaftsnachrichten, fällt der Begriff des Marktes täglich. Es wird dabei deutlich, das es eine Vielzahl von Marktdefinitionen gibt. Fast jede Branche und jedes Unternehmen definiert für sich „ihren" oder „seinen" Markt:

Beispiele:
- *Im Zusammenhang mit den Benzinpreisen wird in den Medien häufig der Rohölmarkt genannt.*
- *Der Automobilmarkt wird in den Kleinwagenmarkt, den Mittelklassemarkt, den Markt der gehobenen Klasse etc. aufgeteilt.*

- *Zur Sport- und Fitnessbranche gehören u. a. der Sportbekleidungsmarkt, der Sportgerätemarkt, der Fitnesscentermarkt etc.*
- *Im Buchhandel sind der Schulbuchmarkt, der Sachbuchmarkt etc. zu unterscheiden.*

Vielfach werden für eine große Anzahl unterschiedlicher Märkte zusammenfassende Begriffe genutzt. Die Volkswirtschaftslehre und auch die Betriebswirtschaftslehre bieten eine Vielzahl von Einteilungsmerkmalen für Märkte an. Die wichtigsten Marktformen und Marktarten werden nachfolgend dargestellt.

Marktformen

Ausgehend von der Anzahl der jeweiligen Anbieter und Nachfrager auf einem Markt beschreibt die Volkswirtschaftslehre unterschiedliche Marktformen. Sind nur ein Anbieter und/oder ein Nachfrager auf einem Markt tätig, bezeichnet man dies als Monopol. Sind nur wenige Anbieter und/oder Nachfrager vorhanden wird von einem Oligopol gesprochen. Bei vielen Anbietern und vielen Nachfragern liegt ein Polypol vor.

Nachfrager / Anbieter	einer	wenige	viele
einer	bilaterales **Monopol**	beschränktes Angebots**monopol**	Angebots**monopol**
wenige	beschränktes Nachfrage**monopol**	bilaterales **Oligopol**	Angebots**oligopol**
viele	Nachfrage**monopol**	Nachfrage**oligopol**	**Polypol**

Reine Monopole existieren in der Bundesrepublik nicht oder nicht mehr. Lange Jahre hatte z. B. die Deutsche Post das Monopol bei der Briefzustellung und das Telefonmonopol und die Deutsche Bahn das Monopol im Schienenverkehr. Diese Unternehmen sind allerdings nun auch schon seit Jahren privatisiert und müssen sich dem Wettbewerb stellen.

Beispiele:
- *In der Bundesrepublik hat der Staat theoretisch das Lotterie- und Wettmonopol. Tatsächlich sind über das Internet jedoch viele Anbieter auf diesem Markt tätig.*
- *In den Medien wird häufig geschrieben, das Unternehmen Microsoft hätte eine Monopolstellung. Tatsächlich können die Nachfrager aber auch Betriebssysteme und Programme anderer Anbieter nutzen.*

Beispiele für Oligopole lassen sich schon leichter finden. Allerdings gibt es keine exakte Definition für die Anzahl des Übergangs von wenigen zu vielen Anbietern bzw. Nachfragern. Der Übergang vom Oligopol zum Polypol ist daher fließend. Oft wird von einem (Angebots-) Oligopol gesprochen, wenn nur wenige große Anbieter auf dem Markt tätig sind.

Beispiele:
- *Nur wenige Werften weltweit sind in der Lage, große Kreuzfahrtschiffe zu bauen.*
- *Für bestimmte Militärflugzeuge finden sich nur wenige Staaten als Nachfrager.*
- *Der Großteil des bundesdeutschen Energieversorgungsmarktes wird durch wenige Anbieter abgedeckt.*

Tatsächlich existieren in den meisten Branchen Polypole. Auf dem zu betrachtenden Markt sind also viele Anbieter und viele Nachfrager aktiv.

Neben den oben beschriebenen Marktformen werden auch Marktarten definiert. Die Marktarten gliedern sich nicht nach der Anzahl der Anbieter und der Nachfrager, sondern nach den angebotenen Gütern.

Marktarten

Aufbauend auf die volkswirtschaftlichen Produktionsfaktoren Arbeit, Boden und Kapital erfolgt eine Einteilung der Märkte in die sogenannten Faktormärkte:

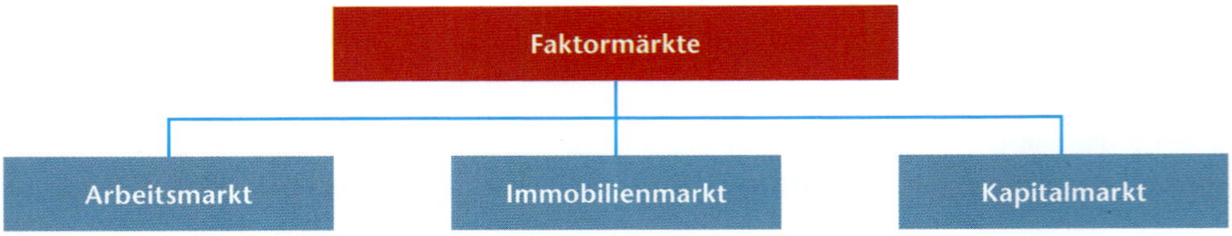

Werden die Güter für eine Benennung von Märkten herangezogen, so unterteilt man häufig nach Konsumgütern und Produktionsgütern:

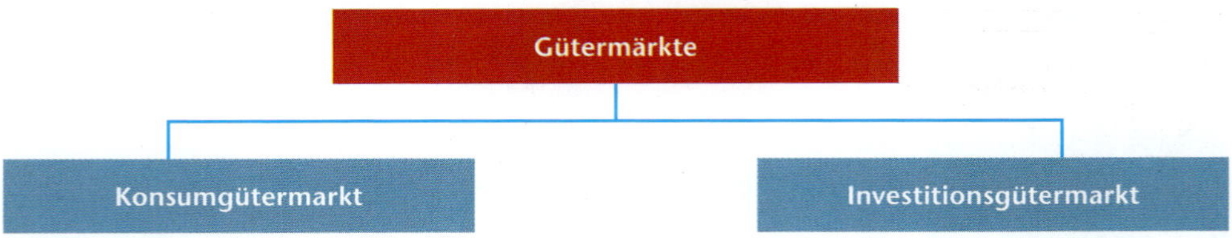

Sowohl bei den Gütermärkten als auch bei den Faktormärkten sollen Güter verkauft (abgesetzt) oder gekauft (beschafft) werden:

Eine geografische Dimension wird häufig im Zusammenhang mit den angestrebten Absatzmärkten von Unternehmen herangezogen:

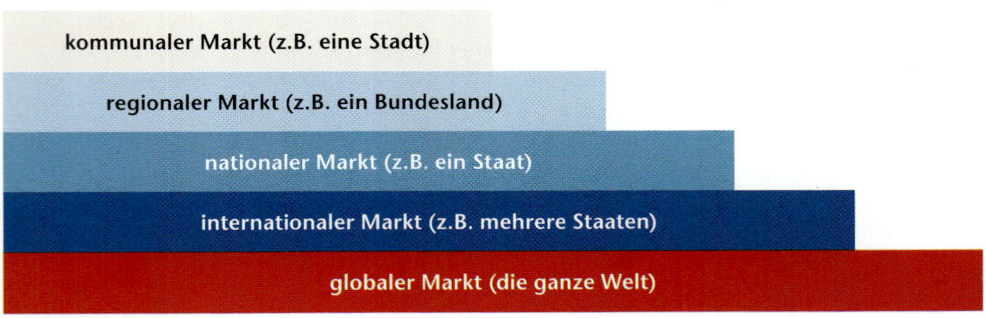

Zunehmend wichtiger werden die Nutzung weltweiter Informations- und Kommunikationswege für die Unternehmen, die Verbraucher und den Staat. Der Internethandel (E-Commerce) hat in den letzten Jahren enorm an Bedeutung gewonnen. Insbesondere im B2C-Bereich (Business-to-Consumer), also der Verkauf von Gütern durch Unternehmen an den Verbraucher, und der B2B-Bereich (Business-to-Business) sind sehr hohe Umsätze zu verzeichnen. Die „virtuellen Märkte" unterteilen sich in neun Bereiche des E-Commerce:

		Anbieter der Leistungen		
		Consumer (Verbraucher)	**Business** (Unternehmen)	**Administration** (Staat, Behörden)
Nachfrager der Leistungen	Consumer	Consumer-to-Consumer (C2C)	Business-to-Consumer (B2C)	Administration-to-Consumer (A2C)
	Business	Consumer-to-Business (C2B)	Business-to-Business (B2B)	Administration-to-Business (A2B)
	Administration	Consumer-to-Administration (C2A)	Business-to-Administration (B2A)	Administration-to-Administration (A2A)

Aufgaben

1. ***Erläutern Sie die Unterschiede zwischen den Marktformen Oligopol, Monopol und Polypol.***
2. ***Sie sind Mitarbeiter der Marketingabteilung in der Fitnesskette FFP. Sie sollen einem Praktikanten die grundsätzlichen Marktarten erklären.***
   a Beschreiben Sie anhand von Beispielen die Marktteilnahme der Fitnesskette FFP auf den Faktormärkten.
   b Erklären Sie dem Praktikanten anschaulich, inwieweit die Fitnesskette FFP auf den Gütermärkten tätig ist.
   c Der Saunabereich im Düsseldorfer Studio der Fitnesskette FFP soll neu eingerichtet werden. Erläutern Sie dem Praktikanten in diesem Zusammenhang die Handelsmärkte.
   d Erklären Sie dem Praktikanten abschließend die geografische Einteilungsmöglichkeit von Märkten.
3. ***Nennen und erklären Sie die neun Bereiche des E-Commerce. Nennen Sie dabei auch jeweils mindestens ein Beispiel.***

2.4 Die Marktpreisbildung im Polypol darstellen

Dass auf einem Markt unterschiedliche Wirtschaftssubjekte mit unterschiedlichen Interessen agieren, wurde in den vorangegangenen Ausführungen bereits erläutert. Hauptmerkmal eines Marktes ist das Zusammentreffen von Anbietern und Nachfragern, die unterschiedliche Güter präferieren.
Märkte sind in der Regel für jeden zugänglich. Jeder kann als Anbieter eines Gutes, einer Dienstleistung, eines Rechtes oder von Informationen auftreten. Umgekehrt kann auch jeder als Nachfrager von Gütern, Rechten, Dienstleistungen, Informationen in Erscheinung treten.

Beispiele:
- *Ein Autohändler verkauft ebenso Autos wie eine Privatperson. Auch der Staat verkauft Autos, z. B. gebrauchte Polizei- oder Bundeswehrfahrzeuge. Unternehmen bieten ebenfalls gebrauchte Firmenwagen auf dem Markt an.*
- *Die Autos kann der Anbieter im Anzeigenteil einer Zeitung, im Internet oder auf Kfz-Märkten anbieten, ebenso natürlich im Freundeskreis.*

Auf dem Markt bildet sich der Preis durch Angebot und Nachfrage. Mit steigendem Preis eines Guts steigt die Angebotsmenge, da weitere Anbieter (durch die verbesserten Gewinnchancen) auf den Markt drängen. Mit sinkendem Preis eines Gutes nimmt die Angebotsmenge ab, da zunehmend mehr Anbieter aus Kostengründen aus dem Markt ausscheiden.

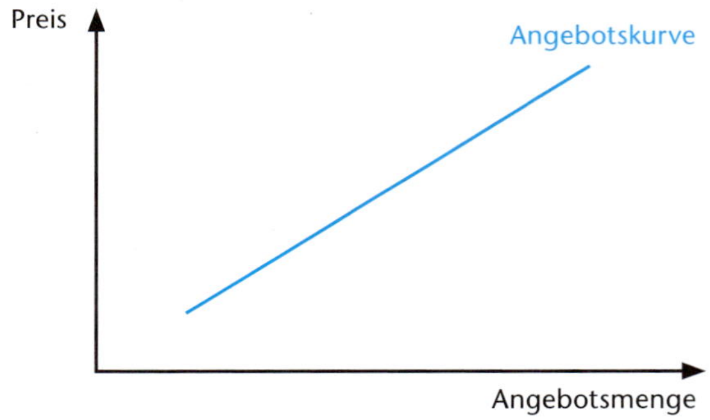

Mit steigendem Preis eines Gutes sinkt die Nachfragemenge nach diesem Gut, da viele sich dieses Gut nicht leisten können. Mit sinkendem Preis steigt die Nachfrage nach diesem Gut.

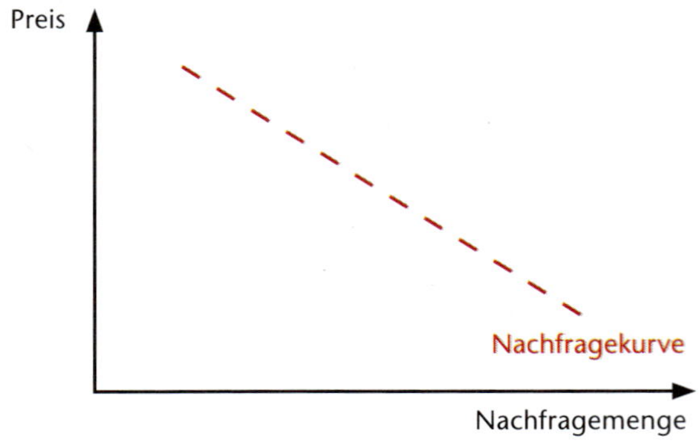

Durch einen dynamischen Prozess von Angebot und Nachfrage wird mittel- bis langfristig ein Marktgleichgewicht erreicht. Beim Marktgleichgewicht sind Angebotsmenge und Nachfragemenge identisch (PX). Am selben Punkt wird der Gleichgewichtspreis (P0) erreicht.

Solange die Angebotsmenge größer ist als die Nachfragemenge, spricht man von einem Angebotsüberhang. Betriebswirtschaftlich spricht man von einem Käufermarkt, da der Nachfrager (durch das große Angebot und die hohe Konkurrenz) Preisnachlässe durchsetzen kann. Ist die Nachfragemenge größer als das Angebot, so handelt es sich um einen Nachfrageüberhang – betriebswirtschaftlich demnach um einen Verkäufermarkt. Der Anbieter kann den Preis relativ hoch ansetzen, da eine hohe Nachfrage besteht.

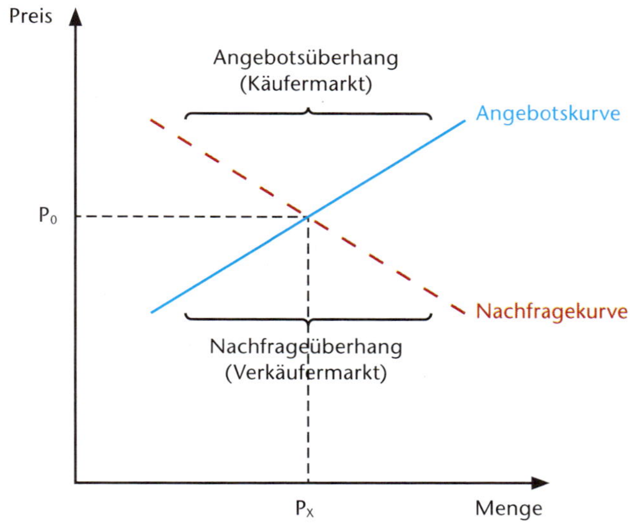

P_0 = Gleichgewichtspreis; P_X = Gleichgewichtsmenge

Beispiel:

Auf einem Markt sind fünf Anbieter (A, B, C, D und E) und 50 Nachfrager vertreten. Jeder Anbieter will jeweils fünf Produkte verkaufen. Insgesamt werden demnach 25 Produkte angeboten. Für einen Preis von 10,00 € wäre lediglich Anbieter A bereit, seine Produkte zu verkaufen. Anbieter B möchte mindestens 20,00 € erzielen. Dafür würde Anbieter A natürlich auch verkaufen, da er mehr erhalten würde als ursprünglich geplant. Für 20,00 € wären also zehn Produkte auf dem Markt. Anbieter C ist bereit für 30,00 € zu verkaufen, Anbieter D für 40,00 € und Anbieter D für 50,00 €.

Für 10,00 € würden alle Nachfrager das Produkt kaufen, 20,00 € sind nur noch 40 Anbieter bereit zu zahlen usw.

Aus Angebot und Nachfrage ergibt sich folgende Situation:

Preis	Angebots-menge	Nachfrage-menge	Nachfrage-überhang	Angebots-überhang
10,00 €	5	50	45	0
20,00 €	10	40	30	0
30,00 €	15	30	15	0
40,00 €	20	20	0	0
50,00 €	25	10	0	15

Der Gleichgewichtspreis von 40,00 € entspricht einer Gleichgewichtsmenge von 20 Produkten.

Bei der Ermittlung des Gleichgewichtspreises und der Gleichgewichtsmenge durch das Zusammentreffen von Angebot und Nachfrage sind einige Gesetzmäßigkeiten zu beobachten.

- Erhöhen die Unternehmen die Angebotsmenge bei gleichbleibender Nachfrage, erhöht sich die Gleichgewichtsmenge, der Gleichgewichtspreis sinkt.
- Verringern die Unternehmen die Angebotsmenge bei gleichbleibender Nachfrage, steigt der Preis bei sinkenden Mengen.
- Erhöht sich die Nachfrage bei gleichbleibendem Angebot, steigen Preise und Absatzmenge.
- Verringert sich die Nachfrage, sinken die Preise und die Absatzmenge.

Wie sich die Anbieter bzw. die Nachfrager auf dem betrachteten Markt verhalten, wird von mehreren Bestimmungsgrößen beeinflusst.

Mögliche Bestimmungsgrößen für das Verhalten am Markt	
Nachfrager	**Anbieter**
Preis des Gutes	Höhe des Preises
verfügbares Einkommen (Kaufkraft)	erzielbarer Gewinn
Preise und Angebote von Substitutionsgütern	Kosten der Güter
Erwartungen an zukünftige Entwicklungen	Zielsetzung/Strategien
Art und Dringlichkeit der Bedürfnisse	Wettbewerbssituation
...	Stand der Technik
	Preis und Qualität der Mitbewerber
	...

Aufgaben

1. ***Betrachten Sie nochmals das obige Beispiel zur Angebots- und Nachfragekurve.***
   a *Stellen Sie Angebots- und Nachfragekurve des Beispiels grafisch dar. Beschriften Sie die Achsen soweit möglich mit konkreten Zahlen.*
   b *Stellen Sie in Ihrer Grafik den Gleichgewichtspreis und die Gleichgewichtsmenge dar.*
   c *Verdeutlichen Sie nun grafisch den Käufermarkt und den Verkäufermarkt.*
2. ***Angenommen, die Anbieter A, B, C und D verdoppeln ihre Angebotsmenge, da sie mit dem erzielten Preis zufrieden sind. Das Nachfragerverhalten bleibt gleich.***
   a *Stellen Sie den neuen Sachverhalt tabellarisch dar.*
   b *Bestimmen Sie in der Tabelle den Gleichgewichtspreis und die Gleichgewichtsmenge.*
   c *Stellen Sie in der Tabelle auch den Angebots- und den Nachfrageüberhang dar.*
   d *Erklären Sie die Veränderung des Gleichgewichtspreises und der Gleichgewichtsmenge.*
   e *Zeichnen Sie die neue Angebotskurve in ihre Grafik aus Aufgabe 1 ein. Verdeutlichen Sie auch den neuen Gleichgewichtspreis und die neue Gleichgewichtsmenge.*

3. Ihnen liegt folgender Auszug aus einer Marketingerhebung über Angebots- und Nachfrageverhalten auf einem Markt vor:

Preis	Angebots-menge	Nachfrage-menge
50,00 €	20	220
60,00 €	40	200
...	...	...
130,00 €	180	60
140,00 €	200	40

Ermitteln Sie grafisch den Gleichgewichtspreis und die Gleichgewichtsmenge.

Zusammenfassung

Der Markt als Koordinationsinstanz		
Wirtschaftsordnung	Marktformen und Marktarten	Marktpreisbildung
Freie Marktwirtschaft ausschließliche Koordination von Angebot und Nachfrage durch den Markt **Zentralverwaltungs-wirtschaft** Produktion und Konsum werden vom Staat geplant. **Soziale Marktwirtschaft** Angebot und Nachfrage auf dem Markt; Staat schützt sozial Benachteiligte und den Wettbewerb.	**Marktformen** – Monopol – Oligopol – Polypol **Marktarten** – Faktormärkte – Gütermärkte – Handelsmärkte – virtuelle Märkte	**Gleichgewichtspreis** Preis, bei dem Anbieter und Nachfrager auf einem Markt gleiche Preisvorstellungen haben **Gleichgewichtsmenge** Schnittpunkt der angebotenen Menge an Güter und der nachgefragten Menge

Marktpreisbildung im Polypol

Wenn Angebots- und Nachfragekurve sich schneiden, ist der Gleichgewichtspreis erreicht. Ist das Angebot größer als die Nachfrage, herrscht ein Käufermarkt. Ist die Nachfrage größer als das Angebot, spricht man vom Verkäufermarkt.

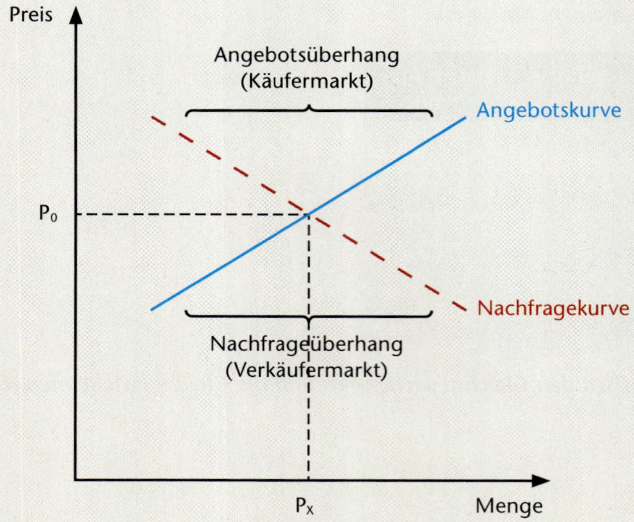

P_0 = Gleichgewichtspreis; P_X = Gleichgewichtsmenge

3 Chancen und Risiken von Unternehmenszusammenschlüssen abwägen

Verdacht auf Preisabsprachen Kartellamt durchsucht Agrar-Großhändler

Dienstag, 03. März 2015 – Europas größte Agrarhändler bekommen Besuch vom Bundeskartellamt. Die Wettbewerbshüter gehen dem Verdacht verbotener Preisabsprachen nach. Im Visier sind auch die Branchenriesen BayWa und Agravis.

Wegen des Verdachts verbotener Preisabsprachen im Großhandel mit Pflanzenschutzmitteln hat das Bundeskartellamt großen Agrarhändler in ganz Deutschland durchsuchen lassen. Betroffen waren unter anderem die europäischen Marktführer BayWa und Agravis. Außerdem seien fünf weitere Unternehmen und ein Verband durchsucht worden, sagte ein Sprecher der Wettbewerbsbehörde.

Die Behörde gehe dem Verdacht nach, dass es wettbewerbswidrige Vereinbarungen bei der Kalkulation und der Festlegung von Großhandels- und Endverkaufspreisen gegeben habe, sagte der Sprecher. Die bundesweite Durchsuchung erfolgte zeitgleich an sieben Unternehmensstandorten und bei einem Verband. An der Aktion waren rund 45 Mitarbeiter von Bundeskartellamt und Polizei beteiligt.

Europas größter Agrarhändler BayWa bestätigte, dass Büroräume am Hauptsitz in München durchsucht wurden. Dabei gehe es um den Verdacht, dass BayWa-Mitarbeiter an wettbewerbswidrigen Absprachen beim Großhandel mit Pflanzenschutzmitteln beteiligt gewesen seien. Der Untersuchungszeitraum reiche bis ins Jahr 2000 zurück. „Die BayWa wird mit dem Bundeskartellamt in allen Punkten uneingeschränkt kooperieren", erklärte BayWa-Chef Klaus Josef Lutz. „Es ist unser größtes Interesse, dass diese Angelegenheit restlos aufgeklärt und eventuelles Fehlverhalten mit aller Härte verfolgt wird."

Agravis betont Kooperation mit Behörden

Auch die Nummer zwei im europäischen Agrarhandel, Agravis, bestätigte, dass die Wettbewerbsbehörde in der Unternehmenszentrale in Hannover wegen des Verdachts der Beteiligung von Mitarbeitern an wettbewerbsbeschränkenden Absprachen ermittelt habe. Agravis arbeite kooperativ mit den Behörden zusammen. Auch die RWZ (Raiffeisen Zentrale Rhein-Main eG) wurde durchsucht. Ein Sprecher sagte, die RWZ sei zu uneingeschränkter Unterstützung der Ermittlungsbehörden bereit, um Klarheit in die Hintergründe zu bringen.

Das Bundeskartellamt selber machte keine Angaben zu den Namen der durchsuchten Unternehmen und des betroffenen Verbandes. Eine Durchsuchung durch Mitarbeiter des Bundeskartellamts erfolgt auf der Basis eines gerichtlichen Beschlusses. Dieser setzt einen Anfangsverdacht für einen Kartellrechtsverstoß voraus. Die Behörde betonte, eine Durchsuchung diene der Aufklärung des Sachverhalts und bedeute ausdrücklich nicht, dass sich die betroffenen Unternehmen und Personen tatsächlich eines Kartellrechtsverstoßes schuldig gemacht hätten. Bis zum Abschluss des Verfahrens gelte die Unschuldsvermutung.

Quelle: n-tv.de, wne/dpa, http://www.n-tv.de/wirtschaft/Kartellamt-durchsucht-Agrar-Grosshaendler-article14620806.html

Unter einer Kooperation versteht man die Zusammenarbeit von Unternehmen in bestimmten, vertraglich festgelegten Bereichen. Die beteiligten Unternehmen behalten dabei ihre rechtliche Selbstständigkeit, arbeiten im vereinbarten Bereich aber wirtschaftlich zusammen.

Beispiel:
Eine große Krankenkasse bietet ihren Kunden ein gesundheitsförderndes Fitnessprogramm an. Die Krankenkasse arbeitet dabei mit mehreren regionalen Sport- und Fitnessanlagen im Rahmen eines Kooperationsvertrages zusammen.

Von einer Unternehmenskonzentration wird immer dann gesprochen, wenn Unternehmen ihre wirtschaftliche und rechtliche Selbstständigkeit völlig aufgeben (Fusion). Behalten die Unternehmen ihre rechtliche Selbstständigkeit als Tochterunternehmen in einem Konzern, sind aber wirtschaftlich völlig vom Mutterunternehmen abhängig, liegt ebenfalls eine Konzentration vor.

Beispiele:
- *Der Netto Marken-Discount hat im Jahr 2007 circa 100 Filialen des Discounters Kondi übernommen. Kondi existiert heute nicht mehr. Die rechtliche und wirtschaftliche Selbstständigkeit wurde durch die Fusion aufgegeben.*
- *Der Netto Marken-Discount gehört zum Edeka-Konzern. Als Tochterunternehmen ist es wirtschaftlich von Edeka abhängig, rechtlich jedoch selbstständig.*

Unternehmenszusammenschlüsse können also in Form von Kooperationen oder in Form von Konzentrationen entstehen.

Mögliche Gründe für Unternehmenszusammenschlüsse:
- Verbreiterung der Kapitalbasis der Unternehmen,
- Streuung des Risikos auf dem Markt,
- Verringerung von Forschungs- und Entwicklungskosten,
- Nutzung von Rationalisierungsvorteilen,
- Steigerung der Auslastung der Produktionsanlagen,
- Begrenzung des Wettbewerbs,
- stärkere Verhandlungsbasis.

Aufgaben

1. ***Lesen Sie den Text „Verdacht auf Preisabsprachen Kartellamt durchsucht Agrar-Großhändler" aufmerksam durch. Lesen Sie ggf. nochmals den methodischen Hinweis zur Sachtextanalyse. Bearbeiten Sie anschließend folgende Aufgaben.***
   a *Welchem Verdacht geht das Bundeskartellamt nach? Begründen Sie die Maßnahme des Kartellamtes.*
   b *Beschreiben Sie aus Sicht der Kunden die Nachteile der beschriebenen Preisabsprachen*

2. ***Die Fitnesskette FFP, das Golf- und Wellnessresort Lüneburger Heide und der SC Lüneburg wollen in Kooperation eine kombinierte Squash-, Tennis- und Kletterhalle in Lüneburg errichten und betreiben.***
   a *Erläutern Sie die Gründe der drei Unternehmen, das Projekt gemeinsam durchzuführen.*
   b *Welche Chancen und Risiken ergeben sich für die beteiligten Unternehmen durch das Projekt?*

3.1 Kooperationen von Unternehmen analysieren

Die in den letzten Jahren häufig in den Medien gebräuchliche Vokabel „Strategische Allianzen" beschreibt die Zusammenarbeit (Kooperation) verschiedener Unternehmen. Der Zweck der Zusammenarbeit ist die – vertraglich vereinbarte – Erreichung gemeinsamer, langfristiger Ziele. Durch die Zusammenarbeit mit einem oder mehreren Kooperationspartnern wird eine langfristige Festigung oder ein Ausbau der Marktstellung angestrebt. Dadurch sollen die Gewinne und die Wirtschaftlichkeit erhöht werden. Gleichzeitig wird das Risiko gemindert, da es auf mehrere Partnerunternehmen verteilt ist.
Abhängig von der Marktstufe, auf der die kooperierenden Partner tätig sind, unterscheidet man dabei:

- horizontale Kooperation: Unternehmen derselben Marktstufe einer Branche arbeiten zusammen,
- vertikale Kooperation: Unternehmen vor- oder nachgelagerter Marktstufen einer Branche kooperieren,
- diagonale Kooperation: Unternehmen unterschiedlicher Branchen vereinbaren eine Zusammenarbeit.

Beispiele:
- *Zwei Sportgerätehersteller gründen zusammen eine Forschungs- und Entwicklungsabteilung (horizontale Kooperation).*
- *Ein Sportgerätehersteller und eine Sport- und Fitnesskette schließen einen langfristigen Liefervertrag ab (vertikale Kooperation).*
- *Die Sport- und Fitnesskette FFP und die Schnellimbisskette „Ham and Burger" bestellen zusammen Getränke, um höhere Rabatte zu erhalten (diagonale Kooperation).*

Im Wirtschaftsleben gibt es die unterschiedlichsten (legalen und auch illegalen) Formen von Kooperationen. Nachfolgend werden einige gängige Allianzen aufgeführt.

- **Rahmenverträge** sind langfristige Verträge zwischen kooperierenden Unternehmen, die eine genaue Beschreibung bestimmter Konditionen beinhalten. In Rahmenverträgen werden z. B. Zahlungsbedingungen, Lieferbedingungen, Qualitätsanforderungen und Preise vereinbart.
- **Interessengemeinschaften** verfolgen ein gemeinsames wirtschaftliches Ziel. Sie werden häufig in der Rechtsform einer Gesellschaft des Bürgerlichen Rechts geführt.
- Ein **Konsortium** beschreibt eine Gelegenheitsgesellschaft, die nach Erreichung eines Zieles wieder aufgelöst wird. Konsortien sind vertraglich vereinbarte Kooperationen, die häufig für die Durchführung großer Projekte gebildet werden. Ein weithin bekanntes Beispiel ist ein Bankenkonsortium, das zum Zwecke der Aktienemission gebildet wird.
- Bei einem **Joint Venture** gründen zwei oder mehrere Unternehmen verschiedener Länder ein neues Gemeinschaftsunternehmen. Neben einer Kapitalbeteiligung werden auch weitere Ressourcen (Anlagen, Mitarbeiter, Know-how etc.) in das neu gegründete Unternehmen eingebracht. Häufig sind die Kooperationspartner paritätisch beteiligt.

Die Vorteile eines Joint Ventures sind unter anderem:
- Ausbau, Sicherung oder Erschließung von Auslandsmärkten,
- Nutzung der Marktkenntnisse des ausländischen Partners,
- Verbesserter Absatz der eigenen Produkte durch Überwindung von Handelshemmnissen,
- Risikostreuung durch Beteiligung mehrerer Unternehmen,
- Technologie- und Know-how-Transfer (z. B. Qualitätsmanagement, Fertigungsverfahren), kann auch in anderen Unternehmensbereichen genutzt werden.

- **Kartelle** sind (meist) horizontale Vereinbarungen von Unternehmen mit dem Ziele, den Wettbewerb zu beschränken, um die eigenen Position auf dem Markt zu stärken. Kartelle sind in der Bundesrepublik laut dem Gesetz gegen Wettbewerbsbeschränkungen (GWB) grundsätzlich verboten.

Gesetz gegen Wettbewerbsbeschränkungen (GWB)

§ 1 Verbot wettbewerbsbeschränkender Vereinbarungen

Vereinbarungen zwischen Unternehmen, Beschlüsse von Unternehmensvereinigungen und aufeinander abgestimmte Verhaltensweisen, die eine Verhinderung, Einschränkung oder Verfälschung des Wettbewerbs bezwecken oder bewirken, sind verboten.

Das deutsche Kartellrecht ist inzwischen dem europäischen Recht angepasst. Das GWB lässt weiterhin Ausnahmen vom Kartellverbot zu. Unter der Voraussetzung, dass die Unternehmenskooperationen letztendlich dem Verbraucher helfen, kann ein Kartell vom Kartellverbot freigestellt sein. Die beteiligten Unternehmen dürfen dabei in ihrer Branche einen Marktanteil von ca. 20 % bis 25 % nicht überschreiten.
Für den bundesdeutschen Markt erlaubt das GWB noch die sogenannten Mittelstandskartelle. Diese dürfen allerdings ausschließlich in Deutschland tätig sein und keine Staaten der sonstigen Europäischen Union erschließen.

Gesetz gegen Wettbewerbsbeschränkungen (GWB)

§ 2 Freigestellte Vereinbarungen

(1) Vom Verbot des § 1 freigestellt sind Vereinbarungen zwischen Unternehmen, Beschlüsse von Unternehmensvereinigungen oder aufeinander abgestimmte Verhaltensweisen, die unter angemessener Beteiligung der Verbraucher an dem entstehenden Gewinn zur Verbesserung der Warenerzeugung oder -verteilung oder zur Förderung des technischen oder wirtschaftlichen Fortschritts beitragen, ohne dass den beteiligten Unternehmen
1. Beschränkungen auferlegt werden, die für die Verwirklichung dieser Ziele nicht unerlässlich sind, oder
2. Möglichkeiten eröffnet werden, für einen wesentlichen Teil der betreffenden Waren den Wettbewerb auszuschalten.

§ 3 Mittelstandskartelle

(1) Vereinbarungen zwischen miteinander im Wettbewerb stehenden Unternehmen und Beschlüsse von Unternehmensvereinigungen, die die Rationalisierung wirtschaftlicher Vorgänge durch zwischenbetriebliche Zusammenarbeit zum Gegenstand haben, erfüllen die Voraussetzungen des § 2 Abs. 1, wenn
1. dadurch der Wettbewerb auf dem Markt nicht wesentlich beeinträchtigt wird und
2. die Vereinbarung oder der Beschluss dazu dient, die Wettbewerbsfähigkeit kleiner oder mittlerer Unternehmen zu verbessern.

Die kooperierenden Unternehmen müssen dabei eigenverantwortlich prüfen, ob sie nicht gegen kartellrechtliche Vorschriften verstoßen. Das Kartellamt kann bei Verstößen erhebliche Bußgelder erheben. Für die Unternehmen besteht daher eine Rechtsunsicherheit, da eine rechtsverbindliche Genehmigung (wie einst im bundesdeutschen GWB enthalten), z. B. des Kartellamtes, nach europäischem Recht nicht mehr vorgesehen ist.

Übersicht über die wichtigsten Kartelle

verbotene Kartelle (Beispiele)		
Preiskartelle Vereinbarungen von Unternehmen über eine einheitliche Preisgestaltung	**Gebietskartelle** Vereinbarung über die räumliche Aufteilung des Marktes	**Quotenkartelle** (auch Produktionskartelle) Festlegung einer bestimmten Produktionsmenge für jedes Mitglied
mögliche freigestellte Vereinbarungen (Beispiele)		
Normungskartelle Vereinbarungen über einheitliche Anwendungen von Normen (einheitliche Formen, Arten, Größen)	**Rationalisierungskartelle** Absprachen und gegenseitige Hilfen zur Verbesserung der Produktion und Senkung der Kosten	**Konditionenkartelle** Vereinbarungen über einheitliche Lieferungs- und Zahlungsbedingungen

Mittelstandskartelle (bundesdeutsches Kartellrecht)
Zusammenarbeit von kleinen und mittleren Unternehmen, beispielsweise im Bereich der Forschung und Entwicklung, des Einkaufs, des Vertriebs, der Rationalisierung der Produktion etc., ohne spürbare Auswirkung auf den EU-Markt

Aufgaben

1. ***Entwickeln Sie je zwei Beispiele aus der Sport- und Fitnessbranche für die horizontale, die vertikale und die diagonale Kooperation.***
2. ***Erläutern Sie den Unterschied zwischen Konsortien und Kartellen.***
3. ***Erläutern Sie anhand selbst gewählter Beispiele Preiskartelle, Gebietskartelle und Quotenkartelle.***
4. ***Erläutern Sie anhand selbst gewählter Beispiele Normungskartelle, Rationalisierungskartelle und Konditionenkartelle.***
5. ***Welches Risiko tragen Unternehmen, wenn sie Kartelle gemäß der freigestellten 6. Vereinbarungen des § 2 GWB eingehen?***
6. ***Was versteht man unter Mittelstandskartellen gemäß § 3 GWB?***
7. ***Erklären Sie kurz die Vorteile eines Joint Ventures für ein bundesdeutsches Unternehmen.***

3.2 Konzentrationen von Unternehmen analysieren

Verlieren Unternehmen durch einen Unternehmenszusammenschluss (Fusion) ihre rechtliche und/oder wirtschaftliche Selbstständigkeit, so liegt eine Unternehmenskonzentration vor. Bei einem solchen Zusammenschluss ist zu prüfen, ob der Wettbewerb auf dem Markt noch ausreichend gegeben ist. Die sogenannte Zusammenschlusskontrolle ist im Gesetz gegen Wettbewerbsbeschränkungen, §§ 35 bis 43 GWB, geregelt.

Gesetz gegen Wettbewerbsbeschränkungen (GWB)

§ 35 Geltungsbereich der Zusammenschlusskontrolle

(1) Die Vorschriften über die Zusammenschlusskontrolle finden Anwendung, wenn im letzten Geschäftsjahr vor dem Zusammenschluss

1. die beteiligten Unternehmen insgesamt weltweit Umsatzerlöse von mehr als 500 Millionen Euro und
2. im Inland mindestens ein beteiligtes Unternehmen Umsatzerlöse von mehr als 25 Millionen € und ein anderes beteiligtes Unternehmen Umsatzerlöse von mehr als 5 Millionen € erzielt haben.

§ 36 Grundsätze für die Beurteilung von Zusammenschlüssen

(1) Ein Zusammenschluss, von dem zu erwarten ist, dass er eine marktbeherrschende Stellung begründet oder verstärkt, ist vom Bundeskartellamt zu untersagen, es sei denn, die beteiligten Unternehmen weisen nach, dass durch den Zusammenschluss auch Verbesserungen der Wettbewerbsbedingungen eintreten und dass diese Verbesserungen die Nachteile der Marktbeherrschung überwiegen.

§ 19 Missbrauch einer marktbeherrschenden Stellung

(1) Die missbräuchliche Ausnutzung einer marktbeherrschenden Stellung durch ein oder mehrere Unternehmen ist verboten.

(2) Ein Unternehmen ist marktbeherrschend, soweit es als Anbieter oder Nachfrager einer bestimmten Art von Waren oder gewerblichen Leistungen auf dem sachlich und räumlich relevanten Markt
1. ohne Wettbewerber ist oder keinem wesentlichen Wettbewerb ausgesetzt ist oder
2. eine im Verhältnis zu seinen Wettbewerbern überragende Marktstellung hat; hierbei sind insbesondere sein Marktanteil, seine Finanzkraft, (...) Verflechtungen mit anderen Unternehmen, (...) zu berücksichtigen.

(3) Es wird vermutet, dass ein Unternehmen marktbeherrschend ist, wenn es einen Marktanteil von mindestens einem Drittel hat. Eine Gesamtheit von Unternehmen gilt als marktbeherrschend, wenn sie
1. aus drei oder weniger Unternehmen besteht, die zusammen einen Marktanteil von 50 vom Hundert erreichen, oder
2. aus fünf oder weniger Unternehmen besteht, die zusammen einen Marktanteil von zwei Dritteln erreichen,
es sei denn, die Unternehmen weisen nach, dass die Wettbewerbsbedingungen zwischen ihnen wesentlichen Wettbewerb erwarten lassen oder die Gesamtheit der Unternehmen im Verhältnis zu den übrigen Wettbewerbern keine überragende Marktstellung hat.

Im Zusammenhang mit Unternehmenskonzentrationen fallen häufig die Begriffe Fusion, Übernahme und feindliche Übernahme. Tatsächlich existiert keine klare Grenze zwischen der Fusion und der Übernahme. Bei einer Fusion schließen sich zwei gleichstarke Unternehmen einvernehmlich zusammen, während man bei einer Übernahme davon ausgeht, dass ein großes Unternehmen ein kleineres einvernehmlich übernimmt. Das ist allerdings nur eine theoretische Erklärung, die in der Praxis kaum berücksichtigt wird.
Von einer feindlichen Übernahme wird immer dann gesprochen, wenn das übernommene Unternehmen gegen einen Zusammenschluss ist. Das übernehmende Unternehmen kauft trotzdem Anteile des zu übernehmenden Unternehmens und erlangt so die wirtschaftliche und rechtliche Mehrheit.

Aufgaben

1. ***Erläutern Sie den Unterschied zwischen einer Fusion und einer feindlichen Übernahme.***
2. ***Wann gelten Unternehmen nach dem GWB als marktbeherrschend?***
3. ***Unter welchen Voraussetzungen sind die Vorschriften zur Zusammenschlusskontrolle von Unternehmen laut GWB anzuwenden?***

Zusammenfassung

Kooperation und Konzentration von Unternehmen

Unternehmens-zusammenschlüsse	Kooperation und Konzentration	Gesetz gegen Wettbewerbs-beschränkungen
horizontal Unternehmen derselben Marktstufe einer Branche schließen sich zusammen. **vertikal** Unternehmen vor- oder nachgelagerter Marktstufen einer Branche arbeiten zusammen. **diagonal** Unternehmen verschiedener Branchen schließen sich zusammen.	**Kooperationsformen** – Kartelle – Konsortien – Joint Ventures **Konzentration** – Fusionen – Übernahmen	**§§ 1–3 GWB** – Kartellverbot – freigestellte Vereinbarungen – Mittelstandskartelle **§§ 5–4 GWB** Zusammenschlusskontrolle (Marktbeherrschende Unternehmen sind verboten. Das Kartellamt überprüft daher Unternehmenszusammenschlüsse.)

Zusammenschlusskontrolle

Das Kartellamt kontrolliert die Zusammenschlüsse, wenn die beteiligten Unternehmen weltweit mehr als 500 Millionen € Umsatz erwirtschaften und eines der Unternehmen im Inland mindestens 25 Millionen €, ein weiteres mindestens 5 Millionen Euro Umsatz erzielt.

Marktbeherrschung

Eine Marktbeherrschung wird angenommen, wenn ein Unternehmen mindestens ein Drittel Marktanteil hat. Bei zwei oder drei zusammengehörenden Unternehmen wird ein Marktanteil von 50 %, bei vier oder fünf Unternehmen einer von zwei Dritteln angesetzt.

4 Den Markt im Sport- und Fitnessbereich definieren

Unter Marketing werden alle Aktivitäten eines Unternehmens verstanden, die der Marktanalyse, der Marktgestaltung und der Marktbearbeitung dienen. Marketing ist die Ausrichtung von Unternehmungen auf Kunden und Märkte.

Diese Definition umfasst im Wesentlichen die folgenden Tätigkeiten:

- **Marktanalyse** bestehender Märkte,
- **Marktprognose** kommender Märkte,
- bewusste, planvolle, markt- und bedarfsgerechte **Absatzgestaltung**,
- **Marktbeeinflussung** im Sinne der gesetzten Unternehmensziele (z. B. Gewinnmaximierung, Umsatzmaximierung oder Kostenminimierung bzw. **Kostendeckung** bei gemeinnützigen Vereinen),

- marktorientierte **Planung**, die sich durch eine schöpferische, systematische und zuweilen beinahe aggressive Note auszeichnet,
- **Marktorientierung**,
- **Kundenorientierung.**

Tatsächlich reicht es nicht aus, das beste Produkt zu haben, man muss diesen Wettbewerbsvorteil den Marktteilnehmern auch mitteilen. Marketing bedeutet daher auch Kommunikation und Information. Diese Kommunikation erfolgt u. a. mithilfe von Werbung. Zuvor bedarf es jedoch einer umfassenden Analyse des Marktes hinsichtlich der Marktstruktur und der Marktsituation.

4.1 Den Markt für Sport- und Fitnessbetriebe beschreiben

Grundsätzlich kann ein Markt durch eine Vielzahl von Kriterien beschrieben werden. Einige der wesentlichen Kriterien sind in der nachfolgenden Abbildung dargestellt:

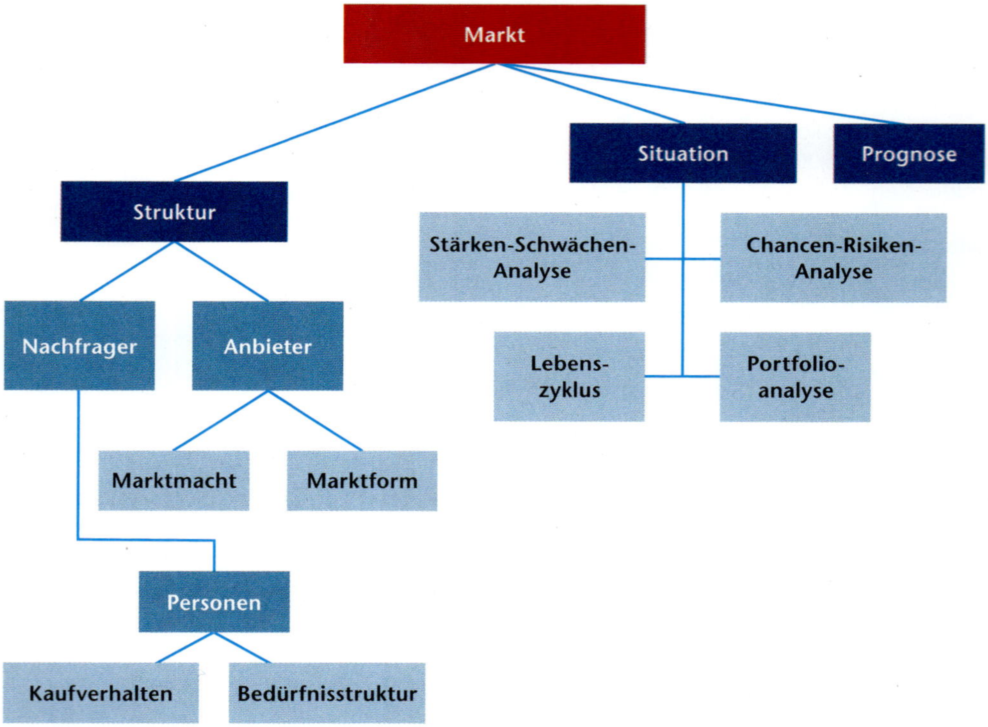

Überblick über die Kriterien der Marktanalyse

Im Rahmen der **Marketingstrategie** werden **Planungsziele** formuliert und **Handlungsalternativen** festgelegt. Auf der Basis der aktuellen **Marktsituation**, die durch die **Marktforschung** eine Vielzahl der marktbestimmenden **Kriterien** nennt, planen die Unternehmungen eine **langfristige** Strategie. Dabei sind mehrere Strategien in Abhängigkeit von der eigenen Marktposition denkbar.

4.2 Die Strukturanalyse des Marktes (Nachfrageseite)

Die **Strukturanalyse** des Marktes dient dem Erkennen der relevanten (Teil-)Märkte und der Teilnehmer auf diesen Märkten. Sie ist für eine kunden- und wettbewerberorientierte Marktbearbeitung unumgänglich.

Die Einteilung des gesamten Marktes in Teilmärkte (Marktsegmente) und Kundengruppen kann nach verschiedenen Kriterien erfolgen. Sie ist zur präzisen Marktbearbeitung und zur umfangreichen Marktabdeckung aller Verbraucher unumgänglich. Die Bedürfnisse der Verbraucher werden dabei entdeckt und/oder geweckt. Zur individuellen Angebotserstellung müssen zunächst Kundengruppen bzw. Teilmärkte gebildet werden.

Die Analyse der Kunden und Wettbewerber im Markt ermöglicht dem Unternehmen, die „Spielregeln" des Marktes und der eigenen Situation im Markt festzustellen bzw. aktiv festzulegen. Sie ist der Ausgangspunkt der Marketingentscheidungen des Unternehmens. Je umfangreicher die Umweltzustände erfasst werden, desto präziser kann der Einsatz der eigentlichen Marketinginstrumente geplant werden.

Einteilung nach Personen (Verbraucher)

Demografische Einteilung
Zur Analyse der Kunden wurden früher nahezu ausschließlich **demografische** Kriterien, wie z. B. Einkommen, Beruf, Alter und Geschlecht, verwendet. Die Kundeneinteilung erfolgte dann in homogene (in sich gleichartige) Gruppen.

Psychografische Einteilung
Die Einteilung der Kunden erfolgt heute zusätzlich zur demografischen Analyse anhand der **psychologischen** Grundhaltungen der Verbraucher und des Lebensstils. Für den Konsumgütermarkt in der Bundesrepublik Deutschland wurde eine Vielzahl von Untersuchungen mit dem Ziel der psychografischen Einteilung durchgeführt. Grundsätzlich lassen sich Preisbewusste, Probierfreudige, Konsumverweigerer, Spontankäufer, Prestigekäufer und generell Konsumwillige unterscheiden. Eine weitere Unterscheidung ist nur dann zweckmäßig, wenn sie dem Zweck der aktiven Marktbearbeitung dienlich ist.

Einteilung nach Kaufverhalten
Neben den oben genannten Einteilungen der Konsumenten in Marktsegmente lassen sich weitere Kriterien finden. Das Kaufverhalten der Konsumenten weicht in Abhängigkeit vom Produkt und der Involvierung (Einbezogenheit, das heißt emotionale Anteilnahme an dem Produkt) stark voneinander ab. Die Kenntnis des auf dem relevanten Markt vorherrschenden Kaufverhaltens und der Kundeninvolvierung hat massive Auswirkungen auf den Erfolg von Marketingmaßnahmen. Besonders in der Sport- und Fitnessbranche existiert eine stark unterschiedliche Involvierung der Kunden.

Beispiele:
- *Der 46-jährige Horst Schlom hatte nie besonderes Interesse an sportlicher Betätigung. Aufgrund gesundheitlicher Probleme (Übergewicht, Rückenschmerzen) kaufte er sich im TV-Shop ein Fitnessgerät (Special Energizer – Trim Fast). Die Involvierung ist eher gering, der voraussichtliche Erfolg auch.*
- *Die 25-jährige Nadine Meyer treibt seit dem sechsten Lebensjahr Sport in verschiedenen Vereinen. Die sportliche Betätigung gehört zu ihrem Leben wie arbeiten gehen und Freunde treffen. Die Involvierung ist hoch.*

- *Die 45-jährige Sekretärin nimmt sich seit vielen Jahren vor, endlich einmal wieder zum Sport zu gehen. Sie wartet noch auf ein passendes Angebot eines Fitnessstudios. Die Involvierung ist mittel bis gering; das Potenzial ist hoch.*

Einteilung nach der Bedürfnisstruktur

Die Bedürfnisstruktur der Individuen lässt sich nach Maslow in fünf hierarchisch geordnete Typen untergliedern (vgl. Lernfeld 4 oben).

Beispiele:
- *Entwicklung und Entfaltung der eigenen Persönlichkeit durch Sport*
- *Entspannung und Ausgeglichenheit durch Wellness*

Aufgabe

Erstellen Sie eine Einteilung Ihrer Mitglieder bzw. Kunden nach den o.g. Kriterien. Schätzen Sie dabei die Anteile der verschiedenen Ausprägungen.

4.3 Die Situationsanalyse des Marktes

Mit der **Situationsanalyse** werden alle marktrelevanten Daten zu einem Zeitpunkt erfasst. Sie ist die Momentaufnahme (Foto) des Marktes.

Die Analyse des Marktes zu einem Zeitpunkt wird als **Querschnittanalyse** bezeichnet. Diese gibt Auskunft über alle marktrelevanten Parameter zum Zeitpunkt der Analyse und beschreibt somit die Struktur des Marktes. Die Querschnittanalyse entspricht einer „Detailfotografie" eines Marktes zu einem Zeitpunkt. Die **Längsschnittanalyse** hingegen untersucht den Markt in regelmäßigen Abständen, um Veränderungen des Marktes (Trends) festzustellen. Die Längsschnittanalyse entspricht einem „Gesamtporträt" eines Marktes über einen vorher definierten Zeitraum.

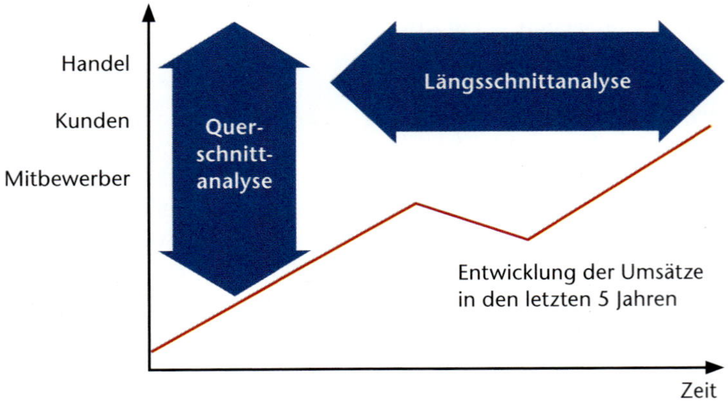

Querschnitt- und Längsschnittanalyse

Die einzelnen **Kriterien** der Situationsanalyse können z.B. sein:

Kriterium	Ausprägung
Markt	– Entwicklung – Entwicklungsstand – Wachstum – Reaktion auf Änderungen – Sättigungsgrad – Aufteilung des Marktes (eigener Marktanteil)
Konkurrenz	– Wettbewerbsstärke – Anzahl der Konkurrenten – Anzahl der Produkte der Konkurrenz – Marktmacht – Kostensituation der Konkurrenz – Know-how
Kunden	– Bedürfnisse – Kaufkraft – Einstellungen zu den Produkten – Motive für Kauf – Markentreue – Eigenschaften der Produkte
Instrumente	– Produktprogramm – Flexibilität des Angebots – Bekanntheit der Produkte – Werbestrategien (eigene – Konkurrenz) – Preisniveau – Rabatte und Konditionen auf dem Markt
Umwelt	– rechtliche Rahmenbedingungen (Verbote, Gebote, Zölle, Verordnungen, staatliche Auflagen) – politische Institutionen – Konjunktur – Wirtschaftswachstum (auf dem relevanten Markt) – ökonomische Größen – soziale Normen – Lebensgewohnheiten – Dynamik des technischen Beispiel – Fortschritts

Beispiel:
Die Fitnesskette FFP möchte die aktuelle Marktsituation für Fitnessstudios analysieren. Dazu bedient sie sich einer Tabelle (Checkliste) mit den relevanten Kriterien: Markt, Konkurrenz, Kunden, Instrumente, Umwelt.

Die Analyse der Kunden und Wettbewerber im Markt ermöglicht dem Unternehmen, die „Spielregeln" des Marktes und der eigenen Situation im Markt festzustellen bzw. aktiv festzulegen. Sie ist der Ausgangspunkt der Marketingentscheidungen des Unternehmens. Je umfangreicher die Umweltzustände erfasst werden, desto präziser kann der Einsatz der eigentlichen Marketinginstrumente geplant werden.

Aufgabe

Ergänzen Sie in der Tabelle eine dritte Spalte mit Ihrem aktuellen Wissen über die Marktsituation Ihres Unternehmens. Vergleichen Sie die Ergebnisse mit denen Ihrer Mitschüler. Wo gibt es Unterschiede und wo Gemeinsamkeiten?

Methodischer Hinweis – Checkliste

Bei der Checklistentechnik handelt es sich um die Zusammenstellung von logisch abgeleiteten und aus der Erfahrung gewonnenen Fragen. Diese stellen in ihrer Gesamtheit sicher, dass alle Schwachstellen des Istzustandes erkannt werden. Dazu werden elementare Fragen gestellt bzw. Tätigkeiten beschrieben. Eine Hierarchisierung der Fragen oder Tätigkeiten in Hauptkategorien und Unterkategorien kann die Bearbeitung erleichtern. Wenn die Fragen beantwortet oder die Tätigkeiten erledigt sind, werden sie auf der Liste ausgecheckt, d.h. abgehakt.

Das Erstellen einer Checkliste kann wie folgt durchgeführt werden:

- Zunächst werden die Hauptkriterien gesucht und als Überschriften vermerkt.
- Dann werden zu den Hauptkriterien Unterkriterien als Tätigkeiten oder Fragen formuliert und mit Checkboxen und/oder einem Datum und einem Verantwortlichen versehen.
- Zu beschaffende Gegenstände sind ebenfalls aufzuführen.
- Eine Liste sollte wegen der Übersichtlichkeit maximal eine Seite umfassen, sodass man bei umfangreichen Analysen gegebenenfalls pro Hauptkriterium eine Seite benötigt.

Beispiel:
Sabine Groß ist Mitinhaberin der Fitnesskette FFP. Sie plant, die nächste Sportmesse ispo in München zu besuchen. Vorher erstellt Sie eine Checkliste. Sie sehen im Folgenden einen stark verkürzten Ausschnitt daraus:

Checkliste Messebesuch

vor der Messe	erledigt
Eintrittskarten besorgen	☐
Zugfahrt buchen	☐
Hotel buchen	☐
Ausstellerverzeichnis sichten	☐
Aussteller auswählen	☐

Solche und ähnliche Checklisten helfen Unternehmen bei der Planung von Veranstaltungen, bei wiederkehrenden Tätigkeiten oder auch bei der Analyse des Marktes. Der Vorteil ist, dass aus bestehenden Erfahrungen und gezielten Vorüberlegungen in Ruhe all das auf der Checkliste festgehalten wird, was für den richtigen Ablauf wichtig ist. So ist gewährleistet, dass in der Hektik des Alltags oder bei Veranstaltungen im großen zeitlichen Abstand (jährliche Messen oder Tag der offenen Tür einmal im Jahr) nichts vergessen wird bzw. nicht erst langwierig über alle Details nachgedacht werden muss.

Aufgabe

Erstellen Sie kurze Checklisten (jeweils 10 Punkte) für

a die Analyse eines Mitbewerbers,
b die Vorbereitung einer Schulung,
c die Planung eines Tages der offenen Tür (Tätigkeiten- und Reihenfolgecheck),
d die Einstellung eines neuen Trainers für Pilates (Qualifikationscheck).

5 Methoden und Instrumente der Marktforschung begründet auswählen

Wenn man auf einem Markt als Anbieter von Dienstleistungen agiert, sollte man die wichtigsten Größen des Marktes kennen. Dazu bedienen sich die Unternehmen der **Marktforschung**.

Marktforschung ist eine systematische, empirische Untersuchungstätigkeit mit dem Ziel der Informationsgewinnung oder Informationsverbesserung über objektive oder subjektive Markttatbestände und Marktphänomene als Grundlage beschaffungs- und absatzpolitischer Entscheidungen.

Diese kompliziert klingende Definition soll im Folgenden mithilfe der Begriffserklärung etwas genauer untersucht werden:

- Gegenstand der Forschung (Was soll erforscht werden?): **Markt**
  Art der Forschung (Wie soll erforscht werden?):
  - systematisch: Festlegung von Umfang des Informationsbedarfs, Art der Informationsbeschaffung, Häufigkeit der Informationsbeschaffung, Beschaffungsträger (Eigen-, Fremdforschung), Informationsbudget, Planung des Ablaufs
  - empirisch: durch Auswertung von Erfahrungen; erfahrungswissenschaftlich (nicht theoretisch!)
  - objektive Marktgrößen: Umsätze, Preise, Mengen, Zahl und Struktur der Anbieter und Nachfrager, Einwohnerzahl und Fläche des Marktes, Kennzahlen der Branche
  - subjektive Marktgrößen: Vorlieben der Konsumenten (Präferenzen), Verhaltensweisen der Konsumenten und Konkurrenten, Kaufmotive, Einstellungen, Wünsche und Informationsstand der Konsumenten und Konkurrenten, Potenzial, Prognose für die Region
- Motiv der Forschung (Warum soll erforscht werden?):
  Ziel: Verbesserung der Entscheidungen; Lenkung des Unternehmens „vom Markt her“

Beispiele:
- *Das Fitnessstudio FFP (Fit Fun Power) in Harburg plant eine Analyse des Marktes, da in letzter Zeit immer mehr Studios im Umkreis schließen mussten.*
- *Beim SC Lüneburg wird überlegt, die Trendsportart „Parcouring“ in das Angebot zu nehmen.*
- *Im Golf- und Wellnessresort Lüneburger Heide soll eine neue Kombination von Leistungen (Deluxe-Paket) für eine Erhöhung der Buchungen und eine höhere Auslastung sorgen.*

Aufgaben

Die Beispiele zeigen einen Informationsbedarf und sind leicht nachvollziehbar. Schwieriger ist jedoch die konkrete Umsetzung für die genannten Unternehmen. Das Sammeln von Informationen kostet Zeit und Geld und sollte daher zielgerichtet sein, d. h., nur relevante Informationen sollten beschafft werden.

1. ***Welche konkreten Informationen benötigt das Fitnessstudio FFP? Nutzen Sie zur Beantwortung subjektive und objektive Marktgrößen.***
2. ***Welche konkreten Informationen benötigt der SC Lüneburg? Nutzen Sie zur Beantwortung subjektive und objektive Marktgrößen.***
3. ***Welche konkreten Informationen benötigt das Golf- und Wellnessresort Lüneburger Heide? Nutzen Sie zur Beantwortung subjektive und objektive Marktgrößen.***

Die Marktforschung erlaubt es Unternehmen des Dienstleistungssektors, die relevanten Informationen zu erkennen. Zunächst erfolgt die Unterteilung in Anbieter- und Nachfragerseite. Anschließend können Informationen zur Region und zur Entwicklung gesammelt werden. Nicht immer sind alle Informationen, die verfügbar sind, auch wirklich relevant.

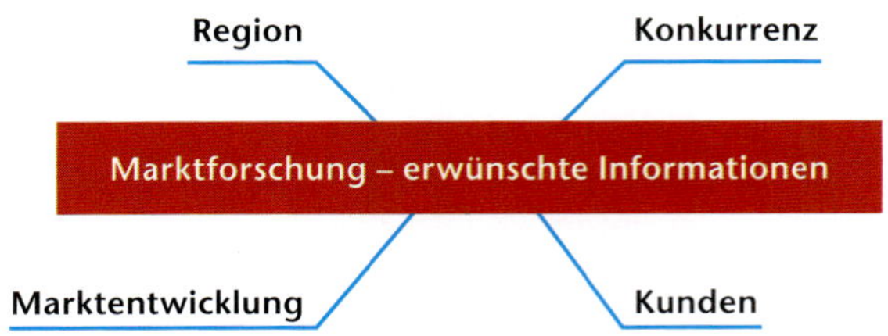

Mind-Map Marktforschung – erwünschte Informationen

Danach werden die einzelnen Äste weiter untergliedert, d. h., es werden Kriterien zu den Hauptpunkten gesucht. Dies kann am Beispiel „Kunden" so aussehen:

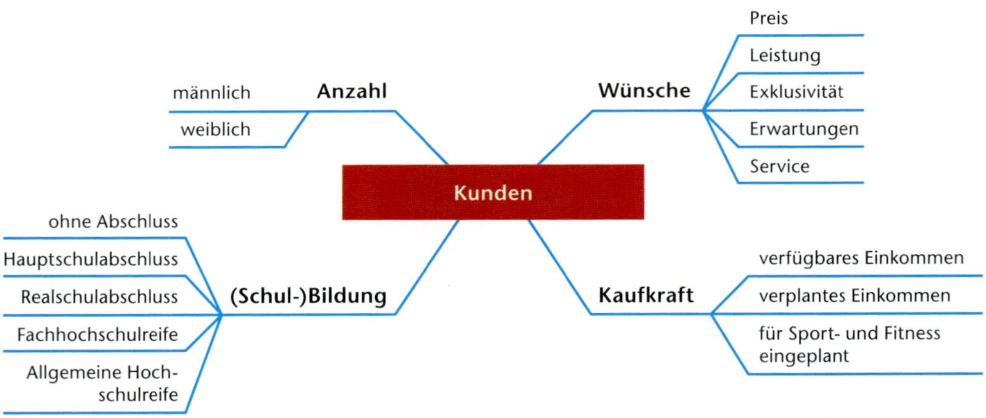

Mind-Map Kunden

Die Mind-Maps sind natürlich nicht vollständig, sondern sie zeigen nur die möglichen Informationen, die erfasst werden sollten.

Aufgabe

Das Fitnessstudio FFP plant eine neue Filiale in Augsburg. Welche Marktinformationen sind für dieses Vorhaben interessant? Erstellen Sie eine Mind-Map für die erwünschten Informationen.

5.1 Die Möglichkeiten der Primär- und Sekundärforschung unterscheiden

Marktforschung ist, wie Sie bereits wissen, empirisch. Das heißt, sie basiert auf Erfahrungen und der Auswertung von Erfahrungen.

Auch im Privatbereich werden permanent neue Dinge erforscht. So kann die Information eines guten Freundes mit dem Inhalt „das neue Restaurant XY taugt nichts, da dort alle Speisen kalt sind und aus vergammelten Zutaten zubereitet werden" dazu führen, dass Sie dieses Restaurant nicht betreten (Erfahrungen anderer Personen, d.h. aus zweiter Hand – **Sekundär**forschung).

Als Sie nun doch in das besagte Restaurant gehen, erkennen Sie, dass die Speisen aus ausgewählten, frischen Zutaten bestehen, überaus schmackhaft sind und warm serviert werden. Sie erfahren, dass der Besitzer des Restaurants gewechselt hat und die Speisekarte über eine komplett neue Ausrichtung verfügt (eigene Erfahrung – **Primär**forschung). Die Erfahrungen des Freundes waren also veraltet.

Wenn Sie ein neues Brettspiel (z.B. „Die Kolonisten von Katalonien") erlernen, machen Sie sich zunächst mit dem Spielfeld (Markt) und den Spielfiguren (Teilnehmern) vertraut, um dann die bekannten Regeln (Marktregeln, Gesetze, Verordnungen, Gepflogenheiten auf dem Markt) aus der Spielanleitung kennenzulernen. Wenn Sie alle Möglichkeiten des Handelns auf dem Brett und mit den anderen Teilnehmern kennen, planen Sie eine Strategie, um das Spiel zu gewinnen. Die Strategie wird dabei immer dem jeweiligen Spielgeschehen angepasst. Sie ist abhängig von der Stärke und der aktuellen Position der Mitspieler (Konkurrenten, Kunden) sowie deren Aktionspotenzial im Rahmen der Regeln (eigene Erfahrungen – Primärforschung).

5.1.1 Die Sekundärforschung

Die **Sekundärforschung** wertet bereits vorhandenes Material aus. Die für die Marktforschung zugrunde gelegten Daten wurden nicht primär, das heißt erstmalig für eine Marktforschung erhoben, sondern sie sind bereits vorhanden. Sie wurden einmal für andere Zwecke aufgestellt. Die Sekundärforschung wird auch mit dem Begriff **Desk Research** bezeichnet, da sie vom Schreibtisch ausgeführt werden kann. Sie ist wesentlich kostengünstiger als die **Feldforschung** und wird daher auch häufig angewendet. Die Sekundärforschung wird auch als Vorstudie zu einer Feldforschung eingesetzt. Eine „gute" Sekundärforschung bereitet die wesentlich kostenintensivere Feldforschung vor und erhöht somit die Effizienz der eingesetzten Forschungsgelder.

Studie zum Sport- und Fitnessbereich

Für den Markt der Fitnessstudios gibt es eine Vielzahl von **Statistiken**, die zum Teil jährlich, einige aber auch vierteljährlich, erhoben werden. Eine sehr gute Übersicht über wesentliche Zahlen (Eckdaten) der Branche liefert das Gründungskonzept (GK 105) der Volks- und Raiffeisenbanken, welches jährlich aktualisiert wird. Die Analyse ist umfassend und gibt klare Handlungsempfehlungen für Existenzgründer. Hier nun ein kurzer Auszug aus diesem Konzept:

Branche	rund 5.000 Unternehmen (2014, destatis)
laut DSSV	rund 8.330 Fitnessstudios (2015, DSSV)
Branchenumsatz	rund 2,1 Mrd. € (2014, netto, destatis)
laut DSSV	rund 4,8 Mrd. € (2015)

Kapitalbedarf je nach Konzept und Finanzierungsart 200.000,00 bis 500.000,00 €

Durchschnittsumsätze pro Jahr:

lt. Umsatzsteuerstatistik	410.000,00 € (2014, netto)
lt. Branchenverband DSSV	180.000 € bzw. 605.000 € (2014, nur Einzelstudios)

Ein Existenzgründer, der zunächst wahrscheinlich nur in einen kleinen Club mit rund 300 bis 500 Quadratmetern investieren kann, muss sich im Klaren sein, dass es zunehmend schwieriger wird, sich regional gegen die Marketingmacht und Kapitalkraft etablierter Kollegen und großer Ketten durchzusetzen. Außerdem: Der dauerhafte Betrieb eines Fitnessstudios erfordert alle zwei bis drei Jahre ein hohes Investitionsbudget. Härter werdende Preiskämpfe, u. a. durch großzügige Rabatte bei Neukundenwerbung, führen dazu, dass sich das Umsatzwachstum verlangsamt, die Kosten aber gleich bleiben oder sogar wachsen und so die Gewinnspanne schrumpft.

Quelle: https://vr-bankmodul.de/branchenbriefe/BB_Stand_2016-04-26/GK105.pdf, Stand 19.06.2016

Aufgabe

Laden Sie das aktuelle Gründungskonzept GK 105 von der o.g. Webseite herunter. Alternativ können Sie auch bei einer Suchmaschine die Begriffe „VR Gründungskonzept" eingeben. Stellen Sie die Zahlen und die wesentlichen Aussagen der Kapitel Markt, Betriebskonzepte, Mitglieder und Ausstattung und Räume in Form einer Präsentation dar. Beschränken Sie die Präsentation auf maximal zwei Folien je Kapitel.

Die Sekundärforschung bietet dem Unternehmen wesentliche Marktdaten des Gesamtmarktes. Jedes Unternehmen sollte diese Daten nun für sich selbst auswerten, da nur ein Teil der Daten auch für das eigene Unternehmen relevant ist. Der DSSV e.V. (Deutscher Sportstudio Verband) bietet seinen Mitgliedern z. B. umfassende Statistiken über:

- Entwicklung des Gesamtmarktes
  - Anzahl der Mitglieder
  - Anzahl der Anlagen
  - Anzahl unabhängiger Studios und Ketten- und Franchisestudios
  - Umsatzentwicklung
  - Anlangenanzahl nach Bundesländern
  - Vertragslaufzeiten
- Kundenanalyse
  - Gründe für die Studiowahl
  - Gründe für Training im Fitnessstudio
  - Wahrnehmung des Angebots
- Anlagetypen
  - gemischte Fitnessanlage
  - Frauenstudio
  - Multifunktionsanlage

Einige der benötigten Daten sind auch bei den Gemeinden, den Kammern und Verbänden, Fachzeitschriften, Veröffentlichungen der Konkurrenz, Veröffentlichungen von Marktforschungsinstituten und amtlichen Statistiken verfügbar.

5.1.2 Die Primärforschung

Von **Primärforschung** spricht man, wenn Marktdaten speziell für das aktuelle Untersuchungsproblem erhoben werden.

Beispiele:
- *Das Fitnessstudio FFP (Fit Fun Power) in Harburg plant eine Analyse der Mitglieder hinsichtlich der Fahrzeit zum Studio, um das genaue Einzugsgebiet zu ermitteln.*
- *Beim SC Lüneburg werden die Mitglieder nach ihrem Interesse an der Trendsportart „Parcouring" gefragt.*
- *Das Golf- und Wellnessresort Lüneburger Heide analysiert die konkurrierenden Unternehmungen im Umkreis von 400 Kilometern bezüglich des geplanten De-luxe-Pakets. Dazu sammelt die Auszubildende Gabriela verfügbare Informationen im Internet und ruft gegebenenfalls bei den Hotels an.*

Ergebnisse der Befragung von FFP

Prozent	Fahrtzeit	Einzugsgebiet
41	bis zu 7 Minuten	unmittelbares
38	7 bis 15 Minuten	mittelbares
15	mehr als 15 Minuten	erweitertes

(Rest zu 100 %: keine Angabe der Fahrtzeit)

Ergebnisse der Befragung beim SC Lüneburg: Interesse haben 13 % der Mitglieder.

Ergebnisse der Recherche von Gabriela: Ein „Wochenend-De-luxe-Paket" ist mit vergleichbaren Leistungen ab 299,00 € pro Person bei der Konkurrenz zu buchen.

Die Ergebnisse wurden mit einer genauen Vorstellung der Auswertung erhoben. Sie sind jetzt noch entsprechend den Zielsetzungen der Marktforschung auszuwerten.

Aufgabe

Leiten Sie aus den o. g. Ergebnissen Handlungsempfehlungen für die einzelnen Unternehmen ab. Begründen Sie dabei jede Empfehlung.

5.2 Entscheidungsprobleme in der Marktforschung erörtern

Die **systematische** Vorgehensweise der Marktforschung zeigt sich u. a. darin, dass zunächst die verfügbaren Daten ausgewertet werden und erst in einem zweiten Schritt ein Informationsdefizit festgestellt wird.

Beispiel:
Das Fitnessstudio FFP (Fit Fun Power) in Harburg hat das genaue Einzugsgebiet ermittelt. Allerdings ist unklar, ob Kunden von den schließenden Studios bereit wären, zu FFP zu wechseln.
Jede Art der Marktforschung verursacht Kosten und ist daher vorher genau zu planen. Auch bei der Marktforschung gilt das Prinzip, dass der Zweck der Untersuchung die Art und den Umfang und damit auch die Kosten der Analyse bestimmt. Die Festlegung des Informationsbedarfs ist besonders schwierig, da dieser häufig schwer in Zahlen zu fassen ist.
Das Problem dieser Stufe der Marktforschung lautet verkürzt:

Welche Informationen sollen beschafft werden?

Nach der Festlegung des Informationsbedarfs erfolgt die Informationsbeschaffung. Hier zeigt sich ein weiteres Entscheidungsproblem:

Wie sollen die Informationen beschafft werden?

Die ermittelten Informationen werden im nächsten Schritt verarbeitet. Die Informationsbeschaffung liefert eine Vielzahl von Informationen, die nicht direkt ausgewertet werden können. Daher bedarf es einer Informationsverdichtung, z. B. durch die Bildung von statistischen Kennzahlen (Mittelwert, Standardabweichung) oder durch eine grafische Darstellung der Informationen (Tortendiagramm, Balkendiagramm). Diese können durch die Informationsreduktion leichter ausgewertet werden.

Die Kernfrage dieser Stufe der Marktforschung lautet:

Wie werden die Informationen aufbereitet?

Die verdichteten Informationen können jetzt von der Unternehmensleitung und/oder den Mitarbeitern ausgewertet werden. Die Informationsauswertung dient der Analyse der Marktsituation und der Strategiefindung und damit der Ableitung von Handlungen.

Diese Phase der Marktforschung beantwortet u. a. die Fragen:

Was fangen wir mit den Informationen an?

Welche Schlüsse lassen sich aus den Informationen ziehen?

Die abschließende Phase führt zu Marketingentscheidungen auf der Basis der gefundenen Informationen.

Phasen der Marktforschung

5.3 Den Dienstleistungsmarkt analysieren

Die Marktanalyse nutzt verschieden **Methoden** und **Instrumente** zur Gewinnung von relevanten Marktdaten. Diese helfen den Unternehmungen, ihre Anstrengungen auf dem Markt zielgerichtet zu planen. Die Auswertung der Marktanalyse erfolgt dann später mithilfe von Standardprogrammen oder Spezialprogrammen am Computer. So können einfache Berechnungen mithilfe einer einfachen Tabellenkalkulation, wie z. B. dem kostenlosen OpenOffice Calc (http://de.openoffice.org), erstellt werden. Komplexere Auswertungen brauchen spezielle Statistikprogramme (z. B. SPSS) und werden normalerweise nur von Marktforschungsinstituten eingesetzt.

5.3.1 Eigen- oder Fremdforschung

Die meisten Unternehmen der Sport- und Fitnessbranche betreiben nur im **begrenzten** Umfang eigene Marktforschungen, da die Kosten einer groß angelegten Marktforschung (z. B. europaweite Analyse aller potenziellen Kunden) im Vergleich zum möglichen Nutzen zu hoch sind. Eine Ausnahme bilden hier natürlich die großen Studio- und Hotelketten.

Allerdings ist die regelmäßige Überprüfung der eigenen Leistungen ein wesentlicher Bestandteil der Messung der Kundenzufriedenheit.

Beispiele:
- *Das Fitnessstudio FFP (Fit Fun Power) in Harburg befragt regelmäßig Kunden nach ihrer Zufriedenheit mit dem Angebot.*
- *Beim SC Lüneburg werden Mitgliederbefragungen vor jeder Hauptversammlung durchgeführt.*
- *Im Golf- und Wellnessresort Lüneburger Heide erhalten Hotelgäste am Ende des Aufenthalts einen kurzen Fragebogen bezüglich der Zufriedenheit.*

Wenn die Marktforschung von eigenen Mitarbeitern durchgeführt wird, spricht man von **Eigenforschung**. Wenn Marktforschungsinstitute beauftragt werden, spricht man von **Fremdforschung**. Grundsätzlich haben beide Methoden Vor- und Nachteile, die es abzuwägen gilt.

Vorteile der Eigenforschung	Nachteile der Eigenforschung
– Vertrautheit mit dem Problem des Untersuchungsgegenstandes – eigene Koordination der Marktforschungsaktivitäten – Nutzung subjektiver Informationen – einschlägige, längere Erfahrungen mit dem Untersuchungsgegenstand – eventuell besserer Schutz der Informationen vor der Konkurrenz	– Betriebsblindheit, das heißt, es wird nicht über den „Tellerrand des eigenen Betriebes“ geschaut – methodische Rückständigkeit, da mangelnde Kenntnisse der Marktforschung und der mathematisch-statistischen Methoden – Ergebnisbeeinflussung, da die Unternehmung zu einem bestimmten Ergebnis kommen möchte und die Befragung suggestiv (beeinflussend) vorgenommen wird
Vorteile der Fremdforschung	**Nachteile der Fremdforschung**
– Einsatz von Spezialisten – größere Objektivität – bessere Vergleichbarkeit – Kommunikation mit anderen Instituten – gesicherte wissenschaftliche Erkenntnisse – zum Teil Kostenersparnis, da die eigenen Mitarbeiter/-innen nicht im Arbeitsprozess ausfallen – schnellere, bessere Ergebnisse	– „Erfolgszwang“ der Institute – verbandspolitische Beschränkungen – Verfälschungen möglich, z. B. weil Mitarbeiter der Institute die Fragebögen selbst ausfüllen – Einseitigkeit der Institute, das bedeutet z. B. keine kundenspezifische Lösung bei kleinen Aufträgen – Gefahr der Wiederverwendung bereits erhobener Daten (Informationsrecycling)

5.4 Erhebungsmethoden begründet auswählen

Erhebungsmethoden beschreiben die Art und Weise, wie Informationen gesammelt werden. Sie sind je nach Zweck der Erhebung sinnvoll einzusetzen.
Die folgende Übersicht zeigt die wesentlichen Methoden:

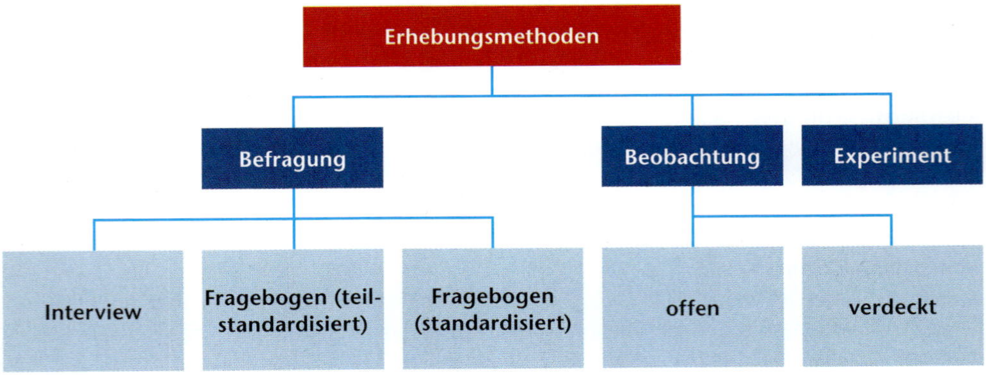

5.4.1 Die Befragung

Befragungen sind sinnvoll zur Erfassung von Sachverhalten, die sich nicht beobachten lassen.

Beispiel:
Den Kauf einer Tageszeitung kann man beobachten. Allerdings weiß man dann nicht, warum diese Zeitung an diesem Tag von dieser Person gekauft wurde. Dies kann nur erfragt werden. Mögliche Antwort: „Ich war auf Wohnungssuche und kaufte diese Zeitung erstmalig."
Aber auch: „Ich kaufe diese Zeitung täglich!" Oder: „Ich kaufe diese Zeitung nur am Donnerstag, da sind die Anzeigen der Supermärkte drin!"

Sachverhalte, die sich nicht beobachten lassen, sind für die tatsächlichen Tätigkeiten, wie z. B. Kauf, Mitgliedschaft, Kaufverweigerung u. Ä. wichtig. Zu diesen Sachverhalten zählen u. a.:
- Kaufgründe,
- Einstellungen, Präferenzen,
- sozioökonomische und demografische Sachverhalte,
- psychografische Sachverhalte (Lebensstil, psychologische Grundhaltungen).

Erst die Analyse dieser Sachverhalte ermöglicht es den Unternehmen, die Nachfrageseite des Marktes in **Marktsegmente** und **Kundengruppen** einzuteilen. Zudem sind ohne Kenntnis der **Einstellungen** der Nachfrager keine **kundenspezifischen** Marketingaktivitäten möglich.

Die Kommunikation mit den Kunden zum Zweck der Befragung lässt sich über die folgenden Arten realisieren:
- Befragung via Internet (Feedback-Bogen, E-Mail),
- telefonische Befragung,
- schriftliche Befragung (z. B. Fragebogen),
- mündliche Befragung (Interview).

Die umfassendste Art der Befragung ist das **Interview**. Hierbei stellt ein ausreichend psychologisch geschulter Interviewer Fragen zum Thema. Der Interviewer kann nachfragen, Verständnisprobleme lösen und dem Interviewten eine direkte Rückmeldung geben. Allerdings ist der Interviewer auch von der Auskunftsbereitschaft und Auskunftsfähigkeit des Interviewten abhängig. Zudem kann die Art der Fragestellung das Ergebnis verzerren. Der **Fragebogen** hingegen kann auch ohne Anwesenheit eines Interviewers beantwortet werden. Um den Anreiz der Beantwortung zu erhöhen, empfiehlt sich eine Koppelung mit anderen Leistungen, wie z. B. Preisnachlässe, Gewinnspiele u. Ä.

Beispiel:
Das Fitnessstudio FFP (Fit Fun Power) in Harburg plant, zusätzliche Leistungen (z. B. Spezialtraining mit elektronischer Muskelstimulation) anzubieten. Mittels Fragebogen wird die Bereitschaft bei den Kunden ermittelt, für solche Sonderleistungen zusätzliche Beiträge zu bezahlen. Damit die Kunden an dieser Befragung teilnehmen, lockt man mit einem Gewinnspiel (der Gewinner darf sechs Monate beitragsfrei trainieren).

Fragebögen werden wegen der besseren Auswertbarkeit häufig in der **standardisierten** Form erstellt, d. h., die Antwortmöglichkeiten sind vorgegeben. Das ist vor allem zur Abfrage bekannter oder vermuteter Sachverhalte sinnvoll. Dabei bedient sich der standardisierte Fragebogen folgender Formate:

- geschlossene Fragen (ja, nein)
- Gruppierungsfragen
  - Wie alt sind Sie?
  - Unter 14/14–35/36–50/älter
- Ratingskalen (Bewertungsskalen)
  - Geben Sie der Sauberkeit Ihres Fitnessstudios Schulnoten von 1 bis 6!
  - Wie zufrieden sind Sie mit dem Kursangebot des Studios (sehr, meistens, etwas, weniger, gar nicht)?
- Rangordnung (Was ist für Sie am wichtigsten?)
- Mehrfachauswahl (Kreuzen Sie die wichtigsten Sportarten an!)

Die Auswertung dieser Art von Fragen ist relativ einfach. Die Ergebnisse sind dann aussagekräftig, wenn **einfache** Sachverhalte abgefragt werden sollen.

Um künstliche Antworten zu vermeiden und um den Befragten die Möglichkeit zu lassen, eigene Ideen, Anregungen und Wünsche zu formulieren, sollten auch einige **offene** Antworten möglich sein. Allerdings sind diese sehr schwierig auszuwerten. Daher sind diese Antworten anzahlmäßig zu begrenzen.
Die Kombination von standardisierten Fragen und der offenen Antwortmöglichkeit führt zu **teilstandardisierten** Fragebögen.

Bei der Erstellung von Fragebögen sind folgende Hinweise zu beachten:

- Die ersten Fragen sollten den Befragten ansprechen, einen Bezug zum Thema herstellen, relevant sein und das Interesse und die Neugier des Befragten wecken. Diese „Eisbrecherfragen" sind sehr einfach zu beantworten und machen „Lust" auf mehr.
- Die weiteren Fragen sind ebenfalls einfach formuliert oder enthalten keine Hinweise auf die gewünschte Antwort, d. h., sie sind neutral formuliert.
- Die Fragen bauen die Angst des Befragten ab.
- Die Fragen sollten inhaltlich einführen, d. h. das Thema erklären und Interesse wecken.
- Einzelne Themenbereiche sollten getrennt sein (kein „Hüpfen" in den Themen).
- Unbekannte oder strittige Sachverhalte sollten mit der Antwortmöglichkeit „keine Angabe" versehen werden, um künstliche Antworten zu vermeiden.
- Kontrollfragen sollten die wichtigsten Fragen überprüfen, um Widersprüche zu erkennen.
- Schwierige, heikle oder sensible Fragen können über die Befragung von Dritten erfolgen (Bsp.: „Ist jemand in Ihrer Familie Mitglied in einer Partei?")

Bei der Reihenfolge der Fragen hat sich das folgende **Schema** bewährt:

1. Kontaktfragen (Eisbrecherfragen)

Sie dienen hauptsächlich der Einleitung der Befragung und sollen die Motivation zur weiteren Beantwortung erhöhen. Sie sind meist einfach und neutral gehalten. Die Kommunikationsbereitschaft des Befragten soll geweckt werden.

2. Sachfragen

Die Sachfragen dienen dem eigentlichen Untersuchungsgegenstand. Der/Die Befragte ist durch die Kontaktfragen positiv eingestimmt und motiviert, weitere Fragen zu beantworten.

3. Motivationsfragen

Eine eventuell aufkommende Ermüdung des/der Befragten wird durch Fragen abgebaut, die das Selbstvertrauen der/des Befragten stärken und gegebenenfalls Hemmungen abbauen.

4. Kontrollfragen

Die Kontrollfragen dienen der Überprüfung der bisherigen Antworten auf Konsistenz (Übereinstimmung). Zudem wird überprüft, ob der/die Befragte die Fragen überhaupt korrekt verstanden hat.

5. Ergänzungsfragen

Die Befragung wird mit Fragen zur Person abgeschlossen, da in dieser Phase der Befragung die befragte Person auskunftsfreudiger ist und weniger psychologische Abwehrreaktionen auftreten als zu Beginn der Befragung.

Gegebenenfalls können sogenannte **Ablenkungsfragen** eingebaut werden, die dazu dienen, die folgenden Antworten unabhängig von den vorangegangenen Fragen zu machen. Ansonsten droht bei vielen Fragen zum gleichen Untersuchungsgegenstand eine zu starke Verknüpfung der gegebenen und der folgenden Antworten.

Die **Bearbeitungsdauer** eines Fragebogens sollte 20 bis 30 Minuten nicht übersteigen. Die Auswertung sollte so weit wie möglich maschinell erfolgen. Die Antworten auf offenen Fragen sollten analysiert und vermerkt werden.

Aufgaben

1. ***Erstellen Sie einen teilstandardisierten Fragebogen für FFP (siehe Beispiel oben). Dieser sollte neben einigen Standardfragen hauptsächlich die Bereitschaft der Mitglieder zur Zahlung von Zusatzbeiträgen zum Gegenstand haben. Werten Sie den Fragebogen aus, indem Sie mithilfe einer Tabellenkalkulation mögliche Antworten als Diagramme (z. B. Säulen- oder Tortendiagramme) anzeigen lassen.***

2. ***Erstellen Sie einen standardisierten Fragebogen für Neumitglieder, mit dessen Hilfe Sie die wesentlichen Eigenschaften des neuen Mitglieds erfassen.***

3. ***Erstellen Sie einen standardisierten Fragebogen für den Kunden eines Wellnesshotels, mit dessen Hilfe Sie die Zufriedenheit des Gastes erfassen können. Werten Sie den Fragebogen mit einer Tabellenkalkulation aus. Nutzen Sie Tortendiagramme.***

4. ***Erstellen Sie einen standardisierten Fragebogen für einen Verein, der die Zufriedenheit der Mitglieder ermitteln möchte. Werten Sie den Fragebogen mit einer Tabellenkalkulation aus. Nutzen Sie Tortendiagramme.***

5. ***Erstellen Sie eine Checkliste (siehe oben) für ein Interview für FFP (siehe Beispiel oben).***

6. ***Unter http://www.grafstat.de finden Sie ein (leider nur unter MS Windows laufendes) kostenloses Programm zur Erstellung von Fragebögen für die berufliche Bildung. Setzen Sie den erstellten Fragebogen mittels GrafStat um und testen Sie die Funktionsweise des Programms mit diesem Bogen.***

5.4.2 Die Beobachtung

Die Beobachtung dient der Erfassung von tatsächlichem Verhalten. Unter Beobachtung im Sinne des Marketings wird eine visuelle oder instrumentelle Erhebung von Daten verstanden. Eingesetzte Instrumente können z. B. Kameras, Zähl- oder Messeinrichtungen (Lichtschranken) oder die apparative Beobachtung von Reaktionen sein. Die visuelle Erhebung erfolgt durch Vorgänge, bei denen mit dem menschlichen Auge Wahrnehmungen gemacht werden und diese auf Datenträgern festgehalten werden.

Die Testpersonen geben bei der Beobachtung keine Erklärungen irgendwelcher Art ab. Die Beobachtung kann verdeckt, d. h. ohne Wissen des Beobachteten, oder offen stattfinden. Die verdeckte Beobachtung hat den Vorteil, dass die Testperson spontan und unvoreingenommen handelt.

Unter Beobachtung fällt auch die permanente Trainingskontrolle im Fitnessstudio in Form der Selbstaufschreibung (Tag des Trainings, Anzahl der Wiederholungen, Intensität) oder in Form einer permanenten Überprüfung durch Trainer und/oder Computer. Dazu gewähren moderne Studios ein individuelles Programm für das einzelne Mitglied, welches am Ende des Tages auf einer Skala (zu leicht bis zu schwer) eingescannt wird.

Beispiel:
Das Sportstudio „sports & friends“ in Lüneburg ermöglicht seinen Kunden die permanente Kontrolle der Trainingsleistung durch eine Softwarelösung. Bei jedem Trainingsbesuch werden so angepasste Übungen nach Leistungsstand individuell ausgewählt.

5.4.3 Das Experiment

Experimente in der Marktforschung beantworten die Frage, welche Auswirkung(en) eine bestimmte absatzfördernde Maßnahme hat bzw. haben könnte. Sie sind in der Sport- und Fitnessbranche eher unüblich. Experimente im weiteren Sinne wären z. B. Testläufe im Kursprogramm für Stammkunden mit anschließender Befragung.

Zusammenfassung

Methoden und Instrumente der Marktforschung auswählen

Sekundärforschung	Phasen der Marktforschung	Markanalyse	Erhebungsmethode
In der Sekundärforschung wird bereits vorhandenes Datenmaterial ausgewertet. Dadurch werden relevante Marktdaten gewonnen. **Primärforschung** Bei der Primärforschung werden Daten für das aktuelle Problem erstmalig erhoben.	– Informationsbedarf festlegen (Welche Informationen sollen beschafft werden?) – Informationensbeschaffung (Wie sollen die Informationen beschafft werden?) – Informationsverarbeitung (Wie werden die Informationen aufbereitet?) – Informationsauswertung – Marketingentscheidung	– Eigenforschung: Die Erhebung der Daten wird von eigenen Mitarbeitern durchgeführt. – Fremdforschung: Marktforschungsinstitute werden beauftragt.	– Befragung (telefonisch, schriftlich, per Internet, mündlich) – Beobachtung (verdeckt oder offen) – Experiment

Marketing

Marketing bezeichnet alle Aktivitäten eines Unternehmens, die der Marktanalyse, der Marktgestaltung und der Marktbeurteilung dienen.

Analyse des Marktes

Mittels einer Situationsanalyse werden die marktrelevanten Daten zu einem bestimmten Zeitpunkt erfasst.
Die Strukturanalyse des Marktes ermittelt die Marktteilnehmer und die relevanten Teilmärkte.

6 Marketinginstrumente zielgruppenorientiert anwenden

Marketinginstrumente dienen zur aktiven Bearbeitung des Marktes. Sie können gezielt auf die Bedürfnisse der Kunden und die Erwartungen des Marktes angepasst werden oder sogar eine eigenständige Positionierung auf dem Markt ermöglichen.

Im angloamerikanischen Raum nennt man diese Instrumente kurz das **4P-Modell**:

- **P**roduct (= Produktpolitik),
- **P**rice (= Preis- oder Kontrahierungspolitik),
- **P**lace (= Distributionspolitik) und
- **P**romotion (= Kommunikationspolitik).

Die verschiedenen Instrumente sollten aufeinander abgestimmt werden, ähnlich wie bei einem Konzert, bei dem die Instrumente auch passend zueinander gespielt werden. Die isolierte Betrachtung im Folgenden dient ausschließlich dem besseren Verständnis der einzelnen Instrumente. Jedes Instrument muss gemeinsam mit den anderen *und* isoliert auf seine **Wirkung** untersucht werden. Dies ist Aufgabe des Marketing-Controllings.

Im Lernfeld 5 erstellen Sie mit den Grundkenntnissen des Lernfeldes 4 ein Leistungsangebot (Produktpolitik) und eine Werbekonzeption (Kommunikationspolitik). Dort finden Sie auch die Dimensionen der Planung einer Marketingstrategie, d. h.: Was muss wie geplant werden und welche Strategien sind möglich.? Die Planung einer Marketingstrategie wird dann im Anschluss in eine Werbestrategie überführt.

Marketingmix

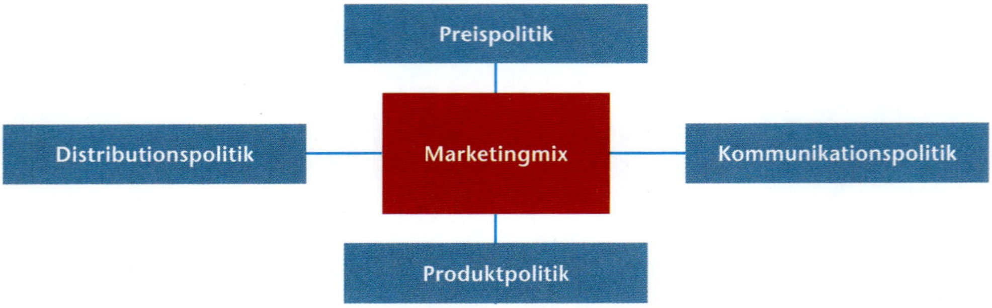

6.1 Produktvarianten und Sortimente gestalten – die Produktpolitik im Marketingmix

6.1.1 Die Produktpolitik

Die **Produktpolitik** umfasst alle Entscheidungen hinsichtlich der Art, der Anzahl und des Umfangs der hergestellten Güter und Dienstleistungen sowie deren marktgerechte Gestaltung. Ein Produkt im Sinne der Produktpolitik wird definiert als die Summe aller wahrgenommenen Eigenschaften. Diese sind nicht immer von den tatsächlichen stofflichen Eigenschaften abhängig.

Produkte sind die Basis erfolgreicher Unternehmungen. Sie verändern sich im Zeitablauf. Die Produktgestaltung nutzt Funktionen und Gefühle zur Erschaffung eines Produkts. Jedes Produkt auf dem Markt wird von Verbrauchern unterschiedlich wahrgenommen. Neben der bewussten, zum Teil stark subjektiven Wahrnehmung von Komponenten, wie z. B.

- Qualität,
- Nutzen, Zusatznutzen (Vergleich zu anderen Produkten),
- Größe,
- Service,
- Garantien,
- Stil,
- Schönheit, Design,

nehmen Verbraucher auch unterbewusst Eigenschaften von Produkten wahr.

Diese Eigenschaften können **kaufentscheidend** sein, ohne dass sich die Verbraucher dieser Tatsache bewusst sind. So liegt der soziale Nutzen von Produkten, das heißt die beabsichtigte gesellschaftliche Wirkung von Produkten, häufig vor dem funktionalen Nutzen.

Beispiele:
- *sozialer Nutzen eines Kleinwagens, einer No-Name-Jeans: unauffällig*
- *sozialer Nutzen eines Sportwagens, einer Marken-Jeans: auffällig, Prestige*

Die wahrgenommenen Eigenschaften können auch kommunizierte Eigenschaften sein, die z. B. durch die Werbung einem Produkt zusätzliche psychologische Eigenschaften („Produkt XY macht mich frei von Sorgen"), den Preis als Merkmal („Warum mehr bezahlen?" oder „Weil Sie es sich wert sind!") oder sogar den Preis als Eigenschaft des Produkts (Supersonderangebot), bringen.

In der Sport- und Fitnessbranche wird dem Preis von Kundenseite eine besondere Bedeutung zugemessen, da die Preise für die Mitgliedschaft in einem Fitnessstudio stark variieren.

Beispiel:
Die Preise für die Mitgliedschaft in einem Fitnessstudio in Lüneburg variieren zwischen 15,00 und 100,00 €.

Die Produktpolitik muss unbedingt auf die Preispolitik abgestimmt werden, da kein Kunde bereit wäre, für eine identische Leistung zwischen 15,00 und 100,00 € zu bezahlen.

Das Produkt ist der *zentrale* Bestandteil des Marketings. Es wird daher häufig als Kerninstrument der Marketingprozesse verstanden. Einige Unternehmungen sind sogar der Ansicht, dass ein gutes Produkt allein bereits den Erfolg auf dem Markt garantiert. Diese übertriebene Sicht des Produkts führt allerdings selten zu einer überzeugenden und langfristig wirksamen Marketingstrategie. Das Produkt soll daher als ein wesentlicher Bestandteil der Marketinginstrumente betrachtet werden, welcher ohne die anderen Instrumente nicht marktwirksam werden kann.

6.1.2 Die Sortimentspolitik

Die **Sortimentspolitik** legt fest, welche Produkte von einem Unternehmen auf dem Markt angeboten werden. Bei Industrieunternehmungen spricht man in diesem Zusammenhang von Produktionsprogrammpolitik, bei Handelsunternehmungen von Sortimentspolitik.

Die **Sortimentsbreite** wird durch die Anzahl der verschiedenartigen Güter und Dienstleistungen bestimmt, die ein Unternehmen im Angebot hat. Hat ein Unternehmen viele verschiedenartige Güter und Dienstleistungen im Sortiment, spricht man von einem breiten Sortiment, andernfalls von einem schmalen (engen) Sortiment.

Die **Sortimentstiefe** gibt an, wie viele Varianten eines gleichartigen Produkts angeboten werden. Die Variationen können durch verschiedene Farben, Formen, Preislagen, Leistungsklassen, Materialien und andere Eigenschaften gekennzeichnet sein. Werden viele verschiedene Varianten angeboten, handelt es sich um ein **tiefes Sortiment**, andernfalls um ein **flaches Sortiment**.
Die Produkte der Sport- und Fitnessbranche sind in erster Linie **Dienstleistungen**, aber auch Waren. Diese können z. B. für ein Fitnessstudio unterteilt werden in:

Training, z. B.
- Cardiotraining
- Gerätetraining
- Freihanteltraining
- Gruppentraining (z. B. Pilates, Yoga, Tai-Chi, Qigong, AROHA, Spinning, Steppaerobic, Rückenfitness)
- EMS-Training

Wellness, z. B.
- Sauna
- Solarium
- Relaxarium

Gesundheitscheck, z. B.
- Cardioscan
- Blutdruck
- Körperfettanalyse
- Trainingseinweisung, inklusive Folgetrainingstermine

Nahrungsmittel und **Nahrungsergänzungen**, z. B.
- Proteinshakes
- Fitnessriegel
- Erfrischungsgetränke
- Obst, Gemüse
- Snacks

Diese Liste ließe sich natürlich noch erweitern. Die Kombination der Dienstleistungen ist so vorzunehmen, dass die höchst mögliche **Kundenzufriedenheit** erreicht wird. Dazu zählt, dass die angebotenen Dienstleistungen zu akzeptablen Zeiten (Öffnungszeiten) in Anspruch genommen werden können.

Aufgabe

Erstellen Sie mithilfe einer Präsentations- oder Mind-Map-Software eine Übersicht aller Produkte und Dienstleistungen, die in Ihrem Unternehmen angeboten werden.
Achten Sie dabei auf eine klare Strukturierung und Zuordnung der Produkte mit Überschriften und Unterpunkten! Vergleichen Sie die Ergebnisse und beurteilen Sie die Sortimentstiefe und -breite.
Eine kostenlose Präsentationssoftware finden Sie z. B. unter http://de.openoffice.org (Teil Impress). Eine kostenlose Software zum Erstellen von Mind-Maps finden Sie z. B. unter http://freemind.sourceforge.net.

Die Produktpolitik im Marketing umfasst neben der Pflege und Anpassung vorhandener Produkte (**Produktpflege**, **Produktvariation**) und der Entwicklung neuer Produkte (**Produktinnovation**) auch die **Produktelimination**. Damit wird das Ausscheiden eines Produkts aus dem Produktionsprogramm bzw. aus dem Angebotssortiment bezeichnet. Die Produktelimination wird auch als Sortimentsbereinigung oder Sortimentsstraffung bezeichnet. Hierbei gilt es zu beachten, dass eine *vorzeitige* Elimination das Umsatzpotenzial nicht ausschöpft, wohingegen eine *verspätete* Elimination die Wettbewerbsfähigkeit des Unternehmens belasten kann.

Aufgabe

Finden Sie in Ihrem Unternehmen Produkte, die

a erst seit höchstens drei Monaten im Sortiment sind (neue Produkte),
b seit Kurzem in veränderter Form im Sortiment sind (veränderte Produkte),
c seit Kurzem nicht mehr im Sortiment sind (ausgeschiedene Produkte).

Vergleichen Sie Ihre Ergebnisse!

Produktpolitik

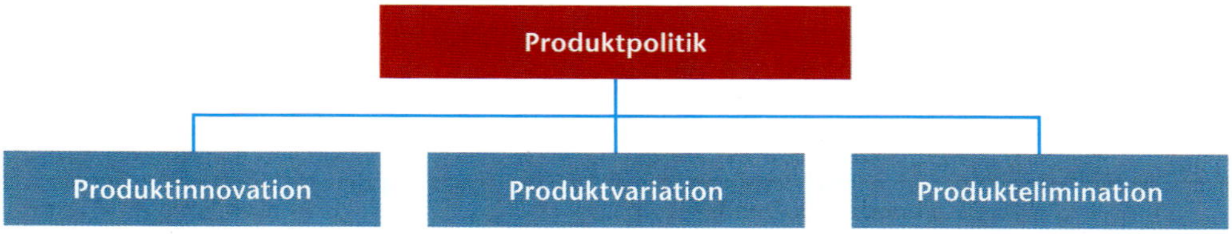

6.1.3 Produktvariation und Produktinnovation

Eine der wichtigsten Fragen zum erfolgreichen Bestehen eines Unternehmens lautet:
Wie erschafft man ein Produkt, das sich von anderen Produkten abhebt?

Anders formuliert:
Warum sollte der Kunde ausgerechnet bei mir kaufen bzw. von meinem Unternehmen eine Dienstleistung in Anspruch nehmen? Was macht meine Dienstleistung im Auge des Kunden besser?

Diese einfachen Fragestellungen werden häufig bei der aktiven Marktbearbeitung vergessen bzw. nicht mit dem nötigen Stellenwert betrachtet. Nehmen wir zum Beispiel einmal an, in einem Fitnessstudio gibt es einen Kurs mit dem Titel „Bauch, Beine, Po“. Warum sollte ein Kunde diesen Kurs bei Ihnen buchen und nicht bei einem konkurrierenden Unternehmen? Um sich von der Konkurrenz abzuheben, sollten Sie Merkmale Ihres Trainings finden, welche bei der Konkurrenz nicht vorhanden sind. Diese Merkmale nennt man **Alleinstellungsmerkmale**. Alleinstellungsmerkmale können

- die besondere Qualifikation des Trainers,
- ein besonderer Preis,
- eine besondere Atmosphäre,
- ein besonderer Teilnehmerkreis

oder andere sein.

Aufgabe

In einem Fitnessstudio wird das Kursprogramm neu geplant. Der Studioleiter empfiehlt: „Wir übernehmen einfach das Programm des letzten Jahres." Ein anderer Mitarbeiter empfiehlt eine moderate Veränderung und Anpassung des Programms: „Die Mitglieder haben nach neuen Kursen gefragt. Insbesondere eine Rückenschule wurde nachgefragt. Die haben wir bisher nur freitags im Programm."

a Welche Vor- und Nachteile hat die Vorgehensweise des Studioleiters?
b Welche Vor- und Nachteile hat die moderate Anpassung?
c Der Kurs „Bauch, Beine, Rücken, Po" soll wieder attraktiver werden. Die Zahl der Teilnehmer ist in letzter Zeit stark gesunken. Suchen Sie für diesen Kurs drei Alleinstellungsmerkmale und erläutern Sie diese.

Die häufigste Produktinnovation besteht aus der neuen Bündelung von bestehenden Eigenschaften. Sie weist den geringsten **Innovationsgrad** auf und besteht hauptsächlich in der Produktvariation. Sie ist (streng genommen) keine echte Innovation.

Die **Produktvariation** kann als Veränderung am Produkt, z. B. durch eine neue Farbe, neue Form oder neue Funktion, ausgeübt werden. Außerdem kann der Produktrahmen verändert werden. Diese Form der Variation zeigt sich z. B. durch einen neuen Namen, einen neuen Preis, eine veränderte Garantie oder ein verändertes Serviceangebot und ähnlichen Komponenten.

Beispiel:
Tae Bo entstand durch die (neue) Kombination von bekannten Sportarten. Zu den asiatischen Kampfsportarten (Karate, Taekwondo, Kickboxen u. a.) wurden Elemente von Aerobic gemischt und in einem kompletten Workout verpackt.

Wirklich neue Produkte entstehen nicht durch eine Mischung von bekannten Produktteilen, sondern nur durch echte Innovationen. Allerdings sind echte Innovationen im Sport- und Fitnessbereich selten.

Der nachfolgende Artikel stellt eine Innovation vor:

Training unter Strom

von Carolin Gasteiger

Fit durch Bewegung? Das sind Trainingsmethoden von gestern. Der Trend in Fitnessstudios setzt auf eine Weste, eine Handvoll Kabel und eine Steckdose. Das Geheimnis dahinter: Elektroimpulse.

Langsam fängt es an zu kribbeln. Erst an den Oberschenkeln, dann am Po und unten an der Wirbelsäule. Schließlich fühlt es sich auch im Nacken und auf den Armen an, als prasselten Tausende Wasserstrahlen auf die Haut. In Wirklichkeit sitze ich aber weder in einem Whirlpool, noch stehe ich unter einer Massagedusche. Ich trainiere meine Muskeln im Fitnessstudio – mit Stromimpulsen.

Strom im Körper. Zugegeben, es hört sich erst einmal gefährlich an. Dietmar Seufzer, Vertreter für den hüfthohen Apparat namens Bodytec, testet mit mir das Training mit Elektromyostimulation (EMS). Die EMS-Methode hält Einzug in deutsche Fitnessstudios.

Leo's Sports Club in München ist eines der ersten, die das Elektrotraining anbieten.
Anders als beim gewöhnlichen Fitnesstraining ist das Outfit bereits zu Trainingsbeginn nass – damit der Strom schneller durch die Haut zu den Muskeln dringen kann. Also gut, Trainingshose und T-Shirt kommen unter den Wasserhahn. „Richtig nass müssen sie sein, nur triefen sollen sie nicht mehr", empfiehlt Seufzer lachend, während er eine Handvoll schwarzer Gurte mit Klettverschluss vor sich ausbreitet. Über das an der Haut klebende T-Shirt kommt eine Weste. An diese schließt man sechs Elektroden-Kabel an. Jeweils zwei Kabel werden an Arm- und Beinpflaster sowie an einen Hüftgurt angeschlossen. Seufzer sucht passende Gurte und zurrt sie zusammen mit der Weste ganz fest. Dass die Klamotten nass waren, ist schon gar nicht mehr zu spüren.

Alle Muskeln gleichzeitig trainieren

In der Physiotherapie wird Elektromyostimulation bereits seit Jahren erfolgreich zum Muskelaufbau angewendet. Das Prinzip ist einfach: Der Strom aktiviert und kontrahiert die Muskeln, die dadurch stärker werden. Durch die Elektroden, die in der Weste eingenäht sind, gelangt der Strom direkt an alle Hauptmuskelgruppen.
„Anders arbeiten unsere Muskeln auch nicht. Nur verstärkt man die Kontraktion jetzt von außen. Viel muss das aber nicht sein", versichert Dr. Heinz Kleinöder von der Sporthochschule Köln, der das Verfahren wissenschaftlich untersucht hat.
Der Vorteil liegt darin, dass alle Muskelgruppen gleichzeitig trainiert, die Impulse aber auch individuell geregelt werden können. Anhand von zehn Reglern kann man einstellen, wie stark der Strom in die jeweiligen Muskelgruppen fließen soll. So können Laufsportler speziell die Oberschenkelmuskulatur trainieren, Ruderer würden hingegen besonders den Regler für die Arme und den Oberkörper aufdrehen.
Nach einer kurzen Anfangsphase, in der sich der Körper an den Strom gewöhnen kann, beginnt das Training: In Intervallen von vier Sekunden schießen die Elektroimpulse vier Sekunden lang durch den Körper. Ich muss anspannen und dagegenhalten. Beim Strecken der Arme dreht Seufzer den entsprechenden Regler immer weiter auf – ich verliere fast die Kontrolle über meine Finger, das ist eindeutig zu viel!
Gefährlich sind die Elektroimpulse bei kompetenter Anwendung aber nicht: Der Reizstrom besitzt eine niedrige Frequenz und hat daher auf den gesunden Körper keine negativen Auswirkungen.
Über die Elektroden erreicht der Reizstrom auch tiefer liegende Muskelpartien, die man mit normalem Workout nur langsam aufbauen könnte. Ein Grund für Martin Seitz, Geschäftsführer des Leo's, das EMS-Training einzusetzen: „Mit dem Bodytec ist es möglich, in 15 Minuten den ganzen Körper auf einmal zu trainieren. Sonst bräuchte man dafür zweieinhalb Stunden."
Wer das Elektrotraining nicht unter fachlicher Aufsicht im Studio absolvieren will, muss neben einer vierstündigen Schulung auch etwa 10.000,00 € aufbringen – Kabelweste inklusive. Für Menschen mit schweren Rückenbeschwerden könne das eine lohnende Investition sein, meint Seufzer. Immer mehr Privatpersonen würden das Gerät deshalb auch zu Hause nutzen.
Neben dem statischen Workout – Anspannen, Loslassen – kann man per Elektromyostimulation auch dynamisch trainieren. Mit einfachen Übungen – einen Gymnastikball über den Kopf heben und wieder ablegen – kann ich die Wirkung der Elektroimpulse noch steigern. Also mache ich jetzt Ausfall-

schritte und Kniebeugen. Anspannen nicht vergessen. Und schon jetzt spüre ich jeden einzelnen Muskel.
In einer Studie zum Ganzkörper-Elektromyostimulationstraining hat Dr. Kleinöder bei den beteiligten Probanden signifikant höhere Kraft- und Leistungswerte festgestellt – besonders an Bauch- und Rückenmuskulatur. Martin Seiz bestätigt das: Seit Jahren leidet der Fitnesstrainer unter Rückenbeschwerden, nach einer EMS-Trainingseinheit von zehn Minuten fühle er sich aber, als hätte er „nie Probleme gehabt".
Als einzige Trainingsmethode kann Seiz es allerdings nicht empfehlen. „EMS-Training ist als Zusatzprogramm sinnvoll. Ausdauer- und klassisches Krafttraining kann ich dadurch nicht ersetzen."

Hoffnung für Couch-Potatoes?
Kann das denn gesund sein? Immerhin fließt Strom durch den Körper. Für jeden sei das EMS-Training deswegen auch nicht geeignet, warnt Dr. Kleinöder: „Elektromyostimulation ist dann kontraproduktiv, wenn bereits eine Vorschädigung besteht, zum Beispiel bei Herzschrittmachern oder schwachem Immunstatus." Für gesunde Couch-Potatoes ist das Training aber sinnvoll: „Wenn jemand dadurch zum Sport animiert wird, ist das ein guter Einstieg. Man lernt seinen Körper besser kennen und spürt, welche Muskeln man wann belastet. Und das ist auf jeden Fall besser als gar nicht zu trainieren", sagt der Sportwissenschaftler.
Inzwischen folgen auch Leistungssportler dem Trend. So ist unter Kleinöders Anleitung bereits der Weltmeister im Gewichtheben, Oliver Caruso, ins elektrische Schwitzen gekommen. Und vor Kurzem habe sich der VfB Stuttgart nach der Trainingsmethode erkundigt.
Bereits nach 25 Minuten unter Strom spüre ich mir bis dato unbekannte Muskeln. Abschließend probiere ich das Relaxprogramm des Bodytec-Apparats aus. Hier durchströmt der Impuls den Körper jede zweite Sekunde. An dieses angenehme Kribbeln könnte ich mich wiederum gewöhnen. Effektiv war das Training schließlich: Dank eines ordentlichen Muskelkaters konnte ich mich erst nach drei Tagen wieder richtig bewegen.

Quelle: Carolin Gasteiger, in: Süddeutsche Zeitung, http://www.sueddeutsche.de/leben/mein-erstes-mal-ems-training-training-unter-strom-1.589562, Stand 19.06.2016

Aufgaben

1. ***Fassen Sie die wichtigsten Aussagen des Textes zusammen.***
2. ***Nehmen Sie zu der folgenden Aussage Stellung: „EMS-Training ist eine echte Innovation!"***
3. ***Informieren Sie sich im Internet über EMS-Training und andere neue Arten des Trainings. Fassen Sie die Erkenntnisse in einer Kurzpräsentation zusammen.***

6.1.4 Kreativitätstechniken für die Produktentwicklung

Damit die Kunden bei uns bleiben, brauchen wir also eine Mischung aus Stabilität, Variation, Innovation und dem notwendigen Eliminieren von Produkten und Dienstleistungen. Doch woher soll man andauernd die neuen Ideen und Produkte nehmen?

Jeder Mensch kann mithilfe der Kreativitätstechniken neue Produkte entwickeln! Sie müssen dafür nicht einmal besonders begabt sein, es passiert bei Anwendung der Techniken von ganz allein. Eine (unvollständige) Übersicht der Kreativitätstechniken finden Sie in der folgenden Grafik.

Kreativitätstechniken

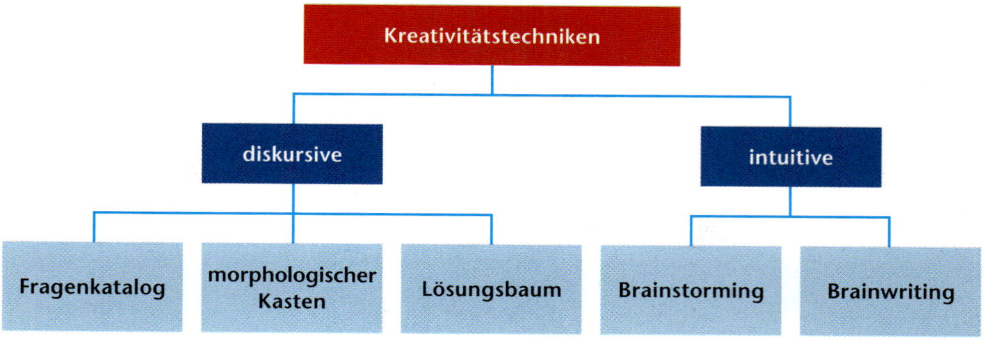

Die **diskursiven** Verfahren arbeiten mit bekannten Problemen und dienen der systematischen (Neu-)Strukturierung der Probleme. Das Problem wird dabei in Teilprobleme zerlegt und diese werden dann gelöst. Die einzelnen Lösungen werden anschließend zu einer Gesamtlösung kombiniert, wodurch eine Systematisierung von Lösungsmöglichkeiten entsteht. Zudem ermöglichen einige diskursive Verfahren das Erkennen der Kernfragen eines Problems oder Problembereichs durch hierarchisch-strukturiertes Vorgehen. Dieses Verfahren der Neustrukturierung eignet sich auch für eher nicht kreative Menschen.

Exemplarisch sei an dieser Stelle der **morphologische Kasten** genannt. Beim morphologischen Kasten werden bekannte Produkte (z. B. Waschmittel, Computer, Fahrräder) in ihre Eigenschaften zerlegt.

Methodischer Hinweis – morphologischer Kasten

Vorbereitung

Zunächst wird das Produkt in seine wesentlichen Eigenschaften zerlegt. Diese Eigenschaften werden jetzt in der ersten Spalte einer Tabelle (Matrix) aufgelistet. Danach sucht man für jede Eigenschaft eine mögliche Ausprägung. In den dazugehörigen Zeilen finden die Mitarbeiter, losgelöst vom eigentlichen Produkt, Ausprägungen.

Bei nur fünf Eigenschaften und fünf Ausprägungen entstehen insgesamt (5 · 5) 25 Kombinationen, d. h. potenzielle Produktideen.

Durchführung

Die Felder werden jetzt zufällig verbunden, sodass eine neue Kombination der bekannten Eigenschaften entsteht. Eine große Zahl der gefundenen Lösungen ist zwar nicht „praxistauglich", aber die wenigen brauchbaren Neukombinationen können bereits zu neuen Produkten führen.

Auswertung

Allein die immense Zahl der möglichen Kombinationen lässt eine schnelle Auswertung nicht zu. Manche Kombinationen wirken zunächst sinnlos; später sieht man sie dann aber in neuen Produkten (Waschmittel in Kapseln).

Beispiel:
Die wesentlichen ***Eigenschaften*** *eines Produktes sind:*
- *Angebotsform (flüssig, fest, gasförmig, Gel, Pulver, Paste, Folie ...),*
- *Basismaterial (Holz, Stahl, Glas, Kunststoff, Leder, Metall ...),*
- *Einsatzort (Büro, Sanitärbereich, Fassade, zu Hause, Schule, Produktionshalle ...),*
- *Einsatzzweck (Dekoration, Schutz, Dämmung, Pflege, Ergänzung ...),*
- *Qualität (Prestige, solide, Standard, einfach, Surrogat [Ersatz], Behelfsqualität ...).*
- *Weitere Eigenschaften sind möglich und üblich.*

PARAMETER	AUSPRÄGUNGEN				
Angebotsform	fest	flüssig	Gel	Spray	Pulver
Basismaterial	Holz	Glas	Kunststoff	Keramik	Leder
Einsatzort	Büro	zu Hause	Ausbildung	sanitär	Produktion
Einsatzzweck	Dekoration	Schutz	Verbesserung	Pflege	Ergänzung
Qualität	sehr hoch	hoch	Standard	gering	Behelfsqualität

Dieses Vorgehen hat in der betrieblichen Realität den Vorteil, dass durch ein standardisiertes Vorgehen Lösungsmöglichkeiten gefunden werden, die auch auf den ersten Blick eher ungewöhnliche Lösungen ermöglichen. Hier verbindet man die Sicherheit einer immer gleich ablaufenden Methode mit der Chance, „ausgetretene Pfade" zu verlassen und in einem kreativen Prozess wirklich neue Produktvarianten zu kreieren.

Die Anwendungsbereiche eines morphologischen Kastens sind vielfältig.

Beispiel:
- *Der Nahrungsmittelkonzern Brainfood entwickelt mithilfe des morphologischen Kastens „FLOSCH" die flüssige Obstschokolade, die am Strand verzehrt werden kann, da sie nicht schmilzt, die als Basismaterial Obst enthält und zudem für eine Diät geeignet ist.*
- *Verschiedene Waschmittelanbieter kreieren flüssiges oder gelförmiges Waschmittel.*
- *Der klassische Tretroller wird durch neues Material (Stahl) und neues Design im Marktsegment Freizeit und Lebensstil unter einem neuen Namen („Kickboard") etabliert und relauncht (wieder auf den Markt gebracht).*

Aufgaben

Entwickeln Sie einen morphologischen Kasten für die folgenden Produkte:
a Fitnessriegel,
b Wellnesswochenende,
c Kursplan im Fitnessstudio.
Beachten Sie dabei, dass Sie mindestens vier Eigenschaften haben sollten und pro Eigenschaft mindestens drei Ausprägungen.

Die **intuitiven Verfahren** gehen einen wesentlichen Schritt weiter als die strukturverändernden, diskursiven Verfahren, da sie nicht auf bekannte Produkte beschränkt sind und sich zum Teil stark von der eigentlichen Thematik lösen. Die Ideen werden in der Regel in Gruppen produziert, da die Gruppenleistung höher sein kann als die Summe der vergleichbaren Einzelleistungen.

Das bekannteste Verfahren ist das **Brainstorming**. Es soll die vorhandene Leistungsfähigkeit des Gehirns der Gruppenteilnehmer aktivieren und zur Kreativität stimulieren.

Methodischer Hinweis – Brainstorming

Vorbereitung

Ein geeigneter Moderator lädt für eine Sitzung 4–10 Teilnehmer ein und bemüht sich, die Aufgabenstellung möglichst klar und nicht zu komplex zu fassen. Die Teilnehmer sollten ein möglichst breit gestreutes Fachwissen haben (fachliche Heterogenität), das heißt, jeder Teilnehmer verfügt über andere Kenntnisse als die anderen.
Die Teilnehmer sollten untereinander keinerlei Spannungen sozialer Natur (Ärger, Streit, Konflikte) haben. Diese soziale Homogenität sorgt für eine harmonische Grundatmosphäre. Die Sitzung ist so vorzubereiten, dass keine äußeren Einflüsse stören können, dies bedeutet beispielsweise ein Abschalten eventuell vorhandener Telefone, Handys, PCs u. Ä. Die harmonische Atmosphäre kann durch Kekse, Tee, Kaffee, Mineralwasser und durch eine zwanglose Sitzordnung untermauert werden.

Durchführung

Wichtigstes Grundprinzip des Brainstormings ist das absolute Verbot von Kritik. Die Teilnehmer sollen ihrer Fantasie freien Lauf lassen, um möglichst kühne Ideen zu entwickeln. Die Vorschläge sind von den anderen Teilnehmern als Anregungen aufzunehmen und weiterzuentwickeln. Dies setzt ein gegenseitiges Zuhören voraus. Alte Lieblingsideen der Teilnehmer führen das Brainstorming meist nicht weiter, weshalb diese zu Beginn der Sitzung abgegeben werden. Jeder Teilnehmer kann ungehemmt Gedanken entwickeln und aussprechen, ohne dass andere über die Gedanken lachen oder diese verwerfen. Es sollen möglichst **viele** Ideen entwickelt werden, die von dem Moderator für alle sichtbar notiert werden (Quantität vor Qualität). Eine Sitzung sollte 30 Minuten nicht wesentlich übersteigen.

Auswertung

Die vorgebrachten Ideen werden im Anschluss kritisiert und ausgewählt.

Ähnlich wie bei Mind-Maps ist auch das Brainstorming im beruflichen Alltag dort geeignet, wo erst einmal vorbehaltlos und mit unterschiedlichen Sichtweisen über ein Problem oder eine anstehende Aufgabe nachgedacht werden soll. Hier greift wieder das Prinzip, dass Gedankengänge in der Regel nicht linear verlaufen, sondern sprunghaft und assoziativ angelegt sind, was zu besseren und auch nicht immer im Vorfeld erwarteten Lösungen führt. Das ist jedoch gerade gewollt, ansonsten könnte man ja alles wie bisher machen.

Das Brainstorming als eine leicht zu erlernende Kreativitätstechnik hat sich in vielen Unternehmungen etabliert und wird häufig als erstes Instrument eingesetzt, um überhaupt „verkrustete Denkstrukturen" aufzubrechen. Es liefert bei einer geeigneten Gruppe eine große

Menge Ideen. Problematisch kann der Auswahlprozess der Ideen sein, insbesondere wenn die Teilnehmer ihre Ideen in der Realisierung nicht mehr wiederfinden. Zudem hat sich ein gelegentlicher Wechsel der Gruppenmitglieder als äußerst vorteilhaft herausgestellt, da sich sonst langfristig die produzierten Ideen ähneln („neue Köpfe, neue Ideen").

Eine ähnliche Methode ist das Brainwriting. Hauptunterschied zum Brainstorming ist das schriftliche Fixieren der spontanen Ideen auf Zetteln oder speziell dafür vorbereiteten Karten. Zudem gibt es bei einigen Brainwritingmethoden einen Umlauf der Zettel, das heißt, die Ideen der einzelnen Teilnehmer werden von den anderen Gruppenmitgliedern aufgegriffen. Zu diesen Umlaufmethoden zählt die „Methode 6-3-5".

Methodischer Hinweis – Methode 6-3-5 (Brainwriting)

Vorbereitung

Ein geeigneter Moderator lädt für eine Sitzung sechs (6) Teilnehmer ein und bemüht sich, die Aufgabenstellung möglichst klar und nicht zu komplex zu fassen. Ansonsten gelten die Aussagen zum Brainstorming.

Durchführung

Jedes der sechs Gruppenmitglieder schreibt (z. B. auf einem eigens dafür vorbereiteten Blatt) drei (3) Ideen auf. Nach fünf (5) Minuten werden die Blätter an ein anderes Teammitglied (z. B. im Uhrzeigersinn) weitergegeben. Die vorhandenen Ideen werden so weiterentwickelt, dass drei neue Ideen entstehen. Das Blatt wird nach fünf Minuten weitergereicht, bis jeder Teilnehmer sechsmal drei Vorschläge entwickelt hat.

Auswertung

Auch bei der Methode 6-3-5 steht die Produktion möglichst vieler Ideen im Vordergrund. Allerdings werden die einmal gefundenen Ideen sofort weiterentwickelt, sodass die Qualität der Ergebnisse im erheblichen Maße von den sechs Ursprungsideen abhängig ist.

Dieses Vorgehen ist strenger methodisch eingebunden, sodass es im beruflichen Bereich relativ wahrscheinlich ist, dass in einer vorgegebenen Zeit auch unterschiedliche Lösungsansätze entwickelt werden. Die Vorteile sind hier gegenüber den anderen Methoden die Vorgabe des zeitlichen Rahmens und das Beschäftigen mit den dann bereits vorhandenen Ideen der anderen, was zu einer intensiveren Auseinandersetzung führt bzw. führen sollte.

Aufgabe

Im Fitnessstudio FFP steigt die Zahl der Austritte seit einiger Zeit stark an. Der Studioleiter möchte Ideen für einen neuen Kurs im Rahmen des Kursprogramms. Außerdem soll ein neuer Slogan zur Werbung neuer Mitglieder erfunden werden.

Bilden Sie den Spielregeln entsprechend je eine Gruppe zur Durchführung von:

a Brainstorming – neuer Kurs
b Brainstorming – neuer Slogan
c 6-3-5 – neuer Kurs
d 6-3-5 – neuer Slogan

Tragen Sie die Ergebnisse in Form einer kurzen Präsentation vor. Erläutern Sie dabei wiederholend zum Einstieg die jeweilige Methode und mögliche Probleme bei der Durchführung.

Kreativitätstechniken sind universell einsetzbar, d. h. auch bei anderen Problemen, bei denen eine Denkblockade oder Ideenlosigkeit ein Vorankommen unmöglich erscheinen lässt.

6.1.5 Reaktive und proaktive Produktpolitikstrategien

Die Produktpolitik kann durch andere Teilnehmer des Marktes verursacht oder sogar erzwungen werden oder sie kann als eigenständige Form des Handelns auf dem Markt ausgestaltet werden. Die marktgerichteten Produktpolitikstrategien werden daher in **reaktive** und **proaktive** Strategien untergliedert.

Die **reaktiven** Strategien resultieren aus der Reaktion auf externe Einflüsse (Konkurrenz, Nachfrageverschiebungen) und zeigen sich in den folgenden Strategien:

- Defensivstrategie („Mit dem Rücken zur Wand")

Vorteile	Nachteile
– Reaktion auf Wettbewerber kann Kunden die Flexibilität des Unternehmens signalisieren. – Die defensive Strategie verhindert eventuell eine „Verärgerung" des Marktführers und kann daher vor Repressalien schützen.	– Kunden sehen, dass das Unternehmen reagieren „musste." – Dem Unternehmen werden keine eigenen Ideen zugetraut (Imageverlust des Nachahmers).

- Imitationsstrategie (Me-too-Anbieter, Nachahmung erfolgreicher Produkte)

Vorteile	Nachteile
– Einsparung von Forschung und Entwicklung – Teilnahme am wachsenden Markt	– nur bei Niedrigpreisstrategie anwendbar

- Zweiter, aber besser (z. B. bei Arzneimitteln)

  Vorteile
  – Vereinigung der Vorteile des Innovators und Imitators
  – Vermeidung der Nachteile der Pionierprodukte
  Anmerkung: Diese Strategie gilt als *besonders* erfolgreich!

- Kundenorientierung (Warten auf Kundenaufträge, z. B. im Schiffbau)

Bei den **proaktiven** Strategien versucht die Unternehmung als Innovator **aktiv** die Umwelt zu beeinflussen. Hierzu zählen die:

– technologieorientierte Produktentwicklung (Chemie, Pharmaindustrie),
– marktorientierte Produktentwicklung,
– Entrepreneur-Strategie (Verfolgen einer Idee),
– Akquisition (Aufkaufen von Unternehmungen und Etablierung als Konzern).

Vorteile der proaktiven Strategie	Nachteile der proaktiven Strategie
– Pionierprodukt hat höchste Bekanntheit und wird eventuell zum Gattungsbegriff (z. B. Tempo-Taschentuch, Tesafilm). – vorzeitige Kostenvorteile durch Erfahrung in der Produktion und Vermarktung – Dem Pionierunternehmen wird besondere Kompetenz zugeordnet. – Pionierprodukte gelten als besonders hochwertig, andere sind „nur" Nachahmer.	– Produkte zeigen „Kinderkrankheiten". – Produkte entsprechen unter Umständen (noch) nicht den tatsächlichen Wünschen der Verbraucher.

Aufgabe

Analysieren Sie in den folgenden Situationen die Produktpolitikstrategien. Nehmen Sie jeweils zu möglichen Auswirkungen auf das Image der Handelnden Stellung.

1. ***Das Fitnessstudio FFP in Harburg plant, eine neue Fitnessmethode zu entwickeln. Sie wird dabei von einem Team angehender Sportärzte und Sportökonomen unterstützt. Das Ergebnis soll durch umfassende Auswertung von Beteiligten zu einer Forschungsstudie zusammengefasst und veröffentlicht werden. Die neue Methode heißt „FFP-Methode".***
2. ***Der SC Lüneburg nimmt die Sportart „Nordic Walking" in das Programm auf.***
3. ***Das Golf- und Wellnessresort Lüneburger Heide bietet jetzt auch „Nordic-Walking"-Nachmittage an.***
4. ***Der Sportclub Gießen bietet zukünftig Kitesurfen als Kurs an.***
5. ***Der VfB Gießen muss daher auch Kitesurfen anbieten.***
6. ***Der VfL Gießen bietet ebenfalls Kitesurfen an; allerdings in Kombination mit Kitereisen zu Surfstationen zu Lande (Strandsurfen auf Kites mit Rädern) und zur See (Surfen auf Fuerteventura).***

6.1.6 Das Lebenszykluskonzept und die Portfolioanalyse

Das **Lebenszykluskonzept** zeigt den Werdegang von Produkten von der Markteinführung bis zum Marktaustritt. Dabei werden fünf Phasen unterschieden, die anhand unterschiedlicher Kriterien (z. B. Umsatz, Umsatzwachstum, Gewinn) analysiert werden.

Voraussetzung für den erfolgreichen Absatz von Produkten ist das Vorhandensein von Bedürfnissen, die durch diese Produkte befriedigt werden. Allerdings werden die Bedürfnisse im Laufe der Zeit durch unterschiedliche Technologien erfüllt.

Das Konzept des Produktlebenszyklus geht von einer begrenzten Lebensdauer von Produkten und Märkten aus. Innerhalb dieser Lebensdauer durchläuft ein Produkt in diesem idealtypischen Konzept bestimmte Phasen. Obwohl dieses Konzept eher theoretischer Natur ist, kann das Erkennen dieser Phasen in der Realität einen Anhaltspunkt zu notwendige Strategieänderungen des Unternehmens oder den notwendigen Einsatz absatzpolitischer Instrumente zur Folge haben.

Es zeigt die Dynamik des Wettbewerbs, die zum Marktaustritt von Produkten führt.

Die fünf Phasen des **Produktlebenszyklus** heißen:

1. **Einführungsphase**
2. **Wachstumsphase**
3. **Reifephase**
4. **Sättigungsphase**
5. **Rückgangsphase (Degeneration)**

Produktlebenszyklus

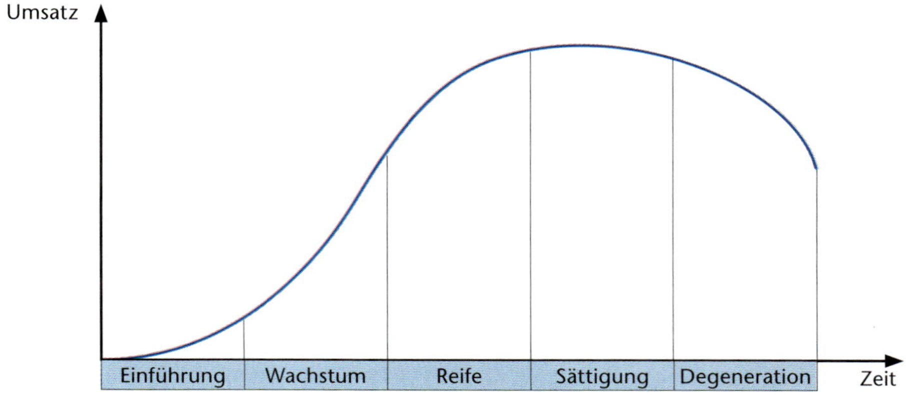

Produktlebenszyklus

Die Phasen werden anhand der Kriterien Umsatz, Umsatzwachstum, Gewinn und Kunden untersucht. Diese Kriterien werden für ein mögliches Produkt analysiert; die konkrete Ausprägung kann anders sein, so könnte z. B. später Gewinn realisiert werden oder der Einführungspreis sehr niedrig sein (Kennenlernpreis).

Üblicherweise durchlaufen eine Vielzahl von Produkten diesen Produktlebenszyklus, wohingegen andere Produkte dauerhaft erfolgreich sind.

Beispiele:

- *Ein neuer Prozessor für Personal Computer durchläuft die Phasen im Normalfall ähnlich wie oben beschrieben.*
- *Die Schokolade „Kinder-Schokolade", das Getränk „Coca Cola" und das Arzneimittel „Aspirin" durchlaufen die o. g. Phasen nicht bzw. sind eher dauerhaft erfolgreiche Produkte.*

Im Sport- und Fitnessbereich ist die Annahme von Produktlebenszyklen bei Nahrungs- und Nahrungsergänzungsmitteln möglich. Allerdings kann dies auch bestimmte Sportarten betreffen.

Beispiel:

Das Sportstudio PowerGym überlegt, eine neue Sportart in das Kursprogramm aufzunehmen. Die Sportart ist in Deutschland noch weitgehend unbekannt. Daher rechnet der Studioleiter auch mit einem erhöhten Aufwand für Werbung, Einarbeitung der Trainer, Beschaffung neuer Geräte und Überzeugungsarbeit bei den Mitgliedern.

Eine neue und unbekannte Sportart befindet sich in der **Einführungsphase**. Das heißt, dass die wenigsten Mitglieder diese Sportart bereits ausüben. Tatsächlich machen diese Sportart nach der Einführung nur Mitglieder, die bereit sind, neue Dinge auszuprobieren. Diese Mitglieder nennt man **Innovatoren**. Innovatoren sind aus mehreren Gründen an neuen Produkten aus mehreren Gründen interessiert:

1. Prestige
2. Unzufriedenheit mit bisherigen Lösungen
3. Neugier
4. generelle Bereitschaft zu neuen Lösungen

Aus kaufmännischer Sicht ist diese Phase sehr risikoreich. Wird das neue Produkt nicht von den Kunden angenommen, sind zwar hohe Kosten (Werbung, Trainer, Geräte) entstanden, aber kein Gewinn. Die Umsätze in dieser Phase sind relativ gering, das Umsatzwachstum auch.

In der nächsten Phase, der **Wachstumsphase**, steigt der Bekanntheitsgrad der Sportart an und es gibt immer mehr Menschen, die sich vorstellen können, diese Sportart auszuüben. Der Umsatz wächst stark, der Gesamtumsatz steigt an und es wird in dieser Phase eventuell ein Gewinn erzielt. In der Wachstumsphase erlebt die neue Sportart ihre erste Blüte. Immer mehr Mitglieder sehen, dass andere Mitglieder die Sportart betreiben, und wollen diese ebenfalls ausüben. Eventuell sind Effekte der Sportart (z. B. Gewichtsreduktion) sichtbar. Diese Mitglieder werden als **Imitatoren** bezeichnet. Ohne Imitatoren könnte der Lebenszyklus bereits in dieser Phase beendet sein. Die Sportart wäre dann ein Flop.

In der **Reifephase** ist das Produkt allen Mitgliedern bereits bekannt. Außerdem wird dieses Produkt auch von Konkurrenten angeboten. Das Produkt wird weiter differenziert, das heißt, es gibt Varianten (z. B. im Freien, mit Geräten). Der Umsatz steigt weiter an, allerdings verringert sich das Umsatzwachstum sehr stark bis hin zur Stagnation des Wachstums. Der Gewinn kann weiter steigen, allerdings ist es möglich, dass der Preis für die Mitglieder reduziert werden muss, da die Konkurrenz das Produkt (Training) günstiger anbietet.

In der **Sättigungsphase** nimmt die Zahl der Anbieter auf den Markt ab. Der Umsatz ist rückläufig und die Abnahme des Umsatzes ist zu erkennen. Das Interesse an der neuen Sportart erlahmt. Der Gewinn ist rückläufig, es kann sogar zu einem Verlust kommen.

In der **Rückgangsphase** verlassen viele Mitglieder den Kurs. Die Studioleitung muss sich überlegen, ob der Kurs im Programm bleiben oder durch einen anderen Kurs ersetzt werden soll. Der Umsatz ist anfangs stark, später sehr stark rückläufig. Es wird kaum noch ein Gewinn erwirtschaftet. Meistens entsteht sogar ein Verlust.

Zusammengefasst kann man also sagen, dass der Kurs folgendermaßen von den Mitgliedern angesehen wurde:
- unbekannt (nur Insider und Innovatoren),
- „in" (diese Sportart macht man jetzt!),
- populär (diese Sportart machen jetzt fast alle),
- langweilig (diese Sportart ist veraltet, sie wird von zu vielen ausgeübt)
- und am Ende „out".

Diese Phasen sind vor allem bei kurzlebigen Trendsportarten zu entdecken. Ganz anders verhält es sich hingegen mit sogenannten „**Dauerbrennern**". Problematisch ist es, bei einer neuen Sportart vorherzusagen, ob sie zu der kurzlebigen oder zu der langlebigen Variante zählen wird.

Außerdem muss ein attraktives Sport- und Fitnessstudio beide Varianten, d.h. die neuen **Trendsportarten** mit ungewisser Zukunft und die bekannten und beliebten **Dauerbrenner**, im Angebot haben, damit die Kunden wählen und experimentieren können.

Aufgaben

1. ***Welche Phasen werden beim Produktlebenszyklus unterschieden? Erläutern Sie die einzelnen Phasen anhand der Kriterien Umsatz, Umsatzwachstum, Kunden, Gewinn.***
2. ***Suchen Sie für jede Phase des Produktlebenszyklus je ein aktuelles Produkt. Begründen Sie Ihre Aussagen.***
3. ***Welche Handlungsempfehlungen lassen sich aus der Analyse des Produktlebenszyklus ableiten? Erläutern Sie für jede Phase des Produktlebenszyklus Empfehlungen für ein Unternehmen. Begründen Sie die Empfehlungen.***
4. ***Wichtig ist ein gutes Verhältnis zwischen neuen Trendsportarten und bewährten Standardsportarten. Erläutern Sie diese Aussage.***

Die **Portfolioanalyse** untersucht die Produkte eines Unternehmens aus Marktsicht. Die beachteten Größen sind z.B. der relative Marktanteil und die **Marktwachstumsrate**. Die Analyse führt zu einer (Vier-Felder-)Matrix.

Die Matrixdarstellung vereinfacht die Sicht auf Produkte auf wenige Kernfaktoren (z.B. zwei Faktoren: Preis, Marktanteil) mit wenigen Ausprägungen (z.B. Preis, Marktanteil: hoch – niedrig). Die daraus resultierende **Vier-Felder-Matrix** dient der vereinfachten Analyse des Marktes. Der relative Marktanteil berechnet sich aus:

$$\text{relativer Marktanteil} = \frac{\text{absoluter Marktanteil des Unternehmens}}{\text{absoluter Marktanteil des größten Konkurrenten}}$$

Der Marktführer hat demzufolge einen relativen Marktanteil von 100 %.

Die grafische Darstellung erfolgt meist in Form einer Tabelle oder einer einfachen **Grafik** bzw. einer Kombination aus Grafik und Tabelle. Eine der bekanntesten Darstellungen im Marketing ist die **Portfoliomatrix** der Boston Consulting Group. In ihr werden die Parameter Marktwachstum und Marktanteil in einer Vier-Felder-Matrix dargestellt:

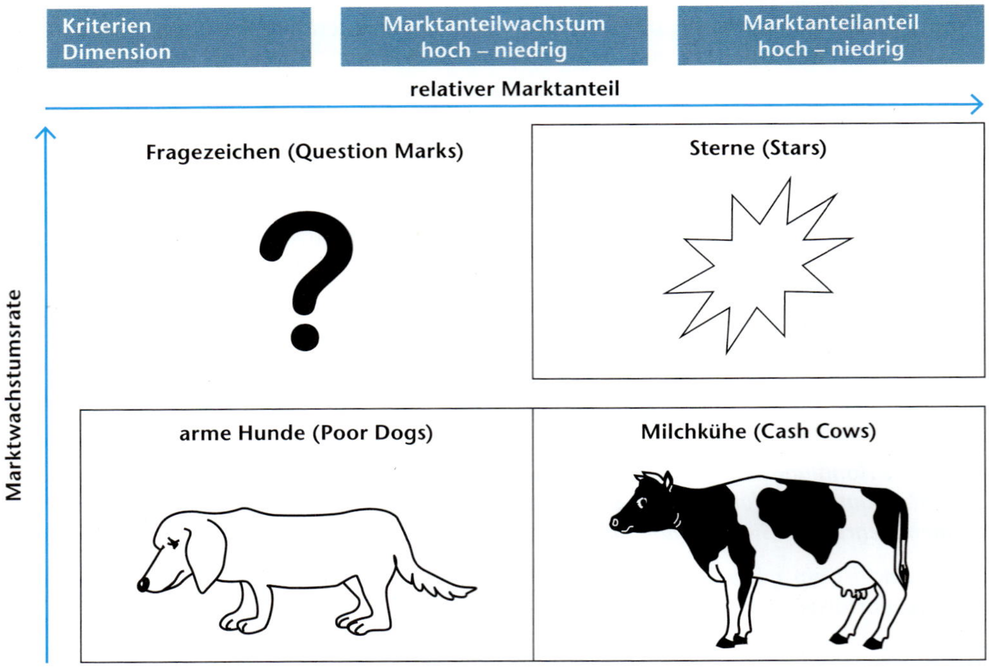

Vier-Felder-Matrix

Der Marktanteil und das Marktwachstum beeinflussen wesentlich die **Profitabilität**. Die Matrix ermöglicht es den Unternehmen, die einzelnen Produkte bzw. Geschäftseinheiten hinsichtlich dieser wesentlichen Faktoren zu untersuchen. Die vereinfachte zweifaktorielle Untersuchung führt dann zur Einteilung der Geschäftseinheiten in die vier Felder:

1. **Sterne** (Stars) sind Produkte oder Geschäftseinheiten auf wachsenden Märkten mit einem großen Marktanteil. Sie sind die „Vorzeigeprodukte" des Unternehmens. Bei einsetzender Marktsättigung können sie Milchkühe (Cash Cows) werden.
   Handlungsempfehlung: *Es sollten Investitionen getätigt werden, um die bestehenden Stärken auszubauen, um damit die Sterne noch heller leuchten zu lassen.*
2. **Fragezeichen** (Question Marks) sind Geschäftseinheiten in wachsenden Märkten, deren Marktanteil eher gering ist. Sie können zu Sternen werden, wenn das Marketinginstrumentarium die Marktposition des Unternehmens verbessern kann.
   Handlungsempfehlung: *Investitionen in Fragezeichen sind risikobehaftet und sollten daher äußerst genau geplant werden.*
3. **Milchkühe** (Cash Cows) haben einen hohen Marktanteil und sind für das Unternehmen sehr profitabel. Allerdings hat das Marktsegment, in dem die Milchkühe sind, keine große Zukunft, da das Marktwachstum gering ist.
   Handlungsempfehlung: *Der Begriff „Milchkuh" resultiert aus der Empfehlung, diese Geschäftseinheiten zu „melken", d. h. möglichst wenig zu investieren und einen möglichst hohen Gewinn zu erzielen.*
4. **Arme Hunde** (Poor Dogs) sind die problematischen Geschäftseinheiten eines Unternehmens, da sie sich auf Märkten befinden, die nur gering wachsen (oder sogar schrumpfen) und auf zudem der eigene Marktanteil gering ist.
   Handlungsempfehlung: *Die Empfehlung für „arme Hunde" lautet folgerichtig: Verkauf, Aufgabe oder Stilllegung der Geschäftseinheit.* Eine Sanierung dieser Geschäftseinheiten ist in der Regel unrentabel.

Die Portfoliomatrix der Boston Consulting Group hat im Laufe der Jahre eine Vielzahl von Erweiterungen erfahren, die hier nicht weiter vertieft werden sollen. Sie besticht nach wie vor durch ihre Einfachheit und dient der groben Einsortierung der einzelnen Produkte oder Geschäftseinheiten in vier Kategorien. Die Handlungsempfehlungen für die einzelnen Kategorien sind ebenfalls recht einfach und allgemein gehalten. Sie helfen dem Management bei der Entscheidungsfindung. Allerdings darf dabei nicht übersehen werden, dass nur zwei Größen betrachtet und die Empfehlungen daher auf einer sehr schmalen Basis getroffen werden. Außerdem ist die Beschaffung der Basisdaten (Marktanteil und Marktwachstum) nicht immer einfach, zumal der relevante Markt andere Daten haben kann als der betrachtete.

Zusammenhang Produktlebenszyklus und Portfolioanalyse

Sämtliche Analysemethoden dienen dem erfolgreichen Absatz von Gütern und Dienstleistungen. Dies setzt die Kenntnis der Kundenwünsche ebenso voraus wie die Kenntnis von Konkurrenz und Marktsituation. Daher ist der Zweck der Analyse für den Umfang und die konkrete Ausgestaltung der Analyse maßgeblich.

Die einzelne Betrachtung einer Analyse führt daher ebenso wenig wie die einzelne Betrachtung der Marketinginstrumente zu einer sinnvollen Unternehmensstrategie. Erst eine Kombination der Analysen, eine Prognose der Entwicklung und die Betrachtung des gesamten Unternehmens führen zu einem ausgewogenen Konzept des unternehmerischen Handelns auf den Märkten.

Beispiel:
Bei ausschließlicher Betrachtung der Temperaturanzeige und der Ölkontrolllampe in einem Pkw werden wesentliche Kontrollanzeigen (Tachometer, Kraftstoffvorrat) missachtet!

Die Kombination der Analysemethoden ergibt sich zum Teil auch aus dem betrachteten Untersuchungsgegenstand, sodass sich die Analysen gegenseitig ergänzen können. Eine einfache Kombination besteht aus der gleichzeitigen Untersuchung der Portfoliomatrix der Boston Consulting Group und dem Produktlebenszyklus.
Die grafische Darstellung des Zusammenhangs zwischen Lebenszyklus- und Portfolioanalyse führt dabei zu folgendem Bild:

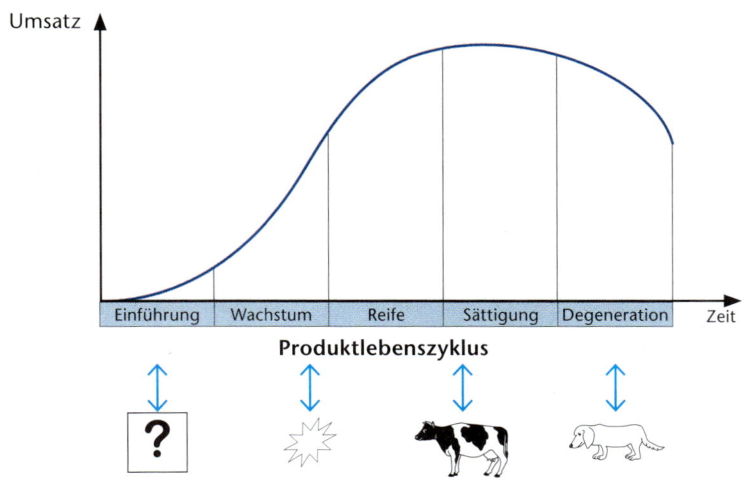

Möglicher Zusammenhang der Analyseverfahren

Der Zusammenhang zwischen Portfoliomatrix und Produktlebenszyklus kann, wie geschildert, vorhanden sein. Allerdings erschwert die gleichzeitige Betrachtung aller denkbaren Einflussfaktoren die Möglichkeit der Verarbeitung der Informationen durch das Management.

Beispiel:
Gäbe es bei einem Pkw 24.000 Kontrollanzeigen, 45.000 Instrumente und 34.000 Hebel und Schalter, die alle mehr oder weniger wichtig sind, wäre die Handhabbarkeit des Pkws stark eingeschränkt. Tatsächlich erlaubt moderne Elektronik im Pkw die automatische Steuerung von Parametern der Laufleistung durch Software (EPS, ABS usw).

6.2 Möglichkeiten der Preisgestaltung erörtern – die Preispolitik im Marketingmix

Die **Preis- und Konditionenpolitik** umfasst alle Entscheidungen hinsichtlich der marktgerechten Gestaltung des Angebotspreises und der Angebotskonditionen. Der Preis der Marktleistung (Waren, Güter, Vorprodukte, Dienstleistungen und Informationen) einer Unternehmung kann von folgenden Faktoren abhängig sein:

- Kosten, die durch die Herstellung des Produkts entstehen,
- Kosten, die im Unternehmen für die Aufrechterhaltung des Geschäftsbetriebs entstehen,
- unternehmerische Zielsetzung (Gewinn, Umsatz, Image),
- Preise der Konkurrenz,
- Preis, den die Nachfrager zu zahlen bereit sind,
- Marktform und Marktmacht,
- Marktstruktur,
- Marktsituation,
- Preiselastizität der Nachfrage (siehe unten),
- Substituierbarkeit (Ersetzbarkeit) des Produkts,
- wirtschaftliche Gesamtlage (Konjunktur).

Die **Methoden** der Preisfestsetzung sind von diesen Faktoren abhängig. In der Realität ist der Preis immer von mehreren Faktoren abhängig, die sich zudem auch noch gegenseitig bedingen. In ihrer Reinform, d. h. bei ausschließlicher oder hauptsächlicher Betrachtung einer Gruppe von Faktoren, werden die **nachfrageorientierte**, die **kostenorientierte** und die **wettbewerbsorientierte** Preisfestsetzung unterschieden.

6.2.1 Die nachfrageorientierte Preisfestsetzung

Die Preisbildung orientiert sich hierbei an der Nachfrage. Die Hauptaufgabe des Marketings besteht in der Erforschung der Kunden hinsichtlich ihrer Bereitschaft, für Produkte Geld auszugeben. Die Unternehmungen treffen je nach Marktsegment auf völlig unterschiedliche Reaktionen der Kunden.

Die Struktur der Nachfrageseite wird durch die Gesamtnachfrage, die Bedeutung des Produkts für den Konsumenten, die Ersetzbarkeit (Substituierbarkeit) und die Elastizität der Nachfrage beschrieben. Die Gesamtnachfrage wird durch die Anzahl der Nachfrager und deren Kaufverhalten bestimmt.

Deutsche Fitnessbranche weiter auf Überholspur Deloitte-Studie: Discountsegment und Special Interest Angebote besonders wachstumsstark

Frankfurt/München (ots) – Laut der Deloitte-Studie „Der deutsche Fitnessmarkt – Studie 2016", die in Zusammenarbeit mit dem DSSV (Arbeitgeberverband deutscher Fitness- und Gesundheits-Anlagen) und der DHfPG (Deutsche Hochschule für Prävention und Gesundheitsmanagement) realisiert wurde, kann sich die Branche erneut über ein stabiles Wachstum freuen. In Deutschland waren Ende 2015 insgesamt 9,5 Millionen Menschen als Mitglied in einem Fitnessclub registriert - 4,2 Prozent mehr als im Vorjahr. Sie trainierten in 8.332 Anlagen, eine Steigerung von 3,8 Prozent gegenüber 2014. Insbesondere das Discountsegment legte kräftig zu. (..)

„Auch wenn in Deutschland mehr Menschen als je zuvor ins Fitnessstudio gehen, liegt ihr Anteil an der Gesamtbevölkerung mit 11,6 Prozent nur im europäischen Mittelfeld, so das Ergebnis unserer aktuellen europaweiten Studie „European Health & Fitness Market" in Kooperation mit EuropeActive. Fitnessmärkte wie Norwegen (19,4%), Schweden (16,7%) und die Niederlande (16,4%) haben deutlich höhere Penetrationsquoten. Das lässt den Rückschluss zu, dass die deutsche Fitnessbranche weiteres Wachstumspotenzial hat", erklärt Karsten Hollasch, Partner und Leiter der Deloitte Sport Business Group.

Gesamtumsatz steigt um knapp drei Prozent

Vor allem die spezialisierten Anbieter haben 2015 die Anzahl ihrer Anlagen kräftig gesteigert – hier bewegt sich das Wachstum bei 16,2 Prozent. Zudem verzeichnen sie knapp 7 Prozent mehr Mitglieder. Immer mehr Menschen interessieren sich beispielsweise für Elektrostimulationstraining oder CrossFit-Training. Bei den klassischen Full-Service-Studios beläuft sich das Mitgliederwachstum auf über 4 Prozent. Positiv stimmt die Branche zudem der Teilerfolg, dass kommerzielle Fitnessanbieter im Präventionsgesetz (PrävG) der Bundesregierung vom Juni 2015 erstmals ausdrücklich erwähnt wurden. Obwohl die durchschnittlichen Mitgliedsbeiträge gesunken sind, steigerte sich der Gesamtumsatz der Branche um 2,7 Prozent auf 4,8 Milliarden Euro. Damit liegt Deutschland in Europa gemessen nach Umsätzen auf dem zweiten Platz hinter Großbritannien.

Ketten gewinnen, Einzelstudios rückläufig

Von den 9,5 Millionen Fitnessclub-Mitgliedern sind neun Millionen in klassischen Full-Service-Studios registriert. Hier wiederum dominieren die Ketten, also Betreiber mit fünf oder mehr Einrichtungen. Sie konnten ihre Mitgliederzahlen mit über 15,0 Prozent deutlich erhöhen, während die Einzelstudios sogar Mitglieder verloren. Das Wachstum bei den Ketten geht vor allem auf das Discountsegment zurück, das mit attraktiven Preisen viele neue Kunden locken konnte. Auch der Premiumbereich (ab 66 Euro Monatsbeitrag) zeigte 2015 ein stabiles Wachstum. Das mittlere Segment entwickelte zwar keine vergleichbare Dynamik, hält mit über zwei Dritteln aber immer noch den größten Marktanteil. (...)

Quelle: http://www.presseportal.de/pm/60247/3275586, Stand 07.09.2016. Der Text wurde an einigen Stellen gekürzt.

Aufgabe

Fassen Sie die wesentlichen Aussagen des Textes zusammen, indem Sie die Kriterien Preis, Umsatz und Mitgliederzahl und deren Entwicklungen darstellen!

Die Bedeutung eines Produkts für die Nachfrager ist abhängig vom Nutzen und der Notwendigkeit der Produkte. Grundnahrungsmittel, wie beispielsweise Wasser und Brot haben für die Konsumenten eine wesentlich höhere Bedeutung als eine Luxusarmbanduhr für 25.000,00 €. Die Bedeutung ist im starken Maße von der Bedürfnisstruktur der Konsumenten und der Befriedigung elementarer Grundbedürfnisse abhängig.

Die Ersetzbarkeit (Substituierbarkeit) eines Produkts beschreibt, inwieweit sich ein Produkt aus der Sichtweise der Verbraucher durch ein anderes Produkt ersetzen lässt. Die Substituierbarkeit hat Auswirkungen auf den Preis einer Marktleistung.

Die **Ersetzbarkeit** von Produkten hat zudem Auswirkungen auf die sogenannte Preiselastizität der Nachfrage. Die Preiselastizität der Nachfrage gibt Auskunft über die (mengenmäßige) Nachfragereaktion der Kunden auf eine Preisänderung. Die Kenntnis der Preiselastizität der Nachfrage ermöglicht den Unternehmungen eine aktivere Preispolitik.

Einfacher formuliert:

Um wie viel Prozent verändert sich die Nachfrage, wenn der Preis um ein Prozent erhöht wird?

Der Gewinn (G) eines Unternehmens errechnet sich aus den Komponenten Umsatz (U) und Kosten (K). Der Umsatz entsteht durch den Verkaufspreis (p) multipliziert mit der verkauften Menge (x). Die verkaufte Menge wird auch als Absatz bezeichnet.

Wird als der Verkaufspreis (p) um ein Prozent erhöht, gibt es folgende Reaktionsmöglichkeiten des Marktes:

1. Die verkaufte Menge **sinkt** um **mehr** als ein Prozent (z. B. x sinkt um 5 Prozent).
2. Die verkaufte Menge **sinkt** um ein Prozent.
3. Die verkaufte Menge **sinkt** um **weniger** als ein Prozent (z. B. x sinkt um 0,2 Prozent).
4. Die verkaufte Menge bleibt **konstant**.
5. Die verkaufte Menge **steigt** (z. B. x steigt um 2 Prozent).

Ein wichtiges Ziel von Unternehmungen ist es, den Gewinn zu maximieren. Daher müssen die fünf denkbaren Fälle untersucht werden:

Fall 1: Die Kunden ersetzen das Produkt durch ein anderes oder verzichten darauf.
Fall 2: Die Kunden reagieren entsprechend der Erhöhung.
Fall 3: Der ursprüngliche Preis war wahrscheinlich zu niedrig oder die Kunden kümmert die Preiserhöhung nur wenig.
Fall 4: Der Preis war zu niedrig oder die Kunden können das Produkt nicht ersetzen.
Fall 5: Diese paradoxe Reaktion kann durch den Snob-Effekt erklärt werden.

Aufgaben

Ein Fitnessstudio hat im Monat März einen Umsatz von 35.000,00 €. Der Studioleiter erhöht die Monatsbeiträge pauschal um ein Prozent bei allen Verträgen. Die Kosten bleiben mit 17.500,00 € pro Monat konstant. Folgende Situationen sind denkbar:

1. Der Umsatz sinkt um 5 Prozent.

2. Der Umsatz sinkt um ein Prozent.

3. Der Umsatz sinkt um 0,1 Prozent.

4. Der Umsatz bleibt konstant.

5. Der Umsatz steigt.
a Stellen Sie für alle möglichen Fälle die Auswirkungen auf den Gewinn dar!
b Welche Auswirkungen kann eine Preiserhöhung noch haben?
c In den Fällen 3.–5. empfiehlt der Studioleiter, den Preis noch weiter zu erhöhen. „Jetzt sollten wir aber mal kräftig zulangen", hören Sie ihn sagen. Nehmen Sie Stellung zu dieser geplanten Vorgehensweise.

Ein weiteres Kriterium für die Festsetzung der Preise bei nachfrageorientierter Betrachtung ist die **Preisvorstellung** der Nachfrager. Die Orientierung auf regionalen Märkten wird heute immer häufiger durch den Preisvergleich auf globalen, elektronischen Märkten (z. B. im Internet) ergänzt. Mit der Preisvorstellung einher geht auch die **Preisbereitschaft** der Nachfrager. Sie ist von der Dringlichkeit des Bedarfs der Nachfrager abhängig. Bei einer Vielzahl von Produkten und Dienstleistungen bilden sich zudem Preisklassen auf der Nachfrageseite heraus. Diese untergliedern die Produkte in Low-Cost-Varianten (unteres Preissegment), Standardprodukte (mittleres Preissegment) und Luxusprodukte (High Price, gehobenes Preissegment). Dies ist bei der Preisfestsetzung einer Produktvariante zu berücksichtigen.

Neben diesen eher rational begründbaren Preisvorstellungen der Nachfrageseite existiert zudem noch der Preis als **Qualitätsindikator**. Viele Verbraucher kaufen eher höherpreisige Produkte, da in ihrer Erfahrungswelt der Preis eine klare Aussage über die Qualität des Produkts zulässt. So glauben einige Kunden dem einfachen „teuer = gut" und „günstig = Ramsch". Außerdem ermöglicht ein sichtbar teures Produkt (z. B. durch ein Markenlogo, einen Markenschriftzug u. Ä.) einen vermeintlichen Prestigegewinn. Daher sind auch bei einigen Produkten paradoxe Nachfrageveränderungen (Snob-Effekt) zu beobachten.

Beispiele:
- *Nachdem das Wellnesshotel „Oase der Ruhe" in Frankfurt/Main die Preise für Übernachtungen kräftig erhöht hat, steigen die Buchungen stark an.*
- *Für einen guten Trainingsschuh muss man mindestens 100,00 € ausgeben.*

6.2.2 Die kostenorientierte Preisfestsetzung

Die **kostenorientierte** Preisbildung basiert auf den Zahlen des internen Rechnungswesens. Der ermittelte Verkaufspreis wird durch die Kalkulation ermittelt. Diese ist auf Vollkostenbasis und auf Teilkostenbasis möglich.

Ganz einfach formuliert sind Kosten der Betrag, der mindestens durch den Verkauf erzielt werden muss, um nicht ärmer zu werden.

Ein Unternehmen muss langfristig zumindest die eigenen Kosten erwirtschaften. Sonst droht ein Verlust. Daher ist die genaue Kenntnis der Kostenstrukturen eines Unternehmens für den wirtschaftlichen Erfolg notwendig.

Umsätze sind die positive Erfolgskomponente – Kosten sind die negative Erfolgskomponente.

Beispiele:
- *Das Golfhotel „Birdie" hat monatliche Kosten in Höhe von 36.000,00 €. Die Einnahmen sind deutlich geringer. Daher muss das Hotel schließen.*
- *Das Golf- und Wellnessresort Lüneburger Heide erwirtschaftete im letzten Jahr einen ordentlichen Gewinn. Im aktuellen Wirtschaftsjahr soll das Unternehmen durch Anpassung der Preise an die gesunkenen Kosten noch attraktiver werden.*

Ein Unternehmen der Sport- und Fitnessbranche kalkuliert die Verkaufspreise für Güter und Dienstleistungen auf der Basis der eigenen Kosten. Diese umfassen auch die Personalkosten (Löhne und Gehälter), die Kosten für Miete und Pacht, die Kosten für die Abnutzung von Einrichtungen und Geräten sowie andere Kosten.

Der Verkaufspreis bzw. Mitgliedsbeitrag ist als so zu wählen, dass alle Kosten gedeckt sind. Außerdem sollte eine Verzinsung des eingesetzten Kapitals und eine Risikoprämie erwirtschaftet werden, da das eingesetzte Kapital ja auch verloren werden kann.

Eine ausführliche Darstellung zur Kosten- und Leistungsrechnung finden Sie im Lernfeld 11.

6.2.3 Die wettbewerbsorientierte Preisfestsetzung

Bei dieser Form der Preisfestsetzung erfolgt die Orientierung des eigenen Preises an den Preisen der Wettbewerber. Das Unternehmen orientiert sich bei der **wettbewerbsorientierten** Preisfestsetzung am Preis des Marktführers für die Bereitstellung einer Leistung (Güter, Dienstleistungen, Informationen) oder am markt- bzw. branchenüblichen Preis.

Branchenpreise existieren überwiegend bei oligopolistischer oder polypolistischer Konkurrenz und eher homogenen (gleichförmigen) Gütern und Dienstleistungen.

Aufgaben

1. ***Inwieweit ist das Training in einem Fitnessstudio ein homogenes Gut? Diskutieren Sie die Ergebnisse.***
2. ***Welche Möglichkeiten bieten die Preis- und Produktpolitik zur Schaffung von heterogenen Dienstleistungen? Erläutern Sie Ihre Aussagen.***

Die Orientierung am Preis des Marktführers kann aus einer dominierenden **Preisführerschaft** resultieren, die meist mit einer umfassenden **Kostenführerschaft** des Marktführers einhergeht. Die Konkurrenten müssen sich in dieser Situation dem Marktführer anpassen, da ein Preiskampf stets verloren ginge. Die Orientierung am Preisführer kann aber auch durchaus harmonisch sein. Wenn die Wettbewerber sich freiwillig einem Preisführer anpassen, spricht man von einer **barometrischen** Preisführerschaft, wie sie z. B. beim Preisfestsetzungsverhalten von Tankstellen zu beobachten ist.

Kurzfristige Preisänderungen der Konkurrenz sind aus Wettbewerbsgründen frühzeitig zu erkennen und sollten gegebenenfalls zu Reaktionen führen. Weitere Möglichkeiten der aktiven Preisgestaltung zu Wettbewerbszwecken werden im Folgenden kurz dargestellt.

Hart kalkulierte Preise

Die Methode der scheinbar „hart" kalkulierte Preise wird vor allem dann angewandt, wenn beim Kunden der Eindruck entstehen soll, dass die Preise streng nach der betrieblichen Kalkulation festgesetzt wurden. Die Preise erwecken den Eindruck unter Ausnutzung aller Mittel extrem knapp kalkuliert worden zu sein.

Beispiel:
Die Boots'r'Us Company bietet ihre Schuhe zu folgenden Preisen an:
- *Boots 42,43 €*
- *Fast Boots 56,75 €*
- *Leisure Boots 23,43 €*

Psychologische Preisfestsetzung

Bei der psychologischen Preisfestsetzung wird der Preis unter „optischen" Gesichtspunkten unterhalb eines Schwellenwertes gehalten. Die Kunden assoziieren durch die Auspreisung einen niedrigeren Preis (z. B. unter 10,00 €).

Beispiele
- *Die Basismitgliedschaft bei FFP kostet 19,99 € pro Monat!*
- *Das Wellnesswochenende im Hotel „Oase zur Ruhe" kostet 199,00 €.*

Tatsächlich gehen diese „Preistricks" so weit, dass Tankstellen ihre Preise im $^1/_{10}$-Cent-Bereich abgeben, wie z. B. $1{,}46^9$ € pro Liter.

6.2.4 Handlungsempfehlungen aus dem Produktlebenszyklus

Die Instrumente des Marketingmix sollten immer als Möglichkeiten der aktiven Marktbearbeitung verstanden werden. Diese kann, wie Sie bereits wissen, proaktiv und/oder reaktiv sein. Wichtig ist dabei, dass Sie bei jeder Situation einen „Strauß an Handlungsempfehlungen" zur Verfügung haben und dann zielgerichtet die richtigen Maßnahmen wählen.

Im Folgenden sei angenommen, ein Unternehmen verzeichnet einen Umsatzrückgang, da ein Produkt dem Produktlebenszyklus folgt. Die möglichen Reaktionen auf einen Umsatzrückgang im Produktlebenszyklus sind vielfältig. Eine einfache Strategie mit dem Einsatz eines Marketinginstruments führt dabei selten zum erwünschten Erfolg (Gewinn). Dies wird nun am Beispiel des Preises und der Werbung erläutert.

Zur Erinnerung:

$$\text{Gewinn (G)} = \text{Umsatz (U)} - \text{Kosten (K)}$$
$$\text{Absatz} = \text{verkaufte Menge (x)}$$
$$\text{Umsatz (U)} = \text{Absatz} \cdot \text{Verkaufspreis (p)}$$
$$\text{Kosten (K)} = \text{Fixkosten } (K_F) + \text{variable Kosten } (k_v \cdot x)$$
$$\text{Gewinn (G)} = p \cdot x - (K_F + k_v \cdot x)$$

Beispiel:
Das Wellnesshotel „Oase der Ruhe" stellt einen Umsatzrückgang bei Wellnesswochend-Buchungen fest (x wird weniger; p sinkt nur leicht). Bei gleichen Kosten (K) bewirkt dies einen Gewinnrückgang. Die Leitung des Unternehmens überlegt daraufhin, eine Preiserhöhung (p wird erhöht) durchzuführen. Dies hätte allerdings einen weiteren Umsatzrückgang zur Folge.

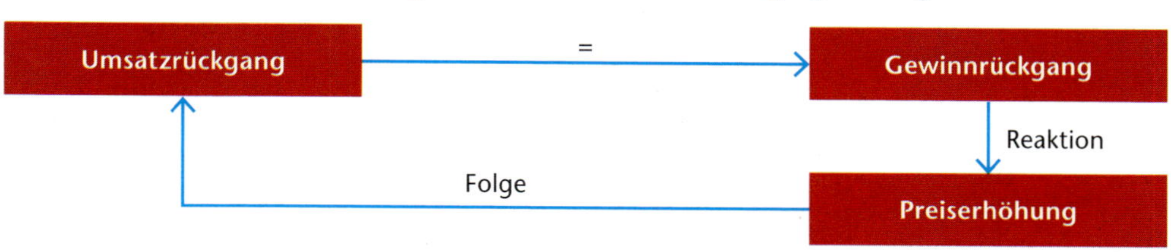

Die beabsichtigte Wirkung (Umsatz konstant halten oder erhöhen) würde nicht erzielt.

Durchschnitts-preis (p)	Menge (x)	Umsatz (p*x)	Quartal	Reaktion
126,07 €	20	2.521,40 €	1	keine
124,22 €	16	1.987,52 €	2	keine
121,82 €	12	1.461,84 €	3	keine
120,00 €	10	1.200,00 €	4	Preiserhöhung
→ 145,00 €	→ 6	870,00 €	01/Folgejahr*	Produkt eliminieren

*geschätzt (Basis: Vorbuchungen)

Wird stattdessen die Werbung für das Produkt verstärkt, so stehen den potenziell steigenden Umsätzen wachsende Kosten gegenüber.

Das Problem lautet also vereinfacht:

Welche Kombination von Maßnahmen führt zum Erfolg?

Beispiel:
Das Wellnesshotel „Oase der Ruhe" entscheidet sich für den gemeinsamen Einsatz mehrerer Instrumente. Das „alte" Produkt wird vom Markt genommen. Der neue Name „Natur pur – Relax Max!" soll die Kunden neugierig machen. Hierfür wird kräftig die Werbetrommel gerührt. Zudem erhalten alle bisherigen Kunden Gutscheine für ein ermäßigtes „Natur pur – Relax Max!"-Wochenende in den nächsten zwei Jahren. Diese Maßnahme soll die Kundenbindung erhöhen. Der gemeinsame Einsatz mehrerer Instrumente führt kurzfristig zu sinkenden Gewinnen (Produkt eliminiert, höhere Kosten für Werbung), eventuell aber zu steigenden Umsätzen in der Zukunft.

6.2.5 Die Preisdifferenzierung

Die aktive Preispolitik führt häufig dazu, dass für gleiche Leistungen (Güter, Dienstleistungen, Informationen) unterschiedliche Preise bezahlt werden müssen. Diese Preisdifferenzierung dient der umfassenderen Abschöpfung des Marktes und der Verbreiterung des Marktpotenzials. Allerdings ist die Preisdifferenzierung nur dann möglich, wenn einige Voraussetzungen gegeben sind:

- Die Bildung von Teilmärkten muss räumlich, sachlich, persönlich oder zeitlich möglich sein.
- Der Markt muss unvollkommen sein oder sich unvollkommen gestalten lassen.
- Die Nachfrager lassen sich in unterschiedliche Gruppen einteilen.
- Die Preiselastizität der Nachfrage ist in den Teilmärkten unterschiedlich.
- Die Verbraucher können nicht zwischen den Teilmärkten wechseln.

Die Ausnutzung einer Preisdifferenzierung kann zu erheblich höheren Umsätzen führen, als sie bei einem einheitlichen Preis möglich wären. Dazu muss für jedes Marktsegment getrennt ein optimaler Preis gefunden werden, bei dem die unternehmerische Zielsetzung gewährleistet ist. Die Arten der Preisdifferenzierung können folgendermaßen unterschieden werden:

- **Personelle Preisdifferenzierung**

  Für eine Leistung wird von unterschiedlichen Personen bzw. Personengruppen ein unterschiedlicher Preis verlangt. Gegebenenfalls sind die Leistungen geringfügig verändert.

  Beispiel:
  Das Freibad bietet vergünstigte Eintrittskarten für Schüler, Rentner und Arbeitslose an. Arbeitslose zahlen bei FFP nur den halben Monatsbeitrag.

- **Zeitliche Preisdifferenzierung**

  Eine Leistung wird zu unterschiedlichen Zeitpunkten zu unterschiedlichen Preisen angeboten.

  Beispiele:
  - *Mitglieder, die nur in den Nebenzeiten trainieren, erhalten einen 25-prozentigen Nachlass auf den Monatsbeitrag.*
  - *Ein Touristikunternehmen bietet eine Reise in die Karibik je nach Zeitpunkt zu unterschiedlichen Preisen an (Vorsaison 2.500,00 €, Hauptsaison 4.800,00 €, Nachsaison 3.100,00 €).*
  - *Die Abendvorstellungen des Kino-Centers kosten mehr als die Nachmittagsvorstellungen.*
  - *Die Telefontarife sind bei dem Anbieter Tele0815 je nach Tageszeit unterschiedlich.*

- **Räumliche Preisdifferenzierung**

  Eine Leistung wird an unterschiedlichen Orten zu unterschiedliche Preisen angeboten.

  Beispiele:
  - *Die Benzinpreise sind je nach Region unterschiedlich.*
  - *Die Fischpreise können in küstennahen Regionen erheblich günstiger sein.*
  - *Die Lebenshaltungskosten in Großstädten sind im Allgemeinen höher als in Kleinstädten. Insbesondere Lebensmittel des täglichen Bedarfs, aber auch Wohnraum sind in großen Städten meist wesentlich teurer.*

- **Sachliche Preisdifferenzierung**

  Für eine Leistung wird je nach Verwendungszweck ein anderer Preis verlangt.

  Beispiele:
  - *Heizöl und Diesel werden unterschiedlich besteuert.*
  - *Salz wird als Viehsalz, Industriesalz und Speisesalz zu unterschiedlichen Preisen angeboten.*

- **Mengenmäßige Preisdifferenzierung**

  Für eine Leistung muss in Abhängigkeit von der geleisteten Menge unterschiedlich viel bezahlt werden.

  Beispiele:
  - *Der Basistarif bei FFP erlaubt die Teilnahme an drei Kursen pro Woche.*
  - *Bei Abnahme von 100 Stück gewährt der Hersteller 10 Prozent Mengenrabatt.*
  - *Bei Bestellungen unter 20,00 € muss ein Mindermengenzuschlag in Höhe von 5,00 € bezahlt werden.*
  - *Sollte ein neues Mitglied des Fitnessstudios FFP ein (zwei, der, ...) Kilogramm Gewicht abnehmen, so erhält es das Training einen (zwei, drei, ...) Monat(e) lang kostenlos!*

Die Preisdifferenzierung kann durch das Erkennen von Marktsegmenten höhere Umsätze erbringen. So können Teilmärkte mit eher zahlungsschwachen Verbraucher/-innen durch günstige Preise für geringfügig leistungsreduzierte Güter besser abgedeckt werden als durch einen hohen Einheitspreis. Zudem kann bei der Preisdifferenzierung der Tatbestand ausgenutzt werden, dass die Kundinnen und Kunden häufig schon aus räumlichen Gründen nicht in der Lage sind, einen anderen Teilmarkt aufzusuchen.

Beispiele:
- *Ein um 25 Prozent niedrigerer Benzinpreis in Flensburg verursacht keinen Tanktourismus aus München.*
- *Eine Schüler-Version einer Software zum Bruchteil des „Normalpreises" bringt zusätzlichen Umsatz, der sonst nicht entstünde. Zudem werden die Schüler später die gelernte Software einsetzen wollen, was wiederum zu Folgeaufträgen führen kann (produktpolitischer Multiplikatoreffekt).*
- *Ein leerer Kinosaal bedeutet für den Kinobetreiber Verluste (zumindest in Höhe der fixen Kosten). Daher werden an Tagen mit sehr schlechten Besucherzahlen sogenannte Kinotage eingeführt, die einen positiven Deckungsbeitrag erwirtschaften.*

Neben diesen Möglichkeiten der Preisdifferenzierung können Unternehmungen auch selbst aktiv werden und neue Marktsegmente schaffen.

Durch die Schaffung eines **einmaligen Produktes** mithilfe der Produktpolitik, der Werbung und letztlich der Preisfestsetzung schaffen sich Unternehmungen quasimonopolistische Marktsegmente. Sobald homogene Güter von den Verbrauchern nicht mehr als gleichartig wahrgenommen werden, sind die Voraussetzungen des vollkommenen Marktes durchbrochen.

Beispiele:
- *Die Jeanshose „Squizzer" der Unternehmung Squizz Ltd. wird von den Verbraucher/innen als einzigartiges Produkt wahrgenommen, obwohl sie letztlich wie (fast) alle Jeanshosen aus Baumwolle besteht und mit Denim-Farbe blau eingefärbt wurde. Diese Marktposition wurde durch massive Werbung erreicht.*
- *FFP hat Erfolg durch das neue „Sun-&-Fun"-Angebot, welches neben dem Training auch eine Solarium-Flatrate beinhaltet.*

Aufgaben

Erläutern Sie die einzelnen Formen der Preisdifferenzierung am Beispiel

a eines Fitnessstudios,
b eines Vereins und
c eines Wellnesshotels.

6.2.6 Die Rabattpolitik

Die **Rabattpolitik** beschäftigt sich mit den angebotenen Rabatten (Preisnachlässen) als Instrument der preispolitischen Feinsteuerung. Die Konditionenpolitik umfasst die Gestaltung aller weiteren Bedingungen des Kaufes. Dazu zählen unter anderem die Lieferungs- und Zahlungsmodalitäten und die weiteren Serviceleistungen. Häufig sind gerade die zusätzlichen Bedingungen und Rabatte ausschlaggebend für eine erfolgreiche Marktbearbeitung. Nicht alle der im Folgenden genannten Rabatte sind für Unternehmungen der Sport- und

Fitnessbranche gleich wichtig. Die Kenntnis dieser Rabattarten zählt aber zu den kaufmännischen Grundkenntnissen.

Beispiele:
- *Im Fitnessstudio „Sport & Fun" beträgt die Mindestvertragsdauer für Neumitglieder 12 Monate. Wer für 24 Monate abschließt erhält 20 Prozent Rabatt.*
- *Der Basistarif 1 im Sport- und Fitnessstudio „Sport Pur" beinhaltet keinerlei Nebenleistungen, wie z. B. Benutzung der Duschen oder Belegung von Kursen.*
- *Das Sport- und Wellnessstudio „Edel & Teuer" bietet einen Vollservice für seine Mitglieder, d. h., auch die Sport- und Wellnessbekleidung wird für die Mitglieder gewaschen, getrocknet und am Empfang zur Verfügung gestellt. Der Kunde muss selbst nichts mitnehmen.*

Die Rabattpolitik der Unternehmungen kann in Funktionsrabatte, Zeitrabatte und Mengenrabatte untergliedert werden.

Die **Funktionsrabatte** werden z. B. im Groß- und Einzelhandel für die Funktion der Handelsunternehmen gewährt. Die Hauptfunktionen der Handelsunternehmen (Handelsaufgaben) liegen in der Überbrückung der zeitlichen, räumlichen und mengenmäßigen Versorgung der nachgelagerten Stufen des Warenweges von der Urerzeugung bis hin zum Endverbraucher.

◆ Listungsrabatt

Ein **Listungsrabatt** wird für die erstmalige Aufnahme eines Artikels in den Ordersatz (Aufnahme in das Sortiment) eines Handelsunternehmens gewährt. Der Hersteller „belohnt" damit die Risikobereitschaft des Handelsunternehmens zur Aufnahme eines neuen Artikels.

Beispiel:
Das Fitnessstudio FFP nimmt einen neuen Proteinshake in das Sortiment auf. Es erhält daraufhin einen Listungsrabatt in Höhe von 50 Prozent bei der ersten Order.

◆ Aktionsrabatt

Bei besonderen **Aktionen** gewährt der Hersteller dem Handelsunternehmen zusätzliche Rabatte. Diese können durch niedrigere Verkaufspreise helfen, die zusätzlichen Kosten von Sonderplatzierungen, Verlosungen oder Präsentationen zu decken.

Beispiel:
Das Fitnessstudio FFP arbeitet mit einem örtlichen Diätstudio eine Aktionswoche aus. Die Studios gewähren gegenseitige (Aktions-)Rabatte für Mitglieder während des Aktionszeitraums.

◆ Skonti

Im weitesten Sinne zählen auch **Skonti** zu den Funktionsrabatten, da sie für die vorzeitige Zahlung der Verbindlichkeiten gewährt werden und somit einen Verzicht auf die Kreditfunktion des Lieferanten bedeuten.

Zeitrabatte werden zur Sicherstellung eines kontinuierlichen Umsatzes bzw. eines der Produktion angepassten Umsatzes gewährt.

Bei Überproduktion und hohen Lagerbeständen ist die Gewährung eines Rabattes häufig günstiger, als die gestiegenen Kosten der Lagerung und Kapitalbindung zu tragen. Zudem sind Zeitrabatte in verschiedenen Phasen des Produktlebenszyklus üblich. Zu den Zeitrabatten zählen u. a.:

- **Einführungsrabatte**

Bei der **Markteinführung** eines Produktes werden mit dem Ziel der Marktdurchdringung (schnell Marktanteile sichern, Aufbau einer starken Marktposition) zu Beginn hohe Einführungsrabatte gewährt.

- **Auslaufrabatte**

Am Ende des Produktlebenszyklus werden Auslaufmodelle durch hohe Preisabschläge (**Auslaufrabatte**) für den Handel und die Endverbraucher interessant.

- **Saisonrabatte**

Mithilfe der **Saisonrabatte** versuchen Unternehmungen, auch in vormals umsatzschwachen Monaten die verkaufte Menge zu erhöhen. Hierzu zählen z. B. die Sommerrabatte für Wintermäntel oder die Winterrabatte für Sommerartikel.

Mengenrabatte werden bei Abnahme vorher festgelegter bzw. ausgehandelter Mengen gewährt. Werden die Rabatte in Form von Waren gewährt, handelt es sich um Naturalrabatte. Der Bonus stellt als nachträglich gewährter Rabatt eine Sonderform der Rabattpolitik dar

Üblicherweise enthalten die Listenpreise der Unternehmungen Rabattklauseln, wie z. B. „bei Abnahme von 100 Stück gewähren wir 10 % Mengenrabatt". Diese Rabattpolitik soll den Abnehmer zur Abnahme größerer Mengen bewegen. Naturalrabatte können als **Draufgabe** oder **Dreingabe** gewährt werden. Bei der Draufgabe werden Waren zusätzlich zu einer bestimmten Menge unentgeltlich geliefert. Bei der Dreingabe werden weniger Waren berechnet als geliefert wurden (Beispiel: 100 Stück geliefert, 88 Stück berechnet plus 12 Naturalrabatt, auch NR genannt).

Boni werden in der Regel bei Erreichen eines vorher vereinbarten Zieles gewährt (z. B. „bei einem Jahresumsatz von 250.000,00 € gewähren wir ein Prozent Bonus").

Aufgaben

1. Erläutern Sie die Aussage „Die Rabattpolitik dient der preispolitischen Feinsteuerung."

2. Erstellen Sie eine Übersicht (DIN A4 quer), die wie folgt aussieht:

Rabattart	Kurzbeschreibung	Relevanz in meinem Ausbildungsbetrieb
Listungsrabatt	erstmalige Aufnahme eines Artikels	
Aktionsrabatt		
…		

Achten Sie auf kurze und präzise Beschreibungen! (Hinweis: Relevanz = Wichtigkeit)

6.3 Absatzwege kundenorientiert auswählen – die Distributionspolitik im Marketingmix

Die **Distributionspolitik** umfasst alle Handlungen und Entscheidungen, die den Absatzweg der unternehmerischen Leistung zum Käufer betreffen.

Unternehmungen versuchen Absatzwege zu finden, die sowohl aus Kundensicht als auch aus unternehmerischer Sicht (Kosten, Umsatz, Marktabdeckung) zufriedenstellend sind. Die Distributionspolitik legt in der Distribution fest, über welche Absatzwege (direkter – indirekter Vertrieb) und Absatzorgane (betriebseigene – betriebsfremde) das Vertriebssystem realisiert wird. Im Rahmen der physischen Distributionspolitik, die auch Marketinglogistik genannt wird, werden die Lagerung, der Transport und Versand von Leistungen festgelegt.

Die Distribution ist abhängig von:

- Besonderheiten der Produkte,
- Größe des Marktes,
- Größe des Unternehmens,
- üblichen Absatzwegen,
- Konkurrenzsituation,
- Marktstruktur der Nachfrageseite,
- Umfang des Verkaufsprogramms,
- Kosten- und Erlössituation.

Die Unternehmen der Sport- und Fitnessbranche sind in der Wahl des Absatzkanals i. d. R. eingeschränkt.

6.3.1 Der direkte Vertrieb

Beim **direkten Vertrieb** nutzt der Hersteller keine Handelsunternehmen, wie beispielsweise Groß- und Einzelhändler zum Absatz der Leistungen bei den potenziellen Kunden. Der Vertrieb der Leistung erfolgt direkt durch unternehmenseigene oder unternehmensfremde Absatzmittler zum Kunden. In der Investitionsgüterindustrie ist der Direktabsatz aufgrund der hohen Erklärungsbedürftigkeit der Leistungen (Produkte) üblich. Hoch qualifizierte Außendienstmitarbeiter erläutern die Wirkungsweise der Investitionsgüter beim potenziellen Kunden vor Ort.

Vorteile des direkten Absatzes	Nachteile des direkten Absatzes
– Die Preispolitik bleibt in der Hand des Hersteller, – bessere Kontroll- und Analysemöglichkeiten des relevanten Marktes durch direkten Kontakt mit den Kunden; dadurch höhere Reaktionsgeschwindigkeit auf Marktveränderungen, – Pflege des Firmenimages und des Produktimages besser möglich, – zielgruppengerechte Ansprache der Konsumenten, – Abhängigkeit von Dritten geringer, – Bestes Know-how über eigene Produkte erhöht die Beratungsqualität der Kunden.	– Eigenes Vertriebssystem ist kosten- und zeitintensiv, – hohe fixe Kosten durch Vertriebsmitarbeiter, Fuhrpark und administrative Tätigkeit, – Flächendeckende Marktbearbeitung erfordert dezentrale Filialen, – höhere Lagerkosten, Kundendienstkosten, Finanzierungskosten.

6.3.2 Der indirekte Vertrieb

Beim indirekten Absatz sind Dritte, wie z. B. Großhändler und Einzelhändler, zwischen Hersteller und Endverbraucher geschaltet. Zum Teil erfüllen die Händler die klassischen Handelsfunktionen und helfen damit den Herstellern, einen marktabdeckenden, kontinuierlichen Absatz zu realisieren.

Vorteile des indirekten Absatzes	Nachteile des indirekten Absatzes
– flächendeckende, marktnahe Ansprache der Verbraucher – Pufferfunktion des Handels sorgt für stetige hohe Abnahmemengen. – Produkte werden durch Sortimentspolitik des Händlers für den Kunden interessanter („alles aus einer Hand"). – wenige, große Handelspartner (Key-Account-Kunden)	– Preispolitische Unabhängigkeit kann verloren gehen. – Produktpolitische Unabhängigkeit kann verloren gehen. – Bündelung des Herstellerproduktes zu neuen Produkten (keine Steuerungs- und Kontrollmöglichkeiten auf Endprodukt) – Verlust von Marktinformationen durch fehlende Marktnähe – Preisempfehlungen werden missachtet. – Firmenname, Markenname kann verloren gehen. – Firmenimage kann bei falschen Leistungszusagen des Handels leiden. – Handelsfirmen sind nicht oder nur unter verschiedenen Bedingungen zur Zusammenarbeit bereit.

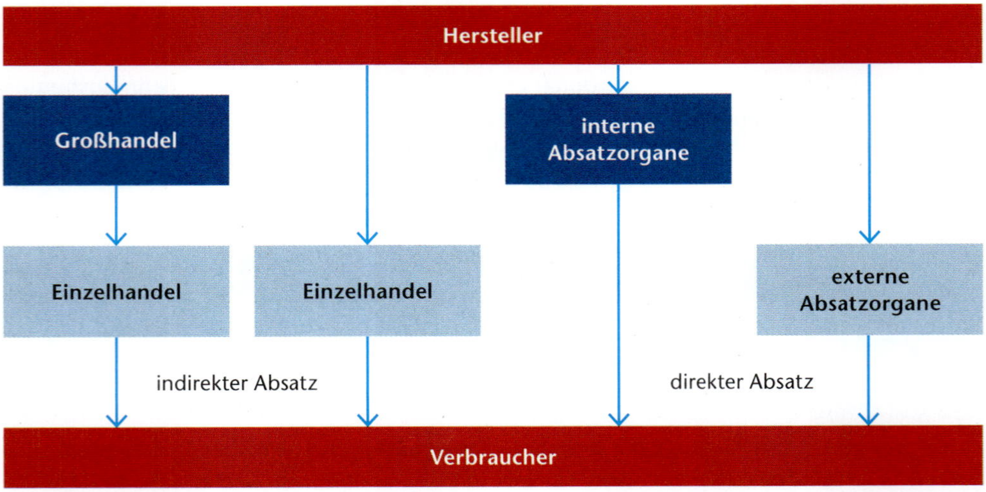

direkter und indirekter Absatz

Aufgaben

Suchen Sie im Internet Unternehmungen, die sich

a für den Direktabsatz entschieden haben,

b für den indirekten Absatz entschieden haben.

Überprüfen Sie dabei die o.g. Vor- und Nachteile.
Welche Übereinstimmungen finden Sie bei den unter a gefundenen Unternehmungen? Bestimmen Sie wesentliche Kriterien eines Unternehmens mit Direktabsatz.

6.3.3 Die Absatzorgane des Direktabsatzes

Die Absatzorgane des Direktabsatzes lassen sich in **unternehmenseigene** und **unternehmensexterne** untergliedern. Auch hier stellt sich für das Unternehmen die klassische betriebswirtschaftliche Frage „Selbsterstellung der Leistung oder Fremdbezug?" bzw. „Make or Buy?".

Die Anbindung an das Unternehmen ist bei **werkseigenen** Absatzorganen am stärksten und bei **werksfremden** Absatzorganen am schwächsten. Die werksgebundenen Absatzorgane stellen eine Mischform im Direktabsatz dar, da sie meist exklusiv mit dem Partnerunternehmen verbunden und damit im höchsten Maße wirtschaftlich abhängig sind, im rechtlichen Sinne hingegen selbstständig agieren.

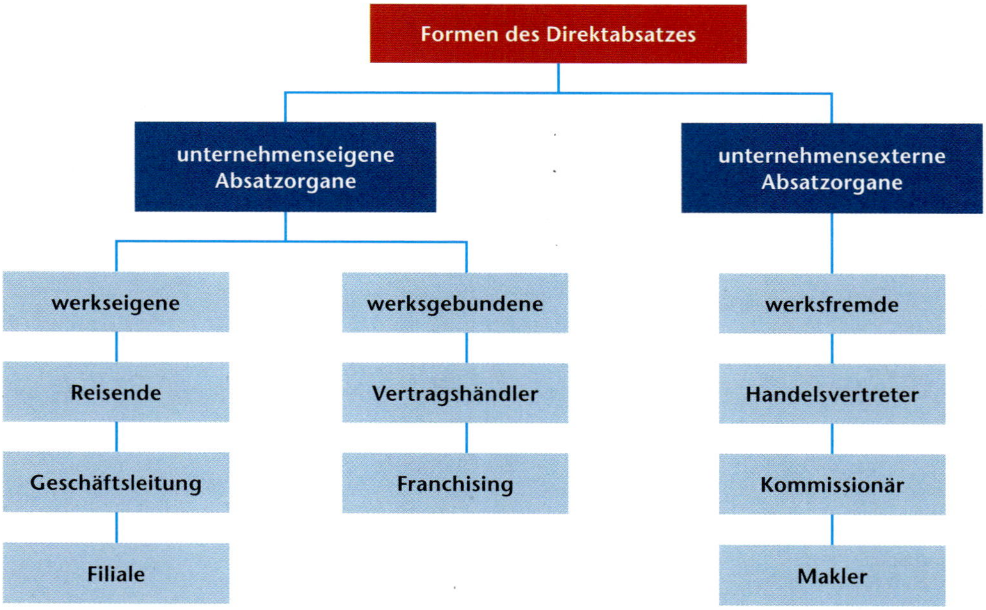

Die unternehmenseigenen Absatzorgane sind in der Regel gut steuer- und kontrollierbar. Sie haben, als Teil der Unternehmung, meist guten Kontakt zu allen Bereichen der Unternehmung. So sind beispielsweise Kundenfragen nach Tendenzen in der Forschung und Entwicklung der Unternehmung eher von Insidern zu beantworten, als von unternehmensfremden Absatzorganen.

Im Folgenden werden einige Formen des Direktabsatzes exemplarisch erläutert.

Werkseigene Absatzorgane

Werkseigene Absatzorgane gehören rechtlich und wirtschaftlich zur Unternehmung. Sie verursachen durch die meist ständige Präsenz in der Regel fixe Kosten. Zu den wichtigsten werkseigenen Absatzorganen zählt der Verkaufsaußendienst.

Reisende

Der Verkaufsaußendienst wird meist über Reisende bzw. Außendienstmitarbeiter realisiert. Diese sind Angestellte der Unternehmung. Sie beziehen neben einem festen Gehalt (Fixum) zusätzlich häufig eine leistungsabhängige Provision, die sich an verschiedenen, vorab vereinbarten Kriterien (Umsatz, Deckungsbeitrag, Gewinn) orientiert. Die Provision dient dabei als Leistungsanreiz zur Erzielung der unternehmerischen Ziele (z. B. Gewinnmaximierung, Steigerung des Marktanteils). Der Reisende besucht aktuelle und potenzielle Kunden, führt mit den Kunden Gespräche über Produkte und Serviceleistungen bzw. ist zum Teil selbst als Servicemitarbeiter/-in tätig.

Zudem führt der Reisende über die Besuche Buch (Außendienstmitarbeiterberichte) und notiert Wünsche, Bedürfnisse, Kritik und Anregungen der Kunden unabhängig davon, ob diese Berichte schriftlich oder mittels portablem Rechner erfasst und sofort via Datenfernübertragung an das Unternehmen geschickt werden. Der Reisende nimmt außerdem Bestellungen entgegen und pflegt den Kontakt zum besuchten Unternehmen. Rechtlich gesehen ist der Reisende ein Handlungsgehilfe im Sinne des Handelsgesetzbuches (§ 59 ff. HGB).

Mitglieder der Geschäftsleitung

Neben den Reisenden sind auch Mitglieder der Geschäftsleitung im direkten Absatz tätig. Gerade in der Investitionsgüterindustrie haben die potenziellen Kunden ein Interesse daran, mit den entscheidungsbefugten Personen zu verhandeln. Eine Verhandlung mit Handlungsgehilfen wird bei hohen Investitionssummen nicht akzeptiert.

Bei einem kleinen Unternehmen mit begrenzter Kundenzahl ist diese Form der Geschäftsanbahnung üblich. Ein wesentliches Erfolgskriterium ist die Kenntnis der Situation des Kunden. Dazu zählen auch informelle Kontakte und das Wissen um Vorlieben (z. B. Hobbys) des Kunden.

Filialen

Einige Hersteller suchen den Kontakt zu den Endverbrauchern durch eigene Verkaufsniederlassungen (Filialen). Diese können direkt und vor Ort die verschiedenen Kundenwünsche erfüllen. Die Handelsfunktionen werden dann von den Herstellern selbst übernommen. Die Dezentralisierung des Vertriebs durch Verkaufsniederlassungen ermöglicht eine größere Marktpräsenz und Marktnähe. Zudem bieten viele Filialen auch Service- und Kundendienstleistungen an.

Marktveranstaltungen

Eine weitere Möglichkeit des direkten Absatzes bietet sich auf Marktveranstaltungen. Hierzu zählen Messen, Auktionen, Großmärkte, Ausschreibungen, Ausstellungen, Börsen und viele andere regelmäßige und unregelmäßige Märkte.

Messen finden in regelmäßigen Abständen, meist an gleichbleibenden Orten für ein Fachpublikum statt. Sie zeigen umfassende, häufig neue Angebote der Anbieter einer Wirtschaftsbranche.

Ausstellungen sind Veranstaltungen für Privatleute und Fachpublikum, die allgemeine oder spezielle Informationen und Darstellungen einzelner Wirtschaftszweige zum Gegenstand haben.

Börsen sind regelmäßig stattfindende Märkte für vertretbare Güter.

Aufgaben

1. ***Welche Absatzorgane sind beim direkten, werkseigenen Absatz zu unterscheiden?***
2. ***Welche Vor- und Nachteile hat der direkte, werkseigene Absatz?***
3. ***Für ein Verkaufsgespräch besucht Sie ein Reisender der Firma gymcompany. Sein Ziel ist es, Ihr Sport- und Fitnessstudio mit neuen Cardiogeräten des Typs Life Fitness 95R auszustatten. Welche Vergütung erhält dieser Reisende, wenn Sie Cardiogeräte bei ihm kaufen?***
4. ***Unterscheiden Sie Messen, Ausstellungen und Börsen.***
5. ***Welche Messen wären für***
   a ein Sport- und Fitnessstudio,
   b ein Wellnesshotel oder
   c einen Sportverein interessant?
   Finden Sie mindestens je drei Fachmessen.

Werksgebundene Absatzorgane

Die **werksgebundenen** Absatzorgane sind „quasi unternehmenseigene" Absatzorgane, da sie in der Regel mit den Herstellern Exklusivverträge abschließen, die sie zur ausnahmslosen Abnahme von einem Hersteller verpflichten. Obgleich solche Verträge gelegentlich von den Gerichten als rechtswidrige „Knebelverträge" bezeichnet werden, sind sie in der Praxis üblich, da sowohl der Hersteller als auch der Geschäftspartner davon profitieren können.

Der Hersteller gibt zwar bei dieser Form der Zusammenarbeit einen Teil seines Gewinnes an die vertraglich gebundenen Unternehmungen ab, er reduziert damit aber auch das eigene Risiko am Markt. Dieses Risiko wird von den werksgebundenen Unternehmungen übernommen. Zudem haben die werksgebundenen Unternehmungen meist ein höheres Know-how und eine höhere Flexibilität im Kundenumgang.

Vertragshändler

Der Vertragshändler schließt mit dem Hersteller einen Vertrag ab, der ihn verpflichtet, ausschließlich oder zumindest überwiegend bei dem Hersteller zu kaufen. Meistens sind zudem Vereinbarungen über die Art des Marketings und die konkrete Ausgestaltung des Absatzes üblich, welche die wirtschaftliche Eigenständigkeit des Vertragshändlers weiter einschränken. Der Vertragshändler ist rechtlich selbstständig. Durch die konsequente Beeinflussung des Verkaufsgebarens entsteht aber der Eindruck, es handle sich um Filialen des Herstellers.

Die Vertragshändler übernehmen außerdem Kundendienst- und Serviceleistungen. Der Hersteller unterstützt die Vertragshändler häufig durch besondere Schulungen und Zertifikate, die dem Kunden die fachliche Kompetenz des Händlers bescheinigen.

Franchising

Eine besondere Form des Vertragshändlers findet sich im Franchisesystem bzw. dem Franchising. Diese aus den USA stammende rechtliche Konstruktion einer langfristigen Bindung des Händlers an den Hersteller findet sich in Deutschland mittlerweile sehr häufig. Sowohl Franchisegeber als auch Franchisenehmer bleiben rechtlich selbstständig.

Die Geschichte des Franchisings zeigt sowohl die Einfachheit des Konzepts als auch die Möglichkeiten der konkreten Ausgestaltung dieser Vertriebsform. Der folgende Beitrag gewährt einen Einblick in die Geschichte des Franchisings.

Der Siegeszug des Franchisings
Franchising ist aus dem Wirtschaftsleben nicht mehr wegzudenken. Denn die Vorteile, die im System selber stecken, beschleunigen seine Ausbreitung immer mehr.

Im Jahre 1954 betrat ein Vertreter für Milchmixgeräte ein Restaurant in San Bernardino im Westen der USA. Statt wie sonst nach dem Verkaufsgespräch sofort weiterzureisen, beobachtete er das Restaurant den ganzen Tag: Die Kunden gaben sich die Klinke in die Hand. Der Erfolg des Restaurants ließ den Vertreter nicht ruhen. Wenige Wochen nach seinem Besuch in San Bernardino wurde er bei den Besitzern vorstellig und erwarb kurz darauf eine Lizenz zur Vermarktung dieses Restauranttyps. Am 2. März 1955 gründete er eine eigene Firma. Der Eintrag im Handelsregister lautete: McDonald's System, Inc. Der Name des Gründers: Ray Kroc.

Wenn es einen Vater des modernen Franchisings gibt, dann ist es mit Sicherheit McDonald's-Gründer Ray Kroc. Zwar gab es schon vor ihm Franchisegeber, doch wie kein anderes System symbolisiert der Hamburger-Brater den Siegeszug dieser Vertriebsform. Aus dem einen Restaurant in einem verschlafenen Provinznest ist eine weltumspannende Kette mit über 30.000 Betrieben geworden – davon drei Viertel in Franchisenehmer-Hand. (...)

Quelle: http://www.franchise-net.de/fuer-existenzgruender/know-how/grundlagen-des-franchising/der-siegeszug-des-franchisings/, Auszug, Stand: 19.06.2016

Der Franchisegeber (Hersteller) bietet dem Franchisenehmer ein umfassendes Leistungsspektrum. Neben einem vertraglich vereinbartem Gebietsschutz, d. h. der Garantie, dass in einem gewissen Umkreis keine Konkurrenz durch andere Franchisenehmer des gleichen Systems zu fürchten ist, erfolgen meist Vereinbarungen über:
- gemeinsame Warenzeichen, Symbole,
- gemeinsame Marken, Namen,
- Ausgestaltung der Verkaufsräume und
- Preise bzw. Preisintervalle (von …€ bis …€).

Die Leistungen des Franchisegebers umfassen in Deutschland zudem fachliche und wirtschaftliche Hilfen. Hierzu zählen Schulungen, Beratungen zu rechtlichen Problemen bei der Unternehmensgründung, Unterstützungen bei der Kommunikationspolitik (z. B. bundesweite Werbung) und weitere Maßnahmen, die sowohl dem Franchisenehmer, als auch dem Franchisegeber dienen, da dieser am Umsatz oder am Gewinn des Franchiseunternehmens beteiligt ist. Der Franchisenehmer hat im Gegenzug Teilhabe am Image („guter Ruf") des Franchisegebers. Zudem erhält das Unternehmen absatzfördernde Maßnahmen des Franchisegebers, wie z. B. gute Sortimentsgestaltung, Gemeinschaftswerbung (bundesweit für alle Franchisenehmer), Aktionen und Hilfen bei der Warenpräsentation (Verkaufsraumgestaltung).

Der Franchisenehmer erhält vom Franchisegeber meist ein **Franchisehandbuch**, in dem die wichtigsten Fragen der Existenzgründung angesprochen werden.

Inhalte des Handbuchs:
- Auflistung erforderlicher behördlicher Genehmigungen und zu erfüllende Voraussetzungen, um diese zu erlangen
- Angabe der Behörden und Institutionen, die solche Genehmigungen erteilen
- Auswahlkriterien für die Standortbestimmung
- Formularsätze
- Organisationsschema/Konzeptbeschreibung
- Organigramme
- Erläuterungen und Beispiele zu Werbemaßnahmen (regionale Presse, individuelle Anzeigenschaltung)
- technische Anleitungen
- Richtlinien und Bestimmungen zum Umgang mit EDV-Systemen
- Erläuterungen zum Datenschutz
- Ausstattung von Verkaufs- oder Büroräumen
- Gestaltung von Schaufenstern
- Hinweise zur Personalbeschaffung
- Arbeitszeitenregelungen für Mitarbeiter
- Musterverträge und -formulare
- Formblätter, Bestellformulare
- Schulungsangebot, Schulungsinhalte und -termine

Der Franchisegeber erhält im Gegenzug vom Franchisenehmer eine Gebühr für die Nutzung des Franchisekonzeptes. Die Gebühr für die Konzession kann einmalig sein und/oder durch eine Umsatz- bzw. Gewinnbeteiligung erfolgen. Der Franchisenehmer zahlt also eventuell
- eine Gebühr für die Konzession,
- die Anlaufkosten, d. h. die Kosten für die Ingangsetzung des Geschäftes (z. B. Ladeneinrichtung,
- die laufenden Betriebskosten,
- die Ware, die er/sie ausschließlich beim Franchisegeber beziehen darf,
- eine Umsatz- oder Gewinnbeteiligung an den Franchisegeber.

Außerdem hat der Franchisegeber das Recht, die vertraglich vereinbarten Pflichten des Franchisenehmers zu kontrollieren. Dieses Recht kann sogar dergestalt sein, dass der Franchisegeber bei z. B. abweichender Gestaltung der Verkaufsräume dem Franchisenehmer die Konzession entziehen kann.

Die Abhängigkeit der Franchisenehmer vom Franchisegeber kann bei einer geänderten Distributionspolitik des Franchisegebers für die Franchisenehmer sehr nachteilig sein. So gab es vereinzelt Franchisegeber, die im Versandhandel Artikel günstiger angeboten haben, als die Franchisenehmer dies in ihren Verkaufsgeschäften konnten. Es bedarf daher einer hohen Vertrauenswürdigkeit des Franchisegebers und einer langfristigen gegenseitigen Absicherung.

Andererseits erlaubt das Franchisekonzept den Aufbau eines umfangreichen Vertriebsnetzes ohne großen Investitionsaufwand, sodass die erstrebte Marktabdeckung und Marktnähe von den Franchisegebern nicht so schnell riskiert wird.

Die Vorteile für den Franchisegeber und Franchisenehmer sind u. a. :

Vorteile für den Franchisegeber	Vorteile für den Franchisenehmer
– große Marktabdeckung	– umfassende Unterstützung
– Marktnähe	– Image des Franchisegebers wird übernommen
– schnellere Expansion	– Gebühren nur bei Erfolg (variable Kosten)
– Vermeidung hoher Fixkosten	– weitgehende Selbstständigkeit
– kein direktes Konkursrisiko	– Existenzgründung wesentlich vereinfacht
– keine Haftung für Franchisenehmer	– Gebietsschutz verspricht „sicheren" Umsatz
– umsatzabhängige Einnahmen	– überregionale Werbung
– Steuerung des Absatzes bleibt z. B. über die Verkaufspreise an die Franchisenehmer möglich	– keine komplizierte Kalkulation, da die Verkaufspreise häufig indirekt (durch die Einstandspreise) feststehen
– Kontrollmöglichkeiten der Franchisenehmer	– Franchisegeber übernimmt Buchführung und andere Funktionen des Franchisenehmers

Die Nachteile ergeben sich aus der Natur des Vertragsverhältnisses, d. h., die tatsächliche wirtschaftliche Situation des Franchisenehmers ist nur zum geringen Teil mit dem Begriff „Selbstständigkeit" zu umschreiben. Tatsächlich werden häufig selbst kleinste Details vertraglich festgeschrieben, sodass die unternehmerische Tätigkeit eher der Position eines Angestellten bei vollem Risiko eines Unternehmers entspricht. Der Franchisegeber hat nur bedingt Einfluss auf den Erfolg der eigenen Idee. Zudem wäre die zu erzielende Verzinsung des eingesetzten Kapitals bei eigenen Filialen gegebenenfalls höher. Die Franchisenehmer bilden in ihrer Gesamtheit einen sehr starken Verhandlungspartner, der über die eigene Marktmacht dem Franchisegeber umgekehrt wesentliche Teile der eigenen Unternehmenspolitik diktieren kann.

Rack-Jobber

In diesem aus den USA stammenden System fungiert der Einzelhändler als Anbieter von Verkaufsfläche für den Hersteller oder Großhändler. Der Einzelhandel vermietet Regalfläche, die vom Rack-Jobber (Großhändler oder Hersteller) eigenständig gepflegt und verwaltet wird. Der Rack-Jobber retourniert unverkaufte Ware und berechnet dem Einzelhändler per Saldo nur die verkaufte Ware. Der Einzelhändler hat den Vorteil, sein Sortiment nahezu risikolos erweitern und bei einem Misserfolg des Rack-Jobbers ohne „Altware" sofort umgestalten zu können.

Shoppingcenter, Shop-in-Shop-System

Werden in einem Warenhaus mehrere rechtlich und wirtschaftlich selbstständige Unternehmungen zusammengefasst, spricht man von einem Shoppingcenter (Einkaufszentrum). Sind in einem Einzelhandelsunternehmen ein oder mehrere selbstständige Einzelhändler tätig, spricht man von einem Shop-in-Shop-System. So gibt es in großen Einzelhandelsbetrieben eigenständige Shops, die entweder als solche sofort zu erkennen sind (anderes Firmenlogo, eigenes Kassiersystem) oder die mit dem Einzelhandelsunternehmen gemeinsam kassieren.

Aufgabe

Finden Sie im Internet mithilfe einer Suchmaschine Sport-, Fitness- und Wellnessangebote für Unternehmensgründer als Franchisenehmer (Tipp: http://www.franchiseportal.de).
Stellen Sie die gefundenen Unternehmen vor. Nennen Sie dabei die genauen Konditionen (Eigenkapitalbedarf, Eintrittsgebühr, Lizenzgebühr u. a.) und beurteilen Sie das Konzept, indem Sie Vor- und Nachteile (soweit ersichtlich) der Franchisegeber aufzeigen!

Werksfremde Absatzorgane

Als werksfremde Absatzorgane des Direktabsatzes werden alle rechtlich und wirtschaftlich selbstständigen Absatzmittler bezeichnet. Hierzu zählen die Handelsvertreter, die **Kommissionäre** und **Makler**.

Handelsvertreter (§§ 84 bis 92c HGB)

Der **Handelsvertreter** ist als selbstständiger Gewerbetreibender ständig damit betraut, für einen anderen Unternehmer Geschäfte zu vermitteln. Die Rechte und Pflichten des Handelsvertreters ergeben sich aus dem Handelsgesetzbuch und den vertraglichen Vereinbarungen zwischen Unternehmung und Handelsvertreter.

Pflichten des Handelsvertreters (§ 86 HGB)	Vergütung des Handelsvertreters
– Vermittlung oder Abschluss von Geschäften	– Anspruch auf Provision (§ 87 ff. HGB)
– Wahrung des Unternehmensinteresses	– Ausgleichsanspruch bei Beendigung des Vertrages
– Beachtung von Geschäftsgeheimnissen und Wettbewerbsabreden (§§ 90 und 90a HGB)	
– Sorgfaltspflicht des ordentlichen Kaufmanns	

Im Unterschied zum Reisenden wird der Handelsvertreter nur dann entlohnt, wenn ein Geschäftsabschluss zustande gekommen ist. Zusätzliche vertragliche Entlohnungen der Tätigkeit für das Unternehmen sind aber möglich, sodass der Handelsvertreter ebenfalls eine Art Fixum erhält.

Handelsvertreter	Reisender
– Selbstständiger	– Angestellter
– relativ hohe Provision (variable Kosten), eventuell geringes Fixum	– Fixum (Gehalt, fixe Kosten) plus geringe Provision
– kaum zusätzliche Kosten (eventuell aus HGB oder aus Vertrag)	– zusätzliche Kosten (Übernachtungen, Spesen, Kfz-Kosten etc.)
– eigenständige Besuchsplanung	– Besuchsplanung nach Vorgabe der Unternehmensleitung
– hat häufig eigenen Kundenstamm	– Kundenstamm des Unternehmens
– hoher Eigennutzen bei Neukundengewinnung	– geringeres Interesse bzw. Einfluss bei Neukundengewinnung

Handelsvertreter eignen sich für Unternehmungen insbesondere zur
- Akquisition von Neukunden,
- Abwerbung von Kunden anderer Unternehmungen,
- Erweiterung der Verkaufsregionen,
- Ergänzung des eigenen Außendienstes,
- Erweiterung des Kundenstammes durch den Kundenstamm der Handelsvertreter,
- marktabdeckenden Bearbeitung sonst wenig attraktiver Kunden (häufig eine Vielzahl von Kleinkunden).

Die Frage des Einsatzes eines Handelsvertreters oder Reisenden entspricht der bereits zitierten Frage „Make or Buy?".

Grafisch lässt sich die Kostensituation in Abhängigkeit des Umsatzes unter der Annahme, dass Handelsvertreter und Reisender Umsatzprovision erhalten und nur beim Reisenden ein Fixum gezahlt wird, folgendermaßen abbilden:

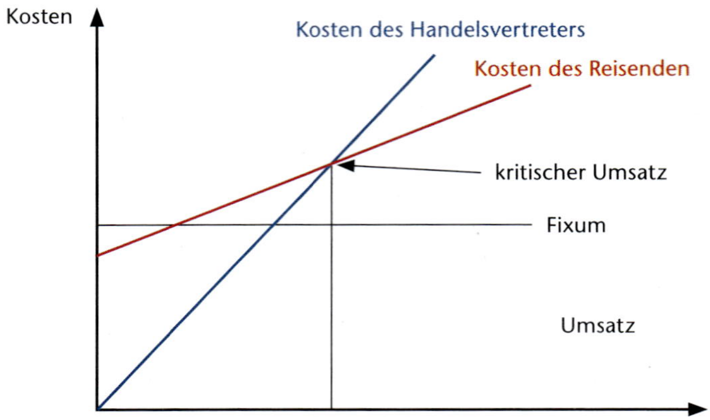

Handelsvertreter oder Reisender?

Die fixen und variablen Kosten des Reisenden werden beim Erreichen eines kritischen Umsatzes in der Summe geringer sein als die ausschließlich variablen Kosten des Handelsvertreters. Allerdings berücksichtigt diese rein kostenorientierte Sicht nicht die persönliche bzw. qualitative Komponente im Vergleich des Reisenden zum Handelsvertreter.

Handelsmakler (§§ 93 bis 104 HGB) und Kommissionäre (§§ 383 bis 406 HGB)
Handelsmakler sind ebenfalls selbstständig Gewerbetreibende, die sich die Partner für den Abschluss von Verträgen von Fall zu Fall selbst aussuchen. Der Handelsmakler hat stets im Interesse beider Vertragsparteien zu handeln.

Der **Kommissionär** handelt als selbstständiger Kaufmann im eigenen Namen für Rechnung des Auftraggebers. Er erhält eine umsatzabhängige Kommission. Die veräußerten Waren werden nicht Eigentum des Kommissionärs.

Die konkrete Gestaltung des indirekten Absatzes kann folgendermaßen aussehen:

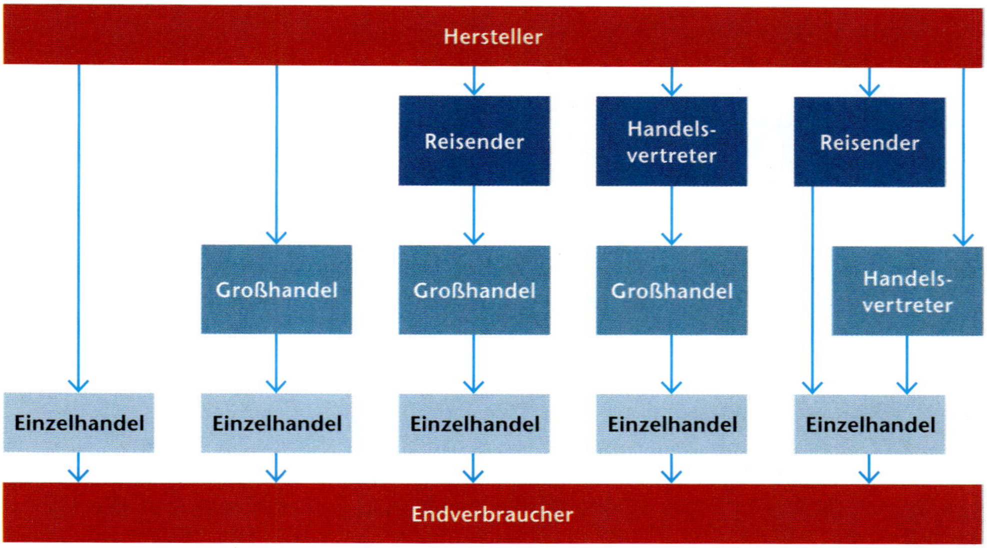

Möglichkeiten des indirekten Absatzes

Aufgaben

1. ***Unterscheiden Sie den Reisenden vom Handelsvertreter.***
2. ***Für einen regional abgegrenzten Markt soll ein Mitarbeiter entscheiden, ob ein Reisender oder ein Handelsvertreter eingesetzt wird. Welche Informationen benötigen Sie, um eine Entscheidung treffen zu können?***

6.4 Möglichkeiten und Grenzen der Kundenbeeinflussung erfassen – die Kommunikationspolitik im Marketingmix

Die **Kommunikationspolitik** ermöglicht den Anbietern von Leistungen, mit den Nachfragern von Leistungen über Kommunikationskanäle (z. B. Medien) zu kommunizieren. Die Kommunikation besteht dabei aus der Anpreisung der eigenen Leistung und/oder Unternehmung in Form von Werbung, Salespromotion (Verkaufsförderung), Sponsoring und Public Relations (Öffentlichkeitsarbeit).
Die Werbeerfolgskontrolle versucht anschließend den Erfolg der eingesetzten Maßnahmen der Kommunikationspolitik festzustellen und zu bewerten.

Das beste, innovativste Produkt hat für den Verbraucher keinen Nutzen, wenn es ihm nicht bekannt ist.

Die Kommunikationspolitik hat die Aufgabe, die potenziellen Kunden über das Unternehmen und vor allem über die Leistungen des Unternehmens zu informieren.

Kommuniziert werden u. a.

- die Produkte der Unternehmung,
- die Vorzüge und Eigenschaften der Produkte,
- die Einsatzmöglichkeiten der Produkte,

- die Leistungsvorteile im Vergleich zu anderen Produkten bzw.
- die Einzigartigkeit der Produkte,
- der tatsächliche und der soziale Nutzen der Produkte für die Anwender und
- das Image der Unternehmung.

Die Aufzählung ist keinesfalls abgeschlossen; vielmehr gibt sie einen Hinweis auf das Spektrum der Informationen, die den potenziellen und aktuellen Verbraucher der Leistungen erreichen soll.

Eine umfassende Darstellung der Werbung und der Werbeerfolgskontrolle im Zusammenhang mit einem Umsetzungsbeispiel finden Sie im Lernfeld 5.

6.4.1 Salespromotion

Zur Salespromotion (Verkaufsförderung) zählen alle Maßnahmen der punktuellen Aktivierung von Marktbeteiligten zur Erhöhung von Absatzerfolg und Absatzchancen. Die Aktivierung der Marktteilnehmer (Zielgruppen: Vertriebsmannschaft, Absatzmittler, Endabnehmer) erfolgt für einen begrenzten Zeitraum durch besondere Maßnahmen, die außerhalb der gewöhnlichen Geschäftstätigkeit liegen. Während die Werbung in erster Linie die Endverbraucher anspricht, wendet sich die Verkaufsförderung in erster Linie den Vertriebsmitarbeitern zu. Werbung beeinflusst die Verbraucher direkt, Verkaufsförderung hingegen indirekt.

Unterschied Werbung – Verkaufsförderung

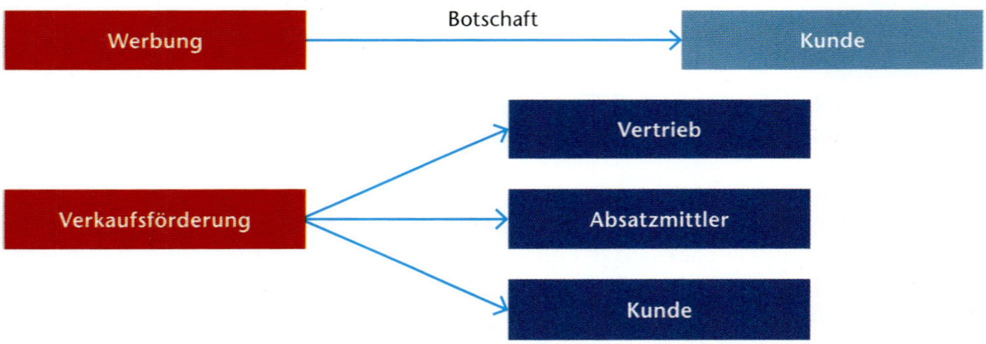

Zur Verkaufsförderung zählen folgende Arten der Promotion:

Die Händler-Promotion

Beim indirekten Vertrieb fehlt den Herstellern häufig eine Einflussnahme auf die Verkaufsanstrengungen der Händler. Daher wird mithilfe der Verkaufsförderung in Form der Händler-Promotion versucht, auf die Händler Einfluss zu nehmen (Push-Effekt). Zu den Aktivitäten im Rahmen der Händler-Promotion zählen u. a.:

- Ausbildung, Schulung und Information des Handels (spezielle Veranstaltungen, spezielles Informationsmaterial, Möglichkeit des Zertifikaterwerbs u.s.w.),
- Aktionen zum Abverkauf oder zur Neuprodukteinführung im Handel (besondere Konditionen für Abverkaufsprodukte, Werbekostenzuschuss, Präsentationsmaterialien, Platzierungsvorschläge).

Beispiel:
Der Proteinshake-Hersteller „Power-Drink" stellt in Sport- und Fitnessstudios kostenlos einen großformatigen Monitor mit DVD-Abspieler bereit, auf dem, unterstützt durch eine Musikanlage, der neue Proteinshake in einem Endlosvideo präsentiert wird. Dazu erhalten die Studios einen Einführungsrabatt und zusätzliche Infoflyer.

Die Endverbraucher-Promotion

Die Ergänzung der Händler-Promotion findet sich in der Endverbraucher-Promotion. Hierbei wird durch Maßnahmen für die Endverbraucher eine verstärkte Nachfrage erzeugt (Pull-Effekt).
Diese Maßnahmen können z. B. sein:
- Produktproben (z. B. Duschgel, Shampoos),
- Produktvorführungen,
- Preisausschreiben,
- Verlosungen,
- Zugaben,
- Sonderpreise.

Je nach Unternehmung und beabsichtigtem Erfolg der Verkaufsförderung sind weitere Aktionen zur Endverbraucher-Promotion denkbar.

Die Außendienst-Promotion

Zielgruppe der Außendienst-Promotion ist der eigene Vertrieb. Durch Schulungen (Produkt- und Verkaufsschulungen), Fortbildungen, zentrale Unterstützungsmaßnahmen (Bereitstellung von verkaufsfördernden Materialien, Prospekten, Wettbewerbsinformationen) und Motivationen (Prämien, Wettbewerbe, Incentives) werden die Mitarbeiter des Außendienstes zu einer intensiveren Marktbearbeitung angeregt.

6.4.2 Öffentlichkeitsarbeit und Sponsoring

Die Devise bei der Öffentlichkeitsarbeit (Public Relations) lautet vereinfacht:

Tue Gutes und rede darüber!

Die Öffentlichkeitsarbeit (PR) dient der Darstellung des Unternehmens in der Öffentlichkeit, ohne dabei in der Regel Produkte zu nennen. Vielmehr geht es um das Image der Unternehmung als Ganzes. Dabei soll den potenziellen Verbrauchern die herausragende Stellung des Unternehmens ebenso klargemacht werden wie das Engagement für soziale und/oder öffentliche Erfordernisse.

Beispiele:
- *Das Fitnessstudio FFP (Fit Fun Power) in Harburg spendet jährlich 12.000,00 € für das Hamburger Leuchtfeuer, eine Initiative, die aidskranken Menschen hilft.*
- *Das Golf- und Wellnessresort Lüneburger Heide spendet Ruhebänke im Naherholungsgebiet.*
- *Der SC Lüneburg veranstaltet zweimal jährlich einen Tag der offenen Tür.*
- *Die Firma „Autohaus Jonasson" ist Sponsor für die Sportkleidung der Fußballabteilung des SC Lüneburg.*

Öffentlichkeitsarbeit und damit auch Sponsoring sind üblicherweise in der Unternehmensleitung angesiedelt. Die „wohltätigen" Spenden (Sponsoring) erfüllen dabei zwei wesentliche Funktionen:

- Sie helfen der Allgemeinheit und/oder einer benachteiligten oder finanzschwachen Gruppe der Allgemeinheit.
- Sie helfen dem Image des helfenden Unternehmens, welches als „Wohltäter" gefeiert wird.

Das Sponsoring hat sich in vielen gesellschaftlichen Bereichen bewährt. So sind heute viele Veranstaltungen erst durch die Sponsoren möglich. Der Umfang des Erscheinens eines Sponsors ist dabei umstritten. Viele Veranstalter wünschen sich finanzkräftige Sponsoren, die sich dezent „zurückhalten".

Andere Formen der Öffentlichkeitsarbeit haben weniger den Anschein des großherzigen Unternehmens. Hierzu zählen vor allem

- Pressekonferenzen und die Pressearbeit,
- Firmenzeitschriften und Firmenphilosophien,
- filmische Selbstdarstellungen der Unternehmen (z. B.: auf DVD, im Internet),
- Symposien und Kongresse,
- Förderung der Wissenschaft.

6.4.3 Corporate Identity

Das Konzept der Corporate Identity (CI) verfolgt im Rahmen der Kommunikationspolitik zwei Hauptziele:

- Das Unternehmen wird nach außen ganzheitlich bzw. einheitlich präsentiert (Außenwirkung).
- Im Unternehmen entwickeln sich ein Wirbewusstsein und dadurch ein Zugehörigkeitsgefühl (Innenwirkung).

Die Corporate Identity betrifft das gesamte Unternehmen. Die kommunizierte Zusammengehörigkeit führt zu einer eindeutigen und unverwechselbaren Präsenz auf dem Markt. Wenn die Corporate Identity nach außen und innen übereinstimmt, erscheint ein Unternehmen wesentlich glaubhafter.

Beispiel:
Die Corporate Identity ist im Fitnessstudio FFP (Fit Fun Power) in Harburg besonders ausgeprägt. Das Wirgefühl bestimmt den freundlichen Umgang der Mitarbeiter und Trainer untereinander. Alle Mitarbeiter des Studios tragen Kleidung des Studios mit dem FFP-Logo, in den FFP-Farben und mit gestickten Namensschildern. Die Mitglieder nehmen das Studio als freundlich und kreativ wahr. Es ist so, als wäre man zu Besuch bei Freunden. Die Übereinstimmung von Innen- und Außenwirkung hebt das Studio von der Konkurrenz ab.

Die Unternehmenskommunikation (Corporate Communication) besteht aus den Komponenten:

- Corporate Identity (Erscheinungsbild des Unternehmens, Philosophie, Identität),
- Corporate Advertising (Werbung, zielgruppengerechte Ansprache) und
- Public Relations (Öffentlichkeitsarbeit).

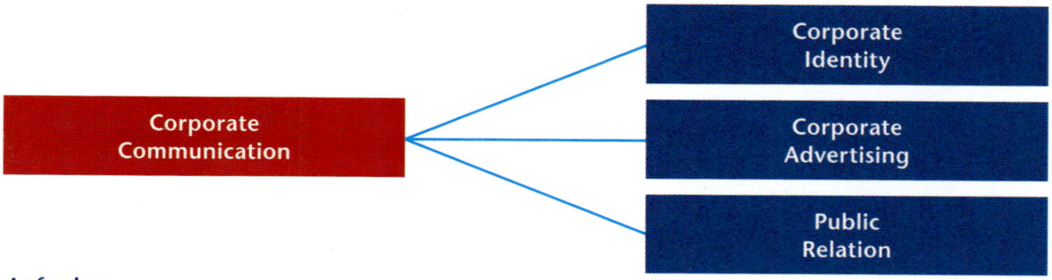

Aufgaben

1. ***Erläutern Sie den Begriff Sales Promotion. Nennen Sie Beispiele.***
2. ***Warum sollte ein Unternehmen Öffentlichkeitsarbeit betreiben?***
3. ***Unterscheiden Sie Corporate Identity und Corporate Design. Recherchieren Sie dazu den Begriff „Corporate Design" z. B. mithilfe des Internets.***

Zusammenfassung

Zielgruppenorientierte Anwendung des Marketingmixes

die Produktpolitik	die Preis- und Konditionspolitik	die Distributionspolitik	die Kommunikationspolitik
Innerhalb der **Produktpolitik** werden Produktinnovationen, Produktvariationen und Produkteliminationen unterschieden. Die **Sortimentspolitik** legt fest, welche Produkte angeboten werden. **Kreativitätstechniken** dienen u. a. der Findung neuer Produkte. Der **Lebenszyklus** eines Produktes beschreibt den Werdegang von der markteinführung bis zum Marktaustritt.	Die **Preispolitik** bestimmt den Preis des Produktes. Die Preisfestsetzung erfolgt unter Berücksichtigung der Nachfrage, der Kosten und des Wettbewerbs. **Preisdifferenzierungen** können personell, zeitlich, räumlich, sachlich und/oder mengenmäßig festgelegt werden. Die **Rabattpoltitik** definiert unterschiedliche Rabattsysteme für ein Produkt.	Die **Distributionspolitik** umfasst alle Handlungen und Entscheidungen über den Absatzweg des Produktes. Beim **indirekten** Absatz werden z. B. Groß- und Einzelhändler zwischengeschaltet. Beim **direkten** Absatz werden unternehmenseigene oder unternehmenesexterne Absatzorgane genutzt. In der Sport-, Fitness- und Wellnessbranche ist das **Franchising** oft vertreten	Die **Kommunikationspolitik** trifft Entscheidungen hinsichtlich Werbung, Salespromotion, Sponsoring, Öffentlichkeitsarbeit etc. (Die Thematik wird ausführlich in Lernfeld 5 erläutert.)

die Produktpolitik	die Preis- und Konditionspolitik	die Distributionspolitik	die Kommunikationspolitik
Die **Portfolioanalyse** stellt den relativen Marktanteil und die Marktwachstumsrate grafisch dar.			

Marketingmix

Die Kombination der absatzpolitischen Instrumente (Produktpolitik, Preispolitik, Distributionspolitik und Kommunikationspolitik) wird als Marketingmix bezeichnet.

Aufstellung interessanter Internetseiten

Internetadresse	Beschreibung
http://www.bibb.de	Bundesinstitut für Berufsbildung
http://www.dosb.de	Deutscher Olympischer Sportbund
http://www.bmas.de	Bundesministerium für Arbeit und Soziales
http://www.dihk.de	Deutscher Industrie- und Handelskammertag
http://www.kmk.org	Kultusministerkonferenz
http://www.gesetze-im-internet.de	Gesetzsammlung der Bundesregierung
http://www.bundesrecht.juris.de	Gesetzsammlung der Bundesregierung
http://www.gewerbeaufsicht.niedersachsen.de	Gewerbeaufsicht Niedersachsen
http://www.gefaehrdungsbeurteilung.de	spezielles Internetportal der Bundesanstalt für Arbeitsschutz und Arbeitsmedizin
http://www.baua.de	Bundesanstalt für Arbeitsschutz und Arbeitsmedizin
http://www.dguv.de	Deutsche Gesetzliche Unfallversicherung Spitzenverband
http://www.vbg.de	Verwaltungs-Berufsgenossenschaft – speziell für den Sport- und Fitnessbereich zuständig
http://www.bmu.de	Bundesministerium für Umwelt, Naturschutz und Reaktorsicherheit
http://www.emas.de	Deutsche Internetseite zum Umweltmanagementsystem EMAS der EU
http://www.umweltschutz-bw.de oder www.bubw.de	Wirtschaftsministerium Baden-Württemberg – Darstellung kleinerer Umweltmanagementsysteme
http://www.bfdi.bund.de	Bundesbeauftragter für den Datenschutz und die Informationsfreiheit
http://www.vzbv.de	Verbraucherzentrale
http://www.bmj.bund.de oder www.bmjv.de	Bundesministerium der Justiz
http://www.robinsonliste.de	Internetseite zur Sperrung von Werbung per Post, Telefon, Fax, Handy oder E-Mail

Internetadresse	Beschreibung
http://www.arbeitsagentur.de	Bundesagentur für Arbeit
http://www.sozialpolitik.com	didaktisch aufbereitete Materialien der Arbeitsgemeinschaft Jugend und Bildung e. V. in Zusammenarbeit mit dem Bundesministerium für Arbeit und Soziales
http://www.sozialgesetzbuch.de	Inhalte der Sozialgesetzbücher im Internet
http://www.bundesversicherungsamt.de	Bundesversicherungsamt – Verwalter des Gesundheitsfonds
http://www.gkv-spitzenverband.de	Spitzenverband der gesetzlichen Krankenversicherung
http://www.pkv.de	Verband der privaten Krankenversicherung e. V.
http://www.bmg.bund.de oder bundesgesundheitsministerium.de	Bundesministerium für Gesundheit
http://www.kbv.de	Kassenärztliche Bundesvereinigung
http://www.deutsche-sozialversicherung.de	Spitzenverbände der deutschen Sozialversicherung
http://www.rentenlexikon.bmas.de	Rentenlexikon des Bundesministeriums für Arbeit und Soziales
http://www.deutsche-rentenversicherung.de	Internetportal der Deutschen Rentenversicherung
http://www.verbraucherzentrale.de	Internetauftritt der Verbraucherzentrale
http://www.test.de	Internetseite der Stiftung Warentest
http://www.bundesfinanzministerium.de	Bundesministerium für Finanzen
http://www.arbeitsblaetter.stangl-taller.at	umfangreiche Internetseite zum Themenkomplex Kommunikation
http://www.ikkompetenz.thueringen.de	Landeszentrale für politische Bildung Thüringen Schwerpunkt interkulturelle Kompetenz
http://www.ehrenamt-im-sport.de	Deutscher Olympischer Sportbund-Internetseite für die Ehrenamtlichen im Sportbereich
http://www.oekotest.de	Internetseite von Ökotest
http://www.din.de	Deutsches Institut für Normung e. V.

Internetadresse	Beschreibung
http://www.bdi.eu	Bundesverband der deutschen Industrie
http://www.dpma.de	Deutsches Patent- und Markenamt
http://www.wellnessverband.de	Deutscher Wellness Verband (DWV)
http://www.prae-fit.de	Siegel des TÜV Rheinland
http://www.sportprofitness.de oder www.sportprogesundheit.de	Siegel des Deutschen Olympischen Sportbunds in Zusammenarbeit mit dem Deutschen Turner-Bund und dem Verband Deutscher Gewichtheber
http://www.saunabund-ev.de	Deutscher Sauna Bund
http://www.golf.de/dgv	Deutscher Golf Verband e. V.
http://www.tuev-sued.de	Internetseite des TÜV Süd
http://www.demeter.de http://www.gepa.de http://www.naturland.de	Internetseiten von Anbietern ökologischer oder fair gehandelter Produkte
http://www.verbraucherkompass.de oder http://www.bmel.de	Enthält Hinweise, wo man als Verbraucher oder auch Anbieter fundierte Informationen erhalten kann – eine Seite des Bundesministeriums für Ernährung, Landwirtschaft und Verbraucherschutz
http://www.richtigfit.de oder http://www.sportprogesundheit.de	Seite des DOSB speziell zu den Bereichen Sport und Fitness
www.dssv.de	Der DSSV wurde im Jahr 1984 gegründet und ist Europas größter Arbeitgeberverband für die Fitnesswirtschaft.

Bildquellenverzeichnis

Steffi Becker: S. 57.1,

Bildungsverlag EINS GmbH: S. 64.1,64.2, 67.2,72.1,73.1,74.1,75.1,76.1,91.1, 129.1,265.1,266.1,297.1,356.1,356.2,357.1, 360.1,370.1,399.1,402.1,403.1,424.1

CPC-Austria: 220.1

Deutscher Olympischer Sportbund: S.19.1

dpa-infografik, Hamburg:

S.28.2, 29.1, 29.2, 95.1, 101.1, 107.1, 117.1, 134.1, 158.1, 167.1, 179.1, 180.1, 193.1, 210.1, 218.1, 220.1, 223.1, 230.1, 231.1, 233.1, 236.1, 238.1, 244.1, 247.1, 254.1

EMAS-Verordnung: S.219.1

Fotolia.com:

S.13.1 (artivista/werbeatelier), 13.2 (Franz Pfluegl), 13.3 (Martina Stump), 24.1 (momanuma), 171.1

(Peter38), 257.1 (Bernd Meiseberg), 263.1 (ArTo), 335.1 (RunningLizard)

Getty Images Deutschland, München:

S. 31.1 (Christof Koepsel)

Ministerium für Umwelt, Klima und Energie: S.220.2

Sachwortverzeichnis